KB172547

HANGIL
GREAT BOOKS

인류의 위대한 지적 유산

HANGIL
GREAT BOOKS
147

데카르트적 성찰

에드문트 후설 · 오이겐 핑크 지음 | 이종훈 옮김

한길사

HANGIL
GREAT BOOKS
147

Edmund Husserl
Cartesianische Meditation und Pariser Vorträge

Eugen Fink
VI. Cartesianische Meditation

Translated by Lee Jong-Hoon

에드문트 후설(1859~1938)
프라이부르크 대학을 정년퇴임한 1928년의 후설의 모습.
그는 은퇴 후 연구와 강연을 통해 자신의 철학을 더욱 왕성하게 심화시켜나갔다.

BIBLIOTHÈQUE
DE LA
SOCIÉTÉ FRANÇAISE DE PHILOSOPHIE

MÉDITATIONS CARTÉSIENNES

INTRODUCTION
A LA
PHÉNOMÉNOLOGIE
PAR
EDMOND HUSSERL

TRADUIT DE L'ALLEMAND PAR
Mlle GABRIELLE PEIFFER
ET
M. EMMANUEL LEVINAS
Docteur de l'Université de Strasbourg.

Librairie Armand Colin
103, Boulevard Saint-Michel, Paris (Vᵉ)
—
1931

1931년 프랑스어로 출간된
『데카르트적 성찰』의 표지.

「파리 강연」이 이루어진 프랑스 소르본 대학 안에 있는 데카르트 기념관(1929).

담론 중인 후설과 핑크(1930년경)
후설의 마지막 연구 조교인 오이겐 핑크는 이와 같이 담론을 통해
그 당시 후설의 연구성과들을 정리하고 『데카르트적 성찰』의 독일어판 수정작업도 하였다.

Sechste Meditation:

Die Idee einer transcendentalen Methodenlehre

§ 1. Die methodische Begrenztheit der bisherigen Meditationen.

Entsprungen aus dem Radikalismus der äussersten Selbstbesinnung, führte uns unser meditierendes Denken durch den Vollzug der phänomenologischen Reduktion in die Dimension und vor das Problemfeld der Philosophie. Statt wie die traditionelle"Philosophie", verhaftet dem Dogmatismus der Natürlichen Einstellung, nach dem Sein der Welt zu fragen oder wo ein solches Fragen sich nicht begnügt, die Welt "spekulativ" zu überfliegen, haben wir in einer wahrhaft "kopernikanischen Wendung" die Beschränktheit der Natürlichen Einstellung, als des Horizontes aller unserer menschlichen Möglichkeiten zu handeln und zu theoretisieren, durchbrochen und sind vorgestossen in die Ursprungsdimension alles Seins, in den konstitutiven Quellgrund der Welt: in die Sphäre der transcendentalen Subjektivität. Wir haben aber das konstitutive Werden der Welt in den aktuellen und sedimentierten Sinnesleistungen des transcendentalen Lebens noch nicht aufgezeigt, sind noch nicht eingetreten in die konstitutiven Disciplinen und Theorien, sondern haben allererst die Idee der konstitutiven Aufklärung entworfen als der analytische Rückfrage von dem "Weltphänomen"(dem Geltungsgebilde im reduktiv eröffneten transcendentalen Leben) in den Geltungsaufbau, in die Prozesse der Weltverwirklichung. Aber

『제6 데카르트적 성찰』
핑크가 후설과의 공동연구를 통해 1932년에 작성한 『제6 데카르트적 성찰』의 본문 1쪽.
윗부분 여백의 친필 글씨를 통해 그들이 얼마나 담론을 통해
계속적인 연구를 했는지를 여실히 파악할 수 있다.

HANGIL GREAT BOOKS 147

데카르트적 성찰

에드문트 후설 · 오이겐 핑크 지음 | 이종훈 옮김

한길사

데카르트적 성찰

결 　론

제 2 부 　제 6 데카르트적 성찰

■ 일러두기

1. 이 책은 슈트라서(S. Strasser)가 편집해 1950년 출판한 후설전집 제1권 『데카르트적 성찰과 파리강연』(*Cartesianische Meditationen und Pariser Vorträge*) 가운데 프랑스어로 번역된 「파리강연」 원고(A)와 독일어와 프랑스어로 함께 수록된 '요약문'(C) 및 잉가르덴(R. Ingarden)의 '비판적 언급'과 '부록'을 제외한, '본문'(B)을 옮긴 것이다.

   그것은 '본문'이 「파리강연」 원고를 수정하고 보완한 것이기 때문에 그리고 '요약문'은 말 그대로 '본문'의 요약이기 때문에 중복되는 감이 있고, '부록'은 문헌학적 가치 이외에 일반 독자에게는 별다른 의미가 없다고 생각하기 때문이다.

2. 번역에는 케언스(D. Cairns)의 영역 *Cartesian Meditations. An Introduction to Phenomenology* (The Hague, 1960)를 참조했다.

3. 이 책의 부록으로 핑크(E. Fink)가 후설의 위임을 받아 작성한 『제6 데카르트적 성찰』(*VI. Cartesianische Meditation*, Dordrecht, 1988) 제1권 '선험적 방법론의 이념'(Die Idee einer transzendentalen Methodenlehre)의 본문과 이에 대한 후설의 기록을 실었다.

   그것은 비록 선험적 현상학에 대해 후설과 핑크 사이에는 약간의 견해차가 있지만, 이 책을 완성하려고 오랜 기간 구상하고 여러 차례 수정하는 동안 그와 가장 가까운 위치에 있었던 연구조교이자 공동탐구자의 눈을 통해 선험적 현상학의 이념을 더 명확하게 알아볼 수 있기 때문이다.

4. 이 책의 부록 '제6 데카르트적 성찰'에는 534개나 되는 매우 길거나 아주 짧은 상세한 주들이 첨부되어 있으나, 수정하는 작업 도중 변경된 부분이나 보충 등은 제외하고 난외주와 삽입된 부분만을 각기 구별해 실었다.

   짧막한 난외주나 삽입된 부분은 구성과 체제를 고려해 본문의 〈 〉속에 넣었다.

5. 원서에서 격자체나 이탤릭체로 강조된 문구는 고딕체로, 큰따옴표 " "로 강조된 문구는 작은따옴표 ' '로 표현했다.

긴 문장 가운데 일부분이나 중요한 용어는 원문에 없는 작은따옴표 ' '로 묶었으며, 긴 문단은 의미상 구분해 새로운 단락으로 처리했다.

본문 가운데 소괄호 ( )는 후설의 것이며, 문맥의 흐름상 또는 독자의 이해를 위해 필요한 말은 옮긴이가 대괄호〔 〕속에 보충했다.

6. 이 책의 각주는 독자의 이해를 돕기 위해 옮긴이가 붙인 것이다. 단 저자가 단 각주에는 '-저자 주'라고 표시했다.

7. 후설은 이 책을 통해 선험적 현상학을 소개하려고 시도했지만, 그 내용은 초보적 입문의 수준이 아니다. 현상학에 관한 예비지식이 별로 없는 독자를 염두에 두고 가능한 한 상세하게 주석을 달았다.

8. 이 책 제2부의 부록1에서 부록9까지 제목은 원전에 없는 것이나, 체제의 통일을 기하고 독자의 이해를 돕고자 옮긴이가 내용에 따라 임의로 붙인 것이다.

9. 옮긴이 해제는 다음과 같은 책을 주로 참고했다.

S. Strasser, 『데카르트적 성찰』 편집자 서문.

K. Schuhmann, 『이념들』 제1권 편집자 서문.

R. Boehm, 『제1철학』 제1권 및 제2권 편집자 서문.

I. Kern, 『상호주관성』 제1권, 제2권 및 제3권 편집자 서문.

S. IJsseling, Eugen Fink. *VI. Cartesianische Meditation* 서문

이종훈, 『현대의 위기와 생활세계』(동녘, 1994)

선험적 현상학의 이념을 줄곧 추구한 길

이종훈 춘천교육대학교 교수·윤리교육과

후설과 현상학

후설의 전 생애에 걸친 저술들은, 만약 개별적 저술들이 고립적으로 또 그때그때의 주제에 따라 고찰되면, 그 특징이 제대로 서술될 수 없다. 오직 그 역사적 연속성이 우선은 모호하지만 지속적으로 명확성을 얻는 경향이 철학을 새롭게 정초하는 데 일관되게 영향을 주는 것으로 이해될 때만 서술될 수 있다.

· 지겐후스, 『철학자사전』, 1950, 569쪽

현대철학의 커다란 흐름을 주도하고 그 물꼬를 튼 사상가들은 그들의 철학적 성향만큼이나 '철학'에 대한 정의가 확연하게 달랐다. 사회철학을 기초한 마르크스(K. Marx)는 "세계를 해석하는 것이 아니라 세계를 변혁시키는 것"으로, 분석철학의 핵심인물 비트겐슈타인(L. Wittgenstein)은 "명제를 명료하게 만드는 언어비판의 활동"으로 간주했다. 반면 현상학(Phänomenologie)을 창시한 후설(E. Husserl, 1859~1938)은 "이성이 자기 자신을 실현시켜가는 역사적 운동"으로 파악했다. 이들은 각자의 문제의식과 관심에 따라 근본적으로 새로운 시각에서 철저하게 모색해나간 치열한 삶을 살았다는 것과 유대인이라는 점 이외에 외견상 두드러진 공통점을 찾기는 힘들다.

그런데 현상학은 일반적으로 객관적 실증과학을 극복할 수 있는 새로운 방법론으로 간주되지만, 후설 자신은 독자적 철학 또는 전통적 의미에서의 철학을 새롭게 건립하려는 노력을 결코 포기한 적이 없다. 후설 현상학 속에 때로는 대립된 모습으로 때로는 통일적 모습으로 나타나는 이 두 방향은, '방법'(method)이 어원상(meta + hodos) '무엇을 얻기 위한 과정과 절차'이듯이, 실제로는 공존과 발전(sowohl~als auch)의 형태를 취함에도 오히려 양자택일(entweder ~oder)의 구조로 이해되었다. 그 결과 외국뿐 아니라 우리나라에서도 현상학, 특히 후설 현상학에 대한 올바른 파악은커녕 왜곡된 편견들이 난무하고 있다. '이성을 강조한 관념론인가 경험을 분석한 실재론인가?' '주지(主知)주의인가 주의(主意)주의인가?' 등.

후설은 이성을 통해 삶의 의미를 해명하고 목적을 반성함으로써 진정한 인간성을 실현할 철학의 참된 출발점을 근원적으로 건설하고자 했다. 이러한 의도로 그가 추구한 현상학의 이념은 '엄밀한 학문으로서의 제일철학'이다. 그리고 그 이념을 추적한 방법은 기존의 철학에서부터 정합적으로 형이상학적 체계를 구축하는 것이 아니라, 모든 편견에서 해방되어 의식에 직접 주어지는 사태 자체를 직관하는 것이다. 즉 그가 시종일관 추구한 선험적 현상학은 모든 학문이 타당할 수 있는 조건과 그 근원을 부단히 되돌아가 묻고 체계적으로 통찰함으로써 궁극적 자기책임에 근거한 이론적 앎과 실천적 삶을 정초하려는 '선험철학'이다.

후설 현상학의 출발인 동시에 얼개: 심리학주의 비판

라이프치히 대학교와 베를린 대학교에서 공부하고 변수계산(變數 計算)에 관한 박사학위논문을 통해 수학자로 출발한 후설은 빈 대학 교에서 브렌타노(F. Brentano)의 깊은 영향을 받아 철학도 엄밀한 학 문으로 수립될 수 있다는 확신을 얻고 심리학과 철학에 심취했다. 그 결과 1887년 교수자격논문 「수 개념에 관해(심리학적 분석)」에서 심 리학의 방법으로 수학의 기초를 확립하고자 했다(이것은 1891년 『산 술철학』으로 확대되어 출판되었다).

그러나 그는 곧 이러한 시도가 충분치 못함을 깨닫는다. 여기에는 그의 시도를 심리학주의라고 지적한 프레게(G. Frege)와 나토르프 (P. Natorp)의 비판, 판단작용과 판단내용을 구별해 순수논리학을 추 구한 볼차노(B. Bolzano)의 영향이 있었다. 그리고 수학과 논리학의 형식상 관계를 밝히려는 자신의 문제도 확장되었다.

그래서 후설은 1900년 『논리연구』 제1권에서 심리학주의 비판을 통해 학문이론으로서의 순수논리학을 정초하고자 한다.

근대 이후 논리학의 성격과 원리에 관해 논리학주의와 심리학주의 가 대립했다. 논리학주의는 논리학이 순수한 이론적 학문으로, 심리 학이나 형이상학에 독립된 분과라고 주장한다. 반면 심리학주의는 논리학이 올바른 인식·추리·판단의 규범을 다루는 실천적 기술학 (技術學)으로, 심리학에 의존하는 분과라고 주장한다.

후설에 의하면 논리학의 이 두 측면은 서로 대립하는 것이 아니라 긴밀한 관계를 맺고 있다. 이론학은 존재의 사실에 관한 법칙이고 규 범학은 존재의 당위에 관한 법칙이다. 가령 '모든 군인은 용감해야 한다'는 실천적 당위의 명제는 '용감한 군인만이 훌륭한 군인이다' 라는 아무 규범도 갖지 않는 이론적 사실의 명제를 포함한다. 그 반 대의 경우도 마찬가지다. 따라서 규범학 속에 내포된 이론적 영역은 이론학을 통해 해명되어야 하고, 이론학 역시 실천적 계기를 완전히 배제하는 것이 아니기 때문에 규범적 성격을 지닌다. 그러나 규범의 기초는 이론에 근거하기 때문에 규범학이 학문적 성격을 지니려면 이론학을 전제해야 한다는 점을 고려할 때, 논리학은 본질적으로 이론학에 속하고 부차적으로만 규범적 성격을 띤다.

하지만 논리학이 진리를 획득하는 기준을 세우면 올바른 판단에 관한 규범학, 즉 기술학이 된다. 그리고 논리학의 이론적 형식들이 이처럼 실천적 규칙이나 규범으로 변형되면 결국 실천적 규정의 대상들은 심리활동의 산물이기 때문에 논리적 기술학의 기초는 심리학, 특히 인식의 심리학에 있다고 주장하는 심리학주의가 된다.

심리학주의의 주장

논리법칙이 심리적 사실에 근거한 심리법칙이기 때문에 논리학은 심리학의 한 특수분과이다. 따라서 논리법칙은 심리물리적 실험을 반복해 일반화한 발생적 경험법칙으로서 사유의 기능 또는 조건을 진술하는 법칙이며, 모순율도 모순된 두 명제를 동시에 참으로 받아들일 수 없는 마음의 신념, 즉 판단작용의 실재적 양립불가능성을 가리킨다.

후설의 주장

순수논리법칙은 대상(예를 들어 '둥근 사각형' '황금산' '화성의 생명체')의 존재를 함축하거나 전제하지 않는다. 모순율도 모순된 명제들이나 상반된 사태들의 이념적 양립불가능성이다. 확률적 귀납에 의한 맹목적 확신으로 마음이 심정적으로 느낀 인과적 필연성과 명증적 통찰로 직접 이해된 것으로 어떠한 사실로도 확인되거나 반박되지 않는 보편타당한 논리적 필연성은 혼동될 수 없다.

이 심리학주의의 인식론에는 진리의 척도를 개별적 인간에 두는 개인적 상대주의와 인간 종(種)에 두는 종적 상대주의가 있다.

그런데 '어떠한 진리도 없다'는 개인적 상대주의의 주장은 '어떠한 진리도 없다는 진리는 있다'는 명제와 똑같은 진리치를 갖는 가설로 자가당착이다. 그리고 동일한 판단내용이 인간에게는 참인 동시에 다른 존재자에게는 거짓일 수 있다는 종적 상대주의의 주장 역시 모순율에 배치된다. 또한 진리를 인식할 수 있는 조건이 곧 진리가 성립함을 입증하는 것도 아니다.

이러한 상대주의들은 논리적 원리를 우연적 사실에서 도출하기 때문에, 사실에 따라 원리도 달라져서 자기의 주장마저 자신에게 파괴되는 자기모순(自己矛盾)과 회의적 순환론(循環論)에 빠진다. 즉 심리학주의는 진리를 주관적 의식의 체험으로 해소시키는 회의적 상대주의(相對主義)이다.

논리학에서 인식론으로

이러한 심리학주의에 대한 비판은 후설에게 심리적 영역에서부터 이념적인 것을 성공적으로 구출해 심리학주의에 결정적 쐐기를 박은 객관주의자(客觀主義者)라는 인상과 함께 철학계에 확고한 지위를 부여해주었다.

그 비판의 핵심은 이념적인 것(Ideales)과 실재적인 것(Reales) 그리고 이념적인 것이 실천적으로 변형된 규범적인 것(Normales)의 근본적 차이를 인식론적으로 혼동한 것(metabasis)을 지적한 것이다(물론 이것은 심리학적 주관주의뿐 아니라 주관에 맹목적인 객관주의, 즉 논리학주의에 대한 비판을 포함한 것이었다). 이들의 올바른 관계는 경험론적 추상이론을 포기해야만 분명히 드러날 수 있다고 파악한 그는 경험이 발생하는 사실이 아니라 경험이 객관적으로 타당하기 위한 권리, 즉 '어떻게 경험적인 것이 이념적인 것 속에 내재하며 인식될 수 있는가?'를 해명할 필요가 있었다.

따라서 그는 곧이어 1901년 출간한 『논리연구』 제2권에서 이 문제를 해명하고자 지향적 의식의 체험을 분석했다. 즉 궁극적 근원을 찾아 형식논리학과 모든 인식의 전제인 순수의식(선험적 주관성)의 분석으로 확대되어 선험논리학의 영역으로 파고들기 시작했다. 그것은 모든 세계의 객관적 타당성과 존재의 의미는 선험적 주관성에 근거해서만 성립되고 이해될 수 있기 때문이다.

그러나 의식의 체험에 대한 분석은 순수논리학보다 체험심리학이나 인지심리학에 적절한 관심사로 비쳤다. 그래서 동시대인들은 주관성으로 되돌아가 묻는 그의 작업을 그가 비판했던 심리학주의로 후퇴한 것으로, 심지어 단순한 의식철학, 즉 주관적(절대적) 관념론으로까지 해석했다. 이에 대해 그는 다음과 같이 말한다.

경험의 대상과 그것이 주어지는 방식들 사이의 보편적 상관관계의 아프리오리에 대한 생각이 처음 떠오른 것(『논리연구』가 마무리되었던 1898년경)에 깊은 충격을 받아, 그 이후 나의 전 생애에 걸친 작업은 이 상관관계의 아프리오리를 체계적으로 완성하는 것이 되었다. ……선험적 환원을 통해 새로운 철학을 체계적으로 소개하는 첫 시도는 『이념들』 제1권(1913년)으로 나타났다. 그 이후 수십 년 동안 동시대의 철학은——이른바 현상학파의 철학도——구태의연한 소박함에 머물곤 했다. 물론 이 철저한 전환, 즉 삶의 자연적 방식 전체를 총체적으로 태도변경하는 것이 맨 처음 등장하기란 매우 어려워서 충분히 근거지어 서술될 수는 없었다. 특히 ……자연적 태도로 복귀함으로써 야기된 끊임없는 오해들이 발생하는 경우 더 그러했다.

• 『위기』 169~170쪽 주

결국 후설의 심리학주의 비판은 심리학 자체를 거부한 것이 아니라, 자연과학적 인과법칙에 따른 행동주의 심리학이나 객관주의적 형태심리학의 소박한 자연적 태도를 지적한 것이다. 심리학이나 그밖의 학문을 통해 이성에 관한 참된 학문의 길을 제시하려는 것은 다양하게 발전해나간 후설 사상에서 변함없이 주요한 문제였다.

선험적 현상학을 추구한 발자취

후설은 『논리연구』(1901) 완간 이후 『이념들』 제1권(1913)의 발간까지 10여 년에 걸쳐 (논리적·실천적·가치설정적) 이성 일반의 비판, 즉 논리학을 인식론적으로 해명하는 현상학적 이성비판(理性批判)에 집중했으나, 그 강의나 연구의 초안을 출판하지는 않았다. 그러나 이 기간에 주목할 만한 일이 세 가지 있다.

첫째는 1904~1905년 겨울학기 강의 「현상학과 인식론의 주요문제」이다. 이 가운데 순수한 감각자료의 시간적 구성과 그 구성의 기초인 현상학적 시간의 자기구성을 다룬 부분은 시간의식의 지향적 성격을 밝힘으로써 이른바 후기 사상의 전개축인 발생적 분석의 지침을 제시했다(하이데거는 이 부분을 중심으로 1917년까지의 관련 자료를 편집해 1928년 『시간의식』으로 출판했다).

둘째는 1905년 여름에 젊은 현상학도들과 함께 알프스의 제펠트에서 가진 연구회의 초고이다. 여기서 선험적 현상학의 중심개념인 '환원'과 대상의 '구성'을 처음 다루었고, 그는 이것을 바탕으로 「1907년 강의」를 수행했다(이 유고는 비멜W. Biemel)이 편집해 후설전집 제2권 『이념』(1950)으로 출판되었다).

셋째는 1910년 크리스마스 휴가부터 다음 해 초까지 작성해 『로고스』(*Logos*) 창간호에 발표한 「엄밀한 학문」이다. 다른 저술보다 비교적 짧은 이 논문은 그의 강의와 세미나에 참석했던 제자들만 파악했던 현상학의 구상을 일반대중에게 극명하게 전한 선언문이었다. 즉 의식과 이념을 자연화(사물화)하는 자연주의, 회의적 상대주의를 벗어날 수 없는 역사주의와 세계관철학에 대한 비판은 그 이후의 다양하게 발전해나간 그의 사상을 이해하는 데 결정적인 시금석이다.

한편 후설은 현상학에 대한 일반대중의 급증하는 관심과 요구에 따라 그 통일적 모습을 명백히 밝힐 필요를 느꼈다. 그래서 1913년 자신이 공동편집인으로 창간한 『철학과 현상학적 탐구연보』에 『이념들』 제1권을 발표해, 순수의식의 본질적 구조를 분석하는 현상학의 방법과 문제를 제시했다. 그러나 이것은 전체 3부로 계획된 것 가운데 제1부에 불과하다. 이미 그 당시 완성된 초고와 그 이후 계속된 수정안을 비멜(M. Biemel)이 편집해 출간한 『이념들』 제2권(1952) 및 제3권(1953)은 다양한 세계의 구성 및 학문의 토대에 관한 문제를 다룬 것으로, 본래 구상의 제2부에 해당되는 것이다. 결국 제3부 '현상학적 철학의 이념'은 다루지 못했다.

후설은 그 이념을 체계적으로 밝히고자 계속 노력했는데, 그 흔적은 우선 1922년 6월 런던 대학교에서 4회에 걸쳐 수행한 강연 「현상학적 방법과 현상학적 철학」에 나타난다.

그는 이것을 확장해 1922~23년 「철학입문」과 1923~24년 「제일철학」(이것은 뵘R. Boehm이 편집해 후설전집 제7권(1956)과 제8권 (1959)으로 출판되었다)을 강의했다. '제일철학'(Erste Philosophie) 이라는 고대의 명칭을 채택한 것은 근대 이래의 독단적인 '형이상학'(Metaphysik)을 극복하고 이성을 비판하는 철학 본래의 이념을 복원하려는 의도를 함축한다(이 명칭은 1930년대에는 '선험철학'으로 대치된다). 그런데 주목할 만한 점은 여기서 이미 제일철학에 이르는 현상학적 환원으로 데카르트가 방법적 회의를 통해 자기의식의 확실성에 도달한 것과 같은 직접적인 길 이외에 심리학이나 실증과학의 비판을 통한 간접적인 길들을 모색하고 있다는 점이다.

그리고 1927년부터 제자 하이데거(M. Heidegger)와 공동으로 집필하기 시작해 네 차례 수정작업을 거치면서 학문적으로뿐만 아니라 인간적으로도 결별하게 된 『대영백과사전』(*Encyclopaedia Britannica*, 제14판 제17권, 1929)의 '현상학' 항목에서 찾아볼 수 있다.

그러나 그는 어떤 것에도 만족할 수 없었다.

은퇴 후에도 계속된 현상학적 철학의 이념추구

「파리 강연」과 『데카르트적 성찰』

후설은 1928년 봄 하이데거에게 후임을 넘기고 프라이부르크 대학교를 은퇴했다. 그러나 학문적 작업마저 은퇴한 것은 아니었다. 오히려 더 왕성한 의욕을 갖고 새로운 출발을 모색해갔다.

그는 그해 11월부터 1929년 1월까지 약 2개월 동안 『형식논리학과 선험논리학』을 저술해 출간했다. 여기서 그는 술어적(述語的) 판단 자체의 진리와 명증성은 판단의 기체들이 주어지는 근원적인 선술어적(先述語的) 경험의 대상적 명증성에 근거하기 때문에, 형식논리학은 선험논리학으로 정초되어야만 참된 존재자(세계)에 관한 논리학이 될 수 있음을 밝혔다. 이것은 『논리연구』 제1권 이후 오랜 침묵을 지켰던 순수논리학의 이념을 더 명확하게 해명한 것이었다.

그리고 프랑스 철학회와 독일연구소의 공동초청으로 1929년 2월 23일과 25일 프랑스 학술원의 주관 아래 소르본 대학교의 데카르트

기념관에서 '선험적 현상학 입문'이라는 주제로 강연했다. 이 책의 모체인 「파리강연」에서 그는 추상적인 주관적 관념론, 독아론(獨我論)으로 오해된 선험적 현상학을 데카르트의 방법적 회의 전통에 입각해 더 근본적이며 체계적으로 묘사하고자 했다.

이러한 시도는 현상학을 단순한 방법론으로 받아들인 셸러(M. Scheler)와 하이데거를 통해 간접적으로 전파되었던 프랑스에 자신의 철학을 올바로 해명할 필요가 있었기 때문이다. 셸러는 현상학적 환원에서 선험적 환원을 제외하고 본질직관의 형상적 환원만 수용해 철학적 인간학을 전개했다. 하이데거는 순수자아를 이념적 주체로 규정하고 이러한 주체로는 현존재(Dasein)의 사실성과 존재론적 성격을 파악할 수 없다고 주장했다. 그러나 후설이 볼 때 이들이 해석한 현상학은 소박한 자연적 태도를 벗어나지 못한 심리학주의적 인간학주의이며, 실재론의 또 다른 형태인 객관주의적 자연주의이다. 그의 용어로 이들의 관점은 '세속적(mundan) 현상학'일 뿐, '선험적(transzendental) 현상학'에는 이르지 못한 것이다.

그는 독일어로 강연했지만 청중에게는 프랑스어 '요약문'을 배포했다. 레비나스(E. Levinas)와 파페르(G. Peiffer)가 번역하고 코이레(A. Koyré)가 수정했는데, 이것은 1931년 『데카르트적 성찰』(*Méditations Cartèsiennes*)로 출간되었다. 한편 그는 프라이부르크로 돌아오는 길인 3월 중순 그의 옛 제자 에링(J. Héring)의 주선으로 스트라스부르 대학교에서 두 번에 걸쳐 강연했다. 여기서는 「파리강연」의 '제5성찰'에서 단지 시사된 상호주관성·타자·감정이입 등의 문제가 원고 없이 상세히 논의되었다.

70세가 넘은 후설은 그 당시까지 온 힘을 기울여 작성한 수많은 연구의 성과와 수고들을 체계적 형태로 출판하고자 했으나, 이처럼 방대한 작업을 혼자의 힘만으로는 감당할 수 없어 자신의 연구조교와 공동으로 탐구했다. 1928년 10월 란트그레베(L. Landgrebe)의 뒤를 이어 후설의 연구조교가 된 핑크(E. Fink)의 첫 번째 작업은 1917년 늦여름과 가을부터 1918년 봄까지 베르나우에서 작성했던 '시간과 개체화'(Zeit und Individuation)에 관한 초고를 교열하고 정서하는 것이었다. 1929년 봄 핑크는 『데카르트적 성찰』의 초고 프랑스어 번역과 깁슨(W. R. Gibson)이 1929년 가을 『이념들』 제1권의 영역본에 후설이 쓴 서문의 편집에도 관여했다.

후설은 「파리강연」을 독일어판으로 확장하고 새롭고 본질적으로 심화시켜 출판함으로써 쉽게 접근할 수 있는 형식으로 현상학적 철학의 완전한 요강(要綱)을 제시하고자 했다. 그래서 이 희망을 필생의 작업으로 간주하고 부단히 수정해갔다(이 수정원고와 관련수고는 케른(I. Kern)이 편집해 후설전집 제15권 『상호주관성』 제3권(1973)으로 출판했다). 1차 수정은 1929년 4월 초, 2차 수정은 1930년 3월 말에 이루어졌지만 그는 그 성과에도 만족하지 못했다.

그 이후 그는 칸트 학회의 초청으로 1931년 6월 프랑크푸르트 대학교(1일과 2일), 베를린 대학교(10일), 할레 대학교(16일)에서 「현상학과 인간학」을 강연했다(이것은 네논Th. Nenon과 제프H. R. Sepp가 편집해 출간한 후설전집 제27권(1989)에 수록되었다). 여기서 그는 철학을 인간학적으로 정초하려는 딜타이(W. Dilthey) 학파의 생철학과 셸러나 하이데거의 시도를 비판하고, 철저한 자기성찰과 자기책임에 입각한 선험적 현상학의 이념을 데카르트의 성찰과 관련지어 전개했다. 이 강연의 예기치 않은 성황에 힘입어 그는 3차 수정을 시도했는데, 그 대부분은 '제4성찰'과 특히 원초적 영역·감정이입·타자경험·사회성·상호주관성을 다룬 '제5성찰'에 집중되었다. 그러나 그는 이것 역시 만족할 수 없었다.

'현상학적 철학의 체계'에 대한 구상

후설은 『데카르트적 성찰』을 완결짓는 작업이 이처럼 만족스럽지 못하자, 핑크에게 1931년 여름 '제1성찰'을 최초로 개정시키고, 1932년 여름 '제1성찰'을 최종적으로 개정시키며 그 밖의 네 가지 성찰을 개정하는 작업시키는 한편, 1930년 11월 이후에는 '현상학적 철학의 체계'에 대해 다음과 같이 다섯 권으로 예정한 거대한 저술도 별도로 구상했다.

제1권 자아론적 의식의 이론에 기초를 놓음.

제2권 자아론적 세계성의 구성. 경험의 시간공간성과 시간공간의 대상성을 구성하는 것에 대한 인식대상적–인식작용적 이론. 모든 단계에서 경험적 세계. 신체·사물·단독자로서 자아. 우선 정적(靜的)으로.

제3권 독아론(獨我論)으로 추상하는 것인 자아의 자기발생(自己發生). 수동적 발생, 연상의 이론. 미리 구성하는 것, 미리 주어진 대상을 구성하는 것. 범주적 방향에서 대상을 구성하는 것, 심정을 구성하는 것과 의지를 구성하는 것. 인격, 문화–독아론적.

제4권 상호주관성과 공동체 세계를 구성하는 것. 감정이입(感情移入). 인간을 구성하는 것. 역사적 세계를 구성하는 것. 상호주관적 시간공간성. 무한함. 정밀한 자연을 이념화하는 것. 정적: 인간과 환경세계.

제5권 객관적 세계의 선험적 발생. 인간과 인간성의 선험적 발생. 세대의 문제. 자기유지(自己維持), 즉 진정한 인간의 문제. 인간성과 운명. 목적론의 문제와 신의 문제.

핑크는 이러한 후설의 계획안보다 상세한 내용으로 확장해 구상했다(이것은『제6 데카르트적 성찰』제2권 '보충편' 3～105쪽에 실려 있다).

그러나 1931년 봄 후설은 이 '체계적 저작'을 그해 안에 완성할 수 없다고 느끼고, 핑크에게 잠시 맡겼던 『데카르트적 성찰』의 수정 및 확장계획과 1917년 가을과 1918년 봄에 작성한 '베르나우 시간유고'를 정리하는 작업(이것은 후설아카이브에 '유고 L'로 남아 있다)으로 되돌아갔다.

『제6 데카르트적 성찰』의 지위 및 후설 현상학의 관계

그래서 후설은 핑크에게 1932년 8월부터 10월까지 「선험적 방법론」이라는 명칭 아래 '제6성찰'을 구상하게 맡기고, 이것을 1933년 여름부터 1934년 초까지 세 번에 걸쳐 집중적으로 세밀하게 검토해갔다(이 자료는 에벨링H. Ebeling과 홀J. H. Holl, 케르크호펜G. V. Kerckhoven이 편집해 1988년 『제6 데카르트적 성찰』 제1권 '선험적 방법론의 이념', 제2권 '보충판'으로 출간되었다). 후설은 적지 않은 부분에 대해 비판과 주해를 달았지만, 전반적으로 높게 평가했다. 이 점은 1933년 여름 『칸트 연구』(Kant-Studien) 제38집에 핑크가 기고한 '제6성찰'과 연관된 논문 「현재의 비판에서 후설의 현상학적 철학」(Die phänomenologische Philosophie Edmund Husserls in der gegenwärtigen

Kritik)에 대해 후설 자신이 쓴 서문 "나는 이 논문에서 완전히 나의 것이 아닌, 나 자신의 확신으로서 명백히 승인할 수 없는 문장은 하나도 없다는 사실을 말할 수 있어 기쁘다"라는 문구에서도 확인할 수 있다.

어쨌든 후설은 '제6성찰'의 내용이 선험적 현상학의 이념에 충실한 것을 인정하면서도 '완전히 다른' 책이 될 수 있다고 판단해 출판을 보류했다. 이러한 결정은 데카르트적 길을 통해 현상학적 철학을 소개하는 것에 다음과 같은 문제점을 인식했기 때문이다.

> 나는 『이념들』 제1권에서 서술한 것처럼 선험적 판단중지를 통한 훨씬 짧은 길 — 이것을 나는 '데카르트적 길'이라고 불렀다(즉 이것은 『데카르트적 성찰』에서 데카르트적 판단중지에 단순히 반성적으로 깊이 침잠함으로써 그리고 데카르트의 선입견이나 혼동을 비판적으로 순화함으로써 획득한 것으로 생각한다) — 은 다음과 같은 커다란 결함을 갖는다는 점에 주목한다. 이 길은 요컨대 실로 단 한 번의 비약으로 선험적 자아에 이르는 것 같지만, 선행하는 어떠한 예비설명이 없기 때문에 선험적 자아를 가상적인, 내용이 빈 공허한 것으로 보이게 만들었다. 따라서 사람들은 우선 '선험적 판단중지로 무엇이 획득되었는지, 게다가 이것에서부터 철학에 대해 결정적 의미를 지닌 완전히 새로운 종류의 근본적 학문이 어떻게 획득되었는지' 하는 곤란한 문제에 직면하게 되었다. 그러므로 …… 사람들은 너무나도 쉽게 그리고 곧바로 그 최초의 출발부터 그러지 않아도 매우 빠지기 쉬운 소박한 자연적 태도로 다시 굴러떨어지게 되었다.

• 『위기』 157~158쪽

그리고 1926~27년 겨울학기 강의「현상학입문」(이것은『상호주관성』제2권 제3부에 수록되었다) 이후 역사적 길을, 1925년 여름학기 강의「현상학적 심리학」(이것은 후설전집 제9권『심리학』으로 출판되었다) 이후 심리학을 통한 길을 통해 선험적 현상학을 새롭게 소개하려고 했기 때문이다(전자는『위기』의 제3부 A의, 후자는 B의 구체적인 예비형태이다).

더구나 후설은 1934년 8월 프라하의 국제철학회에게「우리 시대에 있어 철학의 사명」이라는 주제로 강연할 것을 요청받았다. 그때는 나치 정권이 등장해 철학이나 정치 분야에서 합리주의에 대한 반감이 팽배하고, 유럽 문명에 대한 회의로 위기감이 감돌고 있었다. 그는 이 강연을 준비하기 위해「파리강연」을 완성시키려는 계획을 일단 유보할 수밖에 없었고, 그 대신 관련된 유고를 자료로 남겨두려고 분류했다(이 책의 '에드문트 후설의 저술들' 참조).

그뿐 아니라 그 강연을 준비하느라 1919~20년 강의「발생적 논리학」과 그 관련수고를 출판하기 위해 정리하던 작업도 관심 밖으로 밀려났다(그는 이 작업을 란트그레베에게 위임해 마무리하게 했으며, 그가 죽은 다음 해 1939년『경험과 판단』으로 출간되었다).

그 결과 '제6성찰'은 케언스(D. Cairns), 슈츠(A. Schütz), 메를로퐁티(M. Merleau-Ponty) 등 일부의 현상학자들만 볼 수 있었다. 특히 메를로퐁티는『지각의 현상학』의 머리말에서 이에 대해 주목해 논의하고 있다.

제2차 세계대전이 끝난 직후 핑크는 '제6성찰'을 프라이부르크 대학교에 교수자격 취득논문으로 제출했다. 그는 1948년 10월 26일 반 브레다(Van Breda)에게 다음과 같이 편지를 썼다.

저의 교수자격은 대학의 평의회의 '정치적 보상'으로 촉진되었으며, 후설-전통의 복구로 파악되었습니다. 그래서 저는 비록 더 중요한 논문들을 갖고 있지만, 후설이 극도로 권위를 인정한 '제6성찰'을 논문으로 선택했습니다. 이렇게 함으로써 저는 제가 정통적으로 계승하는 것이 아니라 후설에게 받은 정신적 충격을 계속 실행함으로써 후설의 전통을 수용할 것이라는 점을 상징적으로 표현했습니다. ……학부가 심사를 요청한 하이데거는 제 논문이 후설 자신이 권위를 인정한 이상 그 밖에 더 심사할 필요가 없다는 답변으로 한정했습니다.

요컨대 『제6 데카르트적 성찰』은 후설이 줄곧 강조했던 현상학적 공동연구에 충실한 핑크와 후설의 공동저작으로 평가할 수밖에 없으며, 미완성으로 그친 『데카르트적 성찰』의 참모습을 새로운 시각에서 엿볼 수 있는 저술이라 할 수 있다.

선험적 현상학을 향한 새로운 출발: 『위기』

후설은 프라하의 국제철학회의 요청에 따른 성과를 1935년 5월 7일 빈 문화협회에서 「유럽 인간성의 위기에서 철학」을 강연(그 앙코르 강연은 10일)했고, 11월 14일부터 프라하 철학회의 주관 아래 독일 대학교과 체코 대학교에서 각기 두 차례 「유럽 학문의 위기와 심리학」을 강연했다. 또다시 '선험적 현상학 입문'이라는 부제로 행한 이 강연 제1부에서 유럽 인간성의 근본적 삶의 위기로 표현되는 학문의 위기를 논하고, 제2부에서 그리스 철학과 수학, 갈릴레이 이후 근대과학의 발생과 데카르트부터 칸트까지의 근대철학사를 목적론적으로 해석했다(이 강연내용은 유고슬라비아의 베오그라드에서 1936년 발행한 『필로소피아』*Philosophia* 창간호에 실렸다).

그는 이것을 완결지어 출판하고자 했으나 1937년 8월 병들었을 때, 이미 출간한 것보다 더 많은 분량의 제3부 '선험적 문제의 해명과 이에 관련된 심리학의 기능'(이것은 다시 'A 미리 주어진 생활세계에서 되돌아가 물음으로써 현상학적 선험철학에 이르는 길'과 'B 심리학에서부터 현상학적 선험철학에 이르는 길'로 나뉜다)은 아직 완성되지 못했다.

그래서 이 기간에 그의 연구조교인 핑크는 속기필사본을 타이프로 정서했고, 후설은 이것을 면밀히 검토하고 계속 수정했다. 특히 제3부 A는 출판사에서 교정본을 받았고, 증보판을 위한 '머리말'도 작성된 상태였다. 이렇게 계속 수정된 작업과 신병 때문에 결국 제3부는 출간되지 못했고, 그의 사후 1954년 비멜이 관련된 논문들과 부록들을 편집해 후설전집 제6권 『위기』로 출간했다. 그러나 이 역시 본래 전체 5부로 저술하려던 계획(제4부 '선험철학의 통일 속에서 모든 학문을 되찾는 이념', 제5부 '철학의 불가결한 과제: 인간성의 자기 책임')에서 볼 때 전체적으로 미완성이다.

이 『위기』가 현대철학에 던진 커다란 충격은 무엇보다 '생활세계'(제1부와 제2부에는 '자연과학이 망각한 의미기반'으로 간략하게 묘사되어 있지만, 제3부 A에는 상세하게 분석되어 있다)에 있다. '생활세계'는 수학과 자연과학으로 이념화된 세계나, 일반적 의미의 일상적 세계도 아니다. 그것은 논리 이전에 미리 주어진, 그 유형을 통해 친숙하게 잘 알려진 선술어적 경험의 세계이다.

그렇지만 '생활세계'에 대한 그의 분석은 그리 간단하지 않다. 구체적 경험을 통해 직접 직관할 수 있는 미리 주어진 '토대'라고도, 주관이 구성한 '형성물'로서 지평과 관심의 세계라고도 하기 때문이다. 즉 실재론적 해석도 관념론적 해석도 가능할 수 있다. 하지만 이러한 주장들은 서로 배척하는 것이 아니라 부단히 상호작용하는, 개방된 나선형의 순환구조를 지닌 것이다. 따라서 상호주관적으로 경험되며 언어적으로 논의하고 해석할 수 있는 우리 모두에게 공통적인 동일한 역사적 환경세계이다. 물론 다양한 생활세계들이 모든 상대성에 대해서도 그 자체가 상대적이지는 않은 보편적 본질구조의 유형을 갖는다. 이 '생활세계의 존재론'은 다른 전통과 문화세계들을 이해할 수 있고, 자신의 생활세계를 발전시킬 수 있는 근거이다. 그것은 곧 선험적 상호주관성의 존재영역을 해명함으로써 드러난 새로운 차원의 세계이다.

그런데 '생활세계'는 『위기』에서 비로소 등장한 개념이 결코 아니다. 그것은 심리학주의·자연주의·역사주의·세계관철학에 대한 인식비판과 소박한 형식논리에 대한 경험비판을 통해 그가 일관되게 강조한 '사태 그 자체'로 되돌아가서 직접 체험하는 직관의 세계 이외에 다른 것이 아니기 때문이다.

후설은 생활세계의 분석을 통해 정밀한 학문이 추구하는 객관적 지식(Episteme)보다 단순히 주관에 상대적이기 때문에 모호한 것으로 경멸되었던 주관적 속견(Doxa)의 권리와 가치를 복원시켰다. 즉 객관적 학문의 세계는 구체적 직관의 생활세계에 추상적 이념과 상징의 옷을 입힌 것이다. 객관적 지식은 '그 자체의 존재'를 인식하는 것이 아니라 그에 이르는 하나의 방법에 불과한 것으로, 주관적 속견은 객관적 인식이 그 의미상 되돌아가야 할 궁극적 근원의 영역이자 근본적 토대이다.

그는 이렇게 객관적 학문과 생활세계, 객관적 지식과 주관적 속견 사이의 근원적인 의미의 연관과 정초의 관계를 밝힘으로써 실증적 자연과학이 추구한 그 객관적 인식이 자신의 뿌리인 고향을 상실하고 그 본래의 의미가 소외된 현대학문의 위기를 근본적으로 극복하고자 했다.

그러나 그는 현대가 이러한 학문의 위기뿐만 아니라, 인격과 규범의 담지자인 자아, 즉 선험적 주관성이 스스로를 객관화한 것인 인간성이 이성에 대한 신념을 상실한 위기에도 처해 있다고 파악한다. 따라서 현대의 총체적 위기를 진정으로 극복(진단인 동시에 처방)하기 위해서는 생활세계에 머물 수 없고 선험적 현상학(선험철학)에 도달해야 한다고 역설한다.

선험적 현상학에 이르는 길들: 이 책과『위기』의 관계

후설의 최후 저술인『위기』는 현대가 처한 학문과 철학의 위기의 근원을 목적론적-역사적으로 반성함으로써, 물리학적 객관주의가 선험적 주관주의로 전환되어야 할 필연성을 강조한다는 점에서 이전 저술들과 다른 특징을 지닌다. 즉 선험적 현상학에 이르는『이념들』제1권 이후 '데카르트적 길'이 가파르게 전개되기 때문에 소박한 자연적 태도에서 공허한 것으로 오해되는 경향이 있었다. 그런데 '생활세계를 통한 길'과 '심리학을 통한 길'은 실증적 자연과학과 긴밀한 관련을 맺고 있기 때문에 일반인이 쉽게 접근할 수 있고, 모든 학문을 궁극적으로 정초하는 엄밀한 선험철학의 이념을 구체적으로 제시해 실행할 수 있다.

즉 '생활세계를 통한 길'은 객관적 학문세계들에서 그 의미의 근원인 생활세계로 되돌아감(Rückgang)으로써 이들의 정초관계를 밝혀 학문의 위기를, 이 생활세계에서 이것 자체가 발생하는 주관의 작업수행을 되돌아가 물음(Rückfrage)으로써 선험적 주관성을 확보해 인간성의 위기를 극복할 수 있다. 그리고 '심리학을 통한 길'은 경험적 심리학과 현상학적 심리학, 선험적 현상학의 정초관계를 밝혀 심리학주의를 극복하고, 학문과 인간성의 이념에 부단히 접근해야 할 목적을 지닌 보편적 이성, 즉 선험적 주관성을 구명한다.

이렇게 밝혀진 선험적 주관성은 일반적 의미의 대상과 대립된 주관이 아니라 자아 극(Ichpol)과 대상 극(Gegenstandpol) 모두를 포함하는 것으로서, 세계와 의식 사이의 본질적인 보편적 상관관계의 아프리오리(Apriori)이다. 즉 선험적 주관성은 이 책의 '제4성찰'에서 압축적으로 표현되어 있듯이, 다양한 체험들의 동일한 극(極)일 뿐 아니라 습득성(Habitualität)의 기체(基體)이며, 자기 자신을 구성하는 모나드(Monad)이다. 그리고 이 책 '제5성찰'에서 비록 만족스러울 정도는 아니더라도 새롭고 독창적으로 제시하듯이, 그 자체로 완결되고 폐쇄된 독아론적 자아가 아니라, 사회성과 역사성(시간성)을 통해 상호주관적 공동체 속에 부단히 다양하게 구성되는 상호주관성(Intersubjektivität)이다.

결국 선험적 주관성이라는 새로운 세계를 발견하려는 선험적 환원은 '참된 자신에 대한 인식과 세계에 대한 인식에 이르는 통로'이며, 선험적 현상학은 의식의 탐구를 통해 대상성을 정초하려는 '궁극적으로 자신을 이해하는 인식'이다. 이 점을 분명히 파악해야만 선험적 주관성의 자기구성과 해명을 통해 선험적 현상학을 소개하는 이 책 제1부의 맺음말에서 "델포이의 신탁 '너 자신을 알라'는 말이〔『데카르트적 성찰』을 통해〕 새로운 의미를 획득했다"는 그의 주장을 이해할 수 있다.

따라서 이 책에서 모색한 '데카르트적 길'과 『위기』에서 추적한 '생활세계를 통한 길' '심리학을 통한 길'은 대립적 관계가 아니라 보완적 관계로, 후설이 죽는 그날까지 일관되게 추구한 엄밀한 학문으로서의 선험적 현상학을 정확히 파악하는 데 반드시 필요한 두 기둥이다. 즉 선험적 현상학(선험철학)에 오르는 지름길은 짧지만 가파르고 그 의미를 이해하기 힘들다. 우회할 수 있는 길들은 평탄하고

도중에 아기자기한 정경들도 제공하지만 멀기 때문에 정상에서 전개될 새로운 세계(선험적 주관성)를 망각하거나 포기하기 쉽다. 요컨대 선험철학은 전자를 외면하면 맹목적이 되고, 후자가 없다면 공허해질 수밖에 없다.

제1부

데카르트적 성찰

"나는 어떠한 오해도 일어나지 않게
다음과 같은 점을 지적하고자 한다.
현상학은 이치에 어긋나는
'물 자체'를 갖고 조작하는 모든 소박한 형이상학만
배제하는 것이지 형이상학 일반을
배제하는 것은 아니라는 점
그리고 현상학은 낡은 전통을 전도된 물음설정과
방법으로 내적으로 몰아세우는 문제의 동기를
모욕하는 것이 아니며,
결코 '최고의 그리고 궁극적인' 물음 앞에
멈추려고 하지 않는다는 점이다."

서론

1 철학적 자기성찰의 원형인 데카르트의 성찰

나는 프랑스에서 가장 명예로운 이 학문의 전당에서 선험적 현상학을 논의할 수 있게 된 것에 대해 특별한 이유에서 기쁘게 생각한다. 그것은 프랑스 최대의 사상가 데카르트(R. Descartes)가 그의 성찰을 통해 선험적 현상학에 새로운 추진력을 부여했고, 그의 연구가 이미 생성되고 있던 현상학을 '선험철학'(Transzendentalphilosophie)[1] 이라는 새로운 형식으로 변형시키는 데 매우 직접 영향을 끼쳤기 때문이다. 따라서 우리는, 비록 선험적 현상학이 바로 데카르트의 동기 (Motiv)를 철저히 전개함으로써 이미 알려진 데카르트 철학 전체의 학설내용을 거부할 수밖에 없더라도, 선험적 현상학을 대략 '신 데카르트주의'(Neu-Cartesianismus)라고 부를 수 있을 것이다.

이러한 사정에서 나는, 만약 [그의 저술]『제일철학에 대한 성찰』

---

1) 후설은 선험적 현상학이 '사태 그 자체'에 구체적으로 접근할 수 있는 새로운 방법론으로 이해되는 데 만족하지 않고, 선험적 주관성이 구성되는 것과 이것을 해명함으로써 철학적 자기이해와 세계이해 그리고 진정한 인간성을 실현하고자 추구하는 '선험철학'임을 강조했다.

(*Meditationes de prima philosophia*)에서 영원한 가치가 있다고 믿는 그 동기들과 결부해 시작하고 이와 관련해 선험적-현상학의 방법과 문제제기가 발생하는 변형과 새로운 형성의 특징을 묘사하면, 여러분의 양해를 충분히 얻을 것이라고 미리 확신할 수 있다.

철학의 초심자는 누구나 『제일철학에 대한 성찰』에 나타난 주목할 만한 사상의 특징을 안다. 그것이 주도하는 이념을 마음속에 생생히 그려보자. 그 이념의 목표는 철학을 절대적으로 정초하는 것(Begründung)에 입각한 학문으로 완전히 개혁하는 것(Reform)이다. 데카르트에서 이 개혁은 이에 상응해 모든 학문을 개혁하는 것을 포함한다. 왜냐하면 모든 학문은 하나의 보편학문, 즉 철학의 비독립적 가지[분과]일 뿐이기 때문이다. 모든 학문은 철학의 체계적 통일 속에서만 비로소 진정한 학문이 될 수 있다.

그러나 모든 학문이 역사적으로 생성되었듯이, 이 학문들에는 절대적 통찰 — 그 배후로 더 이상 소급해갈 수 없는 통찰 — 에 입각한 철저하고 궁극적인 그 진정함(Echtheit)[2]이 없다. 그래서 그와 같이 절대적으로 정초하는 통일 속에 학문들의 보편적 통일인, 철학의 이념을 만족하게 하는 철저하게 새롭게 건축하는 것이 필요하다. [철학의] 새롭게 건축해야 한다는 이 요구는 데카르트의 경우에 주관적으로 전환된 철학으로 그 성과가 나타난다. 이 주관적 전환은 [다음] 두 가지 중요한 단계로 수행된다.

첫째, 진정한 철학자가 되려는 사람은 누구나 반드시 '인생에 한번은' 자기 자신으로 되돌아가고[반성하고], 자기 자신 속에 이제까지 그가 타당하다고 간주해왔던 모든 학문을 전복시키고 그것을 새

---

2) 이 용어는, 논리적 추론의 '정합성'이나 경험적 자연과학의 목표인 '정밀성'(exakt)과는 달리, 궁극적 근원을 부단히 되돌아가 물음으로써 학문적 인식에 명증성을 부여하려는 '엄밀함'(streng)의 다른 표현이다.

롭게 건축하려고 시도해야 한다. [본래] 철학, 즉 **지혜**(sagesse)는 철학을 하는 자(Philosophierendes)의 완전히 개인적 일이다. [따라서] 철학은 **철학을 하는 자의 지혜**, 철학자가 처음부터 그리고 각각의 단계에서 그 자신의 절대적 통찰에 입각해 책임질 수 있는 지혜, 그 자신이 획득하고 보편적으로 계속 노력하는 지혜로 생성되어야 한다. 만약 내가 이러한 목표를 향해 살아가려고 결심했고 반드시 나를 철학적으로 생성(Werden)되게 이끌어갈 수 있게 결심하면, 그렇게 함으로써 나는 절대적으로 인식이 빈곤한 출발점을 선택했다. 그렇게 함에서 분명히 첫 번째 일은 '진정한 지식으로 이끌 수 있는 진행방법을 나는 어떻게 발견할 수 있는가'를 스스로 숙고하는 것이다. 그러므로 데카르트적 성찰은 데카르트라는 철학자의 단순히 개인적인 일일 수만은 없다. 하물며 제일철학을 정초하는 것을 서술하기 위한 단순히 인상 깊은 문학적 형식일 수는 없다. 오히려 그의 성찰은 모든 철학의 초심자에게 필수적인 성찰의 원형을 묘사해주는데, 이러한 성찰에서만 철학은 근원적으로 성장할 수 있다.[3]

우리 현대인에게 그다지 친밀하지는 않은 『제일철학에 대한 성찰』의 내용에 주의를 기울여보면, 거기에는 제2의 그리고 더 깊은 의미에서 철학을 하는 자아(ego),[4] 순수한 사유작용(cogitationes)의 자아로 되돌아간다. 성찰하는 자는 이미 알려진, 매우 주목할 만한 회의(懷疑)의 방법을 통해 이 [자아로] 되돌아간다. 그는 철저한 일관성에서 절대적 인식이라는 목표를 향한 채, '의심스럽게 된다'고 생각

---

3) 이러한 해석을 확증하기 위해서는 데카르트의 저술 『원리』(*Principia*)의 번역자에게 보낸 '저자의 편지' 참조(Descartes, *Oeuvres*, Adam & Tannery ed. 제9권, 제2부 1~20쪽, 1904) —— 저자 주(이 난외주는 후설이 나중에 덧붙인 것이다).
4) 때때로 후설은 'ego'와 'Ich'를 구별하지만, 여기서는 분명히 구별할 경우 이외에는 모두 '자아'로 옮긴다.

할 모든 가능성을 방지하지 않고서 남겨둔 어떤 것을 존재하는 것으로 승인하는 일을 스스로 거부한다. 그래서 그는 자연적으로 경험하는 삶과 사유하는 삶 속에 확실한 것을 그것을 의심할 가능성을 고려해 방법적으로 비판(methodische Kritik)을 한다. 그리고 그는 의심할 수 있는 가능성들에 개방된 모든 것을 제거함으로써 절대적으로 명증적인 것(Evidentes)의 요소를 획득하고자 한다.

〔그러나〕세계가 자연적 삶 속에 주어지는 감각적 경험의 확실성은 이러한 회의적 방법에서는 비판을 지탱해나갈 수 없다. 따라서 이렇게 출발하는 단계에서 세계의 존재는 타당성 밖에 있어야만(außer Geltung bleiben) 한다. 성찰하는 자는 그의 **사유작용**의 순수자아인 자기 자신만을 절대로 의심할 수 없이 존재하는 것으로, 이 세계가 존재하지 않더라도 폐기할 수 없는 것으로 유지할 뿐이다. 이처럼 환원된 자아는 실로 일종의 독아론적으로 철학을 한다(solipsistisches Philosophieren). 이 자아는 자신의 순수한 내면성 속에 객관적 외면성이 추론될 수 있는 필증적으로(apodiktisch) 확실한 방도를 찾는다.

이것은 이미 알려진 다음과 같은 방식으로 일어난다. 즉 우선 신의 존재와 **성실성**(veracitas)[5]이 추론되고, 그런 다음 이것으로 객관적 자연, 유한한 실체의 이원론,[6] 요컨대 형이상학과 실증적 과학들의 객관적 토대와 이러한 학문들 자체가 추론된다. 물론 이 모든 추론방

---

5) 데카르트는 방법적 회의를 통해 제1원리 '나는 생각한다. 그러므로 존재한다' (cogito ergo sum)에 도달하고, '이처럼 명석(clare)하고 판명(distincta)하게 인식되는 것은 모두 진리'라는 제2원리를 규칙으로 삼아 기하학적 방법에 의한 연역체계로서 보편수학을 추구했다. 그는 이 규칙들을 확실히 성립시키는 보증자로서, 인간을 기만하지 않는 무한실체인 '성실한' 신의 존재가 확보되지 않으면 안 된다고 한다.

6) 이것은 유한실체 가운데 사유실체(res cogitans)와 연장실체(res extensa)의 물심평행(物心平行) 이원론을 뜻한다.

식은 순수자아에 내재적(immanent)[7]인, 순수자아에 타고난[본래의] (eingeboren) 원리를 길잡이로 해서 일어난다.

2 철학을 철저하게 새롭게 시작할 필요성

지금까지 논의한 것은 데카르트 [사상]이다. 이제 우리는 다음과 같이 묻는다. 이러한 사상의 영원한 의미를 추적하는 것은 본래 보람 있는 일인가? 이러한 사상은 여전히 현대에 생생한 힘을 불어넣을 수 있는가?

어쨌든 이 [데카르트의] 성찰을 통해 절대적으로 합리적으로 정초했어야 할 실증적 과학들이 이것에 대해 거의 관심을 쏟지 않았다는 사실은 깊이 생각해볼 문제이다. 물론 실증적 과학들은 [지난] 3세기 동안 눈부신 발전을 이룩한 후인 오늘날에는 그들의 근본적 토대들이 애매하다는 점을 통해 [그들의 발전이] 매우 억제되는 것을 스스로 느끼고 있다. 그러나 실증적 과학들은 그들의 근본적 토대를 새롭게 형성하려고 추구하는 경우에도, 데카르트의 성찰로 되돌아가 파악하는 것을 전혀 생각조차 않는다. 하지만 다른 한편 철학에서는 『제일철학에 대한 성찰』이 아주 독특한 의미에서 신기원을 이룬 것, 게다가 곧 순수한 사유하는 자아(ego cogito)로 되돌아감[8]으로써 신기원을 이룬 것은 중요한 일이다.

---

7) '내재'(Immanenz)는 의식 안에 존재하는 영역을 뜻하는 말로서, 의식 밖에 존재하는 영역인 '초재' 또는 '초월성'(Transzendenz)과 구별된다.

8) 『위기』나 『경험과 판단』에서는 의식에 직접 주어진 사태 그 자체, 즉 구체적으로 경험되는 생활세계로 '되돌아가는 단계'와 이 생활세계가 발생하는 주관성의 작업수행으로 '되돌아가 묻는' 단계를 명백하게 구분하지만, 여기서는 그렇지 않다.

사실상 데카르트는 아주 새로운 종류의 철학을 창시한다. 즉 그 전체적 양식을 변경하면서 데카르트 철학은 소박한 객관주의(naive Objektivismus)에서 선험적 주관주의(transzendentale Subjektivismus)로 근본적으로 전환한다. 이 선험적 주관주의는 그것의 필연적인 최종의 형태(Endgestalt)를 향해 항상 새로운, 그러면서도 항상 불충분한 시도를 목표로 노력하는 것처럼 보인다.

그러므로 이 부단한 경향은 영원한 의미를 내포하는 것은 아닌가? 우리에 대해 이 경향은 역사 자체가 우리에게 부과한 과제, 우리가 모두 함께 작업하도록 소명을 받은 위대한 과제를 내포하는 것은 아닌가?

현대철학이 걷잡을 수 없을 정도로 활발하게 운동하면서 드러난 분열된 상태는 우리를 숙고하게 한다. 만약 학문의 통일이라는 서양철학을 고찰해보면, 이전 [19]세기 중엽 이후 서양철학은 이전 시대보다 쇠퇴해가는 조짐이 아주 명백하다. 목표의 설정에서도, 문제제기나 방법에서도 이러한 통일은 상실되었다. 근대 초기에 종교적 신앙이 갈수록 더 생기 없는 인습으로 외면화되었을 때 새로운 위대한 신앙, 즉 자율적 철학과 학문에 대한 신앙이 지성적 인간성(Menschheit)을 고무시켰다. [그 이후] 인간성의 문화 전체는 학문적 견해에 힘입어 인도되고 규명되었으며, 이렇게 함으로써 새로운 자율적 문화로 개혁될 수밖에 없었다.

그러나 그러는 동안 이 신앙도 위축되고 진정하지 못한 것으로 빠져들게 되었다. 이러한 일에는 분명히 근거가 있다. 통일적이고 생생한 철학 대신 우리는 끝없이 증대하고 있지만 거의 연관이 없는 철학적 저술들을 갖게 되었다. 즉 서로 대립하는 이론들의 진지한 토론——어쨌든 이 이론들이 내적으로 함께 속하는 것, 근본적 확신에서 이들이 공유하는 것 그리고 참된 철학에 대한 확고한 신앙을 논쟁 속에 밝혀주는 토론――대신 우리는 가상(假象)과 같이 비평하거나 비판하는 것, 단지 겉모습으로만 진지하게 서로 함께 그리고 서로를 위해 철학을 하는 것만 갖고 있다. 여기에는 객관적으로 타당한 성과를 겨냥하고 진지한 공동작업(Zusammenarbeit)의 정신(Geist)[9] 속에 책임을 의식한 상호 간에 이루어지는 연구는 전혀 확인되지 않는다. 객관적으로 타당한 성과는 상호 간의 비판을 통해 정화되고 모든 비판을 지탱할 수 있는 성과들 이외에 결코 다른 것이 아니다.

그런데 그토록 많은 철학자와 거의 이와 마찬가지로 많은 철학이 존재하는 곳에서 어떻게 실제적인 연구와 실제적인 공동작업이 가능한가? 어쨌든 우리는 철학회를 개최한다. [여기서] 철학자들은 함께 모이지만, 유감스럽게도 철학들은 함께 모이지 않는다. 이들에게는 그들이 서로를 위해 그리고 서로에 대해 영향을 줄 수 있는 하나의 정신적 공간의 통일이 없다. 이러한 일은 개별적 학파나 [학문적] 방향 안에서는 더 잘 이루어지고 있을지도 모른다. 그러나 그러한 통일이 있더라도 개별화된 형식으로 이루어지고 있고, 현재의 철학 전체에 관해서는 우리가 묘사한 특징이 본질적으로 여전히 남아 있다.

이 불행한 현재에 우리는 데카르트가 청년시절에 마주친 상황과 유사한 상황에 부닥친 것은 아닌가? 따라서 [만약 그렇다면] 지금이야말로 출발하는 철학자가 그의 근본주의(Radikalismus)를 재생시킬(erneuern) 때가 아닌가? 즉 위대한 전통, 더 진지한 새로운 시작, 다양한 양상의 저술활동(이것은 연구가 아니라 감명을 주는 것을 목표

---

9) 후설은 무한한 학문의 이념과 과업은 어떤 개인이 창조하고 완성하는 것이 아니라, 공동의 정신을 지닌 학자들의 현상학적 방법에 따른 상호비판과 협동작업을 통해 점진적으로 접근함으로써 이룩된다고 파악했다(『엄밀한 학문』, 290, 291, 332, 339쪽 ; 『위기』, 326, 334, 367쪽 참조). 학문은 다양한 주관들의 공유물일 경우에만 참된 의미를 지닐 수 있기 때문이다.

로 삼는다)이 뒤죽박죽된 무수한 철학저술은 데카르트적 전복(顚覆)에 떠맡기고, 새로운 『제일철학의 성찰』을 시작할 때가 아닌가? 우리의 암담한 철학적 상태는 결국 데카르트의 성찰에서 방출된 원동력이 그 근원적인 생명력을 잃어버린 것, 더구나 철학적 자기책임(Selbstverantwortlichkeit)[10]이라는 근본주의의 정신이 상실되었기 때문에 잃어버린 것으로 소급해야만 하는 것은 아닌가? 생각할 수 있는 편견들(Vorurteile)에서 궁극적으로 벗어난 것을 목표로 삼는 철학, 즉 자기 자신에서 산출된 궁극적 명증성(Evidenz)에 근거해 실제로 자율적으로 스스로를 형성하고, 이것에서부터 절대적으로 자기 스스로 책임을 지는 철학에 대한 추정적으로 과장된 요구야말로 오히려 진정한 철학의 근본적 의미에 속하는 것은 아닌가?

생기에 찬 철학을 동경하는 것은 최근에 와서 다양한 르네상스[부흥운동]로 이끌었다. [그런데] 유일하게 성과가 있는 르네상스는 바로 데카르트의 성찰을 다시 일깨우는 르네상스가 아닌가? 물론 그 르네상스는 그의 성찰을 이어받기 위한 것이 아니라, 우선 사유하는 자아로 되돌아가서 성찰하는 근본주의의 가장 깊은 의미와 더 나아가 거기서 움트는 영원한 가치를 드러내 밝히기 위한 것이다.

어쨌든 이렇게 함으로써 선험적 현상학으로 이끈 길이 묘사되었다. 이제 우리는 함께 이 길을 걸어가려고 한다. 근본적으로 시작하는 철학자(radikal anfangende Philosoph)[11]인 우리는 데카르트적으로 성

---

10) 이것은 어떤 사실을 소박하게 전제하거나 기존의 체계를 통해 정합적으로 추론하는 것이 아니라, 절대적으로 확실한 인식, 즉 엄밀하게 정초된 명증성을 부여하는 이론적 앎과 이러한 자율적 이성에 근거해 세계와 자기 자신을 이해하고 새롭게 형성해가는 실천적 삶에 대한 철학 본연의 책임을 뜻한다.

11) 흔히 후설 현상학은 나선형의 형태로 발전했다고 평가하듯이, 후설은 그의 사상발전 어느 한 단계에서도 머물러 안주하지 않고 부단히 자신을 극복하고 비판하면서 철학을 했다. 이러한 모습은 그가 자신의 스승이었던 브렌타노에

찰하고자 한다. 물론 극히 비판적인 자세로 신중을 기하고, 필요하다면 낡은 데카르트의 사상을 언제나 변형(Umbildung)시킬 각오가 되어 있다. 이 경우 데카르트와 그의 후계자들이 빠져들었던 유혹적인 탈선들을 해명하고 피해야 한다.

게 보낸 편지(1904. 10. 15)에서도 극명하게 나타난다.

"……저는 지금 45세나 되었습니다. 그런데도 아직 저는 비참한 초보자에 불과합니다. 도대체 저는 무엇을 믿을 수 있으리라는 희망을 가질 수 있을까요? 저는 많이 읽지는 않습니다. 단지 창조적 사상가의 작품들을 읽을 뿐이지요. 그리고 거기서 무엇이든 새로운 것들을 발견하면, 그것은 항상 저 자신의 관점을 수정하도록 강요하는 도전이 되고 있습니다."

이러한 철학적 태도는 그의 저서들에 줄곧 '서론' 또는 '입문'이라는 부제에서도 알 수 있다. 따라서 항상 새롭게 시작하는 자의 태도로 궁극적 근원을 되돌아가 묻고 해명하는 후설 현상학을 고고학(Archäologie)이라고도 부른다.

제1성찰

선험적 자아로의 길

3 데카르트적 전복과 학문을 절대적으로 정초하려는 주도적 목적의 이념

그러므로 철저히 처음부터 시작하려는 철학자로서 이제까지 우리에게 타당한 모든 확신과 그 가운데 특히 우리의 모든 학문을 우선 작용 밖에 정립하려는(außer Spiel zu setzen)〔타당성을 무효화시키려는〕결심으로 각자 스스로 새롭게 시작한다. 우리의 성찰을 주도하는 이념은 데카르트와 마찬가지로 철저한 진정함(Echtheit) 속에 정초되어야만 할 학문의 이념과 궁극적인 보편학문의 이념일 것이다.

그러나 현존하는 어떠한 학문도 이러한 진정한 학문의 범례(Exempel)로 사용할 수 없는 까닭에 ─실로 어떠한 학문도 우리에 대해 타당성을 갖지 못한다─이러한 이념 자체, 즉 절대적으로 정초할 수 있는 학문의 이념이라는 의심할 수 없는 확실성은 어떠한 상태에 있는가? 그 이념은 정당한 목적의 이념, 즉 얼마나 실천이 가능한 목표를 묘사하는가?

분명히 우리는 그와 같은 가능성을 지닌 그 어떤 규범 또는 진정한 학문 그 자체가 틀림없이 고유하다고 추정되는 자명한 양식을 미리 확실한 것으로 간주할 수 없고 그것을 전제해서도 안 된다. 왜냐하면 만약 그렇게 하면, 그것은 결국 하나의 논리학 전체를, 이 논리학조차도 모든 학문을 전복시키는 것에 포함되는데도, 학문이론(Wissenschaftstheorie)으로 전제하는 것을 뜻하기 때문이다.

데카르트 자신은 하나의 학문의 이상(理想), 즉 기하학 또는 수학적 자연과학의 이상을 미리 갖고 있었다. 그 이상은 하나의 숙명적 편견으로서 수 세기 동안 철학을 규정했으며, 비판적으로 고려되지 않은 채 데카르트의 『제일철학의 성찰』 자체까지도 규정했다. 데카르트에게는 보편학문이 연역적 체계의 형태를 지닌다는 것, 그래서 그 체계의 전체 구조는 연역을 정초하는 공리적 기초 위에 세워져야 한다는 것이 처음부터 자명한 일이었다. 데카르트에서는 자아와 이 자아에 타고난 공리적 원리들이 절대적으로 그 자체로 확실하다는 공리(Axiom)가, 마치 기하학에서 기하학적 공리가 담당하는 것과 유사한 역할을 보편학문에 관해 담당하고 있다. 다만 보편학문에서 공리적 기초는 기하학의 기초보다 훨씬 더 깊은 곳에 자리 잡고 있으며, 기하학의 기초를 궁극적으로 정초하는 데 함께 작용하는 임무를 부여받았다는 점이 다르다.

이처럼 모든 것이 우리를 결정지어서는 안 된다. 우리는 출발하는 자(Anfangende)로서 어떠한 규범적 학문의 이상도 타당한 것으로 갖지 않으며, 우리 자신이 그 이상을 새롭게 창조하는 한에서만, 우리는 그 이상을 가질 수 있다.

그렇다고 우리는 학문을 절대적으로 정초하려는 보편적 목적을 포기하지 않는다. 실로 그 목적은 데카르트의 성찰과 마찬가지로 우리의 성찰에서도 그 진행을 부단히 동기부여 해야만 하며, 그러한 진행에서 점차 구체적으로 규정되도록 형태를 만들어야 한다. 다만 그것을 목적으로 설정하는 방식에서 신중하지 않으면 안 된다. 우선 그

가능성을 결코 예단해서는 안 된다.

하지만 이 목적을 설정하는 방식을 어떻게 천명하고 그렇게 함으로써 확실하게 할 수 있는가?

당연히 우리는 학문의 보편적 이념을 사실적으로 주어진 학문에서 갖는다. 하지만 만약 그 학문이 우리의 철저한 비판적 태도 속에 단순히 추정된 학문이 되면, 그것의 보편적 목적의 이념 역시 동일한 의미에서 단순히 추정된 것이 반드시 된다. 따라서 우리는 '학문의 보편적 이념이 도대체 실현될 수 있는 것인가'를 아직 알지 못한다. 그런데도 우리는 추정된 일반성의 형식으로, 또 규정되지 않은 유동적 일반성에서 그러한 학문의 이념을 항상 갖는다. 따라서 철학의 이념도, '그것이 과연 실현될 수 있는지, 또 어떻게 실현될 수 있는지'를 알지 못한 채, 그러한 것으로 갖고 있다. 이러한 이념을 일시적 가정으로 받아들이고, 우리의 성찰에서 우리 자신을 시험적으로 이끌어가게끔 시험 삼아 우리 자신을 떠맡겨보자.

그러나 우리는 이러한 이념이 어떻게 가능성으로 고안될 수 있는지, 그런 다음 그것이 어떻게 실현될 수 있는지를 신중하게 숙고해보자. 물론 우리는 생소한 상태에 빠질 것이다. 하지만 만약 우리의 근본주의가 공허한 몸짓으로 남아 있지 않고 실행되어야 할 것이라면, 이러한 상태는 불가피한 것이 아닌가? 그러므로 우리는 참을성 있게 앞으로 나아가자.

4 인식대상의 현상인 학문으로 들어가 체험함으로써 학문의 목적의 이념을 천명하는 일

첫 번째 해야 할 일이 처음에는 모호한 일반성에서 우리 눈앞에 아른거렸던 주도적 이념을 명료하게 만드는 것이라는 점은 이제야 명백해진다. 물론 사실적 학문을 토대로 비교하는 추상(抽象)을 통해 학문이라는 개념을 형성하는 것이 중요한 문제는 아니다. 문화의 사실로서의 학문과 참되고 진정한 의미의 학문이 동일한 종류가 아니라는 것,[1] 또는 전자는 곧 단순한 사실성 속에 이미 충족된 요구로 입증되지 않는 요구를 그 사실성을 넘어서 그 자신 속에 지닌다는 것은, 실로 우리의 고찰 전체의 의미 속에 놓여 있다. 바로 이러한 요구 속에 이념으로서의 학문, 즉 진정한 학문의 이념이 놓여 있다.

〔그러면〕 어떠한 방법으로 이 이념을 드러내 밝히고 파악할 수 있는가? 사실적 학문의 타당성(그 학문은 이러한 타당성을 갖고 있다고 잠칭한다)에 관해, 따라서 그 이론의 진정함, 이것과 상관적으로 그 학문이 이론화하는 방법의 효력에 관해 어떠한 태도를 결정하는 것도 허용되어 있지 않더라도, 어쨌든 우리가 그 학문적 노력과 행위로 들어가 체험하고, 그래서 그 학문이 본래 어떠한 목적을 지녔는지를 '명석하고 판명하게'[2] 만드는 일을 방해하는 것은 아무것도 없다. 이렇게 학문적 노력이 지향하는 것 속으로 계속 심화시켜가면, 진정한 학문의 보편적 목적의 이념을 구성하는 계기들이 우선 최초의 분화된 상태로 전개된다.

무엇보다 여기에 속하는 것은 첫째로 판단하는 행위와 판단 자체를 직접적 판단과 간접적 판단을 구별함으로써 해명하는 것이다. 즉 간접적 판단은 그것을 판단하는 믿음이 그와 다른 판단의 믿음을 전제하는 식으로 ── 이미 믿어지고 있는 것에 근거해 믿는다는 방식으

---

1) 후설은 이미 『엄밀한 학문』(324, 326쪽)에서 역사주의와 세계관철학을 비판하면서, 현실적으로 타당한 것과 객관적 필연적 타당성, 문화현상인 학문과 타당한 이론체계인 학문을 구별해야 한다고 강조했다.
2) '명석'은 주의 깊은 정신에 명백하게 주어지는 것을, '판명'은 이것이 아주 간결하고 판이해서 다른 것과 확연히 구별되는 것을 뜻한다.

로 ─ 다른 판단들과 의미가 관련된다. 더 나아가 정초된 판단을 얻으려는 노력이나 판단의 올바름·진리 ─ 또는 성공하지 못했을 경우 올바르지 못함·거짓 ─가 증명될 정초하는 행위를 해명하는 것이다. 간접적 판단의 경우 이러한 증명 자체도 간접적이다. 즉 그 증명은 판단의 의미에 포함된 직접적 판단에 입각하고 직접적 판단을 정초하는 것도 구체적으로 함께 포함한다.

우리는 일찍이 수행된 정초나 그 정초 속에 증명된 진리로 임의(任意)로 되돌아갈 수 있다. 이 경우 하나의 동일한 것으로 의식된 진리를 다시 실현할 수 있는(Wiederverwirklichung)[3] 이 자유(Freiheit) 때문에 그 진리는 지속하는 획득물 또는 소유물이며, 그러한 것으로서 '인식'(Erkenntnis)이라고 부른다.

이러한 방식으로 (여기서는 당연히 암시에 그친 것이지만) 더 나아가면, 정초 또는 인식의 의미를 더 정확하게 해석함으로써 즉시 명증성의 이념에 도달하게 된다. 판단들은 진정한 정초를 통해 올바르다고, 일치한다고 증명된다. 즉 정초는 판단과 판단[된] 사태(사실 또는 사태) 자체의 일치이다. 더 정확히 말하면, 판단작용은 그것이 이러저러하다고 생각하는 것, 일반적으로 단지 사념(思念)하는 것이다. 이 경우 판단(판단된 것)은 단순히 사념된 사실 또는 사념된 사태이다. 즉 사실의 사념, 사태의 사념이다. 그러나 이에 대해 경우에 따라서는 두드러지게 부각된 판단하는 사념작용(판단하면서 이러저러한 것을 갖는 것)이 있다. 그것이 곧 명증성이다. 단순히 사실에서 멀리 떨어져 생각하는 방식 대신 명증성에서는 사실이 그것 자체로, 사태가 그것 자체로 현재한다. 따라서 판단하는 자는 사태 자체를 소유한다.

---

3) 이처럼 일단 진리로 파악된 인식은 지속적 타당성을 갖는 소유물, 즉 '습득성'(Habitualität)으로 침전되고, 이것은 동기부여(Motivation) 때문에 2차적 명증성으로 다시 생생하게 복원(Reaktivierung)될 수 있다.

단순히 사념하는 판단작용은 그에 상응하는 명증성으로 의식에 적합하게 이행함으로써 사실 자체, 사태 자체를 향한다. 이러한 이행은 단순한 생각을 충족시킨다는 성격, 일치하는 합치된 종합이라는 성격을 자신 속에 지닌다. 그 이행은 이전에 사실에서 멀리 떨어져 있던 생각의 올바름을 명증적으로 파악하는 것이다.

만약 이렇게 수행하면, 모든 학문적 활동을 지배하는 목적의 이념의 근본적 요소가 즉시 나타난다. 예를 들어 학자는 단순히 판단하려 하지 않고, 자신의 판단을 정초하고자 한다. 더 정확히 말하면 학자는 그가 완전히 정초하지 않은 판단, 따라서 반복할 수 있는 정초로 자유롭게 되돌아감으로써 항상 그리고 궁극적으로 정당화할 수 없었던 판단은 어떠한 것도 학문적 인식으로서 그 자신이나 다른 사람에 대해서도 타당한 것으로 간주하려고 하지 않을 것이다. 이러한 일은 사실상 단순한 요구에 그칠지도 모르지만, 어쨌든 이러한 요구 속에 이상적 목적이 놓여 있다.

어쨌든 여기에 보충해 지적되어야 할 것이 있다. 즉 판단 (가장 넓은 의미에서 존재사념Seinsmeinung)과 명증성을 선(先)술어적 판단과 선술어적 명증성과 구별해야 한다. 술어적 명증성은 선술어적 명증성을 포함한다.[4] 생각된 것 또는 명증적으로 알아차린 것은 〔언어로〕 표현된다. 그리고 학문은 일반적으로 언어적 표현으로 판단하고, 판단이나 진리를 언어적으로 표현된 판단이나 진리로 확정해 간주하고자 한다. 그러나 표현(Ausdruck) 그 자체는 사념된 것과 스스로 주어진 것(Selbstgegebenes)에 더 잘 또는 덜 적합하다는 자신의 고유한 성격을 갖는다. 따라서 표현은 술어적 진술 속에 함께 들어오는

---

4) 이것은 판단의 형식으로 표현되는 술어적 영역은 그 판단이 형성되기 이전에 근원적으로 주어지는 판단의 기체(대상)가 스스로를 부여하는 원본의 경험인 지각이 수용되고 해석되는 선술어적 영역에 근거하기 때문이다.

그 자신의 명증성이나 비명증성을 갖는다. 그러나 이렇게 함으로써 표현은 궁극적으로 정초되고 정초할 수 있는 술어적 사태로서의 학문적 진리의 이념도 함께 규정한다.

5 명증성과 진정한 학문의 이념

이러한 방식과 방향으로 계속 성찰해간다면 출발하는 철학자인 우리는, 데카르트의 학문이념 그리고 결국 절대적 정초와 정당화에 근거한 보편학문의 이념은 모든 학문과 그 학문이 보편성을 얻으려는 노력 속에 부단히 주도적 역할을 하는 이념 — 비록 '사실상 그것이 어느 정도 실현될 수 있는가'의 문제가 어떠하든 — 이외에 다른 것이 아니라는 사실을 인식하게 된다.

명증성은 가장 넓은 의미에서 존재자(Seiendes)와 그렇게 존재하는 것(So-Seiendes)에 관한 경험, 곧 '그것 자체를 정신적 시선 속으로 가져오는 것'(Es-selbst-geistig-zu-Gesicht-bekommen)이다. 명증성이 보여주는 것이 경험이 보여주는 것과 배치될 경우에는 명증성의 부정(또는 부정적 명증성)이 생기고, 부정의 내용으로서 명증적 거짓이 생긴다. 일상적인 좁은 의미에서 모든 경험을 사실상 포함하는 명증성은 더 완전할 수도 있고 덜 완전할 수도 있다. 완전한 명증성과 그 상관자인 순수하고 진정한 진리는 인식을 얻으려는 노력, 사념하는 지향을 충족시키려는 노력 속에 깃든 이념 또는 그와 같은 노력에 들어가 삶으로써 얻어질 수 있는 이념으로서 주어진다.

진리와 거짓, 명증적으로 주어진 것에 비판적으로 적합시키는 것과 이에 대한 비판은 이미 학문 이전의 삶에서 부단히 그 역할을 하는 일상적 주제이다. 항상 변화하는 상대적 목적을 지닌 이러한 일상적 삶에서는 상대적 명증성과 진리로 충분하다. 그러나 학문은 절대로 그리고 모든 사람에 대해 타당하고, 타당한 것으로 남아 있는 진리를 추구한다. 따라서 궁극적으로 철저하게 수행된 새로운 종류의 확증을 추구한다. 결국 학문 자체가 통찰해야만 하듯이, 비록 학문이 사실상 절대적 진리들의 체계를 실현하는 데까지 이르지 못하고 그 진리들을 항상 변형시켜야 하더라도, 어쨌든 학문은 곧 절대적 진리 또는 학문적으로 진정한 진리의 이념을 추구한다. 따라서 그 이념을 목표로 접근(Approximation)하려고 노력하는 무한한 지평(Horizont)[5]으로 들어가 사는 것이다. 이렇게 함으로써 학문은 일상적 인식과 자기 자신을 무한히 넘어설 수 있다고 생각한다.

그러나 이 점은, 그때그때 완결된 어떤 학문의 영역에 관련된 것이든, 만약 철학이 가능하고 문제가 되면 전제된 존재자 일반의 어떤 전체-통일성(All-Einheit)에 관련된 것이든, 학문이 인식의 체계적 보편성을 겨냥함으로써도 그러하다. 그러므로 지향(Intention)에 따라 학문과 철학의 이념에는 그 자체로 더 앞선 인식에서 더 뒤의 인식으로 가는 인식의 질서가 있다. 따라서 궁극적으로는 임의로 선택할 수 있는 것이 아니라, 사실 자체의 본성 속에 정초된 출발과 계속된 진행이 있다.

이러한 방식으로 학문적 노력이 지닌 일반적인 것(Allgemeines) 속에 숙고하면서 들어가 삶으로써 처음에는 그 노력을 막연히 지배하

---

5) '지평'은 그리스어 'horizein'(구분한다, 경계짓다, 구획을 정한다)에서 유래한다. 후설은 이 용어를 제임스(W. James)가 의식의 익명성을 밝히기 위해 사용한 '언저리'(Fringe) 개념에서 받아들이게 되었다. 모든 의식작용에는 직접 주어지지는 않았지만 기억이나 예상으로 주어질 수 있는 국면들이 있으며, 이것들이 지향된 대상의 지평을 구성해 경험이 발생하는 틀을 형성한다. 공간과 시간의 차원을 갖는 이 '지평'은 신체가 움직이거나 정신이 파악해나감에 따라 점차 확장되고 접근할 수 있는 문화와 역사, 사회적 조망을 지닌 무한한 영역으로, 인간이 세계와 자기 자신을 항상 새롭게 이해할 수 있는 전제조건이다.

던 진정한 학문의 목적의 이념의 근본적 요소가 드러나 밝혀진다. 그렇다고 우리는 그러한 목적의 이념의 가능성 또는 추정적으로 자명한 것으로 간주한 학문의 이상에 대해 미리 예단해서는 안 된다.

여기서 우리는 '무엇 때문에 이러한 연구와 확정으로 괴로워해야 하는가?'라고 말하면 안 된다. 분명히 그러한 일은 여기와 마찬가지로 앞으로도 자명하게 적용되어야 한다는 일반적 지식학이나 논리학에 속한다.

하지만 바로 이러한 자명성을 경계해야 한다. 우리는 이미 데카르트에 대립해서 말한 것, 즉 미리 주어진 모든 학문과 마찬가지로 논리학도 보편적으로 전복시켜 타당성 밖에 놓여야 한다는 것을 강조한다. 철학을 출발함에서 〔이미〕 이루어진 모든 것을 무엇보다 우리 자신이 획득해야만 한다. 전통적 논리학과 같은 종류의 진정한 학문이 나중에 생길 것인지에 대해 지금으로선 아무것도 알 수 없다.

우리는 바로 위의 ─명백히 상론되기보다 대략적으로 암시된─ 예비작업을 통해, 우리가 더 나아갈 전체 진행에 대해 **최초의 방법적 원리**를 확립할 수 있을 만큼 명확성을 획득했다. 철학을 시작하는 자인 나는 진정한 학문의 예상된 목적을 향해 노력하는 일관성에서 내가 명증성에서 길어내지 않은 어떠한 판단, 즉 관련된 사태(Sachen)와 사실들(Sachverhalte) 그것 자체로서 나에게 현재하게 하는 경험에서 길어내지 않은 어떠한 판단도 내리면 안 되며, 타당한 것으로 간주해서도 안 된다는 것은 분명하다.

물론 이 경우에도 항상 나는 그때그때의 명증성을 반성하고, '그 명증성 또는 그 명증성의 완전함, 사실이 실제로 스스로를 부여하는 것이 어디까지 이르는가' 하는 그 유효범위를 숙고하고 명증적으로 만들어야 한다. 만약 명증성이 아직 없다면, 나는 궁극적 타당성을 요구하면 안 된다. 기껏해야 그 판단을 명증성에 이르는 길에서 가능한 하나의 중간단계로서 참작할 뿐이다.

학문은 선술어적으로 알아차린 것을 완전하게 그리고 명증적으로 적합하게 표현하는 술어적 진술로 나아가려고 하기 때문에, 학문적 명증성의 이러한 측면도 배려해야만 하는 것은 자명한 일이다. 일반적 언어는 유동적이고 다의적이며 표현의 완전함에 관해 지나치게 만족한다. 따라서 그것이 표현의 수단으로 사용되는 경우조차 학문적으로 생긴 통찰에 근원적으로 방향을 정함으로써 의미를 새롭게 정초하는 것이 필요하고, 이러한 의미로 그 언어를 확정하는 것이 필요하다. 이제부터 일관되게 규범의 역할을 하는 명증성이라는 우리의 방법적 원리 속에 이러한 것도 고려하기로 한다.

그러나 이러한 원리와 지금까지 수행된 성찰 전체는, 만약 그것이 실제로 시작할 수 있게 만드는 길잡이, 즉 진정한 학문의 이념을 그 진행과정에 실현시킬 수 있는 길잡이를 전혀 제공해주지 않으면 무슨 소용이 있는가? 이 이념에는 인식들──진정한 인식들──의 체계적 질서라는 형식이 속하기 때문에, **출발에 대한 물음으로서 보편적 인식의 단계구조 전체를 지녀야 하고 지닐 수 있는 그 자체로 최초의 인식에 관한 물음**이 생긴다.

그러므로 만약 우리가 예상한 목적이 실천적으로 실현될 수 있어야만 하면, 학문적 인식이 완전히 결핍된 상태에서 성찰하는 자[6]인 우리는 반드시 명증성에 접근할 수 있다. 그 명증성은, 그것이 생각할 수 있는 그 밖의 모든 명증성에 선행하는 것으로 인식될 수 있는 한, 그러한 [그 자체로 최초의 인식이라는] 사명을 이미 그 자체에 지닌다. 그러나 이 명증성은, 만약 이 명증성에서 궁극적으로 타당한

---

6) 이것은 소박하게 받아들인 전제나 모든 편견에서 해방되어 의식에 직접 주어지는 사태 그 자체를 엄밀하게 직관하려는 선험철학의 철저한 무전제성(無前提性)의 원칙에 따라 성찰하는 자들을 뜻한다.

인식의 체계라는 이념 아래 학문을 진행시키고 구축하는 것 — 이것은 이 이념에 예측적으로 함께 속하는 무한한 경우이다 — 이 어떤 의미를 가질 수 있으려면, 선행하는 것의 명증성에 관해 확실한 완전성, 절대적 확실성을 수반해야 한다.

6 명증성을 구별하는 일. 필증적이며 그 자체로 최초의 명증성에 대한 철학적 요구

아무튼 이러한 출발의 결정적 지점인 여기서 성찰하면서 더 깊이 파고들어가야 한다. 절대적 확실성 또는, 똑같은 의미이지만 절대로 의심할 수 없음(Zweifelosigkeit)에 관한 논의는 해명할 필요가 있다. 이것은 명증성에 대해 이상적으로 요구된 완전함은 더 정확하게 해석하면 구별될 것이라는 사실을 일깨워준다. 우리는 지금 철학적 성찰의 입구에서 무한히 많은, 더 완전하거나 덜 완전한 학문 이전의 경험, 명증성을 갖고 있다. 이 경우 불완전함은 일반적으로 사태 또는 사실이 스스로 주어진 것에서 불완전함·일면성·상대적으로 명석하지 않음·판명하지 않음을 뜻한다. 따라서 이 경우 충족되지 않은 예측적 사념(Vormeinung)과 동시적 사념(Mitmeinung)의 요소들이 경험에 부착되어 있다는 것을 뜻한다.

그렇다면 완전하게 한다는 것은 일치하는 경험의 종합적 진행으로 수행되며, 이 일치하는 경험 속에서 이러한 동시적 사념들은 충족될 수 있는 현실적 경험이 된다. 완전함(Vollkommenheit)에 상응하는 이념은 충전적(adäquat) 명증성의 이념일 것이다. 그런데 이 경우 그 이념이 원리적으로 무한하게 놓여 있는지는 해결되지 않은 채 남아 있다.

비록 이 충전적 명증성의 이념이 학자의 목표를 항상 이끌더라도, 어쨌든 학자에게는 (우리가 그 목표로 들어가 삶으로써 파악하듯이)

명증성의 다른 종류인 완전함, 즉 필증성(Apodiktizität)의 완전함이 더 높은 권위를 지닌다.[7] 이 명증성은 경우에 따라서는 충전적이지 않은 명증성에서도 나타날 수 있다. 그것은 아주 한정된 본래 의미에서 '절대적으로 의심할 수 없음'이다. 학자는 모든 원리에 대해 이 명증성을 요구한다. 그리고 이것의 우월한 가치는, 그것 자체만으로 이미 명증적인 정초를 원리로 되돌아감으로써 다시 한 번 그리고 더 높은 단계에서 정초하고, 이렇게 함으로써 그러한 정초에 필증성이라는 최고의 권위를 부여하려는 학자의 노력을 통해 알려지게 된다. 이 필증적 명증성의 근본적 성격은 다음과 같이 특징지을 수 있다.

모든 명증성은 존재자 또는 그렇게 존재하는 것을 그 존재의 완전한 확실성에서 '그것 자체'(es selbst)라는 양상으로 스스로를 파악하는 것이며, 따라서 모든 의심을 배제한다. 그렇다고 그 명증성은 명증적인 것이 그 이후에 의심스러운 것이 될 가능성, 존재(Sein)가 가상(Schein)으로 밝혀질 가능성을 배제하는 것이 아니다.

실로 이러한 것에 대해서는 감각적 경험이 그 예를 제공해준다. 이와 같은 **명증성**이 있는데도 의심스러운 것이 되는, 또는 아무것도 존

---

7) 후설은 '명증성'을 "정합성의 가장 완전한 징표"(『논리연구』 제1권, 13쪽), "사태나 대상에 사고가 맞아떨어지는 일치"(『이념』, 49쪽)로 표현하고, 이것을 주어진 사태와 사고가 일치하는, 즉 대상이 충족되는 '충전적 명증성'과 주어진 사태가 존재하는 것을 결코 의심할 수 없는 자의식의 확실성인 '필증적 명증성'으로 구분한다.
그런데 그는 초기에 진리를 충전적 명증성과 필증적 명증성의 합치라고 파악하지만, 발생적 분석에서는 명석함과 판명함의 정도에 따라 명증성이 단계지어지며, '충전적이 아닌 것에도 필증적 명증성은 있고, 필증적 명증성이 최고의 권위를 지닌다'고 한다. 대상은 항상 음영적으로 주어지고 우연히 어느 한 측면만 지각되며 새로운 경험을 통해 확인되거나 수정될 수 있는 불완전한 것이지만, 필증적 명증성을 근거로 삼아 경험의 지평구조에 따라 부단히 사태 그 자체에 접근할 수 있기 때문이다.

재하지 않을 수도 있다는 개방된 가능성은 그 작업수행(Leistung)[8]을 비판적으로 반성해봄으로써도 언제나 미리 인식할 수 있는 것이다.

그러나 필증적 명증성에는 다음과 같은 현저한 특성이 있다. 즉 필증적 명증성은 그 명증적 사실이나 사태 속에서 단순히 일반적인 그 존재의 확실함만이 아니라, 동시에 비판적 반성을 통해 그 사실 또는 사태가 존재하지 않는다는 것을 절대로 생각할 수 없는 것으로도 밝히는 것이다. 따라서 그 명증성은 생각할 수 있는 모든 의심을 대상〔근거〕 없는 것으로서 미리 배제하는 것이다. 이 경우 그 비판적 반성의 명증성, 즉 명증적 확실성 속에 미리 놓여 있는 것이 존재하지 않는다고는 결코 생각할 수 없는 존재에 대한 명증성도 다시금 이러한 필증적 권위를 지니게 되며, 이것은 더 높은 단계의 모든 비판적 반성의 경우에도 그러하다.

이제 '절대로 의심할 수 없음'이라는 데카르트의 원리를 기억해보자. 이 원리로 생각할 수 있는 모든 의심, 심지어 사실상 근거 없는 모든 의심도 진정한 학문을 구축하기 위한 원리로서 배제되어야만 한다. 만약 그것이 성찰을 통해 우리에게 점차 명백한 형식을 취하게 된다면, 이제 문제가 되는 것은 '그 원리가 실제로 출발하면 우리를 도와줄 수 있는지 그리고 어떻게 도와줄 수 있는지' 하는 것이다.

앞에서 이미 말한 것에 따라 다음과 같은 물음이 출발하는 철학의 최초의 명확한 물음으로 형성된다. 즉 그 명증성이 그 자체로 최초의

---

8) 의식의 '산출·수행·수행된 결과·기능·성취' 등을 뜻하는 이 용어는 일상적으로 은폐된 의식을 현상학적 환원을 통해 드러내 밝히는 선험적 주관성의 다양한 지향적-능동적 활동을 지칭한다. 그리고 의식의 경험내용이 축적되고, 이것이 다시 기억되거나 새로운 경험을 형성하는 복잡한 심층을 지닌 발생의 역사성을 함축한다. 따라서 이 용어를, 의식의 단순한 '작용'(Akt)과 구별해, '작업수행'으로 옮긴다.

것(an sich erste)으로 생각할 수 있는 모든 명증성에 선행한다는 통찰을 ─우리가 지금 말해야만 하듯이─ 필증적으로 수반하는 명증성 그리고 동시에 그것 자체가 필증적이라는 것이 통찰되는 명증성이 우리에게 제시될 수 있는지 어떤지 하는 물음이다. 만약 그것이 충전적이지 않은 것으로 드러나면, 그것은 적어도 인식할 수 있는 필증적 내용, 즉 필증성으로 단호하게 또는 절대적으로 확고하게 확증된 존재의 내용을 반드시 갖는다. 물론 '철학을 필증적으로 확실해진 기초 위에 더 건설하기 위해 실제로 어떻게 더 나아가야 하는가' 그리고 '그러한 일이 가능한지' 하는 점은 이후에 고찰할 문제(cura posterior)로 남지 않으면 안 된다.

7 세계의 현존재에 대한 명증성은 필증적이 아니다. 이것은 데카르트적 전복에 포함되어야 한다

그 자체로 최초의 명증성에 관한 문제는 별다른 어려움 없이 해결될 수 있을 것 같다. 세계의 현존이 곧 그와 같은 것으로 제시되지 않은가?

일상적으로 행동하는 삶은 세계에 관계된다. 모든 학문도, ─사실 과학은 직접적으로, 아프리오리(Apriori)[9]한 학문은 방법의 도구로서 간접적으로, 세계에 관계된다. 세계의 존재는 무엇보다 자명한 것이

---

9) 이 용어는 논리상 경험에 앞서며, 인식상 경험에 의존하지 않는다는 의미이다. 따라서 '선천적'이나 '생득적'으로 옮기는 것은 옳지 않다. 또한 '선험적'으로 옮기면 후설 현상학의 특징인 근원을 부단히 되돌아가 묻는 태도를 지칭하는 용어 '선험적'과 혼동된다. 그러므로 적절한 표현이 마련될 때까지는 원어를 그대로 표기해 옮긴다. 그리고 이 용어는 전통적으로 '경험의 확실성과 필연성의 근거조건'인 의식의 내재적인 형식을 뜻하지만, 후설은 발생적 분석에서 '그 자체로 미리 주어지고 경험되는 구체적 질료'를 뜻하는 데 사용한다.

어서, 아무도 그것을 명백하게 명제로 표명하려고 생각하지 않는다.

어쨌든 우리는 이 세계가 항상 의심할 여지 없이 존재하는 것으로서 우리의 눈앞에 제시하는 지속적 경험을 갖는다. 그러나 비록 이 명증성이 세계로 향한 삶의 모든 명증성과 모든 학문—세계의 명증성은 항상 학문을 지탱해주는 근거이다—보다 그 자체로 앞서는 것이라도, 아무튼 우리는 '그 명증성이 이러한 기능 속에 어느 정도 필증적 성격을 요구할 수 있는가'를 즉시 숙고하게 된다. 그리고 만약 이러한 점을 숙고해가면, 그 명증성도 절대적인 최초의 명증성이 지닌 우선권을 요구할 수 없다는 점도 나타난다. 세계의 명증성에 관해서는 보편적인 감각적 경험—이 명증성 속에 세계는 끊임없이 우리에게 미리 주어져 있다—은 그와 같이 즉시 필증적 명증성으로서 요구될 수 없다는 점은 분명하다.

따라서 이 필증적 명증성은 세계가 실제로 존재하는지가 의심스러워질 가능성, 또는 세계가 존재하지 않을 가능성을 절대적으로 배제할 것이다. 개별적으로 경험된 것이 감각적 가상으로서 그 가치를 잃게 될 수 있을 뿐 아니라, 통일적으로 조망할 수 있는 그때그때 전체적 경험의 연관도 연관이 있는 꿈(Traum)이라는 명칭 아래 가상으로 입증될 수도 있다. 우리는 이미 명증성의 이처럼 가능한 그리고 〔현재〕 일어나는 변혁을 지적하는 것을 명증성의 충분한 비판으로서 요구하고, 이러한 지적 가운데 세계가 항상 경험되는데도 세계가 존재하지 않음을 생각할 수 있다는 것을 완전히 입증해 파악할 필요는 없다. 다음과 같은 것을 명심하면 충분하다. 즉 철저하게 학문을 정초하는 목적을 위해서는 세계에 대한 경험의 명증성은 어떻든 우선 그 타당성과 유효범위에 대한 비판이 필요하다.

그러므로 이러한 명증성을 아무런 의심 없이 직접 필증적인 것으로 요구하면 안 된다. 따라서 우리에게 미리 주어진 모든 학문을 타당성 밖에 놓아두고, 그것을 우리에 대해 허용할 수 없는 선-판단들 〔편견들〕(Vor-Urteil)로 취급하는 것으로도 충분치 않다. 우리는 학문의 보편적 토대, 경험적 세계의 토대에서 그 소박한 타당성을 빼앗아야 한다. 자연적 경험의 명증성에 근거하는 세계의 존재는 더 이상 우리에 대해 자명한 사실일 수 없으며, 그 자체가 단지 하나의 타당성의 현상이다.

만약 우리가 이러한 태도에 머물면, 도대체 그 어떤 판단을 위한, 하물며 명증성을 위한 존재의 토대, 즉 보편적 철학을 그것 위에 게다가 필증적으로 정초할 수 있는 그러한 존재의 토대가 우리에게 남아 있는가? 세계는 일반적인 존재자의 우주(Universum)에 대한 명칭이 아닌가? 따라서 이제 단지 시사된 세계에 대한 경험을 비판하는 것을 본격적으로 그리고 첫 번째 과제로 착수하는 일을 피할 수 있을까? 만약 미리 추정된 비판의 성과가 확인되면, 그에 따라 우리의 철학적 목표 전체는 좌절되는 것이 아닌가? 그러나 만약 세계가 결국 절대적인 최초 판단의 토대가 아니고 세계의 현존과 함께 이미 그 자체로 더 앞선 존재의 토대가 전제되어 있다면, 사정은 어떠한가?

8 선험적 주관성인 '나는 생각한다'(ego cogito)

실로 여기서야 우리는 데카르트를 따라가면서, 올바른 방식으로 수행하면 선험적 주관성(transzendentale Subjektivität)으로 이끄는 위대한 전환을 이룬다. 즉 이것은 모든 철저한 철학이 그 기초 위에 정초되어야 할 필증적으로 확실하고도 궁극적인 판단의 토대인 '나는 생각한다'〔사유하는 자아〕로 전환하는 것이다.

〔다음과 같이〕 숙고해보자. 철저하게 성찰하는 철학자인 우리는 지금으로선 우리에게 타당한 학문도, 우리에 대해 존재하는 세계도

갖고 있지 않다. 세계는 절대적으로 존재하는 것 대신, 즉 우리에 대해 자연적인 방식으로 경험하는 존재에 대한 신념 속에 타당한 것 대신 우리에게는 단순한 존재에 대한 요구일 뿐이다. 이것은 세계 안에 있는 다른 모든 자아에도 관련된 일로, 그것에 대해 정당하게 말하려면 우리는 본래 의사소통하는 복수(複數)로 말하면 안 된다. 다른 사람들이나 동물들은 실로 나에게는 그들의 물체적 신체에 대한 감각적 경험으로 단순히 경험에 주어진 것에 불과하다. 그리고 이러한 경험의 타당성도 함께 문제가 되는 것으로, 나는 이러한 타당성을 이용하면 안 된다. 당연히 나는 다른 사람들과 함께 사회성과 문화의 형성물 전체도 상실하게 된다. 요컨대 물체적인 자연뿐 아니라 구체적인 삶의 환경세계(Lebensumwelt) 전체도 이제부터는 나에 대해 존재하는 것이 아니라, 단지 존재의 현상에 불과하다.

그러나 이 현상이 실제성을 요구하든 그리고 언젠가 내가 존재나 가상을 위해 비판적으로 어떻게 결정하든, 어쨌든 나의 현상으로서 그 현상 자체는 아무것도 아닌 것이 아니라, 곧 나를 위해 그와 같이 비판적으로 결정하는 것을 언제나 가능하게 해주고, 따라서 실로 나에 대해——궁극적으로 타당하게 결정되거나 결정해야만 할——참된 존재로서 의미(Sinn)와 타당성(Geltung)을 갖는 것도 가능하게 해준다.

그 밖에도 만약 내가 그것을 자유롭게 실행할 수 있고 실행한 것처럼 나에 대해 경험세계의 존재가 타당성 밖에 남아 있게 모든 경험의 신념을 억제하면, 그렇더라도 어쨌든 나를 억제하는 것은 바로 그러한 것으로서 그리고 경험하는 삶의 흐름 전체와 함께 포함되어 있다. 게다가 그 삶은 나에 대해 항상 거기에 있다. 그 삶은 현재의 영역에 따라 가장 근원적인 원본성(Originalität)에서 항상 지각에 적합하게 의식되며, 그것 자체로 존재한다. 또한 기억에 적합하게 때에 따라 삶의 흐름에 이러저러한 과거가 다시 의식되며, 이러한 삶은 과거 자체로 존재한다. 항상 나는 반성함으로써 특별히 주목하는 시선을 이 근원적인 삶에 향할 수 있고, 현재의 것을 현재의 것으로, 과거의 것을 과거의 것으로서 그것 자체가 있는 그대로 파악할 수 있다. 그와 같이 나는 이제 철학을 하는 자로서 그리고 그러한 억제를 실행하는 자아로서 행한다.

이 반성하는 삶 속에 경험된 세계는 그 경우 어떠한 방식으로 나에 대해 계속 남아 있고, 그때그때 그 세계에 속한 내용을 갖고 이전에 경험된 것과 똑같이 경험된 세계이다. 그 세계는 이전에 나타났듯이 계속 나타난다. 다만 철학적으로 반성하는 자인 나는 경험의 자연적인 존재에 대한 신념을 더 이상 수행하지 않으며, 그러한 신념이 어쨌든 거기에 함께 있고 주목하는 시선으로 함께 파악되는데도 더 이상 타당하게 간직하지 않는다.

경험하는 사념을 넘어서 나의 삶의 흐름에 속하는 그 밖의 모든 사념도 사정은 마찬가지다. 즉 나의 비(非)직관적 표상·판단·가치존중·결단·목적과 수단의 정립 등 그리고 특히 이것들 가운데 자연적인, 반성하지 않은 비(非)철학적인 삶의 태도에서 필연적으로 확증되는 태도를 취하는 것 — 바로 이것이 세계를 언제나 전제하고 따라서 세계의 존재에 대한 신념을 그 자신 속에 포함하는 한 — 은 더 이상 수행되지도 않으며, 타당하게 간직하지도 않는다.

또한 이 경우에도 철학적으로 반성하는 자아의 측면에서 태도를 취하는 것(Stellungnahme)을 억제하고 타당성 밖에 놓는 것은 그 태도를 취하는 것이 자아의 경험 영역에서 사라지는 것을 뜻하지 않는다. 즉 이제 언급한 구체적인 체험은 실로 주목하는 시선이 향한 바로 그것이지만, 철학적 자아인 주목하는 자아는 알아차린 것과 관련해서만 억제하는 것이다. 그와 같은 체험에서 사념된 것으로 타당성의 의식 속에 있던 모든 것, 즉 관련된 판단·이론·가치·목적 등도

전적으로 유지되어 남아 있다. 다만 그것들은 타당성이 변양됨으로써 단순한 현상이 된다.

그러므로 미리 주어진 객관적 세계에 대해 모든 태도를 취하는 것과 그리고 우선 존재(존재·가상으로 존재함·가능하게 존재함·추정적으로 존재함·개연적으로 존재함 등에 관련된)에 대해 토대를 취하는 것을 보편적으로 타당성 밖에 놓는 것('금지함'·'작용 밖에 놓음')—또는 사람들이 항상 그렇게 말하듯이, 이러한 현상학적 판단중지(Epoche)나 객관적 세계에 대해 괄호침(Einklammern)—이 우리를 허무(虛無)와 대면시키지는 않는다. 오히려 판단중지를 통해 우리의 것이 되는 것, 더 명확하게 말하면, 판단중지를 함으로써 성찰하는 자인 나의 것으로 되는 것은, 그 모든 순수한 체험과 그 모든 순수한 사념된 것, 즉 현상학의 의미에서 현상들의 우주를 지닌, 나의 순수한 삶이다. 판단중지는 내가 나를 자아로서 순수하게 파악하는 철저하고도 보편적인 방법이라고 말할 수도 있다.

그리고 이 자아는 그 자신의 순수한 의식 삶을 지니는데, 이 의식 삶 속에 그리고 이 의식 삶을 통해 객관적 세계 전체는 나에 대해 존재하고, 그것이 곧 나에 대해 존재하는 그대로 존재한다. 세계의 모든 것, 모든 시간공간의 존재는 나에 대해 존재한다. 즉 나에 대해 타당하고, 게다가 내가 그것을 경험하고 지각하며 기억하고 어떤 방식으로든 생각하고 판단하고 평가하며 욕구하는 등의 사실을 통해 나에 대해 타당하다.

데카르트가 이 모든 것을 '사유하는 나'(cogito)라는 명칭으로 묘사한 것은 잘 알려진 일이다. 세계는 대체 나에 대해서는 그 '사유하는 나' 속에 의식되어 존재하고 나에게 타당한 세계일 뿐이다. 세계는 그것의 일반적이고 특수한 의미 전체와 그 존재의 타당성을 오직 그와 같은 사유작용(cogitationes)에서만 갖는다. 이 사유작용에서 나의 세계 속의 삶 전체는 경과하며, 학문적으로 연구하고 정초하는 나의 삶도 이러한 세계 속의 삶이다. 나는 내 속에서 그리고 나 자신에서 의미와 타당성을 갖는 세계 이외에 다른 어떠한 세계로 들어가 살고·경험하고·생각하고·평가하며·행위 할 수는 없다. 만약 내가 이러한 삶 전체 위에 나를 세우고 이 세계를 존재하는 것으로 곧바로 받아들이는 그 어떤 존재에 대한 신념을 수행하는 모든 것을 억제하면—만약 내가 오직 나의 시선을 그 세계에 관한 의식으로서 이러한 삶 자체에 향하면—나는 나의 **사유작용**의 순수한 흐름을 지닌 순수한 자아로서 나를 획득한다.

그러므로 사실상 순수자아와 그 **사유작용**의 존재가 그 자체로 앞선 존재로서 세계—내가 항상 논의하고 논의할 수 있는 세계—의 자연적인 존재에 선행한다. 자연적인 존재의 토대는 그 존재의 타당성에서는 2차적인 것이며, 그것은 항상 선험적인 존재의 토대를 전제한다. 그러므로 선험적 **판단중지**라는 현상학의 근본적 방법은, 그것이 선험적인 존재의 토대로 소급해 이끄는 한, '선험적-현상학적 환원'[10]이라고 부른다.

---

10) '현상학적 환원'은 지향적 의식의 체험(현상)을 직관하게 만드는 방법으로, 판단중지·형상적 환원·선험적 환원(그 밖에 심리학·생활세계·상호주관성의 환원 등)이 있는데, 이것은 시간적 순서가 아니라 서로 다른 목적에 따른 논리적 구별이다.
판단중지는 세계의 존재를 소박하게 전제하는 자연적 태도의 일반정립(Generalthesis)을 무력하게 하고, 그 속에 깃든 확신과 타당성을 일단 괄호 속에 묶어 경험의 새로운 영역을 보게 만드는 것이다. 형상적 환원은 현상의 개체성과 우연성에서 상상(Phantasie)의 자유로운 변경(freie Variation), 이념화작용(Ideation)으로 보편적이고 필연적인 형상(eidos)인 본질을 직관하는 것이다. 선험적 환원은 의식에 초월적 대상을 의식에 내재적 대상으로 환원해 대상과 본질적으로 상관관계인 선험적 주관성, 즉 선험적 자아와 그 체험의 영역 전체를 밝히는 것이다.

9 '나는 존재한다'(Ich bin)의 필증적 명증성의 효력범위

바로 다음 문제는 '이러한 환원이 선험적 주관성의 존재에 관한 필증적 명증성을 가능하게 하는가'이다. 선험적인 자기 경험이 필증적인 경우에만, 그것은 필증적 판단에 대한 근본적 토대로 이바지할 수 있다. 따라서 이러한 경우에만 하나의 철학에 대한 조망, 즉 그 자체로 최초의 경험 영역과 판단 영역에서 필증적 인식을 체계적으로 건설할 조망이 현존한다.

데카르트는 잘 알려져 있듯이 '나는 존재한다'(ego sum) 또는 '사유하는 나는 존재한다'(sum cogitans)가 필증적으로 논의되어야 한다는 것, 따라서 우리는 어떤 최초의 필증적 존재의 토대에 기초한다는 것을 이미 안다. 실로 그는 그 명제가 의심할 수 없음을 그리고 '내가 의심한다'조차도 이미 '내가 존재한다'를 전제할 것이라는 점을 강조한다. 이 경우 그에게서 문제가 되는 것은 경험의 세계를 가능한 방식으로서 의심할 수 있는 것으로서 타당성 밖에 놓은 다음에 자기 자신을 파악하는 자아이다.

우리가 정확하게 상론한 것에 따라, 자아가 선험적 환원을 통해 주어지는 의심할 수 없음(Zweifellosigkeit)의 의미가 앞에서 해석한 필증성의 개념에 실제로 상응한다는 점은 명백하다. 물론 그것으로써 필증성의 문제, 따라서 철학에 대한 최초의 근거와 토대에 관한 문제가 아직 해결된 것은 아니다.

〔그러므로〕 실로 곧바로 〔다음과 같은〕 의문이 일어난다. 예를 들어 선험적 주관성에는 기억을 통해서만 접근할 수 있는 자신의 그때그때의 과거가 불가분하게 속해 있지 않은가? 그러나 그 과거를 위해 필증적 명증성이 요구될 수 있는가? 게다가 그렇다고 '나는 존재한다'는 필증성을 부정하려는 것은 모순일 것이다. 그 필증성을 부정하는 것은 외면적으로만 논의하면서 그 필증성에 관해 언급을 회피

하고, 따라서 그것을 회피하는 경우에만 가능하다. 그런데도 필증적 명증성의 효력범위에 관한 문제는 이제 시급한 문제가 되는 것이 틀림없다.

여기서 앞에서 언급한 진술, 즉 명증성의 **충전성과 필증성**은 반드시 일치하지는 않는다는 것을 기억해보자. 아마 이러한 진술은 곧 선험적으로 자기를 경험하는(Selbsterfahrung) 경우를 겨냥한 것이다. 선험적으로 자기를 경험하는 데 자아는 근원적으로 자기 자신으로 접근할 수 있다. 그러나 이 경험은 그때그때 본래 충전적으로 경험된 것의 핵심만 제공할 뿐이다. 즉 '**나는 생각한다**'라는 명제의 문법적 의미를 표현하는 생생한 자신의 현재(Selbstgegenwart)만 제공할 뿐이다. 반면 이것을 넘어서는 규정되지 않은 일반적인 추정적 지평, 즉 본래 경험되지는 않지만 필연적으로 함께 사념된 것의 지평만 도달할 뿐이다.

이 지평에는 대개 완전히 어두운 자기의 과거가 속하는데, 자아에 속한 선험적 능력(transendentales Vermögen)과 그때그때의 습득적 특성(habituelle Eigenheit)도 속한다.[11] 외적 지각(물론 이것은 필증적이 아니다)은 사물의 자신에 대한 경험이지만——**사물 자체는 거기에 있다**——그러나 이렇게 스스로 거기에 있는(Selbstdastehen) 사물

---

11) 유형적으로 미리 알려져 있음(typische Vorbekanntheit)이라는 선술어적 경험의 지향적 지평구조 속에서만 주어지는 모든 경험은, 스스로 거기에 주어진 자신의 핵심을 넘어서 처음에는 주시하지 않았기 때문에 명확하게 규정되지 않은 국면을 점차 드러내 밝혀줄 가능성(Möglichkeit)을 미리 지시하는 생생한 지평을 갖는다. 이것은 자아의 관점에서 보면 '능력'(Vermöglichkeit)이다. 또한 선험적 주관성이 근원적으로 건설한 습득성(Habitualität)은, 폐기되거나 수정되지 않는 한, 지속적 타당성을 갖고 언제나 생생하게 복원될 수 있기 때문에 동일한 관심주제를 지닌 그 이후의 모든 의식작용을 규제한다. 이것은 자아의 침전된 소유물, 즉 '습득적 특성'이다.

은 경험하는 자에 대해 본래 그 자체가 지각된 것은 아닌 개방된 무한한, 규정되지 않은 일반적 지평을 갖는다. 더구나 가능한 경험으로 해명될 수 있는 지평으로서 —사물이 스스로 현재에 있는 이 지평이 추정으로 놓여 있다— 갖는다.

그래서 이와 유사하게 선험적 경험의 필증적 확실성은 나의 선험적인 '나는 존재한다'에 관련되며, 이 '나는 존재한다'에는 개방된 지평의 규정되지 않은 일반성이 부착되어 있다. 따라서 그 자체로 최초의 인식 토대가 실제로 있음은 절대적으로 확립되어 있지만, 그 인식에 토대의 존재를 더 상세하게 규정하는 것 그리고 '나는 존재한다'의 생생한 명증성이 유지되는 동안 그 자체로 주어진 것이 아니라 단지 추정된 것은 즉시 확립되어 있지는 않다.

그러므로 필증적 명증성 속에 함께 함축된 이 추정은 그것이 충족될 가능성에 관해 추정의 유효범위, 경우에 따라서는 필증적으로 한정할 수 있는 유효범위에 대해 비판받아야 한다. 선험적 자아는 어느 범위까지 자기 자신을 기만할 수 있는가? 그리고 이렇게 기만할 수 있는데도 절대로 의심할 수 없는 요소는 어디까지 이르는가? 선험적 자아를 확립함으로써 우리는, 필증성이라는 어려운 문제를 우선 고려하지 않을 경우조차, 일반적으로 위험한 지점에 서게 된다.

10 여론: 데카르트의 선험적 전회의 실패

데카르트를 따라가면서, 순수자아와 그 사유작용을 파악하는 것은 매우 쉬운 일처럼 보인다. 그런데도 마치 가파른 절벽 꼭대기 위에 서 있는 것 같아서, 그 위를 편안하고 안전하게 전진해가는 것은 철학적 삶과 철학적 죽음을 결정하는 일이다. 데카르트는 철저하게 편견에서 벗어나려는 진지한 의지를 갖고 있었다.

그러나 우리는 최근의 연구를 통해, 특히 질송(E. Gilson)과 쿠아레 (A. Koyré)의 훌륭하고도 통찰력 깊은 연구[12]를 통해, '데카르트의 성찰에는 얼마나 많은 스콜라 철학이 은폐된 채 그리고 해명되지 않은 편견으로서 끼어 있는지'를 알게 되었다.

하지만 이것만이 아니다. 우선 첫째로 위에서 언급된 편견, 즉 수학적 자연과학에 대한 경탄에서 유래하고 낡은 유산으로 우리 자신에게도 영향력을 행사하는 편견을 멀리해 제거하지 않으면 안 된다. 즉 그것은 마치 '나는 생각한다'[사유하는 자아]라는 명칭 아래 필증적 공리처럼 다루어지는 편견, 입증되어야 할 다른 가정과 게다가 경우에 따라서는 귀납적으로 정초된 가정과 일치해 연역적으로 설명하는 세계에 대한 학문, 바로 수학적 자연과학과 유사한 법칙적 학문 즉 기하학적 질서(ordine geometrico)에 따른 학문에 대한 기초를 부여해야 한다는 편견이다.

이와 관련해 다음과 같은 점을 자명한 것으로 간주하면 결코 안 된다. 그것은 마치 우리의 필증적 순수자아에서 세계의 작은 단편을 철학을 하는 자에 대해 세계에 관한 유일하게 의심할 수 없는 것으로 구출하는 것처럼 간주해서는 안 된다. 그리고 자아에 타고난 원리를 따라 올바르게 추론을 이끌어감으로써 그 밖의 세계를 [순수자아에서] 이끌어내는 것이 이제 문제가 되는 것이라고 간주하면 안 된다.

유감스럽게도 데카르트의 경우에는 나타나지 않지만, 숙명적인 전환이 이렇게 진행된다. 그 전환은 자아를 사유실체(substantia cogitans), 곧 분리된 인간의 '정신 즉 영혼'(mens sive animus)으로 만들고, 인과원리에 따른 추론의 출발점으로 만든다. 요컨대 이 전환을

---

12) 이것은 E.Gilson, *Etudes sur la rôle de la pensée médiévale dans la formation du systéme cartésien* (Paris, 1930) 그리고 A. Koyré, *Essai sur l'idée de dieu et sur les preuves son existence chez Descartes* (Paris, 1922)를 뜻한다.

통해 데카르트는 (여기서는 아직 명백하게 될 수 없는) 불합리한 선험적 실재론(transzendentales Realismus)의 시조(始祖)가 되었다. 만약 스스로를 반성하는 근본주의에 충실하고, 따라서 순수직관 또는 명증성의 원리에 충실하면, 판단중지를 통해 우리에게 열린 '나는 사유한다'의 영역에 실제로 그리고 우선 전적으로 직접 주어지는 것 이외에 여기서 아무것도 타당한 것으로 간주하지 않으면, 따라서 우리가 스스로 보지 않은 것은 어떠한 것도 진술하지 않으면, 이상과 같은 모든 견해는 우리와 무관한 것이다.

이 점에서 데카르트는 실패했고, 그래서 그는 모든 발견 가운데 최대의 발견 앞에 서서, 이러한 발견을 어떤 방식으로는 이미 수행했다. 하지만 그 본래 의미를 파악하지 못했으며, 또한 선험적 주관성의 의미를 파악하지 못했다. 그 결과 그는 진정한 선험철학(Transzendentalphilosophie) 속으로 이끄는 정문(正門)을 넘어서지 못했다.

11 심리학적 자아와 선험적 자아. 세계의 초월성

만약 내가 경험세계의 존재에 대해 자유로운 판단중지를 통해 성찰하는 자인 나에게 시선 속에 나타나는 것만 순수하게 유지하면, 세계가 존재하든 않든 그리고 내가 나중에 이것에 대해 어떠한 결정을 내린다고 하더라도, 나와 나의 삶은 나의 존재의 타당성 속에 아무런 영향 없이 남아 있다는 것은 매우 중요한 사실이다. 그와 같은 판단중지로 나에게 필연적으로 남아 있는 이 자아와 그 자아의 삶(Ich-Leben)은 세계의 한 단편이 아니며, "나는 존재한다, 나는 사유한다"고 말하는 것은 더 이상 '이러한 인간인 내가 존재한다'는 것을 뜻하는 것이 아니다.

나는 이미 자연적 자기 경험 속에 스스로를 인간으로 발견하는 '나'는 아니며, 내적 자기 경험, 즉 순수하게 심리학적인 자기 경험의 순수한 요소들로 추상적으로 제한함에서 자기 자신의 순수한 '마음＝영혼＝지성'(mens sive animus sive intellectus)으로 발견되는 인간 또는 그 자체만으로 파악되는 영혼 자체도 아니다. 이러한 자연적 방식으로 통각(統覺)이 되면, 나는 또 그 밖의 모든 인간은 생물학·인간학—여기에는 심리학도 포함된다—과 같은 일상적 의미에서 객관적 또는 실증적 학문들의 주제가 된다.

심리학이 논의하는 영혼 삶은 실로 세계 속에 있는 영혼 삶으로 항상 생각되었고, 지금도 그러하다. 이것은 순수한 내적 경험에서 파악되고 고찰된 그 자신의 영혼 삶에 대해서도 명백히 관련된다.

그러나 순화된 데카르트적 성찰이 진행하면서 철학을 하는 자에게 요구하는 현상학적 판단중지는 객관적 세계의 존재의 타당성을 억제하고, 그렇게 함으로써 그 존재 타당성을 판단 영역에서 철두철미하게 배제한다. 그래서 객관적 통각이 된 모든 사태와 마찬가지로 존재의 타당성도, 내적 경험에 주어진 사태의 존재의 타당성도 배제한다. 그러므로 판단중지 속에 머물러 있으면, 오직 스스로를 모든 객관적 타당성과 근거의 타당성의 근거로 정립하는 성찰하는 자아인 나에 대해서는, 심리학적 자아는 존재하지 않는다. 그리고 심리학적 의미에서 심리적 현상, 즉 심리물리적 인간의 구성요소로서 심리적 현상도 존재하지 않는다.

현상학적 판단중지를 통해 나는 나의 자연적인 인간적 자아와 나의 영혼 삶—나의 심리학적 자기 경험의 영역—을 나의 선험적-현상학적 자아, 즉 선험적-현상학적 자기 경험의 영역으로 환원한다. 나에 대해 존재하고 존재해왔으며 앞으로도 존재할, 실로 그 모든 객체와 더불어 존재함이 틀림없는 객관적 세계는 이미 말했듯이, 그것이 그때그때 나에 대해 갖는 그 전체 의미와 존재의 타당성을 나 자신을 통해, 즉 선험적-현상학적 판단중지를 통해 비로소 드러나는 선험적 자아인 나에게서 이끌어낸다.

이 '선험적인 것'(das Transzendentale)[13]의 개념과 이것의 상관개념인 '초월적인 것'(das Transzendente)의 개념은 오직 우리가 철학적으로 성찰하는 상황에서부터만 이끌어내야 한다. 여기서 다음과 같은 점을 주의해야 한다. 그것은 환원된 자아가 세계의 [한] 부분이 아니듯이, 반대로 세계와 세계의 모든 객체는 나의 자아의 부분도 아니며, 나의 의식 삶 속에서 그것의 내실적 부분으로서, 즉 감각자료나 작용들의 복합으로서 내실적으로(reell)[14] 발견될 수 있는 것이 아니라는 점이다. 이러한 초월성은, 세계에 속한 모든 것이 그것을 규정하는 모든 의미를 그것의 존재 타당성과 더불어 나의 경험작용, 나의 그때그때의 표상작용, 사유작용, 가치평가, 행위에서만——또한 때에 따라 명증적으로 타당한 존재도 곧 나 자신의 명증성, 나의 정초하는 작용에서——얻고 [또한] 얻을 수 있다고 하더라도, 세계에 속한 모든 것의 고유한 의미에 포함된다.

세계의 고유한 의미에는 비(非)내실적으로 포함되어 있다는 이러한 초월성(Transzendenz)이 속해 있다면, 세계를 타당한 의미로서 자신 속에 지니고 있는 자아 자체, 그의 측면에서 보면 이러한 의미로

---

13) '선험성'(Transzendentalität)으로도 표현되는 이것은 소박한 자연적 태도의 존재정립을 판단중지함으로써 드러난 새로운 차원, 즉 선험적 환원을 통해 밝혀진 자아와 그 체험영역 전체의 본질적인 지향적 상관관계를 뜻한다. 따라서 그 의미상 경험적 태도에서 드러나는 '경험세계'와 대조되는 '선험세계'로 이해할 수 있다.

14) '내실적'은 감각적 질료와 의식(자아)의 관계, 즉 의식작용에 본질적으로 내재하는 것으로서, 의식과 실재대상 사이의 '지향적' 관계에 대립되는 뜻으로 사용된다.

필연적으로 전제된 자아 자체는 현상학적 의미에서 '선험적'[15]이라고 부른다. 그에 따라 이러한 상관관계(Korrelation)에서 발생한 철학적 문제는 '선험적-철학적 문제'라고 부른다.

---

15) 칸트는 "대상들이 아닌 대상들 일반을 인식하는 방식을 다루는—아프리오리하게 가능한 한—모든 인식"(『순수이성비판』, B25)을 '선험적'이라 부른다. 즉 "모든 경험을 넘어서는 것이 아니라, 그 경험에 (아프리오리하게) 선행하지만 경험의 인식을 가능하게 하는 조건"(『프로레고메나』, 373쪽 주)을 뜻한다. 후설은 이 용어를 칸트에게서 이어받았지만, 인식의 형식적 가능조건을 문제 삼는 것에서 더 나아가 소박한 자연적 태도에서 존재를 정립한 타당성을 총체적으로 판단중지하는 철저한 반성적 태도, 즉 "모든 인식을 형성하는 궁극적 근원으로 되돌아가 묻고 ……자기 자신과 자신의 인식하는 삶을 스스로 성찰하려는 동기"(『위기』, 100쪽 ; 『경험과 판단』, 48, 49쪽)를 지칭한다. 따라서 칸트나 신칸트학파에서 '선험적'에 대립되는 용어는 '경험적'(empirisch)이지만, 후설에서 그것은 '세속적'(mundan)이다.

제2성찰

선험적 경험의 장을 보편적 구조에서 해명하는 일

12 인식을 선험적으로 정초하려는 이념

이제 우리의 성찰을 더 계속해나갈 필요가 있다. 그렇게 함으로써 지금까지 밝힌 것이 정당한 성과를 거둘 수 있다. (데카르트적으로 성찰하는) 나는 선험적 자아(transzendentales ego)로 무엇을 철학적으로 시작할 수 있는가?

확실히 선험적 자아의 존재는 인식에 따라 나에 대해 객관적인 모든 존재에 선행한다. 즉 어떤 의미에서 선험적 자아의 존재는 모든 객관적 인식이 이루어지는 근거이며 토대이다.

그러나 이렇게 선행한다는 것은 일상적 의미에서 선험적 자아의 존재가 모든 객관적 인식을 위한 인식의 토대라는 것을 주장해도 좋은가? 우리는 마치 모든 학문과 심지어 객관적 세계의 존재까지도 가장 깊게 정초하는 일을 선험적 주관성 속에 찾는 위대한 데카르트 사상을 포기하려는 것처럼 해서는 안 된다. 그렇지 않으면 실로 비판적으로 변경하더라도, 데카르트가 성찰하는 길을 따라가지 못할 것이다. 그러나 데카르트가 선험적 자아를 발견함으로써 아마 인식을 정초하는 ─즉 선험적으로 정초하는─새로운 이념도 열리게 된다.

사실상 '나는 생각한다'[사유하는 자아]를 선험적 주관성에 추정적으로 이끌 수 있는 추론에 대한 필증적으로 명증적인 전제로 이용하는 대신, 현상학적 판단중지가 (성찰하는 철학자인 나에게는) 새로운 종류의 경험 즉 선험적 경험(transzendentale Erfahrung)[1]의 영역으로서 새로운 무한한 존재 영역을 해명한다는 사실에 주목한다. 모든 종류의 실제적 경험과 그것이 일반적으로 변경된 양태, 즉 지각(Wahrnehmung), 과거지향(Retention)[2], 회상(Wiedererinnerung)[3] 등에는 이에 상응하는 순수한 상상(Phantasie), 이와 평행하는 양상(마치 어떤 것으로서 지각·과거지향·회상 등)을 지닌 '마치 어떤 것으로서(als ob) 경험'도 포함된다는 것을 고려하면, 순수가능성(순수하게 표상할 수 있음·상상할 수 있음)의 영역 속에 머무는 아프리오리한 학문이 존재한다는 것도 예상하게 된다. 이 아프리오리한 학문은 선험적 존재의 실제성 대신 아프리오리한 가능성에 대해 판단하고, 이렇게 함으로써 동시에 그 실제성에 대해 아프리오리한 규칙을 미리 지시한다.

  어쨌든 그와 같이 철학이 되어야 할 현상학적 학문을 구축하려고 이렇게 우리의 사고를 앞질러 나갈 때, 물론 자아의 필증적 명증성에

---

1) 이것은 의식이 직접적으로 제시되는 대상의 핵심을 넘어서 함께 간접적으로 제시되는 것들을 통각으로 파악할 가능성과 과거에 건설한 습득성을 언제나 생생하게 복원할 수 있는 침전된 소유물에 대한 자기 경험을 뜻한다.

2) 이 용어는 라틴어 'retentare'(굳건히 유지해 보존하다)에서 유래하는 것으로, 의식에 나타난 것이 사라져버리는 것을 생생하게 유지하는 능동적 작용을 뜻한다. 따라서 생생한 현재인 '지금'(Jetzt)에 지각된 근원적 인상은 의식 속으로 가라앉아 침전되지만 '방금 전에 지나가버린 것'으로 유지하는 과거지향의 계열은 생생한 현재와 지향적으로 연결된 "혜성의 긴 꼬리"(『시간의식』, 30, 35쪽)이다.

3) '회상'은 과거에 지각했던 것(1차적 기억으로서의 과거지향)을 '상상'이라는 의식의 작용을 통해 새롭게 재생산한 2차적 기억이다.

대한 방법을 근본적으로 요구하기 때문에 즉시 앞에서 이미 언급한 어려움에 직면한다. 왜냐하면 자아의 존재에 대한 이 명증성이 그 자체에 대해 아무리 절대적이더라도, 아무튼 이 명증성은 선험적 경험에 다양하게 주어지는 것의 존재에 대한 명증성과 곧바로 일치하지는 않기 때문이다.

선험적 환원의 태도에서 지각된 것·회상된 것 등으로 주어지는 사유작용(cogitationes)도 실로 이미 절대로 의심할 수 없이 존재하는 것 또는 그렇게 존재했던 것 등으로 요구할 수 있는 것은 결코 아니지만, 어쨌든 다음과 같은 점이 밝혀질 수 있다. 즉 '나는 존재한다'(ego sum)의 절대적 명증성은 필연적으로 자아의 선험적 삶과 습득적 특성들의 다양한 자기 경험까지도, 비록 그러한 경험의 명증성(회상이나 과거지향 등의 명증성)의 유효범위를 규정하는 어떤 한계 안에서뿐이더라도, 도달한다는 점이다.

더 정확히 말하면, 아마 다음과 같은 점이 지시될 수 있다. 즉 선험적 자기 경험의 절대적으로 의심할 수 없는 요소는 '나는 존재한다'의 단순한 동일성이 아니라, 자아의 보편적인 필증적 경험의 구조(Struktur)(예를 들면, 체험흐름의 내재적 시간의 형식)가 현실적이거나 가능한 자기 경험에 특수하게 주어진 모든 것 ─비록 이것은 개별적으로는 절대적으로 의심할 수 없지만─을 관통해 이른다는 점이다. 자아는 그 자신에 대해 체험·능력·성향에 관한 개별적 내용을 지니고 존재하는 구체적 자아로서 필증적으로 미리 지시된다는 점, 무한히 완전하게 만들 수 있고 경우에 따라서는 풍부하게 할 수 있는 가능한 자기 경험을 통해 접근할 수 있는 경험의 대상으로서 지평에 따라 미리 지시된다는 점은 자아의 보편적인 필증적 경험의 구조와 관련되고, 이 경험의 구조 자체에도 함께 포함된다.

13 선험적 인식의 유효범위에 관한 문제들을 우선 배제해야 할 필요성

위에서 언급한 것을 실제로 명백히 밝히는 것은 선험적 자기 경험을 이것이 서로 함께 연관된 개별적 형식들과 보편적 연관을 통해 수행되는 그 작업수행(Leistung) 전체를 비판하는 커다란 과제가 될 것이다. 이것은 분명히 더 높은 단계의 과제일 것이다. 왜냐하면 우리는 우선 〔대상과〕 일치해 진행되는 선험적 경험이 어떤 방식으로 소박하게 기능하는 명증성에 따르고 있어, 그 경험을 그것이 주어지는 것 속에 찾으려고 노력했고, 이 주어진 것을 그 보편성에 따라 서술했다는 점을 이미 전제하기 때문이다.

방금 수행된 데카르트적 성찰을 확장하는 것은 (위에서 기술한 데카르트적 의미에서) 철학을 목표로 우리가 그에 상응해 앞으로 나아갈 길에 동기를 부여한다. 선험적 현상학이라는 전체 명칭으로 나타난 학문적 연구는 우리가 이미 파악한 두 단계로 반드시 진행된다.

첫 번째 단계에서 곧 알게 되겠지만, 우리는 선험적 자기 경험의 엄청난 영역을 두루 편력하지 않으면 안 된다. 그리고 우선 〔대상과〕 일치해 진행되는 가운데 그 경험에 내재하는 명증성에 단순히 떠맡기고, 그 명증성의 유효범위의 필증적 원리들을 숙고하는 궁극적인 비판의 문제를 보류해야 한다. 그래서 완전한 의미에서는 아직 철학적이라고 할 수 없는 이 단계에서 자연적 경험의 명증성에 그 자신을 떠맡기는 자연탐구자와 유사하게 〔연구를〕 수행한다. 이 경우 자연과학자인 자연탐구자에게는 원리적인 경험에 대한 비판의 문제는 전혀 그들의 주제 밖에 머물러 있다.

그런 다음 두 번째 단계인 현상학적 연구는 곧 선험적 경험에 대한 비판, 이와 더불어 선험적 인식 일반에 대한 비판에 관련될 것이다.

이처럼 전례가 없는 독특한 종류의 학문이 우리의 시선에 나타나게 된다. 그것은 실제적이거나 가능한 선험적 경험 속에 주어진 것으로서 구체적인 선험적 주관성에 관한 학문이며, 이제까지 의미의 학문, 즉 객관적 학문들에 극단적으로 대립을 형성하는 학문이다. 이 객관적 학문들 가운데는 주관성에 관한 학문도 있지만, 그것은 객관적·동물적 세계에 속한 주관성에 관한 학문이다. 하지만 지금 우리가 문제 삼는 것은, 요컨대 절대적으로 주관적인 학문, 즉 세계가 존재하는지 아닌지를 결정하는 그 존재에서 학문의〔논의〕대상에서 독립적인 학문이다.

그러나 이것만이 아니다. 이 학문의 최초의, 유일한 대상은 철학을 하는 자인 나의 선험적 자아이며, 그러한 것일 수밖에 없는 것처럼 보인다. 확실히 선험적 환원의 의미에는 이 환원이 처음에는 자아와 이 자아 자체에 포함된 것〔인식의 작용과 인식된 내용〕이외에 아무것도 존재하는 것으로 정립할 수 없다는 점이 놓여 있다. 따라서 이 학문은 확실히 순수한 자아론(Egologie)[4]으로 출발한다. 그리고 그것은 우리를, 비록 선험적이지만, 독아론(Solipsismus)[5]으로 판결하는 것처럼 보이는 학문으로 출발한다. 실로 환원의 태도 속에 '다른 자아—단순한 세계의 현상으로서가 아니라 다른 선험적 자아로서—가 존재하는 것으로 정립될 수 있는지 그리고 이와 함께 현상학적 자아론으로 함께 자격이 부여된 주제가 될 수 있는지' 하는 점은 지금으로서는 전혀 간파할 수 없다.

〔그러나〕우리는 출발하는 철학자로서 그와 같은 의심을 두려워

---

4) '자아론'은 '자아-사유작용-사유된 대상'(ego-cogito-cogitatum)으로 이루어진 선험적 자아의 작업수행 전체를 발생적으로 분석하는 학문을 뜻한다.
5) '독아론'은 실재하는 것이 오직 자신의 자아일 뿐, 타인의 자아와 그 밖의 모든 것은 이 자아의 의식의 내용으로 존재하는 데 불과하다는 주관적 관념론을 가리킨다.

하면 안 된다. 아마 선험적 자아로 환원하는 것은 지속적으로 독아론적 학문이라는 모습만 수반할지 모른다. 이 독아론적 학문을 그 고유한 의미에 따라 일관되게 수행해가는 동안 선험적 상호주관성 (Intersubjektivität)의 현상학으로 이끌고, 이것으로 전개된 선험철학 일반에 이끌지도 모른다. 사실 선험적 독아론은 단지 철학의 낮은 단계일 뿐이고, 선험적 상호주관성의 문제제기에 기초를 놓는다. 따라서 높은 단계의 문제제기로 정당하게 설정할 수 있기 위한 방법적 의도에서 철학의 낮은 단계로서 한계가 지어져야 한다는 점이 밝혀질 것이다. 어쨌든 우리가 성찰하는 지금의 위치에서는 이 점에 대해 아무것도 규정할 수 없다. 왜냐하면 지금 시사한 것은 성찰을 계속 수행해감으로써만 비로소 그것의 완전한 의미가 입증될 수 있기 때문이다.

아무튼 (이로써) 데카르트적 (성찰의) 진행에서 본질적으로 이탈한 것이 명백하게 표시되었다. 이 이탈은 앞으로 우리의 성찰 전체에 결정적인 의의를 지닐 것이다. 데카르트에 대립해 **선험적 경험의 무한한 장(場)을 해명하는 과제** 속으로 깊이 파고들어가자. '나는 생각한다, 나는 존재한다'라는 데카르트 명제의 명증성은 아무 성과도 없이 끝나고 말았다. 왜냐하면 그는 선험적 판단중지가 갖는 순수한 방법적 의미를 해명하는 일에 소홀했을 뿐 아니라, 자아는 그 자신을 선험적 경험을 통해 무한히 그리고 체계적으로 해명할 수 있다는 점, 그래서 자아는 가능한 연구의 장으로 이미 놓여 있다는 점에 주목의 시선을 향하는 데도 소홀했기 때문이다. (그리고) 이 연구의 장은 모든 세계와 모든 객관적 학문에 함께 관련되어 있다. 하지만 그 존재의 타당성을 전제하지 않는 한, 그래서 이 모든 학문과 구별되고 어쨌든 이 학문들과는 결코 결부되지 않는 한, 완전히 독특한 종류의 (다른 학문들과) 분리된 학문이다.

14 사유작용의 흐름. 사유작용과 사유된 대상

우리는 이제야 '나는 생각한다'(이 말의 가장 넓은 데카르트적 의미로 이해된)의 선험적 명증성의 중요한 점을 (우리는 이 명증성의 필증성의 유효범위에 관한 문제는 보류하는 중이다) 동일한 자아에서 다양한 **사유작용**으로, 따라서 동일한 자아(성찰하는 자인 나의 자아)가 살고 있는 흐르는 의식 삶으로——그 표현이 아무리 상세하게 규정되더라도——이행한다. 성찰하는 자아는 항상 자신의 반성하는 시선을 이러한 삶, 예를 들어 감각적으로 지각하고 표상하거나 진술하고 가치를 평가하고 욕구하는 삶으로 향할 수 있으며, 이러한 삶을 관찰하고 그 내용에 관해 해명하고 기술할 수 있다.

아마 이러한 연구의 방향을 따라가는 것은 순수한 내적 경험에 근거해, 즉 그 자신의 의식 삶에 관한 경험에 근거해 심리학적으로 기술하는 것일 뿐이며, 이 경우 그렇게 기술하는 순수성은 당연히 모든 심리물리적인 것을 고려하지 말아야 한다는 점을 요구할 것이라고 말해야 한다.

그러나 순수하게 기술하는 의식 심리학(Bewußtseinspsychologie)은, 비록 그 진정한 방법적 의미를 새로운 현상학이 비로소 밝히더라도, 그 심리학 자체는 우리가 그것을 선험적-현상학적 환원을 통해 규정한 의미에서 볼 때 선험적 현상학은 아니다. 순수한 의식 심리학은 선험적 의식 현상학(Bewußtseinsphänomenologie)에 정확하게 평행하지만, 그럼에도 엄밀하게 구별되어야만 한다.[6] 그것은 선험적 심리학주의(Psychologismus)[7]를 특징짓는 이러한 혼동은 진정한 철

---

6) 후설은 『대영백과사전』(*Encyclopaedia Britannica*) '현상학'에서 사실과학인 경험적 심리학, 심리물리적 동물학이나 생물학에 속한 구체적 인간학인 심리학적 현상학(현상학적 심리학)과 선험적 현상학(선험철학)을 구별하고, 그 정초관계를 밝힌다.

학을 불가능하게 만들기 때문이다.

여기서 문제가 되는 것은 일견 사소한 것처럼 보이지만, 철학적으로 올바른 길과 그릇된 길을 결정적으로 규정하는 미묘한 차이이다. 우리는 선험적-현상학적 연구 전체가 선험적 환원――이 선험적 환원은 인간학적 연구(anthropologische Forschung)를 오직 영혼 삶(Seelenleben)에 추상적으로 제한한 것과 혼동되면 안 된다――을 확고하게 준수하는 일이라는 점에 항상 주목해야 한다. 그래서 심리학적 의식탐구와 선험적-현상학적 의식탐구의 의미는, 두 가지 측면에서 기술될 수 있는 내용이 일치하더라도, 철두철미하게 구별되어야 한다. 심리학적 의식탐구에서 우리는 존재하는 것으로 전제된 세계의 자료, 즉 인간 영혼의 구성요소들로 파악된 자료를 갖는다. 반면 선험적-현상학적 의식탐구에서 내용적으로 동일한, 평행하는 자료는 전혀 문제가 되지 않는다. 왜냐하면 현상학적 태도에서 세계는 도대체 실제성이 아니라, 실제성의 현상으로만 타당성을 갖기 때문이다.

그러나 이러한 심리학주의적 혼동을 피하더라도, 여전히 결정적으로 중요한 다른 점이 남아 있다(그 밖에 이 점은 그에 상응하는 태도변경을 통해 자연적 경험의 토대 위에 선 진정한 의식 심리학에 대해서도 결정적으로 중요하다).

세계의 모든 존재에 대한 **판단중지**는 세계에 관련된 다양한 사유작용이 그 자체 속에 이러한 관계를 지닌다는 점, 예를 들어 이 책상에 관한 지각은 이전과 마찬가지로 〔판단중지〕 이후에도 그 책상에 관한 지각이라는 점을 조금도 변경시키지 않는다는 사실이 간과되면 안 된다. 그래서 일반적으로 각각의 의식체험은 그 자체로 이러저러

---

7) 이것은 자연적 태도의 심리학주의는 아니지만, 인격적 태도의 심리학주의(심리학적 현상학)을 지칭하며, 아직 선험적 현상학에 이르지 못한 것을 뜻한다.

한 것에 '관한 의식'이다. 그리고 이 점은 이러한 대상적인 것의 정당한 실제적 타당성이 어떠하든 그리고 선험적인 태도를 취한 자인 내가 나의 자연적인 모든 타당성과 마찬가지로 그러한 타당성을 아무리 억제하더라도, 아무 변화가 없다.

그러므로 '나는 생각한다'(사유하는 자아)라는 선험적 명칭은 그 일부가 다음과 같이 확장되어야 한다. 즉 모든 사유작용(cogito), 모든 의식체험은 그 무엇인지를 생각하고, 이렇게 사념된 방식으로 그 자체 속에 그때그때 그것이 사유된 대상(cogitatum)을 지니며, 각각의 사유작용은 자신의 방식으로 이러한 것을 수행한다고 우리는 주장할 수 있다. 집에 대한 지각은 어떤 집, 더 정확하게는 이 개별적인 집으로서 어떤 집을 생각하고, 집에 대한 기억을 기억하는 방식으로, 집에 대한 상상을 상상하는 방식으로, 각각 그 집을 지각하는 방식으로 생각한다. 가령 지각에 적합하게 현존하는 그 집에 대한 술어적 판단은 그 집을 바로 판단하는 방식으로 생각하고, 다시 그것에 부가된 가치평가 등은 새로운 방식으로 그 집을 생각한다.

우리는 (이러한) 의식체험을 지향적 체험이라고도 부른다. 그러나 이 경우 '지향성'(Intentionalität)[8]이라는 말은 '의식은 무엇에 관한 의식이어야 하고, 사유작용은 그 사유된 대상을 자신 속에 지닌다'는 의식의 보편적인 근본적 특성을 뜻하는 것 이외에 다른 것이 아니다.

---

8) '의식은 항상 무엇에 관한 의식'이라는 '지향성'은 "현상학 전체를 포괄하는 문제"(『이념들』 제1권, 303쪽)이다. 그러나 후설 현상학에 대한 끊임없는 오해도 결국 이 개념을 올바로 파악하지 못한 데 연유한다. 후설은 이 개념을 물리적 현상과 심리적 현상을 구별하기 위해 사용한 브렌타노에게서 받아들였지만, 의식이 대상을 의미를 지닌 대상성으로 구성하는 작용으로 발전시켰다. 즉 의식의 본질구조는, 데카르트의 그 자체만으로 완결되고 폐쇄된 사유실체와 같은 것이 아니라, 대상과 불가분의 상관관계 속에서 부단히 생성되는 흐름(Strom)이다.

15 자연적 반성과 선험적 반성

그러나 앞으로의 해명을 위해서는 **곧바로**(geradehin) 수행된 파악하는 지각·기억·가치평가·목적설정 등과 같은 작용과 반성작용을 구별해야 한다는 사실이 첨부되어야 한다. 이 반성작용을 통해 새로운 단계에 속하는 파악하는 작용으로서 곧바로 향한 작용이 비로소 드러난다. 가령 우리는 곧바로 향해 지각하면서 집을 파악하지만, 지각작용을 파악하지는 않는다. 반성을 통해 우리는 비로소 그 지각작용 자체와 지각에 적합하게 이 작용이 집으로 '향해 있음'(Gerichtetsein)에 시선을 향한다.

일상적 삶의 **자연적 반성**에서, 그러나 심리학적 학문(따라서 그 자신의 심리적 체험에 관한 심리학적 경험)의 자연적 반성에서 우리는 존재하는 것으로 미리 주어진 세계의 토대(Boden) 위에 서 있다. 이 것은 우리가 일상적 삶에서 "나는 거기의 어떤 집을 본다" 또는 "나는 이 멜로디를 언젠가 들었던 것을 기억한다"고 진술하는 경우와 같다.

반면 **선험적-현상학적 반성**에서 우리는 세계가 존재하거나 존재하지 않음에 관한 보편적 **판단중지**를 통해 이러한 토대에서 우리를 해방시킨다.[9] 이렇게 변양된 선험적 경험은, 우리가 선험적으로 환원

---

9) 완결된 체계를 추구하는 것이 아니라 '사태 그 자체'의 궁극적 근원으로 부단히 되돌아가 묻는 후설 현상학은 소박한 선입견을 제거하고 자유롭게 태도를 변경하는 반성적 태도를 매우 중시한다. 후설은 소박하게 존재믿음을 전제하는 '자연적 태도'와 이러한 태도를 판단중지하는 '반성적 태도'를 나눈다. '자연적 태도'에는 일상적 경험에서 주관과 객관의 외적 상관관계를 자연스럽게 고찰하는 '인격주의적 태도'와 추상함으로써 주관을 인위적으로 배제하고 객관적 자연을 관찰하는 '자연주의적 태도'가 있다. 그리고 '반성적 태도'에는 의식의 활동을 내성(內省)처럼 실증과학에 입각해 경험적으로 고찰하기 때문에 여전히 소박하고 자연적인 '심리학적 태도'와 자연적 태도를 총체적으로 판단중지해 주관과 객관의 본질 필연적 상관관계를 선험적으로 고찰하는 '현상학적 태도'가 있다.

된 **사유작용**을 주시하고 이것을 기술하는 것에 있다고 말할 수 있다. 하지만 이 경우 반성하는 주체로서 근원적으로 곧바로 향해 수행된 지각 또는 그 밖의 **사유작용**을 그 속에 포함하는, 또는 곧바로 세계 속에서 사는 자아를 실제로 수행한 자연적 존재의 정립을 함께 수행하는 것은 아니다. 물론 이렇게 함으로써 근원적 체험 대신 본질적으로 다른 체험이 나타나기 때문에 이러한 한에서 그 반성은 근원적 체험을 변경시킨다고 말할 수 있다. 그러나 이것은 모든 반성에, 자연적 반성에도 해당된다. 자연적 반성은 이전에는 소박했던 체험을 아주 본질적으로 바꾸어놓는다. 즉 자연적 반성은 그것이 이전에는 체험이었지만 대상이 되지 못했던 것을 대상으로 만든다는 바로 그 사실로 '곧바로 향한'이라는 근원적 양상을 완전히 잃어버린다.

그러나 반성의 과제는 근원적 체험을 반복하는 것이 결코 아니고, 그 체험을 관찰하고 그 체험 속에 발견되는 것을 해명하는 것이다. 이러한 관찰작용으로 이행하는 것은 당연히 새로운 지향적 체험을 제공한다. 그런데 이 지향적 체험은 이전의 **체험으로 소급해 관계한다**는 그 지향적 특성을 통해 다른 체험이 아니라 곧 이전의 체험 자체를 의식하게 하고, 경우에 따라서는 명증적으로 의식하게 한다. 바로 이렇게 함으로써 경험에 대한 앎, 우선 우리의 지향적 삶에 관해 생각할 수 있는 모든 지식과 인식이 그것에 힘입고 있는 기술(記述)하는 앎을 가능하게 한다.

따라서 이러한 일은 선험적-현상학적 반성에 대해서도 똑같이 이루어진다. 반성하는 자아의 측면에서 곧바로 집을 지각하는 존재에 대한 태도를 취하지 않아도 그 자아가 반성하는 경험작용은 이전에 그 집의 지각에 속해 있던 계기들이나 [앞으로] 계속 형성될 모든 계기를 지닌 그 집에 대한 지각을 경험하는 것이라는 점에는 아무 변화가 없다. 그리고 이러한 계기들에는, 우리가 든 예에서 보면, 흐르는 체험의 작용으로서 지각의 계기와 순수하게 지각된 집 자체의 계기가 포함된다.

이 경우 한편 (지각작용)에서는 확실성이라는 양상에서 (정상적인) 지각작용에 고유한 존재의 정립(지각의 신념)이 없고, 나타나는 집의 측면에서는 단적인 현존재(Dasein)의 특성이 없다. 현상학적인 태도를 취한 자아가 (존재의 정립을) 함께 수행하지 않는 것(Nicht-mitmachen), 억제하는 것(Sich-enthalten)은 그 자아의 일이며, 그 자아가 반성적으로 관찰한 지각작용이 아니다. 그 밖에 (존재의 정립을) 함께 수행하지 않는 것 자체는 그에 상응하는 반성으로 접근할 수 있는 것이며, 이러한 반성을 통해서만 우리는 (존재의 정립을) 함께 수행하지 않는 것에 관한 어떤 것을 알게 된다.

위에서 말한 것을 다음과 같이 기술할 수도 있다. 즉 자연적으로 세계로 들어가 경험하고 그 밖의 다른 방식으로 들어가 사는 자아를 세계에 관심을 두는 자아라고 부르면, 현상학적으로 변경되고 끊임없이 이렇게 확고하게 유지된 태도는 소박하게 관심을 두는 자아를 넘어서 무관심한 방관자(uninteressierter Zuschauer)인 현상학적 자아가 자리 잡게 되는 '자아가 분열'(Ichspaltung)된다는 점에 있다. 그렇다고 하더라도 자아의 분열이 발생하는 것 자체는 새로운 반성을 통해 접근할 수 있다. 그 반성은 선험적 반성으로서 무관심한 방관자의 곧 이러한 자세를 수행할 것을 다시 요구한다. 이 무관심한 방관자에 유일하게 남아 있는 관심은 (그 자아의 분열을) 파악하고 충전적으로 기술하는 것이다.

그러므로 삶의 단적인 존재의 정립이나 기초를 놓은 존재의 정립 그리고 이들과 상관적인—확실성에서 존재하고 가능성으로 존재하며 개연적으로 존재하고 더 나아가 아름답게 존재하고 선하게 존재하며 유용하게 존재하는 등과 같이—존재의 양상들을 지닌 세계를 향한 삶에서 일어나는 모든 일은 관찰자의 모든 동시적 사념과 예측적 사념에서 벗어나 순수하게 기술하는 것에 접근할 수 있다. 실로 이러한 순수성〔순수하게 기술하는 것〕을 통해서만 세계를 향한 삶은, 그것이 철학에 대한 우리의 목표가 필연적으로 요구하는 보편적 의식에 대한 비판의 주제가 될 수 있다.

철학을 궁극적으로까지 필증적으로 정초된 보편적 학문으로 만들려는 데카르트적 이념의 근본주의를 기억해보자. 그러한 것으로서 철학의 이념은 절대적으로 보편적인 비판이 필요한데, 이 비판은 자신의 측면에서는 어떤 것이든 모든 존재자를 미리 부여하는 태도를 취하는 것을 억제함으로써 절대적으로 **편견이 없는** 우주〔세계〕[10]를 스스로 제공해야 한다. 선험적 경험과 이것을 기술하는 것이 그러한 일을 하는 것은, 그 선험적 경험과 이것을 기술하는 것이 주목되지 않은 채 모든 자연성〔자연적 태도〕를 꿰뚫고 나아가는 세계에 대한 경험의 보편적 편견(자연성을 끊임없이 관통해 나가는 세계에 대한 신념)을 억제하고, 그래서 순수하게 편견이 없는 상태로 환원된 생각의 영역인 관련되지 않은 채 남아 있는 자아론적인 절대적 영역 속에 보편적으로 기술하려고 노력함으로써 이다. 이렇게 함으로써만 보편적으로 기술하는 일이 철저한 보편적 비판의 토대일 수 있는 임무가 주어진다.

물론 이 모든 것은 이렇게 기술하는 절대적으로 **편견이 없는** 상태(Vorurteilslosigkeit)가 엄밀하게 유지되고, 이렇게 함으로써 이미 앞에서 제기된 순수명증성의 원리를 만족하게 하는 것에 달려 있다. 이것은 선험적 반성에 순수하게 주어진 것을 제한하는 것을 뜻한다. 그

---

10) 이 말(Universum)은 '전체' '세계' 등의 의미이지만, 다소 어감의 차이가 있고 후설이 이들을 다른 용어로 표현하므로, 앞으로는 일관되게 '우주'라고 옮긴다.

러므로 선험적 반성에 순수하게 주어진 것은, 그것이 단적인 명증성 속에 순수하게 직관적으로 주어지는 바로 그대로 받아들여지고, 순수하게 알아차린 것을 넘어서 해석하는 모든 것을 차단해야 한다.

만약 '사유작용–(사유된 것으로서) 사유된 대상'이라는 이중의 명칭에 관해 이러한 방법적 원리를 따라가면, 우선 그때그때 상관적인 방향에서 그와 같은 개별적 **사유작용**에 대해 수행될 수 있는 일반적 기술(記述)이 열리게 된다. 그러므로 그것은 한편으로는 지향적 대상 자체를 이에 관련된 의식의 방식에서 그 대상에 부여하는 규정들 그리고 그 의식의 방식에 주의의 시선을 향하는 가운데 나타나는 그 대상에 부여된 양상들(따라서 확실하게 존재하는 것·가능하게 존재하는 것·추정적으로 존재하는 것 등과 같은 존재의 양상 또는 현재·과거·미래에 존재하는 주관적–시간적 양상)에 관해 기술하는 것이다. 이처럼 기술하는 방향을 '인식대상의(noematisch) 기술 방향'이라고 부른다. 이에 대해 '인식작용의(noetisch) 기술 방향'이 대립해 있다.[11] 이 방향은 **사유작용** 자체의 방식, 예를 들면 명석함과 판명함 같은 그들에 깃든 양상의 차이를 지닌 지각·회상·과거지향의 의식의 방식들에 관계한다.

이제 '세계가 존재하는가 않는가'에 대한 보편적으로 실행된 판단중지를 통해 현상학에 대한 이 세계를 단순히 상실한 것이 아니라는 점을 이해하게 된다. 우리는 그 세계를 실로 **사유된 것으로서**(qua

---

11) 현상학의 지향적 분석은 항상 인식작용(인식주관)에 대한 반성과 인식대상 (인식의 상관자)에 대한 반성을 동시에 수행한다. 그리고 대상성이 주관성을 이해하는 길잡이 역할을 하면, 이 주관성이 파악되면서 다시 대상성을 더 풍부하게 이해할 수 있도록 조명한다. 이처럼 대상성은 부단히 상호작용함으로써 대상성과 주관성에 각기 역사성이 있다. 따라서 선험적 주관성의 구조에 대한 분석은 동시에 인간의 경험에 관한 가장 기본적이고도 직접적인 연구라고 할 수 있다.

cogitatum) 유지한다. 그리고 이 점은 의식의 이러저러한 특수한 작용 속에 생각된, 더 정확하게 말하면, 이끌어내 생각된 그때그때 개별적 실재성 그리고 그러한 한에서의 그 실재성에 관해서뿐만 아니다. 왜냐하면 실재성이 개별화되는 것은 통일적인 우주 안에서이며, 이 우주는 우리가 개별적인 것을 목표로 파악하는 경우조차도 항상 우리에게 통일적으로 나타나기 때문이다. 즉 그 우주는 의식의 통일 속에 항상 함께 의식되며, 이 의식의 통일 자체가 파악하는 의식이 될 수 있고 또한 극히 자주 그렇게 되기 때문이다.

이 경우 세계 전체는 시간공간의 무한함이라는 그것에 고유한 형식 속에 의식된다. 의식의 모든 변경을 통해 그것이 경험된 또 그 밖에 달리 이끌어내 생각된 개별성들 속에 변경할 수 있는 우주, 그런데도 하나의 유일한 우주는 자연적인 삶 전체의 존재하는 배경으로 남아 있다.

그러므로 현상학적 환원이 일관되게 수행되면 인식작용의 측면으로는 개방된 무한한 순수의식의 삶(Bewußtseinleben)이 그리고 그 인식대상의 상관자의 측면으로는 순수하게 사념된 세계 자체(vermeinte Welt rein als solche)가 우리에게 남는다. 그래서 현상학적으로 성찰하는 자아는 개별성만이 아니라, 관여하지 않는 방관자의 보편성에서도 자기 자신이 될 수 있으며, 여기에는 자기 자신에 대해 존재하는 그리고 그것이 자신에 대해 존재하는 모든 객체가 포함된다.

분명히 다음과 같이 말할 수 있다. 즉 자연적인 태도를 취하는 자아인 나는 또한 항상 선험적 자아이다. 그러나 나는 현상학적 환원을 수행함으로써 비로소 이 사실을 알게 된다. 이 새로운 태도를 통해서만 나는 세계 전체, 따라서 일반적으로 모든 자연적 존재자는 그들의 그때그때 의미를 통해 나에게 타당한 것으로, 변화하고 변화 속에 서로 결합된 나의 사유작용이 사유한 것으로서, 나에 대해서만 존재하고, 나는 그러한 것으로서만 그것을 타당하게 간직한다는 사실을 비로소 이해하게 된다. 그러므로 선험적 현상학자인 내가 보편적인 결합뿐 아니라 개별적인 나의 보편적으로 기술하는 확정의 주제로 삼는 것은, 오직 그 의식하는 방식의 지향적 상관자인 대상들뿐이다.

16 여론: 선험적 반성처럼 '순수심리학적' 반성도 '나는 생각한다'에서 출발해야 할 필요가 있다

위에서 자세히 논한 것에 따라 선험적인 '나는 생각한다'(사유하는 자아)는 그 보편적 삶 속에 개별적인 구체적 체험들의 개방된 무한한 다양성을 지시한다. 그리고 그 변화하는 구조를 해명하고 기술해 파악하는 최초의 커다란 과제의 영역을 지시한다. 이와 마찬가지로 다른 측면에서는 그 구체적 체험들이 결합하는 방식에 관해 구체적 자아 자체가 통일되는 데까지 해명하고 기술해 파악해야 한다.

이 구체적 자아는 물론 그 자체가 결합되고 통일된 지향적 삶의 개방된 무한한 보편성에서만 그리고 의식된 것으로서 이 삶에 함축된 상관자, 그것의 측면에서는 전체적인 보편성까지 통일된 상관자— 나타나는 세계 자체도 포함해 —속에서만 구체적이다. 구체적인 자아 자체는 기술(記述)[12]하는 것의 보편적 주제이다. 더 분명하게 말하면, 성찰하는 현상학자인 나는 나의 완전한 구체성에서, 따라서 그 속에 포함된 모든 지향적 상관자와 함께 선험적 자아로서 나 자신을 해명하는 보편적 과제를 나에게 부과한다. 이미 언급했듯이, 자기 자신에 관한 이 선험적 자기 해명에 평행하는 것은 자기 자신에 관한 심

---

12) 현상학의 특징은 '설명'하는 것이 아니라, '기술'하는 것이다. "단순한 직관 속에 발견된 본질들을 직접 표현하는"(『이념들』제1권, 138쪽) 기술은 경험 속에 포함된 본질들의 직관적 파악을 목표로 한다.

리학적 자기 해명인데, 심리학적 자기 해명에서 자기 자신은 나의 영혼 삶에 있는 나의 순수한 영혼적 존재를 뜻하며, 이 경우 이것은 나의 심리물리적(동물적) 실재성의 구성요소로서, 따라서 나에게 자연적으로 타당한 세계의 구성요소로서 자연적인 방식으로 통각이 된다.

선험적-기술적 현상학에 대해서와 마찬가지로 (실제로 오직) 내적 경험에서 기술해 길어낸 (심리학적 기초분과로서 필연적으로 수행될 수 있는) 순수한 내면 심리학(Innenpsychologie)에 대해서도 '나는 생각한다' 이외에 다른 것에서 출발할 수 없다는 점은 명백하다. 심리학적 의식의 이론과 철학적 의식의 이론을 구별하려는 근대의 모든 시도가 실패한 것을 돌이켜볼 때, 이 점을 주목하는 것은 매우 중요하다.

따라서 만약 우리가 아직도 매우 지배적인 감각주의(Sensualismus)의 전통에 잘못 인도되어 감각이론에서 출발한다면, 위에서 언급한 두 가지 의식의 이론에 이르는 입구는 차단된다. 감각이론에서 출발하는 것은 다음과 같은 점을 포함한다. 즉 우리는 의식의 삶을 추정적인 자명성에서 외적 감각과 (형편이 좋은 경우에는) 내적 감각의 자료들의 복합체로 미리 해석하고, 그런 다음 이 자료들을 전체성으로 결합하는 것에 대해 형태의 성질을 배려한다는 점이다. 원자론(Atomismus)을 벗어나기 위해 우리는 형태가 이러한 자료들 속에 필연적으로 기초되어 있고, 따라서 전체가 부분들에 대립해 그 자체로 더 앞선 것이라는 학설[13]을 첨부한다.

그러나 철저하게 출발하는 기술하는 의식의 이론[14]은 그에 앞

---

13) 이것은 '요소심리학'에 대립되는 '게스탈트(형태) 심리학'을 뜻한다.
14) 후설 현상학은 이론이성, 실천이성, 가치설정적 이성뿐만 아니라, 이것의 심층구조인 선술어적 경험의 지각과 내적 시간의식까지도 포괄하는 '의식의 흐름 전체에 관한 철학', 즉 '확장된 경험주의' 또는 '철저한 이성주의'라고 할 수 있다.

서 그와 같은 자료나 전체를 편견으로만 본다. 출발점은 순수한 경험, 즉 실로 그 고유한 의미가 비로소 순수하게 언표될 수 있는 여전히 침묵하는 경험이다. 하지만 실제로 최초의 언표는 데카르트의 '나는 생각한다', 예를 들어 '나는 이 집을 지각한다' '나는 붐비는 거리를 기억한다' 등이다. 그리고 기술하는 데 최초의 보편적인 것은 사유작용과 사유된 것으로서의 사유된 대상을 구별하는 일이다. 그런 다음 '개별적 감각자료는 어떠한 경우에 그리고 어떻게 구별된 의미에서 정당하게 언표의 구성요소로서 입증될 수 있는가' 하는 것은 해명하고 기술하는 연구의 특수한 산물이다.

전통적 의식의 이론은 이러한 연구를 완전히 배제한 결함이 있다. 전통적 의식의 이론은 자신의 방법적 원리에 대해 명확하게 하지 못했기 때문에 사유된 것으로서의 사유된 대상을 기술하는 엄청난 주제제기를 완전히 상실했을 뿐만 아니라, 의식의 방식들인 사유작용 자체의 본래 의미와 특수한 과제도 상실했다.

17 상관적 문제제기인 의식을 탐구하는 양면성. 기술하는 방향들. 의식의 근원적 형식인 종합

그러나 출발점과 과제의 방향이 처음부터 명백하면, 우리에게는 더구나 우리의 선험적 태도에는 이후의 문제제기에서 중요한 주도적 사상이 발생한다. 의식을 탐구하는 양면성(우리는 지금 동일한 자아에 관한 문제를 아직 고려하지 않는다)은 오직 의식에만 고유한 종합(Synthesis)으로서 의식과 의식을 통일시키는 결합의 방식인 불가분하게 함께 속해 있음(Zusammengehörigkeit)으로 기술해 특징지을 수 있다. 가령 만약 내가 이 주사위를 지각하는 작용을 기술의 주제로 삼으면, 나는 순수한 반성을 통해 이 주사위가 그에 속한 특정한 나타남의 방식이 많은 형태로 변화할 수 있는 다양성 속에 지속적으로 대상적 통일체로 주어진다는 점을 안다.

이것은 다양하게 나타나는 경과 속에 체험들이 아무 연관도 없이 잇달아 일어나는 것(Nacheinander)이 아니다. 오히려 그것은 종합의 통일 속에 경과하며, 이 종합의 통일에 따라 그 다양한 나타남의 방식들 속에 하나의 동일한 것이 나타나는 것으로 의식된다. 하나의 동일한 주사위가 어떤 때는 가깝게, 어떤 때는 멀게 나타나며, 비록 주목되지는 않았더라도 항상 함께 의식된 '절대적 여기'(absolutes Hier)(함께 나타나는 고유한 신체 속에)에 대립해 '거기'(Da)와 '그곳'(Dort)이라는 변화하는 양상에서 나타난다. 그러나 그와 같은 양상들 가운데 고정된 모든 나타남의 방식, 가령 '가까운 영역인 여기에 있는 주사위'는 그에 속한 다양한 나타남의 종합적 통일로서 다시 그 자신을 지시한다. 즉 동일한 것으로 가까이 있는 사물이, 때로는 이러한 측면에서, 때로는 저러한 측면에 나타난다.

그리고 '시각적 원근법'(visuelle Perspektive)[15]이 변화될 뿐만 아니라, 그에 상응하는 주목의 시선을 향하는 경우 관찰할 수 있듯이, '촉각적' '청각적' 그리고 그 밖의 '나타남의 방식들'(Erscheinungsweisen)도 변화된다. 만약 주사위를 지각하는 것 속에 나타나는 주사위의 그 어떤 특별한 특징 — 예를 들면 주사위의 형태나 색깔 또는 따로 그 주사위의 표면·그 정사각형·색깔 등 — 에 특히 주목하면, 똑같은 현상이 반복된다. 우리는 항상 관련된 특징을 그 속으로 흘러들어가는 다양체들(Mannigfaltigkeiten)[16]의 통일체(Einheit)로 발견한다. 곧바로 향해 바라보면, 우리는 가령 변화되지 않고 남아 있는 형태나

---

15) 이것은 사물이 체험되는 방식 그 전체성에서가 아니라, 한 측면을 통해 음영(陰影, Abschattung) 지어져 나타나는 방식을 뜻한다.

색깔을 갖지만, 반성적 태도에서는 그에 속한 나타남의 방식들, 즉 지속적으로 잇따라 일어나는 가운데 서로 연속되는 방향이 정해짐, 원근법 등을 갖는다. 이 경우 그와 같은 나타남의 방식들 각각은 그 자체로, 예를 들어 형태나 색깔의 음영은 그 자체로 그 형태와 그 색깔 등이 제시된 것이다.

그러므로 그때그때의 사유작용은 그 자신의 사유된 대상을 차별 없이 공허하게 의식하는 것이 아니라, 곧바로 이 동일한 사유된 대상에 본질적으로 속한, 완전히 규정된 '인식작용-인식대상'(noesis-noema)으로 이루어진 다양하게 기술하는 구조 속에 의식된다.

위에서 자세히 논의했듯이, 우리는 극히 광범위하게 미치는 평행하는 기술을 감각적 지각에 대해서 뿐만 아니라 모든 직관에 대해서도, 따라서 다른 직관의 양상들(과거의 것을 추후에 직관하게 하는 기억과 가까운 미래의 것을 미리 직관하게 하는 기대)에 대해서도 수행할 수 있다. 예를 들면 기억된 사물도 변화하는 측면, 원근법 등에서 나타난다. 그러나 직관의 양상들의 차이를 구별하는 데 만족하기 위해서는, 예를 들어 기억에서 주어진 것과 지각에서 주어진 것을 구별하기 위해서는 기술하는 데 새로운 차원이 문제시될 것이다. 하지만 모든 종류의 의식에 대해 가장 보편적인 것 가운데 하나는 의식이 일반적으로 '무엇에 관한 의식'이라는 것이다. 이 '무엇', 즉 의식 속에 있는 그때그때의 지향적 대상 그 자체는 실로 직관적이든 않든 '인식작

---

16) '다양체'는 리만(G. F. B. Riemann) 이후 현대 기하학에서 일정한 공리의 연역체계를 지칭하는 용어로서 일종의 류개념(집합)이다. 한편 후설은 이 개념을 순수수학의 의미에서 학문을 학문으로 성립시키는 형식에 관한 학문이론(Wissenschaftslehre), 즉 순수논리학을 정초하려는 형식적 영역의 존재론(regionale Ontologie)으로 발전시킨다. 따라서 인식작용과 인식대상의 지향적 구조분석뿐만 아니라 전면적인 경험의식의 구성에서 중요한 의미를 갖는다.

용-인식대상'으로 변화하는 의식의 방식들의 동일한 통일체로 의식된다.

일단 구체적으로 의식을 기술하는 현상학적 과제에 사로잡히면, 현상학 이전에는 결코 탐구되지 않았던 사실의 참된 무한한 영역이 우리에게 열린다. 그러한 사실은 모두 개별적 **사유작용**(구체적인 종합적 전체성으로서)에 그리고 다른 의식작용과 관련해서도 '인식작용-인식대상'의 통일체를 부여하는 종합적 구조의 사실로 묘사될 수도 있다. 이러한 종합의 특성을 해명함으로써 비로소 사유작용, 즉 지향적 체험을 '무엇에 관한 의식'으로 제시할 수 있게 된다. 따라서 지향성이 심리적 현상을 기술하는 근본적 특성이라는 브렌타노[17]의 중대한 발견이 성과를 맺게 되고, 기술적인 ─ 선험적-철학적일 뿐만 아니라, 당연히 심리학적인 ─ 의식에 관한 이론의 방법론도 실제로 발굴된다.

18 종합의 근본적 형식인 동일화. 선험적 시간의 보편적 종합

종합, 즉 **동일화**(Identifikation)의 근본적 형식을 고찰해보면, 그것은 우선 지속적인 내적 시간의식의 형식으로 수동적으로 경과하는, 모든 것을 지배하는 종합으로 우리에게 나타난다. 모든 체험은 자신의 체험의 시간성(Zeitlichkeit)을 갖는다. 만약 그것이 세계의 객체가

---

17) F. Brentano(1838~1917)는 독일 관념론과 신칸트학파를 배격하고, 자연과학에 따른 경험적-기술적 심리학의 방법으로 철학을 정초하고, 특히 윤리적 인식의 근원을 해명하는 가치론을 탐구했다. 그리고 물리적 현상과 구별되는 심리적 현상의 특징으로서 그가 밝힌 의식의 '지향성' 개념은 후설 현상학에 깊은 영향을 주었다.

(주사위의 지각과 같이) 사유된 대상으로 나타나는 의식의 체험이면, 우리는 나타나는 (예를 들어 이 주사위의) 객관적 시간성과 나타나는 작용(예를 들어 그 주사위의 지각작용)의 내적 시간성을 구별해야 한다. 이 나타나는 작용은 자신의 시간의 구간들(Strecken)과 시간의 국면들(Phasen) 속으로 흘러들어가고, 이 시간의 구간들과 시간의 국면들은 그들의 측면에서 지속적으로 변화되는 동일한 하나의 주사위에 관한 나타남들이다.

이것들의 통일은 종합의 통일이지만, 이것은 **사유작용이 지속적으로 결합된 것**(즉 외면적으로 서로 연결된 것)이 결코 아니라, 지향적 대상성(Gegenständlichkeit)[18]의 통일이 다양하게 나타나는 방식들의 통일로서 **구성되는**(sich konstituiert) '하나의' 의식에 결합된 것이다. 세계의 현존, 따라서 여기에 있는 이 주사위의 현존은 판단중지로 괄호 쳐진 것이다. 하지만 하나의 동일한 것으로 나타나는 주사위는 흐르는 의식에 지속적으로 내재하며, 비록 기술적(記述的)이더라도, 그 의식 속에 기술적으로 동일한 하나의 것이다.

이 '의식 속에 있는 것'(In-Bewußtsein)은 완전히 독특한 종류의 그 속에 있는 것이다. 즉 그것은 실재적 구성요소로서 그 속에 있는 것이 아니라, 지향적으로 그 속에 있는 것, 나타나는 '이념적으로 그 속에 있는 것'(Ideell-darin-sein) 또는 그의 내재적인 대상적 의미로서 그 속에 있는 것이다. 흐르는 체험 가운데 자기 자신과의 동일성을 지니는 의식의 대상은 외부에서 의식으로 들어오는 것이 아니라, 의식 자체 속에 의미로, 즉 의식의 종합이라는 **지향적 작업수행으로** 포함되어 있다.

---

18) 이것은 좁은 의미의 대상들뿐만 아니라, 이들 사이의 사태 · 징표 · 관계형식을 뜻한다.

그런데 동일한—의식에 적합하게 동일한—주사위가 특히 구별되는 방식으로 분리된 의식의 방식들 속에, 예를 들면 분리된 지각·회상·기대·가치평가 등에서, 동시에 또는 잇달아 의식될 수도 있다. 이런 경우에도 동일성의 의식을 그들의 분리된 체험들을 포괄하는 통일적 의식으로 제기하고, 이렇게 함으로써 동일성에 관한 모든 앎을 가능하게 만드는 것은 바로 종합이다.

그러나 결국 '동일하지 않은 것'(Nicht-identisches)을 통일적으로 의식하게 되는 모든 의식, 즉 다수성이나 관계 등에 관한 모든 의식도 이러한 의미에서 일종의 **종합**이며, 이들의 본래 사유된 대상(다수성·관계 등)은 종합적으로—또는 여기서는 '구문론적'(syntaktisch)[19]이라고 말할 수도 있다—구성하는 것이다. 이 경우 그 밖에 이 구문론적 작업수행이 자아의 순수한 수동성으로 특징지어지든 자아의 능동성으로 특징지어지든 아무 상관이 없다. 모순이나 양립할 수 없음(Unverträglichkeiten)도, 물론 다른 종류의 것이지만, **종합의 형성물**이다.

하지만 종합은 모든 개별적 의식의 체험 속에만 놓여 있고, 때에 따라 개별적인 것을 개별적인 것에 결합시키는 것만은 아니다. 오히려 우리가 앞에서 이미 언급했듯이, 전체의 의식 삶은 **종합적으로 통일**되어 있다. 따라서 의식 삶은 서로 다른 단계에서 다양한 각각의 사유된 대상 속에 기초하는 자신의 보편적인 사유된 대상을 지닌, 그때그때 부각되는 모든 개별적 의식체험을 그 자체 속에 포함하는 보편적 **사유작용**이다. 어쨌든 이렇게 기초를 짓는 것은 발생(Genesis)의 시간적으로 잇달아 일어남(Nacheinander) 속에 구축하는 것을 뜻

---

19) 이것은 언어학이 아니라 순수논리적 형식에 관계되는 개념으로서, '범주적'(kategorial)과 동일한 뜻이다.

하지는 않는다. 왜냐하면 오히려 생각할 수 있는 모든 개별적 체험은 언제나 이미 통일적으로 전제된 전체의 의식 속에서만 부각된 것이기 때문이다. 보편적인 사유된 대상은 자신의 개방된 무한한 통일성과 전체성 속에 있는 보편적인 삶 자체이다. 보편적인 의식된 대상이 항상 이미 전체의 통일체로 나타나기 때문에, 주목해 파악하는 작용이라는 탁월한 방식으로 관찰될 수 있으며, 보편적 인식의 주제가 될 수 있다.

그 밖의 모든 의식의 종합을 가능하게 해주는 이 보편적 종합의 근본형식은 모든 것을 포괄하는 내적 시간의식(inneres Zeitbewußtsein)이다. 이것의 상관자는 내재적(immanent) 시간성 자체이며, 언제나 반성적으로 발견될 수 있는 자아의 모든 체험은 이 내재적 시간성에 따라 시간적으로 질서가 잡히고, 시간적으로 시작하고 끝나며 동시에 또는 잇달아 일어나는 것으로서 그 내재적 시간의 끊임없이 무한한 지평 안에서 반드시 제공된다.

시간의식과 시간 자체의 구별은 내적 시간의 체험 또는 그 시간의 형식과 이에 상응하는 다양체들로서 그것이 시간적으로 나타나는 방식들 사이의 구별로도 표현될 수 있다. 내적 시간의식이 이렇게 나타나는 방식들은 그 자체로 지향적 체험이고, 반성 속에서 다시 필연적으로 시간성으로 주어져야만 하기 때문에, 우리는 무한소급에 부착된 것처럼 보이는 의식 삶의 역설적인 근본적 특성에 직면하게 된다.

이러한 사실을 이해하고 해명하는 일에는 극도의 어려움이 따른다. 그러나 아무리 역설적이더라도, 아무튼 그것은 필증적이고 명증적이며, 자아가 '그-자체만으로-존재한다'는 놀라운 측면, 즉 여기서는 우선 '자기-자신에게-지향적으로-소급해-관계된다'는 형식으로 자아의 의식 삶이 지닌 존재의 한 측면을 지시한다.

19 지향적 삶의 현실성과 잠재성

모든 사유작용에 속하는 다양한 지향성, 실로 그것이 세계의 것을 의식할 뿐만 아니라 자기 자신도 사유하는 자아로서 내적 시간의식 속에서 의식한다는 사실을 통해 모든 세계에 관련된 의식에 속하는 다양한 지향성은 현실적 체험으로서의 사유된 대상들을 단순히 고찰하는 것에서 그 〔연구〕주제가 고갈되지는 않는다. 오히려 모든 현실성(Aktualität)은 자신의 잠재성(Potentialität)을 함축한다. 이 잠재성은 공허한 가능성이 아니라, 내용을 지니며, 더욱이 그때그때 현실적 체험 자체 속에 지향적으로 미리 지시되고, 게다가 자아로 현실화될 수 있다는 성격이 부여되어 있다.

이렇게 함으로써 지향성에 관한 더 이상의 근본적 특징이 시사되었다. 각각의 체험은 그 의식의 연관이 변화되는 가운데 그리고 그 체험에 고유한 흐름의 국면이 변화되는 가운데 변화하는 지평(Horizont)을 갖는다.

이 지평은 그 체험 자체에 속한 의식의 잠재성을 지시하는 지향적 지평이다. 예를 들어 각각의 외적 지각에는 지각의 대상이 본래 지각된 측면에서 함께 사념된 측면, 즉 아직 지각되지는 않았지만 단지 예상에 적합한 것이어서 우선은 비직관적인 공허함(Leere) 속에 예측된 측면——앞으로 지각에 적합하게 이루어질, 각각의 지각의 국면으로 새로운 의미를 지니게 된, 끊임없는 미래지향(Protention)[20]으로

---

20) 이것은 반대방향의 '과거지향'(Retention)으로서, 지각활동이 진행됨에 따라 충족되거나 수정될 수 있는, 결정되지 않은 채 항상 새롭게 열리는 미래를 향한 의식지평을 뜻한다. 의식의 흐름은 '과거지향——생생한 현재인 지금(Jetzt)——미래지향'의 구조로 끊임없이 잇달아 일어난다. 즉 의식은 이미 알고 있는 것들을 통해 '유형적으로 미리 알려져 있음'(typische Vorbekanntheit)이라는 선술어적 경험의 지향적 지평구조에 따라 아직 알려지지 않은 것을 귀납적으로(induktiv) 예측해나간다. 그것은 "아직 알려지지 않은 것

서—을 지시하는 것이 포함되어 있다. 게다가 지각은 그와 다른 지각 자체의 가능성의 지평도 갖는다. 그것은 만약 우리가 지각의 진행을 활동적으로 다른 곳으로 이끌면, 가령 눈을 이쪽 대신 저쪽으로 움직이면, 또는 우리가 앞으로나 옆으로 걸어가는 등의 경우, 우리가 가질 수 있는 지평이다.

이러한 것은 그에 상응하는 기억 속에 변형되어 반복된다. 그것은 가령 만약 내가 그에 상응해 나의 지각활동을 다른 곳으로 이끌면, 내가 그 당시 사실적으로 볼 수 있었던 측면 대신 다른 측면을 지각할 수 있게 된다는 의식 속에 변형되어 반복된다. 그것을 회복하기 위해 각각의 지각에는 일깨울 수 있는 회상의 잠재성으로서 항상 과거의 지평이 속해 있으며, 각각의 회상에는 그때그때 현실적인 지각의 '지금'에 이르기까지 (나에게서부터 활동적으로 현실화할 수 있는) 가능한 회상의 지속적인 간접적 지향성이 지평으로서 속해 있다.

이 경우 일반적으로 '나는 할 수 있다' '나는 행한다' 또는 '나는 내가 행한 것과 다르게 할 수 있다'는 것이 —그런데 이러한 자유(Freiheit)는, 모든 자유와 마찬가지로, 항상 가능한 억제(Hemmung)에 개방되어 있다는 점에 상관없이 — 이러한 가능성(Möglichkeit) 가운데 활동한다. 지평은 미리 지시된 잠재성이다.[21] 또한 우리는 각각의 지평을 그 속에 놓여 있는 것에 관해 묻고 해명하며, 의식 삶의 그때그때 잠재성을 드러내 밝힐 수 있다고도 말한다.

(Nichtwissen) 속에는 언제나 본질적으로 함축적이지만 앞으로 명백히 해명될 수 있는 명증적 앎(Wissen)이 있고"(『위기』, 366쪽), "경험은 그 사물에 관한 앎과 부수적 앎을 당연히 또 필연적으로 갖기"(『경험과 판단』, 27쪽) 때문이다.

21) 이것은 존재자가 접근방식에 따라 서로 다르게 나타날 가능성과 은폐되거나 이전에 밝혀졌지만 다시 파묻힌 것을 현상 속에서 드러내 밝힐 가능성으로 제시되는 것을 뜻한다.

하지만 곧 이렇게 함으로써만 현실적 사유작용 속에 항상 암시 정도로만 함축적으로 생각된 대상적 의미를 드러내 밝힐 수 있다. 이 대상적 의미, 즉 사유된 것으로서의 사유된 대상은 결코 완성되어 주어진 것으로 표상될 수는 없다. 왜냐하면 그것은 [지금 주어지는] 지평과 항상 새롭게 일깨워질 지평을 이렇게 구명함으로써 비로소 해명되기 때문이다.

미리 지시하는 것(Vorzeichnung) 자체는 항상 불완전하지만, 그것이 **규정되지 않음**(Unbestimmtheit) 속에서도 어쨌든 **규정되는**(Bestimmtheit) 구조를 갖는다.[22] 예를 들어 주사위는 보이지 않은 측면에 관해서는 여전히 많은 것이 규정되지 않은 것으로 남아 있지만, 어쨌든 그것은 주사위로서 파악되고, 그런 다음 특히 색칠되고 구명이 난 것으로 미리 파악된다.

그러나 이 경우 이 각각의 규정은 그 특수성에서는 언제나 아직 규정되지 않은 채 남아 있다. 이렇게 규정되지 않은 채 남아 있는 것은 실제로 상세하게 규정되기 ─이러한 일은 아마 결코 일어나지 않을 것이다─ 이전에 그때그때 의식 자체 속에 포함된 계기, 즉 **지평**을 형성하는 것이다. 예측적 **표상**을 통해 단순히 설명하는 것에 대립해 실제로 진행되는 지각을 통해 [사념된 것을] **충족시키는** 상세한 규정, 경우에 따라서는 [사념된 것과] 다른 규정이 일어나지만, 이것도 규정되지 않은 채 남아 있는 새로운 지평을 지니고 일어난다.

---

22) 후설은 아직 명확하게 규정되어 있지 않지만, 적어도 그 유형에 따라 규정이 가능한, 규정되어 있지 않음(Unbestimmtheit)의 지평을 '공허한 지평'(Leerhorizont)이라고 부른다. 즉 "알려져 있지 않음(Unbekanntheit)은 항상 동시에 알려져 있음(Bekanntheit)의 한 양상"(『경험과 판단』, 34쪽)이다. 따라서 세계의식과 이와 상관적으로 경험 가능한 모든 개별적 실재의 지평인 세계의 기본구조는 '알려져 있는 것'과 '알려져 있지 않은 것'의 구조로 이루어져 있다.

그러므로 '무엇에 관한 의식'으로서의 모든 의식은 일반적으로 동일한 대상—종합의 통일 속에 동일한 대상적 의미로 그 대상에 지향적으로 내재하는—에 관한 의식으로서 언제나 새로운 의식의 방식으로 이행할 수 있다. 그뿐만 아니라 의식의 지평의 지향성(Horizontintentionalität)의 방식에서 그러한 일을 수행할 수 있고, 실로 이러한 방식으로만 수행할 수 있다는 본질적 특성이 있다. 즉 대상은 미리 사념되었고 실현할 수 있는 의미를 지니고 항상 의식된 동일성의 극(極)이며, 의식의 모든 계기 속에 의미상 그 대상에 속하는—그것에 관해 묻고 해명할 수 있는—인식작용의 지향성의 지표(Index)이다. 이 모든 것은 구체적으로 탐구될 수 있다.

20 지향적 분석의 특성

〔이로써〕지향적 분석으로서 의식-분석은 통상적인 자연적 의미의 분석과는 전적으로 다른 것임이 밝혀진다. 이미 앞에서 말했듯이, 의식 삶은 의식-자료의 단순한 전체가 아니다. 따라서 독립적 요소나 비독립적 요소로 단순히 분석할 수 있는—가장 넓은 의미에서 나눌 수 있는—것이 아니다. 만약 그렇게 분석할 수 있다면, 통일의 형식(형태의 성질들)은 비독립적 요소들로 분류되어야 할 것이다.

지향적 분석 역시 어떤 주제로 시선을 향한다면 나눔(Teilung)으로 이끌고, 이러한 한에서 '나눔'이라는 말이 여전히 이바지할 수 있다. 그러나 지향적 분석이 언제나 이루어지는 본래의 작업수행은 의식의 현실성 속에 함축된 잠재성을 드러내 밝히는 것이고, 이렇게 드러내 밝힘으로써 인식대상의 관점에서 의식에 적합하게 사념된 것, 즉 대상적 의미를 해명하고 명료하게 하며 경우에 따라서는 명석하게 하는 일이 수행된다.

의식으로서의 모든 사유작용은 가장 넓은 의미에서 그것이 사념된 것을 사념하는 것이지만, 이 사념된 것은 각각의 계기에서 ('더 이상'이 사념된 것과 함께) 그때그때의 계기 속에 **명백하게 사념된 것으로서** 앞에 놓여 있는 것 이상이라는 근본적 인식으로 지향적 분석은 이끈다. 우리가 든 예에서 각각의 지각의 국면은 지각에 적합하게 사념된 것으로서 대상의 단순한 측면이었다. 모든 의식 속에 놓여 있는 이 '자신을 넘어서 사념하는 것'(Über-sich-hinaus-meinen)은 의식의 본질적 계기로 관찰되어야 한다.

그런데 의식은 대상에 관한 '**더 이상을 사념하는 것**'(Mehrmeinung)이며 이러한 것임이 틀림없다는 점은, 그 대상을 명료하게 할 가능성의 명증성으로 비로소 밝혀진다. 결국 내가 실행할 수 있는 것으로서 현실적이거나 가능하게 계속 지각하거나 가능하게 회상하는 형식으로 그 대상을 직관적으로 드러내 밝힘으로써 보인다.

하지만 현상학자는 순수하게 지향적 대상 그 자체에 단순히 몰두해 활동하는 것은 아니다. 그는 그 대상을 곧바로 향해 관찰하거나 생각한 그 대상의 징표, 즉 생각된 부분이나 속성을 해명하는 것이 아니다. 왜냐하면 만약 그가 이러한 것을 수행하면, '직관적으로-또는-비직관적으로-의식해 갖는 것(Bewußthaben)'과 해명하는 관찰작용 자체를 형성하는 지향성은 **익명적 상태**로 남기 때문이다. 달리 말하면, 의식의 인식작용적 다양체들과 이것들의 종합적 통일은 은폐된 채 남게 된다.

이러한 의식작용들과 그 통일로서 그리고 의식의 본질적인 통일의 작업수행으로서 우리는 일반적으로 지향적 대상과 그때그때 이렇게 규정된 대상을 지속적으로 생각하고, 마치 그 대상을 이러저러하게 사념된 것으로서 갖는다. 가령 은폐된 구성적 작업수행을 통해 우리는 (만약 관찰이 해명으로서 계속되면)23) 징표·속성·사념된 것의 해명항(解明項)으로서의 부분과 같은 것을 곧바로 발견하거나, 이들을 함축적으로 생각하고, 그런 다음 직관적으로 제시할 수 있다.

현상학자는 모든 대상적인 것과 이 속에서 발견될 수 있는 것을 오직 의식의 상관자(Korrelat)로 탐구하기 때문에, 그는 곧바로 향해 관찰하고 기술할 뿐만 아니며, 일반적으로 그에 상응하는 자아, 즉 그것이 자신의 사유된 대상인 '나는 생각한다'[사유하는 자아]로 소급해 관계해 관찰하고 기술할 뿐만 아니다. 오히려 그는 자신의 반성하는 시선으로 드러내 밝히면서 익명적으로 사유하는 삶 속으로 파고들어가고, 다양한 의식의 방식들의 특정한 종합적 경과들과 — 대상이 '자아에 대해 단적으로 사념된 것', 즉 직관적이거나 비직관적으로 사념된 것을 이해시켜주는 — 의식의 방식들의 배후에 여전히 놓여 있는 자아가 자세를 취하는 양상들을 드러내 밝힌다. 또는 그는 '어떻게 의식은 그 자신 속에 그리고 자신의 그때그때 지향적 구조 때문에 의식 속에, 그와 같이 존재하고 그렇게 존재하는 객체가 의식되며, 그와 같은 의미로 나타날 수 있는지를 필연적으로 만드는가'를 이해시킨다.

그래서 현상학자는, 예를 들어 공간적 사물을 지각하는 경우 (우선

---

23) 후설은 자아가 선술어적 경험대상을 구체적으로 파악하는 지각의 경향을 다음과 같은 단계로 분석한다(『경험과 판단』, 제22~38절 참조).

① '단적인 파악'은 지각작용이 대상을 객관화해 인식하는 능동적 활동의 가장 낮은 단계이다. 이것도 단순한 자료를 받아들이는 것이 아니라, 이미 내적 시간의식 속에서 연상작용(Assoziation)이 수동적으로 구성한 종합이다.

② '해명'은 지각의 관심이 모호하지만 친숙한 유형으로 미리 알려진 대상의 특성들(계기들과 부분들), 즉 내적 규정들 속으로 파고들어가 상세하게 포착하는 작용이다. 이 내적 규정들은 곧 그 대상의 '내적 지평'이다.

③ '관계관찰'은 관심이 집중된 대상과 그렇지 않은 다른 대상들과의 외적 관계를 통해 상관적으로 규정해 파악하는 작용이다. 이 상관적 규정들이 곧 그 대상의 '외적 지평'이다.

의미를 나타내는 모든 술어를 추상하고 순수하게 연장실체(res extensa)를 유지하면서) 변화하는 시각적 사물과 그 밖의 감각적 사물을 '이들이 어떻게 그 자체로 이 동일한 연장실체에 관한 나타남이라는 성격을 갖는가'를 연구한다. 현상학자는 공간적 사물들 각각에 대해 그것들이 변화하는 국면을 탐구하며, 더 나아가 그것들이 시간적으로 주어지는 방식에 관해 과거지향적으로 가라앉아버리는 가운데 그것들이 '여전히 의식되는'(Noch-bewußtsein) 변화,[24] 그리고 자아의 관점에서 주목하는 양상 등을 탐구한다.

이 경우 다음과 같은 점에 주의해야 한다. 즉 지각된 것 그 자체를 현상학적으로 해명하는 것은 지각이 진행되면서 수행되는 지각된 것을 그것의 징표에 관해 지각에 적합하게 해명하는 것에 한정되는 것이 아니라, 보이지 않은 것을 보이게 만드는 잠재적 지각들을 현전화(Vergegenwätigung)[25]함으로써 사유된 대상의 의미 속에 포함된 것과 (뒷면과 같이) 단순히 비직관적으로 함께 사념된 것을 명백하게 만드는 것이라는 점이다.

이 점은 일반적으로 모든 지향적 분석에 대해서도 타당하다. 이러한 지향적 분석은 분석되어야 할 개별화된 체험을 넘어서 파악한다. 지향적 분석은 그 상관적 지평을 해명함으로써 매우 다양한 익명적

---

24) 지각된 체험은 아무 흔적도 없이 사라지는 것이 아니라, 과거지향적 변양을 통해 지속하는 것을 남긴 채 무의식 속으로 흘러들어가 다시 생생하게 복원될 수 있는 '습득성'의 형태로 침전된다. 후설은 이것을 "공허한 지평 (Leerhorizont)"(『경험과 판단』, 35쪽), "꿈이 없는 잠"(『위기』, 192쪽), "침전된 지향성, 무의식의 지향성"(같은 책 118, 240쪽)이라고도 부른다.

25) 이것은 기억이나 상상과 같이, 시간·공간적으로 '지금 여기에' 현존하지 않는 것을 의식에 현존하도록 만드는 작용, 즉 직접적인 현재화 (Gegenwärtigung)에 대립된 작용이다. 그러나 현전화 국면들은 현재화 국면들의 변양들, 즉 재생산들이므로 현재화 국면들을 정확하게 반영한다.

상태의 체험을 관련된 사유된 대상의 대상적 의미에 대해 **구성적으로** 기능하는 주제의 장(場) 속에 자리 잡게 한다. 그러므로 지향적 분석은 현실적 체험뿐만 아니라, 현실적 체험이 의미를 구성하는 작업을 하는 지향성에 **함축되어** 있고 미리 **지시되어** 있는 잠재적 체험도 주제의 장 속에 자리 잡게 한다. 그리고 이것이 밝혀진다면, 함축된 의미를 해명하는 일은 명증적 성격을 지니게 된다.

오직 이렇게 함으로써 현상학자는 다음과 같은 점을 이해할 수 있게 된다. 즉 '의식 삶의 내재성' 속에 그리고 이 끊임없는 의식의 흐름 속에 어떠한 성질을 지닌 의식의 방식들에서 '계속되면서 남아 있는'(stehend und bleibend) 대상적 통일체와 같은 것이 어떻게 의식될 수 있는가?', 특히 '동일한 대상의 **구성**(Konstitution)이라는 이 놀라운 작업수행은 각각의 대상의 범주에 대해 어떻게 일어나는가?' 즉 '구성하는 의식 삶은 각각의 대상의 범주에 대해 동일한 대상의 상관적인 인식작용과 인식대상의 변화에 따라 어떻게 보이고, 또 어떻게 보여야만 하는가?' 하는 점을 이해할 수 있게 된다.

그러므로 모든 지향성의 **지평구조**가 현상학적 분석과 기술에 전적으로 새로운 방법론(Methodik)을 부과한다. 그것은 의식과 대상·생각과 의미·실재적 현실성과 이념적 현실성·가능성·필연성·가상·진리, 또한 경험과 판단·명증성 등이 (순수심리학적 문제제기에 평행하는) 선험적 문제제기로 나타나고 주관적 '근원'에 관한 진정한 문제로 연구되어야만 하는 모든 경우에 항상 작용하는 방법론이다.

(적절히 변경하면, 이것은 내적 **심리학**, 또는 우리가 암시적으로 구성적이며 동시에 선험적인 현상학에 평행하는 것으로 밝혔던 순수지향적 심리학에 대해서도 타당하다. 심리학의 유일하고도 철저한 개혁은 지향적 심리학을 순수하게 형성하는 데 있다. 이미 브렌타노가 그와

같은 심리학을 요구했지만, 유감스럽게도 그는 지향적 분석의 근본적 의미를, 따라서 그와 같은 심리학을 비로소 가능하게 만드는 방법의 근본적 의미를 아직 인식하지 못했다. 지향적 심리학은 지향적 분석의 방법을 통해서만 비로소 그것의 진정하고도 참된 무한한 문제제기를 연다.)[26]

물론 처음에는 순수한 의식 현상학의 가능성은 매우 의심스러운 것으로 보인다. 즉 의식 현상의 영역이 바로 '헤라클레이토스적 흐름'[27]이라는 사실을 고려하면, 매우 의심스러운 것처럼 보인다. 사실 이 흐름에서 객관적 학문들에 기준이 되는 것으로, 개념을 형성하고 판단을 형성하는 방법론 속에 수행하려는 것은 의미 없는 일이 될 것이다. 의식체험을 경험에 근거해 동일한 대상으로서 자연의 객체 ─ 따라서 결국 확고한 개념들을 통해 파악할 수 있는 동일한 요소들로 해명할 수 있다는 이상적(理想的) 추정 아래 ─ 와 마찬가지로 규정하려고 하는 것은 물론 착각일 것이다.

---

26) 괄호 안의 내용은 후설이 유고에서 첨부한 부분이다.

27) 헤라클레이토스는 "만물은 유전한다" "두 번 다시 동일한 강물에 발을 들여 놓을 수 없다" "투쟁은 만물의 아버지다" 등의 토막글을 통해 자연의 생성과 변화 속에 서로 대립되고 모순되는 다양한 요소들이 변증법적으로 통일과 조화를 이루는 법칙 'Logos'를 강조했다. 그래서 후설은 부단히 흐르면서도, 그 근원에서는 수동적 종합을 형성하는 의식을 "헤라클레이토스적 흐름"(『이념』, 47쪽 ; 『위기』, 159쪽)으로 부르며, 그 의식의 삶의 생생한 체험인 현상 전체를 통일성 속에 파악하는 것을 현상학의 과제로 삼았다. 한편 이 '흐름'의 개념은 '흘러들어감'(einströmen)으로 발전되어 '생활세계'를 이해하는 중요한 실마리가 된다. 즉 생활세계는 선험적 주관이 근원적으로 건설하고 구성한 인식의 침전물이 문화와 기술, 언어의 형태로 생활세계 속으로 흘러들어가 '습득성'으로 침전되고, 이것은 다시 상호주관적인 의사소통과 이해를 통해 자명하게 복원되고 그 의미가 더욱 풍부해지는 사회성과 발생적 역사성을 지닌다.

의식체험은 확고하게 개념적으로 규정할 수 있다는 이념에 짜 맞춘 따라서 이 이념에 대해 확고한 개념들 아래 점차 접근해 규정하는 과제를 이성적으로 제기할 수 있다는 그러한 대상들에 대한 우리의 불완전한 인식의 능력 때문이 아니라, 아프리오리하게 어떠한 궁극적 요소들이나 관계들도 없다. 그런데도 **지향적 분석의 이념은 정당하다**. 왜냐하면 모든 의식 속에 통일성을 제공하고 대상적 의미의 통일성을 인식작용적으로 그리고 인식대상적으로 구성하는 지향적 종합의 흐름에는 엄밀한 개념들로 파악할 수 있는 본질적 유형(Typik)[28]이 지배하기 때문이다.

21 '선험적 실마리'인 지향적 대상

형식으로서 모든 것을 포괄하는 가장 보편적인 유형은 '자아-사유작용-사유된 대상'(ego-cogito-cogitatum)인 우리의 일반적 도식으로 묘사된다. 우리가 지향성에 대해, 이에 속한 종합 등에 대해 추구했던 가장 보편적인 기술(記述)은 이 유형에 관계된다. 이 유형을 특수화하고 이것을 기술하는 경우, 쉽게 이해될 수 있는 근거에서 사유된

---

28) 이 말은 '유형(Typus, Typ)에 관한 학문'을 뜻하지만, 후설은 같은 유형에 속한 것들을 총칭하는 데 사용한다. 본질직관의 방법으로 획득하는 '본질'(Wesen)은 순수한 보편성과 아프리오리한 필연성을 갖는 데 비해, 이전 경험을 연상적으로 일깨워 재인식할 수 있게 만드는 '유형'은 경험적 보편성과 우연적 필연성을 갖는다. 즉 유형은 이전 경험을 근원적으로 건립해 형성된 것으로서, 명확하게 규정되지는 않았지만 이미 모호하게 알려져 있기 때문에, 새로운 경험을 예측하여 미리 지시하며, 그 내용을 풍부하게 만들거나 수정할 수 있는 경험의 가능조건, 침전되었던 것이 부각되는 배경지평인 잠재의식이다. 물론 유형의 보편성이 극대화될 경우 그것은 본질이지만, 유형이 형성되는 과정과 본질이 획득되는 방법에는 근본적으로 차이가 있다. 유형을 구성하는 것은 곧 인식을 주도하는 관심(Interesse)이다.

대상의 측면에 있는 지향적 대상이 유형적으로 다양한 의식을 열기 위한 선험적 실마리의 역할을 한다. 의식은 그 가능한 종합 속에 사유된 대상을 그와 같이 사념된 것으로서 의식에 적합하게 그 자체 속에 지닌다.

〔따라서〕출발점은 실로 필연적으로 그때그때 곧바로 주어지는 대상이며, 이 대상에서 우리는 반성을 통해 그때그때 의식의 방식들로 그리고 이 의식의 방식들 속에 지평적으로 포함된 잠재적 의식의 방식들로 되돌아간다. 그런 다음 그 대상을 가능한 의식 삶의 통일 속에 다른 방식으로 동일한 것으로 의식할 수 있는 의식의 방식들로 되돌아간다.

만약 여전히 형식적 일반성의 테두리 안에 머문다면, 만약 어떤 대상을 일반적으로 그 내용에 관련되지 않고 임의로 사유된 대상으로 생각하고 그것을 이러한 일반성에서 실마리로 받아들이면, 동일한 대상에 관해 다양하게 가능한 의식의 방식들—형식적인 전체 유형—은 일련의 예리하게 구별된 인식작용-인식대상의 특수한 유형으로 나누어진다. 예를 들어 가능한 지각·과거지향·회상·기대·유의미성·유비적으로 만드는 직관화(analogisierende Veranschaulichung)는 지향성의 그와 같은 특수한 유형이다. 생각할 수 있는 모든 대상에는 그것들에 속한 종합적으로 짜 맞춤의 유형과 함께 그 특수한 유형이 포함된다.

이러한 유형 모두는, 우리가 공허하게 유지한 지향적 대상의 보편성을 나누자마자 곧, 그것의 인식작용-인식대상의 전체 조직 속에 다시 나누어진다. 이 나눔은 우선 형식적-논리적(형식적-존재론적)일 수 있다. 따라서 개별적인 것과 궁극적으로 개체적인 것·보편적인 것·다수성·전체·사태·관계 등과 같은 어떤 것 일반의 양상이다. 여기서(넓은 의미의) 실재적(real) 대상성과 범주적(kategorial) 대상성들의 근본적 구별도 나타난다. 범주적 대상성들은 조작(Operation), 즉 단계적으로 산출하면서 구축해가는 자아의 활동성(Ich-Aktivität)에서 그리고 실재적 대상성들은 단순한 수동적 종합(passive Synthesis)의 작업수행에서 근원(Ursprung)을 소급해 지시한다.

다른 한편 우리는 실질적-존재론적(material-ontologisch) 특수화도 갖는다. 이것은 예를 들어 (단순한) 공간적 사물·동물적 존재 등 그 실재적 영역으로 나누어지고, 이들 영역에 속한 형식적-논리적 변화들(실재적 성질·다수성·관계 등)에 대해서는 그에 상응하는 특수화를 이끌어가는 실재적 개체의 개념에 연결된다.

이러한 실마리로 밝혀지는 모든 유형은 그 인식작용적-인식대상적 구조에 관해 심문할 수 있고, 그 지향적 흐름(Fluß)의 방식 그리고 그 유형적 지평과 그 함축 등에 관해 해명하고 정초할 수 있다. 만약 어떤 임의의 대상을 그것의 형식이나 범주 속에 확고하게 유지하고, 그 의식의 방식들이 변화되는 가운데 그 대상의 동일성을 끊임없이 명증성 속에 유지하면, 그 의식의 방식들은 아무리 유동적인 것이더라도 그리고 그 궁극적 요소들을 파악할 수 없더라도, 아무튼 결코 임의의 것이 아니라는 점이 밝혀진다. 그 의식의 방식들은 곧 대상성이 바로 이러한 대상성으로 그리고 그러한 성질을 지닌 것으로 의식되어 남아 있는 한, 의식의 방식들이 변화되는 가운데도 그것들이 동일성의 명증성 속에 항속(verharren)될 수 있어야 하는 것인 한, 깨어지지 않는 동일한 것인 하나의 구조의 유형(Strukturtypik)에 결합되어 항상 남아 있다.

바로 이 구조를 체계적으로 해명하는 것이 선험적 이론의 과제이다. 선험적 이론은 만약 그것이 실마리로서 대상적 일반성에 자신을 한정한다면, 관련된 형식 또는 범주, 그 최고에는 영역의 대상으로서의 대상 일반에 대한 선험적 구성(Konstitution)의 이론이라고 부른다. 그래서 처음에는 지각의 이론과 그 밖의 직관에 관한 유형의 이론·유의미성의 이론, 판단의 이론·의지의 이론 등 서로 다른 많은 이론이 생긴다. 그러나 이 이론들은 통일적으로, 즉 포괄적인 종합적 연관에 관련됨으로써 연결된다. 이 이론들은 대상 일반에 관한, 또는 가능한 의식의 대상들인 가능한 대상 일반의 개방된 지평에 관한 형식적-보편적인 구성적 이론에 기능적으로 함께 속하는 것이다.

그런 다음 더 나아가 이제는 더 이상 형식적이지는 않은, 구성적인 선험적 이론이 생긴다. 이 이론은 예를 들어 개별적으로 그리고 자연의 보편적 연관 속에 파악된 공간적 사물 일반·심리물리적 존재·인간·사회공동체·문화의 객체들, 마지막으로 객관적 세계 일반──가능한 의식의 세계로 순수하게 그리고 순수하게 선험적 자아 속에 의식에 적합하게 구성된 세계로서 선험적으로──에 관계한다. 물론 이 모든 것은 일관되게 수행된 선험적 **판단중지**를 통해 이루어진다.

어쨌든 다음과 같은 점을 간과해서는 안 된다. 즉 객관적인 것으로 의식된 실재적 대상들과 관념적 대상들만 구성적 연구를 위한 실마리, 즉 그 대상의 가능한 의식의 양식들의 보편적 유형에 관한 문제설정 속에 실마리가 아니라, 모든 내재적 체험 자체와 마찬가지로 단순히 주관적인 대상들의 유형도──그것들이 내적 시간의식의 대상으로서 개별적으로나 보편적으로 구성된 것인 한──**구성적 연구**를 위한 실마리라는 점을 간과해서는 안 된다.

모든 점에서 그 자체만으로 개별적으로 고찰된 대상의 종류에 관한 문제와 보편성의 문제는 구별된다. 보편성의 문제는 그 존재와 삶의 보편성에서 자아와 그 대상적 상관자의 상관적 보편성과의 연관에서 자아에 관련된다. 만약 우리가 통일적인 객관적 세계를 선험적 실마리로 삼으면, 그 세계는 삶 전체의 통일성으로 관통하는, 객관적 지각이나 그 밖에 나타나는 객관적 직관들의 종합을 소급해 지시한다. 이러한 종합으로 통일적인 객관적 세계는 항상 통일체로 의식되고, 주제가 될 수 있다. 따라서 세계는 자아론의 보편적 문제(egologisches Universalproblem)가 되며, 마찬가지로 순수한 내재적 시선의 방향에서는 내재적 시간성의 의식 삶 전체도 자아론의 보편적 문제이다.

22 모든 대상을 보편적으로 통일하는 이념과 그것을 구성적으로 해명하는 과제

우리는 〔대상을 구성적으로 해명하는 데〕 주제적으로 함께 속한 선험적 연구의 실마리로서 대상의 유형들——이것은 현상학적 환원을 통해 순수하게 사유된 대상으로 파악된 것이며, 미리 타당한 것으로 간주한 학문적 개념성(Begrifflichkeit)의 편견에서 파악된 것이 아니다——을 발견했다. 구성하는 다양한 의식들이 그 자체 속에 현실성으로든 가능성으로든 종합의 통일을 이끌 수 있는 것은 우연적인 것이 아니라, 그와 같은 종합의 가능성에 관해 본질적 근거에 입각해 함께 속한 것이다.

따라서 다양한 의식들은 원리에 지배당하는데, 이 원리 때문에 현상학적 연구는 서로 연관 없이 기술(記述)하는 것으로 빠져들지 않고, 본질적 근거에 입각해 조직된다. 모든 객체, **모든 대상 일반**(모든 내재적 대상도)은 **선험적 자아의 규칙적 구조**를 지시한다. 모든 대상은 어떤 방식으로 의식된 것이든, 그것이 자아가 표상한 것인 한, 동일한 대상에 관해 가능한, 즉 본질적으로 미리 지시된 유형 속에 가능한 그 밖의 의식을 지배하는 보편적 규칙을 즉시 지시한다. 그래서 표상된 것으로 생각할 수 있는 모든 대상, 즉 각각의 **생각해낼 수 있는** 모든 대상도 당연히 그러하다.

선험적 주관성은 지향적 체험들의 혼돈(Chaos)이 아니다. 그러나 선험적 주관성은 그 각각이 지향적 대상들의 종류나 형식에 관계함으로써 그 자체로 조직되는 구성적 유형들의 혼돈도 아니다. 즉 나에 대해, 선험적으로 말하면, 선험적 자아인 나에 대해 생각할 수 있는 대상들과 대상들의 유형들 전체는 혼돈이 아니고, 이와 상관적으로 대상의 유형에 상응하는 무한히 다양한 〔의식〕유형들의 전체성도 혼돈은 아니다. 이들 유형은 그때그때 그들의 가능한 종합에 따라 인식작용적으로 그리고 인식대상적으로 함께 속하는 것이다.

이 점은 보편적인 구성적 종합을 예시한다. 이 종합 속에는 모든 종합이 일정하게 질서 잡힌 방식으로 함께 기능한다. 따라서 선험적 자아에 대한 대상인 현실적이거나 가능한 모든 대상성과 이와 상관적으로 현실적이거나 가능한 그 대상들의 모든 의식의 방식이 포함되어 있다.

다음과 같이 말할 수도 있다. 즉 그것은 선험적 현상학 전체의 과제인 엄청난 과제를 시사하고 있다. 그 과제란 가능한 의식의 모든 대상을 단계적으로 이끌어내어 밝혀야 할 체계와 이 속에서 형식적이고 실질적인 범주들의 체계를 연구해나가는 실마리에서 체계적이고 모든 것을 포괄하는 질서의 통일성 속에서, 따라서 엄밀하게 체계적으로 서로 근거 지어 구축하고 서로 함께 연관지어, 그에 상응하는 구성적 연구인 모든 현상학적 연구를 철저히 수행하는 것이다.

어쨌든 여기서 문제가 되는 것은 무한한 규제적 이념(regulative Idee)이라고 말하는 것이 더 좋을 것이다. 그와 같이 가능한 의식으로서 명증적 예측 속에 전제될 수 있는 가능한 대상들의 체계는 그 자체로 하나의 이념(그러나 이것은 발명해낸 것이거나 '마치 어떤 것'(als ob)과 같은 것은 아니다)일 것이며, 실천적으로는 다음과 같은 원리를 제시해줄 것이다. 그 원리란 의식에 내적으로 고유한 지평뿐 아니라, 연관들의 본질적 형식을 지시하는 외적 지평도 끊임없이 드러내 밝힘으로써 상대적으로 완결된 각각의 구성적 이론을 서로 결합시키는 것이다. 물론 제한된 실마리에서 대상의 개별적 유형들이 제시되는 과제는 실로 매우 복잡한 것으로 입증되며, 더 깊이 파고들어갈 경우 항상 커다란 분과로 우리를 이끈다. 예를 들어 공간적 대상이나 게다가 자연 일반·동물성과 인간성 일반·문화 일반의 구성에 관한 선험적 이론이 그러한 경우이다.

제3성찰

구성의 문제제기. 진리와 실제성

23 '이성'과 '비이성'이라는 명칭에서 더 명확한 개념인 선험적 구성

지금까지 현상학적 구성이 지향적 대상 일반의 구성이라는 것을 알아보았다. 그것은 '사유작용-사유된 대상'이라는 명칭으로 부르는 범위 전체를 포괄한다.

이제 이러한 범위를 구조적으로 구분하고, '구성'(Konstitution)이라는 더 정확한 개념을 준비해가자. 지금까지는 '다루는 대상이 참으로 존재하는 것인지 또는 가능한 것인지'는 문제 삼지 않았다. 이러한 구별은 가령 세계의 (그리고 더구나 그 밖에 미리 주어진 대상성의) 존재와 비존재를 결정하는 일을 억제한다고 문제시되지 않는 것이 아니다. 오히려 그 구별은 '존재'와 '비존재'에 대한 상관적 명칭인 '이성'과 '비이성'이라는 가장 넓게 파악된 명칭으로 현상학의 보편적 주제가 된다.

판단중지를 통해 우리는 순수한 사념함(사유작용)과 순수하게 사념된 것으로서 사념된 것으로 환원한다. 후자, 즉 대상 자체가 아니라 대상적 의미에는 존재와 비존재라는 술어와 그 양상이 변경된 것이 관계한다. 전자 즉 그때그때의 사념하는 작용(Meinen)에는, 비록 가장 넓은 의미에서이지만, 진리(올바름)와 허위라는 술어가 관계한다. 이 술어는 사념하는 체험 또는 사념된 대상 자체에서 현상학적 자료로 즉시 주어지는 것은 아니지만, 어쨌든 그것은 자신의 현상학적 근원을 갖는다. 그 어떤 범주로 사념된 각각의 대상에 대한 의식의 방식들에는 그 현상학적 유형에 관해 탐구할 수 있는 다양체들[1]이 종합적으로 함께 속하지만, 또한 다음과 같은 종합도 속한다. 그 종합은 그때그때 출발하는 생각에 관해 유형적 양식을 확증하고 특히 명증적으로 확증하는 종합을 갖거나, 이에 대립해 그것을 폐지하고 명증적으로 폐지하는 종합을 갖는다. 이 경우 사념된 대상에는 상관적으로 존재하는 또는 존재하지 않는(존재가 폐지되고, 말살된) 명증적 특성이 있다.

이렇게 종합하는 일은 높은 단계의 지향성이다. 이 지향성은 본질적으로 선험적 자아의 측면에서 세워질 수 있는 이성의 작용과 그 상관자로서 서로 배척하는 선택 속에 모든 대상적 의미에 속한다. 이성(Vernunft)은 우연적인 사실적 능력(Vermögen)이 아니고, 가능한 우연적 사실에 대한 명칭도 아니다. 오히려 그것은 **선험적 주관성 일반의 보편적이고 본질적인 구조의 형식**(Strukturform)에 대한 명칭이다.

이성은 확증할 가능성을 지시하고, 확증은 궁극적으로 '명증적으로 만드는 것'(Evident-machen), '명증적으로 갖는 것'(Evident-haben)을 지시한다.

명증성에 관해 우리는 이미 성찰을 시작할 때, 즉 최초의 소박함 속에 방법적으로 곧바로 나아가는 방향을 처음 추구했을 때, 따라서 아직 현상학적 토대 위에 서 있지 않았을 때 언급했다. 그 명증성은 이제 우리의 현상학적 주제가 된다.

---

1) '다양체'에 관해서는 이 책 제17절의 주 16 참조.

24 스스로 주어진 것으로서의 명증성과 그 변경들

가장 넓은 의미에서 명증성은 지향적 삶의 보편적인 근원적 현상을 가리킨다. 그 명증성은 아프리오리하게 공허하고 미리 사념하며 간접적이고 비(非)본래일 수 있는 그 밖의 의식해 가짐(Bewußthaben)에 대립해 '스스로 거기에, 직접 직관적으로, 원본으로 주어진' 궁극적 양상으로 사물·사태·보편성·가치 등이 '스스로 나타나고' '자기 자신을 제시하며' '자기 자신을 부여하는' 아주 두드러진 의식의 방식을 가리킨다. 자아에 대해 말하면 이것은 혼란되고, 공허하게 미리 생각하면서 어떤 것을 향해 생각하는 것이 아니라, 그것 자체에 다가가 그것 자체를 직관하고·보고·통찰하는 것이다.

일반적 의미에서 경험은 특수한 명증성이다. 명증성 일반은 '가장 넓은 의미에서 그리고 어쨌든 본질적으로 통일적인 의미에서 경험'이라고 말할 수 있다. 명증성은 그 어떤 대상들에 대해 의식 삶에서 우연적으로 일어난 일일 뿐이지만, 하여튼 명증성은 어떤 가능성을 가리키며, 게다가 어떤 것인지를 이미 사념한 그리고 사념할 수 있는 모든 것을 위해 노력하고 실현하는 지향의 목적으로서 가능성을 가리킨다. 따라서 명증성은 지향적 삶 일반에 본질적인 근본적 특징을 가리킨다.

모든 의식은 일반적으로 그 자체로 이미 자신의 지향적 대상에 관해 스스로를 부여하는 명증성의 성격을 갖거나, 스스로를 부여하는 것(Selbstgebung)으로 이행하는 것을 본질적으로 목표로 삼기 때문에 본질적으로 '나는 할 수 있다'(Ich kann)의 영역에 속하는 확증하는 종합을 목표로 삼는다.

우리는 선험적 환원의 태도에서 모든 모호한 의식을 다음과 같이 심문할 수 있다. 즉 사념된 대상의 동일성이 유지되는 가운데 '그것 자체'라는 양상으로 사념된 대상은 모호한 의식에 상응하는가, 상응할 수 있는가 그리고 어느 정도 상응하는가? 또는 같은 말이지만, 전제된 대상은 아직 규정되지 않은 채 예측된 것이지만 동시에 상세하게 규정될 수 있는 '그것 자체'로 어떻게 보여야만 하는가?

확증하는 과정에서 확증은 부정으로 반전될 수 있고, 사념된 것 자체 대신 다른 것, 게다가 '그것 자체'라는 양상으로 나타날 수 있다. 이 경우 사념된 것의 지위는 파멸되고, 그것 자체의 측면에서는 비(非)존재라는 성격을 지니게 된다.

비존재는 단적인 존재, 즉 존재의 확실성의 ─ 어떤 근거에서 논리학에서는 특권이 부여된 ─ 양상일 뿐이다. 그러나 가장 넓은 의미에서 명증성은 '존재'와 '비존재'라는 개념에 대해서만 상관적인 개념은 아니다. 명증성은 단적인 존재가 그 밖의 양상, 가령 '가능하게 존재함' '개연적으로 존재함' '의심스럽게 존재함'으로 변경된 것에도 상관적으로 양상화된다. 그러나 명증성은 이러한 계열에 속하지 않는 변경, 즉 '가치의 존재' '좋음의 존재'와 같이 자신의 근원을 심정의 영역과 의지의 영역 속에 갖는 변경도 상관적으로 양상화된다.

25 실제성과 유사 ─ 실제성

더구나 이 모든 차이는 의식의 영역 전체 그리고 이와 상관적으로 모든 존재의 양상을 관통하는 실제성(Wirklichkeit)과 상상(Phantasie)('마치'의 양상을 띤 실제성)의 차이 때문에 평행해 분열된다. 〔그래서〕 상상의 측면에는 '가능성'(Möglichkeit)이라는 더 새롭고 일반적인 개념이 발생하는데, 이 개념은 단적인 존재의 확실성에서 시작된 모든 존재의 양상을 (마치 어떤 것이 있는 것처럼 생각해봄으로써) 단순히 생각해낼 수 있다는 방식으로 변양되어 반복한다. 그 개념은 이러한 일을 '실제성'(실제로 존재함, 실제로 개연적인 것으로 존재함, 실제로 의심스러운 것으로 또는 존재하지 않는 것 등)이라는 양상에 대립된 순수하게 상상적인 '비실제성'이라는 양상의 방식으로 수행한다.

그러므로 '정립성'(Positionalität)²⁾이라는 의식의 양상과 (물론 매우 여러 가지 뜻을 지닌 표현이지만, '마치'(Als ob)의, '상상작용'의) '유사(Quasi)-정립성'이라는 의식의 양상은 상관적으로 구별된다. 그리고 이 의식의 양상의 특별한 방식은 그 사념된 대상, 더구나 그 때그때 존재의 양상 속에 사념된 대상에 관한 명증성의 고유한 방식이 상응하고, 마찬가지로 '명증적으로 만드는 것'의 잠재성이 상응한다. 여기에는 우리가 종종 명백하게 하는 것, 즉 해명이라고 부르는 것이 포함된다. 그것은 항상 '명증적으로 만드는 것'의 양상을 가리키며, 명백하지 않은 생각에서 그에 상응하는 앞에 예시하는 직관 (vorverbildlichende Anschauung)으로 나아가는 종합적 길을 도모하는 것을 가리킨다. 즉 앞에 예시하는 직관은, 만약 그 직관이 스스로를 부여하는 직접적 직관으로 성공하면, 그 직관은 이러한 사념을 그 존재의 의미 속에 확증하면서 충족시킬 것이라는 의미를 함축적으로 자신 속에 지니는 직관이다. 이처럼 확증해나가는 충족을 앞으로 예시하는 직관은 존재를 현실화하는 명증성을 주지는 않지만, 그때그때 내용의 존재가능성은 그러한 명증성을 준다.

---

2) '정립성'은 지향된 대상을 그 모든 존재의 양상에서 현실적으로 존재하는 것으로 긍정하거나 부정하면서 정립하는 것이다. 이것은 단적인 존재(세계)에 대한 믿음인 근원적 속견(Urdoxa)을 전제하며, 믿음의 방식이 변양되지 않고 양상화되지 않은 근원적 형식의 역할을 한다. 반면 '중립성'(Neutralität)은 그 대상에 현실적 또는 가능한 존재를 부여하지 않은 채 단순히 사념하는 것으로, 아무 결정을 내리지 않은 무기력한 유사-정립성이다. 그 가장 중요한 형식은 '상상'이다. 따라서 의식은 시선을 자유롭게 변경함으로써 현실적으로 주의를 기울인 활동성(Aktualität)에서 비활동성(Inaktualität)으로, 정립성에서 중립성으로 이행할 수 있다.

26 명증적 확증의 상관자인 실제성

이러한 간략한 주의를 통해 우선 지향적 분석의 형식적-일반적 문제들과 이에 속한, 형식적-논리적 근본의 개념들과 원리들의 현상학적 근원에 관련된 실로 매우 포괄적이고 어려운 연구가 시사되었다. 그러나 그것뿐 아니고, 그러한 주의를 통해 다음과 같은 중요한 인식이 우리에게 열린다. 즉 그 형식적-존재론적 보편성 속에 있는 이 개념들은 의식 삶 일반의 보편적 구조의 법칙성을 지시한다는 인식이 우리에게 열린다.

이 구조의 법칙성으로만 진리(Wahrheit)와 실제성(Wirklichkeit)은 우리에 대해 의미가 있게 되고, 의미를 가질 수 있다. 사실상 가장 넓게 이해된 대상들(실재적 사물·체험·수·사태·법칙·이론 등)이 우리에 대해 존재한다는 것은 우선은 물론 명증성에 관한 어떠한 것도 주장하지 않고, 다만 그러한 대상들이 나에 대해 타당하다는 것, 즉 그것들은 그때그때 확실한 믿음을 정립하는 양상에서 의식되는 '사유된 대상'으로서 나에 대해 의식에 적합하게 존재한다는 것만을 주장할 뿐이다.

그러나 명증적인 동일성을 종합하는(Identitätssynthese) 길이 명증적으로 주어진 것을 지닌 모순으로 이끄는 경우 우리는 이러한 타당성을 즉시 포기해야 한다는 점 그리고 올바르거나 참된 실제성이 스스로를 부여하는 명증적으로 확증하는 종합을 통해서만 실제적 존재를 확신할 수 있다는 점도 알게 된다. 대상의 진리 또는 참된 실제성은 명증성에서만 이끌어낼 수 있다는 점, 실제로 존재하는·참된·정당하게 타당한 대상은——그것이 어떠한 형식이나 종류라고 하더라도——명증성을 통해서만 우리에 대해 의미가 있다는 점 그리고 이것은 우리에 대해 참으로 '그렇게 존재함'(So-sein)이라는 명칭으로 그 대상에 속하는 모든 규정에 대해서도 마찬가지라는 점은 명백하다.

모든 정당성(Recht)은 명증성에서 나오며, 따라서 우리의 선험적 주관성 자체에서 나온다. 생각할 수 있는 모든 일치(Adäquation)는 우리의 확증으로 발생하고, 우리의 종합인 이것은 그 궁극적인 선험적 근거를 우리 안에서 갖는다.[3]

27 '존재하는 대상'이라는 의미에 대해 구성적으로 기능하는 습득적이고 잠재적인 명증성

물론 사념된 대상 그 자체의 동일성과 마찬가지로, 참으로 존재하는 대상의 동일성과 그런 다음 이렇게 사념된 대상 자체와 참으로 존재하는 대상이 일치하는 동일성이 흘러가버리는 명증성의 체험과 확증의 체험에 실재적 요소는 아니다. 그러나 이 경우 이념적 내재(ideale Immanenz)[4]가 문제시되는데, 이것은 가능한 종합에 본질적으로 속하는 더 이상의 연관을 우리에게 지시한다.

모든 명증성은 나에 대해 지속하는 소유(Habe)를 가져온다. 최초의 명증성을 재생하는 것(Restitution)인 일련의 새로운 명증성 속에 나는 스스로 알아차린 명증성으로 언제나 다시 돌아갈 수 있다. 그러므로 가령 예를 들어 내재적으로 주어진 것의 명증성의 경우, 무한히 개방된 일련의 직관적 회상(Wiedererinnerung)의 형식으로 그 명증

---

3) 따라서 후설은 세계의 존재가 아니라, 모든 세계의 객관성에 선행하며 객관적 진리를 해명해 이해하고 세계의 궁극적 존재의미에 도달할 수 있는 "선험적 주관성이 그 자체로 최초의 존재"(이 책 제64절 ; 『위기』, 70쪽)라고 주장한다.

4) '내재'는 의식 안에 존재하는 영역이고, '이념적'은 시간·공간적으로 지각하고 규정할 수 있는 구체적 개체의 특성을 뜻하는 '실재적'(real)이 아닌 것을 뜻한다. 따라서 이것은 의식작용에 본질적으로 내재하는 '내실적'(reell) 내재가 아닌, '지향적'(intentional) 내재로서 이념적 대상성들과 의식의 관계영역으로 생각할 수 있다.

성으로 되돌아갈 수 있다. 잠재적 지평인 무한히 개방된 것을 '나는 언제나 다시 할 수 있다'(자아의 능력)가 만들어낸다. 그와 같은 가능성이 없다면, 우리에게는 지속해 남아 있는 어떠한 존재도 없을 것이며, 실재적이거나 이념적인 어떠한 세계도 없을 것이다. 이것들 각각은 우리에 대해 명증성 또는 명증적으로 만들 수 있고, 이미 획득된 명증성을 반복할 수 있는 추정에 근거해 존재한다.

이러한 점에서 개별적 명증성은 우리에 대해 아직 지속하는 어떠한 존재도 만들어내지 않는다는 사실이 이미 밝혀졌다. 모든 존재자는 가장 넓은 의미에서는 '그 자체로' 존재하며, 나에 대해 우연적으로 존재하는 개별적 작용들에 대립해 있다. 마찬가지로 이렇게 넓은 의미에서 모든 진리는 '진리 그 자체'(Wahrheit an sich)이다. 따라서 이렇게 가장 넓은 의미의 '그 자체'는 명증성을 지시하지만, 그것은 체험의 사실로서의 명증성이 아니라, 선험적 자아와 그 삶 속에 정초된 잠재성을 지시한다. 즉 우선은 하나의 동일한 것에 종합적으로 관련된 사념 일반의 무한성이라는 잠재성이고, 그런 다음 이러한 사념들을 확증하는 무한한 잠재성, 따라서 체험의 사실로서 무한하게 반복할 수 있는 잠재적 명증성도 지시한다.

28 세계에 대한 경험의 추정적 명증성. 경험의 완전한 명증성의 상관적 이념인 세계

명증성은 여전히 다른 방식으로 또 매우 복잡한 방식으로 동일한 대상에 관한 무한한 명증성을 지시한다. 즉 명증성이 그 대상을 본질적으로 일면성에서 스스로 주어지게(Selbstgegebenheit) 이끄는 경우 항상 그러하다. 그것은 우리에 대해 실재적인 객관적 세계가 전체적으로 또 그 어떤 개별적 객체들에 대해 직접 직관적으로 현존하게 되는 전체적 명증성일 뿐이다. 그러한 객체들에 속한 명증성은 외적 경험이고, 그와 같은 대상들에 대해 스스로를 부여하는 다른 방식은 결코 생각할 수 없다는 점이 본질적 필연성으로 파악될 수 있다.

그러나 다른 한편 이러한 종류의 명증성에는 본질적으로 일면성이 속하며, 더 정확하게 말하면, 충족되지는 않았지만 충족될 필요가 있는 많은 형태의 예측(Antizipation)의 지평이 속하고, 따라서 그에 상응하는 잠재적 명증성을 지시하는 단순한 사념의 내실들(Gehalte)[5]도 속한다는 점도 통찰될 수 있다. 이 명증성의 불완전함은 〔완전하게〕 실현시키는 명증성에서 명증성으로 종합적으로 이행하는 가운데 완전하게 된다. 그러나 생각할 수 있는 그러한 종합 가운데 어떠한 것도 충전적 명증성으로 완결되지는 않으며, 오히려 항상 충족되지 않은 미리 사념하는 것(Vormeinung)과 함께 사념하는 것(Mitmeinung)을 필연적으로 수반한다. 동시에 예측까지 도달하는 존재에 대한 신념이 충족되지 않을 수 있다는 가능성, '그것 자체'라는 양상으로 나타나는 것이 어쨌든 존재하지 않거나, 달리 존재할 수 있을 가능성은 항상 열려 있다.

그런데도 외적 경험은 본질적으로 유일하게 〔대상을〕 확증하는 힘이다. 그러나 이것은 물론 수동적이거나 능동적으로 경과하는 경험이 일치시키는 종합의 형식을 갖는 한에서 그러하다. 세계의 존재는 이러한 방식으로 의식에 그리고 스스로를 부여하는 명증성 속에 초월적이며 필연적으로 초월적으로 남아 있다는 사실은 그것이 '모든 초월적인 것은 의식 삶에서 불가분한 것으로서 구성되는 그 의식 삶이라는 점, 의식 삶은 특히 세계에 대한 의식인 의식 삶은 세계의 의

---

5) 후설은 '내실'을 의식내재적 내용을 뜻하는 데 '내용'(Inhalt)을 특별히 한정된 의미 없이 광범위하게 사용하지만, 많은 경우 혼용하고 있다. 그러나 여기서는 구별해 옮겼다.

미와 또한 이 현실적으로 존재하는 세계의 의미를 그 자체 속에 불가분하게 지닌다는 점'을 조금도 변화시키지 않는다.

결국 경험의 지평을 드러내 밝힘으로써만 세계의 실제성과 그 초월성이 명백해지며, 그런 다음 그 의미와 존재의 실제성을 구성하는 선험적 주관성에서 분리될 수 없는 것으로 입증된다. 아무튼 실제로 존재하는 객체가 의식의 연관 속에 사념된 그리고 사념될 수 있는 통일체로서만 의미를 가질 수 있다면, 이 통일체가 그 자체로서 경험의 완전한 명증성 속에 주어지면, 각각의 세계의 경험에 관해 일치하는 더 이상 무한히 가능한 경험을 지시하는 것은 명백히 다음과 같은 점을 뜻한다. 즉 세계의 실제적 객체와 심지어 세계 자체도 일치해 결합될 수 있는 무한한 경험에 관련된 무한한 이념, 경험의 완전한 명증성이라는 이념 ─ 가능한 경험의 완전한 종합의 이념 ─ 의 상관적 이념이다.

29 명증성에 관한 선험적 체계들의 지표인 실질적 존재론의 영역과 형식적 존재론의 영역

이제 우리는 자아 또는 그 의식 삶의 선험적 자기 해명이라는 커다란 과제, 이 의식 삶 자체 속에 정립되고 정립될 수 있는 대상에 관해 생기는 과제를 이해하게 된다. (모든 양상에 따른) '참된 존재'와 '진리'라는 명칭은 선험적 자아인 내가 사념한 그리고 언제나 사념할 수 있는 모든 대상 일반에 대해 그 대상에 관련된다. 따라서 어쨌든 동일성이 종합되는 통일로 결합될 수 있는 실제적이거나 가능한 사유작용의 무한한 다양체 안에서 구조의 구별을 나타낸다.

실제로 존재하는 대상은 이러한 다양체 안에서 특수한 체계를 지적하는데, 그 체계는 그 대상에 관련된 명증성들이 서로 결합되어 아마 무한한 하나의 총체적 명증성(Totalevidenz)을 이루는 방식으로 종합적으로 연결되는 체계이다. 이 총체적 명증성은 결국 대상을 그 모든 내용에 따라 스스로를 부여하는 하나의 절대적으로 완전한 명증성일 것이다. 이러한 종합을 통해 그 종합에 기초를 놓는 개별적 명증성 속에 아직 충족되지 않은 모든 예측적 지향(Vorintention)[6]이 충전적으로 충족될 것이다.

이러한 총체적 명증성을 실제로 이끌어내는 것 — 위에서 논의한 것처럼, 절대적 명증성이 객관적이고 실재적인 모든 대상에 대해 하나의 이념인 한, 그러한 명증성을 실제로 이끌어내는 것은 그러한 대상에 대해 무의미한 목표일 것이다 — 이 아니라, 그러한 명증성의 본질적 구조 또는 모든 내적 구조에 따라 이념적으로 무한한 그 종합을 체계적으로 구축하는 무한한 차원의 본질적 구조를 해명하는 것이 아주 명확하고도 강력한 과제이다. 이것이 '구성'[7]이라는 말의 정확한 의미에서 존재하는 대상성을 선험적으로 구성하는 과제이다.

그러므로 형식적인 일반적 연구, 즉 대상 일반의 형식적-논리적

---

6) 이것은 '미래지향'(이것에 관해서는 이 책 제19절의 주 20 참조)의 다른 표현이다.
7) 현상학적 분석은 지향적으로 구성하는 선험적 주관성의 구조에 대한 분석이다. 그러나 이 '구성'은 후설 현상학에서 가장 오해받는 개념 가운데 하나이다. 칸트의 '구성'(Konstruktion)은 감성의 직관형식인 시간과 공간을 통해 잡다하게 주어진 것을 오성의 아프리오리한 사유형식인 범주를 집어넣어 질서를 부여해 인식의 형태로 구축하는 것이다. 그러나 후설에서는 인식의 형식뿐만 아니라 내용도 아프리오리하다. 물론 인식될 내용에 대한 우리의 인식도 완성되어 있지는 않다. 그러므로 경험을 발생적으로 분석해 구성할 필요가 있다. 즉 '구성'은 "어떤 것이 실제로 스스로 주어진 것으로서 나타나는 작용"(『논리연구』제2/2권, 146쪽), "대상을 표상하게 만드는 작용"(『위기』, 110쪽), "이미 현존하는 것을 다시 확립하는 것, 대상에 의미를 부여하고 형성해 체계적으로 명료하게 밝히는 것"(『이념』, 71쪽)이다. 그러므로 후설의 '구성'은 실재의 세계를 '창조'하는 형이상학적 개념이 아니라, 의식의 삶의 구조와 존재의 의미를 '해명'하는 방법론적 개념이다.

(형식적 존재론적) 개념을 견지하는 (따라서 대상에 관한 서로 다른 특수한 범주들의 실질적 특수성에는 무관심한) 연구 이외에, 우리는 더 이상 대상들에 관한 형식적-논리적 범주들(영역들)은 아닌 최고의 범주들 각각에 대해 생기는—그리고 '객관적 세계'라는 명칭으로 놓여 있는 영역들에 대해서도 생기는—그 범주들을 구성하는, 이미 지시한 강력한 문제제기를 갖는다.

따라서 언제나 존재하는 것으로서 주어진 것 그리고 이렇게 주어지는 가운데 동시에 언제나 전제된 물리적 자연·인간·인간의 공동체·문화 등을 구성하는 이론이 필요하다. 이러한 각각의 명칭은 (실재적 공간·시간·인과성·사물·특성 등과 같은) 소박한 존재론적 부분의 개념들에 상응하는 서로 다른 연구의 방향을 지닌 커다란 분과를 지시한다. 물론 항상 문제가 되는 것은 선험적 체험으로서 경험 자체 속에 함축된 지향성을 드러내 밝히는 일, 즉 미리 지시된 지평을 가능하게 충족하는 명증성으로 이행함으로써 그 지평을 체계적으로 해명하고 이것 가운데 일정한 양식에 따라 곧 언제나 다시 생겨나는 새로운 지평도 마찬가지로 끊임없이 체계적으로 해명하는 일이다.

그러나 그러한 일은 지향적 상관관계에 대한 부단한 연구로 이루어진다. 이렇게 해명하는 가운데 매우 복잡한 [대상을] 구성하는 명증성을 지향적으로 구축하는 것은 그 종합적 통일 속에 객체에 관한 것으로 나타난다. 예를 들어 그 구축은 가장 낮은 대상적 토대에서 위로 올라간, 객관적이지 않은 (단순히 주관인) 대상들의 단계 속에 기초를 놓는 것이다. 가장 낮은 대상적 토대로서 내재적 시간성, 즉 자신 속에 그리고 자신에 대해 스스로를 구성하며 흐르는 삶이 항상 기능한다. 이러한 삶을 구성적으로 해명하는 것이 그 자체 속에 시간적 자료를 구성하는 근원적인 시간의식에 관한 이론[8]의 주제이다.

선험적 자아 자체를 구성하는 문제의 전개

30 선험적 자아는 그 체험들에서 분리될 수 없다

대상들은 나에 대해 존재하며, 실제적이거나 가능한 의식의 대상으로서 그것이 존재하는 그대로 나에 대해 존재한다. 그런데 이것이 공허한 논의나 공허한 사변의 주제로 남지 않으려면, 대상이 이렇게 '나에 대해 존재함'(Für-mich-sein)과 '그렇게 존재함'(So-sein)을 구체적으로 형성하는 것은 무엇인지, 또는 어떠한 종류의 의식이 그리고 어떻게 구조 지어진 실제적이거나 가능한 의식이 문제가 되는지, 이 경우 가능성이란 무엇을 의미하는지 등이 밝혀져야 한다. 이러한 것은 우선 위에서 제기한 넓은 의미에서, 그런 다음 방금 기술된 좁은 의미의 구성적 연구로서만 수행될 수 있다. 그러나 그 연구는 지향성과 그 지평의 본질을 통해 요구되는 유일하게 가능한 방법에 따라 수행된다.

과제의 의미를 이해하기 위한 예비분석을 통해 이미 선험적 자아(심리학에서 이것에 평행하는 것은 영혼(Seele)이다)는 지향적 대상성과의 관계에서만 바로 선험적 자아라는 점이 밝혀졌다. 그러나 자아에 대해 존재하는 대상들도 필연적으로 지향적 대상성에 속한다. 즉 세계에 관련된 것으로서 자아에 대해서는 자아가 충전적으로 확증할 수 있는 내재적 시간성 속의 대상들뿐 아니라, 충전적이지 않고 다만 추정적인 외적 경험에서 그 경험의 경과에서 일치하는 가운데 존재하는 것으로 입증된 세계의 객체들도 지향적 대상성에 속한다.

그러므로 자아는 부단히 지향성의 체계를 또한 일치의 체계를 부분적으로는 자기 속에 경과하는 것으로서, 부분적으로는 확고한 잠재성으로서 미리 지시된 지평을 통해 밝혀낼 수 있는 것으로서 갖는 본질적 특성이 있다. 자아로 그때그때 생각되고·사고되고·가치가 평가되고·행위되는 각각의 대상과 또한 상상된 그리고 상상할 수 있는 대상도 상관자로서 자아의 지향성의 체계를 지시하며, 그러한 대상은 지향성의 상관자(Korrelat)로서만 존재한다.

31 체험들의 동일한 극(Pol)인 자아

어쨌든 이제 우리가 서술한 것에서 커다란 빈틈에 주의해야 한다. 자아 자신은 지속적인 명증성 속에 자기 자신에 대해 존재하며, 따라서 자기 자신을 존재하는 것으로서 자기 자신 속에 지속적으로 구성하는 자아이다. 지금까지 우리는 자아의 이러한 자기 구성의 측면만 언급했고, 흘러가는 사유작용만 주시했다. 그러나 자아는 자신을 흘러가는 삶으로만이 아니라, 내가 이러저러한 것을 체험하고 이러저러한 사유작용을 동일한 것으로서 몸소 체험하는 자아로 파악한다.

지금까지 우리는 의식과 대상, 즉 사유작용과 사유된 대상의 지향적 관계에 몰두했기 때문에, 실제적이거나 가능한 의식의 다양체들이 동일한 대상에 관해 극화(極化)되는, 따라서 극들, 종합적 통일체들인 대상들과의 관계에서 극화되는 종합만 나타났다. 이제 우리는 두 번째 극화하는 것인 두 번째 종합에 마주치게 된다. 그 종합은 사유작용의 특수한 다양체들 모두를 남김없이 그리고 고유한 방식으로, 즉 동일한 자아의 다양체들로서 포괄한다. 또 이 동일한 자아는 의식이 활동한 것과 촉발된 것인 모든 의식체험 속에 살고, 이 의식체험들을 통해 모든 대상 극(Gegenstands-pol)에 관계된다.

32 습득성의 기체인 자아

그러나 이제 다음과 같은 점에 주목해야 한다. 즉 이렇게 중심을 이루는 자아는 공허한 동일성의 극이 아니라(그 어떠한 대상도 그렇지 않다), 선험적 발생(Genesis)의 법칙성으로 선험적 자아에서 발산하고 새로운 대상적 의미가 있는 모든 작용을 통해 새롭게 남아 있는 특성을 획득한다는 점이다. 예를 들어 만약 내가 판단작용 속에 어떠한 존재나 '그렇게 존재함'(So-sein)에 대해 최초에 결정을 내린다면, 이 유동적인 작용은 사라져버리지만, 그 이후에도 나는 이러저러한 결정을 내리고 그것을 확신하는 자아이며, 그러한 자아로 남아 있다.

하지만 이것은 단지 내가 그 작용을 기억하거나 그 이후에 기억할 수 있다는 것만 뜻하지 않는다. 내가 그러는 동안 나의 확신을 폐기한 경우에도, 나는 그것을 기억할 수 있다. [내가 그 확신을] 말살한 다음 그것은 더 이상 나의 확신이 아니다. 그러나 그것은 말살될 때까지 남아 있는 나의 확신이었다. 그 확신이 나에 대해 타당한 한에서 나는 그 확신으로 반복해 되돌아갈 수 있고, 그 확신을 언제나 다시 나의 확신, 즉 나에게 습관적으로 고유한 확신으로 발견한다. 또는 그와 같은 한에서 나는 나 자신을 확신하는 자아 ——이렇게 남아 있는 습관(bleibendes Habitus)[1])으로서 항속하는 자아(verharrendes

---

1) 이 말은 그리스어 'echein'(갖는다)의 통일체 'Hexis'(가짐)에서 유래한다. 따

Ich)로 규정된 자아 ── 로 발견한다.

이것은 모든 종류의 결단, 즉 가치-결정과 의지-결정에서도 마찬
가지다. 나는 결단을 내린다. 〔이러는 가운데〕 작용의 체험은 흘러가
버린다. 그러나 결단을 내린 것은, 내가 수동적이 되어 몽롱한 잠으
로 빠져들든 다른 작용들을 체험하든 항속되고, 지속적으로 타당하
다. 이와 상관적으로 나는 그렇게 결단을 내린 다음부터는 그렇게 결
단을 내린 자이며, 내가 그 결단을 폐기하지 않는 한, 그러한 결단을
내린 자이다. 결단이 그것을 완결짓는 행위로 향하는 경우, 결단은
이러한 충족을 통해서도 아마 폐기되지 않으며, '충족'(Füllung)이라
는 양상에서 그것은 계속 타당하다. 즉 나는 계속 나의 행위를 주재한
다. 〔그러나〕 남아 있는 그 의지 속에 항속하는 자인 나 자신은, 내가
결단이나 행위를 말소하고 폐기하는 경우, 나 자신을 변화시킨다. 항
속(Verharren),[2] 그와 같이 자아가 규정하는 것의 시간적 지속 그리
고 이 규정하는 것에 특유한 '변화됨'(Sich-verändern)이 체험들에 의
한 내재적 시간의 지속적 충족이 아니라는 것은 명백하다. 왜냐하면
남아 있는 자아가-규정한 것들의 극(極)인 남아 있는 자아 자체는

라서 어원상 '경험의 축적'이라는 의미를 지니지만, '습관'은 경험적 자아가 아
니라 순수자아(선험적 자아)에 속한다. 이 용어 또는 '습득성'(Habitualität)은
선험적 자아가 근원적으로 건설한 것이 의식 속으로 흘러들어가 침전되고, 이
것이 다시 생생하게 복원될 수 있는 타당성과 동기부여의 담지자(擔持者)이다.
즉 습득성은 항상 현재의 의식적 삶이 쏟는 관심(Interesse)을 형성하는 지속적
소유물로서, 선험적 자아와 그 경험의 구성이라는 지향적 작업수행의 구체적
역사성을 드러내 밝혀준다.
2) 이것은 어떤 현상이 그 질·강도·연장 등이 변하지 않고 지속하는 기체
(Substrat)의 존재방식을 말하며, 이러한 성질들의 통일체인 시간의 객체 그 자
체는 '항속하는 것'이다. 또한 실체의 항속성(Beharrlichkeit)에 관해서는 칸트
의 『순수이성비판』, '원칙의 분석론' 제2장 제3항 '경험의 첫 번째 유추'(B 224
쪽 이하)를 참조.

어떠한 체험이나 체험의 연속성도 아니기 때문이다.

그런데도 남아 있는 자아는 그 습득적 규정성을 통해 본질적으로 체험의 흐름(Erlebnisstrom)에 소급해 관계된다. 자아는 그 자신의 능동적 발생에 근거해 자신을 남아 있는 자아-특성들의 동일한 기체(基體)로 구성하기 때문에, 더구나 머무르면서 남아 있는(stehend und bleibend)[3] 인격적 자아 ——인간 이하의 인격에 관한 논의조차 허용할 수 있을 정도로 가장 넓은 의미에서——로도 자신을 구성한다. 확신이 일반적으로 다만 상대적으로 남아 있는 확신인 경우, 그것이 (능동적으로 정립하는 양상화 ——말소함·부정함·그 타당성을 무효화함을 포함해——를 통해) 그것들이 변경되는 방식을 갖는 경우, 자아는 그렇게 변경되는 가운데 관통하는 동일성의 통일을 지닌 어떤 남아 있는 양식, 즉 어떤 인격적 특성을 확증한다.

33 모나드인 자아의 완전한 구체화와 그 자아의 자기 구성의 문제

우리는 동일한 극(identisches Pol)인 자아와 습득성들의 기체(Substrat von Habitualitäten)로 완전히 구체화되어 파악된 자아(우리는 이 자아를 라이프니츠의 용어에 따라 '모나드'(Monade)[4]라고 부르

---

3) 이것은 모든 구성의 궁극적 원천인 내적 시간의식의 흐름을 표현한 '항상 생생하게 남아 있는 지금'(nunc stans)과 같은 의미를 지닌다.

4) 라이프니츠의 '모나드'는 더 이상 나눌 수 없다는 점에서 물질적 '원자'와 같다. 그러나 양적 개념이 아니라 질적 개념이며, 기계적으로 결합·분리, 생성·소멸되는 것이 아니라 정신적인 것으로서, 표상과 욕구 때문에 통일적 유기체로 구성된다는 점에서 구별된다. 그는 '지각'을 외부의 세계를 반영하는 모나드의 내적 상태로 간주하고, 각 모나드는 자발적으로 변화하며 그 자체만으로 완전해 외부와 교섭하는 '창(窓)'이 없지만, 근원적 모나드(Urmonad)의

려 한다)를 구별한다. 그러나 그것 없이는 그 자아가 구체적으로 존재할 수 없는 것을 첨부한다. 즉 자아는 그 지향적 삶의 흐르는 다양한 형태와 그 삶 속에 사념되고 경우에 따라 그 삶에 대해 존재하는 것으로 구성된 대상들 속에서만 비로소 구체적 자아일 수 있다. 대상이 그렇게 구성된 것에 대해 남아 있는 존재나, 그렇게 존재함의 그때그때 성격은 자아 극 자체 속에 구성되는 자아가 태도를 취하는 습득성의 상관자라는 점은 분명하다.

이러한 점은 다음과 같이 이해되어야 한다. 자아인 나는 끊임없이 '나에 대해 존재하는' 환경세계(Umwelt)를 가지며, 이 환경세계 속에서 나에 대해 존재하는 대상들, 즉 남아 있는 분절화되는 가운데 이미 나에 대해 알려진 것으로서 대상 또는 알게 될 수 있는 것으로서 단지 예측된 대상을 갖는다. 전자, 즉 첫 번째 의미에서 나에 대해 존재하는 대상은 근원적인 앎, 맨 처음에는 결코 탐지되지 않았으나 개별적 직관을 통해 해명된 것인 근원적으로 획득한 것에 근거한 대상이다.

이러한 해명을 통해 대상은 나의 종합적 활동 속에 그것의 다양한 **특성들의 동일자**라는 명백한 의미의 형식으로 구성된다. 따라서 대상은 자기 자신과의 동일자로서, 그것의 다양한 특성들로 규정된 것으

예정조화로 결합되었다고 주장했다.

후설은 선험적 주관성을 표현하는 데 이 용어를 라이프니츠에게서 받아들였지만, '실체'의 성격을 제거함으로써 서로 의사소통을 하며 영향을 주고받는 '창'이 있는 상호주관성을 강조했다. 그가 선험적 현상학을 '독아론'이라고 비판하는 많은 이론이 있는데도 그러한 오해를 증폭시킬 위험이 큰 이 용어를 사용한 것은 선험적 주관성이 생생한 현재뿐만 아니라 무한한 과거와 미래의 지평을 지닌 습득성의 기체로서 그 자체 속에 구체적인 사회성과 역사성을 포함한다는 점을 강조할 수 있기 때문이다. 그러면서도 그는 '독아론'이라는 오해를 염두에 두고 용어에 간혹 '상호주관적' '공동체화된'이라는 수식어를 첨가하기도 한다.

로 구성된다. 존재를 정립하고 존재를 해명하는 이러한 나의 활동은 나의 자아의 습득성을 건설하고, 이 습득성으로 이제 그 규정들에 남아 있는 것으로서의 대상은 나의 것이 된다. 이처럼 남아 있는 획득물이 나의 그때그때 알려진 환경세계를 구성한다. 환경세계는 아직 획득되지는 않았지만, 이러한 형식적 대상의 구조로 예측된, 알려지지 않은 대상들의 지평을 갖는다.

나는 나 자신에 대해 존재하고, 경험의 명증성을 통해 끊임없이 나 자신으로서 나에게 주어진다. 이것은 선험적 자아(심리학적으로 순수한 자아에 대해서도 평행해)뿐 아니라 모든 의미의 **자아**에 대해서도 타당하다. 모나드적인 구체적 자아는 실제적이거나 가능한 의식 삶 전체를 함께 포함하기 때문에, 이 모나드적 자아를 현상학적으로 해명하는 문제(이 자아 자체에 대한 자신의 구성 문제)는 **모든 구성의 문제** 일반을 그 자체 속에 포함해야 한다는 점은 분명하다. 그리고 결과적으로 이러한 자기 구성(Selbstkonstitution)의 현상학이 현상학 일반과 합치하는 것이 밝혀진다.

34 현상학적 방법의 원리적 형성. 형상적 분석인 선험적 분석

자아의 작용들의 극인 자아와 습득성들의 기체인 자아에 관한 이론으로 우리는 이미 그리고 중요한 점에서 현상학적 발생의 문제, 따라서 **발생적 현상학**(genetische Phänomenologie)의 단계를 다루었다. 이 발생적 현상학의 더 정확한 의미를 설명하기 이전에, 현상학적 방법에 대해 더 새롭게 숙고할 필요가 있다. 결국 우리는 일단 파악되면, 선험적 현상학의 방법론 전체를 (그리고 자연적 토대 위에 진정하고 순수한 내적 심리학의 방법론 전체도 마찬가지로) 관통하는 기본적인 방법론적 통찰을 타당한 것으로 간주해야 한다.

방법의 문제를 이토록 늦게 거론하는 것은 단지 현상학으로 들어가는 일을 쉽게 하기 위한 것일 뿐이다. 극도로 다양한 새로운 종류를 제시하는 문제는 (비록 선험적 경험의 영역에서만 경과되지만) 우선 단지 경험적으로 기술하는 것의 비교적 단순한 겉치레로 작용해야만 했다. 경험적으로 기술하는 것에 대립해 형상적으로 기술하는 (eidetische Deskription) 방법[5]은 그러한 모든 경험적 기술을 어떤 새로운 차원, 즉 원리적 차원으로 이끈다는 것을 뜻한다. 이러한 차원은 맨 처음에는 그것을 이해하는 데 어려운 점을 증가시키겠지만, 반면 그것이 많은 경험적 기술이 수행된 다음에는 쉽게 파악될 수 있을 것이다.

데카르트적으로 성찰하는 자인 우리 각자는 현상학적 환원 (Reduktion)의 방법으로 각자의 선험적 자아로 되돌아가게 되었고, 그 자아는 당연히 이 사실적 자아, 유일한 하나의 절대적 자아로서 그때그때 구체적-모나드적 내실을 갖는다. 이러한 자아로서 나는 언제나 더 성찰해감으로써 기술해 파악할 수 있고 지향적으로 전개될 수 있는 유형[6]을 발견하고, 나의 모나드를 지향적으로 드러내 밝힘으로써 분명해지는 근본적인 방향에서 점차적으로 전진해갈 수 있다. 기술해가는 경우 종종 '본질의 필연성'이나 '본질에 적합하게'라는 표현이 충분한 근거에 입각해 떠오르는데, 이러한 표현 속에 비로소

---

5) 이것은 임의의 대상에서 출발해 자유변경을 통해 의식의 작용과 대상 모두를 순수가능성의 영역으로 이끄는 '형상적 환원'을 뜻한다. 이것으로 현상의 개체성과 우연성은 배제되고 필연성과 보편성으로 대체되어 새롭게 드러난 대상성이 '본질'이다. 이 이념화작용(Ideation)은 개체를 추상화하는 것이 아니라, 순수의식에 주어진 것(본질)을 그대로 받아들이는 작용(본질직관)으로서 경험의 한 유형이다.

6) '유형'에 관해서는 이 책 제20절의 주 28 참조.

현상학으로 해명되고 경계가 정해진 '아프리오리'라는 특정한 개념[7]이 표현된다.

여기서 무엇이 문제인가는 예를 들면 즉시 이해할 수 있다. 그 어떤 유형의 지향적 체험·지각·과거지향·회상·언표·'어떤 것을 좋아함'·'그것을 얻으려고 노력함' 등을 끄집어내고, 그 지향적 작업수행의 본성을 생각해보고, 그 인식작용(Noesis)과 인식대상(Noema)에 대해 해명하고 기술하면서 생각해보자. 이것은 다음과 같은 점을 주장할 수 있으며, 이제까지 그렇게 이해해왔다. 즉 문제가 되는 것은 사실적인 선험적 자아에서 사실적으로 일어나는 것들의 유형이므로, 선험적으로 기술하는 것은 **경험적 의미**를 가져야 한다는 점이다. 그러나 어쨌든 우리의 고의는 아니지만 그러한 보편성 속에 유지되어서, 선험적으로 기술한 성과는 선험적 자아의 경험적 사실성이 어떻든 전혀 영향을 받지 않는다.

이 점을 밝히고, 그런 다음 방법에 따라 풍부한 것으로 만들자. 우리는 이 책상에 대한 지각의 범례에서 출발해 지각의 대상인 책상을 완전히 자유로운 임의성에서 변경시키지만, 지각을 그 어떤 것에 관한 지각 —— 임의로 어떤 것에 관한 지각 —— 으로 견지한다. 가령 그 책상의 형태나 색깔 등을 그것이 지각에 적합하게 나타나는 것이라는 점만 유지한 채 아주 의도적으로 바꾸어 상상하는 것에서 시작해나간다. 즉 그 존재의 타당성을 억제하는 가운데 이러한 지각의 사실을

---

7) 전통적 의미의 아프리오리는 ①그 자체로 경험 속에 주어지지 않는 경험의 조건들, ②의식에 내재적인 것, ③모든 확실성은 필연성에 근거하고 이 필연성은 다시 아프리오리에 근거한다고 파악하는 형식적인 것이다. 그러나 후설의 그것은 그 자체로 주어지고 구체적으로 경험되는 질료적 아프리오리이다. 즉 경험을 통해 그 의미가 알려질 수 있고, 그 존재로 다가설 수 있는 아프리오리이다. 따라서 후설 현상학은 경험 자체에서 출발하는 '참된 의미의 실증주의' '확장된 의미의 경험주의'이다.

순수한 가능성으로 또 아주 임의로 순수한 다른 가능성 아래—그러나 지각의 순수한 가능성 아래—순수한 가능성으로 변경한다. 비유적으로 말하면, 실제적 지각을 비실제성의 영역, 즉 이러저러한 사실 일반에 결합된 모든 것에서 벗어난 순수한 가능성을 우리에게 제공하는 '마치 어떠한 것'(Als-ob)의 영역으로 옮겨놓는다. 후자의 관점에서 우리는 함께 정립된 사실적 자아와 결합된 것으로가 아니라, 곧 완전히 자유로운 상상(Phantasie) 덕분에 생각할 수 있는 것으로 그 가능성도 유지한다.

그래서 우리는 그 밖의 사실적 삶과의 모든 관련을 벗어나 처음부터 상상으로 지각작용으로 들어가는 것을 출발의 범례로 취할 수 있을 것이다. 이렇게 획득된 지각의 일반적 유형은, 즉 허공—절대적으로 순수하게 생각할 수 있는 허공—에 떠오른다. 그러므로 모든 사실성이 제거된 그 유형은 지각(Wahrnehmung)의 형상(Eidos)[8]이 된다. 순수하게 생각할 수 있는 것으로서 이념적으로 가능한 모든 지각은 이 형상의 이념적 외연(Umfang)을 형성한다. 이 경우 지각의 분석은 본질에 대한 분석이다. 우리가 지각의 유형에 속하는 종합이나, 잠재성의 지평 등에 관해 자세히 논했던 모든 것은, 쉽게 통찰할 수 있듯이, 이 자유로운 변경 속에 형성될 수 있는 모든 지각에 대해, 따라서 생각할 수 있는 모든 지각 일반에 대해 본질적으로 타당하다. 즉 그것들은 각각의 사실이 순수한 하나의 가능성의 단순한 범례로 생각될 수 있는 한, 절대적인 본질의 보편성에서 또한 이끌어낸 모든

---

8) 후설에서 '형상'('본질')은 스콜라 철학의 형이상학적 실체나 신비적 환상도, 실증과학으로 자연화된 '사실'도 아니다. 그것은 "마치 어부의 그물이 바다 속 깊은 곳에서 움틀거리는 물고기와 해초를 끌어올리듯, 경험의 모든 생생한 관계를 회복시키는 것"(M. Merleau-Ponty, *Phenomenology of Perception*, Routledge & Kegan Paul, 1962, 서문 15쪽), 모든 인식의 궁극적 원천이다.

개별적 경우에 대해 본질의 필연성에서 타당하다.

그 변양(Variation)이 명증적인 것으로, 따라서 순수한 직관 속에 가능성들을 가능성으로 스스로를 부여하는 것으로 생각되기 때문에, 그 변양의 상관자는 직관적이며 필증적인 보편성의 의식이다. 형상 자체는 그것의 고유한 직관적 의미에 따라서 알아차린 또는 알아차릴 수 있는 보편자, 순수한 무제약적인 것, 즉 어떠한 사실로서도 제약되지 않은 것이다. 형상은 그 말의 의미에 따라 모든 개념에 앞서 놓여 있는 것이며, 오히려 모든 개념은 순수한 개념으로서 형상에 적합하도록 형성되어야만 한다.

이렇게 이끌어낸 개별적인 모든 유형은 경험적-사실적인 선험적 자아의 그 환경에서 순수한 본질영역으로 끌어올려지더라도, 자아 속에 그것이 드러내 밝힐 수 있는 연관을 지시하는 지향적인 외적 지평[9]이 사라지는 것은 아니다. 다만 이 연관의 지평 자체는 형상적 지평이 될 뿐이다. 즉 우리는 사실적 자아 속에서가 아니라, 자아로서의 형상 속에서 형상적으로 순수한 유형과 더불어 있게 된다. 또는 순수한 가능성들 가운데 실제로 순수한 어떤 가능성을 구성하는 것은 모두 그것의 외적 지평으로서 순수한 의미에서 가능한 자아를, 나의 사실적 자아의 순수한 가능성을 변경시키는 것을 함축적으로 수반한다. 우리는 처음부터 이 사실적 자아를 자유롭게 변경시켜 생각할 수도 있고, 선험적 자아 일반의 명백한 구성이라는 본질적 탐구 과제를 제기할 수도 있다. 따라서 새로운 현상학은 처음부터 그러한 일을 수행해왔고, 그래서 지금까지 다루어온 모든 기술(記述) 또는 문제의 확정은 사실상 근원적인 형상적 형태에서 경험적 유형의 형태로 되돌려놓는 것이었다.

---

9) '외적 지평'에 관해서는 이 책 제20절의 주 23 참조.

그러므로 만약 현상학을 순수하게 형상적 방법에 따라 직관적이고 아프리오리한 학문으로 형성한 것으로 생각하면, 현상학의 모든 본질의 탐구는 나의 사실적 자아의 순수한 가능성을 변경시키는 것 모두와 이 사실적 자아 자체를 그 자체 속에 포함하는 선험적 자아 일반의 보편적 형상을 드러내 밝히는 것일 뿐이다. 따라서 형상적 현상학은 나와 선험적 자아 일반이 그것 없이는 생각할 수 없는 보편적 아프리오리를 탐구하는 것이다. 또는 모든 본질의 보편성은 견고한 법칙성의 가치를 지니기 때문에, 형상적 현상학은 선험적인 것(Transzendentales)[10]에 관한 모든 사실적 언표에 그 가능한 의미(대립된 경우에는 모순)를 미리 지시하는 보편적 본질의 법칙성을 탐구한다.

나는 그 가능성을 모색하면서 근거에 놓았던 절대적으로 엄밀하게 정초된 보편학문으로서의 철학의 이념에 인도된 데카르트적으로 성찰하는 자아이다. 이러한 나에게는 위에서 숙고한 것을 수행한 이후에야 다음과 같은 점이 명백해진다. 즉 나는 우선 순수한 형상적 현상학을 철저히 수행해야만 하며, 이 형상적 현상학 속에서만 철학적 학문, 즉 '제일철학'(Erste Philosophie)[11]이라는 학문을 처음으로 실

---

10) '선험적인 것'에 관해서는 이 책 제11절의 주13 참조.

11) '제일철학'이라는 명칭은 철학의 한 분과로 아리스토텔레스가 도입했으나, 그 이후 '형이상학'(Metaphysik)이라는 표현으로 대치되었다. 후설은 이 고대의 표현을 다시 채택함으로써 그 본래의 이념, 즉 '인식·가치평가·실천의 보편적 이성에 관한 이론의 탐구'를 복원시키고자 했다. 그리고 데카르트의 『제일철학에 대한 성찰』(*Meditationes de prima philosophia*)과 관련해 그의 철학이 독단적 형이상학으로 잘못 들어섰다는 점을 비판하고자 했다. 후설에서 '제일철학'은 '궁극적인 이론적 자기책임에 근거한 인식'(『위기』, 103쪽)을 목표로 모든 학문이 타당할 수 있는 가능조건과 그 근원을 되돌아가 묻는 "선험적 인식론"(『제일철학』제1권, 369쪽), "엄밀한 학으로서의 선험철학"(『위기』, 102쪽)이다.

현하는 일이 수행되고 수행될 수 있다는 점이다. 선험적 환원 이후에 나의 본래 관심이 나의 순수한 자아와 이 자아가 사실적 자아를 드러 내 밝히는 것이지만, 이렇게 드러내 밝히는 일은 하나의 자아로서 자아 일반에 속하는 필증적 원리, 즉 본질의 보편성과 필연성에 의거함으로써만 진정한 학문적으로 드러내 밝히는 일이 될 수 있다. 본질의 보편성과 필연성으로 사실은 자신의 합리적 근거들에, 그 자신의 순수가능성에 소급해 관계되고, 이렇게 함으로써만 학문적(논리적)이 된다.[12]

그래서 순수한 가능성에 관한 학문은 실제성에 관한 학문에 '그 자체로' 선행하며, 순수한 가능성에 관한 학문은 실제성에 관한 학문을 학문 일반으로서 비로소 가능하게 한다. 이렇게 해서 우리는 다음과 같은 방법적 통찰에 이르게 된다. 그것은 **현상학적 환원과 더불어 형상적 직관은 모든 특수한 선험적 방법의 근본적 형식이라는 통찰, 현상학적 환원과 형상적 직관은 선험적 현상학의 정당한 의미를 근본적으로 규정한다는 통찰**이다.

35 형상적 내적 심리학에서의 여론

만약 여기서 다시 다음과 같은 점에 주목하는 것을 억제하지 않으면, 우리를 선험적 현상학에 결합시키는 그 자체로 완결된 성찰의 범위를 넘어서게 된다. 주목해야 할 점은 만약 자연적인 세계에 대한

---

12) 여기서 우리는 다음과 같은 점에 매우 주목해야 한다. 즉 나의 자아에서 어떤 자아 일반으로 이행하는 데에는, 타자의 범위에 대한 실제성이나 가능성이 전제되어 있지 않다는 점이다. 이 경우 형상으로서의 자아의 범위는 나의 자아의 자기변경을 통해 규정된다. 나는 마치 내가 타자인 것처럼 나 자신을 상정하는 것이며, 내가 타자를 상정하는 것이 아니다 ─ 저자 주.

고찰의 토대에서 심리학을 실증과학으로 얻고자 애쓰며, 이 경우 무 엇보다 실증과학으로서의 심리학에 대해 필연적으로 그 자체로 최 초의 심리학, 즉 순수하게 내적 경험에서 길어낸 순수한 지향적 심리 학을 얻고자 애쓰면, 방금 위에서 자세하게 논한 이 방법을 근본적으 로 고찰한 내용 전체가 약간 변양되어──물론 이것은 그 선험적 의 미를 폐기한다──우리에게 남게 된다는 점이다.

그렇다면 구체적인 선험적 자아에는 '인간-자아', 구체적으로 순 수하게 그 자체로 그리고 그 자신에 대해 파악된 영혼, 영혼이 극화 된 자아, 즉 나의 습득성의 극인 자아, 나의 특징적 성격들의 극인 자 아가 상응한다. 이 경우 형상적인 선험적 현상학 대신 형상인 영혼에 관계된 형상적인 순수한 영혼론(Seelenlehre)이 나타나는데, 이것의 형상적 지평은 물론 문제가 되지 않은 채 남아 있다. 그러나 이 지평 이 문제로 제기되면, 이러한 실증성을 극복할 길, 즉 선험적 자아의 현상학인 절대적 현상학으로 이행하는 길이 열릴 것이다. 선험적 자 아는 그 자아의 선험적 존재의 영역을 넘어서 이끌어가는, 따라서 그 자아를 상대화할 수 있는 그 어떠한 지평도 실로 갖고 있지 않다.

36 가능한 체험의 형식들의 우주인 선험적 자아. 공존과 계기 속에 체험들이 공존할 수 있는 본질법칙적 규칙

형상적(形相的) 방법으로 선험적 현상학의 이념을 중요하게 새롭 게 파악한 다음 다시 현상학적 문제제기를 해명하는 일로 되돌아가 면, 우리는 지금부터는 당연히 순수한 형상적 현상학의 테두리 안에 서 견지한다. 이 형상적 현상학에서는 선험적 자아의 사실(Faktum) 과 이 자아의 선험적 경험(Empirie)이 특수하게 주어지는 사실이 순 수한 가능성에 대한 범례라는 의미만 갖는다. 우리는 지금까지 제시한 문제도, 우리가 그 문제를 형상적으로 순화하는 범례 속에 제시된 가능성을 언제나 실현한 것으로 생각하기 때문에, 형상적 문제로 이해한다.

구체적 자아 일반을 그 본질적 구성요소에 따라 실제로 체계적으로 해명하는 이념적 과제를 충분히 수행하는 것, 또는 실제로 체계적 문제제기와 연구의 계열을 실행해나가는 것은 극히 어려운 문제를 만든다. 왜냐하면 무엇보다 우리는 '선험적 자아의 구성'이라는 독특한 보편적 문제에 이르는 새로운 통로를 획득해야만 하기 때문이다. 선험적 자아 그 자체에 속한 보편적 아프리오리는 무한한 형식들, 즉 그 자신 속에 실제로 존재하는 것으로 구성될 수 있는 대상들을 지닌 삶의 가능한 현실성과 잠재성의 아프리오리한 유형들을 포함하는 본질의 형식이다.

그러나 통일적으로 가능한 자아에는 개별적으로 가능한 모든 유형이 공존할 수 있는 것(kompossibel)은 아니다. 즉 그 유형들은 자아 자신의 시간성의 임의의 질서(Ordnung) 속에 있거나, 임의의 위치에 공존할 수 있는 것은 아니다. 만약 내가 그 어떤 학문적 이론을 형성하면, 이 복잡한 이성의 활동과 그 활동에 의한 이성적 존재자는 어떤 본질의 유형을 지닌다. 이 본질의 유형은 가능한 모든 자아에서 가능한 것이 아니라, 자아가 인간(이성적 동물)이라는 본질의 형식으로 세계화되는 가운데 나타나는 특별한 의미의 이성적 자아에서만 가능하다. 내가 나의 사실적인 이론화작용을 형상적으로 유형화할 때, 나는 내가 그러한 사실을 깨닫든 않든, 나 자신도 함께 변경시킨다. 그러나 그것은 임의로 함께 변경시키는 것이 아니라, '이성적 존재'라는 상관적 본질의 유형의 테두리 안에서 함께 변경시킨다.

분명히 나는 내가 지금 실행한 또 실행할 수 있는 이론화작용을 나의 삶의 통일성 속으로 임의로 옮겨놓은 것으로 생각할 수는 없다.

그리고 이러한 점도 형상적 영역으로 옮겨지는 것이다. 나의 어린 시절의 삶과 그 삶의 구성적 가능성에 대한 형상적 파악은 어떤 유형을 산출한다. 그런데 어린 시절의 삶이 계속 발전하는 가운데 학문적인 **이론화작용**(Theoretisieren)이라는 유형이 나타날 수 있지만, 어린 시절의 삶에 고유한 연관 속에 나타날 수는 없다. 이러한 제한은 그 근거를 하나의 아프리오리한 보편적 구조 속에, 자아론적-시간적 공존(Koexistenz)과 계기(Sukzession)의 보편적 본질의 법칙성 속에 갖는다. 왜냐하면 나의 자아 속에 나타나는 것 그리고 형상적으로는 어떠한 자아 일반 속에 ─지향적 체험에서, 구성된 통일체에서, 자아의 습득성에서─ 나타나는 것은 어떠한 것이라도 자신의 시간성을 가지며, 이러한 점에서 보편적 시간성의 형식체계에 관여하기 때문이다. 생각할 수 있는 모든 자아는 이 보편적 시간성의 형식의 체계 때문에 그 자신에 대해 구성된다.

37 모든 자아론적 발생의 보편적 형식인 시간

공존할 수 있음(Kompossibilität)의 본질의 법칙(사실상 '서로 동시에 또는 잇달아 존재함' '이처럼 존재할 수 있음'의 규칙)은 가장 넓은 의미에서 인과성의 법칙, 즉 '만약 ~하면, ~하다'에 대한 법칙이다. 어쨌든 여기서는 '인과성'이라는 편견의 굴레를 짊어진 표현은 피하고, 선험적 영역에서 (순수심리학적 영역과 같이) 동기부여(Motivation)를 논하는 것이 좋을 것이다.[13]

---

13) 따라서 후설은 초월적 영역의 용어들(가령 인과율·실재·물체·세계)이 선험적 영역의 용어들(동기부여·내실·신체와 운동감각·생활세계)로 전환되어야 한다고 강조한다. 그리고 이 '동기부여'를 정신적 세계의 근본적 법칙으로 파악한다.

선험적 자아의 내실적 존재내실을 형성하는 체험들의 우주는 모든 개별적 체험 자체가 그 속에서 흘러가는 것으로 질서 잡히는 **흐름**(Strömen)의 보편적 **통일**의 형식 속에서만 공존할 수 있다. 따라서 구체적 체험들과 그 체험의 흐름 자체 속에 흘러가면서 구성된 형성물의 모든 특수한 형식의 가장 보편적인 이 형식은 이미 모든 것을 결부시키고 각각의 개별적인 것에서 낱낱이 지배하는 동기부여의 형식이다. 우리는 이 동기부여의 형식을 '**보편적 발생의 형식적 법칙성**'이라고 부를 수 있다. 이 보편적 발생의 형식적 법칙성에 따라 과거·현재·미래가 흘러가면서 주어지는 방식들의 어떤 인식작용-인식대상의 형식적 구조 속에 끊임없이 하나로 구성된다. 그러나 삶은 이러한 형식 안에서 다양하고 특수한 동기부여와 동기부여의 체계—이것들은 발생의 보편적 법칙성에 따라 자아의 보편적 발생의 통일을 수립한다—로 동기가 부여된 특수하게 구성하는 작업수행의 진행으로 경과한다.

즉 자아는 역사의 통일성 속에 자기를 자기 자신에 대해 구성한다. 우리는 '자아의 구성이 자아에 대해 존재하는 모든 대상성, 즉 내재적이든 초월적이든, 이념적이든 실재적이든 모든 대상성의 모든 구성을 포함한다'고 말했다. 이제 여기에 자아에 대해 이러저러한 대상과 대상의 범주들이 존재하게 되는 구성적 체계 자체는 법칙적 발생의 테두리 안에서만 가능하다는 점을 첨부해야 한다. 동시에 그 구성적 체계는 이 경우 구체적 자아(모나드)를 통일체로서, 즉 그 특수한 존재의 내용에서 함께 가능한 것으로 가능하게 만드는 보편적인 발생적 형식으로 결부된다.

나에 대해 자연·문화의 세계·사회적 형식을 지닌 인간의 세계 등이 존재하는 것은 그것에 상응하는 경험의 가능성이 나에 대해 존재하는 것—실로 내가 그와 같은 대상을 실제로 경험하든 않든 나에 대해 항상 작용할 수 있고, 어떤 종합의 양식에서 자유롭게 계속할 수 있는 것으로—을 뜻한다. 더 나아가 그들에 상응하는 다른 의식의 양상, 즉 모호한 생각 등이 여러 가지 가능성으로 나에 대해 존재하는 것 그리고 이 의식의 양상들에는 미리 지시된 유형의 경험을 통해 충족되거나 실망하게 될 가능성도 속한다는 것을 뜻한다. 여기에는 확고하게 형성된 습득성, 즉 본질의 법칙에 따르는 어떤 발생에 근거해 획득되고 형성된 습득성(Habitualität)이 포함된다.

여기서 사람들은 공간표상·시간표상·사물표상·수에 대한 표상 등의 심리학적 근원이라는 예부터 알려진 문제를 기억할 것이다. 이러한 문제는 현상학에서는 선험적 문제로서, 물론 **지향적 문제**라는 의미를 띠고 나타나며, 더구나 보편적 발생의 문제 속에 편입된 것으로 나타난다.

형상적 현상학의 문제제기에, 따라서 **궁극적 발생**에 포함된 궁극적 보편성에 이르는 통로는 극히 어렵다. 처음 시작하는 현상학자는 자기도 모르게 자기 자신에서 범례로 출발했다는 점에 구속된다. 그는 〔우선〕 자신을 자아로서 선험적으로 발견하고, 그런 다음 자아 일반으로서 발견한다. 이 자아는 이미 하나의 세계—가장 잘 알려진 존재론적 유형의 세계는 자연·문화(학문·조형미술·기술 등), 높은 단계의 인격성(국가·교회) 등을 지닌다—를 의식에 적합하게 갖는다. 맨 처음 형성된 현상학은 단순히 **정적**(靜的)이고, 그것이 기술하는 것은 개별적 유형들을 추적하고 이것들을 기껏해야 질서 세우며 체계화하는 박물학(Naturhistorie)에서 기술하는 것과 유사하다. 보편적 발생의 문제와 시간의 형성을 넘어서 그 보편성에서 자아의 발생적 구조에 관한 문제는 아직 건드리지도 않았다. 실로 그러한 문제는 사실상 높은 단계의 문제이다.

그러나 그러한 문제가 제기될 때조차도, 그것은 어떤 제약 아래 일어난다. 그러므로 맨 처음에는 자아 일반에 관한 본질의 고찰도 '구성된 하나의 세계가 자아에 대해 이미 존재한다'는 제약 아래 유지된다. 하지만 이것도 필요한 단계이다. 우리는 이러한 단계에서 비로소 그 단계에 속하는 발생의 법칙의 형식들을 해명함으로써 가장 보편적인 형상적 현상학을 위한 가능성을 알아차릴 수 있다. 이 가장 보편적인 형상적 현상학에서 자아는 자유롭게 변경되어, 우리에게 자명한 존재론적 구조를 지닌 세계가 자아에 대해 본질적으로 구성되어 있다는, 이념적이지만 구속적인 전제로서의 자아는 결코 견지하지 않는다.

38 능동적 발생과 수동적 발생

그런데 만약 맨 먼저 우리가 세계에 관련된 가능한 주체인 우리에 대해 구성적 발생(konstitutive Genesis)이라는 보편적으로 중요한 원리를 심문하면, 그 원리는 두 개의 근본적 형식에 따라 능동적 발생과 수동적 발생[14]으로 나누어진다.

능동적 발생에서 자아는 특수한 자아의 작용들 때문에 산출하고 구성하는 자아로 기능한다. 여기에는 가장 넓은 의미에서 실천적 이성의 모든 작업수행이 속한다. 이러한 의미에서 논리적 이성도 실천적이다.[15]

---

14) 후설에서 '수동성'과 '능동성'은 칸트에서 '감성'과 '오성'의 역할처럼, 고정적인 것이 아니라, 지향적 현상을 기술하는 방편으로서만 상대적으로 사용된다.

15) 흔히 후설 현상학을 '의식철학' '이성주의'라고 한다. 그에게 '이성'은 과학기술적 이성이나 도구적 이성에 그치는 것이 아니라 항상 '이론(논리)적·실천적·가치설정적 이성 일반'을 뜻하고, 이 이성 일반의 총체적 기능을 비판하기 때문이다. 또한 지각, 기억, 과거 지향과 미래지향 그리고 침전된 무의식에 이르기까지 포괄적인 의식의 지평구조를 치밀하게 지향적으로 분석하기 때

이 논리적 이성의 특징은 다음과 같다. 즉 공동체화(共同體化)함으로써 사회성(물론 이것의 선험적 의미가 우선 밝혀져야 한다)에 결합된 자아의 작용들은 특수한 활동들의 다양한 종합에 결부되어 (대상들을 미리 부여하는 의식의 방식에서) 이미 미리 주어진 대상들의 근본적 토대 위에 새로운 대상을 근원적으로 구성하는 것이다. 이 경우 새로운 대상은 〔의식의〕 산물로서 의식에 적합하게 나타난다. 이렇게 해서 집합작용에서는 집합이, 셈하는 작용에서는 수가, 나누는 작용에서는 부분이, 진술하는 작용에서는 술어 또는 술어적 사태가, 추론하는 작용에서는 추론 등이 산물로 나타난다. 근원적인 보편성의 의식도 보편자(Allgemeines)가 대상적으로 구성되는 하나의 활동이다. 그 결과로 자아의 측면에서는 계속 타당성을 갖는 습득성이 구성되는데, 이 습득성은 이제 자아에 대해 단적으로 존재하는 것인 대상을 구성하는 것에 함께 속한다.

따라서 우리는 **범주적 직관**(kategoriale Anschauung)[16] 속에 다시 주어지는 것과 같은 대상성을 종합적 의식을 통해 다시 산출하는 경우이든 종합적으로 함께 속한 모호한 의식 속의 경우이든, 대상으로 언제나 되돌아가 파악할 수 있다. 상호주관적 능동성〔활동〕들에 관련된 그러한 종류의 대상들(가령 문화의 대상과 같은)의 선험적 구성은 선행하는 선험적 상호주관성(相互主觀性)의 구성을 전제하는데, 이

문이다. 즉 후설은 '이론(인식)도 자아의 관심을 실천한 하나의 행동'으로 파악해 "모든 이성은 실천적 이성인 동시에 논리적 이성"(『수동적 종합』, 62쪽)이라고 주장한다. 그리고 그는 『위기』여러 곳에서 이론적 태도와 실천적 태도를 종합하고 그 정초의 관계를 해명해주는 제3의 보편적 태도로서 '이론(인식)적 실천'을 제시한다.

16) 현상학의 방법은 근본적으로 '직접적 직관과 본질통찰'이다. 그런데 여기서 직관은 감성적 직관에 그치는 것이 아니라, 사태나 관계를 있는 그대로 파악하는 범주적 직관, 즉 이념화작용(Ideation)을 포함한다.

선험적 상호주관성의 구성에 관해서는 나중에 가서야 비로소 논의하게 될 것이다.[17]

특수한 의미에서 이성의 그와 같은 능동성과 이와 상관적으로 이성의 산물(이념적 대상) — 이것들은 총체적으로 비(非)실재성을 갖는다 — 이라는 높은 단계의 형태를 우리는, 이미 언급한 것처럼, 즉시 모든 구체적 자아 자체에 속하는 것으로 간주할 수는 없다(이것은 우리가 어린 시절을 기억하는 것에서 이미 밝혀졌다). 그러나 '경험하면서 파악하는 것' '경험된 것을 그것의 특수한 부분들로 분해하고 총괄하고 관계짓는 것' 등과 같은 가장 낮은 단계의 경우 사정은 실로 달라질 수도 있다.

그러나 어떠한 경우에도 능동성이 구축하는 모든 것은 필연적으로 〔대상을〕 미리 부여하는 수동성을 가장 낮은 단계로 전제하며, 능동성이 구축하는 것을 추적해가면, 수동적 발생에 의한 구성에 직면하게 된다. 즉 삶 속에 현존하는 단순한 사물(예를 들어 망치·책상·예술작품으로서 우리에게 알려주는 모든 **정신적 특성**을 제외하고)로 완성되어 우리에게 받아들여지는 모든 것은 수동적 경험의 종합 속에 '그것 자체'라는 근원성에서 주어진다. 사물은 능동적 파악작용으로 시작된 **정신적 활동**에 그러한 사물로서 미리 주어져 있다.

정신적 활동이 자신의 종합적 작업수행을 실행하는 동안, 그것에 모든 **질료**를 제공하는 수동적 종합(passive Synthesis)[18]이 부단히 진

---

17) 이것은 이 책 '제5성찰'에서 부분적으로 다루며, 이 문제와 관련된 유고는 케른(I. Kern)이 편집한 후설전집 제13~15권(『상호주관성』 제1~3권)에 수록되었다.

18) 후설은 자아의 어떠한 능동적 관여도 없는 비(非)정립적 의식에 근원적 경험인 지각이 수동적으로 수용되는 보편적 구조로서 '내적 시간의식'과 '신체'를 분석한다.

행된다. 수동적 직관 속에 미리 주어진 사물은 통일적 직관 속에 계속 나타난다. 이 경우 부분이나 징표에 따라 해명하고 개별적으로 파악하는 활동으로 아무리 변경되더라도, 그 사물은 그러는 동안에도 그리고 이러한 활동에서도 여전히 미리 주어져 있다. 다양한 나타남의 방식들, 즉 시각이나 촉각에 의한 통일적 지각의 상(像)들이 경과하는데, 이것들의 명백한 수동적 종합 속에 하나의 사물, 그 사물에서 하나의 형태 등이 나타난다.

아무튼 이 〔수동적〕 종합은 곧바로 이러한 형식의 종합으로서 종합 그 자체 속에 알려지는 자신의 **역사**(Geschichte)를 갖는다. 자아인 내가 그리고 최초의 시선 속에 이미 어떤 사물을 경험할 수 있는 것은 본질적 발생에 의한 것이다. 이것은 그 밖에도 현상학적 발생과 마찬가지로 일상적 의미의 심리학적 발생에 대해서도 타당하다. 우리는 아주 어린 시절에 일반적으로 사물을 보는 것을 우선 배워야만했다는 점, 또한 사물을 보는 것이 사물에 관한 그 밖의 다른 모든 의식의 방식에 반드시 발생적으로 선행한다는 점은 충분한 근거를 갖는다.19) 그러므로 아주 어린 시절에 〔대상을〕 미리 부여하는 지각의 장(場)은 단순히 관찰하는 가운데 사물로 해명될 수 있었던 어떠한 것도 포함하지 않는다.

어쨌든 우리가 수동성의 토대로 되돌아가지 않더라도, 또는 심리학의 심리물리적 외적 관찰을 전혀 사용하지 않아도, 성찰하는 자아인 우리는 경험의 현상―사물을 경험하는 현상과 그 밖의 모든 현상―자체의 지향적 내실 속으로 밀고 들어감으로써 우리를 하나의

---

19) 현상학에서 '보는 것'은 '아는 것'의 궁극적 기초이자, 자아를 실현하는 첫걸음이다. 가령 '먹어 본다' '만져 본다' '들어 본다' 등에서도 알 수 있듯이, 단순한 감각이 아니라 원본으로 부여하는 의식인 '봄'은 이론적 앎과 실천적 삶의 기본이다.

역사로 이끄는 지향적 지시(Verweisung)를 발견할 수 있다. 따라서 우리는 이 현상을 그것에 본질적으로 선행하는 (비록 구성된 동일한 대상에 곧바로 관련지을 수 없더라도) 다른 이전 형태의 이후 형태로 알려주는 지향적 지시를 발견할 수 있다.

그러나 이때 곧바로 우리는 부분적으로는 모든 능동성에 선행해 놓여 있고, 부분적으로는 모든 능동성 자체를 다시 포괄하면서 항상 새로운 종합을 이루는 수동적 형성의 본질적 법칙성에 직면한다. 즉 그 자신의 고유한 습득성 속에 항속하는 형성물인 다양한 통각(Apperzeption)[20]의 수동적 발생에 직면한다. 이 통각은 중심적 자아에 대해 형성된 미리 주어진 것으로 보이지만, 그것이 현실적이 될 경우 자아를 촉발하고 활동성에 동기를 부여한다.

자아는 언제나 이러한 수동적 종합(여기에는 능동적 종합의 작업수행도 참여한다)에 힘입어 대상들의 주변환경(Umgebung)을 갖는다. 발전된 자아로서 나를 촉발하는 모든 것은 대상으로, 즉 알 수 있는 술어(Prädikat)들의 기체(Substrat)로 통각이 되었다는 점은 실로 이 수동적 종합에 속한다. 왜냐하면 그 수동적 종합은 〔대상을〕 알려진 것으로서 만드는, 즉 대상을 지속하는 소유물(bleibender Besitz)로 또한 언제나 다가설 수 있는 것으로 구성하게 될 해명의 가능성을 위한 미리 알려진 가능한 목적의 형식이기 때문이다. 그리고 이 목적의 형식은 발생에 근거해 일어난 것으로서 미리 이해된다. 그것은 그 자체로 이러한 형식을 **근원적으로 건설하는 것**(Urstiftung)을 소급

---

20) 이 용어는 라틴어 'appercipere'(덧붙여 지각한다)에서 유래하며, 직접적으로 지각하는 것(Perzeption)에 추가해 그 이상의 것, 즉 잠재적으로 함축된 감각도 간접적으로 지각하는 것을 뜻한다. 또한 칸트 이후에는 새로운 경험이나 표상을 이전의 경험이나 표상과 종합하고 통일해 대상을 인식하는 의식의 작용을 뜻한다.

해 지시한다. 알려진 모든 것(Alles Bekannte)은 근원적으로 알게 되는 작용(Kennenlernen)을 지시한다. 우리가 '알려지지 않은 것'이라고 부르는 것도 아무튼 '이미 알려진 것'(Bekanntheit)의 구조의 형식(Strukturform),[21] 즉 '대상'이라는 형식, 더 상세하게는 '공간적 사물'·'문화의 객체'·'도구' 등의 형식을 갖는다.

39 수동적 발생의 원리인 연상

능동적 형성작용(Bilden)에 궁극적으로 미리 주어진 모든 대상성의 구성에 대한 수동적 발생의 보편적 원리는 '연상'(Assoziation)[22]이라는 명칭을 지닌다. 우리는 연상이 지향성(Intentionalität)의 명칭이라는 점에 주의해야 한다. 연상은 그러한 것으로서 자신의 근원적 형태에서 기술해 제시될 수 있으며, 자신의 지향적 작업수행에서 내재적 시간의 대상으로서의 체험뿐 아니라 객관적인 시간공간의 세계에 모든 실재적 자연의 대상의 모든 각각의 수동적 구성을 이해시켜주는 본질의 법칙에 따른다. 연상은 선험적–현상학의 근본적 개념이다(그것은 심리학적으로 평행관계에 있는 순수지향적 심리학의 근본적 개념이기도 하다).

---

21) 이에 관해서는 이 책 제19절의 주 22 참조.
22) 후설은 시간적으로 변양된 표상이 동기부여로 새롭게 주어지는 표상에 끊임없이 결합하는, 어떤 것이 다른 어떤 것을 기억하고 지시하는 내재적 발생의 짝짓기(Paarung)를 '근원적 연상'이라고 부른다. 정신적 세계를 지배하고 구성하는 이 법칙은 감각된 것들의 동질성과 이질성에 따른 연상적 일깨움에 근거해서만 분리된 기억들은 서로 관련지어지고, 하나의 시간적 상관관계 속에 질서지어진다. 이 근원적 연상에 의한 합치의 종합은 동등한 것과 유사한 것 사이의 감각적 통일, 현실적 직관과 과거 속으로 가라앉은 직관들의 서로 다른 위치를 결합하는 '하부의식' 속의 통일이 수동적으로 미리 주어져 있기 때문에 가능하다.

연상과 연상의 법칙에 관한 오래된 개념은, 비록 이 개념이 흄 이후 일반적으로 순수한 영혼 삶(Seelenleben)과의 연관에 관련지어진 것으로 생각되었더라도, 연상에 관한 진정한 지향적 개념을 자연주의적으로 왜곡한 것일 뿐이다. 매우 늦게나마 연상을 탐구할 통로를 발견한 현상학을 통해 그 개념은 완전히 새로운 면모, 예를 들면 공존(Koexistenz)과 계기(Sukzession) 속에 감각적으로 형성하는 새로운 근본적 형식 때문에 본질적으로 새로운 한계를 얻었다. 연상이란 내적 영혼의 중력(重力)과 같은 낡은 도식에 따라 영혼의 자료의 복합체에 관한 경험적 법칙성에 대한 단순한 명칭이 아니다. 또 순수자아가 수행하는 구성의 지향적 본질의 법칙성에 대한, 즉 그것 없이는 어떤 자아도 그 자체로서 생각될 수 없는 타고난 아프리오리의 영역에 대한 명칭이다. 게다가 극히 포괄적인 명칭이라는 점이 현상학적으로는 명백하지만, 전통에 사로잡힌 사람에게는 생소할 것이다.

발생의 현상학을 통해 비로소 자아는 종합적으로 함께 속한 작업수행이 보편적 발생의 통일 속에 결부된 무한한 연관으로 이해된다. 이 경우 그 작업수행은 각 단계에서 시간성(Zeitlichkeit)이라는 보편적으로 항속하는 형식에 철저하게 합치해야 한다. 왜냐하면 이 시간성 자체가 본질적으로 새로운 모든 것을 함께 포괄하는 끊임없이 수동적이고 완전히 보편적인 발생 속에 구축되기 때문이다. 이 단계적 구조는 통각이 지속하는 형식의 체계로 그리고 이와 함께 확고한 존재론적 구조를 지닌 객관적 우주를 포함하는 구성된 대상성들이 지속하는 형식의 체계로 발전된 자아 속에 유지된다. 이렇게 '유지되는 것'(Sich-erhalten) 자체도 발생의 한 형식일 뿐이다. 이 모든 것에서 그때그때의 사실은 비합리적이다. 그러나 그것은 자아론적 사실로서 그 사실에 속하는 '아프리오리'라는 형식의 체계 속에서만 가능할 뿐이다. 하지만 이 경우 사실(Faktum)과 그 비합리성 자체가 구체적인 아프리오리의 체계 속에 있는 하나의 구조의 개념이라는 점이 간과되면 안 된다.

40 선험적 관념론의 문제로 이행

현상학적 문제제기를 가능한 의식의 (정적 그리고 발생적) 구성에 대한 통일적 전체의 명칭으로 환원함으로써 현상학이 '선험적 인식론(Erkenntnistheorie)'으로 특징지어지는 것도 정당한 것처럼 보인다. 이러한 의미에서 선험적 인식론을 전통적 인식론과 대조해보도록 하자.

전통적 인식론의 문제는 초월의 문제이다. 전통적 인식론은, 경험적 인식론으로서 일상적 심리학에 입각하는 경우에도, 인식의 단순한 심리학이려고 하지 않고, 인식의 원리적 가능성을 해명하려고 한다. 이 전통적 인식론에서 문제는 **자연적 태도**(natürliche Einstellung)[23]에서 생기고, 그 이후에도 자연적 태도에서 다루어진다. 〔자연적 태도에서〕 나는 세계 속에 있는 인간으로서 나를 발견하고, 동시에 세계를 경험하는 것으로서 또 나 자신을 포함해 세계를 학문적으로 인식하는 것으로서 나를 발견한다.

이제 나는 나 자신에 대해 다음과 같이 말한다. 나에 대해 존재하는 모든 것은 나의 인식하는 의식에 힘입어 존재하며, 그것은 나에 대해 나의 경험작용으로 경험된 것이며, 나의 사고작용으로 사고된 것이고, 나의 이론화작용으로 이론화된 것이며, 나의 통찰작용으로 통찰된 것이다. 만약 브렌타노를 따라 어떤 사람이 지향성을 승인하면, 그는 다음과 같이 말할 것이다. 즉 나의 심리적 삶의 근본적 특성

---

23) '태도'에 관해서는 이 책 제15절의 주 9 참조.

으로서 지향성은 자신의 순수한 심리적 내면성(Innerlichkeit)에 관해 모든 인간과 마찬가지로 인간으로서 나에게 속하는 하나의 실재적 특성을 묘사하고, 이미 브렌타노는 지향성을 인간에 관한 경험적 심리학의 중심점으로 옮겨놓았다.

그러나 자아에 관한 이 최초의 논의는 자아에 관한 자연적 논의이며, 그러한 논의로 남아 있다. 그러한 논의는 주어진 세계의 토대(Boden)에 머물러 있으며, 전체적으로 문제를 전개하는 것도 계속 그 토대에 머물러 있다. 따라서 다음과 같이 말할 수 있다는 것은 아주 명백하다. 즉 인간에 대해, 나에 대해 존재하고 타당한 모든 것은 세계를 어떻게 의식해 갖더라도 그리고 어떠한 학문적 작업수행에서도 자기 자신에 머물러 있는 것을 그 자신의 의식 삶 속에서 실행한다.

내가 진정한 경험과 거짓된 경험 그리고 이 경험 속에 존재와 가상을 구별한 모든 것은 나의 의식 영역 자체 안에서 경과한다. 이것은 내가 높은 단계에서 통찰적인 사유와 통찰적이지 못한 사유, 또한 아프리오리한 필연적인 것과 모순적인 것, 경험적으로 정당한 것과 경험적으로 거짓된 것을 구별하는 데에도 마찬가지다. 명증적으로 실제적인 것, 사유에 필연적인 것, 모순적인 것, 사유 가능한 것, 개연적인 것 등. 이 모든 것은 나의 의식의 영역 자체 속에 나타나는 그때그때 지향적 대상에서의 특성이다. 진리와 존재에 관한 모든 정초 지음, 모든 입증은 완전히 내 속에 진행되어가며, 그 결과는 나의 사유작용에 대한 사유된 대상 속의 특성이다.

그런데 실로 이러한 것 속에 커다란 문제를 보게 된다. 내가 나의 의식의 영역 속에, 나를 규정하는 동기부여의 연관 속에 확실성에, 실로 이론(異論)의 여지 없는 명증성에 도달한다는 것은 이해할 수 있다.

그렇지만 의식 삶의 내재성 속에 진행되어가는 이러한 활동 전체는 어떻게 객관적 의미를 획득할 수 있는가? 어떻게 명증성(명석하고 판명한 지각)은 내 속에 있는 하나의 의식의 성격 이상의 것일 수 있음을 요구할 수 있는가? 이것이 (세계의 존재의 타당성을 배제한다는 아마 결코 사소한 것이 아닌 문제는 별도로 하더라도) 신의 성실성(veracitas)을 통해 해결해야만 했던 데카르트의 문제이다.

41 '선험적 관념론'으로서 '나는 생각한다'의 진정한 현상학적 자기 해명

현상학의 선험적 자기 성찰은 위에서 언급한 문제에 대해 어떻게 논해야만 하는가? 그것은 이 문제 전체가 이치에 어긋난다는 것 이외에 다른 것이 없다. 데카르트 자신은 이러한 모순 속으로 빠져들고 말았음이 틀림없다. 왜냐하면 그는 자신의 선험적 판단중지와 순수자아로 환원하는 진정한 의미를 보지 못하고 놓쳐버렸기 때문이다. 그러나 데카르트 후계자들의 일상적 사유의 태도는 데카르트의 판단중지를 완전히 경시함으로써 훨씬 더 조잡한 것이 되었다.

〔그래서〕 우리는 다음과 같이 묻는다. 그와 같은 선험적 물음을 올바로 제기할 수 있는 자아란 도대체 어떠한 것인가? 나는 자연적 인간으로서 진지하게 더구나 선험적으로 다음과 같이 물을 수 있는가? 즉 나는 나의 의식의 〔고립된〕 섬(Bewußtseinsinsel)에서 어떻게 빠져나오는가? 나의 의식 속에서 명증적 체험으로 나타나는 것은 어떻게 객관적 의미를 획득할 수 있는가?

내가 나 자신을 자연적 인간으로 통각을 할 때, 실로 나는 이미 공간의 세계에 관해 통각을 했고, 나를 공간 속에 있는 것으로 파악했다. 따라서 공간 속에서 나는 '나의 외부'(Außer-mir)를 갖는다. 그러므로 세계에 대한 통각의 타당성이 이미 문제제기 속에 전제되어 있고, 물음의 의미 속으로 파고들어와 있지는 않은가?

어쨌든 객관적 타당성 일반의 정당성은 그 물음에 대한 답변에서 처음으로 주어져야 한다. 초월적인 것을 인식할 가능성의 물음으로서 선험적 물음을 제기할 수 있는 자아와 의식 삶을 획득하기 위해 현상학적 환원을 의식적으로 수행할 필요가 있다는 점은 명백하다.

그러나 우리가 현상학적 판단중지를 경솔하게 수행하지 않고, 오히려 체계적인 자기 성찰을 통해 그리고 순수자아(reines ego)로서 자신의 의식 영역 전체를 드러내 밝히려고 할 때, 우리는 순수자아에 대해 존재하는 것은 모두 그 자아 자체 속에 구성된 것이라는 점, 더 나아가 그 어떤 의미에서 '초월적'으로 특징지어진 것을 포함해 모든 종류의 존재가 그 자신을 특수하게 구성한다는 점을 곧 인식한다. 모든 형식에서 초월성은 자아 안에서 구성된 내재적 존재의 성격이다.[24]

생각할 수 있는 모든 의미, 그것을 내재적으로 부르든 초월적으로 부르든 생각할 수 있는 모든 존재는 의미와 존재를 구성하는 것인 선험적 주관성의 영역에 속한다. 참된 존재의 우주를 가능한 의식, 가능한 인식, 가능한 명증성의 우주 외부에 있는 것으로 파악하려고 하고, 이 두 우주를 단지 외면적으로 경직된 법칙으로 서로 관련짓는 것은 무의미하다. 이 두 우주는 본질적으로 함께 속하며, 본질적으로 함께 속하는 것은 또한 구체적으로 하나, 즉 선험적 주관성이 유일하게 절대적으로 구체화된 것(Konkretion) 속의 하나이다. 선험적 주관성이 가능한 의미의 우주라면, 선험적 주관성의 외부라는 것은 곧 무의미하다.[25]

---

24) 이것은 구성된 지향적 대상 즉 의미와 현상의 세계인 '지향적 내재'와 대상을 사념하거나 정립하지만 스스로 직관하지 않는 인식인 '순수초재'를 포함하는 '내실적 초재(초월성)'(reelle Transzendenz)의 영역을 뜻한다.

그러나 모든 무의미조차도 의미의 한 양상(ein Modus)[26]이며, 통찰할 수 있는 것의 영역 속에 자신의 무의미함(Unsinnigkeit)을 갖는다. 하지만 이것은 단순한 사실적 자아(faktisches ego)에만 타당한 것이 아니라, 이 사실적 자아에 대해 존재하는 것으로서 그 자아에 사실적으로 접근할 수 있는 것 그리고 이 속에 포함된 것으로 그 자아에 대해 존재하는 개방된 다수의 다른 자아나 그것이 구성하는 작업수행에도 타당하다.

더 상세히 논의하면 다음과 같다. 만약 선험적 자아인 나 자신 속에, 사실적인 것과 마찬가지로, 다른 자아들이 선험적으로 구성되고 이렇게 함으로써 나에게 구성적으로 생겨난 그들의 측면에서 선험적 상호주관성으로 모두에게 공통적인 객관적 세계가 구성되면, 앞에서 언급한 모든 것은 단순히 나의 사실적 자아에 대해서가 아니라 나의 자아 속에 의미와 존재의 타당성을 획득하는 이 사실적 상호주관성과 세계(Welt)에 대해서도 타당하다.

나의 자아 속에서 수행되는 **현상학적 자기 해명**, 나의 자아의 모든 구성과 나의 자아에 대해 존재하는 모든 대상성에 대한 해명은 실로 필연적으로 아프리오리한 자기 해명이라는 방법적 형태를 취한다. 즉 사실들을 그에 상응하는 순수한(형상적) 가능성의 우주 속으로 집어넣어 질서를 세우는 자기 해명의 방법적 형태를 취하는 것이다. 따라서 그러한 자기 해명은, 나의 사실적 자아가 자기 자신을 자유롭게 변형시켜 생각함(Umdenken)으로써, 변형시켜 상정함(Umfingieren)으로써 그 자아에서 획득할 수 있는 순수한 가능성 가

---

25) 후설은 이러한 관점에서 "의식을 넘어서는 것은 무(無)이며, 모순된 사고"(『이념들』제1권, 93쪽)라고 주장한다.

26) 이러한 논의는 "알려지지 않음(Unbekanntheit)도 항상 동시에 알려져 있음(Bekanntheit)의 한 양상"(『경험과 판단』, 34쪽)이라는 주장과 그 구조가 같다.

운데 하나인 한에서만, 나의 사실적 자아에 관계한다. 그러므로 아프리오리한 자기 해명은 자아 일반으로서의 이러한 나의 가능성, 즉 임의의 다른 것일 수 있다는 나의 가능성의 우주에 대해 형상적 자기 해명으로서 타당하다. 이에 따라 그 자기 해명은 상관적으로 변경됨에서 이러한 나의 가능성에 관련된 가능한 모든 상호주관성과 게다가 이 상호주관성 속에 상호주관적으로 구성된 것으로 생각할 수 있는 세계에 대해서도 타당하다.

그러므로 진정한 인식론은 선험적–현상학적 인식론으로서만 비로소 의미를 지닌다. 이 선험적–현상학적 인식론은 사념된 내재에서 사념된 초월, 즉 그 어떤 것이든 이른바 원리적으로 인식할 수 없는 '물 자체'(Ding an sich)로 이치에 어긋나는 추론에 관계하는 대신, 선험적–현상학적 인식론이 철저하게 지향적 작업수행으로 이해되어야만 할 인식의 작업수행에 대한 체계적인 해명에만 관계한다. 바로 이렇게 함으로써 실재적이든 이념적이든 모든 종류의 존재자는 곧 이러한 작업수행을 통해 구성된 선험적 주관성의 **형성물**(Gebilde)로 이해할 수 있게 된다. 이러한 방식으로 이해하는 것은 생각할 수 있는 최고형식의 합리성이다. 존재에 대한 전도된 모든 해석은 존재의 의미를 함께 규정하는 지평에 대한 그리고 이 지평 속에 함축된 지향성을 드러내 밝히는 그 지평에 속하는 과제에 대한 소박한 맹목성에서 유래한다.

지평과 지향성을 알아차리고 파악하면, 그 결과로서 끊임없는 명증성 속에 있고 이 경우 구체화되는 가운데 수행된 자아의 자기 해명으로서 보편적 현상학이 생긴다. 더 정확히 말하면, 보편적 현상학은 우선 첫째로 정확한 의미의 자기 해명, 즉 '자아가 어떻게 자기 안에서 그리고 자기에 대해 자신의 본질을 지닌 존재자로 구성되는가'를 체계적으로 보여주는 자기 해명으로서의 현상학이다.

그런 다음 두 번째로 더 넓은 의미에서 자기 해명으로서의 현상학이다. 첫째의 자기 해명에서 '자아는 자아에 고유한 본질로' 그 자신 속에 어떻게 다른 것(Anderes), 객관적인 것(Objektives)까지도 구성하고, 그래서 도대체 자아에 대해 그때그때 자아 속에 '자아가 아닌 것'(Nicht-Ich)으로서 존재의 타당성을 갖는 모든 것을 구성하는가'를 보여주는 자기 해명으로서의 현상학이다.

이처럼 체계적으로 구체화되어 수행되었다면 현상학은, 비록 근본적으로 본질적이고 새로운 의미에서이지만, 당연히 선험적 관념론(transzendentaler Idealismus)[27]이다. 이 선험적 관념론은 심리학적 관념론, 즉 의미가 없는 감각자료에서 의미가 있는 세계를 도출해내려는 관념론이 아니다. 그것은 '물 자체'에 관한 세계의 가능성을 적어도 한계개념(Grenzbegriff)으로서 보류해놓을 수 있다고 믿는 칸트적 관념론[28]이 아니다.

오히려 그것은 모든 가능한 인식의 주체인 나의 자아에 관해 체계적인 자아론적 학문의 형식으로 일관되게 수행된 자기 해명 이외에 다른 것이 아닌 관념론이다. 더구나 자아인 나에 대해 곧바로 의미를 가질 수 있어야만 할 존재자의 모든 의미에 관해 수행된 자기 해명으로서의 관념론이다.

이러한 관념론은 심심풀이로 장난하는 논의의 형성물이 아니며,

---

27) 후설은 곧잘 자신의 철학을 '(선험적, 현상학적) 관념론'이라고 부른다. 그러나 이것은 형이상학적 의미의 주관적 관념론은 아니다. 왜냐하면 후설 현상학은 지향적 분석을 통해 세계의 생성과 인식의 근원을 밝혀 존재의 의미를 해명하지만, 존재의 근원을 의식에서 찾는 것이 아니기 때문이다.

28) 이것은 자아에 대해 그에게 신비적으로 속한 자아 그 자체를 뜻할 것이다. 그리고 칸트의 선험주의는, 비록 그와 같은 학설들이 제거되더라도, 가령 여기서 다루어진 현상학적 선험주의 속으로는 결코 들어오지 못할 것이다—저자 주(이것은 후설이 나중에 첨가한 것이다).

실재론(Realismus)과의 변증법적 논쟁(dialektischer Streit)을 통해 전리품으로 획득될 수 있는 것도 아니다. 그것은 자아인 나에게 언제나 생각할 수 있는 모든 유형의 존재자, 특히 (경험을 통해 나에게 실제로 미리 주어진) 자연·문화·세계 일반의 초월성에서 실제적 연구를 통해 수행된 의미를 해명하는 것(Sinnesauslegung)이다. 그러나 그러한 해명은 구성하는 지향성 자체를 체계적으로 드러내 밝히는 것을 뜻한다.

그러므로 이러한 관념론을 입증하는 것은 현상학 자체이다. 지향적 방법의 가장 깊은 의미나 선험적 환원의 가장 깊은 의미, 또는 이 둘 모두를 전적으로 오해하는 사람만이 현상학과 선험적 관념론을 분리하려고 할 수 있다. 지향적 방법의 가장 깊은 의미를 오해하는 사람은 진정한 지향적 심리학(그리고 여기에는 지향적-심리학적 인식론이 포함된다)의 독특한 본질뿐만 아니라, 참된 학문적 심리학의 근본적 부분과 핵심적 부분이 되려는 지향적 심리학의 사명을 포착하는 데까지는 아직 이르지 못한다. 그러나 〔다른 한편으로〕 선험적-현상학적 환원의 의미와 작업수행을 잘못 보는 사람, 여전히 선험적 심리학주의에 빠져 있는 사람은 태도변경(Einstellungsänderung)의 본질적 가능성에서 유래하는 평행하는 것, 즉 지향적 심리학(intentionale Psychologie)과 선험적 현상학(transzendentale Phänomenologie)을 혼돈하며, 자연적 토대 위에 머문 선험철학의 모순에 빠지고 만다.[29]

우리의 성찰은 이미 그것이 선험적-현상학적 철학으로서 철학의 필연적 양식을 명증적인 것으로 만들었다는 점, 이와 상관적으로 우리에 대해 현실적 존재자와 가능한 존재자의 우주에서 그것의 유일

---

29) 이에 대한 상세한 논의는 이 책 제14절과 그 주6과 주7 참조.

하게 가능한 의미를 해석하는 양식을 곧 선험적-현상학적 관념론으로서 명증적인 것으로 만들었다는 점까지 진척되었다. 이 명증성에는 다음과 같은 점도 포함된다. 즉 우리의 가장 일반적인 미리 지시함으로써 열린 무한한 작업 — 구성하는 작용과 구성된 것에 따라 성찰하는 자아인 나의 자아의 자기 해명 — 은 개별적 성찰들의 연쇄로서 종합적으로 무한히 수행될 수 있는 통일적 성찰의 보편적 테두리에 접합된다는 점이다.

우리는 이것으로써 성찰을 종결짓고 더 이상의 모든 것은 개별적 상론에 떠맡겨도 괜찮은가? 획득된 명증성은 그것이 미리 지시된 목적의 의미 때문에 이미 충분한가? 이 미리 지시하는 것은 이렇게 성찰하는 자기 해명의 방법에서 유래하는 철학에 대한 우리의 커다란 신뢰를 충족시키고, 그래서 우리가 그 철학을 삶의 의지(Lebenswille) 속으로 받아들여 기쁨에 찬 확신으로 작업을 착수할 수 있을 정도로 충분히 수행되었는가?

우리는 우리 속에, 언제나 성찰하는 자아인 나 자신 속에 세계로, 존재의 우주 일반으로 구성된 것을 간략히 살펴보는 것조차 타자와 타자들의 구성을 언급하는 일을 당연히 회피할 수 없었다. 나 자신의 자아 속에 구성된 타자의 구성들 가운데 우리 모두에 대해 공통적인 세계가 (이미 언급한 것처럼) 나에 대해 구성된다. 또한 이 세계의 구성에는 당연히 철학의 구성, 즉 서로 함께 성찰하는 자인 우리 모두에게 공통적인 철학 — 유일한 **영원의 철학**(philosophia perennis)[30]에 관한 이념 — 의 구성도 포함된다.

---

30) 이것은 본래 철학에서 형이상학의 몇 가지 근본명제는 영원히 타당하다고 확신하는 스콜라 철학의 용어다. 그러나 후설에서 이 말은 보편적 이성의 실천으로서 진정한 인간성을 목적으로 부단히 접근해 완성하려는 철학의 이념을 뜻한다.

그러나 우리의 명증성, 즉 유일한 가능성인 현상학적 철학과 현상학적 관념론의 명증성을 지금도 유지할 수 있는가? 이 명증성은 우리가 성찰하는 직관이 진행하는 데 몸을 맡기고, 이 속에서 드러나는 본질의 필연성을 언표하는 한에서 우리에게 완전히 명백해지고 확실해졌다. 〔그러나〕 우리가 '우리에 대해 타자가 존재하는 것'이라는 (우리가 모두 이것을 느끼는, 매우 생소한) 가능성과 더 정확한 본성을 본질의 보편성에 따라 이해하고, 이와 관련된 문제제기도 해명될 만큼 방법적으로 미리 지시하는 것을 충분히 수행하지 않았기 때문에, 그 명증성은 동요하는 것이 아닌가?

　우리가 수행하는 **데카르트적 성찰들**이 철학자가 되려는 우리에 대해 〔참으로〕 생성되는 철학에 대한 올바른 길잡이가 되어야 하고, 필연적으로 실천적 이념(praktische Idee)으로서 철학의 현실성을 정초하는 출발점(이 출발점에는 무한히 수행되는 작업을 위해 이념적 필연성으로서 구성할 길의 명증성도 포함된다)이어야 한다면, 우리의 성찰 자체는 이러한 관점에서 목표와 길에 관한 어떠한 의심스러운 점도 남기지 않는 데까지 이끌어가야 한다. 우리의 성찰은, 일찍이 데카르트의 성찰이 의도했던 것과 똑같이, 철학의 목적의 이념에 속하는 문제제기(따라서 우리에게는 구성의 문제제기)를 남김없이 이해할 수 있도록 드러내야 한다.

　그리고 이러한 것에는 다음과 같은 점이 포함된다. 즉 우리의 성찰은 최대의 그리고 어쨌든 엄밀하게 파악된 보편성에서 존재자 일반과 이것의 보편적 구조의 참된 보편적 의미를 이미 밝혀야 한다는 점이다. 그 보편성은 우선 수행되는 존재론적 연구를 구체적으로 결부된 현상학적 철학의 형식으로 가능하게 만들고, 그런 다음 그 결과로서 철학적 사실과학(Tatsachenwissenschaft)으로 만드는 것이다. 왜냐하면 **존재자**는 철학과 마찬가지로 현상학의 상관관계에 대한 탐구

(Korrelationsforschung)[31]에 관해서도 실천적 이념, 즉 무한히 이론적으로 규정해가는 연구(theoretisch bestimmende Arbeit)[32]의 이념이기 때문이다.

---

31) 후설 현상학은 경험의 대상과 이것이 주어지는 방식들 사이의 보편적 상관관계의 아프리오리를 체계적으로 분석하는 것이다.

32) 후설은 완결된 체계가 아니라, 무한히 개방된 연구영역인 경험의 토대 위에서 그 자체로 보여진 것을 기술하는 "방법적으로 연구를 촉진하는 철학"(『위기』, 4쪽) 즉 자유로운 태도변경을 통해 새로운 탐구시선을 제공하려는 부단한 "사유실험"(『형식논리학과 선험논리학』, 167쪽)을 추구했다. 따라서 '연구'는 후설 현상학을 특징짓는 중요한 개념이다(이에 대해서는 『이념들』 제3권의 '후기'(Nachwort) 참조).

제5성찰
모나드론적 상호주관성인 선험적 존재영역의 해명

42 독아론이라는 반론에 대립해 타자경험의 문제를 제시하는 일

중대하다고 보이는 반론을 우리의 새로운 성찰에 실마리로 삼아 언급해보자. 그 반론이란 곧 스스로를 이미 선험철학(Transzendental-philosophie)이라고 하고, 따라서 객관적 세계에 관한 선험적 문제는 선험적으로 환원된 자아의 테두리 안에서 행해지는 구성의 문제제기와 이론의 형식으로 해결할 수 있다고 하는 선험적 현상학의 주장에 관련된 것이다.

만약 성찰하는 자아인 내가 현상학적 판단중지를 통해 나 자신을 나의 절대적인 선험적 자아(transzendentale ego)[1]로 환원할 때, 나는 이 경우 고립된 자아(solus ipse)가 되는 것은 아닌가? 그리고 내가 현상학이라는 명칭으로 일관되게 자기 해명을 추진하는 한, 나는 고립된 자아로 남아 있는 것은 아닌가? 따라서 객관적 존재에 관한 문제

---

1) '선험적 자아'가 '절대적'이라는 주장은 항상 궁극적으로 기능한다는 선험적 의미이지, 그것이 대상이 존재할 수 있는 충분조건이라는 실재적 의미가 아니다(『위기』, 156, 275쪽 참조).

를 해결하려 하고 스스로 이미 '철학'으로 등장하려는 현상학은 '선험적 독아론(Solipsismus)'이라는 낙인이 찍히는 것은 아닌가?

이러한 점을 상세하게 고찰해보자. 선험적 환원은 나를 나의 순수한 의식체험의 흐름에 결부시키고, 그 의식체험의 현실성과 잠재성으로 구성된 통일체에 결부시킨다. 어쨌든 이제 그와 같은 통일체들이 나의 자아에서 분리될 수 없으며, 따라서 나의 자아가 구체화된 것(Konkretion) 자체에 속한다는 점이 실로 자명한 것처럼 보인다.

그러나 이 경우 아무튼 내 속에 있는 단순한 표상도 표상된 것도 아니며, 내 속에서 가능한 확증의 종합적 통일체가 아니라, 그 의미에 적합하게 곧 타자(Andere)인 다른 자아(anderes ego)는 어떠한가? 따라서 우리는 선험적 실재론(transzendentales Realismus)을 부당하게 실행해왔던 것은 아닌가? 선험적 실재론에는 현상학의 근본적 토대가 결여되어 있더라도, 그러나 선험적 실재론은 그것이 자아의 내재에서 타자의 초월로의 길을 추구하는 한, 원리적으로는 정당하다.

현상학자인 우리는 선험적 실재론에 따라 다음과 같이 말할 수밖에 없는가? 즉 자아 안에서 내재적으로 구성된 자연과 세계 일반은 그 배후에 무엇보다 그 자체로 존재하는 세계 자체를 갖고 있어, 곧 이 세계에 이르는 길이 우선 추구되어야만 할 것이다. 그러므로 다음과 같이 말할 수밖에 없는가? 즉 실제로 초월적인 것을 인식할 가능성의 문제, 특히 '어떻게 나는 나의 절대적 자아에서 다른 자아—어쨌든 타자인 한 실제로 내 속에 있는 것이 아니라, 내 속에서 단지 의식된 다른 자아—로 이르는가' 하는 가능성의 문제는 이미 순수하게 현상학적으로 제기될 수 없을 것이다.

나의 선험적 인식의 범위가 나의 선험적 인식의 영역과 이 속에 종합적으로 포함된 것을 넘어서까지 도달하지 않는다는 점은 처음부터 자명한 것이 아닌가? 이것들은 모두 똑같이 나 자신의 선험적 자아가 묘사하고 길어낸다는 점은 자명한 것이 아닌가?

그런데도 어쨌든 이러한 사고에는 아마도 모든 것이 질서 잡혀 있지는 않다. 우리가 이러한 사고와 그 속에서 사용된 '자명성'에 대해 결정을 내리기 이전에, 실로 변증법적(dialektisch) 논의와 '형이상학적'(metaphysisch)이라고 부르는 가설 — 이것들의 추정된 가능성은 아마 완전한 모순으로 밝혀질 것이다 — 에 관련을 맺기 이전에, 우선 여기서 다른 자아로 시사된 현상학적으로 해명하는 과제를 구체적인 연구를 통해 체계적으로 착수하고 수행하는 것이 아무튼 더 적절한 것 같다.

하여간 우리의 선험적 자아의 토대 위에서 다른 자아가 알려지고 확증되는 명백하고 함축적인 지향성에 대한 통찰을 마련해야 한다. 우리는 '다른 자아'라는 의미가 어떻게, 어떠한 지향성을 통해, 어떠한 종합에서, 어떠한 동기부여 때문에 내 속에서 형태가 만들어지고, 일치하는 타자경험이라는 명칭 아래 존재하는 것으로 게다가 그 자신의 방식으로 '거기에 있는 그 자체'로 확증되는지를 밝혀내야 한다. 실제로 이러한 경험과 그 작업수행은 나의 현상학적 영역의 선험적 사실들(Tatsachen)이다. 이 경험과 그 작업수행을 심문하지 않고 어디서 나는 존재하는 타자의 의미를 모든 측면에서 해명할 수 있는가?

43 타자경험을 구성하는 이론에 대한 선험적 실마리인 타자가 인식대상적—존재적으로 주어지는 방식

맨 먼저 나는 나에게 곧바로 주어지고 그 인식대상적-존재적 내실(noematisch-ontisches Gehalt) 속으로 깊이 들어감으로써 주어지는 (순수하게 나의 **사유작용** — 이것의 상세한 구조가 우선 밝혀져야 한다 — 의 상관자로서) 경험된 타자에서 [타자경험을 구성하는 이론에 대한) 선험적 실마리를 갖는다. 타자의 인식대상적–존재적 내실의 주목할 만한 점과 다양성 속에 이미 현상학적 과제의 여러 가지 측면과 어려운 점이 시사된다. 예를 들어 나는 타자들을, 변화할 수 있으나 일치하는 다양한 경험 속에 실제로 존재하는 것으로 경험하고, 게다가 다른 한편으로는 세계의 객체로 경험하는데, 이것은 (비록 어떤 측면에서는 자연의 사물로도 경험하지만) 단순한 자연의 사물(Naturding)로 경험하는 것은 아니다. 타자는 실로 그에게 항상 속한 자연적 신체(Naturleib) 속에 심리적으로 지배하는 것으로도 경험된다. 그러므로 타자는 독특한 방식으로 신체에 결부된, 심리물리적(psychophysisch) 객체로서 세계 속에 존재한다.

다른 한편 동시에 나는 이 세계에 대한 주체, 즉 나 자신이 경험하는 것과 동일한 이 세계를 경험하는 자로서, 더구나 이 경우 내가 그 세계를 경험하고 그 속에서 타자를 경험하는 나 자신도 경험하는 자로서 타자를 경험한다. 이러한 방향으로 계속 진행시켜나가면, 나는 매우 많은 것을 인식대상적으로 해명할 수 있게 된다.

따라서 어떤 경우든 나는 내 속에서, 즉 선험적으로 환원된 내 의식 삶의 테두리 속에 타자를 포함하는 세계를 경험한다. 그리고 이 세계는 그 경험의 의미에 따라 나의, 즉 사적(私的)인 종합적 형성물로서가 아니라, 나에게는 생소한, 즉 모든 사람에 대해 현존해 있어 그 속에 있는 객체들을 통해 모든 사람이 접근할 수 있는 상호주관적(intersubjektiv) 세계로서의 세계이다. 어쨌든 각자는 자신의 경험, 자신의 나타남과 나타남의 통일체, 자기 세계의 현상을 갖는다. 반면 경험된 세계는 경험하는 모든 주체와 이들 세계의 현상에 대립해 그 자체로 존재한다.

이러한 점은 어떻게 해명될 수 있는가? 나는 다음과 같은 점을 확고하게 견지해야 한다. 그것은 그 어떤 존재자가 그것의 '본질'(Was)

에 대해서 뿐 아니라 '그것이 존재하고 실제로 존재함'에 대해서도 나에 대해 갖고, 가질 수 있는 모든 의미는 나의 지향적 삶 속에서 또는 지향적 삶에 근거해, 즉 지향적 삶의 구성적 종합에 근거해 의미로 존재한다는 점, 그 모든 의미는 일치하는 확증의 체계 속에 나에 대해 해명되고 밝혀진다는 점을 확고하게 견지해야 한다. 따라서 일반적으로 의미가 있다고 생각될 수 있는 모든 물음에 대해 답변의 토대를 제공하기 위해서는, 실로 이러한 물음 자체를 점진적으로 제기하고 해결하기 위해서는, 열려 있고 함축된 지향성을 체계적으로 해명하는 일부터 시작할 필요가 있다. 이 지향성 속에서 타자의 존재도 나에 대해 형성되고, 그것이 충족된 내실인 자신의 정당한 내실에 대해 해명된다.

그래서 문제는 처음에 곧 타자가 '나에 대해 거기에 있음'(Für-mich-da)과 같은 특수한 문제로, 따라서 이른바 '감정이입'(Einfühlung)[2]이라는 타자경험에 관한 선험적 이론의 주제로 제기된다.

그러나 그와 같은 이론이 미치는 유효범위는 처음에 나타난 것보다 훨씬 크다는 점, 즉 그 이론은 객관적 세계에 관한 선험적 이론을 함께 정초한다는 점, 더구나 이것은 특히 객관적 자연에 관해서도 전적으로 마찬가지라는 점이 즉시 입증될 것이다. 세계의 존재 의미, 특히 객관적인 것으로서 자연의 존재 의미에는, 위에서 이미 언급한 것처럼, 실로 우리가 객관적 현실성에 관해 논의할 때는 항상 함께 생각하는 것으로서 '모든 사람에 대해 거기에 있음'(Für-jedermann-

---

[2] 타인의 몸(물체)은 원본으로 주어지지만, 그 신체(Leib)는 감정이입, 즉 유비적으로 만드는 통각의 의미전이(意味轉移)를 통해 간접적으로 제시된다. 후설은 이 용어를 의식의 경험을 심리학주의 관점에서 기술하려고 시도한 립스(T. Lipps)에게서 받아들였지만, 오히려 심리학주의를 비판하고 타자경험의 구성을 해명하고자 한다.

da)이 포함된다. 게다가 경험의 세계에는 **정신에 관련된 술어들**을 지닌 객체가 포함되는데, 이 객체는 자신의 근원과 의미에 따라서 주체에 그리고 일반적으로 타인의 주체와 이들이 능동적으로 구성하는 지향성을 지시한다. (책·도구·어떤 종류의 제작물 등) 모든 문화의 객체들은 그러한 객체이며, 이 객체는 이 경우 동시에 '**모든 사람에 대해 거기에 있음**'(즉 모든 사람에 상응하는 문화공동체, 가령 유럽 문화공동체 또는 경우에 따라 더 좁게는 프랑스 문화공동체의 모든 사람에 대해)이라는 경험의 의미를 수반한다.

44 선험적 경험을 고유한 영역으로 환원하는 일

만약 지금 다른 주체를 선험적으로 구성하는 것과 따라서 그 선험적 의미가 문제이고, 그 결과 그 내면에서 발산해 무엇보다 객관적 세계가 나에 대해 가능하게 만드는 보편적 '의미의 층'(Sinnesschicht)[3]이 문제라면, 지금 문제가 되는 타자 주체의 의미는 아직 객관적 타인[4], 즉 세계에 존재하는 타인의 의미일 수는 없다. 여기서 올바로 나아가기 위해 방법상 최초로 요구되는 것은 우리가 우선 선험적인 보편적 영역 안에서 우리의 주제와 관련된 독특한 종류의 판단중지를 수행하는 일이다.

우리는 무엇보다 먼저 지금 문제가 되는 모든 것을 주제로 삼는 영역에서 배제한다. 즉 타자의 주관성에 직접으로나 간접적으로 관련된 지향성의 모든 구성적 작업수행을 도외시한다. 그리고 우선 그 속에서 자아가 자신의 고유한 영역에서 구성되고, 그 속에서 자아가 그 지향성

---

3) '후설 유고 C'(1933년)에는 '의미의 역사'(Sinnesgeschichte)로 되어 있다.
4) 표현상 다소 미묘한 경우 이외에 용어의 통일을 위해, Fremd는 '타자', Andere는 '타인', andere ego는 '다른 자아'로 옮긴다.

과 불가분하며, 그 자체로 지향성의 고유한 영역에 속하는 것으로 간주될 수 있는 종합적 통일체를 구성하는 현실적이고 잠재적인 지향성의 연관 전체를 확정하기로 한다.

나의 선험적인 고유한 영역으로 환원하는 것 또는 선험적 구성이 타자의 것으로서 나에게 제시하는 모든 것을 추상(Abstraktion)함으로써 나의 선험적인 구체적 자아 자체로 환원하는 것에는 일상적이지 않은 의미가 있다. 세계에 대한 자연적 태도에서 나는 나 자신과 타자를 구별하고, 이들을 대립하는 형식으로 발견한다. 만약 내가 일상적 의미에서 타자를 단념하면, 나만 혼자 뒤에 남는다. 하지만 이처럼 추상하는 것은 철저하지 않다. 그렇게 '혼자 존재하는 것' (Allein-sein)은 '모든 사람에 대해 경험할 수 있다'(Für-jedermann-erfahrbar)는 세계의 자연적 의미를 전혀 변경하지 않는다. 세계의 이러한 자연적 의미는 자연적으로 이해된 자아에 부착되고, 페스트가 창궐해 나 혼자만 살아남을 경우에도, 상실되지 않는다.

그러나 선험적 태도에서 그리고 동시에 위에서 묘사된 구성적으로 추상하는 경우 그 선험적인 고유한 영역 속에 성찰하는 자인 나의 자아는 세계의 현상들 전체 안에서 단순한 상관적 현상으로 환원된 일상적 인간으로서의 자아는 아니다. 오히려 이제 문제가 되는 것은 객관적 세계를 구성하는 선험적 자아가 그 속에서 살아가는 **보편적 구성의 본질적 구조**이다.

자아로서 나에게 특수하게 고유한 것, 순수하게 나 자신 속에 그리고 나 자신에 대해 완결된 고유한 영역을 지니는 모나드인 나의 구체적 존재는, 모든 지향성뿐 아니라 타자에 향한 지향성도 포함한다. 다만 방법상의 이유 때문에 우선은 타자에 향한 지향성의 종합적 작업수행(나에 대한 타자의 실제성)이 주제에서 배제되어야 한다. 이렇게 부각된 지향성에서 그 자신의 고유한 영역 속에 있는 나의 모나드적 자아를 넘어서는 새로운 존재 의미가 구성되고, 자아는 '나-자신'으로서가 아니라, 나 자신의 자아 즉 나의 모나드 속에 반영되는 것으로 구성된다.

그러나 이 두 번째 자아는 단적으로 거기에 존재하고 본래 그 자체가 주어진 것이 아니라, 다른 자아로 구성된 것이며, 이 경우 '다른 자아'라는 표현을 계기로 시사된 자아는 나의 고유한 영역 속에 있는 '나-자신'이다. 타인은 그것이 구성된 의미상 나 자신을 지시한다. 타인은 '나 자신의 반영(Spiegelung)'이다. 하지만 그것은 본래의 반영이 아니라, 나 자신의 유사물(Analogon)이다. 더구나 이것은 일상적 의미에서 유사물은 아니다.

따라서 만약 첫 번째로 자신의 고유한 영역 속에 있는 자아가 한정되고 그 존립요소들—체험뿐 아니라, 자아에서 구체적으로 분리될 수 없는 타당성의 통일체에서의 존립요소들—에 관해 조망되고 분절되면, 이와 관련해 다음과 같은 물음이 제기되어야 한다. 즉 나의 자아는 그 자신의 고유한 영역 안에서 '타자경험'이라는 명칭으로 곧 타자를 어떻게 구성할 수 있는가? 따라서 나의 자아는 구성된 것〔타자〕에서 〔타자의〕 의미를 구성하는 구체적 자아-자체의 구체적 존립요소들을 배제하는 의미와 더불어 어떠한 방식으로 자아의 유사물로 구성할 수 있는가? 이러한 물음은 우선 그 어떤 다른 자아에 관련되며, 그런 다음에는 다른 자아에서 의미를 규정하는 모든 것, 요컨대 본래 완전한 의미의 객관적 세계에 관련된다.

이러한 문제제기는, 우리가 자아의 고유한 영역을 특징짓거나 그러한 영역을 만들어주는 추상하는 판단중지를 명백히 착수할 때, 잘 이해될 것이다. 타자경험을 구성하는 작업수행과 이와 더불어 타자에 관련된 모든 의식의 방식을 주제적으로 배제하는 것은 이제 소박하게 곧바로 우리에 대해 존재하는 모든 객관적인 것과 마찬가지로 타자의 소박한 존재 타당성(Seinsgeltung)에 관해서도 현상학적 판단중지를 한다는 것을 뜻하지 않는다. 선험적 태도는 실로 언제나 전제되어 있으며 전제된 것으로 남아 있다. 이 선험적 태도에 따라 그때까지 곧바로 우리에 대해 존재하는 모든 것은 오직 **현상**으로, 즉 사념되고 확증된 의미로 받아들여진다. 그것은 드러내 밝혀져야 할 구성적 체계의 상관자로서 우리에 대해 존재 의미를 획득했고, 획득하는 것으로 순수하게 받아들여진다. 우리는 이제 새로운 종류의 **판단중지**를 통해 그리고 더 상세하게는 아래와 같은 방식으로 곧 이렇게 드러내 밝히고 의미를 해명하는 일을 준비한다.

선험적 태도를 취하는 자인 나는 우선 나의 선험적 경험의 지평 안에서 '나에게 고유한 것'을 확정하려고 시도한다. 그것은 '타자의 것이 아니다'라고 나는 우선 나 자신에게 말한다. 이렇게 나는 이러한 경험의 지평을 모든 타자 일반에서 추상해 해방시키는 것부터 시작한다. '세계'라는 선험적 현상에 세계가 일치하는 경험 속에 곧바로 주어진다는 점이 포함된다. 그래서 세계를 조망하면서 타자의 것이 〔세계의〕의미를 함께 규정하면서 어떻게 나타나는지를 주목하고, 그것이 의미를 함께 규정하는 한, 이렇게 규정하는 것을 추상해 배제하는 것도 필요하다. 그러므로 우선 사람과 동물에, 즉 나와 같이 살아가는 존재인 그들의 특수한 의미를 부여하는 것을 단념하고, 더 나아가 그들의 의미 속에 자아의 주체인 타인을 지시한다. 따라서 이들을 전제하는 현상적 세계를 규정하는 모든 것을 단념한다. 이렇게 해서 우리는 문화를 표현하는 모든 술어도 단념한다.

이에 대해 다음과 같이 말할 수도 있다. 즉 우리는 여기서 문제가 되는 타자의 것에서 그것의 특수한 의미를 가능하게 하는 것으로서 타자의 모든 정신적인 것을 단념한다. 현상적 세계의 모든 객체에 속하고 이들의 타자성(Fremdheit)을 형성하는 것인 '**모든 사람에 대해**

환경세계를 이룬다'(Umweltlichkeit für jedermann)는 성격, 즉 '모든 사람에 대해 거기에 있고 접근할 수 있다'·'모든 사람이 삶과 노력함에서 어떤 것에 관여할 수 있거나 관여할 수 없는 것'은 간과되면 안되고, 추상해 배제되어야 한다.

이 경우 중요한 점이 확인된다. 즉 그와 같이 추상하면 지속적으로 일치해가는 세계에 대한 경험의 선험적 상관자인 세계라는 현상의 통일적으로 연관된 하나의 층(層)[5]이 우리에게 남는다는 점이다. 우리는 그와 같이 추상함에도 오직 이 층 속에 머물면서 경험하는 직관 속에 계속 나아갈 수 있다. 이 통일적 층은 더 나아가 그것이 본질적으로 기초를 놓는 층이라는 점으로 특징지어진다. 곧 나는 이 층을 실제적 경험 속에 갖지 않고는 명백히 타자를 경험으로 가질 수 없으며, 객관적 세계의 의미를 경험의 의미로 가질 수도 없다. 반면 그 반대의 경우가 성립하지는 않는다.

위에서 추상한 성과를, 따라서 그 추상 뒤에 남아 있는 것을 더 상세하게 고찰해보자. 객관적 의미를 통해 나타나는 세계라는 현상에서 기저의 층이 본래 '자연'으로 구분된다. 이 자연은 물론 단순한 자연 자체, 따라서 자연과학자의 주제인 자연과 구별되어야 한다. 자연과학자가 주제로 삼는 자연은 추상을 통해, 즉 모든 심리적인 것과 인격적으로 발생한 객관적 세계의 술어(述語)들을 추상함으로써 생겨났다.

하지만 자연과학자가 이렇게 추상함으로써 획득한 것은 객관적 세계 자체에 (선험적 태도에서는 '객관적 세계'라는 대상적 의미에) 속하

---

5) 후설은 선험적 주관성의 '구성요소'(Komponente)나 '층'이라는 용어를 사용하면서 "자연적 세계에서 유래하는 이러한 말들은 위험하기 때문에, 반드시 그 의미가 변경되어 이해되어야 한다"(『위기』, 177쪽)고, 즉 실재적 의미가 아니라 선험적 의미로 해석해야 한다고 밝힌다.

는 것이다. 따라서 추상된 것이 그것들의 측면에서는 객관적인 것(객관적이고 심리적인 것·객관적인 문화의 술어 등)인 것과 마찬가지로 그 자체가 객관적인 층이다. 그러나 우리의 추상을 통해서는 상호주관적으로 구성된 것으로서, 모든 사람에 대해 경험할 수 있는 것 등으로서 세계에 관련된 모든 것에 속하는 '객관적'(objektiv)이라는 의미는 실로 전적으로 사라진다. 그러므로 타자의 주관성에 속하는 모든 의미에서 순수해진 나의 고유한 영역에는 '단순한 자연'이라는 의미가 포함된다. 그런데 이 단순한 자연도 곧 '모든 사람에 대해'라는 그 성격을 상실했으므로, 이것은 세계 자체 또는 세계의 의미의 한 추상적인 층으로 받아들여지면 결코 안 된다.

그러고 나서 나는 나의 고유한 영역에 속하는 것으로 파악된 이러한 자연의 물체 가운데 유일하게 부각시켜 나의 신체를 발견한다. 즉 나의 신체는 단순한 물체가 아니라, 곧 신체(Leib)로서 유일한 물체〔몸〕이다. 그것은 나의 추상적인 세계의 층(Weltschicht) 안에 있는 유일한 객체이며, 나는 경험에 따라 감각의 영역을, 비록 서로 다르게 속한 방식(촉각의 영역·차고 더움의 영역 등)에서이지만, 그 유일한 객체에 귀속시킨다. 이 유일한 객체 속에서 나는 직접 처리하고 지배하며, 특히 그것의 모든 기관(Organe) 속에 지배한다. 나는 손을 갖고 운동감각으로 만지며, 마찬가지로 눈을 갖고 보는 등 항상 이렇게 지각할 수 있다.

이 경우 기관들의 이러한 운동감각들(Kinästhesen)[6]은 '내가 행한다'(Ich tue) 속에 경과하며, 나의 '나는 할 수 있다'(Ich kann)에 종속

---

6) 이 용어는 그리스어 'kinesis'(운동)과 'aisthesis'(감각)의 합성어이다. 운동감각은 직접 자유롭게 움직일 수 있는 의식 주체(신체)의 의지적 기관으로서, 감각적 질료가 주어지는 지각은 이 운동감각의 체계를 통해 '만약 ～하면, ～하다'(Wenn～, So～)의 형식으로 동기가 부여된 결과이다.

된다. 게다가 나는 이 운동감각들을 작용시킴으로써 〔물체를〕 찌르고 미는 등의 일을 할 수 있다. 이렇게 함으로써 나는 처음에는 직접, 그런 다음 간접적이고 신체적으로 **행동할** 수 있다. 활동적으로 지각하면서 나는 모든 자연을, 이 가운데 포함된 나 자신의 신체성을 경험한다(또는 나는 경험할 수 있다). 이러한 경험 속에 나 자신의 신체성은 자기 자신으로 소급해 관계된다. 이러한 일은 내가 그때그때 한 손을 써서 다른 손을, 손을 써서 눈 등을 지각할 수 있다는 사실로 가능해진다. 이 경우 기능하는 기관이 객체이자, 객체가 기능하는 기관이 되어야 한다. 그리고 이러한 일은 신체성(Leiblichkeit)을 통해 일반적으로 **자연**과 신체성 자체가 가능해지게 근원적으로 다루는 경우에도 마찬가지다. 따라서 신체성은 실천적으로는 자기 자신과 관련된다.

나의 고유한 영역으로 환원된 신체를 드러내 밝히는 것은 이미 '이러한 인간으로서의 나'라는 객관적 현상의 고유한 본질을 드러내 밝히는 것의 한 부분이라는 것을 뜻한다. 내가 다른 인간들을 나의 고유한 영역으로 환원하면, 나는 나의 고유한 영역의 물체를 획득한다. 〔그러나〕 내가 인간으로서 나 자신을 환원하면, 나는 나의 신체와 나의 **영혼**을, 또는 심리물리적 통일체인 나, 즉 그 통일체 속에 있는 나의 인격적 자아를 획득한다. 인격적 자아는 이러한 신체 속에 그리고 이 신체를 써서 **외부세계**(Außenwelt)에 작용하고, 이 외부세계의 작용을 받아서, 일반적으로 물체적 신체를 통해 자아와 삶이 그처럼 유일한 방식으로 관련된 것을 끊임없이 경험함으로써 심리물리적으로 일치해 구성된 자아이다.

만약 외부세계, 신체 그리고 심리물리적 전체에서 나의 고유한 영역으로 순수하게 만드는 일이 수행되면, 가능한 우리 또는 자연적 의미에서 우리(Wir)와 나의 세계에 속한 모든 것(Alle meine

Weltlichkeit)에 관련된 각각의 의미가 배제되어 남아 있는 한, 나는 이미 자연적 의미에서 나의 자아를 상실한 것이다. 그런데도 나는 나의 정신적 고유영역에서 나의 다양한 순수체험의 동일한 자아 극(Ichpol)이며, 나의 능동적이고 수동적인 지향성과 이것에서 건설된 그리고 건설될 수 있는 모든 습득성의 동일한 자아 극이다.

그러므로 이처럼 독특한 방식으로 타자의 의미를 추상해 배제함으로써 우리는 여전히 남아 있는 일종의 '세계', 즉 나의 고유한 영역으로 환원된 자연을 유지한다. 신체와 영혼 그리고 인격적 자아를 지닌 심리물리적 자아는 물체적 신체를 통해 이 세계에 편입된다. 심리물리적 자아는 이렇게 환원된 '세계'의 아주 독특한 구성원이다. 물론 이 세계에는 이 심리물리적 자아에서 의미를 얻는 술어, 예를 들어 가치나 작업의 술어와 같은 술어도 나타난다. 그래서 이러한 술어(따라서 항상 인용부호가 부착된 술어)는 모두 자연적 의미에서 세계에 속하는 것(Weltliches)이 결코 아니라, 나의 세계에 대한 경험에서 오직 나 자신의 것이고, 항상 나의 세계에 대한 경험을 관통하는 것이며, 이러한 경험 속에 통일적이고 직관적으로 연관을 맺는 것일 뿐이다.

따라서 우리가 이 고유한 영역의 세계의 현상 속에 〔그 구성요소들의〕 분절된 것으로 구분한 것은 구체적으로 일치한다. 이것은 시간공간의 형식 ― 그러나 그에 상응하는 고유한 영역으로 환원된 시간공간의 형식 ― 이 이렇게 환원된 세계의 현상 속에 함께 포함된다는 점에서도 나타난다. 그래서 환원된 '객체'·'사물'·'심리물리적 자아'도 서로에 대해 병존한다(außereinander).

그러나 여기서 연속되는 것들에는 아무튼 역설로 보이는 일련의 명증성이 있다는 주목할 만한 점에 주의해야 한다. 타자를 배제했는데도 **심리물리적 자아**인 나의 자아의 심리적 삶 전체 ― 이것에는 세계를 경험하는 나의 삶이 포함된다──는 배제되지 않는다. 따라서 타자에 관한 실제적이거나 가능한 나의 경험도 배제되지 않는다. 그 래서 나에 대해 존재하는 세계의 구성 전체가 나의 영혼적 존재 안에 포함되며, 더 나아가 나의 고유한 것을 구성하는 구성적 체계와 타자 의 것을 구성하는 구성적 체계로 나누는 것도 나의 영혼적 존재 안에 포함된다.

그러므로 환원된 '인간-자아'(심리물리적 자아)인 나는 세계의 일 원〔분절〕으로, 더구나 다양한 '나의 외부'를 지닌 것으로 구성된다. 그러나 나의 영혼 속에 있는 나 자신은 이 모든 것을 구성하며, 내 속 에서 그것을 지향적으로 지닌다. 나의 고유한 영역 속에 구성된 모든 것, 따라서 환원된 세계로서의 모든 것이 불가분한 내적 규정인 구성 하는 주체의 구체적 본질에 속한다는 점이 완전히 밝혀져야 하면, 자 아의 고유한 영역에 속하는 세계는 자아의 자기 해명을 통해 자아의 내부에 있는 것으로 발견될 것이다. 다른 한편 자아는 곧바로 이 세계 를 두루 돌아다니면서 자기 자신을 세계의 외부 가운데 한 일원으로 서 발견할 것이고, 자기 자신과 외부세계를 구별할 것이다.

45 선험적 자아 그리고 심리물리적 인간으로 고유하게 환원된 자기 통각

우리는 이 성찰들 전체와 마찬가지로 위에서 언급한 성찰을 선험 적 환원의 태도에서 해왔다. 따라서 성찰하는 나는 선험적 자아인 나 였다. 그런데 이제 '순수하게 고유한 영역으로 환원된, 이와 마찬가 지로 환원된 세계의 현상 속에 있는 인간-자아(Menschen-Ich)인 나 와 선험적 자아인 나는 서로 어떠한 관계에 있는가'[7]를 심문해야 한 다. 이 선험적 자아는 객관적 세계 전체와 그 밖의 모든 객체성(물론 이념적 객체성도)을 괄호 속에 묶음으로써 나타난다. 이렇게 괄호 속에 묶음으로써 나는 선험적 자아인 나 자신을 깨닫는다. 선험적 자아는 나에게 언제나 객체가 되는 모든 것을 자신의 구성적인 삶 속에 구성하며, 모든 구성을 하는 자아이다. 선험적 자아는 자신의 현실적이거나 잠재적인 체험과 그 자아의 습득성 속에 존재하며, 이 습득성을 통해 모든 객체뿐만 아니라 자기 자신도 동일한 자아로 구성한다.

이제 우리는 다음과 같이 말할 수 있다. 즉 이러한 자아로서 나는 나에 대해 존재하는 세계를 (상관자인) 현상으로 구성했고, 계속 구성하므로, 나는 인간적-인격적 자아라는 일상적 의미의 '자아'라는 명칭으로 구성된 세계 전체 안에서 세계〔세속〕화하는 자기 통각(verweltlichende Selbstapperzeption)[8]을 그에 상응하는 구성적 종합 속에 수행했고, 끊임없이 계속되는 타당성과 계속 형성되는 가운데 그것을 유지한다. 이 궁극적 자아인 나에게 선험적으로 고유한 영역의 모든 것은 이 세계화하는 작업을 통해 심리적인 것으로서 나의 영혼으로 들어온다. 나는 이 세계화하는 통각을 발견하고, 이제 현상으로서 그리고 '인간'이라는 현상 속의 한 부분으로서 영혼에서 보편적이고 절대적인 선험적 자아인 나 자신으로 되돌아갈 수 있다.

따라서 선험적 자아인 내가 '객관적 세계'라는 나의 현상을 나의 고유한 영역으로 환원하고, 게다가 내가 그 밖의 어떤 것을 나에게 고유한 것으로 발견한 것(이것은 그러한 환원 이후에 타인의 것〔생소한

---

7) 후설은 인간이 "한편으로 미리 주어진 환경세계의 객체이며, 다른 한편으로 공동체 속에서 의미를 건설하는 주체라는 이중성"(『상호주관성』 제3권, 56쪽), "세계 속의 객체로 존재하는 동시에 세계에 대한 주체로 존재하는 역설"(『위기』, 182쪽)을 지닌 수수께끼에 대한 인식비판을 통해 궁극적 자기 이해와 자기 해명을 성취하는 것이 선험철학의 이념이라고 파악했다.
8) '통각'에 대해서는 이 책 제38절의 주 20 참조.

것〕을 더 이상 포함할 수 없다)에 덧붙인다면, 나의 자아에 고유한 이 영역 전체는 나의 **영혼**에 고유한 영역으로 환원된 세계의 현상 속에 다시 발견될 수 있다. 다만 여기서 나의 자아에 고유한 이 영역은 나의 세계에 대한 통각의 구성요소로서 선험적으로는 2차적인 것이다.

만약 궁극적인 선험적 자아와 이 속에서 구성된 것의 우주를 견지하면, 우리는 이 자아에 그것의 선험적 경험의 영역 전체가 그 자아의 고유한 영역 ─ 여기에는 자아에 생소한 모든 것이 배제된 자아의 세계에 대한 경험에 연관이 있는 층(層)이 포함된다 ─ 과 타자에 속한 영역으로의 구분이 직접 포함된 것을 알 수 있다.

그러나 이러한 구분에도 타자에 속한 것에 관한 모든 의식, 그것에 관한 모든 나타나는 방식은 첫 번째 영역〔자아에 고유한 영역〕속에 함께 포함된다. 선험적 자아가 타자의 것이 아닌 것, 즉 자신의 것으로 이 첫 번째 층 속에 구성한 그 어떤 것은 앞으로 밝혀지겠지만, 그 자아의 구체적으로 고유한 본질의 구성요소로서 사실상 그 자아에 속한다. 즉 그것은 자신의 구체적인 존재와 분리될 수 없다. 그러나 선험적 자아는 이 고유한 영역 안에서 그리고 이 영역으로 자아에 생소한 존재의 우주로 객관적 세계를 구성하고, 이러한 구성의 첫 번째 단계에서는 '다른 자아'라는 양상의 타자를 구성한다.

46 체험의 흐름의 현실성과 잠재성의 영역인 고유한 영역

우리는 이제까지 '나에게 고유한 것'(Mir-Eigenes)이라는 근본적 개념을 '타자의 것이 아닌 것'(Nichtfremdes), 즉 이것의 측면에서는 '타인'이라는 개념에 토대를 둔다. 따라서 타인을 전제하는 것으로서 단지 간접적으로만 특징지어왔다. 그러나 이 '고유한 것' 또는 '나의 고유한 영역 속에 있는 자아'라는 적극적 특성까지도 부각시키는 것은 이러한 의미를 해명하는 데 중요하다. 이 점은 앞 절의 마지막 문장에서 단지 시사되었을 뿐이다. 〔그러므로〕이제 더 일반적인 것을 실마리로 삼아 논의해보자.

어떤 구체적 대상을 경험하는데 그것이 그 자체만으로도 우리에게 부각되면, 그래서 주목하면서 파악하는 시선이 그것을 향하면, 그 대상은 이러한 단적인 파악(schlichte Erfassung) 속에 단순히 '규정되지 않은 경험적 직관의 대상'으로 포착된다. 맨 처음에는 단지 대상 자체를 그 자체에서 해명해(auslegend) 규정하는 경험, 즉 순수하게 해명하는(Explikation) 경험이라는 형식으로 경험이 계속 진행되어감에 따라 그 대상은 규정된 대상이 되고, 더 규정되는 대상이 된다.[9]

이러한 순수한 해명은, 그것의 분절된 종합적 진행에서 동일화하는 지속적인 직관적 종합 속에 자기 자신과 동일한 것으로 주어지는 대상에 근거해, 일련의 특수한 직관 속에 대상 그 자체에 고유한 규정성, 즉 내적 규정성을 전개한다. 이 경우 근원적인 내적 규정성은 그 속에서 동일한 것(Identisches) 자체가 바로 그것이 되고, 그 자체로 **또한** 자체에 대해 그 자체 속에 존재하게 되는 것으로 그리고 그 속에서 자신의 동일한 존재가 그 특수한 고유성에서 해명되는 것으로 나타난다. 이렇게 고유한 본질적 내실은 〔해명하기〕이전에는 단지 일반적으로 또 지평적으로 예측되었던 것이, 해명을 통해 비로소 (내적인, 고유한 본질적 징표, 특별한 부분, 속성의 의미를 띠고) 근원적으로 구성된다.

이 점을 적용해보자. 내가 선험적 환원을 통해 선험적 자아인 나 자신을 반성할 때, 나는 나에 대해 선험적 자아로 지각에 적합하게 주어지고, 게다가 파악하는 지각 속에 주어진다. 더 나아가 〔이러한

---

9) '단적인 파악'과 '해명'에 대해서는 이 책 제20절의 주23 참조.

지각) 이전에도 나는 물론 파악되지 않았지만 이미 항상 나에 대해 존재했고, 원본으로 또 직관적으로 (가장 넓은 의미에서 지각되어) 거기에, 즉 미리 주어졌다는 것도 깨닫는다.

그러나 나는 어떤 경우에도 여전히 해명되지 않은 내적인 고유한 영역에 관해 개방된 무한한 지평을 지니고 미리 주어진다. 나의 고유한 영역도 해명을 통해 드러나며, 해명의 작업수행에서 자신의 근원적 의미가 드러난다. 그것은 나 자신으로, 즉 지각에 적합하게 게다가 필증적으로 주어진 '나는 존재한다'(Ich-bin)와 근원적 자기 경험이 지속적으로 통일되는 종합 속에 항속하는 자기 자신과의 동일성을 경험하면서 해명하는 시선의 방향을 돌림으로써 근원적으로 드러나 밝혀진다. 이 동일자에 고유한 본질은 그것이 실제적이거나 가능성으로 해명된 것[해명항]으로 특징지어진다. 그리고 이러한 것 속에서만 나는 나 자신의 동일한 존재를 특히 동일자로서, 그 존재 자체인 본질로서 전개한다.

여기서 다음과 같은 점에 주목해야 한다. 비록 내가 자기 지각(Selbstwahrnehmung)에 관해, 게다가 나의 구체적 자아에 대해 정당하게 논의하더라도, 나는 이것이 지각에 적합하게 주어진 시각적 사물을 해명하는 경우와 같이 항상 본래의 개별적 지각 속에 움직인다. 그렇다고 그 자체로 지각에 적합한 해명항들(Explikate)을 획득하고, 그 밖의 다른 어떠한 것도 획득하지 않는다는 점을 뜻하는 것은 아니다. 어쨌든 나의 고유한 본질적 존재의 지평(Seinshorizont)을 해명하는 데 첫 번째 것은, 내가 나의 내재적 시간성에 직면하는 것이다. 따라서 개방된 무한한 체험흐름의 형식으로 그리고 이러한 흐름 속에 그 어떤 방식으로든 포함된 나의 모든 고유한 영역 ─ 여기에는 나의 해명하는 작용도 함께 속한다 ─ 의 형식으로 나의 존재에 직면한다. 자기 해명은 생생한 현재(lebendige Gegenwart) 속에 경과하기 때문에, 본래 지각에 적합하게는 생생하게 현재 경과하는 것만 발견할 수 있다. 자기 해명이 나에게 고유한 과거를 생각할 수 있는 가장 근원적인 방식으로 드러내 밝힐 수 있는 것은 회상(Wiedererinnerung)을 통해서이다.

그러므로 비록 내가 나에게 끊임없이 원본으로 주어지고 나의 고유한 본질을 점차 해명할 수 있더라도, 이러한 해명의 많은 부분은 나에게 고유하게 관련된 본질적 계기들에 대한 지각이 아닌, 의식의 작용 속에 수행되는 것이다. 그래야만 나는 그 속에서 내가 동일한 자아로 사는 나의 체험흐름에 접근할 수 있다. 그리고 우선은 그 체험흐름의 현실성 속에, 그런 다음 나에게 명백히 그와 같이 고유한 본질적 잠재성 속에 접근할 수 있다. '나는 이러저러한 체험들의 계열을 진행시켜 나아갈 수 있다 또는 나아갈 수 있을 것이다'에 포섭되는 모든 종류의 가능성, 즉 '나는 예견할 수 있다 또는 되돌아볼 수 있다' '나는 나의 시간적 존재의 지평으로 해명하면서 파고들어갈 수 있다'는 모든 가능성이 명백히 고유한 본질적인 것으로서 나 자신에 속한다.

그러나 해명이 곧 원본의 자기 경험의 토대에서 경험된 것 자체를 전개하고, 이때 생각할 수 있는 가장 근원적인 것인 그것이 스스로 주어지는 것(Selbstgegebenheit)으로 이끌 경우, 해명에는 언제나 원본의 성격이 있다. 이전에 이미 언급한 제한에서이지만, ('나는 존재한다'의) 선험적 자기 지각의 필증적 명증성은 이러한 해명에까지 이른다. 내가 자아로 존재하고, 즉 본질적 보편성 속에 존재하고, 그렇게만 존재할 수 있는 보편적 구조의 형식은 자기 해명을 통해서만 단적인 필증적 명증성에서 나타날 수 있다. 이러한 구조의 형식에는 어떤 보편적 삶 일반이라는 형식, 즉 그 삶이 자기 자신의 체험을 보편적 시간 안에서 시간적인 것으로 끊임없이 자기를 구성하는 형식의 존재방식(물론 이러한 존재방식만은 아니지만)이 포함된다.

이 경우 개별적인 자아론적 자료의 모든 해명은, 예를 들어 비록 불완전하더라도 회상의 어떠한 명증성으로서 자기 자신의 과거에 관여하듯이, 자신의 규정되지 않은 일반성, 그러나 규정 가능한 일반성 속에 이러한 보편적인 필증적 아프리오리에 관여한다. 필증성에 이처럼 관여하는 것은 그 자체로 필증적인 형식의 법칙에서 나타난다. 그 형식의 법칙이란, 가상이 있는 만큼 존재(가상을 통해 존재는 은폐되고 왜곡될 뿐이다)가 있다는 것이다. 따라서 우리는 우리의 존재에 관해 묻고, 추구하고, 미리 묘사된 길을 따라감으로써 비록 존재의 완전히 규정된 내용에서 보면 단순히 접근하는 것일 뿐이더라도 존재를 발견할 수 있다. 언제나 다시 그리고 모든 부분과 계기에 관해 확고하게 동일화할 수 있다는 의미를 지닌 이 완전히 규정된 내용은 아프리오리하게 타당한 이념이다.

47 지향적 대상은 완전한 모나드의 구체화에 함께 속한다. 내재적 초월과 원초적 세계

자아로서 나의 고유한 본질적 영역은 체험의 흐름의 현실성과 잠재성만 아니라, 구성의 체계와 마찬가지로 구성된 통일체에도 미친다는 점은 명백하며, 더구나 이 점은 특히 중요하다. 그러나 이 구성된 통일체에는 어떤 제한이 있다. 즉 구성된 통일체가 원본과 같은 구성과 직접 구체적으로 결합된 방식으로 불가분한 경우 그리고 그러한 한에서 지각된 존재자는 구성하는 지각작용과 마찬가지로 나의 구체적이고 고유한 자기 영역에 포함된다.

이것은 단순한 감각자료로 받아들인, 나 자신의 테두리 속에 내재적 시간성들로서 나 자신에게 고유한 것으로 구성되는 감각적 자료에만 관련되는 것이 아니다. 오히려 그것은 〔감각자료와〕 마찬가지로 나 자신의 고유한 모든 습득성(Habitualität)에도 타당하다. 이 습득성은 나 자신의 고유한 건립하는 작용에서 출발해 지속하는 확신으로 구성되며, 이러한 확신 속에 나 자신은 그와 같이 지속적으로 확신하게 된다. 그리고 이러한 확신을 통해 나는 극(極)인 자아(단순한 자아극이라는 특별한 의미에서)로서 특별한 자아의 규정을 획득한다. 그러나 다른 한편 초월적 대상, 예를 들어 외적 감각의 대상, 다양한 감각적 나타남의 방식들의 통일체도 여기〔나의 구체적인 고유한 영역〕에 속한다. 물론 그것은 나 자신의 고유한 감성, 고유한 통각을 통해 나타나는 공간적 대상으로서, 나의 감성이나 통각 자체에서 구체적으로 분리될 수 없는 것으로서, 실제로 원본처럼 구성된 것을 내가 자아로 순수하게 고찰하는 경우이다.

그러므로 우리는 나의 구체적인 고유한 영역에 우리가 이전에 타자의 의미를 이루는 요소들을 배제함으로써 환원한 세계 전체가 속한다는 점, 따라서 그 세계는 자아의 고유한 것으로서 적극적으로 규정된 자아의 구체적 존립요소로 정당하게 고려될 수 있다는 점을 즉시 파악한다. 타자에 대한 경험인 '감정이입'(Einfühlung)의 지향적 작업수행을 고려하지 않는 한, 우리는 자연(Natur)과 신체성(Leiblichkeit)을 갖는다. 이것은 공간적 대상의 통일체로 그리고 체험 흐름에 대립한 초월적 통일체로 구성된다. 하지만 가능한 경험의 단지 다양한 대상성으로 구성된다. 이 경우 그 경험은 순수하게 나 자신의 삶이며, 이 삶 속에 경험된 것은 이러한 삶과 그 잠재성에서 분리될 수 없는 종합적 통일체일 뿐이다.

이렇게 해서 구체적으로 파악된 자아는 자아 자체에 고유한 우주를 갖는다는 점, 이 우주는 적어도 필증적 형식을 미리 지시하는, 자아의 필증적인 '나는 존재한다'(ego sum)를 필증적이고 원본으로 해명함으로써 드러내 밝힐 수 있다는 점이 명백해진다. 우리는 이 원본의 영역(원본의 자기 해명) 안에서 초월적 세계──이 초월적 세계는 (지금 제시된 적극적 의미에서) 자아에 고유한 영역으로 환원함으로써 '객관적 세계'라는 지향적 현상에 근거해 나타난다──도 발견하게 된다. 어쨌든 그 자체가 '초월적인 것'으로 나타나는 그에 상응하는 모든 가상·상상·순수한 가능성·형상적 대상성도, 이것들이 우리의 고유한 영역의 환원에 지배되는 한, 이 영역에 함께 속한다. 그것은 나 자신의 고유한 본질의 영역이며, 내가 완전한 구체성에서 나 자신 속에 있는 본질, 또는 우리가 말할 수 있듯이, 나의 모나드 속에 있는 본질의 영역이다.

48 원초적 초월에 대립한 더 높은 단계인 객관적 세계의 초월

일반적으로 나에 대해 이 고유한 본질을 다른 어떤 것과 대조할 수 있는 것, 또는 나로 존재하는 내가 나 아닌 것, 즉 나에게 생소한 타자인 다른 것을 의식할 수 있는 것은 나에게 고유한 모든 의식의 방식이 반드시 나의 자기의식의 양상인 그러한 것의 범위 안에 속하지 않는다는 점을 전제한다. 실제적 존재는 경험의 일치를 통해 근원적으로 구성되기 때문에, 나의 고유한 자체〔자아〕속에는 자기 경험과 이것이 일치하는 체계에 대립해──따라서 고유한 영역 속에 자기 해명의 체계에 대립해──일치하는 체계를 형성하는 다른 경험이 반드시 존재한다.

그러므로 이제 문제는 '자아가 그와 같은 새로운 지향성을 자신 속에 갖고, 이 지향성을 어떠한 존재 의미를 통해 항상 새롭게 형성할 수 있으며, 그 존재 의미를 통해 자아가 자신의 고유한 존재를 완전히 초월한다는 점을 어떻게 이해할 수 있는가' 하는 것이다. 나에 대해 실제로 존재하는 것은, 단지 그 어떤 방식으로 사념된 것이 아니라 나 자신 속에 확증된 것인 한, 어떻게 나의 구성적 종합의 이른바 절단점(切斷点) 이외에 다른 것일 수 있는가? 따라서 실제로 존재하는 것은 나의 구성적 종합에서 구체적으로 분리할 수 없는 것으로 나만이 가진 고유한 것이 아닌가?

그러나 생소한 것을 사념하는 각각의 의식의 방식은 사념된 것을 드러내 밝히는 가능성, 즉 사념된 것을 충족시키거나 환상에서 깨우는 경험으로 이행될 그 가능성을 본질적으로 가지며, 또 의식의 발생 속에 동일한 또는 유사하게 사념된 것에 대한 경험을 소급해 지시한다는 점이 사실이라면, 지극히 모호하고 공허하더라도 생소한 것을 사념할 가능성은 이미 문제가 되는 것이다.

(내가 아닌) 타자를 경험하는 사실은 객관적 세계와 이에 포함된 ('다른 자아'라는 형식에서 내가 아닌) 타인의 경험으로 이미 주어져 있다. 그리고 이러한 경험에서 나의 고유한 영역으로 환원함으로써 얻은 중요한 성과는 그것이 환원된 세계가 내재적 초월성(immanente Transzendenz)[10]으로 입증되는 경험들의 지향적 기저층(Unterschicht)을 부각시켰다는 점이다. 이 내재적 초월성으로서의 세계는 나에게 생소한 세계, 즉 구체적인 나 자신의 자아 외부에 있는 (그러나 자연적인 공간적 의미에서의 외부세계는 결코 아닌) 세계를 구성하는 질서 속에 그 자체로 최초의, 원초적(primordial) 초월성(또는 세계)이다. 이 세계는 그러한 이념성이 있는데도 나의 잠재성의 무한한 체계의 종합적 통일체로서 여전히 자아인 나의 고유한 구체적 존

---

10) 이것은 "의식작용 속에 내실적으로 포함되지 않은 영역"(『이념』, 35쪽), 즉 '내실적 초재(초월성)'을 뜻한다.

재를 규정하는 요소이다.

이제 '기초가 놓인 더 높은 단계에서 본래의, 그러나 구성적으로는 2차적인 객관적 초월성의 의미부여가 어떻게 이루어지는지, 또 경험으로서 그것이 어떻게 이루어지는지'를 이해해야 한다. 여기서 문제가 되는 것은 시간적으로 경과하는 발생(Genesis)을 드러내 밝히는 것이 아니라, 정적(靜的) 분석이다. 객관적 세계는 이미 완성된 것으로서 나에 대해 항상 현존하며, 생생하게 진행되어가는 나의 객관적 경험에 주어져 있고, 더 이상 경험되지 않는 것에 대해서도 습관적인 지속적 타당성(Fortgeltung)에서 주어져 있다.

따라서 이러한 경험 자체를 심문하고, 그 경험이 의미를 부여하는 방식을 지향적으로 드러내 밝히는 것이 중요하다. 그 방식은 경험이 경험으로 나타나고, 해명할 수 있는 고유한 본질을 지닌 실제로 존재하는 것에 대한 명증성으로 확증될 수 있는 방식이다. 그리고 이 본질은 나 자신의 본질, 또는 구성요소로서 나 자신의 본질에 첨부되지는 않지만, 어쨌든 나의 본질 속에서만 그 의미와 확증을 획득할 수 있는 것이다.

49 타자경험을 지향적으로 해명하는 진행을 미리 지시하는 일

'객관적 세계'라는 존재의 의미는 나의 원초적 세계의 근본적 토대 위에 많은 단계로 구성된다. 그 최초의 단계로서 나의 구체적인 고유한 존재에서(원초적 자아인 나에게서) 배제된 자아인 다른 사람 또는 다른 사람 일반을 구성하는 단계가 부각되어야 한다. 이러한 층이 부각됨으로써 동시에 그리고 이것을 통해 동기가 부여되어, 나의 원초적 '세계' 위에 보편적 의미의 층(層)이 단계로 만들어지고, 이렇게 함으로써 나의 원초적 세계는 규정된 객관적 세계, 즉 나 자신을 포함해 모든 사람에 대해 하나의 동일한 세계로서 객관적 세계에 관한 나타남이 된다.

따라서 그 자체로 최초의 타자(최초에 '자아가 아닌 것')는 다른 자아이다. 그리고 이 다른 자아가 다른 모든 사람과 나 자신이 속한 객관적 자연이나 객관적 세계 일반인 타자에 관한 새롭고도 무한한 영역을 구성적으로 가능하게 한다. (아직 세계에 속한 것이라는 의미를 갖지 않은) 순수한 타인에서 위로 올라가는 이러한 구성의 본질에는 타인이 나에 대해 고립되어 남아 있는 것이 아니라는 점, 오히려 나 자신을 포함하는 자아-공동체(Ich-Gemeinschaft)는 (물론 나의 고유한 영역 속에) 서로 함께 그리고 서로에 대해 존재하는 자아로 구성된다는 점이 있다. 더구나 궁극적으로 모나드의 공동체는 (공동체화되어 구성하는 그 지향성 속에) 하나의 동일한 세계가 구성된다. 이제 이러한 세계 속에 다시 모든 자아가 나타난다. 그러나 '인간' 또는 세계의 객체인 '심리물리적 인간'이라는 의미를 지니고 객관화하는 통각(objektivierende Apperzeption) 속에 나타난다.

〔따라서〕 선험적 상호주관성은 구성하는 이 공동체화(共同體化)함으로써 상호주관적으로 고유한 영역을 갖고, 그것은 이 영역 속에 객관적 세계를 상호주관적으로 구성한다. 그래서 그것은 선험적 '우리'로서 이 세계에 대한 주관성이며, 자기 자신을 그러한 형식 속에 객관적으로 현실화한 인간의 세계에 대한 주관성이다.

그러나 여기서 다시 상호주관적으로 고유한 영역과 객관적 세계가 구별되면, 어쨌든 자아인 내가 나의 고유한 본질적 원천에서 구성된 상호주관성의 토대 위에 서는 한, 객관적 세계는 상호주관성 또는 그것에 고유한 상호주관적 본질을 이미 본래 의미에서는 **초월하지 못**하며, 내재적 초월성으로서 상호주관성에 갖추어져 있다는 점을 나는 인식해야 한다. 더 정확하게 말하면, 이념(Idee)으로서의 객관적 세계, 이념적으로 항상 일치해 수행되어야 하며, 또 그렇게 수행된 상호주관적 경험 — 상호주관적으로 공동체화된 경험 — 의 이념적 상관자인 객관적 세계는 그 자체로 무한히 개방된 이념성 속에 구성된 상호주관성에 본질적으로 관련된다. 그리고 이 상호주관성의 개별적 주체들은 함께 상응하며 서로 일치하는 구성적 체계가 구비되어 있다.

따라서 객관적 세계의 구성에는 본질적으로 모나드들의 '조화'(Harmonie), 곧 개별적 모나드 속의 조화를 이루는 개별적 구성과 따라서 개별적으로 경과되는 조화를 이루는 발생도 포함된다. 그러나 이것은 모나드들의 조화를 형이상학적으로 구축하는 것(Substraktion)을 뜻하지는 않는다. 마찬가지로 모나드들 자체도 형이상학적으로 고안해 낸 것이거나 가정이 아니다. 오히려 그것은 우리에 대해 현존하는 경험세계의 사실 속에 놓여 있는 지향적 요소들을 해명하는 것에 그 자체로 함께 속하는 것이다.

이미 여러 번 강조한 대로, 여기서는 다음과 같은 점을 주의해야 한다. 위에서 언급한 이념은 환상이나 '마치 무엇처럼'(Als ob)의 양상이 아니라, 모든 객관적 경험과 일치해 구성적으로 발생하고, 그 자신의 권리를 주는 방식과 그 자신의 학문적으로 활발하게 형성해 가는 방식을 갖는다.

방금 언급한 것은 만약 선험적 문제를 생각할 수 있는 유일한 의미에서 해결하고 현상학의 선험적 관념론을 실제로 실행해야 하면, 우리가 실행해야만 할 지향적 해명의 단계적 진행에 대한 하나의 예견이다.

50 '간접적 제시'(유비적 통각)로서 타자경험의 간접적 지향성

원초적(primordinal) 영역을 정의하고 분절하는 선험적으로 매우 중요한 예비단계를 이미 처리한 후에, 우리는 위에서 시사한 객관적 세계를 구성하는 것으로 향한 발걸음, 즉 타인으로 향한 발걸음의 첫발을 내디딘다. 그런데 여기서 우리는 본래 그리고 사실상 쉽지 않은 어려운 점에 직면하게 된다. 이 어려운 점은 타인이 아직 '인간'이라는 의미를 획득하지 못한 의미에서 타자경험을 선험적으로 해명하는 것에 있다.

경험(Erfahrung)은 원본의 의식(Originalbewußtsein)이고, 사실상 우리는 어떤 인간을 경험할 경우 일반적으로 타인이 그 자체로 **생생하게**(leibhaftig) 우리 앞에 현존한다고 말한다. 다른 한편 이러한 생생함은 이 경우 근원적으로 주어진 것이 본래 다른 자아 자체도 아니고 다른 자아의 체험, 즉 다른 자아의 나타남 자체도 아니며, 다른 자아의 고유한 본질 자체에 속하는 어떤 것도 아니라는 점을 즉시 인정하는 것을 방해하지 않는다. 만약 그렇다면, 즉 타인의 고유한 본질이 직접적 방식으로 접근할 수 있는 것이면, 타인의 고유한 본질은 나의 고유한 본질의 단순한 계기일 것이며, 결국 타인 자체와 나 자신은 동일한 것(einerlei)이 되고 말 것이다.

만약 타인의 신체가 나의 실제적이거나 가능한 경험 속에 순수하게 구성된 통일체인 **물체**(Körper), 나의 원초적 영역에 속하는 것으로서 오직 나의 감성의 형성물인 물체 이외에 다른 것일 수 없다면, 이러한 점은 타인의 신체의 경우와도 유사하다. 〔그러므로〕 여기에는 **지향성**의 어떤 간접성이 반드시 있다. 게다가 이 지향성은 어떠한 경우든 항상 근저에 있는 **원초적 세계**의 기저층에서 출발해 '함께 현존함'(Mit da)을 반드시 표상할 수 있게 한다. 어쨌든 '함께 현존함'은 그 자체로 현존하는 것이 아니며, 결코 그 자체로 현존하는 것이 될 수는 없다. 따라서 여기서 문제가 되는 것은 일종의 '함께 현전하게 하는 것'(Mitgegenwärtigmachen), 즉 일종의 간접적 제시(Appräsentation)[11]이다.

그와 같은 간접적 제시는, 어떤 사물의 본래 보인 앞면이 항상 그리고 필연적으로 사물의 뒷면을 간접적으로 제시하고, 이 뒷면이 다소간에 규정된 내용을 미리 지시하는 한, 외적 경험 속에 이미 놓여 있다. 다른 한편 우리가 문제 삼는 이러한 간접적 제시는 이미 원초적 자연을 함께 구성하는 한, 간접적 제시일 수는 없다. 왜냐하면 그와 같은 간접적 제시에는 그에 상응하는 충족시키는 직접적 제시(Präsentation)로 확증될 수 있는 (뒷면이 앞면으로 되는) 가능성이 속해 있으나, 반면 타인의 원본의 영역으로 이끌어가야 할 간접적 제시에는 그와 같은 가능성이 반드시 아프리오리하게 배제되어 있기 때문이다.

타인의 간접적 제시와 이와 함께 '타인'이라는 의미는 어떻게 나의 근원적 영역 속에 동기를 부여할 수 있는가? 그리고 그것은 '간접적 제시'(함께 현전하는 것으로 의식하게 하는 것)라는 말이 이미 시사하듯이, 사실상 어떻게 경험으로서 동기를 부여할 수 있는가?

---

11) '직접적 제시'는 원본의 지각이 생생한 '지금' 속에서 현재 존재하는 것으로 정립하는, 즉 시간적으로 구성하는 시간화(Zeitigung)의 양상으로서, '현재화'이다. 반면 '간접적 제시'는 직접적 제시와 함께 '통각'과 '연상'을 통해 예측적으로 주어진 것으로서, 이미 기억 속으로 흘러가 현존하지 않는 것을 시간의 지향적 지평구조로 다시 함께 현존하게 만드는 '현전화'이다. 후설은 타자경험의 간접적 지향성, 즉 '감정이입'(Einfühlung)을 '간접적 제시'(유비적 통각)라고 부른다. 즉 타인의 신체는 직접적으로 제시되지만 그의 심리적인 것은 간접적으로 제시되는데, 이들을 짝짓기(Paarung)로 통일함으로써 타자가 구성된다.

임의의 현전화(Vergegenwärtigung)가 이러한 것〔간접적 제시〕일 수는 없다. 임의의 현전화는 현재화(Gegenwärtigung),[12] 즉 본래 스스로를 부여하는 것(Selbstgebung)과 관련지어질 경우에만 간접적 제시일 수 있다. 그리고 사물의 경험에서 지각에 적합한 현존재(Dasein)가 함께 현존재함(Mitdasein)을 동기를 부여하는 것과 유사하게, 현전화는 현재화를 통해 요구된 것으로서만 '간접적 제시'라는 성격을 가질 수 있다.

〔그런데〕본래 지각의 기초는 위에서 우리가 기술한 분절되는 가운데 원초적으로 환원된 세계의 지각을 우리에게 제공해주는데, 이 지각은 자아의 끊임없는 자기 지각의 일반적 테두리에 편입되어 지속적으로 나아간다. 이제 문제가 되는 것은 '이렇게 환원된 세계의 지각에서 특히 무엇이 고려되어야만 하는지 그리고 간접적 제시의 동기부여는 어떻게 일어나는지, 사실적으로 이루어지는 간접적 제시의 극히 복잡한 지향적 작업수행은 어떻게 드러내 밝혀질 수 있는지' 하는 점이다.

'타인', 즉 다른 자아라는 말의 의미는 우리에게 최초의 길잡이를 제공해줄 수 있다. 타인(Anderer)이란 다른 자아(anderes Ich), 즉 다른-자아(alter-ego)를 뜻한다. 그리고 여기서 함축된 자아는 나의 원초적으로 고유한 영역 안에서 구성된 나 자신이며, 게다가 심리물리적 통일체(원초적 인간)로서, 즉 나의 유일한 신체를 직접 지배하고 원초적 환경세계 속에서도 직접 작용하는 인격적 자아로서 유일하게 구성된 나 자신이다. 더구나 그 자아는 구체적인 지향적 삶의 주체, 자기 자신과 세계에 관련된 심리적 영역의 주체이다. 이 모든 것은, 게다가 경험하는 삶 속에 발생된 유형화(類型化) 속에 친숙한 경과하

---

12) '현전화'와 '현재화'에 대해서는 이 책 제20절의 주 25 참조.

는 형식과 복합되는 형식을 지니고 우리의 처분에 맡겨져 있다. 그러나 물론 우리는 그것을 통해 그들의 측면에서는 극히 복잡한 지향성이 구성되는 것을 [아직] 연구하지는 않았다. 이것은 이제까지 우리가 들어서지 않았고, 들어설 수도 없었던 거대한 연구의 고유한 층을 형성한다.

이제 어떤 다른 사람이 우리의 지각의 영역으로 들어온다고 가정해보자. 이것은 원초적으로 환원해 말하면, 나의 원초적 자연의 지각 영역에서 어떤 물체, 즉 원초적인 것으로서 당연히 나 자신의 단순한 규정하는 요소(내재적 초월성)인 어떤 물체가 나타나는 것을 뜻한다. 이러한 자연과 세계 속에 나의 신체가 신체(기능하는 기관)로서 근원적으로 구성되고 구성될 수 있는 유일한 물체이기 때문에, 거기에 있는 물체는 물체인데도 신체로 파악되고, 나의 **신체**에서 **통각**으로 이행하는 이러한 의미를 반드시 갖는다. 그런 다음 특히 '신체성' (Leiblichkeit)이라는 술어를 실제로 직접 — 따라서 원초적으로, 본래의 지각을 통해 — 입증하는 것을 배제하는 방식으로 그러한 의미를 반드시 갖는다. 나의 원초적 영역 안에서 거기에 있는 그 물체와 나의 물체를 결합시키는 유사성만 거기에 있는 그 물체를 다른 신체로 **유비적으로** 만드는 파악(analogisierende Auffassung)에 대한 동기부여의 기초를 제공할 수 있다.

따라서 그것은 유사하게 만드는 통각(Apperzeption)일 것이다. 그러나 그것은 결코 유비추리(類比推理)가 아니다. 통각은 결코 추리도 아니며, 사유작용도 아니다. 우리는 앞에 주어진 대상, 가령 미리 주어진 일상세계를 첫눈에 파악하고 확증하면서 파악하고, 즉시 그 의미를 그것의 지평과 함께 이해하게 되는 모든 통각은 유사한 의미를 지닌 어떤 대상이 최초에 구성되었던 **근원적 건설**(Urstiftung)을 지향적으로 소급해 지시한다.

또한 우리에게 알려지지 않은 이 세계의 사물들은, 일반적으로 말하면, 그 유형상 [이미] 알려진 것이다. 우리는 비록 여기에 있는 바로 이 사물은 아니더라도, 그와 같은 사물을 이전에 이미 보았다. 이렇게 모든 일상적 경험은 어떤 대상을 유사한 의미를 지닌 것으로서 예측해 파악하는 새로운 경우에 근원적으로 건설한 대상적 의미를 유비시키는 이행(移行)하는 것을 포함한다. 미리 주어진 것이 클수록 그만큼 그와 같은 이행하는 폭도 커진다. 이 경우 그 이후의 경험 속에 실제적인 것으로 새로운 의미를 제시하는 것은 다시 건설하면서 기능할 수도 있고, 풍부한 의미를 지니고 미리 주어지는 것에 기초를 놓을 수도 있다. 이미 사물들을 보는 아이는, 가령 처음으로 가위를 보고 그것의 목적의 의미를 이해하면, 그다음부터 그 아이는 첫 눈에 바로 가위를 '그 가위'로 본다. 그러나 이것은 물론 명백한 재생산, 비교 또는 추리를 함으로써 이루어지지 않는다.

어쨌든 통각이 발생하는 방식, 그 결과 그 의미와 의미의 지평을 통해 그 자체로 자신의 발생을 지향적으로 소급해 지시하는 방식은 서로 매우 다르다. 대상의 의미를 단계적으로 형성하는 것은 통각을 단계적으로 형성하는 것에 상응한다. 결국 우리는 통각을 그것의 발생상 순수하게 원초적 영역에 속하는 통각과 '다른 자아'라는 의미를 지니며 나타나고, 이러한 의미에서 높은 단계의 발생에 힘입어 새로운 의미를 단계를 따라 쌓아간 통각으로 철저하게 구별하는 것으로 항상 되돌아가게 된다.

51 타자경험을 연상적으로 구성하는 구성요소인 '짝짓기'

이제 만약 나의 원초적 영역 안에서 어떤 물체가 나의 고유한 신체-물체(Leib-Körper)와 유사한 마찬가지 경우에 신체로 파악하게 되는 저 유비적으로 만드는 파악의 고유한 특징을 묘사하려고 하면, 우리는 그러한 파악에서는 근원적 건설의 원본(Original)이 항상 생생하게 현전하기 때문에, 근원적 건설 자체가 항상 생생하게 활동하면서 진행한다는 점을 처음으로 직면한다.

그리고 두 번째로 우리가 직면하는 것은 우리가 이미 그 필연성에서 알게 된 특성, 즉 그 유비적으로 만드는 것을 통해 간접적으로 제시된 것이 결코 실제로 현존(Präsenz)할 수는 없다는, 따라서 본래의 지각이 될 수는 없다는 특성이다. 자아와 타인의 자아가 항상 그리고 필연적으로 근원적 짝짓기(Paarung) 속에 주어진다는 점은 첫 번째 특성과 밀접히 관련된다.

짝으로, 더 나아가 집단으로, 다수성으로 함께 형태를 이루고 나타나는 '짝짓기'는 선험적 영역(그리고 이와 평행하는 지향적-심리학적 영역)의 보편적 현상이다. 그리고 곧 다음과 같은 점을 첨부하자. 즉 짝짓기가 현실적으로 존재하는 한, 저 주목할 만한 방식으로 생생한 현실성 속에 머물러 있는 유비적으로 만드는 파악의 근원적 건설이 도달한다는 점이다. 우리는 이 근원적 건설을 타자경험의 첫 번째 특성으로 부각시켰는데, 근원적 건설은 이렇게 함으로써 오직 타자경험에만 고유한 것을 형성하는 것이 아니다.

우선 첫째로 짝짓기(또는 다수성의 형성) 일반의 본질적인 점을 밝혀보자. 짝짓기는 우리가 동일화의 수동적 종합(passive Synthesis)에 대립시켜 연상(Assoziation)으로 묘사한 그 수동적 종합의 근본적 형식이다. 짝을 이루는 연상에는 다음과 같은 특징이 있다. 가장 원초적인 경우에 두 가지 자료가 의식의 통일 속에 부각되어 직관적으로 주어지고 이것에 근거해 본질적으로 순수한 수동성에서, 즉 그것이 주목되든 않든 그것과 상관없이, 서로 구별되어 나타나는 그것들은 현상학적으로는 유사성의 통일을 정초하기에, 두 가지 자료는 항상 짝으로 구성된다. 두 가지 이상의 자료가 주어지면, 개별적 짝짓기 속에 기초를 놓은 현상의 통일적 집단·다수성(Mehrheit)이 구성된다.

더 정확히 분석하면, 우리는 짝을 이루는 것들이 동시에 그리고 부 각되어 의식되자마자 발생적으로 곧바로 (게다가 본질적으로) 나타 나는 지향적 중복작용이 그 경우에 본질적으로 앞에 놓여 있는 것을 발견한다. 지향적 중복작용은 자세하게 말하면, 〔짝을 이루는 것들 이〕 생생하게 상호 간에 '일깨우는 작용', 대상적 의미에 대해 상호 간에 '중첩되어 합치되는 것'이다.

〔그리고〕 이러한 합치(Deckung)는 총체적일 수도 부분적일 수도 있다. 즉 그 합치는 '동등함'(Gleichheit)이라는 한계경우를 지니고, 그때그때 자신의 정도(程度)를 갖는다. 짝을 이루는 것에서 의미의 전이(轉移)는 그러한 합치의 작업수행으로 실행된다. 즉 어떤 것이 다른 것의 의미에 따라 통각이 된다. 이러한 의미의 전이는 어떤 경 험된 것에서 실현된 의미의 계기들이 타인의 의식 속에 이러한 전이 를 폐기하지 않는 한 실행된다.

우리가 특히 관심을 두는 것은 자아가 다른 자아를 연상하고 통각 을 하는 경우인데, 이 경우 타인이 나의 지각 장(場)으로 들어올 때 비로소 짝짓기가 이루어진다. 원초적인 심리물리적 자아인 나는, 내 가 나 자신에 주목하고 그 어떤 활동을 하는 나 자신에 주의를 기울 이든 않든 항상 나의 원초적 지각 장 속에 부각된다. 특히 나의 신체 는 언제나 현존하며, 감각적으로 부각된다. 그러나 이와 마찬가지로 나의 신체는 원초적 근원성에서 '신체성'이라는 특수한 의미를 지닌 채 마련되어 있다.

그런데 이제 나의 신체와 유사한, 즉 나의 신체와 더불어 반드시 현 상적으로 짝짓기를 이루며 나타나는 상태로 존재하는 어떤 물체가 나의 원초적 영역 속에 부각되어 나타나면, 그 물체는 나의 신체에서 의미가 중첩됨으로써 곧바로 '신체'라는 의미를 넘겨받음이 틀림없다는 점이 즉시 명백하게 보인다.

하지만 통각은 실제로 그와 같이 투명한가? 그 통각은 다른 어떤 통각과 마찬가지로 전이를 통한 단적인 통각인가? 그 신체를 나 자신의 제2의 신체가 아니라, 타자의 신체로 만드는 것은 무엇인가? 여기서 지금 문제가 되는 통각의 제2의 근본적 성격으로 묘사된 것, 즉 〔타자의 신체가 나의 신체에서〕이어받은 특수한 '신체성'이라는 의미 가운데 아무것도 나의 원초적 영역 속에서는 원본으로 실현될 수 없다는 점이 명백히 고려되어야 한다.

52 그 자신의 확증하는 양식을 지닌 경험하는 방식인 간접적 제시

그러나 여기서 '그와 같은 통각이 어떻게 가능하고, 오히려 즉시 폐기될 수 없는가?' 하는 점을 이해시키는 어려운 문제가 우리에게 주어진다. 사실이 가르쳐주듯이, 중첩된 의미가 물체 거기에 존재하는 심리적 규정들의 내실로서 존재의 타당성 속에 받아들여지지만, 심리적 규정은 어쨌든 (오직 자유롭게 처리할 수 있는) 원초적 영역의 원본과 같은 범위 속에는 결코 그 자체로서 나타날 수 없다는 것이 어떻게 일어나는가?

지향적 상황을 더 상세하게 고찰해보자. 원본으로 접근할 수 없는 타인의 것을 주는 간접적 제시는 원본의 직접적 제시(나에게 고유한 것으로 주어진 자연의 부분인 타인의 물〔몸〕체)와 얽혀 있다. 그러나 이렇게 얽혀 있는 가운데 타자의 신체물체와 타자〔의 몸체〕를 지배하는 자아는 통일적으로 초월하는 경험의 방식으로 주어진다. 모든 경험은 간접적으로 제시된 지평들을 충족시키고 확증하는 더 이상의 경험을 겨냥한다. 즉 모든 경험은 일치하는 계속된 경험이 잠재적으로 확증될 수 있는 것을 포함하며, 비(非)직관적 예측(Antizipation)의 형식으로 이것을 포함한다.

타자경험에 관해서는 다음과 같은 점이 명백하다. 즉 타자경험을 충족시키고 확증하는 계속된 진행은 종합적으로 일치해 경과하는 새로운 간접적 제시를 통해서만 일어날 수 있다. 또한 이러한 간접적 제시는 그것의 존재 타당성에 끊임없이 속하지만, 변화하면서 고유한 영역에 있는 직접적 제시와의 동기부여의 연관에 의지하는 방식으로 일어날 수 있다.

다음과 같은 명제는 그러한 점을 설명하기 위해 시사하는 실마리로 충분할 것이다. 경험된 타자의 신체는 항상 변화하면서도 항상 일치하는 그 신체의 **거동**에서만 실제로 신체로 계속 정립되어 알려진다. 이러한 신체의 거동은 심리적인 것을 간접적으로 제시하면서 지시하는 자신의 물리적 측면을 가지며, 이 심리적인 것을 이제 원본의 경험 속에 충족시키면서 나타나야 한다. 그리고 이렇게 해서 타자의 신체는 그 거동이 국면(Phase)에서 국면으로 부단히 변화하면서 신체로 알려진다. 만약 신체가 그 거동과 곧바로 일치하지 않을 때, 그 신체는 '가상의 신체'(Schein-Leib)로 경험된다.

존재하는 타자의 성격은 원본으로 접근할 수 없지만, 이러한 방식으로 확증할 수 있는 '접근할 수 있음'에 근거한다. 항상 원본으로 직접 제시할 수 있으며 입증할 수 있는 것은 나 자신뿐이거나, 나에게 고유한 것으로서 나 자신에 속하는 것이다. 그러나 타자는 원초적으로는 충족될 수 없는 경험, 즉 원본으로 스스로를 부여하지는 않지만, 지시된 것을 일관되게 확증하는 경험의 기초 놓인 방식으로 경험된 존재이다. 따라서 타자는 나 자신의 고유한 것의 유사물(Analogon)로서만 생각할 수 있다. 필연적으로 타자는 그것이 의미를 구성한 것이므로, 최초에 객관화하는 나의 자아의, 즉 나의 원초적인 세계가 지향적으로 **변양된 것**(intentionale Modifikation)으로 나타난다. 타인은 현상학적으로는 나 자신이 **변양된 것**으로 나타난다(나 자신은 이제 필연적으로 나타나며 대조를 이루는 짝짓기를 통해 '나 자신'이라는 특성을 획득한다).

그러므로 처음에는 그의 원초적인 세계로서 그런 다음 완전히 구체적인 자아로서 이러한 자아에 속하는 모든 것이 유비적으로 만드는 변양 속에 간접적으로 제시된다는 점은 명백하다. 달리 말하면, 타인의 모나드는 나의 모나드 속에 간접적으로 제시된 것으로 구성된다.

이와 유사한 유익한 비교를 들어보자. 나의 과거는 나의 고유한 영역 안에서, 게다가 그 생생한 현재(lebendige Gegenwart)의 영역 안에서 기억(Erinnerung)을 통해서만 주어진다. 그리고 그것은 기억 속에 지나간 현재로, 즉 지향적으로 변양된 것으로 특성이 드러난다. 그렇다면 그것을 변양된 것으로 경험하면서 확증하는 것은 필연적으로 회상(Wiedererinnerung)이 일치하는 종합 속에 수행된다. 이렇게 함으로써만 과거는 과거로 확증된다. 기억에 적합하게 주어지는 나의 과거가 현재에 변양된 것으로서 나의 생생한 현재를 **초월하는** 것과 마찬가지로, 이와 유사하게 간접적으로 제시된 타자의 존재는 나 자신의 존재(원초적인 고유한 영역의 지금의 순수하고 가장 밑에 있는 의미에서)를 초월한다.

변양되는 것은 두 가지[과거와 타자] 측면에서 의미의 계기로서 그 의미 속에 놓여 있다. 변양되는 것은 그것을 구성하는 지향성의 상관자이다. 나의 생생한 현재, 즉 내적 **지각**의 영역에서 나의 과거가 이러한 현재 속에 나타나 일치하는 기억들로 구성되는 것처럼, 나의 원초적 영역은 이 원초적 영역 속에 나타나며 이 영역의 내용으로 동기가 부여된 간접적으로 제시된 것을 통해, 따라서 새롭게 변양된 모습(Modifikat)을 상관자로 갖는 새로운 유형의 현전화를 통해 나의 자아 속에 타자의 자아가 구성될 수 있다. 물론 내가 그 현전화를 나의 고유한 영역 속에 고찰하는 한, 그 현전화에 속한 중심을 이루는 자아는 동일한 '나-자신'(Ich-selbst)이다. 그러나 모든 타자는, 그것이 필연적으로 함께 속한 간접적으로 제시된 구체적 지평을 간직하는 한, 간접적으로 제시된 자아에 속한다. 이 자아는 나 자신이 아니라, 나의 변양된 모습, 즉 다른 자아이다.

타자경험을 구성하는 작업수행, 구성적 연상을 통한 그 작업수행을 완전히 해명하기 위해 철저하게 필요한 타자경험의 인식대상적 연관을 실제로 충분히 해명하는 것은 이제까지 우리가 제시한 것으로는 아직 완결되지 않았다. 이미 획득된 인식에서 객관적 세계를 선험적으로 구성할 가능성과 그 도달범위를 명증적으로 만들고, 이와 함께 선험적-현상학적 관념론이 완전히 투명해질 수 있게 나아가기 위해서는 〔다음과 같은〕 보충이 필요하다.

53 원초적 영역의 잠재성과 타인의 통각 속에 이것의 구성적 기능

나의 물체적 신체(körperlicher Leib)는, 자기 자신으로 되돌아가 관계된 것으로서, 그 중심인 '여기'(Hier)라는 자신의 주어진 방식을 갖는다. 다른 모든 물체와 즉 타인의 물체〔몸체〕도 '거기'(Dort)라는 양상을 갖는다. '거기'라는 방향이 정해지는 것(Orientierung)은 나의 운동감각으로 자유롭게 변화된다. 이 경우 방향이 정해지는 것의 변화에서 나의 원초적 영역 속에 하나의 공간적 자연(eine räumliche Natur)이 구성된다. 게다가 그 자연은 지각하면서 기능하는 신체성과 지향적으로 관련되어 구성된다.

이제 나의 물체적 신체는 다른 모든 물체와 마찬가지로 공간 속에 존재하며, 다른 모든 물체와 마찬가지로 움직이는 자연의 물체로 파악되고 파악될 수 있다는 점은, 다음과 같은 말로 표명되는 가능성과 명백히 관련된다. 그것은 내가 나의 운동감각들을 자유롭게 변경함으로써, 특히 〔주위를〕돌아다님으로써 나의 위치를 변경할 수 있기 때문에, 나는 모든 '거기'를 '여기'로 변경시킬 수 있다는, 즉 모든 공간적 장소를 받아들일 수 있다는 가능성을 말한다. 이것에는 내가 '거기'에서 〔어떤 사물을〕지각하는 경우, 나는 '그것이-거기에-있음'에 속하는 것과는 달리 상응하는 나타남의 방식에서만 동일한 사물을 지각하게 될 것이라는 가능성도 포함된다. 또는 나의 순간적인 '여기서부터'의 나타남의 체계만 아니라, 나를 '거기'로 옮겨놓는 그 위치의 변화에 상응하는 아주 규정된 나타남의 체계도 모든 사물에 구성적으로 속한다는 가능성도 포함된다. 그리고 이러한 점은 모든 '거기'에 대해서도 그러하다.

나의 자연을 원초적으로 구성하는 데 그 자체가 연상적으로 성격지어진 이 연관, 또는 오히려 '함께 속해 있는 것'은 타자경험의 연상적 작업수행을 해명하는 데 아주 본질적으로 문제 삼아야만 하는 것이 아닌가? 아무튼 나는 타인을 단순히 '나 자신의 복제물(Duplikat)'로 통각을 하는 것이 아니기 때문에, 나는 타인을 나나 나와 동등한 〔사람의〕원본의 영역을 가지고 통각을 하는 것도, 나의 '여기'에서 나에게 고유한 공간적 나타남의 방식들로 통각을 하는 것도 아니다. 오히려 더 상세하게 살펴보면, 마치 내가 거기로 가서 거기에 있는 것처럼, 나 자신도 그러한 것을 동등하게 갖게 될 것이라는 공간적 나타남의 방식들로 통각을 하는 것이다.

더 나아가 타인은 원초적(primordinal) 세계, 또는 모나드의 자아로서 간접적 제시로 통각이 된다. 원초적 세계나 모나드 속에 타인의 신체는 '절대적 여기'라는 양상으로, 바로 타인이 지배하는 활동에 대한 기능적 중심으로서 근원적으로 구성되고 경험된다.

그러므로 이러한 간접적 제시에서 나의 모나드적 영역 속에 나타나는 물체는 '거기'라는 양상으로 지시된다. 그리고 타자의 신체물체, 즉 다른 자아의 신체로 통각이 되는 물체는 타인이 그의 모나드적 영역 속에 경험하는 것으로서, '여기'의 양상 속에 있는 **동일한 물체**를 지시한다. 그러나 그것은 구체적으로는 동일한 물체를 타자[의 경험] 속에 주어지는 이러한 방식들을 실행하는 구성적 지향성 전체와 더불어 지시한다.

54 타자를 경험하는 간접적 제시의 의미를 해명하는 일

바로 위에서 제시된 것은 명백히 '타인'이라는 양상을 구성하는 연상(Assoziation)의 과정을 지시한다. 이 연상은 결코 직접적인 것이 아니다. 나의 원초적 환경세계에 속하는 물체(뒤로 가면 타인의 [신체가 되는] 물체)는 나에 대해서 '거기'의 양상 속에 있는 물체이다. 이 물체가 나타나는 방식은 나의 신체가 그때그때 실제적으로 ('여기'의 양상 속에) 가지며 나타나는 방식과 직접적 연상에서 짝을 이루는 것이 아니라, 공간 속에 있는 물체인 나의 신체의 구성적 체계에 속한 유사한 나타남을 재생산적으로 일깨운다.

물체가 나타나는 방식은 '마치 내가 거기에 있었던 것 같은' 나의 물체적 외양을 기억하게 한다. 이 경우에도 비록 그러한 일깨움이 기억-직관(Erinnerungs-Anschauung)에 이르지는 못하더라도, 짝짓기가 수행된다. 나의 물체는 맨 처음 일깨워진 나타남의 방식뿐 아니라, 이러한 나타남의 방식과 그것과 친숙한 다른 다양한 나타남의 방식들의 종합적 통일체로서도, 그것 자체가 이러한 짝짓기로 들어온다. 이렇게 해서 유사하게 만드는 통각이 가능해지며 정초된다. 그런데 이 통각을 통해 거기에 있는 외부의 물체는 나 자신의 물체에서 유비적으로 '신체'라는 의미를 얻으며, 더 나아가 나의 원초적 세계의 유비에 따른 다른 세계의 '신체'라는 의미를 얻는다.

따라서 연상적으로 발생하는 모든 통각과 마찬가지로 이러한 통각의 일반적 양식도 다음과 같이 기술될 수 있다. 즉 통각의 기초가 되는 자료를 연상적으로 합치시킴으로써 높은 단계의 연상이 수행된다. 어느 한 자료가 어떤 지향적 대상——지향적 대상은 다양한 나타남이 연상적으로 일깨워진 체계에 대한 지표(Index)이며, 그것은 다양한 나타남 속에 그 자신을 지시할 것이다——의 나타나는 방식들 가운데 하나라면, 다른 자료와 마찬가지로 어떤 사물, 게다가 어떤 〔첫 번째 지향적 대상과〕 유사한 대상에 관한 나타남으로 보충된다.

그러나 그것은 마치 다른 자료에 **중첩**된 통일성과 다양성이 그 어떤 자료에서 나타나는 방식들을 통해 다른 자료를 보충하는 것과는 다르다. 오히려 〔첫 번째 지향적 대상에〕 유비적으로 파악된 대상 또는 그것이 지시하는 나타남의 체계는, 곧 이 체계 전체를 함께 일깨우는 유비적인 나타남에 유비적으로 적합해지게 된다. 연상적 짝짓기로 일어난 모든 '멀리 떨어진 중첩'(Fernüberschiebung)은 동시에 융합(Verschmelzung)이다. 또한 〔이들의〕 양립불가능성(Unverträglichkeit)이 끼어들지 않는 한, 이 융합 속에 어떤 것의 의미를 다른 것의 의미에 유사하고, 동등하게 한다.

그런데 이제 우리가 다른 자아의 통각이라는 우리의 〔문제〕경우로 되돌아가면, 나의 원초적 영역 속에 거기에 있는 그 **물체**의 측면에서 그때 간접적으로 제시된 것은 나의 심리적인 것, 즉 결코 나의 고유한 영역에서 나온 것이 아니라는 점이 바로 자명하다. 나는 신체를 갖고 여기에, 즉 나를 중심으로 방향이 정해진 원초적 세계의 중심에 존재한다. 그러므로 모나드로서 나의 원초적인 고유한 영역 전체는 '여기'라는 내실을 가지며, 그 어떤 '거기'에도 삽입될 수 있는, '나는 할 수 있으며 실행한다'로 변경되는 것으로도 규정된 '거기'의 내실을 갖는 것이 아니다. '여기'와 '거기'는 서로 배척하며, 동시에 존재할 수 없다.

하지만 '거기'에 있는 타자의 몸체는 '여기'에 있는 나의 몸체와 짝을 이루는 연상을 형성하기 때문에, 즉 타자의 몸체는 지각에 적합하게 주어지고 간접적 제시의 핵심, 즉 함께 현존재하는(mitdaseiend) 자아의 경험이 된다. 따라서 함께 현존재하는 자아는 의미를 부여하는 연상의 과정 전체에 따라 '거기'(마치 내가 거기에 있었던 것처럼)라는 양상에서 지금 함께 현존재하는 자아로서 반드시 필연적으로 간접적으로 제시된다. 그러나 끊임없는 자기 지각 속에 주어진 나 자신의 자아는 그의 '여기'라는 내실을 지니고 지금 현실적으로 존재한다. 그러므로 ('거기'라는 양상에서 함께 현존재하는) 자아는 다른 것과 구별되는 자아로서 간접적으로 제시된다. 원초적으로 공존하기에 양립불가능한 것은 나의 원초적 자아가 그 자아에 대해 다른 자아를 간접적 제시의 통각을 통해 구성한다는 점에서 양립가능해진다. 이 통각은 그 고유한 성질상 직접적 제시를 통한 충족을 결코 요구하지도 않고, 그러한 충족을 허용하지도 않는다.

그와 같은 타자의 간접적 제시는 작용을 하는 연상이 끊임없이 계속 진행되면서 항상 새로운 간접적 제시의 내실을 제공하는 방식, 따라서 다른 자아의 변화하는 내실을 일정한 지식으로 이끄는 방식, 다른 한편 끊임없는 직접적 제시와 이것에 대한 기대에 적합한 연상적 요구를 관련지음으로써, (간접적 제시의) 일관된 확증이 가능한 방식도 쉽게 이해할 수 있게 된다. 타인의 신체성과 특수한 신체적 행동에 대한 이해는 명백히 〔간접적 제시의〕 최초로 규정된 내실을 형성한다. 즉 신체의 분절〔부분〕은 만지거나 밀어붙이는 기능을 하는 손으로, 걷는 기능을 하는 발로, 보는 기능을 하는 눈으로 이해된다. 이 경우 자아는 맨 처음에는 그와 같이 신체를 지배하는 것으로서만 규정된다. 그리고 나 자신에 대해 원초적으로 명백한 감각적으로 경과하는 양식의 형식(Stilform) 전체가, 나 자신의 신체적 지배작용(Walten)에서 유형적으로 알려진 양식의 형식에 부단히 상응해야만 하는 한, 알려진 방식으로 끊임없이 확증된다.

더 나아가 높은 단계의 심리적 영역의 일정한 내실에 관한 감정이입도 잘 이해할 수 있게 된다. 그러한 내실도 신체적으로 그리고 신체성의 세계외부의 행동 속에, 예를 들어 화를 내거나 기뻐하는 등의 외적 행동 속에 지시된다. 이러한 행동은 유사한 상황 아래 나의 고유한 행동에서 잘 이해된다. 높은 단계의 심리적 사건은, 비록 그것이 아무리 다양하고 잘 알려져 있더라도, 더 나아가 종합적 연관과 이것이 경과하는 형식에 대한 그 양식을 가지므로, 이 양식을 나는 그것의 대략적 유형 속에 나에게 경험적으로 친숙한 나 자신의 삶의 양식의 연상적 실마리를 통해 이해할 수 있다. 이렇게 해서 타인에 대한 이해(Einverstehen)에 성공한 모든 것은 새로운 연상과 새로운 이해의 가능성을 열어주는 것으로 작용한다. 그리고 반대의 경우도 마찬가지로, 짝을 이루는 모든 연상이 상호작용하기 때문에, 〔그와 같은 이해는〕 고유한 영혼 삶(Seelenleben)을 그 유사성과 차별성에 따라 드러내 밝혀주며, 이렇게 새롭게 부각시킴으로써 새로운 연상에 풍부한 성과를 가져다준다.

55 모나드들의 공동체화와 객관성의 최초의 형식인 상호주관적 자연

그러나 서로 다른 단계에서 계속 형성되는 공동체의 해명이 더 중요하다. 이 공동체는 타자경험으로 즉시 나의 원초적 신체 속에 그리고 이 신체가 지배하는 원초적인 심리물리적 자아인 나와 간접적으로 제시되어 경험된 타자 사이에 세워지며, 그런 다음 더 구체적이고 철저하게 고찰하면, 나의 모나드적 자아와 타자의 모나드적 자아 사이에 세워진다.

공동체의 형식으로 최초로 구성된 것이며 그 밖의 모든 상호주관적 공동체성의 기초는 자연의 공통성이며, 이 자연의 공통성은 나 자신의 심리물리적 자아와 짝짓기[관계]에 있는 타자의 신체와 타자의 심리물리적 자아의 공통성과 일치한다. 타자의 주관성은 나의 주관성이라는 폐쇄된 나의 고유한 본질적 영역 안에서 이루어진 간접적 제시를 통해 다른 사람의 고유한 본질적 주관성이라는 의미와 타당성을 갖고 생긴다. 따라서 우리는 이 속에서 첫 순간에 '도대체 공동체화(共同體化)하는 것 그리고 무엇보다 공동체의 세계라는 형식에서 최초로 공동체화하는 것이 어떻게 성립될 수 있는가' 하는 모호한 문제를 발견하게 될지도 모른다.

나의 원초적 영역 속에 나타나는 타자의 신체(Leib)는 우선 나의 원초적 자연 속에 있는 물체(Körper)이다. 나의 원초적 자연은 나에 속한 종합적 통일체이기 때문에, 나 자신의 본질적으로 규정하는 요소로서 나 자신과 불가분하다. 만약 그 물체가 간접적으로 제시하는 것으로 기능하면, 타인은 그 물체와 일치해 나에게 의식된다. 그리고 무엇보다 타인에 대해 그의 '절대적 여기'라고 나타나는 방식 속에 주어진 것으로, 그의 신체와 함께 나에게 의식된다.

그러나 나는 나의 원초적 영역 속에 '거기'라는 양식으로 나타나고, 타인의 원초적 영역 속에 그리고 타인에 대해 '여기'라는 양식으로 나타나는 동일한 물체에 관해 도대체 어떻게 논의할 수 있는가? 이 두 원초적 영역, 즉 자아로서 나에 대해 원본의 영역인 나의 원초적 영역과 나에 대해 간접적으로 제시된 타인의 원초적 영역은 내가 실제로 넘어설 수 없는—실로 이것은 내가 타인에 관한 원본이자 간접적으로 제시하지 않는 경험을 획득했다는 것을 뜻할 것이다— 어떤 심연(深淵) 때문에 분리된 것은 아닌가? 만약 사실상의 타자경험, 따라서 항상 일어나는 타자경험에 집중하면, 감각적으로 보인 그 물체는 실제로 곧 타인의 몸체로 경험되고, 단순히 타인에 대한 어떤 지시물(Anzeige)로 경험되는 것이 아니라는 점을 우리는 발견한다. 이러한 사실은 하나의 수수께끼가 아닌가?

나의 원본의 영역 속에 있는 물체와 아무튼 다른 자아 속에 아주 분리되어 구성된 물체, 동일화되었기 때문에 타인의 신체라고 부르는 그 물체를 동일화하는 것은 어떻게 일어나는가? 그러한 동일화는 도대체 어떻게 일어날 수 있는가? 그러나 이 수수께끼는 두 개의 원본의 영역이 구별될 때만 비로소 발생한다. 이러한 구별은 이미 타자경험이 그 작업을 수행했다는 점을 전제한다. 여기서 문제는 시간적으로 선행하는 자기 경험에 근거해 이러한 종류의 〔타자〕경험의 시간적 발생(zeitliche Genesis)이 아니기 때문에, 우리가 타자경험 속에 실제로 입증될 수 있는 지향성을 정확히 해명하고 이 지향성 속에 본질적으로 함축된 동기를 추후로 증명하는 것만이 〔수수께끼를〕 해결할 수 있다.

우리가 이미 말한 대로, 간접적 제시는 그 자체로 직접적 제시의 핵심을 전제한다. 간접적 제시는 연상을 통해 직접적 제시, 즉 본래의 지각과 결합된 현전화(Vergegenwärtigung)이다. 그러나 간접적 제시는 함께 지각하는(Mitwahrnehmung) 특수한 기능 속에 직접적 제시와 융합된 것이다. 요컨대 간접적 제시와 직접적 제시는 서로 융합해 이 것들이 그 자체로 동시에 직접 제시되고 간접적으로 제시된, 더구나 대상 전체에 대해 그것이 '스스로 현존재한다'(Selbstdasein)는 의식을 세우는 하나의 지각의 기능(Funktion) 공동체 속에 놓여 있다. 따라서 인식대상적으로는 '스스로 거기에'(Selbst-da)라는 양상으로 나타나 는 직접 제시하고-간접적으로 제시하는 그와 같은 지각의 대상에서 그 대상으로 본래 지각된 것과 그 지각 속에 본래 지각된 것은 아니지 만 어쨌든 함께 현존재하는 것의 잉여(부분)는 구별될 수 있다.

따라서 이러한 유형의 모든 지각은 초월하는 것이다. 그리고 이 지 각은 '스스로 거기에' 이상을, 즉 그 지각이 그때그때 실제로 직접 제 시하게 하는 것 이상을 정립한다. 모든 임의의 외적 지각은, 가령 어 떤 집(앞면-뒷면)의 지각은 이러한 유형의 지각에 포함된다. 그러나 근본적으로는 각각의 지각, 실로 각각의 명증성 일반은, 우리가 직접 제시하는 작용(Präsentieren)을 더 넓은 의미에서 이해하면, 가장 보 편적인 유형에 따라 위와 같이 기술된다.

만약 우리가 이러한 일반적 인식을 타자에 대한 지각의 경우에 적 용하면, 이 타자에 대한 지각에서도 그것이 직접 제시하는 것을 통해 서만 간접적으로 제시할 수 있다는 점, 즉 타자에 대한 지각에서 간 접적 제시 역시 직접적 제시와 함께 그 기능의 공동체 속에서만 존재 할 수 있다는 점에 주의해야 한다. 그러나 타자에 대한 지각에는 그것 이 직접 제시한 것인, 거기서 간접적으로 제시한 동일한 대상의 통일 체에 처음부터 속해 있어야 한다는 점이 포함된다. 즉 나의 원초적 영 역에 속하는 물체, 나에게 다른 자아(이와 함께 다른 원초적 영역 전체 또는 다른 구체적 자아)를 지시하는 물체가 (다른 자아의) '현존재'와 '함께 현존재하는 것'(Mitdasein)을 간접적으로 제시하고 또 그렇게 할 수 있는 것은, 이러한 원초적 물체가 다른 자아에도 함께 속한다는 의미를 획득함으로써 이다. 따라서 그 물체가 연상적인 통각적 작업수행 전체의 방식에 따라 '타자의 신체'라는 의미를 그리고 우선은 '타자의 신체물체 자체'라는 의미를 획득함으로써 이루어진다.

그러므로 그것은 마치 나의 원초적 영역 속에 거기에 있는 물체가 타자의 물체적 신체의 유사물에 대한 (명백히 생각할 수 없는 동기부여에서) 어떤 표시물(Signal)과 같은 것인 양, 타자의 물체적 신체와 분리되어 남아 있는 것이 아니다. 따라서 연상과 간접적 제시를 확장하는 가운데 나의 원초적 자연과 타자의 간접적 제시가, 나의 구체적 자아와 다른 사람의 구체적 자아가 분리되어 남아 있는 것과 같지 않다. 오히려 나의 〔원초적〕 영역에 속해 있으며 거기에 있는 이 자연의 물체가 원초적으로 구성된 나의 자연 속에 있는 나의 물체적 신체와 이 신체 속에 심리물리적으로 지배하는 자아를 짝짓는 연상으로 다른 자아를 간접적으로 제시한다.

이 경우 그 자연의 물체는 우선 거기에 있는 이 물체 속에 다른 자아의 지배작용(Walten)을 간접적으로 제시하고, 다른 자아의 지각에 적합하게 나타나는 자연 속에 그 자아의 지배작용을 매개해 간접적으로 제시한다. 이 자연은 거기에 있는 이 물체에 속하는 것으로, 나의 원초적 자연과 동일한 자연이다. 그것은 '마치 내가 타자의 신체물체 대신 거기에 서 있는 것과 같은' 나타남의 방식으로만 나의 원초적 자연과 동일한 자연이다. 그 물체는 동일한 물체이지만 나에게는 '거기'에 있는 것으로, 다른 자아에게는 '여기'에 있는 것으로, 중심이 되는 물체(Zentralkörper)로 주어진다. 그리고 '나의' 자연 전체는 타인의 자연 전체와 동일한 것이다.

나에게 나타나는 자연 전체는 나의 원초적 영역 속에 다양하게 주어지는 방식들의 동일한 통일체로 구성된다. 즉 절대적 '여기' 속의 영점(零点)이 되는 물체(Nullkörper)인 나의 신체 주위에 변화되는 방향이 정해지는 가운데 동일한 통일체로 구성된다. 그리고 서로 다른 감각의 변화하는 나타남의 방식으로, 변화할 수 있는 조망으로 '여기'와 '저기'라는 모든 개별적인 방향이 정해짐에 속하고, 절대적 '여기'에 결부된 나의 신체에 아주 독특한 방식으로 속하는 매우 풍부한 다양체의 동일한 통일체로 구성된다. 이 모든 것은 나에 대해 고유한 영역에 속하는 원본성, 나 자신에 대한 근원적 해명을 통해 접근할 수 있는 영역의 원본성을 갖는다.

타인의 간접적 제시에서 종합적 체계는 그것의 모든 나타남의 방식을 지닌, 따라서 가능한 모든 지각과 이것의 인식대상적 내실을 지닌 모두 동일한 것이다. 다만 실제적 지각과 이것 속에 실제화되어 주어지는 방식들 그리고 부분적으로는 이 경우에 실제로 지각된 대상들은 동일한 것이 아니다. 오히려 지각된 대상들은 '거기'에서 지각될 수 있으며, 지각할 수 있는 대상이다.

이러한 점은 나의 고유한 영역과 타자의 영역 모두와 근원적 해명이 지각 속을 경과하지 못하는 경우에도 타당하다. 나에게는 제2의 자연과 이 자연 속에 있는 제2의 신체물체(타인 자신의 신체물체)를 지닌 간접적으로 제시된 제2의 원본의 영역이 있어서, 그런 다음에 야 비로소 어떻게 두 가지 원본의 영역을 동일한 객관적 자연의 나타남의 방식들로 파악할 수 있는지를 심문해야 하는 것이 아니다. 오히려 간접적 제시 자체와 이것에 대해 함께 기능하는 직접적 제시와의 필연적 통일체(이것을 통해 일반적으로 타인과 결과적으로 타인의 구체적 자아가 나에 대해 현존재하게 된다)로서의 간접적 제시를 통해, 나의 원초적 자연과 현전화된 다른 원초적 자연의 동일성의 의미(Identitätssinn)가 이미 필연적으로 확립된다.

그러므로 타자에 대한 지각, 더 나아가 객관적 세계에 대한 지각, 타인은 내가 바라보는 것과 동일한 것을 바라보는 지각 등은, 비록 그 지각이 오직 나의 고유한 영역 안에서 이루어지더라도, 아주 정당한 것이다. 이 점은 지각의 지향성이 나의 고유한 영역을 초월한다는 것, 따라서 나의 자아가 그 자체로 다른 자아를, 게다가 존재하는 것으로 구성하는 것을 배제하지 않는다.

내가 실제로 보는 것은 〔타인의〕 기호(Zeichen)나, 단순한 유사물(Analogon), 그 어떤 자연적 의미의 모사물(Abbild)이 아니라, 바로 타인이다. 그리고 이 〔실제로 보는〕 경우 실제적 원본성에서 파악된 것, 거기에 있는 이 물체성(더구나 그 물체성의 어떤 표면만)은 타인의 몸체 자체이다. 다만 그것은 곧 나의 위치에서 그리고 이러한 측면에서 보인 것이고, 타자에 대한 지각이 의미를 구성하는 것에 따라 내가 원리상 원본으로는 접근할 수 없는 영혼(Seele)의 물체적 신체이다. 이 양자〔물체적 신체와 영혼〕는 심리물리적 실재성의 통일체 속에 결합되어 있다.

그러나 다른 한편 이제부터 나 자신과 마찬가지로 객관적 세계 안에 존재하는 타인에 대한 지각의 지향적 본질에는 다음과 같은 점이 포함된다. 그것은 지각하는 자인 나는 나의 원초적 영역과 타인의 단지 현전화된 원초적 영역 사이의 구별을 발견해낼 수 있다는 점, 그에 따라 인식대상적 측면에서 이중의 층(Doppelschichtung)을 그것의 고유한 특성에서 추구할 수 있고, 연상적 지향성의 연관을 해명할 수 있다는 점이다. 객관적 자연이라는 경험의 현상은 원초적으로 구성된 〔제1의〕 층을 넘어서 타자경험에서 간접적으로 제시된 제2의 층을 가지며, 게다가 이 점은 우선 타자의 신체물체에 해당된다. 타자의 신체물체는, 생소한 〔다른〕 인간이 구성적으로는 그 자체로 최초의 인간인 것처럼, 요컨대 '그 자체로 최초의 객체'(an sich erste Objekt)이다.

객체성(Objektivität)의 이러한 근원적 현상에 대해 다음과 같은 상태가 이미 우리에게 명백하다. 만약 우리가 타자경험을 차단하면, 나에게는 나의 원초적 영역 안에서 타자 몸체의 가장 낮은 단계의 구성, 즉 단지 하나의 층으로 이루어진(einschichtig) 직접적 제시의 구성이 있다. 그리고 만약 내가 타자경험을 첨부하면, 간접적 제시로 그리고 이 직접적 제시의 층(層)과의 종합적 합치(Deckung)로 타인 자체에 주어진 것과 동일한 신체를 가지며, 더 나아가 타인의 신체에 대해 존재하는 가능하게 주어지는 방식도 갖는다.

이러한 점에서 쉽게 이해할 수 있는 것처럼, 내가 가장 아래의 층에서 경험하고 경험할 수 있는 각각의 자연의 객체는 원초적 원본성에서 나에게 주어지는 층과 종합적 동일성의 통일 속에 간접적으로 제시되는 (비록 결코 명백하게 직관적으로 되지 않더라도) 층을 지닌다. 이것은 타인이 가능하게 주어지는 방식들 속에 있는 동일한 자연의 객체이다. 이 점은 적절하게 변경하면, 그 이후에 구성된 구체적인 객관적 세계의 높은 단계의 세계성(Weltlichkeit), 인간의 세계나 문화의 세계로서 우리에 대해 항상 현존하는 세계성에서도 반복된다.

이 경우 우리는 다음과 같은 점에 주의해야 한다. 그것은 〔타자파악에〕 성공한 타자통각의 의미에는 타인의 나타남의 체계인 타인의 세계는 바로 곧 나타남의 체계의 동일성이 그 자체 속에 포함된 것인, 나의 나타남의 체계와 동일한 것으로 경험되어야 한다는 점이 놓여 있다. 물론 우리는 눈이 먼 사람이나 귀가 안 들리는 사람 등과 같은 비정상성이 존재한다는 점, 따라서 나타남의 체계는 항상 절대적으로 동일한 것일 수는 없으며, 전체의 〔나타남의〕 층들(비록 모든 층이 아니라도)이 다를 수도 있다는 점을 잘 안다. 그러나 비(非)정상성은 우선 비정상성 자체로 구성되어야만 하며, 그것은 그 자체로 선행하는 정상성(Normalität)[13]에 근거해서만 **비정상성**(Abnormalität)으로 구성될 수 있다.

이러한 사실은 객관적 세계의 구성적 근원을 이미 높은 단계에서 현상학적으로 분석하는 새로운 과제를 다시 제시한다. 이 객관적 세계는 우리에 대해 그리고 고유한 의미의 원천에서만 현존재하는 것이며, 이와 다를 경우 우리에 대해 어떤 의미나 현존재도 가질 수 없다. 객관적 세계는 그 세계에 관해 일단 성공한 통각으로 구성하는 것이 일치하는 확증을 통해, 경험하는 삶이 일관된 일치성, 경우에 따라서는 교정을 통해 언제나 다시 수립되는 일치성에서 계속 진행됨으로써 현존재를 갖는다.

또한 이 일치성(Einstimmigkeit)은 정상성과 이것이 지향적으로 변양된 것(Modifikation)인 비정상성 사이의 구별을 통한, 또는 이 비정상성의 변화 속에 새로운 통일체를 구성함으로써 통각이 변형되는 것으로서도 유지된다. 비정상성의 문제제기에는 동물성의 문제, **고등동물**과 **하등동물**의 단계계열의 문제도 속한다. 구성적으로 말하면, 동물과의 관련에서 인간은, 나 자신이 구성적으로는 모든 인간에 대한 근원적 규범인 것처럼, 정상적인 경우이다. 동물은 본질적으로는 나의 인간성(Menschlichkeit)이 비정상적으로 **변경된** 것으로서 나에 대해 구성된다. 물론 이 경우에도 동물에서 다시 정상성과 비정상성이 구별될 수도 있다.

아무튼 항상 문제가 되는 것은 증명되어야 할 의미의 구조 자체 속에 지향적으로 변양된 것이다. 이 모든 것에는 매우 깊이 파고들어가는 많은 현상학적 해명이 필요하다. 그러나 여기서의 우리의 목적을 위해서는 이러한 일반성〔일반적 설명〕으로도 충분하다.

---

13) '신체'의 모든 변화는 서로 의사소통할 수 있는 공동체의 세계가 정상적인 경험 속에 일치해 구성되어 있다는 것을 전제한다. 따라서 정상적으로 기능하는 지각의 체계로서 신체는 '정상적으로 기능하는 이성'과 더불어 상호주관적 세계를 구성할 수 있는 가능조건이다.

따라서 이렇게 설명하고 나면 다음과 같은 점은 더 이상 수수께끼일 수 없다. 즉 나는 어떻게 내 속에서 다른 자아를 구성할 수 있는가? 더 철저하게 말하면, 나는 어떻게 나의 모나드 속에 다른 모나드를 구성할 수 있고, 내 속에서 구성된 것인데도 타인으로 경험할 수 있는가? 이와 더불어 실로 이와 불가분한 것이지만, 나는 어떻게 내 속에서 구성된 자연을 타인이 구성한 자연(또는 정확성을 요구해 말하면, 내 속에서 타인이 구성한 것으로서 구성된 자연)과 동일화될 수 있는가?

이러한 종합적 동일화는 다른 모든 수수께끼, 따라서 나 자신의 원본의 영역 속에 유지되는 모든 수수께끼보다 더 큰 수수께끼일 수 없다. 이 동일화로 대상적 통일체는 일반적으로 현전화의 매개를 통해 나에 대해 의미와 존재를 획득한다.

다음과 같은 유익한 예를 고찰하고, 동시에 그것을 계속 이끌어가는 사유, 즉 현전화라는 매개를 통해 구성되는 결합하는 사유를 부각시키는 데 이용해보자. 나 자신의 체험은 어떻게 존재하는 것의 의미와 타당성을, 즉 그것의 동일한 시간의 형태와 동일한 시간의 내용 속에 존재하는 의미와 타당성을 나에 대해 획득하는가? 원본의 것은 지나가버렸지만, 반복된 현전화 속에 나는 원본의 체험으로 되돌아가며, '그렇게 나는 언제나 다시 할 수 있다'는 명증성에서 되돌아간다. 그러나 이 반복된 현전화는 분명히 그 자체로 '잇달아 일어나는 것'이며, 그것들은 서로 분리되어 있다. (그렇다고) 이러한 점이 동일화의 종합은 **동일한 것** ─여기에는 동일한 내용으로 충만된 동일하고 일회적인 시간형태가 포함된다─ 이라는 명증적 의식 속에 현전화들을 결합하는 것을 방해하지는 않는다. 따라서 **동일한 것**이란, 다른 경우와 마찬가지로 여기서도, 분리된 체험의 동일한 지향적 대상을 뜻하며, 단지 비실재적인 것으로서 분리된 체험에 내재한다.

이와는 다른, 그 자체로 매우 중요한 경우는 논리적으로 이념적인 모든 대상과 같은 엄격한 의미에서 이념적 대상을 구성하는 경우이다. 생생하고 여러 가지로 나누어진 사유작용을 통해 나는 도형·정리·수의 형태를 산출한다. 또한 언젠가 다른 때에 나는 이전에 산출한 것을 회상함으로써 그 산출을 반복한다. 그때 곧바로 그리고 본질적으로 동일화(Identifizierung)하는 종합이 나타나며, 더구나 임의로 의식 속에 수행할 수 있는 모든 반복의 경우에 새로운 동일화하는 종합이 일어난다. 즉 동일한 명제, 같은 수의 형태가 단순히 반복되어 산출된다. 즉 반복되어 명증성이 된다. 따라서 이때 그 종합(기억하는 현전화의 매개를 통한 종합)은 항상 이미 구성된 나의 체험의 흐름 안에서 생생한 현재(lebendige Gegewart)에서부터 내가 그때그때 관여한 과거까지 미치며, 이렇게 해서 그 종합은 생생한 현재와 과거 사이에 결합을 이끌어낸다.

그런데 이렇게 함으로써 특수한 의미에서 이른바 이념적 대상성에 관한 그 자체로 매우 중요한 선험적 문제가 해결된다. 이념적 대상성의 초(超)시간성은 임의의 모든 시간의 위치에서도 임의로 산출할 수 있고 반복해 산출할 수 있는 것의 상관자로서, 전(全)시간성으로 입증된다. 더구나 이러한 점은 그 자신의 객관적 시간과 가능한 사유주체인 객관적 인간을 지닌 객관적 세계가 구성된 다음에는, 그들의 측면에서 객관화된 이념적 형성물과 이들의 객관적 전시간성으로 명백히 옮겨진다. 이 경우〔그러한 이념적 형성물이〕시간공간에 개별화된 것인 객관적 실재성을 〔이념적 형성물과〕 대조하는 것을 이해할 수 있게 된다.

이제 만약 우리의 경우인 타자경험으로 다시 돌아가면, 타자경험이 그 복잡한 구조 속에 현전화를 통해 매개된 〔위에서 언급한 결합과〕 유사한 결합을 수행하는 것을 발견한다. 그 결합은 구체적 자아의 부단히 생생하게 전진하는 (순수하게 수동적으로 원본과 같은 자신의 나타남인) 자기 경험, 즉 구체적 자아의 원초적 영역과 이 속에서 현전화된 타자의 영역 사이의 결합이다. 타자경험은 원초적으로 주어진 타자의 신체물체, 즉 단지 다른 나타남의 방식으로 간접적으로 제시된 타자의 신체물체를 동일화하는 종합을 통해 이러한 결합을 수행한다. 또한 타자경험은 이것에서 확장되어 (순수한 감각적 근원성에서) 원초적으로 그리고 동시에 간접적 제시로 주어지고 확증된 자연을 동일화하는 종합을 통해 이러한 결합을 수행한다.

이러한 종합을 통해 나의 자아(그리고 나의 구체적 자아 일반)와 타자의 자아의 공존(Koexistenz), 나와 타자의 지향적 삶의 공존, 나와 타자의 실재성의 공존, 요컨대 하나의 공통적 시간의 형식이 근원적으로 건설된다. 이 경우 모든 원초적 시간성은 객관적 시간성이 개별적 주관에 원본으로 나타나는 방식이라는 단순한 의미를 저절로 획득한다. 우리는 여기서, 구성적으로 서로 관련된 모나드의 시간적 공동체(zeitliche Gemeinschaft)가 분리될 수 없다는 점을 알게 된다. 왜냐하면 그 모나드의 시간적 공동체는 하나의 세계와 하나의 세계의 시간의 구성과 본질적으로 연관을 맺기 때문이다.

56 높은 단계의 상호 모나드론적 공동체의 구성

이러한 고찰로 우리는 공동체화(共同體化)의 최초이면서 가장 낮은 단계를 해명했다. 그 공동체화는 나, 즉 나에 대해 원초적인 모나드와 내 속에서 타자로, 따라서 그 자체로 존재하지만 나에게는 단지 간접적 제시로만 입증할 수 있는 것으로 구성된 모나드 사이의 공동체화이다.

타인들이 내 속에서 타인으로 구성된다는 것은 타인이 존재하는 것으로서 그리고 그렇게 존재하는 것으로서 나에 대해 의미와 타당성을 가질 수 있는 유일하게 생각할 수 있는 방식이다. 만약 타인들이 끊임없는 확증의 원천에 근거해 그 의미와 타당성을 가지면, 나는 타인들이 확실히 존재한다고 말할 수밖에 없다. 그러나 그 경우 타인들은 그들이 구성되었다는 의미만 지니고 존재한다. 즉 모나드로서 타인들은, 내가 나 자신에 대해 존재하는 것과 정확히 마찬가지로 그들 자체에 대해 존재한다. 하지만 이것은 공동체 속에, 즉 (이미 이전에 사용한 표현을 강조해 반복하면) 구체적 자아이자 모나드인 나와의 결합 속에 존재한다.

물론 타인들의 체험에서 나의 체험으로 옮겨주는 그리고 일반적으로 말하면 타인들에 고유한 본질적 영역에서 나의 고유한 본질적 영역으로 옮겨주는 어떠한 내실적 결합도 존재하지 않는 한, 타인들의 모나드는 나의 모나드와 내실적으로(reell) 분리되어 있다. 이 내실적 분리에는 실로 실재적 분리, 즉 세계 속에 나의 심리물리적 현존과 타인의 심리물리적 현존의 실재적 분리가 상응한다. 이 실재적 분리는 객관적 신체의 공간성 때문에 공간적 분리로 나타난다.

그러나 이 근원적 공동체가 무(無)인 것은 아니다. 만약 각각의 모나드가 내실적으로는 절대적으로 폐쇄된 통일체라면, 타인이 나의 원초적 영역으로 비실재적으로(irreal) 지향적으로 들어오는 것은 타인이 꿈에서 나의 원초적 영역으로 들어오거나, 단순한 상상의 방식으로 표상된다는 의미에서 비실재적인 것은 아니다. 존재자는 〔다른〕 존재자와 함께 지향적 공동체 속에 존재한다. 그것은 원리적으로 독특한 방식의 결합된 것, 현실적 공동체이며, 곧 세계 즉 인간의 세계와 사태들의 세계의 존재를 선험적으로 가능하게 하는 것이다.

공동체화의 최초의 단계, 이와 거의 같은 것이지만, 원초적 세계에서 객관적 세계를 최초로 구성하는 것이 설명된 다음에는 〔공동체화의) 높은 단계의 설명에는 상대적으로 어려운 점이 별로 없다. 비록 높은 단계에 관련해서도 그것들을 전면적으로 해명하려는 목적을 위해 세분화되는 문제제기를 지닌 광범위한 연구가 필요하다. 하지만 여기서 우리는 위에 제기한 근거에서 쉽게 이해할 수 있는 개략적인 기본적 윤곽에 만족할 수 있다.

나는 구성적으로는 근원적 모나드(Urmonade)인 나에게서 나에 대해 다른 모나드, 또는 심리물리적 주체인 타인들을 획득한다. 이러한 사실 속에는, 나는 타인들을 단순히 나에게 신체적으로 대립해 있는 것으로 획득하는 것이 아니라는 점, 또 연상적 짝짓기를 통해 나의 심리물리적 현존재로 소급해 관련된 것으로 획득하는 것이 아니라는 점이 포함된다. 확실히 일반적이고 당연한 방식으로 나의 심리물리적 현존재는 지금 단계의 공동체화된 세계 속에서도 그것이 필연적으로 방향이 정해져 주어지는 방식으로 중심이 되는 일원이다. 오히려 인간은 개별자로서 이미 '공동체의 일원'이라는 의미를 수반하는데(이 점은 동물의 사회성에도 전이된다), 인간의 공동체 그리고 '인간'이라는 의미에서 나의 현존재와 모든 타인의 현존재를 객관화하면서 동등하게 세우는 것을 당연히 지니는 '서로에 대해 상호작용하는 것'(Wechselseitig-für-einander-sein)이 포함된다. 따라서 나나 모든 사람도 다른 인간들 가운데 한 사람으로 존재한다.

만약 내가 다른 사람을 이해함으로써 그의 고유한 지평으로 깊이 파고 들어가면, 나는 곧 다음과 같은 점에 직면할 것이다. 즉 내가 타인의 물체신체를 나의 지각영역 속에 발견하는 것과 마찬가지로, 타인은 나의 신체를 자신의 지각영역 속에 발견할 것이라는 점이다. 또한 일반적으로 말하면, 내가 타인을 나에 대한 타인으로 경험하는 것과 마찬가지로, 타인도 나를 곧 그에 대한 타인으로 경험할 것이라는 점이다. 이처럼 많은 사람도 서로에 대해 타인으로 경험된다. 더 나아가 나는 그때그때의 타인들을 단순히 타인으로 경험할 수 있을 뿐만 아니라, 타인 자신으로서는 그의 타인에 관련된 그리고 경우에 따라서는 반복적으로 생각할 수 있는 매개를 통해서는 동시에 나 자신에 관련된 타인으로도 경험할 수 있다.

인간은 실제적으로뿐 아니라 가능성으로도 자신의 임의적 선택에 따라 타인을 그리고 〔계속해서〕 타인을 발견하는 것으로 통각을 할 수 있다는 점도 명백하다. 그렇다면 개방된 무한한 자연 자체는, 비록 그 방식이 알려지지 않았더라도, 무한한 공간 속에 분산된 다양하게 개방된 인간들을 (더 일반적으로 말하면 동물들을) 가능한 상호공동체(Wechselgemeinschaft)의 주체들로서 자체 속에 포함하는 자연이 된다. 물론 선험적 구체성 속에 이 상호공동체에는 그에 따라 개방된 모나드의 공동체(Monadengemeinschaft)가 상응한다. 이 모나드의 공동체를 우리는 '선험적 상호주관성'이라 부른다.

말할 필요도 없이 이 선험적 상호주관성은 성찰하는 자신 내 속에서 순수하게, 즉 나에 대해 나의 지향성의 원천에서 순수하게 구성된다. 그러나 그 상호주관성은 '타인'이라는 변양을 통해 구성된 모든 모나드 속에 동일한 공동체로서, 즉 단지 다른 주관적 나타남의 방식에서 구성된다. 그리고 그 상호주관성은 동일한 객관적 세계를 필연적으로 그 자체 속에 포함한 것으로 구성된다.

내 속에서 (이와 유사하게는 내가 생각할 수 있는 모든 모나드의 공동체 속에서) 선험적으로 구성된 세계의 본질에는 분명히 다음과 같은 점이 포함된다. 그것은 그 세계도 본질에 필연적으로 인간의 세계라는 점, 모든 개인에서 그 세계는 지향성의 잠재적 체계—이 체계는 **영혼** 삶으로서 자신의 측면에서는 이미 세계에 존재하는 것으로 구성되었다—인 지향적 체험을 통해 다소간에 완전하게 내적인 영혼으로(innerseelisch) 구성되었다는 점이다. 객관적 세계에 대한 영혼의 구성이란, 예를 들어 자기 자신을 인간으로 경험하는 나의 자아가 수행하는 실제적이거나 가능한 세계에 대한 경험으로 이해된다. 이 세계에 대한 경험은 다소간에 완전하지만, 어쨌든 적어도 규정되지 않은 개방된 지평으로서 완전한 것이다. 이러한 지평 속에 모든 인간에 대해 모든 타인은 물리적·심리물리적·내적 심리적으로 놓여 있다. 비록 대부분은 정말 올바르지 않더라도 그 지평은 올바르든 않든 접근할 수 있는 개방된 무한한 영역이다.

57 내적 심리학적 해명과 자아론적–선험적 해명의 평행관계에 대한 설명

이러한 근거에서 영혼의 내적인 해명과 자아론적–선험적 해명의 필연적 평행관계, 또는 순수한 영혼은, 이미 앞에서 말한 대로, 모나드 속에 수행된 자기를 객관화한 것(Selbstobjektivierung)이라는 사실을 설명하기란 어렵지 않다. 이 자기 객관화의 서로 다른 단계에는, 모나드에 대해 타인이 존재할 수 있으려면, 본질의 필연성이 있어야 한다.

이러한 점과 관련해 아프리오리한 선험적–현상학적 모든 분석과 이론은—방금 그 근본적 특징의 윤곽을 드러낸 객관적 세계를 선험적으로 구성하는 이론도—선험적 태도를 포기하고 자연적〔태도의〕 토대 위에서도 수행될 수 있다. 선험적 이론이 이러한 선험적 소박함(Naivität)으로 옮겨지면, 그것은 내성(內省)심리학적 이론이 된다. 형상적으로 그리고 경험적으로 순수심리학, 즉 영혼이나 구체적인 '인간〔으로서의〕-나'의 지향적으로 고유한 본질만 해명하는 심리학에는 선험적 현상학이 상응하며, 그 반대도 마찬가지다. 그러나 이것은 선험적으로 통찰되어야만 할 사항이다.

58 더 높은 단계의 상호주관적 공동체를 지향적으로 분석하는 문제들을 나누는 일. 자아와 환경세계

인간성(Menschentum)의 구성, 또는 인간성의 완전한 본질에 속하는 그 공동체(Gemeinschaft)의 구성은 이제까지의 설명으로는 아직 완결되지 않았다. 그러나 〔위에서 언급한〕 최후에 획득된 의미의 공동체에서 출발해 간접적으로 제시하는 타자경험을 매개함으로써 다른 자아로 들어가는 자아-작용의 가능성, 실로 모든 인간의 인격적 의사소통이 수립되는 사회적 작용들이라는 특성이 있는, 특히 자아의 인격적 작용의 가능성을 명백하게 이해하기란 매우 쉬운 일이다.

이러한 작용들을 그 서로 다른 형태에서 신중히 연구하고, 이것에 입각해 모든 사회성(Sozialität)의 본질을 선험적으로 명백히 이해시키는 것은 매우 중요한 과제이다. 객관적 세계 안에서 본래의 공동체화, 즉 사회적 공동체화를 통해 독특한 종류의 정신적 객체성으로서 서로 다른 유형의 사회적 공동체가 그것의 가능한 단계의 질서 속에 구성된다. 그런데 이 사회적 공동체에는 '더 높은 수준〔질서〕의 인격성'이라는 성격을 가진 특이한 유형도 포함된다.

더 나아가 지금 시사된 문제제기와 불가분하며 어떤 의미에서는 그와 상관적인 문제, 즉 모든 인간과 모든 인간의 공동체에 대한 특수한 인간적 환경세계, 게다가 문화적 환경세계를 구성하는 문제 그리고 비록 제한된 종류의 객체성이더라도 환경세계(Umwelt)의 객체성을 구성하는 문제가 고찰될 것이다. 이러한 객체성은, 비록 세계가 나에 대해서나 모든 사람에 대해 구체적으로는 문화의 세계로만 주어져 있고, 또한 모든 사람이 접근할 수 있다는 의미를 지니고 있더라도, 제한된 것이다. 그러나 〔모든 사람이〕 접근할 수 있다는 이 성격은, 곧 그 의미를 더 정확하게 해명하면 곧바로 나타나게 될 구성적인 본질적 근거에 입각해, 결코 무조건적인 것은 아니다. 〔모든 사람이) 접근할 수 있다는 이 성격은 자연·신체성, 이와 함께 심리물리적 인간——어떠한 일반성 아래 이해된 인간——을 구성하는 의미에 본질적으로 속하는 모든 사람에 대해 절대적으로 무조건적으로 접근할 수 있다는 성격과 명백하게 구별된다.

물론 모든 사람은 어쨌든 아프리오리하게 동일한 자연 속에 산다는 점, 모든 사람은 이 동일한 자연을 타인과 더불어 자신의 삶을 필연적으로 공동체화함으로써 개별적이거나 공동체의 행위와 삶 속에 문화의 세계로, 즉 인간적 의의를 지니는 세계——이것이 아무리 원시적 단계에 있더라도——로 형성해왔다는 점은 (세계를 구성하는 본질적 형식의 상관자로서) 여전히 무조건적인 보편성의 영역까지 이른다.

그러나 이것은 아프리오리하게도 또한 사실적으로도 다음과 같은 점을 배제하지 않는다. 즉 하나의 동일한 세계에 속한 인간들은 서로 별다른 관련 없는, 또는 전혀 관련 없는 문화적 공동체 속에 산다. 따라서 인간들은 서로 다른 문화적 환경세계를 상대적으로 또는 절대적으로 독립된 공동체들이 영향을 주고받으며 살아가는 구체적 생활세계로 구성한다는 점이다.

모든 사람은 자신의 구체적 환경세계, 또는 자신의 문화를 처음에는 그 핵심에 따라, (그런 다음) 아직 드러내 밝혀지지 않은 지평을 갖고, 곧 환경세계와 문화를 역사적으로 형성해가는 공동체의 인간으로 이해한다. 그러나 이러한 공동체의 모든 구성원은 더 깊은 이해, 즉 현재 그 자체를 이해하기 위해 함께 규정하는 과거의 지평을 열어주는 이해가 원리적으로 가능하다. 요컨대 다른 공동체에서 이 공동체와의 관계를 통해 나타나는 인간에게는 폐쇄된, 오직 그들에게만 가능한 어떤 근원적 성격에서 그러한 이해가 가능하다. 그 구성원은 다른 세계의 인간을 당연히 처음에는 인간 일반으로 이해하고, 그런 다음 그 어떤 문화의 세계에 속하는 인간으로 이해한다. 이러한 이해에서부터 그는 더 잘 이해할 가능성을 그 자신이 스스로 점차 만들어내야 한다. 그는 가장 일반적인 이해에서 현재를 그리고 이 현재에서 역사적 과거로 점차 커지는 층(層)들을 추후에 이해할 수 있는—그런 다음 이것은 다시 현재를 더 확장해 열어놓는 데 도움이 된다—통로를 스스로 개척해야 한다.

개방된 무한한 다양성을 지닌 그 자신의 체험의 흐름에서 출발해 그것의 서로 다른 객관화하는 단계를 거쳐 객관적 세계에 이르기까지 그 어떤 종류이든 세계의 구성은 방향이 정해진 구성으로서 어떤 법칙성에 따라 이루어진다. 그 구성은 서로 다른 단계에서, 그러나 가장 넓게 파악될 수 있는 의미 안에서 원초적으로 구성된 것과 2차적으로 구성된 것을 전제한다.

이 경우 항상 원초적인 것(Primordinales)은 새로운 의미의 층을 지니고 2차적으로 구성된 세계로 들어오는데, 이 원초적인 것은 방향이 정해진 주어지는 방식 속에서 중심적 일원이 된다. 그리고 2차적으로 구성된 세계는 필연적으로 원초적인 것에서 접근할 수 있고, 질서 지어 해명될 수 있는 존재의 지평으로서 필연적으로 세계로 주어진다. 그러므로 그것은 이미 원초적인 것에 대해서 우리가 체험의 흐름이라고 부르는 내재적 세계이다. 이 흐름은 서로 대립되어 존재하는 것의 체계로서 방향이 정해져 원초적으로 구성되는 생생한 현재의 주위에 주어진다. 이것에서 생생한 현재의 외부에 있는 모든 것, 즉 내재적 시간성(immanente Zeitlichkeit)에 속하는 것이 접근할 수 있게 된다.

또한 우리가 말하는 특수한 의미에서 원초적 영역 안에 있는 나의 신체는 자연, 즉 나의 신체의 지배작용(Walten)을 통해 비로소 구성되는 세계로서의 자연에 대해 중심이 되는 일원이다. 이와 마찬가지로 나의 심리물리적 신체는 서로 대립되는 객관적 세계의 구성에 대해 원초적이고, 그 세계가 방향이 정해져 주어지는 방식에 중심이 되는 일원으로서 들어간다. 만약 우리가 부각시킨 의미에서 원초적 세계가 그 자체로 객관적 세계의 중심이 되지 않으면, 이 원초적 세계 전체가 객체화되어 그것이 어떠한 대립되어 존재하는 새로운 것도 만들어내지 못하는 데 기인한다. 그에 반해 다양한 타자의 세계는 나의 세계의 주위에 방향이 정해져 주어지고, 그 세계는 거기에 내재하는 공통적인 객관적 세계가 구성했기 때문에 하나의 세계이다. 따라서 객관적 세계의 시간공간의 형식은 동시에 그것에 대해 접근하는 형식의 기능을 갖는다.

만약 우리가 문제 삼는 경우인 문화세계로 되돌아가면, 그것 역시 다양한 문화의 형성물과 문화로 접근할 수 있게 함께 기능하는 보편적 자연과 이 자연의 시간공간의 접근하는 형식을 근본적 토대로 문화의 세계로 방향이 정해져 주어져 있다. 따라서 우리가 파악하듯이, 문화의 세계도 하나의 영점이 되는 일원(Nullglied), 또는 인격성과 관련해 방향이 정해져 주어진다. 이 경우 자아와 나의 문화는, 모든 타자의 문화에 대립해 원초적인 것이다. 나와 나의 문화권에 속하는 사람들은 일종의 타자경험(Fremderfahrung)을 통해서만, 즉 타자의 문화권에 속한 인간성과 이들의 문화 속으로 일종의 감정이입(Einfühlung)을 통해서만 타자의 문화에 접근할 수 있다. 그리고 이러한 감정이입도 그 지향적 연구를 요구한다.

우리는 인간의 세계나 문화의 세계 자체에 그것의 특수한 의미를 부여하고, 그렇게 함으로써 그 세계를 특수한 정신적 술어(述語)들이 구비된 것으로 만드는 의미의 층(Sinnesschicht)을 더 정확하게 탐구하는 일을 단념해야 한다. 우리가 수행한 구성에 대한 해명은 지향적 동기부여의 연관을 입증했는데, 객관적 정신(objektives Geist)에 관한 모든 술어를 단념했을 때 우리에게 남아 있는 구체적인 완전한 세계의 연관을 맺는 기저의 층은 이 동기부여의 연관 속에 구성적으로 발생했다. 우리는 이미 그 자체로 구체적이고 통일적으로 구성된 자연 전체와 이 자연 속에 포함된 인간의 신체나 동물의 신체를 간직하지만, 영혼 삶(Seelenleben)은 아직 구체적으로 완전하게 간직하지 않는다. 왜냐하면 인간의 존재 그 자체는 인간적 의의를 지닌 술어들을 항상 이미 구비하는 것으로 존재하는 실천적 환경세계에 의식에 적합하게 관계되고, 그 관계는 이러한 술어들의 심리학적 구성을 전제하기 때문이다.

세계에 주어지는 그러한 모든 술어는 시간적 발생(zeitliche Genesis)에 근거해 생긴다는 점, 더구나 인간이 받아들이고 실행하는 활동 속에 뿌리를 둔 시간적 발생에 근거해 생긴다는 점은 어떠한 증명도 필요하지 않다. 그러나 그와 같은 술어가 개별적 주체 속에 근원을 두고, 공통의 생활세계에 속해 존속하는 것으로 자신의 상호주관적 타당성을 지니는 것은, 인간의 공동체가 모든 개인과 마찬가지로 구체적 환경세계 속에 살아가며, 받아들이고 실행하는 행동을 통해 그 환경세계에 관계한다는 점, 따라서 그러한 환경세계가 모두 이미 구성되었다는 점을 전제한다.

인간의 생활세계(Lebenswelt)[14]는 이렇게 끊임없이 변화함으로써, 인간이 〔그 변화에〕 상관적으로 항상 새로운 습득적 특성을 받아들여야만 하는 한, 인격(Person)인 인간 자신도 분명히 변화된다. 이러한 연관에서 정적 구성과 발생적[15] 구성이라는 광범위한 문제

---

14) 후설은 여기서 '생활세계'와 '환경세계'를 명확히 구분하지 않고 사용한다.

15) 후설 현상학의 발전에서 '정적'과 '발생적'이라는 분석방법에 의한 구분에는, 가령 어떤 대상을 어떤 시점이나 단면에서 파악한 것이 여러 각도에서 입체적으로 전체를 파악한 것과 배치되지 않듯이, '정적' 분석의 결과는 '발생적' 분석의 결과에 모순되지 않는다는 점이 중요하다. 후자는 전자의 소박한

가 매우 중요하게 느껴진다. 발생적 분석은 '보편적 발생'(universale Genesis)이라는 수수께끼로 가득 찬 문제의 일부이다. 예를 들어 인격성에 관해서 말하면, 건설되었다가는 다시 폐기되는 다양한 습득성에 대립해 인격적 특성이라는 통일성의 정적 구성의 문제뿐만 아니라, 타고난(angeboren) 특성의 수수께끼로 소급해 이끄는 발생적 구성의 문제도 매우 중요하게 느껴진다.

우리는 이러한 높은 단계의 문제제기를 구성적 문제제기로 시사했고, 이렇게 함으로써 필증적 자아에 관한 선험적-현상학적 해명을 체계적으로 계속 진행시켜가는 가운데 결국에는 세계의 선험적 의미까지도 그 완전한 구체성에서 드러내 밝힐 수 있었다는 점에 만족하지 않을 수 없다. 이 완전한 구체성에서 세계는 곧 우리 모두의 끊임없는 생활세계(Lebenswelt)이다. 이러한 것은 모든 환경세계(Umwelt)의 특수한 형태에 대해서도 타당하다. 세계는 항상 우리의 인격적 교육과 발달에 따라, 또는 우리가 이러저러한 국가나 이러저러한 문화권의 일원인가에 따라 이러한 환경세계의 특수성 속에 우리에게 제시된다.

이 모든 것에는 본질적 필연성, 또는 본질적 양식이 지배하는데, 이 본질적 양식은 [우선은] 선험적 자아에서, 그런 다음에는 선험적 자아 속에서 열리는 선험적 상호주관성에서, 따라서 선험적 동기부여와 선험적 구성의 본질적 형태에서 자신의 필연성의 원천을 갖게 된다. 이러한 본질적 형태를 드러내 밝히는 데 성공하면, 이 아프리오리한 양식은 최고의 권위를 지니는 합리적 해명(rationale Erklärung), 즉 궁극적이고 선험적으로 이해할 수 있게 만드는 합리적 해명을 획득한다.

태도를 비판하고 그 근원을 되돌아가 물음으로써 나선형의 발전을 이루어나간 것이다.

59 존재론적 해명과 구성적인 선험적 현상학 전체 속의 위치

이제까지 수행된 연관를 갖는 부분들로 그리고 일부는 이 부분들에 수반되는 불가피한 새로운 문제제기와 이것에서 요구된 질서의 형식을 미리 제시함으로써 우리는 철학적으로 근본적인 통찰을 획득했다. 존재하는 것으로 미리 주어진 경험의 세계에서 출발해, 형상적(形相的) 태도로 이행한 다음에는 존재하는 것으로 미리 주어졌다고 생각된 경험의 세계 일반에서 출발해 우리는 선험적 환원을 수행했다. 즉 미리 주어진 것 그리고 이것에 이어 주어지는 것의 모든 방식을 그 자체 속에 구성하는 선험적 자아, 또는 [이 자아의] 형상적 자기 변경을 통해서는 선험적 자아 일반으로 되돌아가게 되었다.

이렇게 함으로써 선험적 자아는 그 자체 속에 세계를 경험하는 자, [경험이] 일치함을 통해 세계를 입증하는 자로 파악되었다. 이러한 선험적 자아의 구성의 본질과 그 자아론적 단계를 추구해 우리는 새로운 종류의 아프리오리, 즉 구성의 아프리오리를 명백하게 만들었다. 우리는 자아가 자기 자신에 대해 그리고 자신의 **원초적인** 고유한 본질적 영역 속에 실행하는 자기 구성(Selbstkonstitution)과 자신의 고유한 본질적 영역을 원천으로 삼아 서로 다른 단계에서 실행하는 모든 타자성(Fremdheit)의 구성을 구별하는 것을 배웠다. 이 구성은 나 자신의 자아 속에 수행된 전체 구성이 그 본질적 형식으로 이루어진 보편적 통일체를 결과적으로 만들어낸다. 나에 대해 그리고 자아 일반에 대해 객관적으로 존재하는 세계는 그러한 전체 구성의 상관자로 끊임없이 미리 주어져 있고, 의미의 층들 속에 계속 형성되는 세계이다. 그러나 이것은 상관적인 아프리오리한 형식의 양식(Formstil)으로 형성된다. 그리고 이 구성은 그 자체로 하나의 아프리오리이다.

나의 자아와 나의 본질을 변경하는 것 자체 속에 지향적으로 포함된 것 그리고 지향적으로 동기가 부여된 것의 가장 근본적이고 일관된 해명을 통해 다음과 같은 점이 제시된다. 그것은 주어진 객관적 세계의 일반적인 사실적 구조, 즉 단순한 자연·동물성·인간성, 서로 다른 단계의 사회성과 문화로서 세계를 구축하는 것은 매우 넓은 범위에 걸쳐, 또한 아마 우리가 이미 통찰할 수 있었던 것보다 더 넓은 범위에 걸쳐서 본질적인 필연적 구조라는 점이다.

이러한 점은 다음과 같은 명백하고도 필연적인 귀결로 이어진다. 즉 곧 실재적 세계의 보편성에 속한 아프리오리를 드러내 밝히는 것인 실재적 세계의 아프리오리한 존재론(Ontologie)의 과제도 불가피한 것이다. 하지만 다른 한편으로 그것은 일면적 과제이며, 궁극적 의미에서는 철학적 과제가 아니다. 왜냐하면 그러한 존재론적 아프리오리(자연·동물성·사회성·문화의 아프리오리와 같은 것)는 존재적 사실(ontisches Faktum), 사실적 세계에 그것들의 우연성에서 상대적 이해를 제공한다. 즉 세계가 본질적 법칙에 입각해 '그렇게 존재함'(Sosein)에 대한 명백한 필연성을 이해시켜주지만, 그것은 철학적 이해, 즉 선험적 이해는 아니다. 실로 철학은 궁극적이며 가장 구체적인 본질적 필연성에 입각해 해명할 것을 요구한다. 그리고 이러한 본질적 필연성은 모든 객관적 세계(objektive Welt)가 본질적으로 선험적 주관성 속에 뿌리박고 있음을 만족하게 하고, 따라서 세계를 구성된 의미로서 구체적으로 이해시키는 것이다. 또한 이렇게 함으로써 그와 같이 이해된 세계에서 그 자체로 여전히 제기될 수 있는 최고의 그리고 궁극적인 물음이 비로소 열린다.

출발한 지 얼마 되지 않은 현상학이 이룬 성과는 다음과 같은 것이다. 즉 현상학의 순수하지만 동시에 형상적인 직관(Intuition)의 방법이 직관과 거리가 먼 개념들을 갖고 논리적으로 조작하는 18세기의 존재론과는 근본적으로 다른 새로운 존재론의 시도로 이끌었다는 점, 또는 같은 말이지만, 구체적 직관에 입각해 아프리오리한 개별과학들(순수문법학·순수논리학·순수법학·직관적으로 경험되는 자연의 본질학 등)과 이것들을 포함하는 객관적 세계에 관한 보편적 존재론을 직접 길어내 구축하는 시도로 이끌었다는 점이다.

이러한 점과 관련해, 맨 처음에는 우리 인간 삶의 환경세계와 이 환경세계에 본질적으로 관련된 것으로서 인간 자체에서 아주 구체적으로 출발한다. 그리고 그런 다음 아주 풍부하지만 결코 드러내 밝혀지지 않은 그와 같은 환경세계 일반의 아프리오리를 곧 순수하고 직관적으로 탐구하고, 이것을 인간의 현존재와 이와 상관적으로 인간의 현존재 속에 열리는 세계의 층(層)들의 본질적 구조를 체계적으로 해명하려는 출발점으로 삼는 데 방해가 되는 것은 아무것도 없다. 그러나 이렇게 하는 데 곧바로 얻어진 것이, 비록 아프리오리의 체계이지만, 철학적으로 이해된—방금 전에 언급한 것에 따른—아프리오리 그리고 궁극적 이해의 원천으로 소급해 관계된 아프리오리가 되는 것은, 곧 구성의 문제제기를 특수한 철학적 단계의 문제제기로 개방하고, 이렇게 함으로써 자연적 인식의 토대(Erkenntnisboden)가 선험적 인식의 토대로 교체될 때에야 비로소 가능한 것이다.

자연적 인식의 토대가 선험적 인식의 토대로 교체되는 것에는 자연적인 모든 것, 즉 곧바로 미리 주어진 모든 것이 새로운 근원성에서 다시 구축되고, 가령 미리 주어진 것이 단순히 나중에 가서 이미 궁극적으로 타당한 것으로 해석되는 것이 아니라는 점이 포함된다. 일반적으로 형상적 직관에 입각해 길어내는 처리절차를 '현상학적'이라 부르며, 그것이 철학적 의미를 요구할 수 있는 권리는 오직 모든 진정한 직관이 구성의 연관 속에 자신의 지위를 갖는다는 점에 있다.

따라서 원리적(공리적)인 근본적 토대의 영역에 관해 실증성 속에 직관적으로 수행된 모든 존재론적 확정은 아프리오리한 불가결한 예비작업이 된다. 이렇게 확정한 성과는 이제 분명히 그 인식작용적-인식대상적 이중성(Doppelseitigkeit)에서 구성이 완전히 구체화되는 것(Konkretion)을 드러내 제시하는 데 선험적 실마리가 된다. 우리가 연구한 **모나드론적** 성과는 '구성적인 것〔영역〕(Konstitutives)으로 이렇게 되돌아가는 것(Rückgang)이 얼마나 중요하고, 얼마나 완전히 새로운 것을 열어주는가'를 제시하는 것이다. 물론 〔여기서는〕 그 되돌아가는 것과 더불어 수행되는, 존재적 측면에서 은폐된 의미의 지평을 해명하는 일은 도외시된다. 이 은폐된 의미의 지평을 간과하면, 아프리오리한 확정의 가치는 본질적으로 제한되며, 이것을 〔존재의 영역으로〕 적용하는 것을 불확실하게 한다.

60 우리가 타자경험을 해명한 형이상학적 성과

만약 궁극적인 존재의 인식(Seinserkenntnis)을 형이상학적 인식이라고 명명해야만 하는 것이 올바르면, 우리가 연구한 모나드론적 성과는 형이상학적이다. 그러나 여기서 문제 삼는 것은 일상적인 의미의 형이상학이 결코 아니다. 일상적 의미에서 형이상학은 역사적으로 변질된 형이상학으로, '제일철학'(Erste Philosophie)으로서 근원적으로 건설되었던 형이상학의 의미와 전혀 다르다.[16] 현상학의 순수하게 직관적이며 구체적인, 게다가 필증적으로 입증하는 방식은 어떠한 형이상학적 모험(冒險)도, 어떠한 사변적 과장(誇張)도 배제한다.

우리의 형이상학적 성과 가운데 몇 가지를 이끌어내 그 이후의 귀

---

16) 후설의 '제일철학'에 대해서는 이 책 제34절의 주11 참조.

결을 첨부해보자.

나 자신에 필증적으로 주어진 나의 자아, 절대적 필증성에서 나에게서부터 존재하는 것으로 정립될 수 있는 유일한 자아는, 자신과 동일한 존재인 다른 자아와 더불어 공동체 속에 있는 한, 즉 그 자아에게서 방향이 정해져 주어진 모나드의 공동체(Monadengemeinschaft)의 일원으로 존재하는 한, 아프리오리하게 단지 세계를 경험하는 자아일 수 있다. 객관적 경험의 세계가 일관되게 입증된다는 것은 다른 모나드들이 존재하는 것으로 일관되게 입증된다는 것을 함축한다.

반대로 나는 다수의 모나드를 명백히 또는 함축적으로 공동체화된 모나드로 생각할 수밖에 없다. 공동체화된 모나드에는 하나의 객관적 세계를 그 자체 속에 구성하고 객관적 세계 속에 자기 자신을—동물적 존재 특히 인간적 존재로—공간화·시간화·실재화한다는 의미가 포함된다. 모나드들이 '함께 존재하는 것', 이들이 단지 '동시에 존재하는 것'은 본질에 필연적으로 '시간적으로-동시에 존재하는 것', 더 나아가 실재적 시간성이라는 형식에서 '시간화되어 존재하는 것'을 뜻한다.

그러나 이러한 점에서 여전히 앞으로 언급할 극히 중요한 형이상학적 성과가 생긴다. 다수의 분리된 모나드, 즉 서로 함께 공동체화되지 않은 다수의 모나드가 공존(共存)한다는 것, 따라서 각각의 모나드가 그 자신의 세계를 구성한다는 것, 그래서 각각의 모나드가 무한히 분리된 두 개의 세계, 두 개의 무한한 공간과 공간-시간을 구성한다는 것이 (이렇게 말하는 나에 대해 그리고 나부터 다시 그렇게 말할 수도 있는 생각할 수 있는 모든 사람에 대해) 생각할 수 있는 일인가? 명백히 그것은 생각할 수 있는 일이라기보다 하나의 순수한 모순이다.

물론 각각의 그와 같은 모나드의 집단은 하나의 상호주관성의 통일체로서 그리고 가능한 방식으로는 다른 상호주관성과 현실적으로 공동체의 관계를 맺지 않는 하나의 상호주관성의 통일체로서 다른 모나드의 집단이 가능한 방식에서는 완전히 다르게 보이는 세계를 아프리오리하게 갖는다. 그러나 이 경우 그 두 세계는 필연적으로 이 상호주관성들의 단순한 환경세계(Umwelt)이며, 이들에게 공통적인 유일한 객관적 세계의 단순한 국면들(Aspekte)이다. 왜냐하면 이들 두 상호주관성은 허공에 떠 있는 것이 아니기 때문이다. 즉 이들 두 상호주관성은 내가 고안한 것인 이상, 그들에 대해 구성하는 근원적 모나드로서 나와 함께 (또는 나 자신의 변경할 가능성 속에 나와 함께) 필연적으로 공동체 속에 있다.

따라서 그러한 상호주관성들은 실상 나 자신을 함께 포함하는 유일한 모두의 공동체, 즉 공존하는 것으로 생각될 수 있는 모든 모나드와 모나드의 집단을 그 자체 속에 포함하는 모두의 공동체에 속해 있다. 그러므로 유일한 모나드의 공동체, 모두 공존하는 모나드만 실제로 존재할 수 있다. 따라서 유일한 객관적 세계, 유일한 객관적 시간, 하나의 객관적 공간, 하나의 자연만 존재할 수 있다. 그리고 만약 일반적으로 다른 모나드들이 '함께 존재하는 것'을 함축하는 구조가 내 속에 구비되었다면, 이 하나의 유일한 자연은 존재하지 않을 수 없다.

단지 다음과 같은 점이 가능하다. 즉 서로 다른 모나드의 집단과 세계는, 경우에 따라 우리에게 보이지 않는 별들의 세계에 속한 모나드들과 우리 자신과의 관계와 같이, 따라서 우리 자신과는 아무런 현실적 연결을 갖지 않는 동물들과의 관계처럼, 서로 아무 관계가 없을 수 있다. 그러나 이 세계들은 개방된 지평을 지닌 환경세계이다. 다만 이러한 지평은 단지 사실적이고 우연적으로만 그들에 대해 열릴 수는 없다.

그러나 모나드론적 세계와 이 세계에 타고난 객관적 세계의 이러한 유일성(Einzigkeit)이라는 의미를 올바로 이해해야 한다. 물론 라이프니츠는 정당하게 다음과 같이 말했다. 즉 무한히 많은 모나드와 모나드의 집단은 생각할 수 있지만, 그렇다고 이 모든 가능성이 양립할 수(kompossibel) 수 있는 것은 아니다. 더 나아가 무한히 많은 세계가 창조될 수 있었지만, 이들은 양립할 수 없기 때문에 많은 세계가 동시에 창조될 수는 없었다.

여기서 다음과 같은 점을 주의해야 한다. 나는 우선 나 자신, 즉 필증적-사실적 자아를 자유롭게 변경(freie Variation)해 바꾸어 생각할 수 있고, 이렇게 함으로써 나 자신의 가능성을 변경하는 체계를 획득한다. 그러나 이러한 변경들 각각은 그와 다른 각각의 변경을 통해 그리고 내가 현실적으로 존재하는 그 자아를 통해 폐기되는 점을 주의해야 한다. 그것은 아프리오리하게 양립할 수 없는 체계이다. 더나아가 '나는 존재한다'(Ich bin)는 사실은 다른 모나드들이 나에 대해 다른 것인지 아닌지 그리고 다른 모나드들이 나에 대해 무엇인지를 앞서 지시한다. 즉 나는 다른 모나드들을 단지 발견할 수 있지만, 나에 대해 존재해야만 할 다른 모나드들을 창조할 수는 없다. 만약 내가 나 자신을 순수한 가능성에서 바꾸어 생각하면, 그 순수한 가능성 또한 어떠한 모나드가 그러한 순수한 가능성에 대해 다른 것으로 존재하는지를 앞서 지시한다.

그리고 이렇게 고찰해감으로써 나는 다음과 같은 것을 인식한다. 즉 구체적 가능성으로서 타당성을 갖는 각각의 모나드는 양립할 수 있는 하나의 우주, 즉 하나의 완결된 모나드의 세계를 미리 지시한다는 점, 두 개의 모나드의 세계란 나의 자아와 같이 전제된 것으로 생각된 그 어떤 자아 일반의 두 가지 가능한 변경과 마찬가지 방식으로 양립할 수 없다는 점을 인식한다.

이러한 성과와 그 성과로 이끄는 연구를 진행시켜감으로써 우리는

'전통〔철학〕에 대해 모든 학문적 한계의 저편에 반드시 놓여 있을 물음, 즉 우리가 앞에서 다루었던 문제가 (그것이 어떻게 결정될 것인가는 상관없이) 얼마나 의미 있는 것인가'를 이해하게 된다.

61 '심리학적 근원'에 관한 전통적 문제와 이에 대한 현상학적 해명

인간의 세계와 동물의 세계 안에서 우리는 심리물리적, 생리학적 그리고 심리학적 발생이라는 이미 알려진 자연과학적 문제제기에 마주친다. 이러한 문제제기에는 영혼의 발생(seelische Genesis)의 문제가 포함된다.

이 발생은 모든 어린아이가 자신의 세계에 대한 **표상**을 스스로 구축하는 것이 틀림없는 어린아이의 발달을 통해 우리에게 시사된다. 어린아이에 대해 하나의 세계가 실제적이거나 가능한 경험의 영역으로 현존하고 항상 미리 주어지는 통각적 체계(apperzeptives System)는 어린아이의 영혼의 발달을 통해 비로소 구성되는 것이 틀림없다. 어린아이는 객관적으로 고찰해보면, 세계로 들어오게〔태어나게〕 된다. 그러나 어린아이는 자신의 영혼 삶(Seelenleben)을 어떻게 출발시키는가?

'세상에 태어나는'(Auf-die-Welt-kommen) 이 심리물리적 일은 신체물체의 (순수 생물학의) 개체발전(Individualentwicklung)과 계통발생(Phylogenese)[17])의 문제로 이끈다. 그런데 이〔생물학적〕계통발생(系統發生)의 문제는, 한편 그와 평행하는 것으로 심리학적 계통발생

---

17) '개체발전' 또는 '개체발생'은 개체가 난세포(卵細胞)에서 발생해 점차 발육해 완전한 개체로 되기까지의 변태과정을 말한다. 그리고 '계통발생'은 어떤 생물이 원시상태에서부터 현재까지 거쳐 온 진화의 과정을 말하며, 생물 상호 간의 형상과 성질 등 류(類)와 종(種)에서 유사한 관계를 밝혀주는 데 중요하다.

의 문제를 갖는다. 그러나 어쨌든 인간과 동물은 영혼이라는 관점에서 모나드의 자기 객관화(Selbstobjektivierung)이기 때문에, 영혼의 심리학적 발생의 문제는 그에 상응하는 선험적인 절대적 모나드의 연관을 제시하는 것이 아닌가? 이러한 모든 문제 속에 선험철학(Transzendentalphilosophie)인 구성적 현상학(konstitutive Phänomenologie)의 가장 진지한 본질적 문제가 시사되는 것은 아닌가?

물론 발생의 문제는, 게다가 당연히 최초의 가장 근본적인 단계의 발생 문제는 대부분 이미 실제의 현상학적 작업 속에 다루어졌다. 이 근본적 단계는 말할 것도 없이, 그 원초적인 고유한 본질적 영역 속에 있는 나의 자아이다. 내적 시간의식의 구성과 연상(Assoziation)에 관한 현상학적 이론 전체가 이 단계에 속한다. 또한 근원적으로 직관적인 자기 해명을 통해 나의 원초적 자아(primordinales ego)가 발견하는 것은, 즉시 그리고 본질적 근거에 입각해 다른 모든 자아로 전이된다. 물론 이것 때문에 아직 위에서 묘사한 발생의 문제, 즉 동물에서 삶과 죽음 그리고 세대발생(Generation)의 연관의 문제는 다루어지지 않았다. 그러한 문제들은 분명히 높은 단계의 차원에 속하는 문제이다. 따라서 아래 단계의 영역을 해명하는 엄청난 작업을 전제하는 그 문제들은 당분간 연구작업의 주제가 될 수 없다.[18]

---

18) 발생적 문제에 대한 이러한 언급으로 보아 현대 자연과학, 특히 생물학에 대한 선험철학적 고찰이 예상된다. 이 점은 후설의 연구조교이자 공동연구자 핑크(E. Fink)가 밝혔듯이, 본래 전체 5부로 계획된 『위기』(이것은 그 가운데 3부까지만 비멜(W. Biemel)이 편집해 1954년 후설전집 제6권으로 출간되었다)의 4부 '선험철학의 통일 속에서 모든 학문을 되찾는 이념'에서 심리학, 심리물리학 또는 생물학에 대한 현상학적 고찰이 예고된 점에서도 알 수 있다(『위기』, 516쪽 참조). 그러나 스미트(R. Smid)가 『위기』의 관련유고(1934~37)를 편집해 1993년 후설전집 제29권으로 출판한 『위기』 '보충판'에도 이에 관한 연구는 보이지 않는다. 따라서 이것은 단지 계획으로만 그친 것 같다.

어쨌든 여기서는 연구작업의 영역 안에서 우리를 철학적 전통과 더 밀접한 관계에 세우는 한층 강력한 (게다가 정적 문제뿐 아니라 발생적 문제로서) 문제의 영역을 더 정확하게 시사하자. 우리가 타자경험과 객관적 세계를 구성하는 것과 연관을 맺는 지향적 해명들은 선험적 태도 안에서 우리에게 미리 주어진 토대 위에, 즉 원초적 영역의 구조적 분절 위에 수행되었다. 왜냐하면 우리는 이 원초적 영역 속에 이미 하나의 세계, 즉 원초적 세계를 발견했기 때문이다. 우리가 이 원초적 세계에 접근할 수 있었던 것은, 현상으로 받아들여진 구체적 세계에서 출발해 그 구체적 세계를 고유한 영역, 즉 내재적 초월성의 세계로 저 독특한 원초적 환원(primordinale Reduktion)을 수행함으로써 가능했던 것이다.

이 원초적 세계는 자연 전체, 즉 나의 순수한 감성에 입각해 나 자신에 속한 자연으로 환원된 자연 전체가 포함된다. 하지만 그에 상응하는 환원을 통해 심리물리적 인간──이 가운데는 그 인간의 영혼도 있다──도 포함된다. 자연에 관해서는 시각적 사물, 촉각적 사물 등과 같은 것뿐만 아니라, 시간과 공간이라는 보편적 형식을 지닌 인과적 성질들의 기체(基體)로서 이미 어느 정도 완전한 사물도 포함된다. 객관적 세계의 존재 의미를 구성적으로 해명하기 위한 첫 번째 문제는 분명히 우선 이러한 원초적 자연과 원초적 신체-영혼이 통일되는 근원을 해명하는 것, 즉 내재적 초월성(immanente Transzendenz)으로서 그 구성을 해명하는 것이다. 그와 같은 해명을 실행하는 것은 극히 광범위한 연구를 요구한다.

우리는 여기서 다시 한 번 19세기에 가장 탁월한 생리학자들과 심리학자들[19]이 그토록 다양하게 다룬 문제, 즉 공간표상·시간표상·사

---

19) 이들은 헬름홀츠(H. Helmholz), 분트(W. Wundt) 등 생리학적 심리학자와 마

물표상의 심리학적 근원에 관한 문제를 기억하게 된다. 이러한 문제를 해결하기 위한 위대한 시도를 여러 탁월한 사람이 했지만, 이제까지 아직 실제적인 해명에 이르지는 못했다.

만약 이제 우리가 이러한 시도에서 우리가 한정했고 현상학의 단계적 체계로 삽입된 문제제기로 되돌아가면, 다음과 같은 점은 명증적이다. 즉 근대심리학뿐 아니라, 근대인식론 전체도 여기서 심리학적으로도 또한 선험적으로도 제기될 수 있는 문제의 본래 의미를, 즉 정적이든 발생적이든 지향적 문제의 해명으로서 파악할 수 없다는 점이다. 그뿐 아니라 지향적 체험인 심리적 현상에 관한 브렌타노의 학설을 받아들인 사람들[20]조차 그 문제의 본래 의미를 파악하는 것이 가능하지 않았다. 그들에게는 지향적 분석의 독자적 성격에 대한 이해, 인식작용과 인식대상에 따른 의식 그 자체를 통해 열리는 과제 전체에 대한 이해 및 그와 같은 문제에 요구되는 원리적으로 새로운 종류의 방법학에 대한 이해가 없다. '공간표상·시간표상·사물표상의 심리학적 근원'이라는 문제에 대해 어떠한 물리학이나 생리학도, 게다가 실험적이든 아니든 귀납적 외면성(induktive Äußerlichkeit) 속에 진행되는 심리학도 그 어떤 것을 말할 수는 없다.

우리의 문제는 오직 우리에게 이미 실마리로 미리 주어진 (경우에 따라서는 보조적 실험으로 특별히 미리 주어질 수도 있다) 현상을 지향적으로 구성하는 것이다. 그러나 이 현상은 이제 지향적 방법을 통해 그리고 영혼을 구성하는 보편적 연관 속에 새롭게 심문되어야 한다. 여기서 '보편성'(Universalität)이 뜻하는 것은 나에게 고유한 것과 타

하(E. Mach), 아베나리우스(R. Avenarius) 등 실증주의적 요소심리학자를 가리킨다.

20) 여기에는 마티(A. Marty), 슈툼프(C. Stumpf), 에렌펠스(C. Ehrenfels) 등이 있다.

자에 고유한 것에 따라 나의 자아의 통일성을 전개하는 구성들의 체계적인 통일적 연관에서 충분히 명백하게 나타난다.

실제로 현상학은 심리학도 원리적으로 새롭게 형성하는 것을 뜻한다. 따라서 현상학적 탐구의 극히 많은 부분이 아프리오리하고 순수한 (즉 여기서는 모든 심리물리적인 것에서 벗어난) 지향적 심리학에 포함된다. 이 지향적 심리학은 우리가 이미 반복해 시사했듯이, 자연적 태도를 선험적 태도로 변경시킴으로써 '코페르니쿠스적 전환' (kopernikanische Umwendung)[21]을 승인하고, 이러한 전환 속에서 선험적으로 세계를 완전히 근본적으로 고찰하는 새로운 의미를 받아들이고, 모든 현상학적-심리학적 분석에 〔그 새로운 의미를〕 아로새기는 그러한 심리학이다. 이러한 분석 모두에 선험철학적으로 활용할 수 있게 만들고, 게다가 그 분석들을 선험적 형이상학에 편입시키는 것은 바로 이 새로운 의미이다. 바로 이렇게 함으로써 근대철학 전체를 혼란시키고 위축시켰던[22] 선험적 심리학주의(transzendentales Psychologismus)가 궁극적으로 해명되고 극복될 수 있다.

---

21) 칸트의 인식론에 따르면, 경험되지 않는 물 자체는 인식할 수 없으며, 물 자체의 촉발로 주어지는 것을 인식의 출발점으로 삼았다. 그러나 시간과 공간이라는 감성형식을 통해 수동적으로 직관된 내용은 잡다한 것으로서, 이것은 오성의 형식인 12범주가 능동적으로 연역·구성해야 비로소 인식이 성립한다. 결국 이것은 인식 일반의 가능조건이 인식의 대상 일반이 되는 인식주관에서 경험의 가능근거를 찾는 인식론이다. 따라서 경험론이나 통속적 유물론이 인식대상을 강조하는 천동설의 '프톨레마이오스' 관점이라면, 그의 인식론은 '코페르니쿠스'의 지동설과 같이 사유방식에서 전환(혁명)을 이룬 것이다.

22) 후설은 의식에 직접 주어진 사태에서 출발해, 그 궁극적 근원을 되돌아가 묻는 '엄밀한 학문으로서의 철학'의 이념을 추구했다. 이러한 관점에서 그는 『엄밀한 학문』에서 자연과학적 방법만을 맹신하는 과학주의적 '자연주의'를 엄밀한 학문에 대한 충동을 왜곡시킨 것이며, 상대적 타당성을 주장해 회의주의에서 벗어날 수 없는 '역사주의'와 '세계관철학'은 그 충동을 약화시킨 것이라고 비판했다.

따라서 이제는 명백해진 일이지만, 우리의 서술을 통해 선험적 현상학뿐만 아니라 이와 평행하는 (실증적 과학으로서) 지향적 심리학에 대한 기본적 구조가 미리 지시되었다. 이 기본적 구조는 [선험적 현상학과] 평행하는 형상적-심리학적 연구가, 영혼 일반의 구체적인 고유한 본질적 영역을 지향적으로 해명하는 연구와 그 영혼 속에 구성되는 타자의 지향성을 해명하는 연구로 구분되는 구조이다. 전자의 탐구영역에는 **세계표상**, 더 정확하게 말하면, 보편적 경험의 세계로 현존하는—인간 영혼 안에서 나타나는—**현상**을 지향적으로 해명하는 주된 근본적 부분이 포함된다. 만약 이 경험의 세계가 개별적 영혼 속에 원초적으로 구성된 세계로 환원되면, 그 세계는 이미 모든 사람의 세계, 즉 공동체화된 인간의 경험에 입각해 그 의미를 받아들이는 세계가 아니다. 그 세계는 오직 개별적 영혼 삶, 우선 나의 경험하는 삶 그리고 원초적 원본성에서 그 삶이 단계를 이루는 의미를 형성하는 것들의 지향적 상관자이다.

이렇게 의미를 형성하는 것을 추구함으로써 지향적 해명은 현상적 세계의 이 원초적 핵심(primordinaler Kern)을 구성적으로 명백히 밝혀야 한다. 우리 인간 각자는, 특히 모든 심리학자는—이전에 이미 기술한—타자성(Fremdheit)의 의미의 계기들(Sinnesmomente)을 배제함으로써 그 원초적 핵심을 획득할 수 있다. 만약 우리가 이 원초적 세계 속에 이 세계 속으로 환원되어 나타나는 심리물리적 존재, 즉 '자아-인간'을 단념하면, 나 자신의 **단순한** 감성에 주어진 자연으로서 원초적인 단순한 자연이 남는다.

이 경우 **사물의 환상**(Dingphantom) 또는 자신의 층(層)들을 지니고 (시각적 사물·촉각적 사물 등) 이 층들의 종합적 통일성을 지닌 감각적 사물의 근원에 관한 문제는 경험의 세계의 심리학적 근원에 관한 근본적 문제로 나타난다. 사물의 환상은 (항상 이 원초적 환원의 테두리 안에서) 감각적 나타남의 방식과 그 종합의 통일체로 순수하게 주어진다. 사물의 환상은 '가까운 사물'이나 '먼 사물'이라는 그것의 종합적으로 함께 속한 변경 속에 나타나지만, 그것은 영혼의 원초적 영역에 있는 실재적 사물이 아직 아니다. 오히려 이 원초적 영역에서 실재적 사물은 이미 높은 단계에서 인과적 사물로, 즉 인과적 성질들의 동일한 기체(실체)로 구성된다. 실체성과 인과성은 분명히 높은 단계에 속하는 구성의 문제이다.

그런데 방금 전에 시사된 문제제기, 즉 사물의 나타남들(〔제시된〕외관들·원근법적 국면들)의 종합적 연관만 기술해 문의하는 문제제기는 이제 감각적 사물과 이 감각적 사물에 근본에 본질적인 공간성과 시간공간성을 구성하는 문제이다. 더구나 이 문제는 일면적이다. 〔이에〕대립된 측면은 나타남들을 기능하는 신체에 지향적으로 소급해 관련짓는 것이다. 이 기능하는 신체는 자신의 측면에서 자신의 자기 구성 속에 또한 자신의 구성적 나타남의 체계가 부각된 특성 속에 기술되어야 한다.

이러한 방식으로 진행해가면, 그 모든 것이 체계적으로 수행되어야만 할 해명의 언제나 새롭게 기술하는 문제가 제기된다. 이것은 실재성의 세계인 원초적 세계의 구성만 그리고 이것 속에서의 커다란 문제인 이 실재성의 세계에 속하는 것으로서 공간성과 시간성의 구성이라는 문제만 진지하게 다루려는 경우조차 마찬가지다. 이미 공간성과 시간성의 구성이라는 문제는, 〔그것에 대한〕자세한 논의가 입증하듯이, 엄청난 연구영역을 형성한다. 그런데 그렇더라도 그 문제는 자연에 관한 완전한 현상학에 대해 겨우 낮은 단계에 불과하며, 그 자연은 객관적이지만 아직 그 자체로는 구체적 세계와는 거리가 먼 순수한 자연이다.

심리학을 언급하는 기회에 우리는 원초적인 것(Primordinales)과

〔이것과는〕 생소한 것으로 구성된 것(Konstituiertes)의 구별을 순수한 영혼의 영역 속으로 옮겨놓고, 원초적 자연의 구성과 객관적 자연의 구성이라는 구성의 문제제기를, 비록 개괄적이더라도, 묘사할 수 있었다.

그러나 만약 우리가 선험적 태도로 되돌아가면, **공간표상** 등 심리학적 근원에 관한 문제제기를 우리가 미리 지시한 것은 이제 그 반대로 그 자체로 〔그러한 심리학적 문제제기에〕 평행하는 선험적-현상학적 문제제기, 즉 원초적 자연과 세계 일반을 구체적으로 해명하는 문제제기를 미리 지시한 결과가 된다. 그리고 이 원초적 자연과 세계 일반을 구체적으로 해명함으로써 우리가 이전에 계획했던, 세계를 선험적 현상으로서 구성하려는 문제제기의 커다란 공백이 메워진다.

원초적 세계와 관련된 매우 큰 연구의 복합체(이것은 하나의 완전한 분과를 형성한다)을 매우 넓은 의미에서 '선험적 감성론' (transzendentale Ästhetik)[23]이라고 부를 수도 있다. 여기서 우리가 칸트의 〔용어〕명칭을 받아들이는 것은, 이성비판에서 시간과 공간에 관한 논증이, 비록 극단적으로 제한되고 명료하지 않은 방식으로 이루어졌더라도, 분명히 감성적 직관의 인식대상적 아프리오리를 목표로 삼았기 때문이다. 이 아프리오리는, 순수하게 감성적으로 직관할 수 있는 자연(게다가 원초적 자연)의 구체적 아프리오리로 확장되기 위해서는, 구성의 문제제기 속으로 편입됨으로써 선험적-현상학적 보충을 받을 필요가 있다.

물론 이제 우리가 칸트에서 〔선험적 감성론에〕 대립된 명칭인 '선

---

23) 이것은 칸트의 『순수이성비판』 '선험적 원리론' 제1부의 명칭이다. 여기서 칸트는 '물 자체'의 촉발로 생긴 경험의 내용이 아프리오리한 '감성'의 직관형식 — 시간(내관)과 공간(외관) — 을 통해 잡다하게 수용되고, '오성'으로 연결시켜주는 '구상력'과 '도식'의 원리들을 밝히고 있다.

험적 분석론'(transzendentale Analytik)[24]으로써 구성적 아프리오리 의 더 높은 층, 즉 객관적 세계 자체의 층과 이 객관적 세계를 구성하 는 다양한 층(최고의 단계로는 마지막에 가서 학문적 자연과 세계를 구 성하면서 이념화하는 작용과 이론화하는 작용의 층)을 지칭하더라도, 그것은 '선험적 분석론'이라는 용어의 의미에 적합하지 않을 것이 다. 이러한 '선험적 감성론'을 넘어서는 첫 번째 층에는 이른바 '감정 이입'이라는 타자경험의 이론이 속한다.

여기서 다음과 같은 점만은 지적할 필요가 있다. 그것은 우리가 낮 은 층의 심리학적 근원의 문제에 대해 언급한 것은 더 높은 단계에서 도 타당하다는 점, 즉 감정이입의 문제는 구성의 현상학을 통해 비로 소 그 참된 의미와 해결의 참된 방법을 획득했다는 점이다. 바로 이 러한 점에서 이제까지의 모든 이론(셸러[25]의 이론도 포함해)은 실제 적 성과를 거두지 못했고, '타인의 타자성이 세계에 객관성이라는 의 미를 비로소 부여함으로써 그 객관성으로서의 세계 전체로 어떻게 전이되는가' 하는 점은 전혀 인식되지 않았다.

또한 실증적 과학인 지향적 심리학과 선험적 현상학을 구분해 논

---

24) 이것은 『순수이성비판』 '선험적 원리론' 제2부의 명칭이다. 여기서는 '감성' 으로 직관된 잡다한 내용을 '오성'의 아프리오리한 사유형식, 즉 판단형식인 12범주를 통해 통일적으로 질서 지어져 인식으로 구성된다는 선험적 연역과 그 원리가 다루어진다.

25) M. Scheler(1874~1928)는 후설의 영향을 받아 현상학적 방법으로 철학적 인 간학, 생철학을 전개했다. 특히 '인격' '사랑' '공감' 등 구체적인 정서와 감정 을 발판으로 칸트의 형식주의적 윤리학을 비판하고, 실질적 가치윤리학을 추 구했다. 그의 철학은 하이데거와 함께 프랑스 철학계에 큰 영향을 주었고, 현 상학도 이들을 통해서만 이해되었다. 이에 반해 후설의 선험적 현상학은 추 상적 형이상학으로 오해되었다. 따라서 후설이 「파리강연」을 한 것이나 이 강 연초안을 부단히 수정한 것도, 이러한 오해를 없애고 선험적 현상학의 참모 습을 밝히려는 데 있었다.

하는 것은 명백히 무익한 일이라는 점도 분명히 지적되어야 한다. 이러한 점에서 실제로 수행되어야 할 작업은 명백히 선험적 현상학에 주어지며, 반면 '코페르니쿠스적 전환'을 고려하지 않는 [지향적] 심리학은 선험적 현상학에서 그 성과를 받아들이게 될 것이다.

어쨌든 다음과 같은 점에 주목하는 것도 중요하다. 즉 영혼과 객관적 세계 일반이 선험적 고찰로 그것의 현존재(Dasein)와 그 존재 의미(Seinssinn)를 상실하는 것이 아니라, 그 존재 의미는 선험적 고찰의 구체적인 모든 측면을 드러내 밝힘으로써만 근원적으로 명백히 이해될 수 있는 것처럼, 실증적 심리학도 [선험적 고찰로] 자신의 정당한 내용을 상실하는 것이 아니라, 오히려 소박한 실증성(naive Positivität)에서 해방되어 보편적 선험철학 자체의 한 분과가 된다는 점이다. 이러한 관점에서 볼 때, 소박한 실증성[의 수준]을 끌어올리는 일련의 학문에서 지향적 심리학은 '그 자체로 최초의 학문'이라고 말할 수 있다.

실로 지향적 심리학은 다른 모든 실증과학에 앞선 장점이 있다. 만약 지향적 심리학이 실증성에서 지향적 분석의 정당한 방법에 따라 구축되면, 다른 실증적 과학들이 지닌 것과 같은 근본적 토대의 문제에 직면하지 않을 수도 있다. 그러한 문제는 소박하게 구성된 객관성의 저 일면성(Einseitigkeit)에서 유래하는 것으로, 이 일면성을 모든 측면성(Allseitigkeit)으로 이끌기 위해서는 궁극적으로 선험적인 세계에 대한 고찰로 이행할 것을 요구한다.

그러나 지향적 심리학은, 단지 은폐되었을 뿐이지만, 선험적인 것(Transzendentales)[26]을 이미 내포한다. 따라서 지향적 심리학이 '코페르니쿠스적 전환'을 수행하기 위해서는, 자신의 지향적 성과를 내

---

26) '선험적인 것'에 관해서는 이 책 제11절의 주13 참조.

용적으로 변화시키지 않고, 단지 자신의 **궁극적 의미**로 소급해 이끄는 궁극적인 성찰만 필요할 뿐이다. 결국 심리학은 비록 사람들이 단 하나만이라는 데 반론을 제기할지도 모르지만, 단 하나의 기본적 문제, 즉 하나이지만 유일한 근본적 토대의 문제만 갖고 있다. 그것은 '영혼'(Seele)이라는 개념이다.

62 타자경험을 지향적으로 해명하는 개괄적 특성

이 장[제5성찰]을 마무리함에서 우리가 맨 처음에 착수했던 반론—즉 현상학은 처음부터 선험철학(Transzendentalphilosophie)이려고 하며, 따라서 선험철학으로서 객관적 인식의 가능성이라는 문제를 해결한다는 요구를 제기하는 한, 우리의 현상학에 대한 반론—으로 되돌아가자.

그 반론은 다음과 같이 진행된다. 즉 현상학은 현상학적 환원을 통해 획득된 선험적 자아에서 출발해, 그런 다음에는 이 선험적 자아에 구속되어 더 이상 객관적 인식의 가능성이라는 문제를 해결할 자격이 없다. 현상학은 이러한 점을 자인하려고 하지 않고, 선험적 독아론(transzendentales Solipsismus) 속으로 빠져들었다. 그리고 타자의 주관성과 진정한 객관성으로 나아가는 모든 발걸음은 승인되지 않은 하나의 형이상학(Metaphysik)을 통해서만, 즉 라이프니츠의 전통을 은밀히 받아들임으로써만 가능하다는 반론이다.

그러나 이러한 반론은 우리가 [이제까지] 수행한 해명을 통해 그것이 지탱할 수 없는 상태로 용해된다. 무엇보다 우리는 다음과 같은 점에 주의해야 한다. 그것은 어떤 경우이든 선험적 태도, 즉 선험적 **판단중지**의 태도가 포기되지 않았다는 점이며, 타자경험, 즉 타인에 대한 경험에서 우리의 **이론**은 타자경험을 구성하는 작업수행

(Leistung)에 입각해 타자경험이 지닌 '타인'이라는 의미를 해명하고, 타자경험이 일치하는 상응하는 종합에 입각해 '참으로 존재하는 타인'이라는 한계를 해명하는 것만 의도했을 뿐이며, 다른 것일 필요도 없다는 점이다. 내가 〔경험의〕 일치를 통해 타인으로 입증하고, 따라서 이 경우 자의(恣意)가 아니라 앞으로 인식할 수 있는 실제성(Wirklichkeit)으로서 필연적으로 부여한 것은, 그 자체로 선험적 태도에서 존재하는 타인이며, 나의 자아가 경험하는 지향성 안에서 곧바로 입증된 다른 자아이다.

실증성 안에서 우리는 다음과 같이 말하고, 그것을 자명하게 발견한다. 그것은 나 자신의 경험 속에 나는 나 자신뿐 아니라, 타자경험이라는 특수한 형태로 타인도 경험한다. 의심할 바 없는 선험적 해명은 이 실증적 언표의 선험적 정당성을 우리에게 제시할 뿐만 아니라, 구체적으로 파악된 선험적 자아(이 자아는 선험적 환원에서 우선은 아직 규정되지 않은 지평을 지닌 자기 자신을 깨닫는다)는 자신의 원초적인 고유한 존재 속에 자기 자신을 파악하고 또한 자신의 선험적 타자경험이라는 형식으로 타인, 즉 다른 선험적 자아도 파악한다는 것도 제시한다. 물론 이 다른 선험적 자아는 더 이상 원본성과 단적인 필증적 명증성이 아니라, 외적 경험의 명증성에서 주어진다. 나는 내 속에서 타인을 경험하며, 타인은 내 속에서 구성된다. 즉 원본의 것으로서가 아니고, 간접적 제시로 반영되어 구성된다.

그런 만큼 나는 **확장된** 의미에서 분명히 다음과 같이 말할 수도 있다. 즉 자아, 즉 성찰하면서 해명하는 자인 나는 자기 해명을 통해, 즉 내가 나 자신 속에 발견한 것을 해명함으로써 모든 초월적인 것(Transzendenz) ──그리고 선험적으로 구성된 것으로서, 따라서 소박한 실증성 속에 받아들인 것으로서가 아닌 초월적인 것 ──을 획득한다. 그러므로 선험적 자아인 내가 나 자신에서 존재하는 것으로 인식하고 나 자신 속에 구성된 것으로 해명하는 모든 것은, 고유한 본질상 나 자신에 속해야 한다는 가상(假象)은 사라진다. 그러한 것은 내재적 초월성에 관해서만 타당하다. 왜냐하면 고유한 본질적 영역 속에 있는 자아인 나에게 의미(Sinn)와 존재(Sein)를 부여하는 종합적 활동성(Aktualität)과 잠재성(Potentialität)의 체계에 대한 명칭인 '구성'(Konstitution)은 내재적인 대상적 실제성을 구성하는 것을 뜻하기 때문이다.

현상학의 출발에는 그리고 구성적으로 탐구하는 보편적 습관(Habitus)으로서의 현상학적 환원을 이제 비로소 근원적으로 건설하려고 겨우 출발하기 시작한 자의 태도에서는, 그의 시선 속에 나타나는 선험적 자아를 필증적으로 파악하지만, 완전히 규정되지 않은 지평으로 파악한다. 다만 그 지평은 세계와 내가 그 세계에 관해 아는 모든 것은 단순한 현상이 되어야 한다는 점에서 보편적으로 결합되어 있을 뿐이다.

따라서 만약 내가 그와 같이 출발하면, 지향적 해명을 통해 비로소 제공되는 모든 구별 그리고 아무튼 내가 통찰했듯이, 본질적으로 나에게 속하는 모든 구별이 없다. 그러나 무엇보다 나의 원초적 본질, 즉 엄격한 의미에서 나의 고유한 영역에 대한 자기 이해(Selbstverständigung)가 없다. 그리고 이 고유한 영역 자체 속에 타자 경험이라는 명칭으로 타자로, 즉 간접적으로 제시된 것이다. 하지만 원리적으로는 나의 원초적 영역 자체 속에 원본으로 주어진 것은 아니며, 항상 주어질 수 있는 것은 아닌 것으로서 구성된 것에 대한 자기 이해가 없다.

나에게 고유하지 않은 것도 고유한 것 속에 존재 의미를 얻으며, 게다가 유비적으로 간접적으로 제시된 것으로서 얻는다는 점을 이해하기 위해, 나는 우선 나에게 고유한 것 그 자체를 해명해야 한다.

따라서 성찰하는 자인 나는 출발하는 단계에서는 '나는 도대체 어떻게 타인들과 나 자신에 이르게 되는가'를 이해하지 못한다. 왜냐하면 다른 인간들이 남김없이 괄호가 쳐져 있기 때문이다. 그뿐 아니라 근본적으로 나는, 인간으로서 그리고 인간적 인격으로서 나를 괄호 칠 경우, 나 자신은 어쨌든 자아로서 유지되어 남아야 한다는 점을 아직 이해하지 못하며, 단지 마지못해 그 점을 승인할 뿐이다. 그러므로 나는 아직 선험적 상호주관성에 관해 아무것도 알 수 없다. 본의 아니게 나는 나, 즉 자아를 고립된 자아(solus ipse)로 간주하고, 또한 내가 구성적 작업수행에 대한 최초의 이해를 획득한 다음에도, 구성의 모든 존립요소를 여전히 이 유일한 자아에 고유한 단순한 내실로 간주한다.

그러므로 이 장(章)에서 계속 수행된 해명이 필요했다. 이러한 해명을 통해 비로소 우리는 현상학적–선험적 '관념론'의 완전하고도 본래의 의미를 이해할 수 있게 되었다. '독아론'(獨我論)이라는 가상(假象)은, 비록 나에 대해 존재하는 모든 것은 그 존재 의미를 오직 나 자신에게서만, 즉 나의 의식의 영역에서만 길어낼 수 있다는 명제가 근본적 타당성을 지니더라도 해소된다.

이 현상학적–선험적 관념론은 모나드론(Monadologie)으로 나타났다. 그 모나드론은 아무리 그것이 의도적으로 라이프니츠의 형이상학에 유사한 것이더라도, 그 내실을 순수하게 선험적 환원을 통해 발굴된 선험적 경험(transzendentale Erfahrung)을 현상학적으로 해명하는 것에서 길어낸다. 따라서 생각할 수 있는 모든 명증성이 근거를 두어야만 할 가장 근원적인 명증성에서, 또는 모든 권리[정당성]와 인식의 권리를 항상 길어낼 수 있는 가장 근원적인 권리에서 길어낸다. 그러므로 현상학적으로 해명하는 것은 실제로 형이상학적으로 구축하는 것(metaphysische Konstruktion)과 같은 것은 아니며, 역사적으로 형성된 형이상학적 전통에서 이어받은 전제나 보조적 사상으로—
공개적이든 은닉된 채이든—이론화(理論化)하는 것도 아니다.

현상학적으로 해명하는 것은 순수한 직관의 테두리, 또는 충족시
키는 〔대상의〕 자기 부여를 통해 순수하게 의미를 해명하는 테두리
안에서 이루어지는 자신의 처리절차 때문에, 모든 형이상학적으로
구축하는 것과는 가장 날카롭게 대립해 있다. 특히 현상학적으로 해
명하는 것이 실재성의 객관적 세계에 관해 (또한 순수 아프리오리한
학문들의 영역인 다양한 이념적인 객관적 세계 각각에 관해서도) 실행
하는 것은, 이 세계가 모든 철학을 함(Philosophieren)에 앞서 우리 모두
에 대해 갖는 그리고 명백히 우리의 경험에서만 갖는 그 의미를 해명하
는 것 이외에 다른 것이 아니다.

그런데 이러한 점은 종종 충분히 엄격하게 강조될 수는 없었다. 그
의미는 철학적으로 드러내 밝혀질 수는 있다. 그러나 결코 변경될 수는
없는 것이다. 그리고 그 의미는 각각의 현실적 경험에서 원리적 해명
이 필요한 지평을 수반하는데, 이 점은 우리의 무력함에 기인하는 것
이 아니라, 본질적 필연성에 기인하는 것이다.

결론

63 선험적 경험과 인식을 비판하는 과제

이 성찰의 연구에서 그리고 이미 선행한 두 성찰[제4성찰과 제5성찰]의 연구에서 우리는 선험적 경험(transzendentale Erfahrung)[1]의 토대 위에, 즉 본래 자기 경험과 타자 경험의 토대 위에 움직여왔다. 우리는 그것을 근원적으로 체험한 명증성에 힘입어 그 선험적 경험에 신뢰해왔고, 또한 이와 유사한 방식으로 모든 선험적 학문이 경험하는 방식 일반을 술어적으로 기술하는 명증성을 신뢰해왔다.

그러는 동안 우리는 처음에 그토록 진지하게 제기한 요구, 즉 오직 **진정한 학문적인 것으로서 필증적 인식을 수행한다는 요구**를 등한시했지만, 그것을 포기한 것은 결코 아니다. 다만 우리는 최초[의 단계]의 현상학이 지니는 엄청난 문제제기를 그 윤곽에서 묘사했다.

이러한 현상학은 자신의 방식에서 그 자체로 아직 **소박함**(Naivität)(필증적 소박함)[2]을 지닌 것이지만, 여기에는 학문을 새로운 방식과

---

1) '선험적 경험'에 대해서는 이 책 제12절의 주 1 참조.
2) 이것은 주어진 사태가 달리 있을 수 없다는 점에서 '필증적'이지만, 그 근원을 더 이상 되돌아가 묻지 않기 때문에 '소박하다'는 의미이다.

높은 단계에서 형성하는 현상학의 위대하고도 가장 본래의 작업수행이 포함된다. 반면 여기서는 현상학의 더욱 진전되고 궁극적인 문제제기, 즉 범위와 한계를 규정하려는 의도에서, 그러나 필증성의 양상으로 현상학의 자기비판(Selbstkritik)이라는 문제제기까지는 파고들어가지 않았다.

하지만 '선험적-현상학적 인식에 대해 수행할 비판은 어떠한 종류인가'에 대해서는 우리가 이제까지 시사한 것이 적어도 일시적인 생각을 부여해준다. 예를 들면, '선험적 회상(Wiedererinnerung)에 대한 비판을 통해 그 회상의 필증적 내용이 어떻게 부각되는가' 하는 종류의 시사로 부여해준다. 모든 선험철학적 인식론은 인식비판(Erkenntniskritik)으로, 최종적으로는 선험적 현상학적 인식(우선 선험적 경험)에 대한 비판으로 소급된다. 더구나 현상학이 본질적으로 자기 자신을 소급해 관계짓는 것이므로, 이 비판 역시 비판받을 필요가 있다. 그러나 선험적 반성과 비판 자체를 반복할 수 있는 명백한 가능성이 있는데도, 이러한 점에서 그 어떤 어려움이나 심지어 모순이 부착된 무한소급(無限遡及)은 결코 존재하지 않는다.

64 맺는말

우리의 성찰은 본질적인 점에서 그 목적 — 절대적 정초에 입각한 보편적 학문으로서 철학이라는 데카르트적 이념의 구체적 가능성을 입증하는 것 — 을 충족시켰다고 해도 좋다. 이러한 구체적 가능성을 입증한다는 것, 즉 비록 당연히 무한한 진행이라는 형식이지만, (그 이념을) 실천적으로 실행할 수 있다는 것은 필연적이며 의심할 여지 없는 출발점과 마찬가지로 필연적이며 항상 실행할 수 있는 방법 — 이 방법을 통해 일반적으로 의미 있는 문제들의 체계학(Systematik)

이 동시에 미리 지시된다——을 입증한다는 것을 뜻한다. 그리고 우리는 사실상 이미 거기까지 도달했다.

단, 한 가지 남는 것은 출발하기 시작한 철학으로 생긴 선험적 현상학이 객관적 개별과학들로 나누어지는 것을 쉽게 이해하게 설명하는 것과 선험적 현상학과 범례로(exemplarisch)[3] 미리 주어진 소박한 실증성에 의거한 학문들과의 관계를 밝히는 것이다. 우리는 이제 이 소박한 실증성에 의거한 학문들에 주목해보자.

일상적인 실천적 삶(Leben)은 소박하며, 그 삶은 미리 주어진 세계로 들어가 경험하고·생각하고·평가하고·행동한다. 이 경우 모든 것에서는 경험작용의 지향적 작업수행이 익명적(匿名的)으로 실행되는데, 이 작업수행을 통해 사물들은 단적으로 현존하게 된다. 즉 경험하는 자는 이 작업수행에 관해 아무것도 알지 못하며, 마찬가지로 작업을 수행하는 사유에 관해 아무것도 알지 못한다.[4] 수·술어적 사태·가치·목적·작품 등은 은폐된 작업수행에 힘입어 단계적으로 구축되면서 나타난다. 그러나 일상적 삶은 오직 이러한 것들만 시선

---

3) 후설이 표상(지각·판단)작용, 정서작용, 의지작용으로 이루어진 의식의 표층 구조를 정적으로 분석할 때 객관화하는 표상작용에 집중한 것은, 그것이 의식의 각 영역에 공통적으로 포함된 가장 기본적인 1차적 지향작용이므로 "모든 작용의 근본적 토대"(『논리연구』 제2/1권, 439쪽)라는 점 이외에, 그들의 정초관계를 밝히려는 시도의 한 '범례'이기 때문이다. 또한 이념적 대상성들을 분석할 경우에도 수학적 대상을 우선적으로 다룬 것 역시 하나의 '범례'이다.

4) 후설의 문제는 객관성을 연역적으로 확증하는 것이 아니라, 그 객관성을 해명하는 것, 즉 객관성이 나타나는 의미의 현상이다. 그러므로 그는 모든 세계의 존재의 객관성에 선행하며 객관적 진리를 이해시키고 세계의 궁극적 존재의 의미에 도달할 수 있는 선험적 주관성이 "그 자체로 최초의 존재"(『위기』, 70쪽)라고 한다. 따라서 그는 "이론적 작업을 수행하면서 사태와 이론, 방법에 몰두한 나머지 그 작업의 내면에 관해 아무것도 모르고, 이 작업 속에 살면서 이 작업을 수행하는 삶 자체를 주제로 삼지 않는 이론가의 자기 망각을 극복해야 한다"(『형식논리학과 선험논리학』, 20쪽)고 경고한다.

을 향할 뿐이다.

이러한 점은 실증적 학문에서도 다르지 않다. 실증적 학문은 〔일상적 삶보다〕 더 높은 단계에 있지만 소박한 것이고, 영리한 이론적 기술(技術)로 형성된 작품이다. 하지만 그것은 모든 것이 궁극적으로 발생하는 지향적 작업수행을 해명하지는 않았다. 학문〔과학〕은 자신의 이론적 단계들을 정당화시킬 수 있다고 주장하며, 항상 비판에 의거한다. 그러나 학문의 비판은 궁극적인 인식비판이 아니다. 그것은 근원적 작업수행의 연구와 비판, 즉 이러한 작업수행의 모든 지향적 지평을 드러내 밝히는 것이 아니다. 그런데 이러한 비판과 드러내 밝히는 것을 통해서만 명증성의 '유효범위'가 궁극적으로 파악되고, 이와 상관적으로 대상·이론적 형성물·가치와 목적의 존재 의미가 평가될 수 있다. 〔따라서〕 그런 까닭에 〔지향적 작업수행이 해명되지 않았기 때문에〕 우리는 현대의 실증적 학문의 높은 단계에 있으면서도, 근본토대의 문제·역설·이해할 수 없는 점을 떠안고 있다.

학문 전체를 관통하면서 그 대상 영역들의 의미와 이 이론들을 규정하는 근원적 개념들은 소박하게 발생되었으며, 그 개념들은 규정되지 않은 지향적 지평을 갖는다. 즉 그 근원적 개념들은 단지 미숙한 소박함 속에 실행된, 알려지지 않은 지향적 작업수행의 형성물이다. 이 점은 특수과학들에 대해서만이 아니라, 그 모든 형식적 규범을 지닌 전통적 논리학에 대해서도 타당하다. 역사적으로 형성된 학문들에서 더 나은 정초에 이르려는 모든 시도, 즉 의미와 작업수행에 관해 더 나은 '자기 자신을 이해하려는'(Sich-selbst-verstehen) 모든 시도는 학자가 자기를 성찰하는 하나의 단편(斷片)이다.

그러나 오직 하나의 근본적인 자기 성찰(Selbstbesinnung)이 존재할 뿐이며, 그것은 현상학적 자기 성찰이다. 그런데 근본적인 자기 성찰과 완전히 보편적인 자기 성찰은 서로 분리될 수 없으며, 이 두 가지 성찰은 선험적 환원이라는 형식에서 자기 성찰이라는 진정한 현상학적 방법, 즉 선험적 환원을 통해 밝혀진 선험적 자아의 지향적 자기 해명과 직관적 형상학(Eidetik)이라는 논리적 형태에서 [선험적 자아를] 체계적으로 기술하는 진정한 현상학적 방법과 분리될 수 없다. 하지만 보편적이며 형상적인 자기 해명은 자아와 선험적 상호주관성에 '타고난' 생각할 수 있는 모든 구성의 가능성을 장악하는 것을 뜻한다.

그러므로 일관되게 계속 수행된 현상학은, 아프리오리하게 또한 아무튼 엄밀한 직관적 본질의 필연성과 본질의 보편성에서, 생각할 수 있는 세계의 형식을 그리고 다시 이 세계를 생각할 수 있는 모든 존재의 형식 일반과 그 단계적 체계의 테두리 안에서 구축한다. 그러나 이러한 구축은 근원적이며 구성적인 아프리오리, 즉 그 형식들을 구성하는 지향적 작업수행(intentionale Leistung)과 상관관계에 있다.

현상학은 그 진행에서 어떠한 미리 주어진 실제성(Wirklichkeit)이나 실제성의 개념도 갖지 않고, 그 개념을 처음부터 작업수행(근원적 개념 속에 그 자체가 파악된 작업수행)의 근원성에서 길어내고, 필연성을 통해 모든 지평을 드러내 밝힘으로써 [그 개념의] 유효범위의 모든 구별과 모든 추상적 상대성을 지배한다. 그러므로 현상학은 모든 학문적 영역에 근본적 의미를 규정하는 개념의 체계에 그 자신에서 도달해야 한다. 그러한 개념들은 가능한 존재들의 우주 일반이라는 형식적 이념과 가능한 세계 일반이라는 형식적 이념에 대한 모든 형식적 구획을 미리 지시하므로 모든 학문의 진정한 근본적 개념임이 틀림없다. 이렇게 근원적으로 형태가 정해진 그와 같은 개념들에 대해서는 어떠한 역설도 존재하지 않는다. 이러한 점은 서로 다른 존재의 영역에 관계되고, 관계될 수도 있는 학문들을 구축하는 것과 구축하는 형식 전체에 관련된 모든 근본적 개념에 대해서도 타당하다.

따라서 우리가 앞에서 시사적으로 미리 묘사한, 세계의 선험적 구성에 관한 연구는 세계·자연·공간·시간·동물·인간·영혼·신체·사회적 공동체·문화 등의 개념들의 의미와 근원(또는 근원에 입각한 의미)을 근본적으로 구명하려는 출발점일 뿐이다. 우리가 여기서 묘사한 연구를 실제적으로 수행하는 것은, 실증적 학문에서 탐구되지 않은 채 근본적 개념들로 기능하기 때문이다. 하지만 현상학에서는 이미 생각할 수 있는 의심스러운 점도 전혀 없는 모든 측면의 명석함(Klarheit)과 판명함(Deutlichkeit)[5]에서 모든 근본적 개념에 반드시 이르게 된다는 점은 명백하다.

이제야말로 우리는 모든 아프리오리한 학문이 일반적으로 아프리오리한 선험적 현상학 속에 현상학의 상관관계의 탐구(Korrelationsforschung)[6]에 의한 궁극적 정초를 통해 발생하며, 이러한 근원에 관해 말하면 모든 아프리오리한 학문은 보편적인 아프리오리한 현상학 자체 속에 그것이 체계적으로 나누어짐으로써 함께 속한다고 말할 수 있다. 그러므로 보편적 아프리오리의 이러한 체계는 선험적 주관성의 본질 속에, 따라서 선험적 상호주관성의 본질 속에 타고난 보편적 아프리오리를 체계적으로 전개하는 것으로, 또는 생각할 수 있는 모든 존재의 보편적 이성을 체계적으로 전개하는 것으로 묘사될 수도 있다. 더 나아가 이 점은, 체계적으로 완전히 발전된 선험적 현상학은 당연히 참된 그리고 진정한 보편적 존재론(universale Ontologie)[7]이라고 말할 수도 있다. 그러나 이 존재론은 단순히 공허

---

5) '명석'과 '판명'에 대해서는 이 책 제4절의 주2 참조.
6) '상관관계의 탐구'에 관해서는 이 책 제15절의 주11과 제41절의 주31 참조.
7) 이것은 주관에 상관(상대)적으로 주어지고 직접 경험할 수 있는 구체적인 속견(Doxa)의 세계인 '생활세계'가 그 모든 상대성에 대해서도 그 자체로는 상대적이지 않은 확고한 유형을 지닌 보편적 본질의 구조(구성요소 또는 층)를 탐구하

한 형식적 존재론이 아니라, 동시에 모든 영역적 존재의 가능성을 그 것에 속한 모든 상관관계에 따라 그 자체 속에 포함하는 존재론이다.

그러므로 이러한 보편적인 **구체적 존재론**(또는 존재에 대한 구체적 논리학인 보편적이고 구체적인 학문이론(Wissenschaftslehre)은 절대적 정초에 입각한 그 자체로 최초의 학문의 우주〔세계〕일 것이다. 〔이러 한〕 질서에 따라 그 자체로 최초의 학문은 다음과 같은 철학적 분과 일 것이다. 즉 독아론적으로 제한된 '자아론'(Egologie), 즉 원초적으로 환원된 자아에 관한 자아론, 그런 다음 비로소 이러한 자아론 속에 기초된 '상호주관적 현상학'(intersubjektive Phänomenologie)이 나타날 것이다. 게다가 이 현상학은 우선 보편적 문제를 다루는 보편성 (Allgemeinheit)에서, 그런 다음 비로소 아프리오리한 학문으로 나누어지게 된다.

그렇다면 아프리오리에 관한 이 총체적 학문은 **진정한 사실과학의 기초** 그리고 데카르트적 의미의 진정한 **보편철학**(Universalphilosophie), 즉 절대적 정초에 입각한 실질적 존재자에 관한 보편적 학문의 기초 일 것이다. 사실(Faktum)[8]이 지닌 모든 합리성(Rationalität)은 실로 아프리오리 속에 있다. 아프리오리한 학문은 원리적인 것에 관한 학

는 학문, 즉 논리 이전에 생활세계의 보편적 아프리오리로서 존재자에 대한 구 체적인 보편적 본질학으로 이해된 "생활세계 존재론"(『위기』, 144~145, 176~ 177쪽)을 뜻한다. 그것의 가장 형식적인 구조는 '사물과 세계——사물에 대한 의식', 즉 의식과 대상 사이의 불가분한 보편적 상관관계의 아프리오리이다. 그리고 다양하게 형성되고 변화되는 세계들의 공통적인 본질의 구조, 즉 모든 사람에게 동일하게 타당한 세계로 미리 주어진 이 "역사의 아프리오리"(같은 책, 383쪽)로만 우리는 시간과 공간이 다른 배경을 지닌 사회와 문화의 세계를 이해할 수 있다.

8) 이 말은 라틴어 'facio'(do, make, act, perform, experience, cause, conduct 등)에 서 유래하는데, 이것은 '있는 그대로'보다는 주어진 것(후설의 의미에서 아프리 오리) 안에서 '만들어진 것'(사실이라고 규정된 사실)이라는 의미를 함축한다.

문이며, 사실과학은 궁극적으로 곧 원리적으로 정초될 수 있기 위해 이 원리적인 것에 의거해야 한다. 다만 아프리오리한 학문은 결코 소박한 학문이어서는 안 된다. 그것은 궁극적인 선험적-현상학적 원천에 입각해 발생하며, 모든 측면에서 그 자체 속에 기인하고 자기 자신에게서부터 정당화되는 아프리오리로 형성되어야 한다.

끝으로 나는 어떠한 오해도 일어나지 않게 다음과 같은 점을 지적하고자 한다. 즉 현상학은 우리가 이미 앞에서 자세히 논한 것처럼, 이치에 어긋나는 '물 자체'(Ding an sich)를 갖고 조작하는 모든 소박한 형이상학만 배제하는 것이지 형이상학 일반을 배제하는 것은 아니라는 점 그리고 현상학은 낡은 전통을 전도(顚倒)된 물음설정과 방법으로 내적으로 몰아세우는 문제의 동기를 모욕하는 것이 아니며, 결코 '최고의 그리고 궁극적인'(höchst und letzt) 물음 앞에 멈추려고 하지 않는다는 점이다.

세계에 속한 모든 객체성(Objektivität)에 선행하고, 이 객체성을 지니는 그 자체로 최초의 존재(an sich erste Sein)는 선험적 상호주관성(transzendentale Intersubjektivität)이며, 서로 다른 형식으로 공동체화된 모나드들의 전체(das sich vergemeinschaftende All der Monaden)이다. 그러나 사실적 모나드의 영역 안에서 그리고 생각할 수 있는 모든 모나드의 영역 속에서 이념적 본질의 가능성(ideale Wesensmöglichkeit)으로서 우연적 사실·죽음·운명이라는 모든 문제가 나타난다. 또한 어떤 특수한 의미에서 '유의미한 것'으로 요구되는 '진정한' 인간 삶의 가능성이라는 문제——따라서 여기에는 역사의 '의미'(Sinn der Geschichte)라는 문제도 포함된다——등이 상승하면서 나타난다.[9]

---

9) 하이데거도 지적하듯이(『존재와 시간』, 제7절 참조), 현상학의 본질적인 점은

우리는 이러한 문제를 '윤리적–종교적 문제'[10]라고 말할 수도 있다. 그러나 이 문제는 우리에 대해 가능한 의미를 가질 수 있는 모든 것이 그 위에 세워져야만 할 그러한 토대 위에 세워진 것이다.

이렇게 해서 보편철학이라는 이념은 데카르트와 그의 동시대인들이 새로운 자연과학에 이끌려 생각했던 전혀 다른 것으로 실현된다. 즉 그 이념은 마치 모든 존재자가 계산의 통일성 속에 존재하는 것처럼 생각하는 연역적 이론의 보편적 체계로서가 아니라, '나는 생각한다'(ego cogito)[사유하는 자아]는 공리가 아니라, 보편적 성찰의 가장 낮은 근거 위에 상관관계를 주제제기로 삼는 현상학적 분과의 체계로 실현된다. 이렇게 해서 학문 일반에 관한 근본적인 본질적 의미는 근본적으로 변화된다.

이것을 달리 말하면 다음과 같다. 즉 최고의 의미에서 궁극적으로 정초된 인식, 또는 동일한 말이지만, 철학적 인식에 이르는 필연적인 길은 보편적 자기 인식(universale Selbsterkenntnis)의 길이다. 그것은 우선 '모나드적 자기 인식'의 길이며, 그런 다음 '상호 모나드적

'현실성'을 넘어서 비(非)주제적으로 은폐된 현상을 드러내 밝히는 '가능성'의 영역을 포착하는 것이다.

10) 후설은 세계가 미리 주어진 토대 위에 서 있는 소박한 자연적 태도의 타당성 전체를 총체적으로 판단중지하는 철저한 선험적 태도를 취해야 한다고 역설한다. 그러면서 우리가 자칫 소박한 자연적 태도로 전락하거나 자연적 태도와 혼동될 수 있기 때문에 철저한 선험적 태도를 수행하는 것이 종교적 개종(改宗)처럼 어렵더라도 인간성의 근본적 변혁을 위해 필요하다고 강조한다(『위기』, 140, 154, 158, 170쪽 주, 183쪽 참조). 그리고 이성에 대한 신념이 붕괴된 학문과 인간성이 직면한 현대의 위기를 극복하기 위해서는 진정한 자기 책임을 철저히 깨닫고 스스로 성찰하는 이성적 존재가 되려는 철학자의 품성(Ethos)과 이러한 의지의 결단으로 새로운 철학의 가능성을 과감하게 열어가는 실천적 행위가 요청된다고 주장한다. 이처럼 후설은 선험적 현상학에 이르는 길을 철저한 실천적 윤리 의식이 요청되는 험난하고 고된 구도자(求道者)의 길로 묘사한다.

(intermonadisch) 자기 인식'의 길이다.

다음과 같이 말할 수도 있다. 즉 데카르트적 성찰, 또는 같은 것이지만 보편적 자기 인식을 근본적이고도 보편적으로 계속 수행하는 것은 철학 그 자체(Philosophie selbst)이며, 스스로 책임을 지는 모든 진정한 학문(alle selbstverantwortliche, echte Wissenschaft)을 포괄한다.[11]

델포이 신전의 신탁(神託) "너 자신을 알라"(gnothi thouton)[12]는 말은 〔이렇게 해서〕 새로운 의미를 획득했다. 〔결국〕 실증적 학문은 세계를 상실한 학문〔일 뿐〕이다. 우리는 보편적 자기 성찰을 통해 세계를 다시 획득하기 위해, 우선 판단중지를 통해 세계를 상실해야만 한다. 아우구스티누스는 "밖으로 나가지 말고, 너 자신으로 들어가라. 진리는 인간의 마음속에 깃들여 있다"(Noli foras ire, in te redi, in interiore homine habitat veritas)[13]고 말하고 있다.

---

11) 후설이 『위기』에서 강조하듯이, 선험적 주관성(자아)의 자기 객관화(Selbst-objektivation)인 인간성(Menschentum)의 참된 존재는 진정한 삶의 목적을 향한 존재로서, 또한 철학을 통해서만 실현될 수 있다. 그리고 진정한 학문인 철학은 이성(Logos)이 자기 자신을 실현시키는 장소이며, 인간성 그 자체의 타고난 이성이 계시되는 역사적 운동이다. 즉 역사적으로 인간의 이성이 자기 자신으로 되어가는 것(Werden)이다. 따라서 다름 아닌 철학을 통해서만 비로소 인간성의 자기 책임이 수행된다.

12) 소크라테스는 이 신탁을 '무지를 자각하라'는 소극적 의미뿐만 아니라, 진리를 직관하고 인간의 혼을 완성하려는 삶의 주체인 '주어진 이성(Nous)을 자각하고 선용하라'는 적극적 의미로 확장했다.

13) 아우구스티누스의 『참된 종교에 관해』(De vera religione) 39, n. 72

제2부

제6 데카르트적 성찰

"자연적으로-태도를 취한 인간이
현상학을 역사적 전통의 연관 속에
전통적인 문제의 동기에서 파악하려고 할 때
현상학자는 자연적으로-태도를 취한 인간에게
직접 옳다고 찬동하고,
아무튼 그를 관념론으로 해석함으로써
이러한 소박함에서 끌고 나온다.
이것으로 과거 철학의 문제제기와의 연관은
결코 부정되는 것이 아니라, 언제나
자연적 태도 속에 가능한 것 이상으로
깊게 해석될 뿐이다."

머리말의 구상

이 책은 핑크가 후설의 조교로서 『데카르트적 성찰』을 보완하게 구상하라고 위임받은 연관에서 나왔다. 즉 새로운 '제6성찰'로 계획되었다.

이 책의 편집자(핑크)는 후설의 철학 속에 잠재적으로 남아 있는 일련의 문제를 정식화하고자 시도했다. 그런데 후설의 현상학 속에는 '현상학의 현상학'이라는 사상, 즉 '현상학을 하는 것'(Phänomenologiesieren)을 반성해보는 사상이 체계적인 착상의 본질적 계기이다. 선험적 방법론의 문제를 드러내는 것은 후설의 철학에 가장 밀접하게 다가선 여기서는 절대적 정신의 비(非)존재적(meontisch) 철학에 대한 예견으로 규정된다.

다음과 같은 점은 이 연구에 후설이 동의하는 판단을 만드는 제약 속에 기록되었다. 즉 후설은 구성하는 자아와 현상학을 하는 자아의 대립을 너무 강하게 강조해 인정했고, 선험적 술어화작용(Prädikation)의 어려움을 지나치게 인정했으며, 개체적 정신으로 시작하는 철학을 하는 주체를 모든 개체화(Individuation)에 앞서 놓여 있는 절대적 정신 삶의 심층 속으로―물론 이 책에서는 명백하게 제시되지는 않은―환원을 하는 것에 대립해 철학을 하는 주체의 개체적 개념을 옹호했다. 후설은 선험적 자아가 실로 그 자체로 (당연히 자기에 대해 통각을 하는 구성을 통한) '인간'이기 때문에, 인간은 단지 '외견상' 철학을 한다고 반론을 제기했다. 즉 후설은 선험적 주체와 인간의 차이를 개체화(Individuation)의 차원으로 아직 옮겨놓지는 않았다.

교수자격 취득 논문의 머리말

이 초고 '선험적 방법론의 이념'은 '제6성찰'의 형식을 취한다. 이에 대해서는 다음의 설명이 필요하다.

처음의 논문형식은 후설의 희망에 따라 다시 쓴 것인데, 그것은 그가 우리의 협동연구를 공동출판을 통해 표현하기 위해, 이 초고를 자신의 저술 『데카르트적 성찰』에 대해 자신이 계획한 독일어판의 '제6성찰'로 삽입하고자 했기 때문이다.

이 책에서 전개된 현상학적 물음설정은 『데카르트적 성찰』을 전제하며, 여기서 개시된 문제제기의 토대 위에 그리고 그 한계 속에 기인한다. 그러나 이 물음설정은, 그것이 존재자에 연관된 인식의 방식이 존재자를 형성하는(구성하는) 현상학적 인식으로 무비판적으로 전용되는 것에 성립하는 『데카르트적 성찰』의 일관된 방법적 소박함을 특히 물음으로 제기하는 한, 『데카르트적 성찰』도 넘어선다. 이 경우 본질적인 것은 현상학의 현상학(Phänomenologie der Phänomenologie)으로 철학적 반성을 반복하는 것이 아니라, 그것에서 궁극적으로 '존재'가 이해될 수 있는 지평이 그 자체로 '존재하는지' '어떻게 존재하는지' '존재자의 시간화(Zeitigung)의 존재는 규정될 수 있는지' 그리고 '〔규정될 수 있다면〕 어떻게 규정될 수 있는지' 하는 난문(Aporie)이다.

이러한 난문에서 발생된 '선험적 방법론'(transzendentale Methoden-lehre)은 이 책에서는 주제적으로 실행되지 않고, 단지 그 이념을 형식적으로 미리 지시하는 것만 이루어진다. 즉 그 방법론은 문제로서 진술된다.

1945년 12월 오이겐 핑크

제6 데카르트적 성찰

1 이제까지 성찰의 방법적 한계[1]

극단적인 자기 성찰의 근본주의(Radikalismus)에서 출발해 우리의 성찰하는 사고는 현상학적 환원을 함으로써 철학의 차원으로 그리고 그 문제영역 앞으로 인도되었다. 전통적 '철학'과 같이 세계의 존재에 대해 묻는 자연적 태도의 독단주의(Dogmatismus)에 구속되거나, 그와 같은 물음이 만족되지 못한 경우 세계를 '사변적으로' 날아서 넘어가는 대신, 우리는 참된 '코페르니쿠스적 전환' 속에 행위 하고 이론화하는 우리의 모든 인간적 가능성의 지평인 **자연적 태도의** 한계를 깨부수고, 모든 존재의 근원적 차원으로, 세계가 구성되는 원천적 근거, 즉 선험적 주관성의 영역으로 진출하게 되었다.

하지만 우리는 선험적 삶의 현실적이거나 침전된 의미의 작업수행들 속에 세계가 **구성되는 생성작용**(konstitutive Werden)을 아직 제시하지 않았고, 여전히 구성과 관련된 학과들과 이론들로 들어가지는 않

---

1) 이 부록의 제1절부터 제6절까지는 1932년 8월 15일, 제7절부터 제10절의 초반까지는 9월 8일, 제11절 초반까지는 10월 8일 그리고 끝부분은 10월 21일에 완료되었다.

았다. 단지 최초로 구성을 해명하는 이념을 '세계의 현상'(환원적으로 개방된 선험적 삶 속에 있는 타당성의 형성물)에서 타당성을 구축하는 것으로, 세계가 실현되는 과정으로 분석적으로 되돌아가 묻는 (Rückfrage) 이념으로서 계획했을 뿐이다. 그러나 이렇게 미리 지시하는 것 자체가 잠정적이거나 일반적으로 유지되어왔던 특성 전체를 넘어서는 것은 아니다.

이것은 무엇보다 구체적으로 분석하기 이전에 현상학적 인식의 행동을 충분히 특징지을 수 없었다는 점, 그 방법학과 체계학이 현상학적 인식작용 속에 세계를 아는 앎의 양식을 능가하는 것이 세계에 구속된 철학을 함(Philosophieren)이나 인식을 함(Erkennen)의 '철학적' 전통에서 파악될 수 없다는 원리적으로 새로운 것을 예견하지 못했다는 점에 그 근거를 갖는다. 우리가 세계의 구성으로 되돌아가 묻는 것을 예시했던 잠정성이나 규정되지 않은 것(Unbestimmtheit)은 본래의-철학적으로 파악하는 것, 즉 현상학적 의미에서 구성적으로 이해하는 것이 앞에서 언급했던 '특성'을 통해 미리 부과하거나 전적으로 은폐하는 것이 아니라는 신중함에서 유래한다. 우리의 성찰과 관련해 구성적으로 되돌아가 묻는 것을 지시하는 것은 현상학적 환원을 통해서는 그 자체로 아직 해결되지 않았고, 오히려 비로소 제기될 수 있는 것으로 가능한 철학적으로 인식하는 과제를 제시하는 의미만 있다. 우리는 우리의 성찰의 목표설정 안에서 이러한 과제 자체에 착수할 수 없다. 이것을 위해서는 거대하고 광범위한 상론이 필요하다. 이 성찰은 그 문제제기 속에 전문화되는 미래의 현상학적 구성에 대한 탐구를 위한 단지 '서론'(Prolegomena), 하지만 구성에 대한 어떠한 숙고도 이것 없이는 결코 가능하지 않다는 의미의 '서론'이 될 것이다.

그러므로 이러한 성찰에서 추구되는 것은 일반적으로 철학적 물음의 차원을 열어 철학을 이끄는 철학의 근본적 성찰의 전체이다. 철학을 하는 가능성에 기초를 세우는 것, 즉 세계와 세계 속의 존재자를 그 궁극적인 선험적 기원에서 구성하는 주관성(Subjektivität) 속에 파악하는 것인 철학으로의 입문은 현상학적 환원을 하는 것 이외에 다른 것이 아니다. 이 현상학적 환원은—선험적 응시자(Zuschauer)를 산출하고, (인간-존재를 세계화하는 자기 통각으로 은폐된) 선험적으로 정립할 수 있는 세계를 경험하고(Welt-erfahrend), 세계를 소유하는(Welt-habend) '궁극적인' 삶으로 환원적으로 되돌아가는(Rückgang)—'자아론적' 환원과 더불어 시작되고, '상호주관적' 환원, 즉 선험적 자아 속에 함축된 (그리고 '감정이입(Einfühlung)의 지향성'을 최초로 구성적으로 심문함으로써 또한 선험적으로 입증되는) 함께-구성하는 상호주관성을 완전히 전개하는 것으로 완성된다.

환원이라는 철학적 근원-작용(Ur-Akt)을 통해 우리에게 주어진 '존재'를 길어내는 것, 그 존재의 가장 보편적인 구조를 개관하는 것, 선험적 삶이 환원적으로 주어진 것을 획득하고 잠정적으로 기술하는 것은 이제까지 성찰의 주제이며 방법적 지평이었다. 이 경우 우리는 선험적 삶의 본래-구성하는 층으로 밀고 나가지 못하고, 우리가 그 가장 일반적인 이념에 관해 단지 예시할 수 있었던 구성을 드러내 밝히는 되돌아가 묻기 위해 전진하는 영역인 환원적으로 주어진 것(Gegebenheit)의 일반적 해석에 머물렀다. 본래의 철학을 함을 가능하게 만드는 일반적인 근본적 성찰은 끝났다. 우리는 이제 세계의 소박함을 극복하고 새로운 소박함, 즉 선험적 소박함에 놓여 있다. 이 소박함은 우리가 선험적 삶을, 이 삶의 '내적 지평', 즉 구성의 작업수행을 분석하면서 상세하게 논의하지 않고, 환원을 통해 우리에게 주어진 현재성(Gegenwärtigkeit) 속에서만 설명하고 전개한 데 성립한다. 그러나 그 자세한 논의의 일반성에 있는 이 첫 번째 단계는 실행되는 철학을 하는 연구를 위한 단순한 '계획'이 아니라, 연구 자체의 최초의 실질적 단계이며, 전문적인 구성을 탐구하는 단초를 위한 전제이다. 환원을 함에서 실제로 선험적 존재의 정립에 도달한 것이 명확하게 획득되는 경우에만, 선험적 삶이 그 주어진 것의 완전한 범위에서 명백해지는 경우에만, 구성이 일어나는 심층 속으로 소급하는 것이 시작될 수 있다.

이제까지 우리의 모든 해석은 방법적으로 보면, 소급적(regressiv) 현상학[2]의 첫 번째 단계에 머물렀다. 이 단계가 이미 그 자체 속에 다양한 단계와 분절을 지시하지만, 그 자체로 환원을 통해 정복된 선험적 존재의 새로운 땅을 마치 평면 위에 진행되는 답사와 같은 것이 아니고, 방법적으로 전개되는 연속적 단계이다. 그러므로 현상학적 환원 속에 직접 그리고 **최초로** 주어진 것은, 그 생생한 현재의 완전히 구체적인 자아론적 삶의 흐름(Lebensstrom)이 지닌 선험적 실존(Existenz)이다. 즉 이렇게 구체적으로 최초로 파악할 수 있는 것은 현실적으로 흐르는 경험의 삶이며, 이 삶에 대한 선행하는 개관 이후에 비로소 곧 이 흐름에 속하는 세계를 소유하는 현실적 습득성이 파악된다.

이러한 자아론의 구체적인 **이중성**에 따라 구성의 문제를 설정하는

---

2) 칸트에 의하면 "조건의 측면에서 주어진 현상에 가장 가까운 조건에서 멀리 있는 조건에 이르는 일련의 종합을 '소급적 종합', 조건지어진 것의 측면의 가장 가까운 결과에서 멀리 있는 결과로 진행하는 종합을 '전진적'(progressiv) 종합" (『순수이성비판』, B 438)이라고 한다. 즉 소급적 종합은 전제에서 전제로 진행(in antecedentia)하고, 전진적 종합은 귀결에서 귀결로 진행(in consequentia)한다. 후설은 이러한 칸트의 구분을 이어받아 인식의 대상들이 주어지는 조건(시간과 공간)을 다룬 선험적 감성론과 인식의 대상들이 사유되는 조건(순수개념, 즉 범주)을 다룬 선험적 분석론을 '소급적 현상학'으로, 경험의 한계를 넘어서는 영역에 오성의 순수개념을 사용하는 가상의 논리를 비판한 선험적 변증론을 '전진적 또는 구축적(konstruktiv) 현상학'이라고 부른다.

기획에 두 가지 방향이 지시된다. 즉 흐르는 경험의 삶을 구성하는 분석론(정적 현상학)과 현실적 습득성(Habitualität) 속에 함축적으로 침전되어 작업을 수행하는 삶으로 구성적으로 되돌아가 묻는 것(발생적 현상학)이다.

그렇다면 선험적 삶으로 돌입하는 지점, 즉 소급적 현상학의 첫 번째 단계인 선험적 자아가 기술되고 완전히 전개되면, 우리는 계속 전진해가면서 원리적으로 두 가지 가능성을 갖는다. 그것은 우리가 구성에 대한 탐구의 구체적 분과들로 실제로 발을 들여놓고 정적 구성과 발생적 구성을 분석하거나, 환원을 통해 우리에게 주어진 존재의 완전한 내용을 우선 전개하고 자아의 은폐된 함축, 즉 공존하는 선험적 상호주관성을 해명하는 것이다.

그러나 전진해가는 이 두 가지 가능성은 결코 같은 가치를 지닌 것이 아니다. 오히려 무엇보다 소급적 현상학의 첫 번째 단계를 엄수하고, 이 단계를 그 전체의 범위에서 섭렵하면서 현상학적 환원의 자아론이 출발하는 형태를 상호주관적 환원의 최종의 형태로 완성하는 것이 방법적으로 올바른 것이다. 사실 타당성의 형성물에 관한 모든 '세계의 현상'이 유래하는 구성적으로 되돌아가 묻는 것은 선험적 상호주관성을 해명함으로써 비로소 (또한 그 근원적 양상의 형태에서만) 선험적으로 의사소통하는 구성의 상관자인 상호주관적 세계를 충분히 이해할 수 있게 만드는 권위를 획득한다. 즉 만약 우리가 자아론에 한정해 바로 구성으로의 길에 발을 들여놓으면, 구성된 대상성의 상호주관적 존재 의미를 결코 자아론의 작업수행에 입각해 충분히 설명할 수 없다. 또한 소급적 현상학의 방법상 최초의 단계로 소급하고 구성을 다루는 되돌아가 묻는 것의 협소한 전진하는 장(場)을 확장하라고 우리를 강제하는 자아론의 구성의 문제제기에 몰두하는 잔여부분은 남지 않는다.

이러한 근거에서 우리는 이제까지의 성찰에서 해석하는 가운데 소급적 현상학의 첫 번째 단계에서만 진행해왔고, 더구나 사실 우리에게 1차적으로 중요한 것은 현상학적 환원 속에 그리고 그것을 통해 이것이 주어지는 한에서 선험적 주관성을 해명한 것뿐이었다. 환원 속에 주어진 것은 다만 현재 공존하는 모나드의 전체(Monadenall), 즉 선험적 자아인 나와 나의 타자경험 속에 명시되고 입증되는 선험적 '타인'이다. 그러나 이 모나드의 전체가 '우주'의 구조를 가질 수 있는지, 그것이 개방되거나 폐쇄된 다수성을 제시하는지, '세계의 현상' 속에 간접적으로 주어진 동료 인간들(현재-현존하지 않는 과거의 타인)에게 실제로 선험적 '타인'이 상응하는지—이 모든 것을 우리는 이 첫 번째 단계에서는 알지 못한다.

그러나 여기서 어떤 앎으로 돌진하고 구성적으로 파악하기 위해 최초의 그리고 잠정적 해석의 방법적 지평을 넘어서야만 하며, 사실 더 나아가 소급적인 지향적-구성적으로 해명하는 양식을 극복해야 한다. '구성하는 삶의 내적 지평' 속으로 되돌아가는 일이 여기서 끝장난 것은 아니다. 이러한 의미로 여기서 우리는 이 경험의 연관 속에 곧바로 함축된 타인의 구성과 구성적으로 승인하는 가운데 지향적 경험의 연관에서 현재-현존하는 타인으로 소급하는 어떠한 유비물도 갖고 있지 않다. 오히려 여기서는 선험적 삶 일반이 환원적으로 주어진 것을 넘어설 것이 요구되고, 소급적 현상학의 당면한 해결할 수 없는 '주변 문제' 속에 반드시 동기가 부여되고 이 동기부여를 통해 미리 지시된 선험적 삶이 '환원적으로 주어진 것의 외적 지평'을 심문할 것이 요구된다.

하지만 그와 같은 심문은, 그것이 선험적으로 '주어진 것'의 토대를 포기하는 한, 더 이상 직관적으로(intuitiv) 제시되는 것이 아니라 반드시 **구축적으로**(konstruktiv) 처리된다. 그러나 '**구축적 현상학**'의 독자적 문제제기를 계획할 수 있기 이전에 우리는 미리 '직관적인' 소급적 현상학을 본질적 부분에서 실행해야만 하며, 소급적 분석론의 주변 문제인 암초에 그것으로부터 구축적인 계획으로 동기부여하는 충격을 유지하기 위해 좌초되어야 한다. 어떠한 방법적 특성을, 어떠한 선험적 인식의 권위를, 어떠한 의미의 '구축'을 실행한 소급적 현상학의 뒤를 이어 '구축적' 현상학이 갖더라도, 우리는 지금 결코 어떠한 방식으로도 선취할 수 없다. 우리는 현상학적 체계학의 개방성을 지시하고, 현상학의 일정한 단계나 일정한 개념을 절대화하는 것을 실로 허용하지 않는 현상학적 이론이 형성되는 단계적 특성을 지시하려고 하기 때문에 그것을 단지 언급할 뿐이다.

구축적 현상학의 이념을 지시하는 것은, 더 나아가 이제까지 선험적 주관성을 성찰해 해명하는 것을 현상학적 체계학 전체 속에 자리 잡을 가능성을 준다. 이 체계학이 그 다양한 단계 속에 미리 주어지지 않더라도, 어쨌든 (환원적으로 주어지고 '직관적으로' 입증된 선험적 주관성의 구성적 분석론인) 소급적 현상학과 (선험적 삶이 직관적으로 주어진 것을 넘어서는 모든 동기가 부여된 구축의 총체성인) 구축적 현상학의 예시된 구별과 더불어, 이제까지 우리가 성찰한 방법적 단계를 부각시켜 대조시키는 원리적인 경계선이 그어진다. 이 단계를 소급적 현상학의 첫 번째 단계로 표시하는 한, 우리는 개방된 현상학적 문제제기의 ── 우리에게 물론 지금은 단지 공허한 의식 속에 주어진 ── 체계 속에 그 '방법적 위치'를 지정한다.[3] 선험철학의 건축술(Architektonik)인 현상학적 체계 자체는 미리 설계될 수 있는 것이 아니라, '사태 자체'에서 구체적인 현상학적 연구를 관통하면서만 끄집어

---

3) '현상학적 철학의 체계'에 관한 핑크의 구상안('옮긴이 해제' 참조)에서 제1권 제2장, 3장의 내용목차 참조.

낼 수 있는 것이다. 그것은 현상학적 문제설정의 전체 체계학, 방법적 진행절차의 구조, 선험적 인식과 '학문'의 권위와 양식을 현상학적으로 이해할 수 있게 한다. 따라서 현상학적 연구 속에 익명적으로 기능하는 현상학을 하는 사고작용과 이론의 형성작용을 독자적인 선험적 분석론에 떠맡긴다. 그래서 자기 자신을 넘어서 궁극적인 **선험적 자기 이해**(Selbstverständigung) 속에 현상학을 완성하는 것이 **선험적 방법론**의 고유한 과제이다. 달리 말하면 선험적 방법론은 현상학의 현상학을 지향할 뿐이다.

이제 이러한 점을 논의할 것이다. 그러나 우리는 사태 그 자체에 주제적으로 몰두해 방법 자체에 대해 반성하지 못하고 주제로 삼는 태도로 스스로 전락해 현상학적 방법을 익히고 실행하기 이전에 도대체 그러한 점에 대한 대략적인 표상만이라도 가질 수 있는가? 하지만 이러한 의구심을 제기하면, 거기서 실증과학적 탐구와 이에 뒤따르는—즉 실행된 방법을 단지 등록하는—이른바 '학문이론' (Wissenschaftstheorie)의 관계에 관해 자연적 태도 속에 가진 표상에서 인도되는 것은 아닌가? 그렇다면 선험적 현상학의 장에는 주제적으로 탐구하는 것과 방법을 성찰하는 것의 관계가 곧바로 독자적인 그리고 우리에게 여전히 의문스러운 것이 아닌가?

명백히 이러한 관계를—다소간에 사실적으로 친숙한—세속적 앎의 이론적 연관을 실마리로 설명하면 안 된다. 어쨌든 우리는 우리가 알았던 소급적 현상학의 첫 번째 단계 안에서, 즉 '주제적' 현상학 안에서 현상학적 환원·원초적 환원·상호주관적 환원 등과 더불어 시작된 일련의 '방법적 성찰'을 이미 갖는다. 그리고 이 경우 그 성찰은 결코 어떤 주제에 대한 자세한 논의에 뒤따르는 방법에 대한 반성이 아니라, 무엇보다 구체적인 현상학적 탐구의 차원과 단계를 해명한다.

그러나 다른 한편 우리는 해명하는 방법적 성찰과 이 성찰로 가능해진 분석의 관계를─실증과학의 잠정적으로 해명하는 방법적 성찰과 너무 좁게 파악된 유비 속에─고정시키는 것도 경계해야 한다. 실증과학의 경우 아프리오리(Apriori)를 잠정적으로 제시한 것은 주제적 영역 속에 탐구의 단초를 미리 규명하고, '근본적 개념'을 준비하며, 주제적 분야 전체를 지배하는 구조적 법칙성을 세움으로써 진보를 확신하는 기능을 이어받았다(예를 들어 물리학에서 자연을 아프리오리하게 미리 규명하는 것으로서 순수한 〈시간〉 공간성의 수학적-기하학적 구상!).

하지만 서로 다른 환원의 현상학적 근본적 성찰은 결코 현상학적 탐구를 위한 주제적 분야의 어떤 아프리오리를 구상하는 것이 아니라, 원리적으로 어떠한 세속적 유비물(Analogon)도 갖지 않고 가질 수도 없으며, 이러한 점을 지적하는 것이 선험적 방법론의 과제에 그 자체에 속하는 전적으로 독자적인 해명이다. 우선 우리는 (뒤따라가면서 등록하거나 잠정적으로 아프리오리하게 규명하는) 방법론의 두 가지 세계에 관한 표상을 억제하고, 대략적으로 예견하면서 선험적 방법론의 개념을 파악해보자. 왜냐하면 일반적 성찰의 연관에서 우리에게 중요한 것은 그러한 방법론을 상세하게 기술하는 것이 아니라, 단지 그 방법론의 이념을 구상하는 것이기 때문이다. 이것을 위해 요구되는 것은 우리가 이전에 현상학을 통해 이미 그 모든 단계에 관통하는 것이 아니며, 현상학적 문제제기의 단계와 이에 속한 연구의 지평에 일정한 이해를 하게 된 것도 결코 아니다. 오히려 선험적 방법론의 일반적 문제설정과 의미를 세울 수 있기 위해 소급적 현상학의 해석, 하지만 무엇보다 현상학적 환원을 이해하는 것으로 이미 충분하다.

2 선험적 방법론의 주제

우리는 그 주제를 규정하는 데 선험적 방법론의 잠정적 특성에 처음 접근했는데, 이 경우 '주제'라는 개념은 물론 광범위하고 모호한 의미로 파악된 것이 틀림없다. 여기에 현상학적 환원에 대한 성찰이 필요하다. 이것은 철학의 가능성을 정초하는 기본적 성찰일 뿐 아니라, 이와 일치해 생생하게(in nuce) 현상학적 철학의 전체 체계학을 포함한다. 현상학적 환원은 우리가 이미 알아보았듯이, 전대미문(前代未聞)의 역동적 구조에 관한 반성적 판단중지 속에 형성된다. 즉 가장 깊은 자기 성찰을 통해 변화되면서 인간 자신과 세계 속의 그의 자연스러운 인간적 존재가 선험적 응시자를 산출해냄으로써 고양된다. 선험적 응시자는 그 자체로 세계에 대한 신념, 세계를 경험하는 인간적 자아가 존재를 정립하는 데 참여하는 것이 아니라, 세계에 대한 신념(Weltglauben)을 주시한다. 그래서 그는 세계를 믿는 삶의 '세계의 성격', 즉 인간성의 배후를 되돌아가 묻고, 그런 다음 이러한 삶을 인간의 통각으로 은폐된 선험적으로-구성하는 세계에 대한 경험 속으로 환원한다. 그러므로 환원을 통해 철학의 본래 주제 ──즉 선험적 삶의 종합과 통일성의 형성, 습득성과 잠재성 속에 선험적 세계의 구성──가 개시된다. 선험적 삶은 그 자체로 구성 과정에 공동체화된 모나드들의 상호주관성의 통일성을 이룬다. 모나드 전체의 구성적 생성작용, 선험적 우주발생론, 세계를 창조하는 활동성이 선험적 원리론(Elementarlehre)의 관통하는 주제이다.

우선 선험적 원리론은 '선험적 감성론', 즉 〈상관적으로〉 '세계의 현상'[4]을 해석하는 것, 사유된 것들(cogitata) 그 자체와 그 보편적

---

4) 〈난외주〉 따라서 세계의 보편적으로 흐르는 구체화하는 해석이며, 구체화된 것, 더구나 게다가 타당함과 타당성의 내용(표상의 내용)의 흐르는 방식들(Weisen)의 방식(Wie) 속에 종합적 통일인 세계 자체의 해석이다. 이 경우 사유

구조를 해석하는 것, 타당성과 타당성의 통일체를 순수하게 그 자체로 기술하는 것, 구조의 근원적 유형과 본질적 형식들을 기술하는 것, 이와 함께 사유작용(cogitatio)을 상관적으로 기술하는 것에 실마리를 획득하기 위해 그때그때 사유된 것이 동일한 통일체로 주어지는 다양한 의식의 방식들을 기술하는 것이다.

둘째, 선험적 원리론은 (우리가 단지 그 첫 번째 단계에 따라 전개했던) 소급적 현상학이다. 즉 선험적 세계에 대한 경험의 삶의 통일성, 작용들에서 선험적 삶의 구성하는 심층 속으로 되돌아가 묻는 것이다 (우리는 이 되돌아가 묻는 것을 '선험적 감성론'이라고도 부를 수 있다).

셋째, 그 원리론은 **구축적 현상학**('선험적 변증론')이다. 즉 선험적 삶이 환원적으로 주어진 것을 동기를 부여한 구축들 속에 넘어서는 모든 현상학적 이론들의 전체이다. 소급적 현상학이 세계의 구성적 생성작용──그것이 지향적 구성을 분석하는 방법으로 환원을 통해 주어진 선험적 모나드들의 존립 전체 속에 현재의 **생성작용**이나 과거의 **생성작용**으로 입증되는 한──을 주제로 갖는다면, 그에 반해 구축적 현상학, 특히 자아론으로 세계를 구성하는 것뿐 아니라 상호주관적으로 세계를 구성하는 '시작'과 '종말'에 관한 선험적 물음이 제기되어야만 하며 답변이 이뤄져야 한다.

선험적 원리론의 대상이 (주어져 있거나 구축할 수 있는) 세계의 구성이라면, 그 '주체'는 선험적 응시자 즉 **현상학적 자아**이다. 이 주체는 '인격적 결합' 속에 자신에게 주제적인 선험적 자아의 삶과 좋은

작용과 사유된 것 자체의 상관적인 기술은, 무엇보다 흐름 속에 불변적으로 남아 있는 구조의 유형으로 나아가고, 그런 다음 이 구조의 유형은 개별적인 세속적 실재성에 관한──특수성 속에 부각되고 활성화될 수 있는──사유작용과 이 실재성이 타당한 방식의 내용과 방식 속의 실재성 자체를 기술하기 위한 끊임없는 토대 또는 지평이다.

관계를 맺는다. 그러나 현상학적 환원을 함으로써 선험적 존재 안에서 철저한 분열이 생긴다. 현상학을 하는 반성적 자아는 자연적 태도 속에 반성하는 자아가, 반성적으로 파악된 자아의 삶 이상으로, 자신이 세계를 구성하는 운동 속에 주제로 삼는, 선험적 삶과 더 깊은 대조를 이룬다. 현상학적 응시자는 곧 판단중지의 작용을 통해 선험적 삶의 가장 깊은 삶의 경향, 즉 세계를 실현하는 것에서 벗어나지 못하는가? 세계의 구성에 관여하지 않은 선험적 응시자는 그래도 '구성되는가?' 그렇다면 과연 언제, 어떤 의미로 '구성되는가?' 원리론을 면밀하게 조사함으로써 세계를 형성하는 선험적 주관성을 현상학적으로 이해하면, 비록 그것이 선험적 삶의 외부에 있지 않더라도, 어쨌든 우리는 이러한 이해의 조명 아래 '현상학을 하는 응시자'를 파악할 수는 없다. 따라서 '선험성'의 영역 속에는 아직 파악되지 않은 것, 곧 현상학적으로-이론화하는 '응시자'가 남아 있다. 이 응시자는 곧 그와 함께 '현상학을 하는 것'[5]에 관한 현상학적 학문, 즉 현상학의 현상학인 선험적 방법론[6]의 주제일 뿐이다.

---

5) 1930년대 후설은 칸트의 '철학을 함'을 연상시키는 이 용어를 곧잘 사용하며, "선험적 현상학을 실행함(ins Spiel setzen)"(『위기』, 272쪽)으로도 표현한다. 칸트에 의하면 "철학은 가능한 학문의 단순한 이념이며, 구체적으로 주어져 있지 않다. 그러나 감성으로 퇴색된 유일한 작은 길을 발견하기까지 ……인간은 다양한 길로 철학에 접근하려고 시도하는 자이다. 그때까지 우리는 철학을 배울 수 없다. ……철학을 함만 배울 수 있을 뿐이다. ……철학은 모든 인식과 인간 이성의 본질적 목적(teleologia rationis humanae)의 관계에 관한 학문이며, 철학자는 이성의 기술자가 아니라, 입법자(Gesetzgeber)이다(『순수이성비판』, B 867~868쪽)."이러한 칸트의 견해에 따라 후설은 '현상학을 하는 것'을 통해 단번에 목적에 도달하는 것이 아니라 부단히 현상학적 환원을 완수하고 세계화하는 연구 실천, 즉 자아를 실현해야 할(修己治人) 실천적 윤리를 강조한다.

6) 칸트의 『순수이성비판』에서 '선험적 원리론'은 아프리오리한 인식의 요소를 탐구하고 그 타당성을 이해하게 만드는 재료(시간·공간, 범주)를 음미하는 부분으로 '감성론' '분석론' '변증론'으로 이루어진다. '선험적 방법론'은 순수이

주해. 현상학적 환원에 관해 앞에서 서술한 그 속에 함축된 현상학
  적 문제제기의 윤곽 속에 우리에게 어떤 통찰을 부여해준다.

1. 인간의 자기 성찰,

2. 이것은 현상학적 환원으로 철저화된다. 즉 처음 외관상 보기에
  그 〈자아〉 주체는 인간이다. 세계를 괄호 침 속에 포함된 인간을
  괄호 침을 수행함으로써 그 주체는 선험적 응시자로 변화되는
  데, 이 응시자는 선험적인 세계를 구성하는 작용으로 환원된다.

3. 선험적 원리론
  주체: 선험적 응시자, 주제: 세계의 구성
  a) 소급적 현상학(선험적 감성론과 분석론)
  b) 구축적 현상학(선험적 변증론)

4. 선험적 방법론
  주체: 선험적 응시자, 주제: 선험적 응시자

3 현상학의 '자기 관련성'[7)]

선험적 방법론의 주제는 현상학적 응시자이다. 동시에 그는 주체,
즉 방법론 속에 인식하고 이론화하는 자이다. 따라서 이 방법론은 그
가 자기를 대상화하는 과정일 뿐이다. 선험적 응시자는 인식하면서

성의 완전한 체계의 형식적 조건에 대한 규정으로 재료를 조합해 완결된 체계
로 결합하는 설계를 음미하는 부분이다. 이것은 규칙을 위반한 독단적 사용을
제한하는 '훈련', 인식능력 일반을 바르게 사용하기 위한 아프리오리한 원칙
들의 총괄인 '규준', 이념의 완전한 실현을 목표로 학문적 체계를 세우는 방법
인 '건축술', 비판적 방법의 정당성을 밝힌 '역사'로 이루어진다. 요컨대 방법
은 체계, 곧 이성의 원리를 뜻한다. 따라서 선험적 방법론은 단순한 방법론이나
방법들의 체계학과 근본적으로 다르다.

7) 이 제3절과 제4절에 대해서는 '부록11' 참조.

자기 자신을 향해 있으며, 반성의 태도로 들어간다. 그러나 이러한 반성 속에 현상학을 하는 자아의 자기 자신에 대한 앎이 비로소 형성되는 것이 아니라, 이 자아는 환원을 해, 즉 판단중지 속에 명백한 자기 제시를 통해 이미 자기의식의 양상(그 자체에 대한 존재)에서 현존하고, 자기 자신에 대립해 개방되어 있다. 선험적 방법론의 반성은 현상학적으로-주제화하는 자아의 주제적이지 않은 자기 자신에 대한 앎을 명백한 자기의 주제제기로 만든다.[8] 그러므로 형식적으로 보면, 선험적 응시자가 자기 자신에 대한 반성으로 인간적 자기반성과 유비적인 **구조**를 갖는다. 또한 인간의 자아의식과 자기의식은 실로 '반성' 이전에 존재한다. 예컨대 사물들에 주의를 기울인 외적 경험에서 경험하는 삶의 '익명성'(Anonymität)은 결코 자기의식이 결여되어 있거나 없는 것이 아니라, 곧 그것의 **정상적인 양상**이다. 반성은 단지 자아 이전에 주제적이지 않은 자기 자신에 대한 앎을 대상화할 뿐이다.

확실히 이처럼 선험적 응시자도 세계를 구성하는 과정을 이론화하는 가운데 자기 자신에 대해 개방되고 규명된다. 그러나 현상학적 응시자의 주제화하는 태도가 도대체 자연적 세계에 대한 경험의 주제적으로 반성하지 않은 태도와 비교될 수 있는가? 결코 그렇지 않다. 왜냐하면 '관여하지 않은 응시자'가 주제적으로 주목하는 이유는 이미 반성적 자아를 주제화하는 것(Thematisieren), 즉 행위이지만, 곧바로 향해 살아가는 자아를 주제화하는 것, 즉 행위가 아니기 때문이다. 어쨌든 이 응시자는 '선험적 반성'의 본래 주체, 즉 본래 선험적으로 반성하는 자이다! 그러므로 우리는 '방법론' 속에 이미 반성

---

8) 〈난외주〉 이러한 의미에서 미리 주어져 있으며, 응시자가 발견하게 될지도 모를 모든 것은 실로 이미 비주제적이다.

하는 자아의 자기 대상화, 따라서 '더 높은 단계'의 반성을 하지 않은 가? 더구나 이것은 완전히 형식적 의미에서 정당하며, 어쨌든 선험적 반성이 곧바로 향한 태도의 단순한 전환인 반성 자체와 비교될 수 없으며, 그것은 미리 알려지고 또한 미리 주어진 의미에서 어떠한 반성도 서술하지 않는다. 따라서 그것은 반성과 반성을 반복할 수 있는 것에 관한 세계의 구조적 앎을 이해하는 수단으로 파악될 수도 없다는 사실을 유념해야 한다. 현상학적 환원으로 형태를 갖춘 선험적 반성은 가령 선험적 자아의 이미 현존하는 자기 자신에 대한 앎을 대상화하지 않는다. 그리고 무엇보다 이 선험적 자아의 삶을 개시하고 해명하며, 〈소박하게 미리 주어진 것과 이 속에서 소박하게 알게 되는 인간인 인간의〉 세계만큼이나 오래된 은폐성과 '익명성'에서 부각시킨다.

그러므로 여기서 환원을 통해 지양된 '익명성'에는 명백히 자기 자신에 대한 반성 이전에 인간의 주제이지 않은 자기 개시성의 경우와는 원리적으로 다른 근본적인 의미가 있다. 여기서 '익명성'은 하나의 선험적 개념이며, 곧 자기 폐쇄성과 자기 망각성의 양상, 즉 자연적 태도라는 선험적 양상에서 선험적 세계의 구성이 경과되는 방식을 지시한다. 현상학적 환원 속에는 선험적 세계의 구성에 '일깨움'이 일어나며, 선험적으로 자기를 의식하게 하는 과정이 수행된다. 현상학적 응시자의 주제화하는 가운데 또한 이것을 통해 구성적 우주발생론이 자각되며, 모호함과 '자기 외적 존재'(Ausser-sich-Sein)에서 선험적인 '그 자체에 대한 존재'(Fürsichsein)를 밝힘으로 나타난다. 따라서 선험적 원리론은 선험적 주관성이 모든 존재자의 우주인 세계를 구성하는 근원인 한 그리고 그 범위까지, 현상학을 하는 응시자를 통해 그의 이론적 행위 속에 수행되는 선험적 주관성이 '자각되는'(Zu-sich-selbst-Kommen) 운동이다. 실로 선험적 방법론 속에 구성하는 주관성의 자각되는 것을 해명하는 것이, 즉 선험적 세계의 구성을 드러내놓고 통찰하는[9] 주관성인 선험적 주관성이 자신의 관점에서 자기의식이 되어야 한다. 추상적인 정형으로 하락시키면, 선험적 방법론은 곧 선험적인 자기 자신이 되어가는 것(Für-sich-Werden)의 선험적인 자기 자신이 되어가는 것이다.

실로 현상학적 환원이 세계에 주어진 환원과 유비를 통해 파악될 수 없기 때문에 현상학적 응시자의 선험적 반성, 즉 현상학적으로 이론화하는 것을 이론화하는 것(Theoretisieren)이 단순히 '더 높은 단계의' 반성을 서술하지 않는다는 점을 인정하더라도, 어쨌든 다음과 같은 물음을 제기할 수 있다. 즉 도대체 선험적 방법론의 이념과 더불어 고유한 독자적 문제가 실제로 제시되는가? 그래서 인식하고 이론화하며 반성하는 등의 작용이 포함된 선험적 삶의 주제화인 원리론에 이어 현상학적으로 자기를 주제화하는 선험적 작용을 여전히 명백하게 분석해야만 하는가? 현상학을 하는 것(Phänomenologisieren)에 관한 반성은 반성 일반에 관한 ─ 아무튼 원리론 속에 이미 해석과 구성적 분석론을 반드시 발견했을 ─ 하나의 단순한 (단지 새로운 대상을 통해 서로 다른) 경우 이상인가? 여기서 우리는 현상학의 '자기 관련성', 즉 우리가 이미 세계에 관해 다른 학문들에서 아는 구조와 아무런 관계가 없는가? 그와 같은 자기 관련성과 이것에 함께 주어진 '문제'(예를 들어 '무한소급'의 위험)은, 더 상세히 검토해보면 종종 해가 없는 것으로 그리고 상대적으로 쉽게 해명될 수 있는 것으로 입증되지 않는가?

자연적 태도 속에 자기와 관련된 학문들의 몇 가지 경우를 떠올려보자. 우리는 우선 세 가지 특정한 학문에서 고찰하려는 세 가지 유형을 구분할 수 있다.

---

9) 〈난외주〉 게다가 판단하는 표현과 이론 자체!

첫 번째 경우로 역사학(Historik)을 살펴보자. 역사학은 역사적 변천을 주제로 갖지만, 일어난 일(가장 넓은 의미에서 정치적 사건)의 경과뿐 아니라 인간 문화의 변천과 발전 그리고 몰락, 즉 그 속에 함께 포함된 인간의 인식·학문의 형성·인간의 세계에 대한 표상과 알고자 하는 욕망을 규범화한 이상들의 변천 등을 주제로 삼는다. 그와 동시에 역사학은 그때그때 역사적 상황과 그때그때 역사와의 관계에 관한 인간적 인식의 제약을 주제로 갖는다. 우선 역사학은 달리 말하면 역사기록(Historiographie)의 역사(Historie)[10]를 주제화하고, 두 번째로 특정한 역사적 시대의 생생한 역사적 삶의 경향을 통해 그때그때 역사를 기술하는(Geschichtsschreibung) 제약을 주제화하는 것을 뜻한다. 더구나 현대의 역사를 기술하는 것을 규범화하는 '객관적으로 역사를 기술하는 것'의 '이상'(理想)은 보편적 문화의 이상, 즉 '객관적 학문'의 시기에 상대적인 것으로 간주된다.

비록 이러한 극단적 '역사주의'(Historismus)[11]가 참된 역사학을 변조하고 왜곡시키더라도, 어쨌든 거기에는 역사학의 독자적인 '자기 관련성'이 매우 명백하다. 역사학을 하는 인식작용은 자기 자신을 '역사적으로' 다루며, 자기 자신을 상대화한다. 역사학은 1차적으로 자신의 고유한 전통(과거의 역사를 기술하는 것)을 함께 주제로 삼는다

---

10) 흔히 'Historie'는 일어난 사건의 변천과 흥망에 과한 역사적 사실로서의 총체적 기록을, 'Geschichte'는 이 역사적 사실의 의미 연관에 대한 해명을 뜻한다. 하지만 후설이 이들을 엄밀하게 구별해 사용하지 않기 때문에, 또 그 각각에 적합한 번역어가 마땅치 않기 때문에, 여기서는 모두 '역사'로 옮긴다.

11) 후설은 『엄밀한 학문』에서 역사주의를 '모든 정신 형태가 경험적 삶 속에 유기적으로 생성된 형성물이기 때문에, 고정된 종(種)이나 구조는 없고 지속적인 발전의 흐름만 있을 뿐이므로 내적 직관을 통해 정신적 삶에 정통하면 그것을 지배하는 동기들을 추후로 체험할 수 있으며, 이렇게 함으로써 그때그때 정신 형태의 본질과 발전을 역사적 발생론으로 이해하고 설명할 수 있다'는 주장으로 정의한다.

는 점 때문이 아니라, 역사적 생성작용의 연관 속으로 자기 자신을 끌어들여 제기하는 한, 미래의 역사기록을 위한 미래의 주제로 자기 자신을 해석하면서 간주하는 점을 통해 자기 자신과 관련된다. 곧 역사학이 자신을 '미래의 상(相) 아래'(sub specie futuri) 파악하는 한, 역사학은 고유한 역사성(Historizität)에 관한 앎을 갖는다. 역사학 자체는 자신의 에피소드의 제약 속에 스스로를 인식할 수 없을 수도 있지만, 현재적인 것을 역사학을 함(Historisieren)으로써 스스로를 '역사적', 즉 과거의 것으로 해석할 수 없다. 이것은 역사학이 자신의 고유한 '자기 관련성'을 현실화할 수 없고, 그것은 역사학을 추구하는 삶이 미래의 역사기록의 잠재적 주제로 현실적 자기 파악 속에 움직이는 데에서만 성립하는 것을 뜻한다.

(미리 구상된 역사적 과정에 통각으로 자신을 편입시킴으로써) 자기를 상대화하는 것인 이 자기 관련성은 논리학의 자기 자신에 대한, 또는 더 정확하게 정식화하면, 논리학자의 자기 관련성과는 다르다. 논리학자가 자신의 논리적 인식을 기록하고 술어적으로 보존하는 판단과 명제가 그 자체로 다시 논리학의 법칙에 종속되는 한, 학문으로서 즉 논리학자의 이론적 행위와 이 행위의 결과로서 논리학이 자기 자신과 관련되지는 않는가?[12] 논리학을 하는 사고 자체가 이미 자신을 발견한 구조적 법칙성에 지배되지는 않는가? 확실히 논리학자의 사고, 예를 들어 범주적 직관은 단지 '범례적' 사고이며, 개체적−구체적인 특정한 사고로서 처음부터 모든 사고 일반의 보편적인 논리적 법칙으로 규범화되었다. 논리학자의 자기 관련성이 역사학자의 자기 관련성과 같이 주제화하는 것을 주제제기의 연관 속으로 장과 절을 나누는 성격을 갖지만, 그것은 그 배열이 그때그때 다른 형식을 갖는

---

12) 〈난외주〉 너무나 많은 물음이 아니다!

경우에만 그러하다. 즉 역사학자의 자기 관련성은 미래에 주제화되는 것을 예견함으로써 자기 상대화를 갖는다. 하지만 논리학자의 자기 관련성은 주제제기 속에 보편성이 제기한 사고작용과 술어화 일반의 논리적 규범화를 단순히 범례로 응용한 경우로서, 주제화하는 작용의 자기 파악을 갖는다. 전자의 경우와 마찬가지로 후자의 경우 우리는 어떠한 '무한소급'도 갖지 않는다.

자기 관련성의 세 번째 경우, 즉 〈순수지향적〉 심리학에서 비로소 무한소급의 위험이 나타날 것으로 보인다. 심리학은 심리학적 인식작용이 그 자체로 다시 심리학적으로 주어진 것, 즉 심리학적 사실이며 그 자체로 〈순수지향적〉 심리학의 주제적 영역으로 귀착되는 한, 자기 자신과 관련된 학문이다. 역사학과 논리학은 곧바로(geradehin) 향한 태도의 학문이지만, 심리학의 주제제기는 처음부터 〈철저한〉 반성적 태도 속에서만 주어진다. 이러한 점은 심리학의 고유한 자기 관련성의 성격도 제약한다. 심리학의 자기 관련성은 더 높은 단계의 반성 구조를 갖는다. 심리학자의 주제적 탐구에는 탐구하는 삶이 기능하는(Fungieren) 익명성 속에 남아 있다. 그런데 뒤따르는 반성을 통해 비로소 그 이전에 기능하는 자아(그리고 그의 인식하는 삶)는 주제가 될 수 있으나, 다시 기능하는 자아에 대해 주제일 수 있다. 실제로 영혼적 존재의 총체성을 인식하려면, 이제 우리는 새로운 반성의 단계에서 이 자아를 드러내 밝혀야 하므로, 무한히 드러내 밝혀야 하지 않은가?[13] 그렇다면 '무한소급'은 실제로 불가피하지 않은가?

---

13) 〈난외주〉 만약 심리학자 또는 심리학이 영혼의 개체적 존재를 충분히 논구할 수 있는 인식으로 이끌어야 한다는 과제를 스스로에게 부과하면, 반성을 반복하는 것은 무한히 다양한 형태로 변형될 것이고, 그런 다음 실제로 복원되고 주제화될 것이 틀림없다. 그러나 이것은 처음부터 모순된 과제이다. 나 자신의 것이든 어떤 타인의 것이든 어떠한 영혼도, 세속적인 어떠한 것도 이러

그러나 성찰해보면, 우리는 심리학에서 '무한소급'을 전혀 두려워할 필요가 없다는 사실을 알 수 있다. 왜냐하면 무한소급은, 그때그때 기능하는 자아가 곧 자신이 기능하는 것을 이 특정한 현실적 순간에 인식해야만 하는 한, 오직 반성을 반복하는 것에 대해서만 성립하기 때문이다. 하지만 그와 같은 목표설정은 심리학의 목표설정이 아니다. 왜냐하면 심리학은 보편적 인식을 추구하는 학문이기 때문이다. 이미 그 최초의 주제제기인 인간의 영혼 삶에 대한 반성적 태도에서 심리학은 (예를 들어) 우연적 내용을 지닌 지각하는 이러저러한 순간적 작용을 결코 반성하지 않고, 사실적인 모든 개체적 지각작용에 유형적으로 또는 아주 본질적으로 공통적인 것을 반성하고, 지각작용 일반, 그 지향적 본질의 보편성에서 현전화(Vergegenwärtigung) 등을 반성한다. 그 인식의 보편성을 향한 이러한 태도에서 심리학은 심리학을 하면서-기능하는 인식의 삶에 익명성도 반성한다. 마찬가지로 심리학은 개방된 반성을 반복할 수 있는 것도 '보편적으로' 파악한다. 심리학은 무한소급에 실제 현실적으로 들어갈 필요가 없고, 이 무한소급을 자신의 보편적 구조 속에 이해한다. 그리고 심리학은 그 자체로 반복하는 과정의 '등등'(und so weiter)의 지평적 이해 속에 포함될 수 없을, 가령 원리적으로 새로운 종류의 구조를 가지고, 익명

한 완전성의 의미에서 결코 인식될 수 없는 것처럼, 그 완전한 개체성에서 이러한 의미로 완전히 인식될 수 없다. 심리학자인 나에게 객관적으로 인식될 수 있는 것, 나의 시간공간에 장소가 정해짐에 따라 항속하는 현존재를 모든 사람이 마찬가지로 인식할 수 있는 것으로 인식하는 것은 심리학의 주제 속에 함께 속한다. 하지만 객관적 인식, 모든 사람에 대해 보편적이며 항상 원리적으로 수립할 수 있는 인식이라는 과제는 나의 심리적인 것의 총체성, 즉 나의 자기반성과 타인에 대한 반성의 총체성을 명백하게 이끌어내 제시하는 과제를 포함하지 않고 오히려 배제한다. 그렇지만 개체적 영혼과 다시 영혼들의 경험적 집단에 관한 객관적 인식의 '보편타당성'은 세계 속의 영혼적인 것 일반에 관한 학문인 보편적 심리학의 길에서만 실행될 수 있다.

적으로 존재했던 심리적 의식작용에 관한 반성이 개방된 일련의 반복에 어떠한 단계로도 인도할 수 없을 것이라는 사실을 파악한다.

실로 심리학이 주제로 삼는 것은 반성을 사실적으로 반복하는 것이 아니라, 반성을 반복할 가능성이다. 따라서 반성과 이에 속한 상자에 넣을 가능성은 심리학의 주제 속에 놓여 있다. 그래서 심리학적으로 주제화된 반성과 심리학을 하는 반성 사이에는 원리적으로 어떠한 차이도 없다. 이 둘은 하나의 동일한 지향적 본질을 갖는데, 다만 후자는 학문의 특유한 목표설정, 즉 학문적 인식의 보편성을 겨냥한다. 그러나 통상적인 자기반성과 '심리학적' 자기반성은 지향적 본질구조의 공통성을 가질 뿐만 아니라, 양자가 인식작용의 동일한 내적 양식을 갖는다는 점에서 일치하는 것도 나타난다. 심리학적으로 주제화하는 것을 주제화하는 것은 심리학적 반성이 인식하는 양식을 변경할 필요가 없고, 실제로 단지 '더 높은 단계의 반성'이다. 그러므로 '자기 자신에 관련되어 있을' 가능성은 어떤 특유한 문제도 형성하지 않는다. 심리학의 자기 관련성은 가령 ― 심리학적 탐구에서 탐구된 그 밖의 심리적 자기반성의 독자성과는 원리적으로 다른 것으로 ― 특히 심리학적 인식작용과 심리학적 경험의 원칙적인 독자성을 연구해야만 하는 어떠한 수반심리학(Epipsychologie)도 요구하지 않는다. 왜냐하면 심리학을 하는 인식작용은 실로 대부분 이론이 전적으로 그리고 이론 외적으로 수행되고 실행되는 심리적 반성 일반의 특수한 경우일 뿐이기 때문이다. 만약 우리가 반성 일반의 심리학적 해석을 하고, 더 나아가 '내적 경험'의 명증성의 유효범위에 대한 고찰뿐 아니라 그것의 체계적 비판도 하면, 우리는 그것과 일치해 이미 심리학을 하는 반성의 가능성을 정초하고 심리학적 자기비판을 한 것이다.

인식작용의 지향적 본질과 내적 양식 속에 (심리학적으로 주제화된) 통상적 반성과 심리학적으로 주제화하는 반성이 차이가 없는 것은, 결국 이 둘이 '내재적 존재자'의 두 가지 경험이라는 사실에 근거한다. 이 둘은 동일한 대상의 차원, 즉 내재적 존재의 차원에서 진행된다.

그렇다면 현상학의 '자기 관련성'은 어떠한 종류인가? 역사학과 논리학에 대한 고찰은 즉시 현상학적 자기 관련성이 다른 구조를 갖는다는 사실을 잘 인식시켜준다. 명백히 〔현상학을 하는 자아 속에〕 이것은 심리학과 동일한 구조를 갖는다! 선험적 현상학과 심리학의 '평행관계'가 여기서 다시 확인되지 않는가? 실로 현상학의 주제에는 이미 반성을 선험적으로 해석하는 것과 더구나 구성적 분석론이 수행되었기 때문에, 여기서 현상학을 하는 인식작용에 대한 특유한 성찰이 필요하지 않은 것이 아닌가? 또는 여기서 그것은 완전히 다른 것인가?

4 선험적 방법론의 문제와 구분

우리는 이미 실행된 학문에 뒤이은 학문에서 수행된 방법적 진행절차로서, 또는 학문적 탐구를 시작하기 이전에 아프리오리한 구상으로서 방법론에 관한 세속적 표상을 거부했다. 우리는 선험적 방법론의 '주제'로서 선험적 원리론의 주제인 세계의 구성에 대립해 현상학을 하는 응시자를 지적했다. 따라서 현상학이 방법론에서 〈현상학을 하는 자아 속에〉 자신의 고유한 행위를 향하는 한, 그래서 스스로를 다시 주제로 삼는 한, 현상학을 자기 자신과 관련된 학문이라고 파악하는 추측이 일상적이다.

그러나 현상학적 자기 관련성이 세속적 학문의 자기 관련성의 구조와 유비적인 것으로 파악될 경우, 곧 이러한 파악에는 숙명적인 오류가 있다. 또한 현상학의 자기 관련성은 심리학의 자기 관련성과 근본적으로 구별되며, 〈그것은〉 심리학적 자기 관련성의 실마리에서 파악될 필요도 없으며, 파악될 수도 없다.

그렇다면 원리적 차이는 어디에 있는가? 심리학적으로 주제화하는 것은 그것으로 주제화된 것과 똑같이 심리적 존재이며, 동일한 존재의 본성(Seinsnatur)을 갖는다. 실로 심리학의 자기 관련성은 곧 심리학을 추구하는 것이 하나의 심리적 사건이라는 점에 있다. 이와 유비적인 의미에서 우리는 현상학을 하는 행위가 그것으로 주제화된 존재와 똑같이 선험적 존재라고 말할 수 있다. 그런데도 여기에는 심리학과 완전히 다른 것이 있다. 선험적 존재는 현상학적 환원을 해 '발견되고' 개시될 뿐만 아니라, 그 자체로 환원으로 해명된 존재를 지닌 존재의 본성의 어떠한 동질성도 없는 선험적 존재에 관해 확장된다. 즉 현상학적 환원을 하는 것은 선험적 주관성의 영역에서 **균열**을 파헤치고, 선험적 존재를 두 가지 이질적인 구역으로 **구분**하게 한다. 선험적 원리론은 이 구역 가운데 하나, 즉 (세계를 형성하고 존재를 형성하는) 선험적으로 구성하는 것에 관계한다. 세계의 구성에 '관여하지 않는' 판단중지를 통해 세계의 구성에서 거리를 취하는 현상학을 하는 응시자의 삶은 방법론의 대상이다.

따라서 원리론과 방법론의 구별은 '학문적 기술(技術)의'(가령 잠정적인 방법론이나 뒤이은 방법론) 구별이 아니라, 그 자체로 선험적 삶의 이원론에 근거한 '영역'에 따른 구별이다. 이 이원론을 더 명백하게 해야 한다. 다시 심리학과 대조해보자. 심리학을 하는 것(Psychologisieren)은 그것이 인식하면서 향해 있는 것과 마찬가지로 심리적 존재이다. 심리학의 자기 관련성은 존재 일원론 속에 자신의 기초를 갖는다. 즉 그 주제와 주제화하는 것은 그 존재의 구조상 동일한 것이다.

이러한 점은 현상학의 경우 어느 정도까지 맞지 않는가? 현상학을 하는 것은 세계의 구성을 주제로 갖는다. 더 정확하게 말하면, 현상학을 하는 것은 선험적 세계에 대한 경험과 세계의 소유 그리고 그 상관자인 '괄호 쳐진' 세계의 현상을 첫 번째 주제로 갖는다. 선험적 세계에 대한 경험은——우리가 실제로 현상학적 환원에서 아는 것처럼——인간의 통각을 박탈한 인간의 내재성일 뿐이다. 이 속에서 우리는 이제 많은 종류의 작용, 즉 외적 경험의 작용과 내적 경험의 작용, 반성과 반성이 반복될 수 있는 것을 발견한다. 이 모든 작용은 존재자, 즉 외적 또는 내적 경험에 주어진 것에 관한 경험이다. 그러나 이러한 삶의 현상학적 응시자를 통해 실로 그 경험이 경험된 것, 즉 괄호 쳐지고 현상으로 변경된 그리고 선험적 실마리가 된 '존재자'일 뿐이다. 하지만 현상학적 응시자는 선험적 세계에 대한 경험(존재자에 관한 경험, 그 가운데 내재적 존재자에 관한 반성)에 주제적으로 시선을 향하는 것 속에 남아 있지 않다. 그는 세계-경험에서 세계-구성으로 되돌아가 묻고, 완성된 존재의 타당성에서 이러한 존재의 타당성들이 형성되는 과정과 또한 반성의 구성적 심층으로 되돌아가 묻는다. 현상학적 응시자는 모든 구성하는 삶의 목적론적 경향, 즉 존재를 향한 경향을 드러내 밝힌다. 원칙적으로 그는 존재자가 단지 구성의 성과이며, 구성은 항상 존재자에 관한 구성이라는 사실을 되돌아가는 가운데 파악한다.

그러나 모든 구성하는 삶이 존재하는 경향(세계화하는 것(Ver-weltlichung))[14]을 이렇게 드러내 밝히는 것(Enthüllen)은 그 자체의 측면에서 〈세계의 존재를 향한〉 존재의 경향에 사로잡혀 있지 않은가? 현상학을 하는 것은 〈다시〉 '존재자'를 드러내 밝히는가? 또는 오히려 존재(세계)가——그 자체로 이미 '존재하는 것'이 아닌, 적어도 '세계의 존재라는 의미에서 존재하는 것'은 아닌——구성적인 존재의 형성

---

14) '세계화하는 것'은 세계 속에 자리를 잡는 것(Lokalisierung)을 뜻한다.

과정으로 생성되는 것은, 곧 구성적 작업수행 과정의 원리적인 최종 산물이 아닌가? 구성적 생성작용을 반성적으로 주제화하는 것은 '내재적 존재'에 관해 반성적으로 주제화하는 것과 원리적으로 다른 것, 그 지향적 경험의 의미에서 볼 때 서로 다른 것이 아닌가?

선험적 원리론에서 구성적으로 해명되는 반성은──단지 선험적으로 환원된──인간의 자기 자신에 대한 경험작용('내재적 존재'의 경험작용)이다〈라는 점을 숙고해보자.〉. 판단중지를 통해 그 인간성에서 상실된 이 반성은 존재의 경향 속에 있는데, 이러한 경향을 구성적으로 심문하는 것은 은폐된 채 구성하는 삶의 함축된 풍부함을 드러내준다.

그런데 구성적으로 심문하고 해명하는 행위, 즉 구성을 드러내 밝히는 일은 그 자체로 '구성하는 것'이 아닌가? 그리고 이러한 행위에 대한 반성은 '존재자'에 대한 반성, 또는 적어도 존재에 대해 구성하는 경향, 즉 세계를 실현하는 목적성에 있는 것에 대한 반성이 아닌가? 현상학을 하는 것으로 반성적으로 주의를 소급해 기울이는 것은 선험적 원리론에서 주제적으로 해명된 반성(선험적으로 환원된 체험의 흐름 속에 있는 하나의 사건인 반성), 동일한 작용–지향적 구조와 동일한 '구성적 본질'을 갖지 않는가?

이러한 물음 속에는 선험적 방법론의 문제가 정식화되어 있다. 선험적 삶(이것은 구성하는 선험적 삶과 현상학을 하는 선험적 삶이다!)의 이원론에 선험적 자기 관련성의 주제제기가 근거한다. 그리고 이것은 심리학의 경우와 같이 심리적 존재의 일원론에 근거하지 않는다. 현상학을 하는 주관적 작업수행이 곧 선험적으로 구성하는 작업수행과 구별되기 때문에, 또한 구성적 생성작용 자체를 드러내 밝히는 것이 곧 '구성하는 것'이 아니기 때문에, 일반적으로 문제가 생기며, 현상학을 하는 선험적 '존재'에 관한 물음이 생긴다. '내재적 존재'를 향한 인간의 자기반성(이것의 환원된 형태에서 보자!)에 대해 구성적으로 해석하고 해명하는 것과 더불어 현상학을 하는 것의 선험적 구조가 여전히 이해되지 않았다. 따라서 이것은 파악되지 않은 잔여로서 보편성을 향한 경향의 선험적 주관성의 자기 해명에 머물러 있으며, 선험적 방법론의 이념의 구상을 동기를 부여한다.

하지만 현상학을 하는 것이 ―그 주제와 같이― 하나의 〈세계성을〉 '구성하는 것'이 아니고, 우리가 곧바로 이 속에서 선험적 방법론의 문제를 파악하게 배웠다면, 우리는 현상학 일반이 '자기 관련된' 학문이 아니라는 견해를 혹시 품어도 괜찮은가? 어쨌든 그와 같은 견해는 선험적 존재의 차이와 내적 이분성에 대한 인식에, 즉 현상학적 주제와 현상학적으로 주제화하는 것의 '존재방식'의 차이에 대한 통찰에 자신의 동기부여를 가질 것이다. 따라서 현상학을 하는 것 그 자체는 그것을 통해 드러내 밝혀진 세계의 구성과 완전히 다른 학문의 대상이 아닌가? 예를 들어 식물에 관한 학문인 식물학과 같이, 자기와 관련되지 않은 세계의 학문과 형식적 유비에서 그러한가?

어쨌든 주제와 주제화하는 것은 여기서는 완전히 이질적인 존재이다. 현상학이 자기와 관련되지 않으며 그 어떤 미리 알려진 세계의 의미에서 자기와 관련되지도 않다는 사실은, 곧바로 선험적 방법론의 이념을 이해하는 데 실로 본래의 어려움을 만든다. 선험적으로 구성하는 존재와 선험적 응시자의 선험적 행위가 다른 종류인 것은 (식물학을 추구하는 것이 식물학의 대상과 구별되듯이) 단순한 차이성 자체가 아니라, 선험적 삶 자체 속의 대립과 분열이며, 자기와 대립하는 것, 즉 차이성 속의 동일성, 자기 자신으로 남아 있는 것 속에 대립하는 것이다.

현상학적 환원을 함에서 선험적 삶은 '응시자'를 산출하면서 자기를 외화하고, 분열시키고, 스스로 분화되는 길을 걷는다. 그러나 이 분화되는 것은 선험적 주관성이 자각되는 가능성의 조건이다. 선험적 삶이 무차별적 통일성 속에 경과하는 한, 즉 단지 세계를 구성하는 행위인 한, 또한 선험적 삶이 원리적으로 자기 자신을 의식하지 못하는 한, 그것은 자연적 태도의 양상 속에 일어난다. (구성하는 활동성의 최후의 최종산물로서) 선험적 삶은 세계에 구성적으로 향한 맹목적인 목적론적 경향에서 활동하면서 어느 정도까지 끊임없이 자기 자신에서 떨어져 세계를 향해 살아가며, 깊은 '익명성' 속에 수행되고, 구성된 최종산물의 차원 속에서만, 즉 세계 속에 인간의 자아의식으로 밝혀진 채 존재하며, 선험적 주체의 본래 삶의 심층에 대립해 곧바로 폐쇄된 방식으로 '자신의 곁에' 존재한다.

실로 환원적 판단중지를 통해 선험적 삶 속에 반대로 경과하는 경향, 즉 자기 자신에 역행해 경과하는 것, 구성하는 삶의 방향에 참여하거나 동행하지 않는 것, 오히려 이러한 삶의 방향에 대립해 되돌아가는 것, 세계-최종적인 삶의 경향을 파헤치는 것이 형성된다. 이것으로 그리고 이것을 통해 선험적 삶은 세계에 오래된 자신의 은폐성에서 부각된다. 세계에 대한 신념(세계의 구성)에 관여하지 않는 응시자는 세계에 대한 신념의 선험적 원천의 근거와 근원의 차원을 환원하면서 개시하고, 선험적 주관성을 구성하는 주관성으로서 '발견한다.'

그러나——현상학적 환원 속에——선험적 삶의 자기분화(自己分化)는 이러한 내적으로 자기와 대립하는 것을 넘어서 파악하는 선험적 삶의 통일성을 폐기하지 않는다. 여기에 어렵고도 여전히 희미한 문제가 놓여 있다. 실로 도대체 선험적 삶의 '동일성의 구조'는 동일성에 관해 미리 주어진 '논리적 범주'로 파악될 수 있는지 하는 근거 있는 의심이 성립한다. 분화 속의 통일성, 다른 존재 속의 동일성(Selbigkeit)과 같이 유사한 언어적 전환이 〈여기서는〉 현존하는 문제의 단순한 시사 이상으로 주어지지 않는, 실로 비유적인 표현방식일 뿐이다. 선험적 삶 안에서 이러한 문제가 있는 동일성의 관련을 주제적으로 다루고 선험적-논리적으로 해명하는 것은, 특히 선험적 방법론에 속한다. 이러한 물음의 '장소'는 이후에 지시될 것이다.

잠정적으로 선험적 방법론의 문제를 우리가 그 문제를 형성하는 현상학의 고유한 자기 관련성을 현상학으로 주제화되고 주제화하는 삶—이 둘이 '선험적 존재'의 포괄적 통일성 속에 포함되는 한—의 동일성 속에 근거하는 것으로 그리고 다른 한편으로 이 둘—하나는 세계를 구성하고 다른 하나는 그렇지 않은 한—의 차이성 속에 근거하는 것으로 이해하는 범위까지, 어쨌든 명백하게 밝혀보자.

현상학적 원리론은 세계의 구성을 환원적으로 드러내 밝히는 것과 분석론이다[라는 점이 명백해졌다]. 그러나 이 원리론 속에 생긴 선험적 삶에 대한 이해는 (그 주제제기 속에 이미 자신의 고유한 행위를 반성함으로써 이해하는 심리학에 대립해) 현상학을 하는 삶의 선험적 존재에 대한 통찰을 아직 그 자체로 파악하고 있지 않다. 현상학을 하는 것이 선험적 방법론의 주제이다. 하지만 현상학을 하는 것이 곧 선험적 원리론을-추구하는 것인 한, 방법론은 원리론 속에 숙련되며 실행된 방법과 관계를 갖는다. 그러나 이것 때문에 그 방법론이 통상적인 (세속적) 의미의 '방법론'은 결코 아니다. 그것은 원리론에 단순히 뒤따르는 것도 아니고, 원리론에 선행하거나 '방법에 대한 성찰'로 원리론에 간섭하는 것이 아니다.

'방법론'이라는 개념은 '방법'이라는 개념이 다양하고 풍부하게 사용되는 데 근거한 매우 다의적인 것이다. 예를 들어 우리는 방법으로 때로는 매우 표면적인 의미에서 주제가 주어지는 조건을 제공해야 할 앎의 기술적 준비·처리(실험) 등으로, 때로는 더 나아가 인식작용을 배치하는 태도로 이해한다. 또는 방법(길·통로)으로 인식작용의 '방식'(Wie)이 아니라, '내용'(Was), 즉 주제적 영역에 대한 가장 보편적인 근본적 통찰(그와 같은 해명이 아프리오리한 구상이든 다른 본성에 관한 것이든)로 이해한다.[15] '방법'에 관한 이 세 가지 개념 모두에는 방법론에 관한 세 가지 표상이 더구나 규범적 학과로서, 올바르거나 적절한 방법에 관한 그때그때의 학설로 상응한다(규범화하는 것 일반을 포기한 단순히 기록하는 방법론은 도외시하자. 이것은 방법에 관한 단순한 역사기록 이상이 아니기 때문이다).

방법의 선험적 개념은 1차적으로 (인식실천적 준비가 아니라) 인식의 '내용'을 지시한다. 하지만 방법적 숙고, 즉 주제를-해명하는 가장 보편적인 통찰은 〈자기 자신과 함께〉 선험적 원리론에 속하며, '방법론'에 속하지는 않는다. 방법론은 그것이 곧 원리론의 방법적 숙고 속에 기능하는 삶, 즉 현상학을 하는 것을 선험적 해명의 대상으로 만들려는 한에서만 선험적 원리론의 방법에 관계한다. 그것은 현상학으로 이론화하는 것이 자신의 대상, 즉 세계의 구성에 '적합한지', 현상학으로 이론화하는 것이 설명되는 한 참인지, 현상학으로 이론화하는 것이 정당한 방법으로 일어났는지, 따라서 이러한 의미에서 방법에 대한 비판이 수행되었는지를 결코 결정할 수 없다.

그러나 그것은 다른 그리고 더 기초적인 의미에서 '방법에 대한 비판'(Methodenkritik)이다. 즉 방법론은 원리론 안에서는 결코 제기될 수 없는 물음, 즉 현상학을 하는 인식 자체의 **직관적 특성**을 물음으로 제기하며, 여기서 주어진 **명증성**에 관해 묻고, 특히 이러한 명증성의 **술어적 해명**을 문제 삼는다. 요컨대 선험적 원리론 속에 자기 자신에

---

15) 〈난외주〉 획득된 이론적 명제들이 진전되는 가운데 진행되는 학문적 행동의 길에서 중간 형성물들의 이러한 귀결을 통해 자아에서 지향된 최종 형성물이 획득된다. 특히 보편화의 경우 이론적 근거에서 이론적 귀결로의 유형적 정초의 길로서 (예를 들면 보편적 이론으로서) 그러하다. 여기서 공리적 방법, 즉 근거로서의 공리에서 공리에 이르는 공리의 방법이라는 표현이 더 판명한 경우 인식작용적 사유 자체는 익명적으로 기능하며, 비주제적으로 남아 있다.

서 전환된, 현상학적 '사태 그 자체로' 향해 방법적으로 기능하는 것이 그 자체로 선험적 분석론의 주제가 된다.

그러나 우리는 거기서 뜻밖에 '무한소급'으로 빠져드는 것은 아닌가? 기능하는 응시자를 대상화한다면, 우리는 대상화하는, 기능하는 자아를 갖는 것은 아닌가? 하지만 확실히 지금으로서는 여기에 어떠한 문제, 적어도 어떠한 '어려움'도 없다. 왜냐하면 현상학을 하는 응시자의 응시자는 서로 다른 선험적 '존재방식'에 관한 자아가 아니라, 구성하는 자아와 '관여되지 않은' 응시자 사이처럼 이 둘 사이에는 어떠한 균열도 없기 때문이다. 실로 높은 단계의 반복이 원리적으로 새로운 어떤 것도 이끌어올 수 없고 단지 방금 전에 기능하는 것 속에 존재했던 사실적으로 주제화하는 것을 대상화할 수 있기 때문에, 우리는 결코 소급을 무한히 진행할 필요가 없다. 그런데 보편적 인식을 목표로 삼는 학문으로서 방법론은 그때그때 사실적-순간적으로 기능하는 것에 어떠한 관심도 두지 않는다[16](물론 우리는 여기서 '보편적'이라는 표현을 극도로 주의해 사용해야만 한다. 왜냐하면 여기서 '인식의 보편성'이라고 칭할 수 있는 것은 여전히 철두철미한 문제이기 때문이다).

선험적 방법론의 이념에 대한 이제까지 전제의 특징은 현상학적 환원에 입각해 전개되었다. 그러나 실제로 우리가 그것을 수행하는 가운데 살던 방식이 아니라,─이미 선험적 태도에 서 있으면서─환원, 더 정확하게 말하면, 환원적으로 현상학을 하는 행위를 해석하는 가운데 움직이는 환원하는 것에 대해 반성했던 방식으로 전개되었다. 즉 우리는─매우 원초적이더라도─어쨌든 이미 그 이념을 구상

---

16) 〈난외주〉 그리고 개체적으로 기능하는 확정 속에 보편자는 기억을 통해 언제나 다시 동일화할 수 있는 것으로 놓여 있지 않은가?

했던 선험적 방법론 속에 다루어왔다. 즉 선험적 방법론은 자기 자신을 전제하며, 우리가 그것을 어떤 의미에서 실행하는 경우에만 그 개념을 획득할 수 있다. 따라서 선험적 방법론은 현상학 일반의 기초적 구조, 즉 모든 현상학으로 이해하는 것의 자기 제약성에 관여한다(이 것은 다시 방법론의 문제이다).

우리는 선험적 방법론의 **이념과 문제**에 조준을 맞추는 일반적 표상에서만 현상학적 환원에 입각해 이끌어낼 수 있다. 그러나 문제제기 자체의 가장 일반적인 **구분**조차도, 곧 현상학적 환원이 현상학적 원리론의 단계에 대한 일별을 포함하는 한, 이미 현상학적 환원의 구조에 대한 이해 속에 포함된다.

우리는 현상학적 방법론의 문제제기 전체를 두 가지 물음설정의 그룹으로 나눌 수 있다.

A. 선험적 원리론 속에서 현상학을 하는 삶을 주제화하는 것

　1. 환원하는 삶으로서

　2. 소급적으로 분석하는 삶으로서

　3. '구성적으로-현상학을 하는' 삶으로서

B. 기능하는 그때그때 특정한 '방식'은 도외시하고, 이론적으로 경험하고 이념화하며 설명하고 학문을 추구하는 삶으로서 그 가장 일반적인 기능하는 방식에서 현상학을 하는 삶을 주제화하는 것[17)

---

17) 〈난외주〉 이 단락은 이중성 때문에 명확하지 않다. 그것은 어쨌든 이중의 층의 '문제', 즉 실로 이론적 과제가 아니다. ……첫 번째 작업수행은 원리론으로서 현실적이며 습득화된—무엇보다 스스로 주어지는 직관으로 될 수 있다는—'삶'을 드러내 밝히는 이론 이전의 과제이다. 기초지어진 다른 작업수행은 이러한 직관에 기초한 이론화하는 것이다. 게다가 우선 형상적으로 보편적인 학문이 선험적 방법론(구성-'현상학'의 '현상학')을 형성하는 형상적인 보편적으로 이론화하는 것과 이론으로서 작업수행이다. 이것을 통해 비

실로 철학에 방향을 잡아 개관함으로써만 주어지는 우리의 성찰의 목표설정 안에서 우리는 당연히 방법론을 구체적으로 실행할 수 없다. 원리론 속에 기능하는 현상학적 행위를, 우리가 전혀 이러한 행위 속에 살아오지 않았다면, 우리는 도대체 어떻게 대상화할 수 있는가? 방법적으로 기능하는 것에 관한 생각을 그 어떤 방식으로 '선취할' 수 있는가? 우리가 자연적 태도 속에 있는 한, 현상학을 하는 행위가 자신의 완전히 공허한 가능성에 따라 한 번도 미리 주어지지 않았다면, 그토록 착상이 풍부한 '학문적' 상상은 결코 어떤 것을 통해서도 생각될 수 없다. 그것은 세계가 실제적인 것으로 주어질 뿐만 아니라, 그 가능성의 양식으로 '초월하는' 환원을 함으로써만 가능성 일반으로 존재한다. 우리는 현상학적 환원을 했지만, 이에 따라 우선 주어진 선험적-자아론적 세계에 대한 경험과 세계-소유(그리고 상호주관적 환원을 함으로써 주어진 현재의 선험적-상호주관적 세계에 대한 경험)에서 구성적으로 되돌아가 묻는 것이 시작되는 상황에 놓인다. 우리는 이러한 가능성을 아직까지 실현하지 못했다. 우리는 소급적 현상학의 첫 번째 단계의 해석에 머물러 있다.

그러나 가장 일반적인 구성적 학과와 이론을 곧바로 시사할 수 있었던 한, 이미 구성적으로 되돌아가 묻는 문제차원에 관한 명백한 앎은 곧 이러한 단계에 속한다. 비록 선험적 원리론 속에 있는 현상학으로 이론화하는 특정한 논구를 반성적으로 대상화할 수 없더라도, 우리가 〈일정하게 발전된〉 원리론을 관통해가기 이전에, 어쨌든 우리가 실행한 소급적 현상학의 첫 번째 단계가 이미 우리가 선험적 방법론 자체로 들어가는 입구를 획득하고, 그것을 최초의 도입부분 속에 서

로소 더 낮은 단계의 나의 현상학을 하는 행동의 사실적 삶을 이론적으로 규정하는 것이 —물론 그 자체로 자신의 유효범위 속에 문제점이 있는— 특정한 의미를 갖는다.

술할 수 있을, 해석하기 위한 전체 계열의 물음을 미리 부여할 것이다. 하지만 우리는 선험적 방법론의 문제제기의 윤곽을 더 명확하게 만드는 데 이바지할 수 있는 몇 가지 완전히 잠정적인 상론에 만족하자.

5 환원하는 것인 현상학을 함

현상학적 환원의 현상학은 선험적 방법론의 첫 번째 문제이다. 게다가 필연적인 서론의 문제뿐만 아니라, 기초적 문제로서 '첫 번째' 문제이다. 현상학적 환원이 인간을 현상학적 태도로 끌어들이기 위해 실행해야만 하고, 언젠가 한 번은 자신을 넘어서야 하는 인식실천적 준비가 아니고, 곧바로 구체적으로 실행된 모든 철학을 하는 것이 단지 **환원** 자체의 전개라는 의미에서 무엇보다 철학을 하는 가능성을 미리 부여하는 철학의 근본적 작용이듯이, 또한 현상학적 환원의 현상학도 선험적 방법론 전체를 함축한다. 아래의 특수한 모든 방법론적 성찰은 원리적으로 이미 현상학적 환원에 대한 반성 속에 그 자체로 잠재적으로 포함된 방법론적 귀결을 전개하고 발전시킨 것 이외에 다른 것이 아니다.

어떻게 우리는 ─ 시작된 단순히 지적하는 방식으로 ─ 현상학적 환원의 방법론이 반드시 제기하는 문제를 직시할 수 있는가? '체계적으로' 진행해 처리하는 것을 단념함으로써 우리는 현상학적 환원의 의미를 유형적인 오해와 반론에 대한 답변을 입수하는 정도까지 해명할 수 있는 몇 가지 물음의 설정을 끄집어낸다.

우리가 주의를 기울이는 첫 번째 물음은 현상학의 **출발**에 관한 문제에 관계된다. 현상학의 실질적 시작이 곧 (현상학적 의미에서) 철학의 문제 차원을 개시하는 선취(先取)하는 것으로서 환원 속에 이루어지는 한, 우리는 우선 환원을 하는 것인 현상학을 하는 것이 어떻게 뿐만 아니라 도대체 왜 일어나는지를 물을 수 있다. 즉 이것은 현상학적 환원의 동기부여에 관한 물음이다. 따라서 당연히 현상학자의 그때그때 사실적 동기부여에 관해서는 묻지 않았고, 자연적 태도를 포기하고 환원을 하는 가운데 나타날 수 있는 출발하는 철학자가 인식을 추구하는 것이 강요되고 강요되어야 할 〈비록 우선 그것이 인도한〉 근거에 관해 물었다.

〔그런데〕이 '근거'는 이미 자연적 태도 안에 놓여 있고, 강요하는 세속적(mundan) 동기부여가 아닌가? 자연적 태도에서 선험적 태도로 이끄는—아무리 많은 종류라도—인식들을 정초하는 연관이 존재하지 않는가? 자연적 태도 속에는 궁극적으로 양립할 수 없는 것, 내적 모순, 즉 더 깊은 논구의 차원을 요청하는 '해결할 수 없는 문제'가 있지 않은가? 자연적 태도에서 특정한 인식의 상황과 앎의 상황은 불가피하게 환원으로 이행하는 것을 요구하지 않는가? 또는 결국 환원은 자연적 태도에서 유래하는 동기부여에서 원칙적으로 발원하지 않는가? 환원은 '자연적으로-태도를 취한' 인간을 위해, 그것이 문헌적으로 받아들여지는 한, 전혀 파악할 수 없는 것이 아닌가? 모든 세계에서 나는 도대체 왜 경험에 대한 신념을 '억제하는가?' 나는 곧바로 경험에 대한 신뢰를 통해 우선 세계, 내가 교류하는 존재자, 나를 에워싸고 내가 탐구하는 사물들을 학문적 연구의 대상으로 만들려고 하는가?

확실히 경험은 속일 수 있지만, 나는 실로 학자로서 경험에 관한 어떠한 맹목적 신뢰도 갖지 않으며, 이미 어느 정도의 경험에 대한 비판을 마음대로 처리한다. 즉 나는 확실한 (예를 들어 공리적인) 인식과 경험을 확증하는 과정을 통해 확실한 것으로서 동기가 부여된 인식 그리고 단순한 학문적 가정 등을 구별할 수 있다.

그러면 나는 왜 모든 경험의 타당성 〈그리고 세계의 경험과 관련되고 필증적인 것으로 자칭하는 모든 명증성〉을 단연코 '괄호 쳐야' 하는가? 그렇다면 나는 '무'(無)에 직면한 것은 아닌가? 그렇다면 도 대체 인식과 학문이 가능한가? 그것은 가능한 허위가 두려워 인식 일반을 단념해야 하는 역설에 비추어볼 때 불합리한 일이 아닌가?

이러한 것은 보편적인 신념을 억제할 것을 요구하고 기대하는 자 연적 의식의 유형적 반작용이다.

하지만 우리를 자연적 태도에서 이끌어주는 다양한 길이 있지 않 은가? 확실히 그것은 선험철학으로 가는 모든 가능한 길 전체를 인 식하고 서술하는 선험적 방법론의 요망사항이다. 예를 들어 철저한 자기 성찰의 이념 속에는 어쨌든 가장 깊은 '자신', 즉 구성하는 주관 성인 나의 인간 존재에 은폐된 자신의 삶의 심층에 대한 성찰이 '그 어떤 방식으로' 이미 포함되어 있다. 그러나 아무튼 자신과 세계 속 자신의 존재에 대해 의문을 품을 만한 인간의 성찰로서 시작한 자기 성찰은 필연적으로 자기 인식이 진행되면서 선험적 자기 인식으로 전환해야만 하지 않은가?[18]

---

18) 〈난외주〉 어쨌든 '나'는 통각을 획득하고 수행하는 자이며, 이 통각을 통해 나는 나 자신에 대해 인간-자아이며, 인간성이라는 술어를 획득한다. 따라서 이러한 점은 그 속에서 내가 나 자신에 대해 끊임없이 존재하지만, 그때그때 내용의 끊임없는 변화 속에 나 자신에 대해 존재하며 내가 존재하는 모든 경 험의 내용과 앎의 내용이 통각을 하는 자로서, 나의 인간적 존재의 의미를 형 성하는 자로서, 이렇게 획득된 교양 속에 소유하는 자아로서 나를 전제한다 는 사실을 지시한다. 세속적 존재 의미를 구성하고 나 자신에 대한 통각을 하 며 항상 새롭게 계속 형성하는 자아가 시선으로 들어온다는 것이 중심적 주 제가 된다. 문제는 그 자아가 어떻게 순수하고 일관되게 파악될 수 있으며, 인 간적으로 '나는 존재한다'와 구별될 수 있는지, 어떻게 철저하고 보편적으로 세계는 현상, 즉 구성하는 작업수행의 상관자로서 이해될 수 있는지, 어떻게 이 작업수행 자체와 이것에서 소박하게 타당한 세계, 즉 작업수행의 형성물 인 세계가 탐구할 수 있게 되는지 하는 점이다.

다른 경우 우리가 세계에서 '철학을 하는 것'은 학문의 이념에 대한 성찰에서 출발하므로, 우리는 **궁극적으로 정초된 최종적** 인식을 목표 삼는 것으로서 학문적 행위의 내적 목적의 의미를 생생하게 그려낸다. 그렇다면 자연적 태도의 지평 속에 '궁극적으로 정초된 인식'은 무엇을 뜻하는가? 이 경우 실로 궁극적으로 정초하는 것과 입증하는 것에 관한 어떠한 이념이 주도하는가? 어쨌든 이것은 '스스로를 부여하는' (최적의) 경험으로 되돌아가는 것이 명백하다. 그러므로 가령 수학은 그 이념상 궁극적으로 정초된 학문이다. 곧 '공리', 즉 그 배후를 되돌아가 묻는 것이 원리적으로 '무의미한' 무제약적 궁극성에 관한 인식으로 되돌아가는 학문이다.

〔그러나〕 자연적 태도 속에는 모든 학문적 행위를 주도하는 '궁극적 정초'에 관한 이념이 그 자체로 더 깊은 의미에서 여전히 '전제'라는 사실이 도대체 밝혀질 수 있는가? 곧바로 자연적 태도는, 특히 이러한 전제가 그 **자체로** 인식되지 않는다는 점에 성립하지 않는가? '자연적으로 태도를 취한' 인간, 예를 들어 학자로서의 인간은 (당연한 권한을 갖고) 선험철학자가 여전히 가장 기본적인 편견에 **붙잡혀** 있는 것을 보는 곳에서 '편견 없는 것'에 대한 요구를 이미 실현했다고 믿는 것은 아닌가? 현상학적 환원을 '강요하는' 동기부여는 자연적 태도 속에는—게다가 원리적 근거들에 입각해—존재하지 않는다.

〈자율성으로 가는 자신의 길에서〉 인간의 자기 성찰은 곧 자연적 태도 속에서는 가능하지 않은 의미에서 '철저해질' 때, 즉 자연적 태도를 **지양하고자** 철저해질 때 비로소 선험적 태도로 가는 길로 들어서게 된다.

편견 없이 궁극적으로 정초된 학문의 이념은, 우리가 학문의 세속적 이념, 즉 정초하는 것과 편견 없는 것의 세속적 이념에 붙잡혀 있는 한, 결코 세계에 대한 앎의 이념과 학문의 이념이라는 전제를 **선험**

적으로 문제 삼는 것으로 철저해질 수 없다.

환원 속에서 일어나는 자기 성찰은, 요컨대 마치 두 가지 자기 성찰이 통일적 유형에 관한 것처럼, 인간의 자기 성찰에서 단계적으로 구별되는 것이 아니라 질적으로 구별된다. 환원으로 이끄는 철저화(徹底化)는 인간이 항상 더 철저하고 더 깊은 자기 성찰에 떠맡겨질 수 있는 방향 속에 있는 것이 결코 아니다. 현상학적-환원적 자기 성찰은 인간이 도달할 수 있는 철저성이 아니므로, 인간적 가능성의 지평 속에 결코 있지 않다. 오히려 환원이 실현되는 가운데 아주 새로운 구조에 관한 자기 성찰이 일어난다. 그것은 인간이 자기 자신에 대해 성찰하는 것이 아니다. 인간으로서 자기를 객관화하는 가운데 은폐된 선험적 주관성이 외견상 인간으로 시작하고 인간으로 지양되며, 기초에, 즉 자신의 가장 궁극적인 내적 삶의 근거에 방향을 잡은 가운데 자신을 성찰하는 것이다.[19)]

그리고 마찬가지로 모든 앎을 절대적으로 편견이 없게 궁극적으로 정초하려는 요구 역시 선험적으로 편견이 없는 것과 선험적 학문의 개념으로 이끌지는 않는다. 또한 선험적 학문의 개념은 단순히 학문적 철저성에 관한 세속적 이념을 생각할 수 있는 최상의 증진이 아니다. 선험적 근본주의는 원리상 다른 본성의 것이다. 즉 선험적 통찰에

---

19) 〈난외주〉 즉 선험적 주관성이 흐르는-그때그때의 통각적 의미를 통해 인간을 타당성 속에 정립하고 유지하면서 통각을 하는 삶과 이러한 삶의 끊임없는 자아로서 자기 자신에 향해 있다는 사실을 통해서이다. 그러나 그 삶 속에 세계와 세계 속에 있는 인간의 현존재는 항상 그때그때 자신의 의미와 존재의 타당성을 획득한다. 곧 사람들이 이 구성하는 삶, 존재 의미를 타당성으로 이끌고 자신 속에 소유하는 삶을 자연적 태도, 인간이라는 자기 통각 속에 지속적으로 머물러 남아 있는 가운데 획득하는 것이 아니다. 사람들은 자신의 자연적인 자기-자신, 자신의 인간으로 존재하는 것을 넘어서는 비약 속에 비로소 그러한 삶을 획득한다.

입각해 동기가 부여된 선험적 근본주의는 도대체 자연적 태도 속에서는 결코 무엇이 물음으로 제기될 수 없는지 하는 물음을 제기한다.

이러한 상태에 직면해서 선험적 태도의 길에 관해 논의하는 것은 도대체 어떤 의미가 있는가? 지속적 동기부여의 의미에서 자연적 태도로 시작하고 시종일관 불가피하게 선험적 태도로 이끄는 현상학의 길은 존재하지 않는다. 그러나 이것이 '현상학의 길'에 관한 논의 일반이 무의미하다는 것을 뜻하지는 않는다. 그러므로 예를 들어 새로운 의미에서 철저해질 수 있는 자기 성찰의 방향을 우선 파헤치는 선험적 규명이 그와 같은 철저한 자기 성찰을 수행하는 가운데 열릴 수 있기 때문에, 때에 따라 단호하고 엄격한 자기 자신으로 들어감(Insichgehen)에서 임의의 가능성이 선험적 철저성의 차원을 생산적으로 선취하기 위해 제공되기 때문에, 철저한 자기 성찰의 이념에서 출발하는 것은 실제적인 길이다. 우리가 이미 — 비록 매우 모호하더라도 — 선험적 앎을 가져왔기에 그 길은 더욱더 불가피하다. 또한 우리가 이미 '궁극적 정초'를 선험적으로 기초를 놓는 방향에서 추구할 수 있었고, 선험적으로 보면 여전히 철저하게 편견에 사로잡혀 있는 세계의 편견 없는 것에 더 이상 머물러 있지 않기 때문에, 궁극적으로 정초된 최종적 학문의 이념에 관한 길도 불가피하다.

또한 심리학에서부터의 길, 논리학에서부터의 길 — 그리고 우리가 어떤 길을 형성하더라도 — 모든 길은, 현상학적 예비지식이 이미 그 길을 규명하면, 그것이 일반적으로 우선 현상학의 길이 된다는 독자성을 갖는다. 즉 이 모든 길은 끊임없이 지속적으로 계속 경과하는 인식의 과정으로서, 진행하는 과정과 전개되는 가운데 결국 반드시 선험적 태도에 이르는 우선 자연적 태도 속에 발원하는 사고의 과정의 의미에서 이끌어가는 것이 아니다. 오히려 모든 길은, 그것이 선험적 인식이 떠올려질 수 있는 자연적 태도의 극단적 상황으로 인도하는 한, 철학으로 이끄는 것이다.

예를 들어 세계와의 관련 아래 특정한 학문으로 등장하는 순수한 내면 심리학을 형성함에서, 우리는 우리가 세계의 토대 위에 있다는 일정한 근본적 전제 속에 있다.[20] 심리적 존재자를 주제로 삼는 태도는 하나의 세계의 영역에 대한 태도이며, 그 자체로서 이미 발단에서 의식한다. 심리학의 주제에서 실로 나는 특히 무엇보다 나에 대해 세계의 존재를 입증하고, 일반적으로 나에 대해 세계가 현존하는 세계에 대한 경험의 작용을 갖는다.[21] 그래서 나는 나의 심리적 존재를 실제로 구체적으로 해석해, 나의 경험 속에 경험되고 나의 사념 속에 사념된 것 이외에 다른 어떤 세계도 갖지 않는다는 사실을 인식한다. 〈그러나 나는 타인들과 나를 통해 이어받은 모든 공동의 타당성

---

20) 〈난외주〉 심리학을 하는 자아로서 나는 이 경우 세계의 경험의 흐르는-끊임없는 수행에서 나에게 미리 주어진 세계 속에, 인간들 가운데 한 인간으로서, 특히 함께 탐구하는 심리학자들 가운데 한 심리학자로 존재한다. 따라서 이러한 우리로서의 나는 지속적으로 '세계의 토대' 위에 있다.

21) 〈난외주〉 세계에 관한 모든 물음은 이미 나에 대해 존재하는 세계 속의 물음이며, 흐르는-끊임없는 세계에 대한 확신은 모든 경험과 이것에서 동기가 부여된 비(非)직관적 사념 그리고 세속적인 것에 관한 존재를 소유하는 것을 관통해 나간다. 이 세계에 대한 확신은 모든 물음의 끊임없는 토대로서, '무엇이 세계인가' '무엇이 세계 속에 끊임없이 존재자로 있고 인식될 수 있는가'—세계 자체는 이러한 물음을 통해 자신의 본질 속에 그때그때 규정된다—가 아니라면, 물음에 관한 어떠한 주제가 될 수 없다. 더구나 세계 자체는 확실성 속에 존재하는 것으로 주제적이 될 수 있지만, 세계가 존재하는지 아닌지 하는 의미에서 주제적이 될 수 있는 것은 아니다. 세계의 확실성은 나나 그 어떤 사람의 확실성이며, 세계가 우리 모두의 심리적 삶의 계기인 우리 모두와 같이, 그 자체로 세계 속에 일어난 일이다. 세계의 확실성은 진리나 허위에 따라 비판될 수도 있지만, 그것이 곧 확실성 속에 표상으로 이끄는 것의 세계에 관한 올바른 표상인지는 일상적 형식으로만 비판될 수 있다. 세속적인 모든 실재적인 것은 그것이 존재하는지는 선언(選言) 속에 있으며, 이에 상응하는 가능한 문제거리 속에 있다. 그러나 세계의 실존, 모든 물음의 토대인 세계는 그렇지 않다.

(Mitgeltung)이 나에게서 의미와 타당성을 획득한다는 점을 주시한다.) 즉 심리적 세계표상과 세계 자체의 구별은 특히 — 이 구별에 근거해 나는 실로 하나의 세계의 영역에 관련된 추상적 문제제기로서 심리학적 주제제기를 이해한다 — 무엇보다 나 자신의 심리적 존재 속에 수행된다는 사실을 인식한다.

이러한 통찰로 나는 자연적 태도의 극단적 상황에 빠져든다. 실로 경험하고 사념하는 이러한 삶(이 삶 속에 나에 대해 세계가 일반적으로 주어지고 사념되는)의 파악이 세계 속의 한 인간의 삶으로서 — 본래 경험하는 삶이 나에게 곧바로 은폐된 — 곧바로 이러한 삶에서 유래하는 사념의 형성물이라는 인식이 떠오르면, 환원을 하는 것이 그것을 성찰해 극복하는 것을 서술하는 물음을 제기할 가치가 있는 것으로 돌입하게 된다.

따라서 현상학적으로-환원을 하는 행위 일반이, 그것이 자연적 태도의 지평 속에 획득된 인식을 통해 일어나지 않으면, 최종적으로 무엇을 통해 동기가 부여되는가? 현상학적 인식은 결코 세속적 인식이 아니라, 항상 현상학적 인식을 통해 동기가 부여된다. 이 경우 동기부여라는 개념은 물론 세속적 표상에서 떨어져 새로운 현상학적 의미에서 파악되어야 한다. 그것은 새로운 의미에서 '철저한'〈그리고 보편적이며 무한한〉 물음설정을 비로소 가능하게 만들고 현상학적 환원의 동기를 부여하는 현상학적 예비인식의 방법론적 독자성의 문제이다. 즉 그것은 모든 현상학적 이해에 자기 제약성의 문제이다. 현상학적 환원은 자기 자신을 전제한다. 이것은 세계에 관한 성찰의 연관 속에 그러한 목표설정이 생기는 경우조차, 우리가 세계의 존재 일반(따라서 나 자신의 인간적 존재도) 하나의 '편견', 즉 심문되지 않은 타당성의 통일이라는 선험적 통찰을 그 어떤 방식으로도 미리 갖지 않은 경우, 결코 '모든' 편견에 괄호 칠 수 없다는 것을 뜻한다.

보편적 판단중지는 자연적 태도 속에서는 실행할 수 없을 뿐만 아니라 무의미하다.[22] 어쨌든 보편적 판단중지는 항상 궁극적 한계를 물음을 제기하는 자(Infragestellendes) 자체의 존재에서 갖는다. 그렇다면 이 물음을 제기하는 자 자신과 이와 함께 자기 자신의 물음을 제기하는 것을 질문으로 제시할 수 있는가? 이것은 하나의 분석적 모순이 아닌가? 그러나 자연적 태도의 토대 위에 그와 같이 모순적으로 보이는 것은, 우리가 ― 적어도 함축적인 앎에서 ― 이미 (자기 타당성의 통일, 자기 통각의 통일로서) 우리 자신과 그 삶 속에서 이렇게

---

22) 〈삽입〉 어쨌든 우리의 고찰에 따라 '판단중지'는 그때그때 주관적 의식의 방식(나타남의 방식, 주의함과 타당성의 방식의 자아적 양상, 또한 습득적인 계속 타당성에 따라 파악하고 현실적으로 작업을 수행하는 활동성의 자아적 양상 등)을 순수하고 배타적으로 주제로 이끌기 위해 나에게 그때그때 곧바로 존재 확신에 관한 주제적 단념을 뜻한다. 자연적 태도 속에 나는 지향적-심리학적 관심을 작동함에서, 나에게 존재하는 것으로 (또는 존재의 양태로) 제공되는 각각의 세속적-실재적인 것의 경우에 이러한 판단중지와 순수하게 상관적인 탐구로 환원하는 것을 아무 어려움 없이 실행할 수 있다. 이것은 나의 세계를 지향하는 체험에서, 감정이입을 통해 나에게 개시되는 다른 주체들의 체험과 마찬가지다.

그러나 간과해서는 안 될 것이 나는 이 경우 각각의 그와 같은 개별적 판단중지 속에, 따라서 각기 일어나거나 가능한 방식으로 일어나는 모든 개별성으로 보편적으로 전진해가는 가운데 끊임없이 이 개별성들에서 지평의 타당성, 즉 흐르면서-머물지만 비주제적인 세계의 타당성을 중단 없이 정립한다는 점이다. 이 세계의 타당성은 각각의 일어나는 개별적인 것에 세계 속의 한 존재자로서 존재 의미와 존재 타당성을 수여하거나, 세계 속에 존재자가 있고 나에 대해 존재 확실성 속에 있는 우주로서 끊임없이 타당성으로 유지한다. 다른 한편 마찬가지로 이 존재 확실성은 그것에서 지속적으로 끊임없이 존재 의미, 즉 세계 속에 있는 나의 인간적 현존재의 심리적인 것이라는 존재 의미를 유지한다. 개별적 판단중지에서 개별적 판단중지로 끊임없이 전개해가는 가운데, 나는 모든 존재자의 보편적 토대이며 배경인 세계의 존재 타당성을 결코 상실하지 않는다. 따라서 이 토대와 배경의 비주제적 존재 확실성은 그 안에서 특수한 타당성에 이르렀고, 언제나 이르는 모든 것과 더불어 나의 자연적 삶 속에, 모든 존재의 양태에서 줄곧 나에게 속한다.

은폐하는 자기 타당성이 자신의 기원을 갖는 더 깊은 자기를 **구별할** 수 있는 경우, 단번에 '유의미'해진다.

현상학적 환원이 상세하게 수행되어 철학의 문제 차원을 개시하는 경우, 이 돌출된 현상학적 예비인식은 무엇보다 환원하는 것 (Reduzieren)의 **방향과 가능성**을 개시한다. 따라서 현상학적 환원의 자기 전제는 그것이 **명백하게** 수행된 것으로 전제되는 방식으로서가 아니라, 선험적 앎이 극단적으로 철저한 물음설정의 형식에서 선행하는 경우 비로소 시작될 수 있는 한에서만 그러하다. 환원하는 것의 동기부여는 자연적 태도 속에 등장하지만, 원리적으로는 자연적 태도 속에 가능한 모든 물음의 지평을 '초월하는' 물음을 제기할 가치가 있는 것을 깨우치는 것이다. 현상학의 길로서 선험적 물음설정은 새로운 종류의 방법론적 성격을 해명하는 것이다. 그러므로 우리는 순수하게 방법론적으로 보면, 첫눈에 광범위하게 일치하는 것을 지시하는 것처럼 보이는 해명하는 방식과 그것을 극도로 날카롭게 **구별해 유지해야** 한다.

우리가 선험적 주관성을 이미 그 어떤 방식으로 아는 경우 명백하게 선험적 주관성에 관해 비로소 물을 수 있다는 사실은 물음 일반의 아주 **일반적인 구조**의 특정한 경우만이 아닌가? 어떤 것을 각기 추구하는 것은 이미 추구되는 것에 관한 어떤 앎을 전제하는 것이 아닌가?

그런데도 현상학적 해명의 독자성은 모든 〈자연적인 물음(Fragen) 과〉 이해하는 것(Verstehen)의 이러한 일반적 구조에서는 파악될 수 없으며, 더구나 그에 대한 **기본적 대립관계**에 있다. 세계에 관한 모든 이해함 〈물음〉은 항상 **미리 주어진 앎**이 인도하며, 개체적인 것에 관한 각각의 특정한 경험 이전에 가장 일반적인 통각이 선행하는 데 근거한다. 특정한 존재자에 관한 각각의 물음 이전에 내가 존재자를 추구한 보편적 존재의 영역이 미리 이해된다. 그래서 미리 주어진 보편적 지평의 이해에서부터 나는 물음을 구상한다.[23] 하지만 '이해하는 것의 순환'(Zirkel)은, 우리가 자연적 태도 속에 머무는 한, 단지 이해하는 것 일반의 형식적인 근본적 구조이다. 미리 주어진 것은 '자연적' 경험 속에 그리고 '자연적' 경험에 대해 세계가 미리 주어진 것이다. 비록 선험적 환원이 그것을 철저하게 수행하기 위해 미리 규명하는 선험적 이해를 전제하더라도, 어쨌든 이 '전제하는 것'은 미리 주어진 것에 관한 앎이라는 의미에서 미리 이해하는 것은 아니다. 선험적 주관성은 자연적 태도 속에 주어지지도 않고 미리 주어지지도 않으며, 어떠한 의미에서도 현존하지 않는다.

그러나 선험적 주관성을 해명하는 선행의 인식작용은, 그것이 곧 현상학적 환원의 '동기부여'로 수행되듯이, 모든 존재자가 미리 주

---

23) 〈난외주〉 그러나 물음과 물음의 상황에 관해 위에서 기술한 관계는 단지 자연적 태도 속에서만 타당하다. 각각의 물음은 그것이 그것에 들어가 묻고 스스로 자신의 의미를 함께 관련시키는 자신의 물음의 지평을 전제한다는 사실에 머물러 있다. 하지만 자연적 태도가 돌파되지 않는 한에서만 줄곧 그리고 미리 타당한 이 지평은 상황이 변화되는 가운데 그때그때 미리 주어진 바로 그 세계이다. 현상학적 환원이 돌파하는 가운데 모든 자연적 물음은 세계의 지평으로 들어간 물음으로써 억제된다. 즉 경험하고 가치를 평가하고 행동하는 모든 활동성, 그 토대 위에 모든 상황을 지니는 것과 이 속에서 경과하고 규정하며 일치하는 존재 확실성과 존재 타당성을 향해 노력하는 것은 작용 밖으로 배제된다. 철저하고 보편적으로 변경된 태도 속에 선험적 자아, 궁극적으로 세계와 상황을 지닌 양상의 세계를 존재의 의미로 소유하고 구성하는 자아 및 그 선험적 삶이 시선에 들어온다. 그렇지만 이 새로운 지평에 대한 의식은 가령 그 일반적 이미 알려진 구조를 지닌 인간적 세계의 보편적이며 그때그때 특수화된 형식을 갖지 않는다. 그것은 자연적 의미의 세계가 미리 주어진 것과 유사하게 새롭게 하나의 세계, 즉 단지 하나의 선험적 세계가 미리 주어진 것은 아니다. 자명하게 선험적 영역은 또한 자연적인 단어의 의미 속에 알려지지 않고 은폐된 것이 아니다. 이 자연적인 단어의 의미에서 실로 모든 알려지지 않은 것은 자신의 미리 주어진 형식, 자신의 유형적으로 이미 알려진 것을 반드시 갖는다. 어떠한 자연적 의미에서도 선험적 세계는 그 자체로 현존하지 않으며, 단지 은폐되어 있다.

어지는 것을 통해 가능해지는 것이 아닐 뿐만 아니라, 새로운 종류의 '해명함'으로써 그 자체는 새롭게 형성되는 미리 주어진 것에 관한 앎이 아니다. 이렇게 '선험적 차원으로 돌입하는 것'은 선험적 주관성을 차원으로, 영역으로 내세우지 않는다. 즉 선험적 삶의 보편적 구조를 아프리오리하게 인식하지 않으며, 계속 개체화하는 모든 인식을 잠정적으로 인도하는 기능을 이어받는 것이 아니라, 선험적 삶을 본래 개시하는 현상학적 환원만 준비할 뿐이다.

환원의 자기 전제(自己前提)를 그것의 단지 외견상 자연적 태도에 속하는 동기부여에서 방법론적으로 설명하는 것은 선험적 방법론에서 하나의 포괄적인 문제의 연관이다. 실로 그것은 현상학을 하는 것을 완성된 주제화하는 것 속에 비로소 자신의 '왜', 즉 자각되는 것의 선험적 경향이 개념으로 되는 한, 어떤 의미에서 또한 방법론 일반의 최종문제이다.

우리는 세속적으로 미리 주어진 것(그리고 그 속에 기초 놓인 세속적으로 학문을 탐구하는 특수한 자기 전제, 즉 이해하는 것의 순환!)과 선험적으로 철저해지는 물음설정 속에 선험적 주관성에 대한 현상학적 예비지식을 완전히 달리 해명하는 것의 원칙적 차이를 지적하는 것에 만족하자.

그러나 현상학적 환원의 방법론은 단지 환원하는 것의 '왜'가 아니라, 무엇보다 현상학을 하는 것 자체의 '어떻게'와 관계한다. 환원된 것은 곧 현상학적 응시자가 아닌가? 환원하는 것을 그 모든 계기에서 전개하고 대상화하며, 복잡한 역동적 관련을 방법적으로 명석하게 제시하고, 현상학적 환원의 구조에 속한 세 가지 자아(즉 자연적으로 태도를 취한 인간 자아·선험적으로-구성하는 자아 그리고 선험적으로-현상학을 하는 자아)의 통일성에 관한 문제를 주제적으로 다루기 위해, 우리는 선험적 방법론의 구상을 단순히 판명하게 만들려는 의도에서 멀리 떨어져 있다.

우리는 다만 환원하는 자아가 현상학적 응시자라는 점을 강조해 언급한다. 이것은 환원하는 자아가 어떤 때는 **판단중지를—하는** 자이며, 다른 때는 정확한 의미에서 환원을 하는 자라는 것을 뜻한다. 보편적 판단중지, 즉 모든 신념의 정립을 배제하는 가운데 현상학적 응시자 자체가 산출된다. 인간 속에 각성되고 때로는 모든 타당성을 억제하기 위해 인간을 재촉하는 선험적 경향은 인간 자체를 지양하고, 인간은 판단중지를 하면서 탈인간화(脫人間化)되며, 즉 인간은 자신 속에 선험적 응시자를 드러내며, 선험적 응시자 속으로 사라져버린다.

그러나 이 선험적 응시자는 판단중지를 통해 비로소 생성되는 것이 아니라, 인간 존재를 은폐하는 위장에서 단지 **자유롭게** 형성되는 것이다. 인간 속에 일깨워진 선험적 경향은 이미 동기부여의 구상 속에 작업하는 선험적 응시자가 '내적으로' 현상학을 하는 것일 뿐이다. 선험적 응시자가 자신의 행위(보편적 판단중지) 속에 자기 자신을 드러냄으로써, 또한 그 자신으로 자각되는 최초의 선험적 자아(그리고 선험적 삶)이다. 그러나 현상학적 응시자가 자각되는 것은 더 **기본적으로** 자각되는 것을 가능하게 한 것일 뿐이다. 현상학을 하는 자아가 인식하는 삶 속에 선험적 주관성은 **구성하는** 주관성으로 자각된다. 즉 응시자는 그 자체로 다시 구성하는 것은 아니지만, 자신의 선험적으로 다른 종류의 성격을 통해 곧바로 구성하는 주관성의 자기의식(자신에 대해 형성되는 것)을 가능하게 만드는 선험적으로 구성하는 삶의 기능적 **대표자**일 뿐이다. 이 자기의식은, 판단중지를 통해 자각된 응시자가 인간성, 즉 세계에 속한 것[24]의 자기 통각적 타당성의

---

24) 〈난외주〉 인간(나의 인간적 존재)이 세계에 그리고 통각적 존재 의미인 세계가 인간 자아(그 속에서 통각이 된 인간—전체)에 속한다.

배후를 명백하게 되돌아가 물음으로써 '괄호 쳐진' 인간의 내재성을 환원하고 그래서 선험적 경험의 삶과 선험적 세계의 소유를 드러내는 한, 자기 자신을 형성한다.

판단중지와 본래의 환원하는 것은 현상학적 환원이 서로 요구되고 제약하는 두 가지 내적인 근본적 계기이다. 판단중지 아래 신념을 억제하는 것을 이해하면, 우리는 우리가 어떤 타당성에 사로잡힌 것을 분쇄하고 타당성 일반을 비로소 타당성으로 인식하는 모든 선험적 통찰을 '환원하는 것'이라는 개념으로 이해할 수 있다. 판단중지를 통해 배제되어야만 할 것이 곧 신념의 형성물로서, 타당성으로 통찰되는 경우에만 신념을 억제하는 것이 철저하고 보편적일 수 있다. 세계를 선험적 존재 의미에서 〈또는 존재 의미를 수행하는 것으로서 구체적인 타당성의 삶의〉 '타당성'으로서 환원해 일별함으로써 비로소 현상학적 판단중지의 철저함이 가능해진다.

다른 한편 일관되게 수행되고 철저하게 유지된 판단중지만 비로소 환원으로 되돌아가는 것에 방법적 확실성을 부여한다. 상호 제약하는 독특한 종류의 관계는 극단적으로 차별화된 구조에 관한 것이다. 이러한 점을 상세하게 논의하지 않고는 어떠한 〈더 구체적인〉 이해에도 도달할 수 없다. 현상학적 환원의 두 가지 근본적 계기를 주제적으로 해석함으로써 비로소 현상학적 환원이 자신의 방법론적 본질 속에 매우 명백해질 수 있으며, 우리는 (판단중지를 하고 환원을 하는 자아로서) 현상학을 하는 자아에 대한 이해를 얻을 수 있다. 이제 우리는 이 두 가지 계기에 대한 두 가지 유형적 오해를 간략하게 고찰하는 데로 주의를 기울이자.

현상학적 판단중지는 가령 다음과 같은 물음으로 표현될 수 있다는 의미에서 오해될 수 있다. 어쨌든 철학이 세계와 존재에 관한 의미를 궁극적으로 해명하는 것을 추구하면, 보편적 판단중지를 통해 우리는 곧바로 철학적 문제제기의 주제적 장(場)을 상실한 것이 아닌가? 그렇다면 우리는 세계에 대한 신념을 사용하지 않고 어떻게 세계에 대한 신념을 해명할 수 있는가? 현상학적 판단중지에 그처럼 대립된 그리고 유사한 반론은, 판단중지가 우리의 경험하는 삶의 곧바로 향한 태도에서 보편적인 신념을 억제한다는 오해에 전적으로 기인한다. 우리의 그 밖의 세계의 삶을 깨어지지 않은 신념을 수행하는 데 몰두하는 대신, 이제 우리는 이러한 세계에 대한 신념을 중단하고 미해결로 남겨두어야 한다. 현상학적 판단중지에 대한 그와 같이 유사한 서술은 전적으로 두 가지 의미를 지닌다. 그 서술은 곧 '미해결로'—남겨두는 주체가 올바로 이해되는 경우에만 올바를 수 있다. 두 가지 의미를 지니는 것은 현상학적 환원의 세 가지 자아의 여전히 문제가 되는 통일성 속에 자신의 가능한 근거를 갖는다. 세계로 들어가 신념을 지닌, 자기 자신을 세계로 들어가 함께 산정하는 인간 자아는 자신의 세계에 대한 신념을 중지하지 못한다.[25] 또한 이 세계에 대한 신념 때문에 은폐된 선험적으로—구성하는 자아도 자신의 세계에 대한 구성을 중지하지 못한다. 따라서 누가 보편적 판단중지를 수행하는가? 곧 선험적으로 반성하는 자아, 즉 현상학을 하는 응시자 이외에 누구도 보편적 판단중지를 수행하지 않는다. 현상학을 하는 응시자는, 그가 결코 세계에 대한 신념 속에 살지 않았기 때문에, 세계에 대한 신념을 실행하는 것을 중단하지 않는다. 어쨌든 그는 무엇보다 곧 세계에 대한 신념에 참여하지 않는 것, 관여하지 않는 것 속에 형성된다. 반성하는 자아로서 그는 주제적 자아의 신념의 삶에 관여하지 않고, 이 신념의 삶에 자신이 주제적으로 태도를 취하는 가운데, 그러나

---

25) 〈난외주〉 그리고 그것을 언제나 실행할 수 있다. 이 속에는 분석적 모순이 있을 것이다.

〈따라서 수행하는 방식의 변화를〉 동행하지 않는, 참여하지 않는 의미에서만 판단중지를 실행한다. 자신의 대상, 즉 세계에 대한 신념 그 자체에 관해 그는 깨어지지 않은 신념의 태도 속에 있다.

이 모든 점에는[26] 우리가 판단중지를 통해 결코 이전의 주제적 장(場)을 상실하지 않았다는 사실이 놓여 있다. 오히려 그 반대이다. 현상학을 하는 응시자를 산출함으로써 우리는 거대한 새로운 주제적 장, 즉 자연적 태도 속에 숨겨진 선험적 주관성의 장을 획득했다. 우리가 상실한 것은 세계가 아니라, 우리가 세계에 사로잡힌 것, 즉 세계를 모든 존재자의 우주로 간주하고 존재자의 참된 우주(이 속에서 세계는 하나의 추상적 층으로만 놓여 있다)에 대립해 폐쇄되고, '맹목적인' 자연적 태도의 제약성이다. 우리는 우리가 세계라는 표제 아래 표상하는 것이 상대적이며 〈어떤 방식으로는〉 추상적인 절대화된 우주이며, 이것의 의미는 그 추상성[27]이 완전한 선험적 구체성 속으로 회수될 경우에 비로소 이해될 수 있다는 사실을 인식한다. 선험적 주관성에 대해 맹목적인 채 선험적 주관성이 타당성을 형성한 것에 사로잡혀 붙들린 대신, 우리는 환원을 수행함으로써 궁극적인 의미에서 '존재하는' 모든 것에 대한 선험적으로 사로잡히지 않고 개방성을 얻었다(물론 우리는 어쨌든 무엇보다 '추상적인' 자연적 태도에서 생겨난 존재라는 개념을 환원되지 않은 채 사용해서는 안 된다).

현상학적 판단중지가 (이것을 선험적-반성적인 것으로 이해하는 대신!) 곧바로 향한-주제적 신념을 억제하는 것이라는 오해는 우리가 주제적 장을 상실할까 두려워할 수밖에 없다고 믿게 될 뿐만 아니라, 구성하는 의식으로 환원으로 되돌아가는 것에 대한 오해와 가장 밀접

---

26) '부록1' 참조.
27) 〈난외주〉 '추상적'과 '구체적'은 물론 자연성에서 유래하는 다른 모든 개념과 같이 위험한 표현이다.

한 연관도 갖는다. 이러한 오해가 언젠가 일어날 수 있어서, 그 결과 사람들은 선험적 의식을 원리적으로 세계 속에 놓여 있지 않은 가능한 새로운 학문의 주제적 장으로 파악한다. 그러나 이 경우 곧 위에서 언급한 의미에서 판단중지를 거꾸로 해석하기 때문에 선험적 의식의 이러한 '세계-외부성'의 의미를 오해하게 된다. 사람들은 세계와 선험적 주관성의 대립 속에 〈일치하거나 서로 다투면서 공존하는 존재의 영역이 함께 있는 두 가지로〉 파묻혀 있다.

이제 구성적 분석론에 이르면, 우리가 사념하면서 세계에 관련된 모든 타당성의 타당성을 구축하는 것을 구체적인 현상학적으로 이해하게 되면, 처음부터 확고하게 유지되었던 '세계'와 선험적 주관성을 분리하는 것은 구체적인 구성적 분석의 잘못된 해석으로 쉽게 오도된다. 가령 '실제로 세계 일반이 존재하는 것이 아니라 유일하게 존재하는 것은, 선험적 주관성과 이것이 사념하면서 구성하는 삶이다'라는 논제로 쉽게 오도된다.

그러나 우리가 판단중지를 선험적으로 반성하는 자아의 판단중지로 올바로 이해하면, 이러한 오도를 방지한다. 그러면 다음과 같은 통찰을 얻는다. 즉 우리는 판단중지를 통해 결코 세계를 타당성 밖에 정립하지 않았고, 요컨대 (모든 정립을 억제함으로써) 세계를 무효화(無效化)함에 따라 참된 존재자인 선험적 주관성을 여전히 '잔여'로 유일하게 남겨두었으며, 물론 자연적 태도를 절대화하는 것에서가 아니라 구성적으로 타당성을 구축하는 가운데 모든 최종적 타당성의 통일체로서 세계를 유지한다.

('잔여'에 대한 주해. 『이념들』〔제1권〕에서는, 거기서 추구된 사고의 경과에서 동기가 부여되어, 선험적 주관성이 '순수의식의 장(Feld)'과 '영역'(Region)으로 표시되었다. 그래서 표현들은 확실히 〈자연

적으로 이해된〉 선험적 주관성을 특징짓는 것으로 적당하지 않았고, 어쨌든 그 책에서 진행절차의 경과로 이해되었다. 환원을 일반적으로 서술한 이후 선험적 태도는, 아무튼 우선 몇 가지 지향적인 근본적 개념을 〈자연에 적합하게 심리학을 심리학적 근본적 개념으로 반드시 형성했을 것을〉 획득하고 원리적으로 구별하기 위해, 또다시 잠시 유보되었다. 그런 다음 인간의 내재성의 영역은 그 고유한 본질성과 완결성에서 제시되었고, 가장 일반적인 의미에서 '초재성'에 대립되어 부각되었다. 내재성 그 자체 속에 완결되는 것은 '장'과 '영역'이라는 표시를 정당화한다. 본래 세속적 심리학을 통해 이미 주어져야만 할 이 기본적 구별에 따르면, 다시 현상학적 환원의 태도가 복구된다. 물론 '영역' 등의 전문용어가 유감스럽게도 유지된다. 그러나 이제 '의식'은 완전히 새로운 의미를 획득한 점, 따라서 '영역', 장 등은 결코 그 세속적 의미로 받아들여서는 안 되는 단순히 당혹스러운 표현이 되었다는 점—이 모든 점이 『이념들』〔제1권〕의 대부분 독자의 이해에는 은폐된 채 남아 있고, 그 결과 결코 본래의 선험적 의미로 밀고 나가지 못했다.[28]

'영역' 등 사용된 표현들에 관련된 가장 조야한 오해는 환원 속에, 또한 환원을 통해 인간의 내재성을 변경하는 것에 이의를 제기하고

---

28) 〈난외주〉 세속성(Mundanität) 속에 최상의 류(類)인 영역은 그 세속성 속에 세계를 총체적 영역, 즉 영역들의 영역으로 인식하게 이끈다. 현상학적 환원을 통해 의식은 새로운 영역으로서 선험적 의식에 관한 총체적으로 새로운 의미를 획득하는데, 새로운 총체적 영역인 이 새로운 영역 속으로 선험적 주관성은 들어선다. 이것은 『이념들』〔제1권〕을 통해 드러나 밝혀진 선험성의 일관되게 관철된 의미 속에 놓여 있으며, 『이념들』〔제1권〕 속에 성취하지 못한 것은 이러한 구별을 광범위하고 명백하게 반복해 강조하는 것과 유일하게 자유로이 처리할 수 있는 언어인 자연적 세속성에서 유래하는 언어의 의미가 변경되는 것을 명확하게 지시하는 것뿐이다. 따라서 선험적 현상학에서 '모든' 논의는 단지 의미를 변경하는 것 속에서만 타당하다 등등〔이다〕.

현상학을 인간의 내재성을 사변적으로 절대화하는 것으로 확정하고
자 추구한 것이다.)

그렇다면 우리는 환원을 통해 해명된 것처럼 현상학을 하는 주제
는 하나의 영역 또는 새로운 존재의 장, 즉──세계에 대립된──선험적
주관성이 아니라, 구성적 과정이 현상학을 하는 대상으로 파악되어야
한다는 사실이다. 이 구성적 과정은 구성하는 선험적 주관성에서 출
발해 세계라는 최종적 산물로 종결된다. 그러나 구성적으로 생성되는
것은, 마치 언젠가 처음 (즉 실체로) 존재했고 그런 다음 여전히 구성
되는 것처럼, 선험적 주관성의 단순히 '부가적으로' 일어난 일이 아니
라, 주관성은 이렇게 생성되는 것이 출발하는 곳(Wovon)일 뿐이며, 과
정 이전에는 존재하지 않았고, 유일하게 과정으로만 현존한다. 그리고
마찬가지로 세계(자연적 태도)는 구성적 상관관계의 '실체적' 대립
항(項)이 아니라, 구성적으로 종결짓는 목표(Wohin)이다. 그것은 상관
관계의 '항들'이 아니라, 상관관계가 여기서는 더 이전의 것이다. 여기
에는 선험적 주관성이 거기에는 세계가 그리고 이 양자 사이에는 구성
적 관계가 성립하는 것이 아니라, 구성이 생성되는 것은 세계를 실현
하는 것 속에 구성하는 주관성이 자신을 실현하는 것이다.
　판단중지의 의미는 한편으로는 환원하는 것의 의미에, 다른 한편
으로는 자신의 근거를 역시 〈선험적〉 판단중지가 '곧바로─향한' 판
단중지, 즉 '과장된 방법주의'인 확인하는 방법일 뿐이라는 그릇된
견해에서 갖는 오해에 있을 수 있다. 사람들이 철학적 인식을 궁극
적이며 궁극적으로 정초된 진리에서 구축하고자 하면, 철학적 인식
의 의미에 관해 이미 어떤 앞선 결정이 이루어져야 하지 않은지 하고
물을 것이다. 여기서는 이미 확실성의 이상이 1차적으로 규범화되지
않는가? 사람들은 완전히 확실한 그리고 최상으로는 가장 확실한 인

식 속에 출발점을 취하려 하지 않는가? 모든 편견을 배제하는(판단중지) 가운데 실현될 '편견 없는 것'의 목적은 1차적인 '방법적' 관점이 아닌가? 그렇다면 우리는 가장 확실한 (필증적) 진리에서 철학의 그와 같은 시작을 요구할 경우, 학문에 관한 특정한 **전통적 생각의 속박**에 얽매인 것은 아닌가? 그러나 가장 확실한 인식은 또한 가장 근원적인 인식이라는 사실은 도대체 확정된 것인가? 또는 인간의 현존재를 근원적으로 규명하는 진리는 곧 필증적 확실성의 형식적 권위가 있는 것이 아니라, 그 진리들이 규명하는 것과 같이 **물음을 제기할 가치가 있**는 것과 두 가지 의미가 있는 것 속에 주어진다는 사실도 가능하지 않은가? 진리의 근원성과 깊이를 그 확실성의 정도에서 (명석하고 판명한 지각!) 파악하려는 것은, 아마 곧바로 **근본적으로 전도된 것**이 아닌가? 혹시 철학의 출발에 대해 ─ 데카르트 이후 ─ (소수의 '공리'로 진리를 수학적으로 환원하는 것과 유비적으로) 최소한의 전제 또는 완전한 무전제성을 요구하는 것은, 숙명적인 편견이 아닌가? 확실성을 1차적으로 목표로 삼는 철학은 이미 모든 기본적 진리에서 통과되었고, '완전히 확실한' 인식으로 합류되지는 않았는가? 더구나 '더욱 철저하게' 묻는다면, 안전하고 필증적으로 확실한 진리로 되돌아가는 것은 본래의 문제제기 앞에서 **회피하는 것**, 동요된 인간적 현존재의 **불확실함과 섬뜩함** 앞에서 도피하는 것이 아닌가? 그래서 판단중지의 방법은 **안전함의 경향**에서 발원하는 것이 아닌가?

그와 같은 물음 속에 정식화된 것으로 보이는 철저한 '반론'은 때때로 환원에 대한 일정한 오해로 이끈다. 사람들은 현상학을 내적 경험이 필증적으로 주어지는 방식에서 안주하는 것으로 대치한다. 외적 경험을 아무리 속일 수 있더라도, 외적 경험 속에 경험된 것이 아무리 의심스럽고 의문의 여지가 있더라도, 그에 반해 내적 경험에 주어진 것 속에 명백히 우리는 인식의 권위상 절대적으로 **확실해진 주제**

적 인식의 장(場)을 갖는다. 그래서 사람들은 현상학에 그 주제로서 인간의 내재성을 전가한다. '순수의식'의 영역은 필증적으로 주어진 존재자의 섬으로 이해되고, 일반적으로 불확실하고 의문의 여지가 있는 바다에서 그 섬으로 되돌아갔다고 한다.

그렇지만 어쨌든 내적 경험(그리고 그 주제적 영역)이 구체적 인간에서 단지 하나의 '구조'(Struktur), 즉 하나의 '층'(Schicht)인 한, '의식의 형식적 현상학'(이것은 하이데거M. Heidegger의 표현이다!)은, 앞에서 언급된 안전함의 경향과 과장된 방법주의에서 동기가 부여되어, 다시 '실존 전체성이 구체화되는 것'으로 회수되어야만 할 '실존하는' 주관성을 추상적으로 해석하는 것이 된다!

판단중지에 대한 반론도 이와 같거나 유사한 내용일 수 있다. 이 경우 단지 그 반론은 〈선험적〉 현상학적 판단중지에 대항하는 것이 아니고, 따라서 반론으로서 대상이 없다는 사실이 언급되어야 한다.

현상학적 판단중지는 필증적으로 확실한 인식에, 즉 자연적 태도에 안전하게 안주하는 방법과 전혀 관련 없는 것이다. 오히려 그것은 인간적 현존재의 의문의 여지가 있고 불확실한 모든 철학의 시작보다 더 모험을 감행한다. 왜냐하면 현상학적 판단중지는 그와 같은 모든 '실존적' 철학이 전제하는 것, 그 속에서 이 철학들이 안주하는, 즉 인간 존재 그 자체(자연적 태도)를 물음으로 제기하기 때문이다. 현상학적 판단중지는 결코 세속적으로(mundan) 부각된 내적 경험의 인식의 권위에 머물지 않고, 〈인간의〉'내재성'과 '초월성', 확실한 진리와 불확실한 진리, 근원적 진리와 근원적이지 않은 진리의 그 모든 구별과 함께 자연적 세계의 타당성 전체를 물음으로 제기한다. 그것은 세속적 인식에 안주하지 않을 뿐만 아니라,—모든 실존적 동요와 흥분에도—이것이 어떻게 세계의 토대 위에 결코 가능하지 않은지 하는 방식으로 곧 세계를 의문의 여지가 있는 것으로 만든다.

어쨌든 **선험적**(비-인간적) 인식의 운동인 현상학을 하는 것에 인간적-세속적 경향(안전함의 경향)을 귀띔해주는 것은 원리적으로 잘못이다.

판단중지에 대한 이러한 오해는 본래 **환원하는 것**(선험적 주관성의 자기 객관화 배후로 되돌아가는 것)의 의미를 왜곡하는 것과 견해를 같이한다. 가령 사람들이 '실제로 현상학자는 인간의 내면성 이외에 다른 어떤 것도 주제로 갖지 않는다'고 말함으로써 환원하는 것은 **사변적으로 구축하는 것**으로서 부인된다. 그러나 이 인간의 내면성을 심리학적으로 심문하고 해석하는 대신, 현상학자는 경험된 존재자 이전에 의식의 인식에 선행성(先行性)에서 존재에 선행성을 형성하기 때문에, 자신의 '구체적으로' (물론 구체적으로-존재하는 인간의 '의식 층'에 대한 **추상적 태도에서**) 수행된 분석을 사변적으로 해석해 왜곡시킨다.

따라서 이러한 오해는 (본래 ⟨선험적⟩ 의미에서) 환원하는 것에 관련된다. 선험적으로 인식하는 것인 환원하는 것에 직접 **명백하게** 지시되는 것은, 즉 인간의 내재성은 세계화하는 자기 통각으로 포괄되고 세계 속으로 '태도를 취한' 선험적으로-구성하는 주관성 — 이것은 자연적 의식에는 논증되지 않으며, 자연적 의식이 자연적 태도를 취하는 한, 즉 선험적 환원을 하지 않는 한, 결코 자연적 의식에 지시될 수 없다 — 이외에 다른 것이 아니라는 사실이다.

그러나 어쨌든 현상학은 실로 경험의 대상 이전에 의식의 세속적 인식에 선행성을 경험된 것 이전에 경험하는 삶의 **세속적-존재적 존재에 선행성**으로 결코 '혼동하지' (또는 사변적으로 달리 해석하지) 않는다는 사실만큼은 답변해야 한다. 현상학적 환원은 실로 무엇보다 의식의 단순한 지향적 선행성을 결코 간과하거나 부정하지 않으며, 마찬가지로 세계 속의 인간 ⟨과 세계 자체⟩ 을 부정하거나 사변적으로 해석하지 않는다. 오히려 현상학적 환원은 그것을 심문하고, 선험적 해명의 주제로 삼는다. 또한 그것은 내적 경험을 필증적 경험으로 특징짓는 것을 반박하지도 않는다. 그러나 현상학적 환원은 이러한 필증성에서 '절대적 존재'(absolutes Sein)를 만들지도 않는다. 〈왜냐하면 현상학적 환원이 세계가 지평을 지니고 미리 주어진 것을 이러한 필증성의 토대로 발견하기 때문이다.〉 오히려 그것은 환원 속에 자연적 태도와 이에 속한 진리의 전체 지평을 넘어서며, 선험적 주관성을 구체적으로 입증하는 탐구의 대상으로 만들고, 이 선험적 주관성을 세계의 존재 일반(즉 세속적-필증적 내재성의 존재도)에 **구성적으로 선행하는** 것으로 입증한다. 하지만 이 '구성적 선행성'이 존재적-세속적 의존관계의 실마리에서 파악될 수 있는 것은 아니다.

우리는 자신의 두 가지 내적인 근본적 계기로 환원하는 것(선험적으로 판단중지를-하는 것과 본래 환원하는 것)인 현상학을 하는 것을 자연적 태도에서 이해하는 수단으로 파악한 결과 생긴 오해(예를 들어 판단중지를 '확실성'에 대한 인간적 삶의 경향으로, 환원하는 것을 '사변'으로 파악하는 오해)에 대립된 관점에서 단지 **간접적으로** 특징지었다.

이렇게 함으로써 우리는 현상학적 환원의 현상학의 과제에 관해 어떠한 개괄적 표상도 획득하지 않았다. 그러나 어쨌든 결국 다음과 같은 사실이 판명되었다. 즉 환원하는 것을 반성적으로 대상화하는 것이 비로소 '현상학적 환원'의 문제명칭 아래 진행되는 선험적으로 일어난 일(Geschehen)을 명백하게 주제화하는 것, 모든 반론과 의심에 대립해 적절한 답변을 입수할 뿐 아니라, 환원의 문헌적 서술을 위해 최초로 궁극적 투명성과 선험적 명료성을 가능하게 만드는 충분한 이해를 제공할 수 있다는 사실이다.

6 소급적으로 분석하는 것인 현상학을 함

우리는 소급적 현상학을 그 첫 번째 단계에서 알아왔다. 이 첫 번째 단계는 현상학적 환원 속에 우리에게 주어진 선험적 존재를 전개하고, 구성적으로 되돌아가 묻는 문제제기를 최초로 조망하게 해주는 데 있었다. 이것은 다시 우리가 무엇보다 소급적 진행을 시작하는 장(場)을 시선 속으로 끌어오려고 추구함으로써 일어났다. 어쨌든 현상학적 환원은 선험적 존재의 영역을 결코 분절된 지평의 의식 속에 열지 않았으며, 처음부터 어느 정도 풍부한 선험적 인식을 우리에게 결코 제공하지 않고, 생각할 수 있는 극도의 빈곤함을 〈극도로 '침묵하는 구체화하는 것' 속에〉 우리에게 남겨주었다. 선험적 주관성은 최초에 실로 나 자신의 (자아론적) 세계에 대한 경험의 현실적으로 흐르는 '생생한 현재'로서만 우리에게 주어졌다. 선험적 주관성인 이 좁은 돌입지점의 지평은 우선 〈완전히 형성되지는 않았지만 각각 미리 지시할 수 있는〉 완전히 어둠 속에 파묻혀 있었다. 〔그래서〕 최초의 과제로 제기된 것은 이 흐르는 삶의 지향적 해석, 나의 선험적 세계에 대한 경험의 생생한 시간 흐름 속의 통일을 형성하는 것과 차별화하는 것이 얽혀 있으며 종합된 것을 분석적으로 연구하는 것이다.

그러므로 지향적으로 심문하고 규명하는 최초의 이해가 준비된 다음 즉시 우리는 이러한 흐름이 지향적 작용과 작용들의 복합이 현실적으로 경과하는 것일 뿐만 아니라, 비록 독자적 방식이지만, 이러한 흐름의 생생한 현재 속에 침전된 소유물(Habe)이 '현실적으로' 또한 끊임없이 포함되었다는 사실을 분석적으로 제시할 수 있었다. 한편으로는 이러한 습득성 속에, 다른 한편으로는 기억의 현전화작용 속에 선험적 과거가 지시된다. 따라서 환원을 통해 맨 처음 주어진 선험적 삶의 현재성을 넘어서야 하는 문제, 즉 '발생적' 현상학의 문제에 직면했다. 그러나 우리가 상론한 일반성에서 우리는 이 확장된 선험적 존재의 장 속에 놓여 있는 문제제기를 상세하게 논의하지는 않았다. 즉 우리는 회상(Wiedererinnerung)에 대한 **선험적 비판**과 현실적 습득성 속에 지시된 과거의식에 대한 선험적 비판을 하지 않았다.

하지만 예를 들어 기억에 대한 그와 같은 비판은 우선 선험적 **방법론**의 과제가 아닌가? 이 선험적 방법론은 선험적 원리론의 방법적 진행절차에 우선 방법론적 투명성을 부여해야만 하는 것이 아닌가? 결코 그렇지 않다! 예를 들어 선험적-자아론적 과거를 현재의 기억에 대한 비판을 통해 개시하는 것은 환원적 단계이며, 그 자체로 환원을 계속 형성하고 전개하는 것에, 즉 **소급적 현상학** 자체의 주제적 연관에 속한다.

선험적 과거가 알려지는 선험적 체험과 습득성의 비판이 아니라, 그러한 비판 속에 기능하는 행위의 비판이 특히 방법론 ─소급적 현상학에 관련된 방법론이 소급적 현상학을 하는 것을 주제화하는 것인 한─의 과제이다.

여기에는 어떠한 문제가 나타나는가? 이 점을 간략하게 지적해보자. 여기서 **중심적 물음설정**은 곧 '현상학을 하는 자아는 어떻게 선험적 주관성을 분석적으로 해석하는 가운데 그리고 거기에 그 구성적으로 심문하는 가운데 있는가'이다. 이 경우 형식적으로 올바른, 하지만 아무것도 말하지 않은 답변은 '그것은 해석하는 자아로 그리고 거기에 구성적으로 분석하는 자아로 존재한다'는 것이다. 그러나 본래의 문제는 곧 해석하면서 구성적으로 심문하는 거기에 존재함(Dabei-Sein)의 '방식'(Wie)이다. **현상학적 분석의 상황**은 어떤 것인가?

구성적 분석은 구성하는 선험적 삶에 관한 진리로 귀결된다. 그러나 이 '진리'는 누구를 위해 존재하는가? 아무튼 현상학을 하는 응시자를 위해 존재하는 것이 명백하다. 따라서 진리 '그 자체'가 존재하는 것이 아니라, 현상학을 하는 것에 대한 진리가 존재한다. 예를 들어 선험적 세계에 대한 경험 속에 함축된 구성하는 삶의 더 깊은 층 속으로 되돌아가면, 우리는 가령 '질료적' 장으로 되돌아감으로써 현실적 흐름 속에 〈줄곧 세계를 현상으로 가지면서, 따라서 세계를 구성하는 가운데 이른바 끊임없이〉 '완성된' 선험적 주관성을 해체해 선험적 삶이 어떻게 그 자체로 경과하는지와 같은 선험적 삶의 내적 구성의 구조에 결코 도달하지 못한다. 왜냐하면 우리는 자연적 태도 속에 은폐된 주관성의 선험적 내적 지평에 관해 그것이 곧 환원 이전에 어떻게 기능하면서 현존하는지, 그것이 어떻게 '그 자체로' 진행되는지 전혀 이해할 수 없기 때문이다. 우리는 이 주관성을 단지 현상학을 하는 응시자에게 주어진 것으로만 알아차린다.

그러나 우리는 도대체 어느 정도까지 이 속에서 어려움을 파악해야 하는가? 사람들이 **자연적 태도의 경험** 개념을 소박하게 고집하는 한, 그에 따라 경험된 존재자 '그 자체'가 그것이 경험 속에 주어진 것과 똑같이 **경험 이전**에 현존했다고 〈또는 그것이 경험되지 않은 경우에도 그와 같이 현존한다고〉 소박하게 고집하는 한, 물론 당혹함에 빠져들지는 않을 것이다. 그렇다면 사람들은 곧 현상학을 하는 것을 (통상의 세속적 경험의 구조에 관한) 하나의 경험작용으로서, 단지 이제까지 은폐되어 있었지만 이제 환원을 통해 주어진 새로운 존재의 영역에 관련된 것으로 받아들인다. 자연적 태도에서 인간의 경험작용 속에 숨겨지고 은폐된 구성적 과정은 이제야 '드러나고' '발견된다.' 하지만 구성의 이러한 '드러남' 속에서 어쨌든 우리는 곧 '자연적' 경험 개념을 그것의 구성적 분석을 통해 지양한다. 예를 들어 우리는 경험에 대한 존재자의 독립성, 존재자가 '이미-이전에-거기에-있음.'(Schon-vorher-da-Sein), 즉 그것의 '그 자체의 존재' 자신이 경험하는 의식의 의미부여라는 사실, 구성은 순간적 작용 속의 구성일 뿐만 아니라 현실적 구성 속에 항상 함께 기능하는 잠재적이며 습득적-침전된 의식 ─ 이 속에서 곧 대상의 '그-자체-존재', 즉 현실적 지각에 대한 그 존재의 독립성이 **구성적으로 구축되고 구축되어왔다** ─ 이라는 사실을 인식한다.

따라서 구성적 분석론을 실행함으로써 우리는 '인간 경험의 수용성'(Rezeptivität)이 숨겨지고 심문되지 않은 채 구성하는 생산성(Produktivität)으로 드러내 밝히는 가운데 '자연적 경험 개념'을 극복한다.

하지만 현상학을 하는 것을 위와 같이 특징짓고 파악하면서 이러한 자연적 경험 개념을 다시 이해하지 않고 받아들이지 않는가? 도대체 이러한 파악을 이 인식되는 것에 독립적인 '그 자체로' 존재하며 이러한 인식작용을 통해서는 결코 변경되지 않는 것을 이론적으로 '알게 됨'으로써 받아들이지 않는가?

그러나 이러한 견해를 세계에 대한 편견으로 들여다보고 그것을 중지하면, 아마 현상학을 하는 인식작용을 '구성'으로 파악할 수 있는가? 현상학을 하는 경험의 주제적 대상은 이러한 경험 속에 비로소 **구성적으로 산출되지 않는가?**[29]

자연적인 소박한 경험 개념이나 선험적인-구성적 경험 개념에서도 선험적 응시자가 **현상학을 하는** 경험의 본래 특성은 파악되지 않는다. 현상학적 분석의 상황의 문제는 모든 분석적 존립과 사태가 현상학을 하는 응시자에 대해 주어진 것을 선험적으로 해석하는 것이다. 〔그렇다면〕어떤 의미에서 '응시자'는 모든 현상학적 진리의 전제인가?

---

29) 〈난외주〉또한 현상학적 경험은 선험적으로 경험하는 자에 대해 경험된 것이 그에게는 현존하는 것으로 미리 주어진 사실을 전제한다. 그에게 미리 주어진 것만 그는 수용하면서 주목할 수 있다. 그가 그에게 미리 주어진 것을 수용하는 동안에만, 그는 그것을 본성·특성·관계 등에서 해명할 수 있다.

이것은 선험적 방법론이 여기서 성립하는 문제를 매우 일반적으로 정식화한 것이다. 어쨌든 세속적 인식작용의 실마리에서도 세계에 대한 인식과 반성을 구성적으로 해명하는 조명 아래서도 현상학을 하는 인식작용을 파악해서는 안 된다. 현상학을 하는 자아가 — 구성하는 자아에 대립해 — 선험적으로 다른 종류의 것은, 우리가 본 것처럼, 곧 방법론의 문제의 근거이다.

어떻게 그때그때 현상학을 하는 자아는 소급적 현상학을 분석하는 가운데 거기에 존재하는가? 우리는 단지 몇 가지를 지적함으로써 이러한 물음에 명확한 선명함을 부여하고자 한다(우리는 우선 그 이상을 할 수 없다. 소급적 현상학에 관련된 방법론은 어쨌든 원리론 속에 소급적 현상학을 실제로 실행하고 이미 첫 번째 단계에 머물지 않은 경우에만, 가장 일반적이고 실질적인 문제설정 속에 명백하게 스케치될 수 있다).

현상학적 환원을 통해 나에게 직접 주어지는 선험적 삶을 나는 생생하게 흐르는 삶으로, '생생한 현재'(lebendige Gegenwart)[30]로 발견한다. 그러나 '현재'에는 여기서 시간 속에 있는 현재라는 시간적 의미가 있는 것이 결코 아니라, 우리가 모든 것을 유보해 '현재'로 표시

---

30) 시간적으로 다양하게 발생하는 체험을 포괄하는 의식의 흐름은 '지금'이 과거에서 미래로 이어지는 가로방향 지향성과 '지금'이 지나가버렸지만 흔적도 없이 사라지는 것이 아니라, 변양된 채 무의식 속에 원근법으로 침전되어 여전히 유지되는 세로방향 지향성으로 이중의 연속성을 지닌다. 이 연속성 때문에 의식의 흐름은 방금 전의 체험을 현재화해 지각하는 '과거지향' (Retention), 지속하는 시간 객체가 산출되는 원천이자 근원적 인상인 '생생한 현재' 그리고 미래의 계기를 현재에 직관으로 예상하는 '미래지향' (Protention)으로 연결되어 통일체를 이룬다. 따라서 이 통일체에 근거해 이미 아는 것(과거지향)에서 아직 알려지지 않은 것(미래지향)을 생생한 '지금'의 지평 속에, 그 친숙한 유형을 통해 미리 지시하고 예측해 귀납(Induktion) 할 수 있다. 결국 흐르는 '생생한 현재'는 모든 존재의 근원적 터전이다.

한 나의 선험적 삶에 흐르는 자기가 현존함(Selbstanwesenheit)만 뜻한다. 하지만 나의 선험적으로-응시하는 자아 역시 이러한 의미에서 '〈지금-〉현재적'이지 않은가? 선험적으로 흐르는 삶이라는 주제와 주제화하는 것이 '지금'(Jetzt)의 통일 속에 있지 않은가? 이 두 가지는 동일한 선험적 체험의 흐름에 속하지 않는가?

우리는 여기서 이미 형식적으로-지시하면서 화제로 삼았던 문제, 즉 그 선험적 존재방식의 차이 속에서 현상학을 하는 자아와 구성하는 자아의 '동일성'의 문제를 더 특정한 연관 속에서 회귀하는 것을 본다. 해석에 도달한 선험적 체험의 흐름 역시, 그 주제적 작용과 반성적 작용을 지닌, 그 속에서 현상학을 하는 것이 일어나는 포괄적인 삶의 통일이 아닌가? 또는 현상학을 하는 것은 자신의 고유한 시간성(Zeitlichkeit)과 시간화(Zeitigung)를 갖는가? 이러한 '흐름'의 시간화와 이 흐름 속에 가능한 방식으로 등장하는 반성을 반성적으로 반복하는 것에 대한 구성적-시간적 분석론은 이미 현상학을 하는 반성과 그 시간화에 대한 이해를 가능하게 만드는가? 주제 속에 놓여 있는 체험의 흐름은 단지 선험적으로-구성하는 삶의 보편적 시간의 형식이 아닌가? 만약 현상학적 응시자가 구성하는 자아와 '차이' 속에 있다는 사실을 곧바로 의식하면, 우리는 이러한 물음으로 순수한 당혹감에 빠지게 된다. 따라서 우리는 선험적 반성이 ─모든 반성 일반과 마찬가지로─ 반성적 주제와 하나의 삶의 연관의 통일, 즉 〈이러한 시간성에 관련된 동일한 것으로서〉 동일한 '지금'의 통일 속에 놓여 있다는 '가까운' 답변을 제시할 필요는 없다. 그와 같은 답변을 거절하는 경우, 하지만 우리는 문제 이상을 이해할 수는 없다.

분석하는 상황 일반의 시간성이 최종적으로 어떻게 파악되어야만 하는지, 어쨌든 우리는 궁극적으로 '포괄하는' 선험적 삶의 흐름을 제시해야만 하는지, 현상학을 하는 것은 무엇 속에 일치하지 않는 통일성에서 자신의 주제와 — 하지만 물론 그 밖의 반성하는 것이 자신의 대상과 합치하는 것과 '완전히 다르게' — 합치되는지, 이러한 것들은 미정으로 남아 있다.

우리는 선험적 응시자가 소급적으로 해석하는 것과 구성적으로 분석하는 것을 하나의 행위로 파악하고, 반성적으로 주제화하는 것의 일반적 이해에서 이끌어내는 개념에 적용했다. 이러한 의미에서 우리는 가령 다음과 같이 말한다. 즉 현상학을 하는 응시자는 이론적 태도에서 환원을 통해 자신에게 주어진 선험적으로-구성하는 삶에 방향을 향하고, 앎을 받아들이는 작용을 수행하고, 인식이 진보하는 가운데 다면적인 인식의 연관을 형성한다. 그리고 이론적 확신을 획득하며, 그래서 자기 자신의 학문적 행위 〈와 그 획득물〉의 전통 등을 수립한다.

이제 — 현상학을 하는 자아의 선험적으로 다른 종류에 근거해 — 그 자아가 지속하는 것, 그 '습득성을-건립하는 것', 이론적으로 행동하는 것 등이 단순히 소급적 현상학에서 본질의 보편성 속에 주제가 되고, 구성적으로 해명된 '이론적 행위 일반'을 사실적으로 실현한 것이 아닌 한, 이러한 이론적 활동과 조작·지속·습득성으로 만드는 것을 해명하는 것은 소급적 현상학의 선험적 방법론에 불가피한 근본적 문제에 속한다.

그러나 응시자가 이론적으로-기능하는 것은 소급적 현상학 속에 전적으로 그 현상학의 특수한 문제제기를 통해 규정된다. 즉 그것은 지향적으로-해석하는, 구성적으로-분석하며 환원하는 것(이것은 원초적 환원과 상호주관적 환원이다!)이다. 앞에서 예시된 물음은 이것을 통해 **특정된다**. 그러나 우리는 지금 이러한 점을 논할 수 없다.

그런데 우리는 모든 분석적, 선험적 '사태'에서 현상학을 하는 자아가 '거기에-존재하는' 의미는 소급적 현상학 전체 속에 예외 없이 동일한 것인지 하는 물음을 제기할 수 있다. 또한 지금 우리가 예를 들어 원초적 분석론 속에 응시자가 거기에 존재하는 것이 어떻게 규정되어야만 하는지를 여전히 알지 못하면, 어쨌든 **상호주관성**을 현상학적으로 해석하는 가운데 이러한 거기에 존재하는 것이 다른 의미의 '전제'를 받아들일 수 있다는 **가능성**을 열어놓을 수 있다. 아무튼 응시자로서 나는 나 자신을 (구성하는 자아로) 주제로 삼는 자라는 점, 하지만 나는 또한 무엇보다 '현상' 속에서만 주어진 '타인'을 선험적 타인으로 환원하는 자라는 점을 숙고해보자. 고유한 본질적 모나드로서 타인은, '내'가 현상학을 하는 자인 한, 또한 '나와 동등한 자'가 아닌가? '현상학을 하는 자아'는 타인 속에 반복할 수 있는가?

하지만 타인도 마찬가지로 자기 자신에서 환원을 수행할 수 있고, 자신 속에 응시자를 확립할 수 있다. 타인의 '응시자'는 감정이입(전달)을 통해서만 나에게 주어진다. 즉 그 응시자는 그 지향적으로 해석하는 구성적 분석론이 곧 소급적 현상학에 주제적으로 귀속되는 경험 속에 나에게 주어진다. 그것은 현상학을 하는 자아인 나에게 대립된 '현상학을 하는' 타인이 결코 아니다. 나는 모든 소급적 분석론의 전제인 거기에 존재하는 것에 타인과 공유하는 것이 아니다. 현상학을 하는 나의 자아는 또한 타인에 대립된 자아이며, 그 자아에 대해서는 전적으로 감정이입 속에 가능한 방식으로 접근할 수 있는 타인의 자기환원(Selbstreduktion)과 더불어, 감정이입의 구성적 존립요소들이 성립한다.

당연히 현상학을 하는 선험적 타인은 '방법론'에 대해 사소한 문제가 아니라, 독자적인 주제로 논구할 필요가 있다.

7 '구축적' 현상학에서 현상학을 함

선험적 방법론의 이념 속에는 현상학을 하는 것 자체를 현상학적 탐구와 인식의 대상으로 — 게다가 무엇보다 곧 (세계의 구성에 대한 현상적 인식의) 선험적 원리론에서 기능하는 특수한 방식으로 — 만드는 과제가 포함된다. 그와 같은 이념을 단순히 구상하기 위해서는 가장 일반적인 문제설정을 고려하는 것으로도 충분할 것이다. 그래서 가령 우리는 '현상학적 환원의 현상학'을 — 비록 간접적이더라도 — 현상학을 지배하는 두 가지 물음의 방향을 통해 잠정적으로 특징지을 수 있었고, 마찬가지로 우리가 근본적 물음, 즉 '현상학적 분석의 상황'에 관한 물음, 요컨대 현상학을 하는 응시자에 대해 모든 분석적 사태와 진리가 주어진 것의 선험적 의미에 관한 물음을 확정했던 소급적 현상학의 관련 속에 방법론의 문제제기를 미리 이해하게 이끌었다.

이러한 지적은 우리가 언젠가 이미 현상학적 환원을 관통해갔고, 그런 다음 소급적 현상학도 — 비록 그 첫 번째 단계에서뿐이지만 — 어쨌든 실제로 착수했기 때문에 가능했다.

그러나 선험적 방법론의 문제를 형성하는 미리 개괄하는 것을 우리가 실로 전혀 알지 못하는 '구축적 현상학'에 그것이 고유하게 관련되는 가운데 어떻게 제공할 수 있는가? 아마 구축적 현상학 속에 기능하는 현상학을 하는 것에 관한 물음설정을 구상할 수 있기 이전에, 우선 구축적 현상학의 가장 일반적인 이념을 우리 것으로 만들어야 하지 않은가?

또한 '구축적 현상학'이라는 명칭으로 파악되어야만 할 실질적 문제제기의 완전히 공허하고 잠정적인 지적은 극도의 어려움에 결부되어 있고, 무엇보다 그 명칭으로 어떠한 통일적 '대상의 영역'도 '선험적 주관성'이라는 현상학적 주제 안에 표시되지 않기 때문에 그러하다. 구축적 현상학은 '자아론적'[31](더 적절하게는 '원초적') 현상학이나 '상호주관적' 현상학과의 유비적 의미에서 완결된 주제적 연관에 관련되지 않으며, 그것은 도대체 어떠한 '내용적' 표시도 아니고, 독특한 종류의 선험적 인식에 대한 방법 개념이다. 소급적 현상학이 환원적으로 개시된 선험적 주관성의 원초적이며 상호주관적인 해석의 전체라면, 그 밖에 환원적으로 주어진 선험적 삶의 ─ 이제 구축적 현상학을 위해 그 주제를 넘겨주어야 할 ─ 새로운 영역도 존재하지 않는다. 오히려 우리는 구축적 현상학이라는 개념으로 ─ 현상학적 의미에서! ─ '구축'을 통해 접근할 수 있는 그 자체로 내용상 이질적인 것임이 틀림없는 모든 선험적 인식의 **방법적 통일**을 파악한다.

그런데 '**구축**'이라는 개념을 여기서 통상의 의미로 (가령 가설을 설정하는 것으로) 이해하면 안 된다. 왜냐하면 그 개념은 예를 들어 수학이나 고생물학과 같이 세계에 관한 학문에서 실행된 그 어떤 '구축적' 처리 절차와 아무런 친족관계도 갖지 않기 때문이다. '구축'이라는 선험적 명칭은 여기서 문제가 되는 그 주제에 현상학적 인식 작용이 자신의 특성상 여전히 매우 모호하게 **관련된 방식**을 단지 지시할 뿐이다. 구축적 현상학의 '대상' ─ 더 적절하게는 대상들 ─ 은 '주어져 있지' 않다. 그것으로 이론화하는 것은 '직관적으로 주어진 것'(anschauliches Gegeben-haben)이 아니고, '**직관적**'(intuitiv)이지 않으며, 그 선험적 존재방식을 통해 곧 '주어진 것'에서 원리적으

---

31) 후설은 '자아론적' 환원과 '원초적' 환원을 구별하지 않았지만, 핑크는 전자를 '상호주관적 세계를 자아가 타인의 자아나 그 구성적 활동성을 포함하는 자아의 작용들의 상관인 지위의 환원'으로, 후자를 '자아론적으로 환원된 세계를 자아의 작용들 속에서 지향된 것인 타인의 자아의 구성적 활동성의 상관자가 아닌 그 부분의 추상적인 환원'으로 구별한다(D. Cairns, *Conversations with Husserl and Fink* (The Hague, 1976) 122쪽 참조).

로 박탈된 것, 즉 '주어지지 않은' 그러한 것과 관련된 것으로서 **구축적**(konstruktiv)이다.

구축적 현상학의 이념을 이처럼 모호하게 지적하는 경우, 곧 모든 현상학적 설명이 수반하는 위험은 특히 크다. 우리는 선험적으로 '주어지지 않은 것'의 의미를 이해하지 못할 뿐만 아니라, '주어진 것'이라는 선험적 개념의 파악에서 실로 너무도 쉽게 세속적 표상들 때문에 잘못 인도된다.

'주어진 것'은 현상학적 응시자에 대해 선험적 삶의 단순한 〈지각에 적합한〉 현전성, 현실적 현재성을 뜻하는 것이 아니다. 이러한 의미에서 실로 자아론적 사고작용의 현실적 〈본원적〉[32] 흐름과 자아의 현실적 소유, 즉 자아의 현재적 습득적 소유물, 요컨대 선험적 삶의 '생생한 현재'만 '주어질' 것이다. 확실히 흐르는 자아론적 경험과 독자적 방식으로 함께 흐르는 자아가 소유한 생생한 현재는 선험적 삶의 핵심(Kern)이 주어지는 것과 근본(Grund)이 주어지는 것을 형성한다. 또한 우리는 현상학적 환원이 선험적으로 돌출되는 가운데 무엇보다 새롭게 발견된 '존재'의 이 근원적 존립요소와 마주친다.[33] 그러나 우리는 언제나 거기에 머물지 않는다. 환원의 함축된 내용을 체계적으로 전개하고, 현실적인 생생한 〈자아론적〉 현재를 넘어서 선험적 자아론적 과거를 제시하며, 결국 감정이입의 자아론적 작용들 속에 알려지는 선험적 '타인'을 상호주관적으로 공동체화

---

32) 〈난외주〉 본원적인 것? 또는 현재라는 내재적-자아론적 시간의 양태에 본원적인 것? 후자처럼 보인다. 하지만 이것은 더 판명되어야 한다.

33) 〈난외주〉 그것은 선험적 '인식'의 진행에서 근원적 존립요소이지만, 본원적 흐름과 같은 궁극적 절대자가 아니다. 드러내 밝힘은 이전에 드러내 밝혀진 시간의 양태에서 선험적-자아론적 시간의 흐름의 현재가 절대적인 근원적 존립요소의, 그러나 선험적 인식의 근원적 존립요소가 아닌, 본원적으로 생생한 '현재'—이것은 어떤 시간의 양태가 아니다—로 진행한다.

된 것으로서 명백해지는 선험적 삶을 완전히 구체화하는 것에 함께
속하는 것으로 드러내 밝힘으로써, 소급적 현상학의 첫 번째 단계에
서 환원을 통해 우리에게 주어진 선험적 주관성의 전체범위를 필연
적으로 이미 관통한다.

그러므로 '환원적으로 주어진 것'은 현상학적 환원을 통해 선험적
으로 존재하는 것으로 입증되는 〈시간적〉 '존재'의 전체, 즉 원초적
자아 속에 집중된 모나드의 공동체가 그 자체로 파악되는 명칭이다.
따라서 이러한 연관에서 '주어진 것'은 가령 사물들이 자연적인 세
계에 대한 경험의 대상으로 〈나와 모든 사람에 대해 시간공간에 접
근할 수 있게〉 '주어지고' 거기에 있듯이, 현존하거나 앞에 놓여 있
는 것을 뜻하지 않는다. 그것은 현상학적 환원을 전개함으로써 가능한
〈선험적으로〉 접근할 수 있는 것을 뜻한다.

그러나 선험적 주관성(모나드적 상호주관성)은 세계를 구성하는 주
관성, 즉 세계를 실현하는 가운데 자기 자신을 실현하는 세계를 구성
하는 과정에 있는 주관성으로서 환원적으로 주어진다. 이것이 〔선험
적 주관성의〕 기본적 의미이다.[34] 이러한 점을 고려해야 비로소 '환
원적으로 주어진 것'이라는 개념은 자신의 본래의 정확성을 획득한
다. 그런 다음 우리가 현상학적 환원을 통해 선험적 주관성을 그 존
재방식의 특수한 상황, 즉 세계를 구성하는 선험적 활동성 속에 〈자아
에서〉 파악된 것으로 개시한다는 사실을 이해한다.

---

34) 〈난외주〉 계기하는 시간성이라는 좁은 의미에서, 시간과 선험적 공간성이라
는 의미에서 시간인 구체적인 선험적 시간인 환원. 보편적 지평인 상호주관
성은 모든 계기하는 현재에 대한 공존하는 형식으로서 그때그때 현재의 모든
선험적인 주관적인 것에 대한 '공간'이며, 시간공간성이라는 시간의 형식 속
에 있는 자신의 구체적인 선험적 시간이다. 더 깊은 문제는 더 높은 단계, 즉
이 선험적 시간성의 선험적 구성이다.

또한 선험적 삶이 우선 우리를 맞아들이는 현재성을 시간 속에 있는 어떤 현재의 실마리에서 파악하면 안 되며, 무엇보다 현재에 관한 세계의 모든 표상을 억제해야 하면, 어쨌든 현상학적 환원을 계속 전개하는 것은 현실적으로 흐르는 현재를 선험적 〈상호주관적?〉 시간 속에 있는 현재로 인식하게 이끈다. 그러나 본질적인 것은 선험적 삶의 현실적 현존이 선험적 '역사'(Geschichte) 속에 있다는 사실이 아니라, 환원을 통해 접근할 수 있는 존재 전체, 따라서 (회상을 구성적으로 분석함으로써 입증할 수 있는) 선험적 과거가 항상 세계를 구성하는 것이 진행 중인 한, 이미 '역사'(Historie) 속에 있다는 사실이다.

'발생적 현상학' 속에 자아의 현실적 소유(습득성)를 근원적으로 설립하고 소유하게 된 형성과정을 분석함으로써 지향적-구성적으로 해명하는 경우조차, 우리는 마찬가지로 이미 세계를 구성하는 것의 한가운데 있는 선험적 삶을 항상 주제 속에 갖는다.

하지만 구성하는 행위가 환원을 통해 해명되고 주제로 미리 주어지는 한, 구성하는 행위의 존재의 연관이 선험적 '상황' 속에 (곧 세계를 구성하는 것 한가운데 있음을 통해) 발견될 뿐만 아니라, 현상학적 응시자는 이러한 선험적 상황을 통해 결정된다. 비록 선험적 응시자가 곧—자신의 '다른 종류라는 것'을 통해—세계를 구성하지 않더라도, 따라서 진행되는 과정에 관여하지 않더라도, 어쨌든 그는 이러한 상황을 통해 함께 관련되지 않는다. 현상학적 응시자는 세계를 구성함으로써 자각하기 위해 세계를 구성하는 것 속에 있는 선험적 삶을 내던지는 대표자일 뿐이다. 비록 현상학을 하는 자아와 구성하는 자아의 '동시성'이 문제점이 있는 것이더라도, 어쨌든 응시자 일반의 '관여하지 않는 것'은 그가 관여하지 않는 것, 즉 세계를 구성하는 것이 진척되는 경우에만 비로소 가능하다.

구성하는 삶과 현상학을 하는 응시자에 대한 선험적 상황의 이러한 **공통성**은 우리가 소급적 현상학과 관련해 선험적 방법론의 근본적 문제라고 불렀던 것을 전적으로 규정한다. '구성적 분석의 상황', 즉 현상학을 하는 응시자에 대해 모든 분석적 존립요소와 진리가 주어진 것은 세계를 구성하는 선험적 행위와 이 행위에 관여하지 않는, 하지만 이 행위를 주제적으로 만드는 이론화하는 것 사이의 독특한 종류의 '동시성'(Gleichzeitigkeit)에 선행하는 충분한 해석 이후에, 비로소 그 궁극적인 해명을 경험할 수 있다. 구성을 분석적으로 제시하기 위한 현상학을 하는 자아의 필연적 전제된 것이 선험적 응시자를 확립할 가능성을 위한 세계를 구성하는 삶의 전제된 것 속에 그 대립적 역할을 갖는다.

상호 간에 스스로를 전제하는 상호관련성이 무엇을 의미하는지 하는 것은 소급적 현상학에 관련된 선험적 현상학의 특수한 문제제기를 특별히 형성한다.

그러나 이러한 지적은 **구축적** 현상학과의 관련 속에 선험적 방법론이 반드시 제기했을 문제제기를 계획하기 위해 부각시키는 것으로서만 우리에게 이바지할 것이다. 하지만 우리는 구축적 현상학 자체에 관한 어떠한 개념도 아직 없다. '환원적으로 주어진 것'이라는 개념을 암시적으로 규정하는 것은, 구축적 현상학에 관한 대략적 표상으로 밀고 나갈 수 있는 실마리로서 지금 우리에게 입증된다. 구축적 현상학은 선험적 삶에 반성적으로 주어진 것을 넘어서는 모든 문제 설정의 총괄일 뿐이다. 그런데 그와 같은 문제제기를 도대체 생각할 수 있는가? 현상학적 환원 속에 세계를 구성하는 완전한 범위로 우리에게 '주어진' 선험적 주관성을 넘어서 묻는 것은, 여전히 진술할 만한 의미가 있는가? 구축적 현상학의 **토대**를 세우는 것은 소급적 현상학의 지평 속에서는 원칙적으로 더 이상 해결될 수 없는 문제들에 관한 구상으로 이끄는 동기부여를 형성함으로써 일어난다. 이 동기부여는 여전히 소급적 현상학 안에서, 게다가 완전히 서로 다른 '장소'에서, 그때그때 서로 다른 방식으로 생긴다. 왜냐하면 이것은 소급적 현상학의 '핵심적 범례'(exempla crucis)이기 때문이다. 그 서로 다름에 따라 이것은 〈우선?〉 어떠한 주제적-내용적 주제제기도 형성하지 않는다. 이러한 근거에서 우리는 실로 처음에 구축적 현상학을 단지 〈우선〉 방법의 개념으로 불렀고, 주제적 영역을 경우에 따라 내세움으로써 그 특성을 여기서는 불가능한 것으로 거부했다.

문제가 되는 동기부여를 개별적으로 형성하고 〈구체적으로〉 제시하는 것은 우리가 소급적 현상학을 관통하지 않고 그 한계와 극복하지 못한 문제의 존립요소를 경험하기 이전에는 다시 가능하지 않다. 구축적 분석론을 가능하게 이해하는 작업수행을 끝까지 추진해갈 때, 비로소 우리는 한계문제를 적당한 형식으로 제기할 가능성을 마음대로 처리하게 된다.

따라서 우리는 구축적 현상학의 예비개념을 단념하지 말아야만 하며, 환원해 주어진 것을 넘어서 놓여 있는 선험적 문제제기로서 구축적 현상학의 완전히 공허하고 일반적인 지적 이상을 기대할 수 없는가? 구축적 현상학을 구체적 연구에서 끝까지 이끌어가기 전에는 확실히 그렇지 않다. 하지만 우리의 공허하고 모호한 지적 속에, 어쨌든 구축적 현상학의 복합된 문제에 대한 일정한 지시가 이미 포함되어 있다.

우리는 환원해 주어진 선험적 삶, 소급적 현상학의 주제가 경과되고 진행 중인 세계를 구성하는 것의 선험적 상황 속에 발견된다고 언급했다. 우선 제시할 수 있는 선험적 주관성의 역사성(Historizität)이 현실적으로 경과하는 구성의 역사성(Geschichtlichkeit)이면, 어쨌든 우리는 세계에 관한 편견에 아마 잘못 인도되어, 역사적으로 주어진 것으로 구성하는 이 삶의 '시작'과 '종말'에 관한 특정한 물음을 제기할 수 있을 것이다. 또한 결국 이러한 물음설정이 선험적으로 허용될 수 없는 것으로 증명되면, 어쨌든 그것이 때에 따라 허용될 수 없음을 증명하는 것도 원리적으로 소급적 현상학의 '외부에' 놓여 있는 문제차원 속에 움직이고 있음이 틀림없다. 이 문제의 주제적 논구에는 〈명백히〉 주어진 선험적 존립요소를 구성적으로 분석하는 양식을 갖는 것이 아니라, '구축하는'의 특성이 있다.

선험적 응시자는, 세계를 구성하는 한가운데 있는 자아와 결부된 인격적 결합 속에 독특한 '대립적' 방식으로 자아와 '동일하게', 원리적으로 자아에 '주어지지 않은' 시작에 관한 물음을 제기한다. 구성하는 삶의 주어진 역사성에서 그는 시간적 전체성, 즉 총체성에서 자신에게 주어지지 않은 선험적 존재의 총체성에 관해 묻는다. 동기부여는 '세계의 현상'에 특수한 내용, 예를 들어 여기서는 인간적 주관성의 세속적 시간의 전체성을 고려함으로써 그와 같은 물음설정을 받아들인다.

현상학적 환원을 통해 인간의 '내재성'이 선험적으로 실존하는 체험의 흐름으로 환원되면, 이러한 환원에는 우리가 이제 순수하게 그 선험적 시간성 속에 구성적으로 분석하는 그 흐름의 전체 구조에 관한 모든 세계의 표상을 명백히 배제하고 괄호치는 것이 놓여 있다. 즉 우리는 흐르는 삶의 시간의 통일성에서 이 삶 속에 함축된 구성하는 시간화의 작업수행의 과정으로 되돌아가 묻는다. 이렇게 함으로써 또한 우리는 '현상' 속에 놓여 있는 심리적-내재적 시간에 관해, 이 시간을 구성하는 의미부여의 원천에서 **최종적으로-구성된 시간**으로서 파악할 수 있는 한, 생각할 수 있는 가장 근원적이고 가장 철저한 이해를 획득한다. 이제 괄호 쳐진 인간의 내재성의 시간성과 선험적 〈자아론적〉 체험의 흐름의 시간성이 '동일하게' 흐르는 시간성이고, 단지 어떤 때는 초월하는 세계화하는 통각들로 포괄되고, 다른 때는 환원을 통해 이 세속적 파악들에서 해방되는 한, 이 두 시간성의 독특한 종류의 '합치'가 결과로 생긴다.[35]

그러나 지금 결정적인 물음은, 도대체 이 '합치'가 어느 정도까지 도달하는지, 순수한 체험의 흐름이 '현상' 속에 놓여 있는 인간의 내재성의 시간에 관통해 선험적으로 상응하는지, 게다가 무엇보다 인간 삶의 시간의 전체 구조에 상응하는지 이다. 인간의 시간이 세계 속에 탄생하면서 시작하고 죽음으로 끝나는 것처럼, 세계를 구성하는 것의 〈그에 상응하는〉 선험적 시간은 세속적 탄생에 상응하는 '시작'을 가지며, 세계의 죽음에 상응하는 선험적 '종말'을 갖는가? 또는 '탄생'과 '죽음'은, 단지 환원적으로 주어진 선험적 삶 속에 구성되는 의미의 존립요소인가? 인간의 시작은 자기 자신을 인간으로 세계화하고, 자신의 고유한 세계의 출발을 구성하는 것이 틀림없는 이미 존재하는 선험적 실존을 전제하는가? 그리고 마찬가지로 세계 속에서의 죽음, 인간으로서 더 이상 존재하지 않는 것은 '죽음'을 세계의 자기 객관화에서 '자신을-철회하는 것' 속에 구성하는 실존하는 선험적 주관성을 전제하는가?

이렇게 조야한 양자택일은 당연히 문제를 적절하게 정식화한 것이 아니다. 실로 우리는 어떠한 의미에서도 여기에 성립하는 가능성인 '이것이냐 저것이냐'(Entweder-Oder)에 관해 여전히 마음대로 처리하지 못한다. 그렇지만 이 경우 어쨌든 우리가 세계에 대해 주어진 '현상'인 탄생과 죽음으로 지시된 선험적 문제를 소급적 현상학에서 실행된 진행절차와는 근본적으로 다른 방식으로 착수해야 한다는 사실은 어느 정도까지 판명하게 되었다. 또한 우리는 소급적 현

---

35) 〈난외주〉 이전을 참조할 것! 존재 타당성은 괄호 쳐져 있고, '그러한 한' 타당성에서 '해방되었다.' 그러나 세계를 시간화하는 통각들이 발견되었고, 주제적이 되었으며, 그래서 구체적 상관관계가 분명해졌다.

상학에서 단적으로 현존하는 것의 의미에서 구성하는 삶을 부여하지 않았다. 왜냐하면 구성으로 지향적으로 **되돌아가 묻는** 방법을 통해서만, 비로소 구성하는 의미부여의 과정이 드러나기 때문이다. 하지만 이 의미부여의 과정은 어쨌든 주어진 선험적 세계에 대한 경험과 세계를 소유하는 가운데 〈지향적으로〉 함축되었고, 단지 분석적으로 '끄집어낼' 뿐이다. 이에 반해 여기서 우리는 구성하는 심층으로 소급하는 것이 시작할 수 있는 탄생과 죽음이 주어진 것도, 구성하는 삶 자체가 함축적으로 주어진 것도 갖고 있지 않다. 현상학을 하면, 우리는 진행 중인 세계의 구성에 언제나 이미 〈직관적으로〉 관련된다. 그러나 시작하거나 곧 중단하는 세계의 구성에는 결코 직관적으로 관련되지 않는다.

세속적 표상들로 다시 옮겨보면, 우리는 우리가 이미 태어나고 아직 죽지 않은 한에서만, 주관성 즉 우리 자신을 주제로 삼는다. 인간 현존재의 중대한 실재성인 탄생과 죽음이 그 자체로 선험적 실제성을 지시하는지가 비록 문제가 된다 하더라도, 어쨌든 그와 같은 세속적 의미의 존립요소를 선험적으로 기초에 놓는 구성의 의미부여는 실로 환원을 통해 주어지고 직관적 분석의 주제로서 가능해지며 경과하는 세계를 구성하는 것이 존재와 연관 속에 직접 제시될 수 있는 것이 아니라, 일반적으로 어떤 이해를 획득하기 위해 우리가 **'구축해야'** 한다는 사실이 명백하다. 자명하게 그와 같은 구축은 다소간에 착상이 풍부한 자의적인 상상이 아니라, 주어진 발생적 과정, 즉 입증할 수 있는 — 그 속에서 어떤 소유 등이 구축되는 — 시간화의 선행하는 세밀한 연구에서 전적으로 그 인식의 권위를 길어낼 수 있고, 그런 다음 주어지고 입증할 수 있는 모든 '발전'과 발생적 경과의 공통적 전제 — 즉 자기 시간화(Selbstzeitigung)가 이미 진행 중인, 그 속에 모든 경과와 발생이 발원하고 중지하는 보편적 지평인 선험적 시간——를 적절하게 그리고 동기가 부여된 방식으로 '구축적으로' 추상화할 수 있다. 시간 속의 시작과 종말의 선험적 사건을 통달한 분석적 이해만 선험적 시간의 시작과 종말에 관한 물음을 구축적으로 구상하는 것에 방법적 확실성과 실질적 통찰을 부여해준다.

그러나 '구축할 수' 있는 발생에 관한 선험적 물음은 오직 탄생과 죽음의 세계적 사실을 통해서만 제기되는 것이 아니라, 곧 유아시절이 우리의 기억의 도달범위 저편에 놓여 있는 한, 유아 발달의 세계적 현상——즉 '공간표상·시간표상의 기원' 등의 명칭으로 심리학 속에 물론 원리적으로 자연적 태도의 불충분한 수준에서 제기된 모든 물음——을 통해서도 제기된다.[36] 이 모든 물음의 선험적 답변은 직관적으로 다룰 수 없고, 즉 그 답변은 태고의 구축된 과정들을 실제로 현재 또는 기억에 의한 스스로 주어진 것으로 이끌 수 없고, 단지 '구축할' 뿐이다.

하지만 자아론적 전체성에 관한 물음 이외에 상호주관적 모나드의 공동체의 전체 형식, 무엇보다 〈상호주관성에 관련된〉 모나드적 역사(Historie)의 총체성 형식에 관계하는 모든 문제도 구축적 현상학의 과제로 등장한다.

그리고 또한 구축적 현상학은 총체성의 문제들을 통해서만 규정되는 것이 아니라, 오히려 소급적 현상학의 완전히 다른 문제영역에서 시작하며 더구나 그때그때 문제상황에 입각해서만 이해할 수 있는 '구축하는 것'의 특수한 양식 속에 그때그때 시작한다. 따라서 구축적 현상학은 내적으로 다양한 방법, 즉 그것의 충분한 예비개념을 구상하는 것을 전적으로 불가능하게 만드는 많은 이질적인 문제의 복

---

36) 〈난외주〉 그 밖에 진정한 지향적 심리학이 없이, 결코 단순한 심리학적 물음으로 답변이 이뤄질 수는 없다.

합을 지시한다.

주해. '선험적 변증론'인 구축적 현상학의 특성은 원리적으로 서로 다른데도, 칸트의 개념을 상기시키면서 다음과 같은 점을 공유한다.

1. 양자는 원리적으로 주어지지 않은 전체성의 구조에 관해 묻는다. 즉 구축적 현상학은 선험적 주관성의 총체성에 관해 묻고, 칸트는 '나타남'(Erscheinung)의 총체성(우주론적 이율배반)에 관해 묻는다.

2. 양자는 신앙의 형이상학이라는 독단주의를 극복하는 방식으로 '불사'不死의 물음에 관해 문제 삼는다. 즉 구축적 현상학은 선험적 주체가 세계화된 자기 객관화(Selbstobjektivation)와 더불어 선험적 주체의 실존의 합치에 관한 물음(따라서 선험성 일반의 영역에서 원리적으로 삶의 종말이 가능한지의 문제)을 문제 삼으며, 칸트는 '순수이성의 오류추리들'[37]을 문제 삼는다.

3. 양자는 이해하는 원리의 원칙적 구별을 '선험적 분석론'에 대립시킨다. 즉 구축적 현상학에서 이해하는 것은 '직관적'일 뿐만

---

37) 칸트에 의하면, 순수이성이 추구하는 영혼·세계·신, 이 세 가지 이념은 인간이 인식(경험)할 수 있는 한계를 벗어난 잘못된 판단으로 선험적 변증론은 그 '선험적 가상(Schein)'을 드러내 밝히는 논리로, 영혼에 관해서는 오류추리(Paralogismus), 세계에 관해서는 이율배반(Antinomie), 신에 관해서는 이상(Ideal)에서 다루어진다.

오류추리는 '나는 생각한다'(Ich denke)에서 출발해 사유하는 자아(영혼)의 존재를 상정하고 이것에 실체성·비물질적 단순성·동일한 인격성·불사의 관념성 등 규정을 부여한다. 그러나 모든 판단의 주어인 순수통각('나는 생각한다')은 모든 사고가 존립하는 지반으로 인식의 보편적 조건, 인식을 돕고 발견하는 기능을 지닌 개념이자 원리인 이념이지, 결코 직관과 관계를 맺는 실체적 영혼이 아니다.

아니라 '구축적'이다. 하지만 칸트에서는 더 이상 '구축적' 용법이 아니고, 단지 '규제적' 용법이다.

이들의 '공통성'은 단지 외면적인 유비이지만 실질적 친족관계, 즉 두 가지 경우에서 '주어진 것'과 '주어지지 않은 것'의 관계에 대한 근본적 물음이 문제가 된다는 점이 성립한다.

우리가 이제 〈적어도〉 선험적 **방법론**의 가장 일반적인 문제제기가 곧 구축적 현상학에 관련되는 한 그 문제제기에 조준을 맞추려고 하면, 그 속에서 **기능하는 현상학**을 하는 것의 특수한 방식에 따라 물음을 제기하면, 이것은 구축적 현상학의 이념을 상대적으로 파악할 수 없기 때문에 극도로 일반적으로 간주된 지시 속에서만 일어날 수 있다.

또한 여기서는 형식적으로 보면, 소급적 현상학을 고려하는 방법론과 유사한 방식으로, 즉 현상학을 하는 자아가 자신의 주제에서 거기에 존재하는 것(Dabeisein)의 의미에 관한 물음으로 근본적 문제가 서술된다. '구축'을 통해 드러나게 된 선험적 사태가 주어진 것 〈명백히 제시된 것, 드러나 밝혀진 목적〉은 현상학을 하는 자아에 대해 무엇을 의미하는가? 명백히 여기서 현상학을 하는 것과 그 주제의 관계는—물론 그 내적 본성상 매우 문제점이 있는—주어진 것의 관계가 문제 되는 소급적 현상학의 경우와는 원칙적으로 다르다. 구축적 현상학에서 우리는 이론적으로 경험하는 것을 발견하는데, 이것은 세계의('수용적') 경험 개념의 실마리에서도 '생산적' 구성의 실마리에서도 파악될 수 없다. 하지만 문제는 곧 주어진 것의 관계와 이와 상관적으로 현상학을 하는 자아가 이 주어진 것에 대해 전제되어 있다는 의미를 선험적으로 해석하는 데 성립한다.

이제 우리가 '구축적' 현상학의 경우와 마찬가지로 주제가 현상학을 하는 것에 대해 '주어진 것'의 문제를 논의하면, 이와 함께 주어진 것의 개념은 극단적으로 형식화되고, 그런 다음에야 '주제적' 관계를 표시한다. 역설적으로 정식화하면, 주제가 현상학을 하는 것에 대해 주어진 것은 구축적 현상학의 경우 주어지지 않은 것이다. 왜냐하면 이론화하는 자아가 거기에 존재하는 것은 본래 거기에 존재하지 않는 것이기 때문이다. 달리 말하면 현상학적 응시자는 단지 '구축적'으로만 접근할 수 있는 선험적 삶과 함께 〈직관적–원본적으로〉입증할 수 있고, 주어진 '동일성의 합치'(Identitätsdeckung) 속에 있지 않다. 또 현실적인 선험적 실존의 이론의 여지가 없는 존재의 우위(Seinsvorzug)에 대립해 자신의 주제를 갖는다.

이에 반해 소급적 현상학의 경우에는 자신의 대상에 대립해 현상학을 하는 그러한 특징이 발생하지 않는다. 이론적 상관관계의 '객체'와 같이 '주체' 양자는 현실적 실제성의 하나의 동일한 선험적 존재의 위계(Seinsdignität)에 있다. 이것은 최종적으로 현상학을 하는 자아가 곧 세계를 구성하는 삶 자체에서 내던져진 선험적 자기 성찰의 대표자——이 속에서 구성하는 삶이 '자신에 대해 형성되는 것'(Für-sich-Werden)이 가능해진다——일 뿐이라는 사실에 근거한다.

반면 구축적으로 해명할 수 있는 선험적 존재는 자기 자신에서 확립된 어떠한 '응시자'도 원리적으로 갖지 않는다. 주어지지 않은 선험적 삶은 주어진 선험적 삶의 응시자 속에서만 '일깨워질 수' 있다. 이러한 상태는 구축적 현상학의 주제적 존립요소들과 사태들에 대해 현상학을 하는 자아가 여기에 당면하는 '전제'의 전체 의미를 규정한다. 환원을 통해 선험적 현실성 속에 주어진 세계를 구성하는 삶이 여기서부터 원본으로 확립된 현상학을 하는 자아가 구축적으로 구상함으로써 원리적이고 환원적으로 입증되는 것을 넘어서 놓여 있는 선험적 존재의 연관 속에서도 태도를 취하고, 또한 그 삶 자체가 가령 선험적 삶의 개방된 역사 속에 놓여 있는 하나의 에피소드로 상대화되면, 어쨌든 모든 본래의 선험적 실제성은 환원적으로 주어진 선험적 존재의 영역에 놓여 있다.

그리고 구축적 현상학 속에 현상학을 하는 응시자가 자신의 고유한 방식으로 실제적 현실성에 관여하고 그 대신 자신의 주제적 대상성에 관여하지 않는 한, 현상학을 하는 응시자의 존재는 특정한 관점에서 자신의 '구축된' 주제의 존재에 선행한다. 이 '선행하는 것'(Vorhergehen)의 상세한 의미를 규정하는 것은 구축적 현상학에 관련된 선험적 방법론의 근본적 주제제기를 형성한다. 이와 함께 어떠한 어려움이 나타나는지, 외견상 전적으로 역설적으로 얽혀 있는 어떠한 관계가 드러나는지, 어떠한 '변증법적' 정식화가 여기서 필연적인지―이 모든 점에 관해 우리는 전혀 예상해볼 수 없다. 다만 다음과 같은 근본적 문제를 확정할 뿐이다. 즉 현실적 (주어진) 선험적 실존의 존재의 우위가 특징지은 '구축적으로' 현상학을 하는 것이 자신의 동일한 존재의 우위에 관여하지 않은 대상과의 내적 관련의 의미에 관한 물음이다. 이 문제가 되는 관련의 의미를 현상학적으로 해석한 다음에야 비로소―이러한 관련의 의미를 통해 모든 것이 규정되는―구성하는 현상학을 하는 것의 그때그때 서로 다른 방식이 주제적으로 된다. 따라서 선험적 방법론의 근본과제가 그 특수한 문제에서 '구축적 현상학' 속에 기능하는 현상학을 하는 것을 주제화함으로써 성과를 지니고 착수된다.

8 이론적 경험작용인 현상학을 함

현상학의 현상학으로서 선험적 방법론의 이념에 대한 구상은 선험적 원리론을 구분해 규정된 현상학을 하는 방식들에 그것이 관련된 것을 통해, 그와 같은 방법론에 그때그때 제기된 근본적 물음을 예시함으로써 어느 정도 최초의 그리고 잠정적으로 규정된 것을 경험했다. 일반적으로, 즉 그때그때 특수한 기능의 양상을 추상화하는 가운데 현상학을 하는 것에 관련된 선험적 방법론의 기초적 물음의 윤곽을 드러내는 것이 지금은 아직 이루어지지 않았다. 이 경우 무엇보다 우리는 모든 다른 대부분의 물음에 대해 전제가 되는 원칙적 물음, 즉 도대체 어떤 의미에서 현상학을 하는 것, 현상학적 인식의 작업수행이 근본적으로 일어나는 것이 이론적 경험작용으로 언급될 수 있는지 하는 물음에 주목한다.

어쨌든 환원을 지시하는 묘사에서 우리는 확립된 선험적 반성의 자아(Reflexionsich)가 이론적 태도 속에 있으며, 이론적 습득성 속에 자신의 인식대상에 관련되는 등의 사실, 더 나아가 선험적 삶의 인식작용의 목표설정은 다소간에 우연적인, 그 어떤 개인적 관심의 결과로 생긴 기회원인적인(okkasionell) 것이 아니라, 철저히 '학문적인 것', 즉 방법적으로 확실해진 궁극적이며 체계적인 인식을 목표로 삼는 것이라는 사실에 관해 논의했다. 지금 문제는 어떤 의미에서 그와 같은 특성이 도대체 허용될 수 있는지, 아무튼 우선 자연적 태도 속에 생긴 개념인 학문의 개념은 '이론적인 것'의 개념과 마찬가지로, 어떻게 선험적으로 파악되어야만 하는지 이다.

현상학이라는 학문의 가능성과 본래 의미를 해명하는 것은 이 '학문'을 구축하는 '이론적 경험'에 관한 물음에서 시작한다. 여기서는 도대체 어느 정도까지 문제가 성립하는가? 도대체 현상학을 하는 것(선험적 철저함으로 이끄는 철학을 하는 것)이 '이론적' 인식, 즉 이론적 경험과 이 경험에서 발원하는 획득물의 이성에 적합하게 체계화하는 것이라는 사실은 자명하지 않은가? 현상학을 하는 활동성을 인식과정을 실재화한 것으로 형식적이며 공허하게 특징짓는 것은 완전히 논란의 여지가 없는 것으로 남아 있다. 그러나 곧 이 인식과정의 특정한 방식, 그 내적인 특수한 본성, 실로 그 가능한 시작은 우리를 안심시키지 못하는 문제를 형성한다.

자연적 태도의 지평 속에 '이론적인 것'과 이론화하는 인간의 활동성이라는 개념은 우리에게 친숙하고 익히 알려져 있다. 우리는 여기서 이 점에 대해 상세하게 파고들어갈 필요는 없다. 단지 그 점에서 현상학을 하는 이론화하는 것의 문제를 진술할 수 있기 위해 세속적인 이론적 인식에 몇 가지 구조와 전제를 부각시키고자 한다. 아는 것과 의식작용의 세계의 이념과 그것을 가능하게 시작할 수 있는 제약성에는 단지 외견상으로는 인식작용 일반의 형식적 이념에 속하지만, 실제로는 곧 이론화하는 것이 '세계를 구비한 것'(Welthaftigkeit)을 형성하는 특정한 실질적 계기들이 포함된다는 사실은 도대체 생각할 수 없는가? 즉 우리는 자연적 태도의 토대에서는 불가능한 것과 같은 철저한 방식으로 결국 최초로 이론적 경험의 개념을 정식화해야만 하지 않는가? 그러나 더 정확하게 조사해보면, 이 경우에 문제가 되는 것은 '정식화하는 것'이 아니라, 세계의 형식이념과 선험적 형식이념을 유비화하는 것이다(세속적인 것과 선험적인 것의 유비의 '논리적' 문제는 거대한 선험적-논리적 분과를 포함한다!).[38]

현상학적으로 이론화하는 시작에 대한 고려는 이미 우리를 당혹하게 만들었다. 현상학적 '이론적 경험작용'이 시작할 수 있다는 사실은 도대체 어떻게 가능한가? 이러한 물음은 현상학적 환원 속에 그리고 현상학적 환원을 통해 실질적인 현상학적 인식의 가능성에 토대를 놓는 것이 아니라, 오히려 현상학을 하는 것이 환원에서 —제

---

38) 〈난외주〉 세속적인, 자연적 논리학의 '유비'에서 선험적인 것의 논리학의 문제는 이 두 논리학의 초(超)-형식적 공통성에 관해 묻는 초-형식적 논리학에 관한 물음과 같은 질문이다.

우스의 머리에서 완전히 무장된 여신 아테나 팔라스[39]와 같이 ─ 완성된 능력으로 생기는 한, 현상학을 하는 것이 시작되는 양상을 겨냥한다.

자연적 태도에서 우리는 성장한 인간으로 이론적 인식의 실천(Erkenntnispraxis)의 발단 속에 등장할 가능성을 끊임없이 갖는다. 왜냐하면 이것은 우리에게 잠재적으로 언제나 미리 주어지기 때문이다. 우리는 형성되고 발전된 이성, 가장 기본적인 범주적 통찰·논리·개념들과 언어를 마음대로 처리한다. 이론화하는 각각의 활동성은 이론화할 수 있는 능력이 습득적으로 미리 주어진 것과 건립된 것을 전제한다. 이 능력 자체가 형성되고 발생적으로 발전하는 것은 현실화된 이론 속에 비로소 일어나는 것이 아니라, 각각의 이론적 행위에 미리 놓여 있는 일상적 삶의 실천 속에 일어난다. 이론적 실천, 즉 오직 인식에 태도를 취하는 실천은 1차적으로 이론적 목표설정에 지배된 이 세계 속의 삶의 ─ 비록 그것이 주기적으로 활성화되는 것을 관통하고 있더라도 ─ 원리적으로 일시적인 양상이다.

선험적 이론을 가능하게 하는 습득성을 형성할 수 있던 이론-이전의 선험적 경험이 현상학을 하는 이론적 경험이 시작하는 데 미리 놓여 있지 않다.[40] 오히려 현상학적 응시자의 이론적 경험은 이미 주어

---

39) 그리스 신화에서 아테나 팔라스(Athena Pallas)는 완전히 성장한 채 갑옷과 투구로 무장하고 제우스(Zeus)의 머리에서 태어났다. 제우스는 그녀에게 괴물 고르곤(Gorgon)의 머리그림이 그려진 방패 아이기스(Aegis)와 파괴적 무기인 천둥과 번개를 나르는 임무를 부여했다. '잿빛 눈' '섬광 같은 눈'이라는 표현은 그녀를 묘사하는 말이다. 이처럼 그녀는 전쟁의 신일 뿐만 아니라, 말을 길들일 수 있는 고삐를 발명하는 등 공예와 농업을 수호하는 신이다. 따라서 그녀는 '지혜·이성·순결'의 상징이며, 아테네는 그녀의 도시, 올리브는 그녀의 신목(神木), 부엉이는 그녀의 신조(神鳥)이다. 로마 신화에서 그녀의 명칭은 미네르바(Minerva)이다.

40) 〈난외주〉 이것은 자연적 태도의 이론에 대해 이전에 말할 수 있었던 것이다.

진 습득화된 이론적 능력과 더불어 시작한다.[41] 이러한 점에 이제 중심적 문제가 포함되어 있다. 우리가 실제로 극도의 철저함에서 현상학적 판단중지를 하면, 세속적으로 발전하는 과정에서 획득된 이론화할 수 있는 성향, 즉 세계에서 성장된 이성·논리학·개념성과 언어도 이와 함께 반드시 함축적으로 괄호 쳐진다. 또는 그와 같은 엄격주의(Rigorismus)는 현상학적 환원을 실행하는 가운데 도대체 가능하지 않은 것인가? 우리는 일반적으로 유의미한 우리의 모험, 즉 선험적 주관성의 이론적 인식을 진행시킬 수 있기 위해 일정한 타당성의 통일들(예를 들어 형식논리학의 법칙들)을 깨어지지 않은 타당성 속에 내버려두어야만 하지 않은가?

이러한 딜레마에서 벗어날 수 있는 길은 사람들이 다음과 같이 말하는 경향이 있는 것으로 보인다. 즉 이론적 능력을 환원 이후에도 결실을 보기 위해 판단중지를 그 어떤 완화된 엄격함에서 실행할 필요는 결코 없다는 것이다. 왜냐하면 이론적 능력은 실로 우리에게—판단중지의 극도의 엄밀함(Strenge)에도—선험적으로 유지되어 남아있고, 마찬가지로 인간의 내재성 전체, 그 습득적으로-침전된 존립요소들—단지 곧 인간의 통각에서 해방된—을 지닌 현실적 체험의 흐름이 우리에게 유지되고 최초의 선험적 존재로 주어지기 때문이다.

그러면 인간의 통각에서 순수해진 선험적 이성은 오직 인간의 이성에서 형성되지 않는가? 그리고 우리는 선험적 삶의 자기 해석 속에 이 선험적 이성을 완전히 자명하게 활동시키면 안 되는가?

〈그러는 동안〉 그래서 확실히 현상학적 환원을 통한 인간의 이론적 능력도 가장 깊은 근거에서 선험적 자아의 선험적 능력

---

41) 〈난외주〉 그러나 물론 어쨌든 그 어떤 방식으로 선험적 이성의 능력으로 전환된 자연적 이론의 능력이다.

(Vermögen)과 습득성으로 드러나고, 그런데도 선험적 주관성을 해석하는 데 그것이 즉시 열매를 맺을 필요는 없다. 이것은 선험적 방법론의 문제제기 전체를 지배하는 현상학을 하는 응시자의 '다른 종류의 것'에 자신의 근거를 갖는다. 선험적 이성과 선험적 논리학 그리고 자아의 이론적이고 습득적인 모든 성향은 실로 최종적으로는 환원된 세계의-인간의 이성, 세계의 논리학 등일 뿐이다. 현상학적 환원을 통해 이 이론적 능력은 그 자체로 선험적으로 실존하는 것으로 입증되지만, 세계를 경험하고 궁극적으로는 세계를 구성하는 삶의 존재 연관에 속한다. 세계를 구성하는 자아 그 자체는 이론적 경험을 가능하게 만드는 습득성 속에 있다. 그러나 어쨌든 ──선험적 존재의 대립을 통해 구성하는 자아에서 분리된── 현상학을 하는 자아는 아니다. 〔그렇다면〕 이 자아는 가령 최초로 자신의 선험적 이성, 즉 자신의 이론적 능력을 형성하는가? 명백히 그렇지 않다. 우리는 아무튼 환원을 한 이후에 직접 선험적 삶을 해석하기 시작한다. 이렇게 함으로써 우리는 독특한 종류의 문제에 직면하게 된다.

여기서 문제는 현상학을 하는 자아와 구성하는 자아의 선험적-대립적 '동일성'의 특정한 양상에 관한 물음이다. 〔그리고〕 이 양상은 확립된 현상학적 응시자를 통해 구성하는 자아의 이론적 성향을 이어받는 가운데 알려진다. 이 이어받는 것은 성향을 단순히 전유하는 것이 아니라, 곧 이 성향과 습득성을 독특하고 주목할 만하게 변경하는 것을 서술한다고 지시하는 것이 선험적 방법론의 중대하고도 포괄적인 〈중요한〉 특수과제일 것이다. 그런 다음에야 '선험적 이성' '선험적 논리학'이라는 표현 속에 놓여 있는, 첫 번째는 선험적으로-환원된 인간의 이성과 환원된 세계의 논리학 그리고 두 번째는 현상학을 하는 응시자의 이성과 논리학을 표시하는 양의성(兩意性)이 극복될 것이다.

현상학적으로 반성하는 자아의 '이론적 경험'이 가능한 시작은 이미 일련의 문제를 제시해 이론화하는 것이 자신의 '대상'과 관련된 의미에 관한 물음 속에 문제제기가 정점을 이룬다. 우리는 이러한 물음을 이미 현상학을 하는 것이 소급적 현상학과 구축적 현상학에서 그때그때 자신의 주제에 대해 갖는 관련의 특수한 문제로 지적했다. 그러나 지금 우리는 그 문제를 철저한 보편성에서 파악한다.

이론적 경험 〈이론적 명증성, 자기 부여〉이라는 개념은 우선 우리에게 자연적 태도 속에 주어진다. 이 개념 아래 우리는 주제적 영역이 범주적 규정·술어적 해석 등의 활동과 일치해 우리에게 명증적으로 주어지는 연관을 지닌 지각들의 전체, 원본의 직관들 전체를 이해한다. 현상학적 환원 이후에 우리는 이론적 경험 자체가 세계를 구성하는 근본적 형식이라는 점, 논리화하는 조직 속에 특정한 대상적 의미의 통일체가 구성된다는 점을 인식한다. 실로 문제는 현상학을 하는 자아의 인식의 실천(Erkenntnispraxis)을 표시하는 '이론적 경험'에 관한 그 개념을 획득하기 위해 이론화하는 것의 전체 의미가 이미 근본적으로 규정되고 처음으로 제거되어야만 하는 내용적 전제들이 이론적 경험의 자연적 개념 속에 그런 다음에는 선험적으로 해석된 개념 속에 곧바로 박혀 있는지 하는 점이다.

모든 자연적 인식작용은 존재자에 관한 인식작용이며, 모든 경험은 존재자에 관한 경험이다. 존재와 인식, 이 둘은 인식관계의 불가분한 두 구성요소이다. 각각의 인식은, 인식이 스스로를 존재자 자체에서 다루고 존재자와 '일치하는' 한에서만, 자신의 진리를 갖는다. 원리적으로 인식의 대상은 오직 존재자일 뿐이다. 그리고 인식이 스스로를 자기 자신과 관련시키면, 그것은 인식 자체가 '존재하기' 때문에만 가능하다. 그때그때 '존재자'는 대상만이, 인식작용 자체만이 아니다. 그 관련은 존재하는 관련, 즉 '두 존재자 사이에서 존재 관계'이다. 그러므로 인식작용은 그 가장 내적인 의미상 단순히 외면적이거나 우연으로가 아니라, 항상 존재자에 관련된다. 이 관련은 인식작용과 이론적 경험의 개념 속에 마치 '분석적으로' 놓여 있다.

존재하는 주제의 개념을 분석적으로 포함하는 자연적 인식의 개념은 현상학적 환원을 통해 곧 존재를-구성하는 선험적 해석을 겪는다. 〔따라서〕 모든 구성하는 것(Konstituieren)은 존재자를 구성하는 것이며, 또한 이론적 작용 속에 기능하는 구성하는 것이다. 우리는 소급적 현상학에 관련된 선험적 방법론 속에 이미 세속적인 수용적 경험 개념과 선험적 구성의 실마리에서도 현상학을 하는 것을 파악하면 안 된다는 사실에서 생긴 독특한 상태에 직면했다. 결국 이것은 이제 현상학을 하는 응시자의 이론적 경험은 존재자에 관련된 어떠한 경험(또는 구성)도 서술하지 않는다는 사실 속에 자신의 근거를 갖는다. 이것이 경험작용의 의미를 완전히 지양하지 않으면, 우리는 도대체 존재자를 향하지 않은 인식의 관련을 극도로 희미하게나마 표상할 수 있는가? 현상학을 하는 인식작용은 결국 '무'(Nicht)와 관련된 것이 아닌가? 세계를 구성하는 것, 현상학을 하는 대상은 가령 무가 아닌가?

현상학을 하는 응시자의 '이론적 경험'이 지닌 본래 의미의 문제는, 그 주제의 존재 의미가 한번은 명확하게 해명되고 선험적 대상의 대상성에 관한 물음이 결정되어야 비로소 진전될 수 있다. 현상학적 응시자의 주제, 즉 세계의 구성이 (무비판적인 의미에서) 존재하는 것으로 표시되지 않는 한, 그만큼 우리는 존재의 소박한 대립된 개념, 즉 '무'라는 개념으로 그 주제를 특징지을 수 없다. 오히려 그것은 존재의 이념을 주제적으로 환원하는 것이 필요하다.

여기에 우리가 완전히 대략적이라도 한 번도 시사할 수 없었던 거대한 문제들이 놓여 있다. 현상학 전체는 이 요청된 존재의 이념을 환원함으로써 자신의 궁극적이고 원칙적인 각인을 겪는다.

존재의 이념은—선험적 원리론을 최초로 실행하는 데 요구되는—무규정성과 양의성을 더 이상 방치하지 않는다. 그것은 자연적 태도에서 존재자를 특징짓는 것과 세계를 구성하는 것 자체에 대해, 더 이상 이른바 '중립적' 의미에서 사용될 수는 없다. 우리는 '자연적 존재' 또는 '세계의 존재'의 대립된 개념으로 '선험적 존재'가, 가령 극도의 권위와 형이상학적 가치를 지닌 종류와 같이 일종의 존재 일반이 아니며, 원칙적으로 존재가 형식화된 이념에서 파악될 수 없다는 사실을 명확하게 해야 한다.

자연적인 의미, 즉 근원적인 의미에서 '존재하는 것'은 자연적 태도의 지평과 범위 속에 마주칠 수 있는 존재자, 즉 세계 속의 존재자이다. 자연적 태도의 세계에 사로잡힌 것은 우리에게 무엇보다 존재의 이념과 개념을 산출한다. 그런 다음 현상학적 환원을 하는 것이 우리를 자연적 태도의 제약성을 넘어 이끌며 결코 예상하지 않았던 세계를 구성하는 차원을 개시하면, 〈그래서〉 우리는 일반적으로 존재자의 전체성으로 이해한 것이 실은 새롭게 발견된 세계를 구성하는 가운데 한 층, 곧 구성된 최종산물의 층만 서술한다는 통찰도 획득한다. 그래서 아무튼 우리는 대부분 세속적 존재의 이념에 사로잡힌 것을 넘어서 도달하지는 않는다. 이 사로잡힌 것에 빠져들어 우리는 현상학적 환원을 통해 우리에게 '주어진' 것을 물론 형식화된 존재의 개념을 조명해, 즉 '선험적' 존재의 영역으로 해석한다. 이것은 우리가 무엇보다 선험적 존재를, 특히 아직도 극복되지 않은 자연적 존재의 개념을 은밀하게 이끌어감으로써 그 자체로 우리의 이론적으로-현상학을 하는 경험의 기체(Substrat)를 서술하는 존재자에 관한 하나의 독자적인 차원으로 파악하고자 하는 한, 비록 필연적이더라도 현상학적 소박함이다. 우리는 선험적 존재가 곧 환원을 통해 발견된 새로운 존재방식 — 바로 세속적 존재의 존재방식에 병행해 수립될 수 있

는──이라는 완전히 자명한 신념에 사로잡혀 있다.[42]

이 소박함은, 그것이 선험적 주관성을 우선 한 번 발견하고 최초로 잠정적으로 해석하는 데에만 문제 삼으면 위험하지 않다. 그러나 일단 구성적 분석론에 발을 들여놓고 모든 세속적 존재자가 원리적으로 구성의 결과라는 통찰에 빠져들면, 선험적 존재의 개념과 세속적 존재의 개념이 단순히 병존하는 것은 양립불가능하다는 것이 분명해진다. 〔따라서〕 존재의 이념 자체를 명백하게 환원하는 것은 필연적이다. 선험적 존재와 세속적 존재의 차이는 구성하는 존재자와 구성된 존재자의 구별과 같이 지금 더 이상 단순히 '내용적으로' 파악될 수 없고, 곧 그때그때 선험적 존재자와 세속적 존재자가 '존재하는' 방식의 원칙적 구별 속에 가장 깊이 놓여 있다. 세계 속의 다양한 방식의 존재자에 관해 유비의 통일(아리스토텔레스 참조)[43]을 서술하는 존재의 일반적 개념이 여기서 선험적 존재나 세속적 존재의 특수한 방식으로도 포함되지 않는다는 점은 매우 중요하다.

---

42) 〈난외주〉 자연적 존재자와 선험적 존재자를 비교하면서 비교하는 반성 속에 해석의 소박함과 우리가 현상학적으로 진술하고 이론화하면서 존재, 그렇게 존재함, 논리적인 것 일반에 관한 자연적 언어와 그 의미를 무엇보다 변화에 주목하지 않은 채 은밀하게 변화된 의미로 사용하는 소박함은 구별되어야 한다. '여기에' 문제가 있다. 이것은 세속적인 것(매우 다른 종류의 것)이 미리 주어진 것의 환원에 근거해 선험적인 것이 미리 주어진 것의 보편적 문제에 속한다. 그것은 경험, 사유 그리고 모든 활동성이 환원을 통해 '자신에서' 받아들인 내적 변화이다.

43) 아리스토텔레스는 『소피스트 논박』(De Sophisticis Elenchis)에서 귀납추리의 일종인 개별적 사례 상호 간의 유사한 관계를 추정하는 유비추리(Analogia)를 밝혔다. 이 유비는 유사한 점이 많을수록 그리고 유사한 점이 비교하는 대상들에서 본질적인 측면일수록 추리의 개연성은 높아진다. 그렇지 못한 경우 '경솔한 유비(추리)의 오류'가 발생한다. 따라서 이 '유비의 통일'은 비교하는 대상들의 종차(種差)보다 그것들을 포괄하는 상위의 류(類)에 초점을 맞추어 통일하는 것을 뜻한다.

어쨌든 우리는 유비적 관계의 실마리에서만 선험적 존재의 개념을 상세하게 규정해갈 수 있다. 현상학적 인식을 이론화하는 경험에서 우리는 (존재자가 근원적으로 세계 속에 〈이해된〉 존재자이고, 그 존재자의 선험적 권위가 구성의 결과인 한) 존재자로 태도를 취하지는 않지만, 존재자에 태도를 취하는 것과 유비적으로 선험적으로 세계를 구성하는 태도를 취한다. 세속적 존재와 선험적 존재의 '존재의 유비'(analogia entis)는 결코 '속성의 유비'(analogia attributionis)가 아니라, '명제의 유비'(analogia propositionalis)이다. 즉 이론적 경험이 일반적으로 존재자에 관련된 것처럼, 우리는 현상학을 하면서 유비적으로 '그 자체'로 존재하지 않는, 그러나 존재하지 않는 것도 아닌 세계를 구성하는 것과 관련된다. 모든 존재자가 ─ 현상학의 선험적 통찰에 따라 ─ 구성적으로 생성된 것일 뿐이라면, 구성하는 가운데 존재자의 생성 자체는 이미 존재하는 것이 아니다.[44]

그런데도 우리는 선험적 주관성을 마치 하나의 존재자인 것처럼 다루어야 한다. 〈외관상 추론하는 방식으로 위험하게〉 선험적 주관성을 존재의 이념의 유비적 실마리에서 주제로 삼지 않으면, 그것을 해명하고 해석할 어떠한 가능성도 없다.[45] 이것은 결국 우리가 자연적

---

44) 〈난외주〉 그러나 자명하게도 〔이것은〕 세계의 생성, 어떤 일어남인 존재자에 관한 양상이라는 의미에서 생성이 아니라, 다시 그에 관한 하나의 유비물이다.

45) 〈난외주〉 따라서 그것은 오해로 이끈다. 환원으로 이행함으로써 새로운 종류의 '동일화작용' '경험작용' '직관작용' '선취작용' '보편화작용' '이념화작용' '술어화작용' 등이 생긴다. 모든 언어적 의미를 지닌 전체 언어는 ─ 완전히 그 자체에서 또 가령 마치 그 속에서 '존재하는 것'과 존재의 양상, 주관적인 의식의 양상 등에 관한 옛 의미를 지닌 이 단어가 모두 자연적인 의미를 '이어받은 것'과 같은 것은 아니지만 ─ 새로운 의미를 유지한다. 처음에는 이러한 표면상 이어받는 것에 대한 '환원'이 필요하지 않다. 그러나 자연적 의미와 새로운 의미의 관계에 대한 반성과 단순한 유비를 드러내 부각시키는 데는 단순한 '형식적' 평행관계(단순한 존재의 유비 등)를 확정하고, 절대적

태도에서 출발하고 거기서 탈출해야만 선험적 주관성에 도달할 수 있다는 사실에 근거한다. 자연적 태도는 그 자체로 하나의 선험적 상황, 즉 존재의 이념과 존재의 개념의 근원적 상황이며 고향(故鄕)과 같은 상황이다. 이 속에 살면서 나는 '주체'로서 이미 최종적으로-구성된 통일체, 즉 세계 속의 인간이며, 원리적으로는 최종적으로-구성된 대상성만 경험한다. 무엇보다 '선행하는-존재'(Vor-Sein)의 다양한 구성의 층을 관통해 '존재자'의 통각으로 이끄는 발생적 구성의 과정은, 우리가 자연적으로 태도를 취하면, 항상 이미 종결된다. 우리는 '존재자'의 세계 한가운데 '존재하는' 우리를 발견한다.

우리가 곧 최종적으로-구성된 것의 이러한 특정한 상황에서만 구성적으로 생성되는 완전한 차원들로 한정을 해제하는 것, 즉 현상학적 환원을 할 수 있기 때문에, 새롭게 발견된 선험적 주관성을 해석하는 경우 존재의 개념 속에 속박된다. 그러나 우리는 단적인 존재의 개념을 포기함으로써 존재의 이념에 구속된 것을 벗어나지 못한다. 왜냐하면 우리는 그렇게 함으로써 선험적 주관성을 고려해 검증할 수 있는 해석들과 언표들을 만들 수 있는 궁극적 가능성만 상실할 것이기 때문이다. 〔그렇게 되면〕 우리는 치유할 수 없는 '신비주의'(Mystizismus)의 위험에 빠질 것이다. 존재 자체의 이념을 환원하고 새로운 존재의 개념을 형성함으로써만 존재의 이념에 사로잡힌 것에서 벗어난다. 따라서 '선험적 존재'는 단순히 세계를 초월해 구성하는 모나드 전체를 뜻할 필요가 없고, 1차적으로 어떻게 이 모나드 전체가 세계를 구성하는 데 발휘되는 자신의 삶 속에 '존재하는가' 하

논리학인 선험적 논리학으로 변경시키며, 새로운 존재개념의 구성 등을 명확하게 의식하게 만드는 것이 필요하다. 우리는 옛 존재개념 때문에 속박되어 있지 않지만, 명확하게 반성을 수행하지 못하는 한, 명석하지 못함, 즉 역설의 위험에 빠진다. 이에 관해서는 바로 앞의 〈난외주〉 참조.

는 독자적 방식을 지시해야 한다. 〈그러나 모나드적 존재는 여전히 궁극적 존재가 아니고, ‘구성된다.’〉 즉 그래서 모나드 전체가 곧바로 〈자연적〉 존재의 이념을 초월하는 방식으로 존재하는 것을 지시해야 한다.

선험적 존재의 개념 속에 은폐된 모호하고 이해하기 어려운 문제 제기는 현상학을 하는 응시자의 이론적 경험이 갖는 연관의 의미를 전적으로 결정한다. 선험적 존재에 관한 경험 〈과 술어적 규정〉으로서 현상학을 하는 것은 어떻게 규정될 수 있고, 규정되어야만 하는가? 이러한 물음은 현상학적으로 반성하는 자아의 이론적 경험의 삶이 지닌 수수께끼 같은 ‘생산적’ 특성을 겨냥한다.[46] 우리는 문제가 복잡하게 얽힌 경우, 결코 모호한 시사 이상을 줄 수 없다.

자연적 태도 속에 은폐된 세계를 구성하는 선험적 삶의 심층적 차원은 현상학적 환원을 통해 발견되고 접근할 수 있게 되었다. 우리는 선험적 주관성은 세계의 존재에서 떨어져서 분리된 독자적 존재를 갖지 않는다는 점, 선험적 주관성은 세계와의 필연적인 구성의 ‘관계’ 속에 있다는 점, 더 나아가 세계는 선험적 주관성의 삶의 과정을 **구성적으로** 확정하는 〈이념적!〉 차원을 형성한다는 점을 즉시 인식한다.[47] 자연적 태도는 세계의 존재자의 이러한 차원에 단지 개방되어 있으며, 〈그것 때문에〉 ─세계의 존재를 구성적으로 구축하는─ 세계를 지닌 의미에서 실존하지 않는 심층에 〈상관적으로〉 대립해 폐쇄된 〈보편적 주제제기를 형성함으로써 능동적 자아의, 따라서 세계를 모든 계획과 몰두하는 수단의 우주로 구상하는 것의〉 제약 속에

---

46) 〈난외주〉 현상학적 연구가 이미 실행되고 또는 진행 중인 다음에는, 그 이후에 오는 높은 단계의 필연적 반성이 중요하다.

47) 〈난외주〉 어쨌든 이러한 점은 아마 사람들이 사념적으로 세계의 존재자를 그때그때 ‘갖는’ 소박함을 고려함으로써 우려하는 것이다.

성립한다.[48]

이제 현상학을 하는 자아의 이론적 경험의 주제가 세계를 구성하는 것인 한, 현상학적 응시자는 인식으로 구성의 층을 구축하는 것—그것이 지닌 다른 모든 층 가운데 최상의 층(세계)은 자연적 의미에서만 유일하게 존재한다—에 관련된다. 그 밖의 구성의 구축 전체는 존재자에 관한 경험에 단지 유비화하는 경험의 방식 속에 주제가 될 수 있다. 현상학적 경험은 실로 존재자를 그 내용과 방식으로 인식하지 않고, '그 자체로' 존재하지 않은 것을 인식하며, 그것을 인식작용 속에 (선험적) '존재자'로 대상화한다. 왜냐하면 현상학적 경험은 구성하는 구축의 과정을 이 과정에 고유한 '선행하는 존재'의 상태에서 끄집어내며, 어떤 의미에서는 최초로 〈새로운 주제가 된 존재의 우주를 구성하면서(생산적으로)〉 객관화하기 때문이다.[49] 즉 현상학적 응시자의 이론적 경험은 선험적 주관성의 '선행해 존재하는' 삶의 경

48) 〈난외주〉 그러나 이것은 자연적 태도가 새로운 구성적 생산 속에 이와 상관적인 무한한 주제제기가 되지 않는 한, 존재에 적합하게 높은 단계의 우주로 구성된다.

49) 〈난외 주〉 환원의 시작에서 그러하다. 그러나 존재화하는 것이 진행되는 것처럼, 선험적 존재자에 관한 개방된 지평과 보편적 지평이 즉시 함께 생산되지는 않는다. 실마리인 세계의 현상은 자아—이것은 아직 존재자가 아니다—속에 세계를 구성하는 구성적 작업수행의 우주로 즉시 전환하는 것을 뜻한다. 하지만 생산은 새로운 선험적 우주 속에 최초의 '존재자', 그 모나드적 시간공동체 속의 모나드 전체, 이 속에서 주관적이며 경험적으로 구성된 모든 것을 창조한다. 하지만 이러한 점을 그 본질적 구조 속에 보편적으로 선험적 명증성에서 바꾸어 기술하는 것이 과제이다. 추가: 주제적 태도변경에는 '그 자체로' 잠재성인 '주제적 지평'이 '변화를 통해' 생긴다. 그러나 언제나 다시 모든 사람에 대해 경험할 수 있고, 이론적으로 규정할 수 있는 것이 '존재자'와 '생산적으로' 형성함으로써 선험적 존재자에 관한 우주인 선험적 우주—그 속에서 인간적 세계가 현상인 선험적인 것의 세계—가 구성된다. '존재자'는 세계 속에 있는 존재자로서의 의미, 또한 선험적 존재자만 갖는다.

과를 존재화(ontifizieren)하고, 이렇게 함으로써 어떤—세계에 미리 주어진 어떠한 방식으로도 생산성에 관해 비교할 수 없는—의미에서 '생산적'이다.

주해. 철학적 인식의 생산성은 여전히 자연적 태도 속에 사로잡혔던 철학자들이 이미 예상했다. 그래서 예를 들어 독일관념론에서 이미 인간의 인식과 신의 인식이라는 형이상학적 구별을 형성할 '원형의 지성'(intellctus archetypus)과 '모형의 지성'(intellectus ectypus)의 전통적 대립은, 실로 인간의 인식과 탈인간화(脫人間化)된 철학적 인식의 대립을 의미한다는 인식이 일깨웠다. '지성적 직관'(intellektuelle Anschauung)과 무엇보다 '사변적 인식'(spekulative Erkenntnis)(헤겔G.W.F. Hegel의 경우)의 개념은 현상학을 하는 '이론적 경험'의 생산성을 진정으로 예감한 것이다.

9 이념화하는 작용인 현상학을 함

선험적 방법론의 근본적 물음, 즉 현상학을 하는 응시자에 관한 물음은 현상학을 하는 것의 다양한 기능의 방식을 통해 제약되지만, 모든 것이 밀접하게 연관을 맺는 일련의 특수한 문제로 나누어진다. 현상학적 반성을 하는 자아의 이론적 경험은, 여전히 전적으로 문제점이 있는 근본적 특성이더라도, 심연을 통해 이론적 경험을 자연적 경험 개념과 또한 이론적 경험의 세계를 구비한 개념에서 분리하는 독자적인 근본적 성격을 갖는다. 각각의 이론적 경험이 그때그때 이론화하는 것의 근본적 특성을 통해 모든 것이 결정되고 논리화되는 자신의 구조적 계기를 가지면, 현상학을 하는 이론적 경험의 독특한 생산성도 우리가 현상학의 **형상적**(形相的) **방법**으로 줄곧 부르는 특수하게 논리화하는 것(Logifizierung)을 함께 규정한다고 예상할 수 있다. 현상학을 하는 응시자가 실행한 **이념화하는 것**(Ideieren)이 세계에 있는 학자가 이념화하는 것과 동일한 방법적 의미가 있는가? 세속적 형상학(Eidetik)과 현상학을 하는 형상학의 차이를 여전히 명백하게 파악할 수 없기 때문에, 혹시 우리는 형상적 처리절차를 선험적으로 해석해가는 경우, 세계에 관한 특정한 편견을 비밀리에 이어받는 것이 아닌가? 또한 여기서 선험적 방법론은 재검토하는 기능을 수행해야만 하지 않은가? 어쨌든 선험적 형상학이 세계의 형상학과 구별되어 파악되어야만 하는 문제가 성립한다.

우선 '선험적 형상학'이라는 표현으로 사념되는 것을 더 정밀하게 규정할 필요가 있다. 일단 이 표현으로 세계의 형상에 관련된 선험적 해명의 전체성, 따라서 세속적 아프리오리의 선험적 이론이 이해될 수 있다. 개체적 존재자, 즉 실재적 사물들의 전체성만 구성적으로 심문되고 해명되는 세계를 형성하는 것이 아니라, 형식적이거나 질료적인 본성(Natur)의 이념적 본질성(Wesenheit)의 영역들이 구성적으로 세계를 해석하는 대상을 이룬다. 그때그때의 본질 또는 본질이 연관된 통일성에서 우리는 존재하는 본질의 선험적 전제와 제약성을 구성적으로 되돌아가 묻는다. 그리고 우리가 문제가 되는 형상을 선험적 삶의 불변적 구조 속에 그 **구성적** 근원까지 소급해 추구할 수 있는 한, 되돌아가 물음으로써 이 형상의 유효범위를 궁극적으로 통찰할 가능성을 개시한다.

자연적 태도에서 우리가 마주치는 형상의 필증적 명증성은 구성적으로 되돌아가 물음으로써 ──본질의 무제약적 타당성을 합법화할 뿐만 아니라, 이 본질의 필연성에 대한 궁극적 근거〈와 배경〉, 즉 그 이유를 드러내 밝히는── 해명된다. 자연적으로 태도를 취한 인간이 아프리오리를 제시함에서 이것의 더 이상 질문할 수 없는 타당성 앞에 멈추면, 이 타당성은 현상학적 환원을 관통한 사람에 대해 더 철저하게 이해할 가능성의 새로운 차원을 획득한다. 즉 현상학적 환원에 관통한 사람은 주제적인 이념적 의미통일에서 선험적 지평의 구성에 의미를 부여하는 작업수행으로 환원한다.[50] 형상은 의미를 부여하는 삶의 거대한 연관 속에 자리 잡고 있다. 세속적 본질은 선험적 구성의 과정을 제시할 실마리가 되며, 형상적인 것의 선험적 이론을 위한 통로가 된다.

'선험적 형상학'이라는 명칭으로 이러한 점을 이해하면, 우리는 이와 함께 〈여전히〉 다른 의미, 즉 선험적 존재에 관한 형상학 ─ 세계의 구성에 대해 현상학을 하면서 해석하는 〈현상학을 하는 자아가 수행한〉 논리화하는 것 ─에 대결해야 한다. 선험적 주관성이 단지 사실적인 것으로서가 아니고, 무엇보다 자신의 본질가능성 속에 현상학적 응시자의 이론적 경험의 대상이 되면, 어쨌든 다음과 같은 물음이 즉시 생긴다. 즉 선험적 존재에 관해 형상을 우선 이념적 타당성의 통일에 단순히 관련된 소박함에서, 그와 같은 통일성 자체의 근거인 구성적 작업수행을 다루지 않고, 끄집어낼 수 있는가? 우리는 선험적 형상에서 주제적 본질로 곧바로 향한-태도와 이 본질을 선험적으로 구성하는 것에 대한 반성적 태도를 조금이라도 구별할 수 있는가?

우리는 첫째 선험적 형상학을 소박하게 (주제적으로) 실행해도 좋다. 〔그러면〕 선험적 형상의 의미부여 자체를 연구하는 것이 더 높은 단계의 구성의 문제제기만 뜻하는가? 이것은 이미 우리가 아는 것과 유사한 문제, 즉 현상학을 하는 자아의 이론적 경험 〈과 인식〉은 자

---

50) 〈난외주〉 여기서는 여전히 많은 점이 논의되어야 한다. 즉 각각의 아프리오리를 보편적 존재론으로 조정하는 점. 그러나 이 보편적 존재론은 결코 가능하지 않다! 왜? 사람들은 항상 자연-존재론의 단편에 부착되어 남아 있기 때문이다. 〔이것은〕심리학-문제. 정신적 세계의 존재론의 문제〔이다〕.

연적인-소박한 경험개념의 실마리로 파악되어야 하는지, 또는 구성으로서 이 경험 개념을 선험적으로 해석해 파악되어야 하는지 하는 문제이다. 그리고 거기와 유사하게 여기서도 문제의 해결이 있다. 현상학적 응시자의 형상학은 자연적 태도 속의 형상학과 동일한 유형도 아니며, 그것의 선험적-구성적 해명과 친족관계를 지시하는 것도 아니다. 형상적인 것(아프리오리)의 구성에 관한 분석론은 실로 현상학을 하는 응시자가 자신에게 주제적인 선험적 주관성에서 '바라보는' 그러한 형상을 선험적으로 해명하는 것도 아니다. 곧 구성하는 (또한 특히 형상을 구성하는) 선험적 주관성이 기본적인 존재의 대립을 통해 현상학을 하는 자아에서 분리되기 때문에, 이 자아에서 실행된 형상적 처리절차는 자연적 태도 속에 숙련된 형상학, 즉 현상학적 환원 이후에, 하지만 선험적으로 해명된 형상학과는 원칙적으로 다른 구조에 관한 것이다. 후자는 〈자연적인 세계의〉 존재자에 관한 형상학, 즉 각각을 사실적으로 실현하는 모든 존재자의 불변적 존재가능성의 본질론(Wesenslehre)이다. 현상학적 응시자가 자신의 이론적 경험작용 속에 실행해야만 하는 형상학은 본질적으로 '선험적 존재'에 관한 형상, 즉 본래는 존재하지 않지만 선행하는 존재의 단지 역설적으로만 기술할 수 있는 '존재방식'(Seinsweise)을 갖는 것에 관한 형상이다.[51]

---

51) 〈난외주〉 ① 서로 다른 단계와 지평을 지닌 것, 궁극적으로 이념적으로 완전히 규정된 존재자 — 이것은 수학적인 무한한 세계 속에 내재를 갖는다 — 에 관한 자연적 총체성의 시간공간의 존재자. ② 서로 다른 단계에서, 결국 모나드적 시간성(그리고 모나드들의 총체적 전체의 모나드적 공존의 형식 — 물론 모나드들이 서로 뒤섞이고 모든 지평이 뒤섞인 함축 — 인 유사-'공간성') 속의 모나드의 '세계'이자 선험적 우주인 선험적 존재자. 완전히 선험적으로 구성된 세계 속에 존재하는 것인 모든 선험적 존재자는, 각각의 모나드의 현실적 경험의 장 속에서, 그 자체로 거기에 있는 것으로서, 또는 외적 지평 속에 포

이렇게 함으로써 우리는 문제를 정식화했다. 그것은 이념화작용인 현상학을 하는 것이 어떻게 현상학적으로-이론화하는 경험을 〈반복하는 끊임없는 방식을 통한〉 생산성에 참여하는지 하는 물음이다. 우리는 형상과 형상적 가능성, 본질법칙의 필연성 등에 관해 자연적 태도에서 함께 가져온 세계에 대한 표상들을 어떤 방식으로 선험적 형상에 적용해도 좋은가? 또는 세속적 본질성에 기초인 구성적으로 의미를 부여하는 선험적 해명이 문제의 어떤 개괄적인 예비적 이해를 주는가?

이러한 점에 우리는 아직 어떠한 답변도 줄 수 없다. 그러나 우리는—세속적 본질에 대립해—선험적 형상이 다른 종류의 것임을 극도로 철저한 차이로 고양시키고, 이와 함께 하여튼 문제를 포기하는 데 경계해야 한다. 〈물론이다.〉 또한 우리가 응시자의 '생산적' 경험을 어쨌든 유비적으로 경험으로 파악할 수 있었던 것처럼, 세속적 존재에 관한 형상과 선험적 존재에 관한 형상의 유비적 관계도 강조해야 한다. 〈이 속에는 이미 능가하는 것이 놓여 있지 않은가?〉 이러한 근거에서 세계의 본질 개념(그리고 그 구성적 분석론)에 대립해 선험적 본질 개념을 부각시키는 것은 양자의 차이성과 유비적 유사성에 대한 통찰을 우리에게 동시에 준다.[52] 당연히 우리는 이 부각시키는 것

함된 것으로 '표상된다.' 또한 구성된 것인 선험적 '세계'는 세계 자체와 세계에 대한 표상이 구별된다. 우리는 실로 알려지지 않은 '전체성'의 형식을 이미 갖는 최초의 개방된 지평에서 상대적 우주 속에 있는 존재자를 항상 '선행하는-존재자'로 불렀다. 어떤 단계에서 각각의 선행하는 존재자는 높은 단계에서는 내재하면서 함께 통각이 된 지평, 즉 표상, 주관적 존재자가 된다.

52) 〈난외주〉 그것은 어떤 종류의 유비인가? 어쨌든 자연적 경험은, 통각적인 보편적 지평인 자연적 세계 속에 자연적으로 태도를 취한 모나드의 자기 통각으로서 선험적 세계 속에 존재하는, 하나의 선험적 양상이다. 판단중지에서 선험적으로 태도를 변경한 자아를 드러내 밝히는 새로운 활동성은, 곧 다시 하나의 새로운 양상에서—변화된 근본적 토대 위에—선험적 자아의 활동

을 확장해 실행할 수는 없다. 단지 문제의 윤곽을 더 강하게 두드러지게 할 몇 가지를 언급하는 정도로 해두자.

자연적 형상 개념이 형상적 일반성에서 파악된 존재자의 차이에 따라 아무리 다양해도(자연·역사적인 것·무기체나 유기체의 형상학), 어쨌든 그 개념에서 몇 가지 일반적 특징을 이끌어낼 수 있다.

자연적 태도에서 우리는 각각의 지성적 조작에 앞서 놓여 있는 존재자의 본질적 구조에 관한 앎과 본질성이 이념화의 작용 속에 주어지는 방식을 구별해야 한다.[53] 전자는 우리의 경험의 삶 전체를 규명하는 전적으로 비주제적인 미리 주어진 것에 관한 앎일 뿐이다. 이 앎에는 존재자 일반의 가장 일반적인 구분이 미리 이해되고, 그 통각적 도식(Schemata) 속에 우리가 새롭게 마주치는 모든 존재자를 항상 자연물로서, 생물로서, 유기체 등으로서 파악하는 습득적 미리 알고 있는 지평이 구상되어 있다.[54] 미리 주어진 것에 관한 앎은 곧 주제제기가 아닌 것(Unthematik)[55]의 양상에서 이미 우리가 이념화작용(Ideation)

성이다. 이 활동성은 항상 지각·기억·양상화 등에 속하는 모든 양상을 지닌 의식 삶이다. 그러나 새로운 태도에서는 새로운 세계의 새로운 구성, 새로운 시간화와 시간(이 문제가 된다).

53) '부록12' 참조.

54) 〈난외주〉 모든 유형(미리 주어진 모든 개체적인 것은 자신의 개체적 유형을 갖는다)은 ─ 초(超)영역인 모든 영역의 존재론적 전체 유형의 통일 속에 ─ 영역적 보편적 유형 아래 있다.

55) 〈난외주〉 그러나 이 '주제제기가 아닌 것'에 문제점이 있다. ① 능동적으로 향해 있는 것의 의미에서 주제적. 여기에는 지각 장의 현실적 배경이 이미 '비주제적'이다. ② 시간공간의 실재성에 관한 세계인 시간공간의 세계가 지평을 지닌 가운데 잠재적(또는 현실적)이며 주제적인 것. 즉 가장 넓은 의미에서 자연은 개체적으로 통각이 된 것과 통각을 할 수 있는 것이다. 세계는 '가능한 경험'의 대상들에 관한 우주, 가능한 방식으로 알려지는 것, 앎으로 이끌 수 있고 언제나 이끌어진 개체적인 것, 그 자체이다. ③ 공존과 계기 속에 끊임없이 유비화하고 융합함으로써 이루어진 연상적으로 끊임없는 유형. 개체

이라는 범주적 직관의 활동성을 통해 각기 소유할 수 있던 모든 본질에 대한 인식을 〈함축적으로〉[56] 포함한다. 이념화작용은 단지 우리가 이미 갖고 있는 어떤 앎을 주제적으로 자기의 것으로 하는 것이며, 상기(anamnesis)이다. 이것은 단지 이전에 비대상적으로 기능하는 미리 주어진 것의 앎을 대상화하고, 이것을 특수한 방식으로 분절한다.[57] 이렇게 보면, 어떤 생산성이 이미 자연적 태도 속에 이념화하는 작용에 귀속된다. 그러나 이 생산성은 각각의 지성적 자발성(Spontaneität)에 고유한 것이며, 우리가 여기서 몰두하는 문제와 거의 관계가 없다.

우리가 이념화작용을 범주적 직관으로 표시하면, 그것은 형상이 본질직관의 작용 속에 수용적으로 경험된다는 사실보다 그것으로 본

적으로 구성된 세계에는 유비의 예외 없는 동질성과 이에 상응하는 구조〔가 있다〕. 각각의 실재적인 것은 현실적으로 알려진 것의 자신의 지평이 도달하는 유사성의 지평을 갖는다. 그러나 그 실재적인 것은 알려지지 않은 '유사한 것'을 가능한 방식으로 '알려지게-만드는 것'으로 선취된 지평을 갖는다. 우주는 본질에 적합하게 유비의 지평 속에 있으며, 그러한 것으로서 직접 유형적으로 주어지는 것인 실재적인 것에 관한 우주이다. 〔따라서〕 개체적 징표들(내적이든 외적이든)의 1차적 주제적인 것과 유형을 '주제적으로-만드는 것'은 구별되어야 한다. 유형은 본래의 고유한 본질적 특성이 아니며, 실재적인 것을 개체적으로 구성하는 것이 구성하는 활동성에서 발생하는 것이 아니다. 그것은 수동적으로 계속 경과하면서 유비화하는 것에서, 그런 다음에야 비로소 능동적으로 존재에 적합하게 구성할 수 있고, 정상적으로 인간의 환경세계 속에 이미 구성된 것(언어)으로, 함께 발생한다. 이에 따라 세계의 존재론적인 총체적 형식은 '자연'으로서, 영역적 특수형식에서 '전체 영역'의 형식으로 구별된다. '인간의' 세계는 이미 그 질료적 유형 속에 동물의 환경세계에 대립해 능동적으로 구성된다.

56) 〈난외주〉 '함축적'은 사실적으로 미리 주어진 것과 더불어 본질에 적합하게 가능성이 주어지고, 변경과 이념화작용을 실행할 수 있는 것 등을 뜻한다.

57) 〈난외주〉 자유변경과 본질을 구성할 수 있는 이성의 능력은 영역적 유형 속에 미리 주어진 세계를 분절화하는 것(Artikulation)에 본질적으로 속한다.

질이 스스로 주어져 있는 성격이 지시될 것이라는 사실을 의미한다. 실제로 사람들은 이념화작용을 통해 처음으로 본질을 경험하는 것이 아니라, 독특한 방법적 방식으로 이전에 주제적이 아니었던 모든 사물의 본질적인 것에 관한 앎을 '상기한다.' 본질을 이끌어내어 파악하는 방법론으로서 불변적 동일성을 견지하는 자유변경의 사고는, 본질적인 것에 관한 직관적 예견 속에 이 본질적인 것을 불변자(Invariante)로 견지하는 한, 그 자체로 이미 미리 주어진 것에 관한 앎에서 인도된다. 형상은 자연적 태도 속에 우리에게 항상 '아프리오리하게' 주어진다. 즉 이념화작용 속에 그것이 명백하게 주제화되고 대상화되기 이전에 주제적이지 않은 미리 주어진 것에 관한 앎에서 주어진다.[58] 따라서 이 이념화작용이 자명한 것이 가라앉은 가운데 속에 멈추어 있는 앎의 소유물을 끌어올리는 기능만 가지면, 세속적 현상을 선험적으로-구성적으로 해석하는 본래의 자리는 이념화하는 작용의 분석론이 아니라, 세계가 미리 주어진 것에 대한 분석론이다.

선험적 존재에 관련된 형상은 세계를 구비한 본질과는 기본적 방식에서 차이가 있다. 요컨대 선험적 형상은——아프리오리 아래 이념화작용을 통해 그것이 대상화되기 이전에 미리 주어진 것에 대한 앎의 선행성이 사념되어야 하면——어떠한 '아프리오리'도 아니다. 현상학적 환원을 통해 드러나는 선험적 주관성은 원리적으로 그것의 가장 일반적이고 본질을 구비한 분절이 미리 주어진 것 속에 존재하지는 않는다.[59] 선험적 주관성에 관련된 이념화작용은 단순한 상기, 이미

---

58) 〈난외주〉 형상(形相)은 생산물의 아프리오리성을 갖지만, 생산은 더 깊은 아프리오리, 즉 흐르는 세계에 대한 경험 자체 속에 놓여 있는 아프리오리, 필연적으로 선행하는 세계의 영역적 구조 등을 전제한다.

59) 〈난외주〉 존재자가 미리 주어진 것인 미리 주어져 있음. 그러나 선험적인 것에서 일종의 미리 주어진 것을 가져온 '전환'(이다).

소유한 앎을 대상화하는 것, 단순히 접근하는 방법이나 획득하는 방법이 아니라, 본질을 고려해 원칙적으로 더 우월한 기능을 갖는다. 선행하는—존재의 구성적 본성을 갖는 것을 존재하는 것(선험적으로 존재하는 것)으로 시작하는 것인 현상학적 응시자의 이론적 경험에 귀속하는 생산성—이 생산성은 이 이론적 경험을 논리화하는 선험적 이념화작용에도 특유하다. 이것은 미리 존재하는 것의 '순수한 가능성'을 선험적 형상학의 타당한 형성물로 존재화한다.

10 술어화작용인 현상학을 함

우리는 술어화작용으로서 그 특정한 기능의 방식에서 현상학을 하는 것에 관한 물음과 더불어 물음설정의 두 가지 방향이 교차되는 문제의 연관에 직면하게 되었다. 우리는 이제까지 현상학을 하는 것에 관해 현상학을 하는 삶이 이론적으로, 즉 학문적으로 달성되는 양상을 겨냥한 방식으로 물어왔다면, 이 경우 물음의 지평에는 항상 현상학적 응시자의 학문적 행위의 내적 구조, 즉 그 선험적 활동성이 존재했다. 그런데 이것은 처음에는 환원하는 것, 소급적으로 분석하는 것, 현상학적으로 구축하는 것인 독특한 특수화하는 것에서, 그런 다음 이론적인 경험작용과 이념화작용인 보편성에서 달성되었다. 이러한 학문적 활동 속에 살면서 선험적 응시자는 자신의 학문, 즉 현상학을 체험들에 관한 체계적 통일체로 구축한다.

선험적 술어화작용(Prädikation)의 문제는 그 학문의 언표 형식으로 전환하는 것, 즉 우리가 그 학문의 '나타남'을 명명하려는 것을 표시한다. 인식을 명제로 옮기고 술어적 언어의 형태로 보존하는 것은, 만약 독자적인 선험적 언어가 존재할 수 있다면, 그 이후에는 단지 현상학의 선험적-내적인 학문의 구조의 문제일 것이다. 그렇다면 선험적 인식을 술어적으로 파악하는 것은 단지 하나의 확정하는 방법을 의미할 것이다.[60] 선험적 학문의 '언표의 형식'의 문제는 현상학을 하는 것이 선험적 태도에서 어느 정도 밖으로 나가는 필연성에 근거한다.[61] 지금 이것이 의미하는 것을 검토해볼 수는 없다. 우리는 이 모호한 의문의 여지가 있는 것에서 규정된 문제설정들을 잠정적으로 더 가까이 접근하고자 한다.

'이성'(Logos)을 통해 인식을 분절해 해석하는 모든 술어화작용은 언어의 매개 속에 수행된다. 언어는 자연적 태도에서 생기며, 언어사용자(Sprecher)가 그때그때 언어공동체(Sprachgemeinschaft)에 참여함으로써 경험적으로 구체화됨에 따라 더욱더 원시적 언어나 발전된 언어, 현저하게 이성적인 언어나 감성적 언어 등이 된다. 언어가 자연적 태도 속에 정주(定住)하는 것은 모든 언어의 근본적 공통점에서 '모든 개념은 존재의 개념이다'는 사실로 표현된다. 자연적인 인간의 자아, 즉 언어를 지닌 자는 존재자에 관한 그의 경험을 해석하는 가운데 존재자에게 그가 묻고 〈규정하면서〉 요청하며 욕구하며

---

60) 〈난외주〉학문은 주관적으로 획득된 활동 속에 발생된 생산물이며, 이것은 처음부터 유의미한 단어들로 생산된 형성물의 언어적 표명을 통해 그 이후부터 '모든 사람'에 대해 현존한다. 논의하는 가운데 어쨌든 무엇보다 주관적 생산물인 논의가 외화(外化)된다. 마찬가지로 학문적 논의와 학문은 자신의 명확한 진리의 생산물로 외화된다. 이 '외화'와 선험적 논의 및 학문의 '외면성'은 어떠한 관계가 있는가? 선험적 술어화작용은 어느 정도 선험적 방법론의 특수한 문제를 제공하는가? 단순히 목적에 적합한(애매성에서 자유로운) 표현이 문제되지는 않는가?

61) 〈난외주〉그러나 자연적 태도에서 그것이 자연적으로 의미를 지니는 통상적인 언어를 사용하는 것에 대해 의심스러운 점이 있다. 이 경우 문제가 되는 것은 한편으로는 자아론적 영역 속에 사유하면서 논의하는 자의 술어화작용이며, 다른 한편으로는 상호주관적 술어화작용과 모든 사람에 대해 (형성물인) 학문적 진리들의 상호주관적 존재의 가능성이다. 이 가능성 때문에 선험적 태도를 넘어가는 것이 필연적으로 되는 것처럼 보인다.

명령하는 태도를 취함을 해석하는 데 원리적으로 존재자를 고려해서만, 더 나아가 존재자가 현존해 있거나 현존해 있지 않은 것(실제성과 비실제성)을 고려해서만 언어를 사용한다.

현상학적 환원을 통해 이제 자아는 자연적 태도의 한정성을 상실했으나, 결코 자연적 태도에서 획득한 습득성과 성향을 상실한 것이 아니다.〈따라서〉 자아는 자신의 '언어'를 상실하지 않았다. 구성하는 자아는, 인간 존재에서 은폐된 본래 자아로서, 또한 〈어떤 방식으로〉[62] 본래 언어사용자이다. 왜냐하면 〈세속적〉 술어화작용은 자아 삶의 활동성의 한 형식이며, 구성작용의 〈기능하는〉 독자적 방식이기 때문이다.[63] 언어사용의 활동에 근거인 구성적으로 함축된 의미부여를 해명하는 것은 현상학적 원리론에서 생긴, 결코 쉽지 않은 특수한 구성의 문제이다(우리는 가령 이 경우 전승된 언어를 획득하는 자아론의 추후의 구성Nachkonstitution 이전에 1차적으로 상호주관적 구성이 규정된 선행성을 갖는다).

언어가 판단중지를 관통해 습득성으로 유지되지만, 존재자에 관련된 유일한 표현의 성격을 상실하지 않는다. 언어는 궁극적으로 자아의 각 성향이나 소질처럼 선험적 능력이지만, 그것은 선험적 언어가 아니다. 즉 선험적 존재를 실로 적합하게 해명하고 술어적으로 보존할

---

62) 〈난외주〉 ① 인간의 언어에 대해 훈련을 쌓은 재능인 인간의 언어능력. 인간의 언어는, 그 속에서 논의된 존재자와 마찬가지로, 세계 속의 존재자인 인간의 존재자이다. ② 이 인간적인 것은 자신의 선험적인 것, 자신의 선험적 존재, 즉 세계적 언어의 선험적 상관자로서 자신의 선험적 진리로 환원된다. 여기서 언어는 ③ 선험적 상호주관성과 우선 자신의 자아론적 내재성 속에 존재하는 선험적 자아의 표현인 언어이다.

63) 〈난외주〉 따라서 여기서 문제가 되는 것은 세계적 술어화작용, 선험적 자아 또는 상호주관성 속에 이에 상응하는 선험적인 것이다. 이에 대립된 것은 이론화하면서-현상학을 하는 자아를 통한 '이 선험적인 것의 언어적 표현'이다.

수 있는 언어가 아니다.[64]

그런데도 현상학적 응시자는 일반적으로 자신의 인식에 술어적 표현을 부여하려 할 때 언어를 사용해야 한다. 그는 구성하는 자아에서 언어의 습득성을 이어받아야만 하고, 관여되지 않으려는 의지에 대립해 자아의 구성적 삶에 관여한다. 그러나 현상학을 하는 응시자가 이어받는 것 〈이미 '이어받는 것'이라는 표현이 잘못 이끌고 있다.〉 속에 존재자에 관련된 언어의 자연적인 의미를 변경하는 한, 이 관여하는 것은 단순히 외견상 그러한 것이다. 그와 같은 변경이 일어나지 않으면, 현상학자는 그가 진술하는 각각의 단어로 선험적 태도에서 전락할 것이다. 현상학을 하는 언표가 한편으로는 자연적인 단어의 의미를 변경시키고, 다른 한편으로는 새로운 선험적 의미를, 어쨌든 단지 세속적 개념과 용어(실로 이것들은 모든 존재의 개념이고 선행하는 존재의 개념은 아니다)로써만 표현될 수 있기 때문에,[65] 현상학을 하는 것은 일정한 방식에서 〈외견상!〉 선험적 태도에서 빠져나온다. 하지만 그것은 〈자연적으로 이해된〉 빠져나오는 단어들에서 자신이 그 속에 존재하고 그 속에 머물러 있는 것을 지시하고 '언표하며', 존재적 개념들과 단어들로 본래 존재자가 아닌 것(선행해 존재하는 것)에 관해

---

64) 〈난외주〉 주제적 확정에는 인간적 습득성(세계 속에 있는 존재자)이 자신의 존재 의미를 선험적 자아의 습득성으로 변화시킨다. 이것을 나, 즉 응시자는 진술하고, 그 자체와 일치해 응시자로 주제적이 된다. 그래서 나는 다시 진술하고, 언제나 다시 자연적 언어를 말하지만, 선험적으로 변경된 의미로 말한다. 나는 선험적 자아와 마찬가지로 이 선험적 습득성을 가지며, 선험적 자아와 나는 일치되어 있다. 즉 내가 응시하는 것은 자기 자신을 자신의 자연성으로 반성하는 것이다.

65) 〈난외주〉 세속적인 것이 선행해 존재하는 것으로 변화되는 경이(驚異) ── 이것은 곧 문제이고 실제로 해결할 수 있는 문제이다. 현상학적 언어는 원리적으로, 세계라는 선험적 현상이 세계라는 변화된 존재 의미로서의 뜻만을 갖는 것과 마찬가지로, 변화된 자연적 언어인 가능성으로서만, 즉 의미만 갖는다.

말한다. 이러한 단지 외견상으로만 〈실로 그렇다.〉 선험적 태도를 포기하는 가운데 현상학은 자신의 '나타남'(Erscheinung) 속으로 〈동시에?〉 이행한다. 따라서 잠정적으로 우리는 '나타남'〈이것은 적절치 않은 표현이다〉 아래 현상학을 하는 선험적인 내적 형식이 자신을 술어적으로 보존하고 객관화하는 것을 발견하는 표명하는 형식[66]을 이해한다. '나타남'이라는 개념의 원칙적 파악을 당분간 뒤로 남겨두자.

자연적 언어는 현상학적 응시자의 요청으로 자신의 선험적 인식을 표현할 수 있기 위해 〈어휘들이 인간적-신체적 생산물이며 단어로서 이념화한 것이라는 점은 도외시하고〉 외적인 어휘상 형식의 어떤 '변경'을 감수하는 것이 아니라, 그 의미작용(Bedeuten)의 방식에서 변경을 감수하는 것이다. 현상학을 하는 자아의 언어 기능에 〔주시하는〕 태도를 취하면 유일한 어떤 단어도 자연적 의미를 유지할 수 없고, 오히려 지금 특정한 어휘로 지시된 자연적 의미 그 자체는 어떤 선험적 단어의 의미를 위한 지시(Anzeige)로서만[67] 이바지한다.[68] 그

---

66) 〈난외주〉 이제까지는 '표명'에 관해 논의하지는 않았다. 이것은 이중의 의미를 갖는데, 첫째 선험적 언어와 이론의 선험적 상호주관성-선험적 세계 전체(모나드적 시간성(시간공간성)) 속에서 선험적 상호주관성의 공존이며, 둘째 자연적-인간적 세계와 그 자연적 세계의 공간 속에 실증과학들과 마찬가지로, 인간에 관련된 문화의 형성물로서 현상학의 2차적 내재(Inexistenz)이다.

67) 〈난외주〉 지시로서? 그렇다면 나는 여전히 세계 속에 있을 것이다. 세계의 현상 속에 등장하는 논의는 실마리로서의 자연적 논의에서 생긴다. 그러나 응시자의 논의는 그렇지 않다.

68) 〈난외주〉 누구를 위한 것인가? 청취자 또는 독자를 위한 것인가? 그러나 또한 그는 이미 반드시 현상학적 태도 속에 있으며, 그 자신은 이미 현상학자이다. 그래서 그는 이미 전환된 자연적-현상학적 언어(Sprache)를 갖는다. 그러나 어쨌든 내가 그 속에서 즉시 그리고 전적으로 소박하게 말하는 곳인 현상학적 환원으로 최초로 들어서는 경우 처음의 사정은 어떠한가? 현상학을 근원적으로 건립하는 것은 세계를 현상으로 환원하는 것 이외에 내가 〈현상학을

러나 그것은 마치 미리 어떤 지시체계[69]가 고정되고 협정되어 있는
것과 같은 것이 아니라, 생생하게 유비화하는 친족관계 속에 선험적 의
미(선행해 존재하는 것에 관련된 의미)는 존재자에 관련된 의미를 통
해 표현된다.

여기에 제시되는 진술논리(Apophansis)의 독특한 양상은 기이한 내
적 긴장과 역동적 구조를 지시한다.[70] 표현의 신체(Ausdrucksleib)

하는 자아로서) 현상학을 하면서 말함(Sprechen)에 대한 특수한 환원이 여전
히 필요하지 않은가? 또는 여기는 언어 ― '기능하는' 언어, 즉 말하는 인간에
게는 주제적인 세계 속에 있는 언어가 아니다 ― 의 변화를 근원적으로 건립
할 장소가 아닌가? 그렇다면 언어의 변화는 이후에야 비로소 연습되는 것이
틀림없지 않은가? 그러나 어쨌든 환원이 반드시 실행된 경우에만 그러하다.
자연적 언어의 변화인 변화, 독일어 등으로 말할 수 있는 능력인 변화는 지속
적으로 동행한다.

69) 〈난외주〉 지시의 문제. 환원에서 현상학적 행동 자체를 통해 각각의 자연적 존
재자는 자신의 구성적 체계에 대한 지표가 된다. 존재적인 것(Ontisches)이 주
제적 경험으로 이끌거나 지평을 지니고 이끌 수 있는 다양한 것들에 맺는 '관
계'-특성을 형성하는 것(통각적 전이)이 필연적이고 이해할 수 있게 수행되어
야 한다. 이 경우 또한 자연적인 언어적 표현은 선험적으로 기술하기 위한 지표
가 된다. 그 이후에는 처음에 주목하지 못했던 이중의 의의를 해명해야 한다.

70) 〈난외주〉 현상학적 언어의 현상학은 현상학에 고유한 하나의 문제(이것은 자
연히 그것의 반복을 수반한다)이다. 이 문제는 현상학적 언어와 언어인 그 지향
적 함축에 대한 고유한 반성을 요구한다. 그 언어 속에 함축된 것은 자연적 언
어에서 변화된 것이고, 이것은 자연적 언어가 지향적으로 변양된 것이다. 그
존재 의미에는 환원을 통한 생산물인 현상학적 언어가 환원 일반과 마찬가지
로, 자연적으로 태도를 취한 삶을 '지시한다'는 사실이 놓여 있다. (자연적 태
도를 통해 선험적 태도를 기초지우면서) 태도변경에는 우선 세계 자체와 주관
적으로 받아들여진 세계의 현상 사이의 '합치'(유비)가 놓여 있다. 그러나 언
어에 대해서는 표명한 것과 마찬가지로, 여기서는 여전히 특수한 현상이 있
다. 우리는 선험적 지각·선험적 기억·선험적 삶과 심리적 삶 사이의 유비
를 갖는데, 세계의 현상 속에, 즉 자연적 태도의 세계 속에 세계의 존재 의미
를 구성하고 소유하는 주관성으로서 선험적으로 기능하는 주관성은, 기능하
는 선험적 언어 속에 술어적으로 표현된다. 선험적 언어는 그러한 것으로서
세계의 현상 속에 박혀 있지 않기 때문에 현상학적 환원을 성립시키는 자연

(발성함)와 이것에 부속된 의미 사이의 정지하는, 마치 정적 관계가 성립하는 것이 아니라, 특징짓기 어려운 대립적 운동(Gegenbewegung)의 관계가 성립한다. 한편으로는 자연적 단어의 의미와 명제의 의미가 유비화하면서 그에 상응하는 선험적 의미를 지시한다. 그러나 다른 한편으로는 마치 지향된 선험적 의미가 그 표현의 파악에 대립해 항의한다. 왜냐하면 표현되는 의미는 표현의 형식 속에 정지해 가라앉는 것이 아니라, 자연적 단어와 명제로 파악함으로써 그 의미에 가해진 강제에 대립해 끊임없이 반란(Rebellion)[71]을 일으킨다. 따라서 모든 선험적 해명은 〈실제로 현상학을 하면서 해석하고 기술하지 않는 자에 대해서만, 또한 아직 현상학자가 아닌 자에게 향한 현상학을 각기 서술하는 것에 대해서만〉 독특한, 충전하지 못한 성격(Inadäquatheit)을 가지며, 모든 개념과 명제는 그 어떤 방식으로 너무 간단하게 [의미를] 지니며, 외관상 각각의 (무엇보다 학문적) 술어화작용에 제기될 수 있는 요구 앞에 특정한 의미에서 무력하다.

적 언어가 지향적으로 변양된 것은 아니다. 어쨌든 그것은 지향적으로 변양된 인간적 언어를 지시한다.

71) 〈난외주〉 무엇에서 반란이 일어나는가? 자연적 삶의 통일성과 일관성은 끊임없이 건립되었고, 계속 건립되는 습득성의 통일성, 근원적 양상으로 활동하는 습관의 통일성, 어떤 경향을 띠고 경과하는 근원적 양상의 형식의 통일성이다. 판단중지는 이러한 보편적 경향(Tendenz)을 억제하고, 지향적 변양인 세계 속의 삶을 변화시킨다. 판단중지 자체가 하나의 경향인데, 이것은 단지 의지적으로, 즉 자연적 경향에 역행해 끊임없이 자연적 경향에 지향적으로 연관된 경향, 새로운 삶을 의지의-자아(Willens-Ich)에서부터 건립하지만, 자연적 경향을 선험적으로 현상학을 하기 위해 끊임없이 반(反)-자연성으로 건립하는 경향이다. 자연적 습관(Gewohnheit)은 아무리 습관을 건립하고 그런 다음 습관에 따라 경과하더라도, 현상학을 하는 것에 대립해 끊임없이 '반란'을 일으킨다. 또한 현상학자의 습관, 그의 일반적 삶의 양상은 자연적 습관에 대립해 영속적 긴장 속에 있다. 또한 궁극적으로 그것은 선험적 언어에 대해 결정적이다.

선험적 언표 ─ 따라서 일반적으로 선험적 진술논리 전체 ─ 의 충전하지 못한 성격은, 실로 그 자체로 자연적 논의 안에서 가능한 충전하지 못한 성격의 관계에서 측정될 필요가 전혀 없다. 오히려 그것은 그 자체로 단지 선험적으로 해명할 수 있는 독자적 문제이다. 우리가 이제까지 '유비적 의미의 기능'에 관해 말해왔다면, 이것은 엄밀하게 보면 잘못이다. 우리가 상징적 논의의 방식, 유비적 논의의 방식 등으로 부른 자연적 논의(Rede)가 충전하지 못한 성격은, 대부분 그 충전하지 못한 성격에서 간파할 수 있고, 항상 정확하고 충전적인 표현성(Ausdrücklichkeit)으로 번역되며, 결국 논의의 원초적 발단을 서술하는 비유에 의거한다(추상화된 개념보다 '상'像 속에 경과하는 사고가 언표하는 형식인 태곳적 논의는 전적으로 비유적이다. 이 점에 대해서는 민속적 논의나 시적詩的 논의에서 태곳적 언어가 때에 따라 돌출하는 경우를 참조하라).

어쨌든 (충전적이지 않은 자연적 술어화작용의 두 가지 주요한 형식인) 유비적 논의와 상징적 논의는, 결국 '비유'(Gleichnis) 속에 비교되는 것을 비교하는 것(Vergleichen)이 가능하기 때문에, 그 '비유' 속에서만 이해될 수 있다는 점은 충분히 통찰할 수 있다. 그때그때 비유를 가능하게 하는 모든 특정한 공통의 특징을 넘어서 자연적으로 충전하지 못한 논의에서 관계지을 수 있는 것은, 그것이 '존재한다'는 공통적인 친족관계를 통해 결합된다. 자연적인 유비와 상징성은, 곧 그것의 일반적이거나 개체적인 그렇게 존재함(Sosein)의 특정한 계기에 관해 존재자를 존재자와 비교하는 것이다.

실로 현상학적 판단중지를 통해 구성하는 자아의 성향적 습득성으로 제시된 자연적 언어가 현상학적 응시자에게 자신의 ─ '존재자'(최종적으로 구성된 것)에 관계하는 것이 아니라, '선행하는 존재'의 단계에서 자기 자신을 실현시키고 세계를 실현시키면서 구성하는 삶에 관계하는 ─ '이론적 경험'을 해명하게 요구받으면, 자연적 단어의 의미와 명제의 의미는 지향된 선험적 의미의 존립요소는 유비적인 술어화작용의 관계에서 도와줄 수 없다. 왜냐하면 존재적 의미는 '비존재적인' 선험적 의미를 ─ 요컨대 이것들은 서로 함께 비교될 수 없으므로 ─ 결코 유비화할 수 없기 때문이다. 오히려 우리는 자연적 의미의 '유비적 기능'에 관한 논의가 선험적 사태의 술어적 해명에는 단지 당혹스러운 표현이었다는 것을 고백해야 한다.

그런데도 이러한 표현은 자신의 어떤 실질적 정당성을 갖는다. 우리가 유비(명제의 유비) 속에 특정한 의미들을 우선 그것의 고유한 정상적 진술논리의 의미로 이해한다. 그러나 이와 동시에 항상 그 의미를 통해 지시된 '유비적' 의미를 함께 이해하는 것과 유비적으로, 우리는 자연적 언어를 현상학을 하는 경험의 해석에 사용하는 경우 세속적 단어의 의미와 통상적 명제의 의미를 관통해 본래의 주제인 선험적 의미를 이해한다. 따라서 현상학적 술어적 해명 전체를 지배하는 '의미작용의 선험적 유비'는 자연적 논의 안에서는 결코 가능한 유비가 아니며, 현상학적 환원을 통해 가능해진 ─ 자연적 논의 안에서 ─ 유비에 대한 유비이다.

우리는 지금 이렇게 해서 생긴 중대한 방법론적 문제를 가장 일반적인 문제제기의 모호한 미리 지시하는 가운데 예시할 수 없다. 단지 선험적 진술논리의 이러한 독특한 구조의 원천이 궁극적으로 모든 선험적 술어화작용의 기체 속에, 즉 선험적 주관성의 특유한 '존재방식'(Seinsweise) 속에 놓여 있다는 것만 지적할 뿐이다. 우리가 선험적 존재 개념을 존재의 이념의 주제적 환원을 통해 비로소 획득하고 〈우리에게 그것을 완전히 확신시키며〉, 따라서 선험적 존재 개념 속에 곧바로 '세계의 실존의 의미에서 존재하지 않는다'는 개념을 받아들였다. 그리고 세속적 존재와 선험적 존재 사이의 '존재의 유비'를 존재자(구성된 것)와 선행해 존재하는 것 사이의 유비로 규정해야만 했던 것처럼, 또한 지금 선험적 언표의 유비적 의미의 기능은 존재적으로 유비화하는 것이 아니라, 곧 선험적으로 유비화하는 것이다 〈거기에 중요한 문제가 있지만, 완전히 밝혀지지는 않는다〉.

이제 자신의 이론적 경험을 개념으로 이끌기 위해 현상학을 하는 자아는 구성하는 자아의 침전된 성향인 언어를 이어받아야 한다는 곤란한 상태가 현상학적 술어화작용의 충전하지 못한 성격을 근거로 삼지만, 동시에 독자뿐 아니라 현상학적 탐구자도 내맡기는 수많은 오해의 가능성도 근거로 삼는다. 직접적인 통찰적 명증성 속에 경과하는 현상학을 하는 것의 생생하고 현실적인 이론적 경험이 실로 술어적 파악으로 전환된다. 그리고 본래의 적절한 표현이 아니라 단지 유비화하는 표현을 제공하는 언어[72]의 매개를 통해 개념과 명제 속에 보존되는 가운데, 다음과 같은 위험이 생긴다. 즉 단어의 자연적인 근원적 의미가 단어를 통해 유비적으로 지시된 '선험적' 의미를 지배하고 너무 무성해 선험적 의미를 은폐시킨 결과, 단지 자구(字句)의 내용에 관계하며 되돌아가 이해하려는 시도는 필연적으로 오류에 빠지게 된다는 위험이다.

그에 따라 현상학적 명제가 이해될 수 있는 것은, 선험적 명제가 의미를 부여하는 상황이 항상 반복될 수 있는 경우, 즉 술어적 해명항들이 현상학을 하는 직관에서 언제나 다시 검증되는 경우뿐이다. 그래서 여기에는 현상학적 탐구의 보고를 단순히 읽음으로써 현상학적으로 이해하는 것이 존재하는 것이 아니라, 이러한 보고가 일반적으로 탐

---

72) 〈난외주〉 더구나 일의적이며 완전한 충전성 속에 표현될 수 있는 언어는, 어쨌든 언어가 표현되는 경우 그 자체로 그 의미가 자연적 의미 —자연적 세계 속의 삶과 그 존재 타당성에 대해 습관성이 지닌 엄청난 힘에 관여되는— 로 변경된다는 사실을 통해 이중의 의의가 함축되어 있다.

구 자체를 추후로 수행하는 가운데에만 비로소 '읽힌다.' 탐구를 추후로 수행하기를 단념하는 자는 **현상학적 명제**를 결코 읽지 못하고, 자연적 언어의 기묘한 명제만 읽을 뿐이며, 사태 자체(Sache selbst)[73]에 대해 단순한 나타남을 받아들이고 기만당한다. 그러나 **탐구자 자신**도, 만약 그가 자신의 술어적 획득물을 '사태 자체'에서 생생하게 직관화하는 가운데 언제나 다시 검토하지 않으면, 만약 그가 단어의 자연적 의미의 뜻에서 수여된 세속적 표상을 언제나 다시 명백하게 〈환원에서 결과된 것으로〉 배제하지 않으면, 자기기만에 빠진다.

　그러므로 현상학적으로 '정의하려' 하고, 단연코 확정해야 할 술어의 근본적 개념과 의미를 확립하려는 것은 전적으로 불가능하다. 오히려 모든 현상학적 술어화작용의 특유한 충전하지 못한 성격은 곧 모든 개념성(Begrifflichkeit)이 기이하게 **흐르며**, 개방되어 있다는 사실을 수반한다.[74] 그러나 이것이 해명하는 술어화작용의 그때그때 주제를 서술하는 선험적 사태가 완전히 일의적으로 **규정되고** 또한 규정될 수 있다는 사실을 배제하는 것은 결코 아니다. 곧바로 선험적 개념을 형성하는 **엄밀성**은 '자연적' 의미 속에 경직된 것이 아니라, 자연적 의미를 관통해 유비화하는 유동적인 선험적 진술논리를 요구한다. 자연적 언어가 존재자에 관한 표명으로서, 현상학을 하는 자아

---

73) 〈난외주〉 그 어떤 장소에서 다음과 같은 사실이 표명될 수 있다. 즉 각각의 선험적 명제, 선험적 학문은 세계 속에 있는 인간의 다양한 단어와 명제로서 본질에 필연적으로 '반영'(反映)된다. 그러나 그러한 이유로 통일적으로 유의미한 명제들의 한 체계라는 형식 속에 갖는 것이 결코 아니다. 그것은 현상학 자체의 2차적으로 세계화하는 것에 대해 의미를 갖는다.

74) 〈난외주〉 이것은 완전히 다른 절에 속한다. 여기까지는 궁극적으로 자명한 기초 개념에서 이루어진 자연적 정의로서 자신들이 소박하게 전제하는 정의(定義)를 놓쳐버리는, 여전히 소박함 속에 철학을 하는 독자들이 전도된 것에만 속한다.

가 요청함으로써 겪는 변양은 항상 존재적-소박한 의미가 스스로를 '유비적으로' 알리는 선험적-존재적 의미로 변양된 것으로 의식되어 남아 있음이 틀림없다. 필연적으로 변양되는 것에 관한 명백한 앎이 사라지고, 그에 따라 현상학자가 자신의 이론적 경험의 대상을 해석하면서 변조하면, 그것은 (자연적 태도의) '독단론'으로 전락하는 것을 뜻한다. 환원이 독단론을 극복했다면, 어쨌든 현상학을 하는 〈자연적인 언어적〉 나타남 〈의 방식〉에 대한 우회로에서 독단적 편견이 파고들어올 가능성이 있다.

현상학적 환원이 모든 독단적 편견을 배제함으로써 현상학을 하는 자의 이론적 경험을 가능하게 하고 확실하게 한다. 그뿐만 아니라 이 이론적 경험을 술어적으로 해명하는 경우 일정한 기능을 충족시킬 수 있는 한, 즉 선험적 주관성이 ―존재적 개념들을 유비화해 사용하면서― 선험적 언표의 **자구의 내용**(Wortlaut)을 통해 동기가 부여되어 나타날 수 있는 정도로 선험적 주관성에 관해 모든 소박한 존재적 표상을 밀어제치는 기능을 충족시킬 수 있는 한, 현상학적 환원은 그렇게 뒤따라 확장된다.

그러므로 현상학적 환원 속에 함축된 존재의 이념을 환원하는 것은, 우리가 살펴보았듯이, 언어의 환원[75]으로 귀결된다. 그러나 이것으로써 언어가 궁극적으로 선험적으로-구성하는 자아의 능력이라는 단순한 통찰이 사념되는 것이 아니라, '언어의 환원'은 현상학을 하는 응시자의 측면에서 〈자연적으로는 전혀 이어받는 것이 아닌〉 이어받는 것을 통해 세계의 목적(welt-final)을-구성하는 선험적 능력인 언어

---

75) 〈난외주〉 본래 이것은 확장(Erweiterung)이 아니라, 오해에 대립해 현상학적으로 확정하는 것이 지닌 의미의 확보(Sicherung)이다. 언어의 환원에 대해 말하는 것은 행할 수 있는 일도 아니다. 자연적 언어의 의미는 그 속에서 실행될 수 있는 환원을 통해 선험적인 것으로 이끌 수 있는 것이 아니다.

를 변양하는 것이다. 현상학을 하는 응시자가 선험적 구성을 해석하는 경우, 언어의 자연적 의미의 뜻(Bedeutungssinn)을 단순한 '유비화하는 것'으로 저하시키고, 언어를 해명하기 위한 단순한 수단으로 만들고, 해명하기 위해 스스로 어떤 적절한 고유의 언어도 마음대로 처리하지 못하는 가운데, 현상학을 하는 응시자는 언어를 '환원한다.'

그러나 현상학을 하는 응시자가 일반적으로 이러한 '수단'에 의지한다는 사실, 그가 어떠한 고유한 언어도 개념도 가질 수 없다는 사실은 그 근거를 현상학적 환원 속에 갖는다. 어쨌든 현상학적 환원은 곧바로 확립된 '응시자'를 무(無) 앞에 제시한다. 왜냐하면 세계는 괄호 쳐져 있고, 그에 따라 세계가 미리 주어진 것 전체, 즉 모든 세계의 가능성도 괄호 쳐져 있으며, 현실적으로 흐르는 선험적 삶은 자신의 드러나 밝혀지지 않은 지평과 함께 전적으로 응시자에 대해 유일한 최초의 주제로 남아 있기 때문이다. 하지만 응시자는 세속적으로 미리 주어진 시간구조의 실마리에서 '흐름'(Strömen)을 파악해서도 안 되며, 드러나 밝혀지지 않은 지평을 존재의 함축으로 파악해서도 안 된다. 더구나 엄밀하게 보면, 응시자는 흐름을 결코 그와 같은 것으로 표시할 수 없다.[76] 현실적 자아 삶 등과 같은 모든 개념은 본래부터 세계의 개념이며, 실로 선험적 주관성의 영역에서 특유하게 멀리 떨어질 필요가 있는 완전히 특정한 표상에 결부된 세계의 개념이다.[77] 그것은 모든 통각을 결여하며, 현상학을 하는 응시자는 자신의

---

76) 〈난외주〉 선험적 언어의 문제제기에 대해 첨예하게 제기될 수 있고, 출발점으로서 제기될 수 있는 모든 것이 더욱 필요하지 않은가?

77) 〈난외주〉 여기서 중요한 점은 더 정확한 숙고가 필요하다. 현상학자인 나는 경험 등 현상학적으로 주어진 것과 일치한 변화 속에 말하고 표현한다. 표현을 추구하는 것은 내가 학문적으로 사용할 수 있는 '더욱 정확한' 명시적 표현만 추구하는 것이다. 최초에 말함(Besprechen)은 현상-학적 언어, 즉 내가 처음에 순수한 직관적-현상학적 해명에 근거해 근원적으로 충전적으로 기술함

주제에 관해 어떠한 침전된 미리 알려진 것, 어떠한 앎의 전통과 더불어 어떠한 개념도 갖고 있지 않다. 오히려 그는 일관되게 유지된 '현상학적 태도' 속에 비로소 이러한 앎의 전통과 미리 알려진 것의 습득성을—일의적인 선험적 의미에 도달하고 일의적이며 한정된 개념을 형성할 수 있기 위해—획득하고 침전시킴이 틀림없다.

그런데 선험적 통각이 형성되는 과정은 독자적인 선험적 언어가 완성되는 것이 아니며, 실로 그것은 결코 그럴 수 없다. 오히려 현상학을 하는 자아의 인식하는 삶 속에 형성되는 선험적 통각의 체계를 마음대로 처리할 수 있는 것은, 자연적 언어의 생소한 매개로 선험적 사태를 선험적-유비적으로 언표할 수 있는 것에 대한 단적으로 불가결한 전제이다. 현상학을 하는 것이 직접 환원 이후에 시작하면, 그것은 이러한 출발단계에서 개념들이 없을 뿐만 아니라, 원리적으로 언어가 없다(sprachlos)[78] ('언어가 없다는 것'은 또한 단순히 서술하는 수단으

으로써 형성했음이 틀림없는 학문적 언어로 말함(Sprechen)은 아직 아니다. 그러므로 충전적으로 기술하는 가운데 체계적인 것으로서, 결코 수행되지 않았던 체계적인 지향적 해명을 위한 것이 이미 내면심리학 속에 있다. '일상성' 속에 있는 학문 이전의 언어는 단어의 의미를 논박하는 경우 통각이 된 것인 경험의 대상에 대해 타당한 것을 결과로 생기게 한다. 충전적으로 현상학적으로 기술하는 경우, 나는 단어들에 속한 어떠한 선취(先取)도 사용해서는 안 되며, 우선 소박한 말함과 현상학적인 것으로 변경된 말함에 근거해 새로운 언어를 형성해야 한다. (이 경우) 자연적인 세계의 단어의 의미는 전적으로 변경된 단어의 의미로 요구하는 경향을 갖는다. 그러나 이 단어의 의미는 충전적으로 기술되어야 한다. 따라서 (이것은) 충전성의 문제이다!

78) 〈난외주〉 전적으로 언어가 없지는 않다. 나는 즉시 '내가 그것을 부르듯이 그것이 거기에 있다' 또는 '지각, 그런 다음 기억, 기억 속에 변화가 '놓여 있다' 등'을 말한다. 나는 서로 다른 '변양'을 대조하면서 부르는 등 전문용어를 구별하고, 창출해야 한다. 따라서 문제는 환원이 근원적으로 건립하는 시작 이후 최초의 언어가 어떻게 변화된 자연적 언어로서 보이는지, 학문의 지향 (Intention)—이것은 충전적으로 파악된 것의 충전성과 동일화작용에서 전문용어로 고정시키는 언어의 형성에 동기부여를 함으로써, 그 자체로 변화된

로서 자연적 언어로는 선험적 인식을 언표할 수 없다는 것을 뜻한다).

응시자는 자신의 이론적 통찰을 술어적으로 표명할 수 있는 어떠한 가능성도 없다. 이것은 자신의 이론적 경험을 해석하려는 목적에서 현상학적 응시자를 통해 자연적 언어를 이어받는 것은, 그 응시자가 유비화하면서 선험적 개념을 나타내려고 세속적 개념과 표상의 적절성을 판정할 수 있기 이전에, 그 응시자가 일반적인 선험적 인식에서 이미 특정한 소유를 획득했다는 점을 실로 전제한다는 사실을 뜻한다. 왜냐하면 선험적 사태를 표현하는 것이 필요하면, 결코 모든 세속적 의미가 동일한 정도로 잘못이지는 않기 때문이다. 그렇지 않다면 실로 선험적 해명은 절대적으로 불가능할 것이다. 오히려 선험적 사태와 그때그때 자연적 표현의 소박한 (즉 유비의 기능을 간과한 결과 획득된) 단어의 의미를 통해 지시된 사태 사이에는 아주 특정한 친족관계[79]가 성립한다. 이 친족관계는 현상학을 하는 자아가——외견상 자연적 태도의 언어를 말하면서——곧 자연적 개념과 표상방식에서 선험적 세계의 구성에 관련된 이론적 경험을 술어로 해명할 수 있다는 사실을 가능하게 한다. 이 친족관계 속에 선험적으로 해명하는 문제제기는 압축된다. 또한 결국 세속적인 것(Mundanes)과 선험적인 것(Transzendentales) 사이의 존재론적 '존재의 유비'의 '논리적' 배후측면('존재의 유비에 선험적인 것')의 윤곽을 그릴 수 있는 존재자에 관한 개념과 '선행해 존재하는 것'에 관한 개념 사이의 이 특유

자연적 지향이다——과는 어떠한 관계에 있는지 이다. 그런 다음 당위의 동일 화작용(Sollens-Identifikation)이 있는데, 이것은 이 동일한 것에 대해 머물러 남아 있는 명칭일 것이다.

79) 〈난외주〉 더 높은 단계의 반성을 위한 것이다! 소박한-곧바른 현상학은 실제로 현상학적으로 알아차린 것을 진술하고, 우선 이중의 의의를 주목하거나 제공할 필요가 없다!

한 상응관계를 방법론적으로 해명하기 시작하는 것만, 우리가 여기서 실행할 수 없는 실로 매우 광범위한 준비를 요구한다.

현상학을 하는 술어적 해명은 **방법적으로 소박한 단계에서 수행된다.** 현상학을 하는 응시자가 선험적 통각의 미세한 기초를 비로소 마음대로 처리할 수 있는 최초의 해석들은 자명하게 소박하며, 곧 이 손에 잡히는 대로 해명하는 잠정성의 의식으로서 깨어 있고, 그토록 오랫동안 전혀 해를 끼치지 않은 독단론[80]으로 관철되었다. 선험적 인식과정이 진행되는 가운데 구성하는 주관성의 특유한 '존재의 본성'에 대한 통찰이 언제나 더욱 확장되었고, 지금 획득된 인식의 성향에 기초해 잠정적인 선험적 해명의 자연적 단어의 의미를 통해 초래된 특정한 사념이 편견으로 제거될 수 있는 가운데 최초의 해석을 비판적으로 재검토하는 것이 일어난다.

---

80) 〈난외주〉 단어의 의미의 해명항(解明項)이 실제로 경험하는 해명작용을 넘어서 경험작용에 대해 타당한 것으로 요구되는 방식으로 자연적 경험작용이 언어로 표현하는 자연적 습관은 현상학에서는 다음과 같은 형식으로 해를 끼치는 방식으로 적용된다. 즉 충전적으로 기술한 다음 방금 전이나 이전에 말해진 것으로 되돌아가는 경우 언어로 함께 의미하는 것은, 비록 변화된 형태라도, 마치 그것이 이전에 충전적으로 확정된 것처럼 함께 타당한 것으로 간주된다. 어쨌든 이것은 통각의 체험에 실로 해당된다. 사람들은 부가적으로-지각된 것의 자연적인 공동의 타당성을 선험적으로 변화된 공동의 타당성 속에 혼합하지 않는 것을 우선 배워야 한다. 선험적 삶을 실제로 순수한 선험성 속에 유지하는 어려움, 끊임없이 자연적인 습관적 삶을 극복하는 새로운 습관과 습관을 형성하는 통일성 속에 유지하는 어려움〔이 있다〕. 자연적 습관은 그 자체로 동시에 각각의 개별적인 것 속에 타당하게 만드는 것으로 극복되어야 할 총체성이다. 일반적으로 보편적 규범을〔추구하려는〕의지를 갖고 스스로 이 의지를 끊임없이 갖는 사람은 개별적 경우에 그 규범에 대해 관심을 두지 않는 습관화된 삶이 타파되는 것을 보호하지 않는다. 환원의 보편성은 각각의 개별적 작용에 현실적으로 관여하는 것으로서 끊임없이 그리고 개별적 작용 속에 반드시 실제로 활동하는 총체적 작용(Totalakt)이다. 따라서 이것은 본질적으로 환원의 현상학 자체에 속한다.

구체적인 구성을 개별적으로 분석하는 것에서는 단지 유비화하는 세속적 의미를 통한 유혹의 위험이 곧 개별적으로 분석하는 탐구를 일반적 인식으로 총괄하려고 시도하는 선험적인 것을 원칙적으로 특성화하는 경우보다 오히려 적게 주어진다. 그러므로 예를 들어 '구성하는 주관성'에 관한 논의는, 사람들이 실체적 존재와 우연적 존재에 관한 세속적 표상에 이끌려 '구성하는'이라는 수식어를 실체적으로 이해된 선험적 주관성의 한 우연성(Akzidenz)으로 파악하는 한, 오도하게 된다. 그 이후의 통찰은 비로소 선험적 주관성에 관한 이 실체주의(Substantialismus)가 하나의 편견이라는 사실, 선험적 주관성은 이전에 미리 존재하지 않았다. 따라서 구성되지 않았다는 사실, 구성적으로 세계가 생성되는 과정에서 선험적 주관성은 자기 자신을 최초로 구성한다는 사실을 지시한다.

또한 이러한 파악은 오해의 가능성이라는 짐을 걸머지며, 어떤 의미에서는 잘못이다. 선험적인 것을 실체적으로 해석하는 것에 대한 거부는 선험적 주관성이 하나의 존재하는 과정일 뿐이라는 대립된 사념(따라서 정적 파악 대신 역동적 파악!)으로 변하면 안 된다. 선험적 세계의 구성은 정적-실체적 존재관계의 실마리나 역동적-과정적 존재관계의 실마리에 맞추어 파악될 수 없다. 다만 '과정의' 파악은 유비적 서술에 적합하고, 세계의 구성의 특유한 선험적 '실존방식'(Existenzweise)에 어떤 친족관계를 갖는다. 이 세계를 구성하는 것은 존재하는 생성(과정)의 존재적-세속적 범주로는 파악되지 않지만, 그것으로 — 곧 유비화하면서 — 해명될 수 있다.[81]

---

81) 〈난외주〉 모든 존재의 양상과 이와 상관적으로 주관적 양상의 필연적인 내적 변화는 모든 단계의 시간화와 생성, 일어나는 것의 모든 개념을 포괄한다. 또한 구성하는 발생이 일어나는 것은 시간적으로 일어나는 것이며, 서로 다른 방식으로 자아론적이며 상호 모나드적이다.

항상 진행되는 현상학적 인식의 경우 부착된 자연적 연상(聯想)에서 세속적 개념들을 점점 더 해방시키는 술어적으로 해명하는 소박함은 극복되고, 그래서 각각의 선험적 명제 속에 자연적 단어의 의미와 이것이 지시한 선험적 의미 사이에 현존하는 〈애매한〉 의미작용이 분산되는 것을 지양하는 데 결코 도달할 수 없다. 오히려 각각의 선험적 술어화작용 속에는 어떤 내재적 저항과 모순이 남게 된다. 실로 이렇게 분산되는 것 일반이 언젠가 사라진다는 절실한 소망은 전혀 없었다. 자연적 언어의 매개를 전혀 필요로 하지 않는다는 선험적 언어의 이념은 그 자체로 모순이다.[82] 이러한 상태에 대한 완전한 통찰은 물론 쉽게 획득될 수 있는 것이 아니다.

현상학적 환원을 한 다음 즉시 우리는 현상학을 하는 응시자인 우리의 이론적 경험과 더불어 시작한다. 그러나 우리가 살펴보았듯이, 이 이론적 경험은 우리의 새로운 경험하는 삶의 첫 번째 단계에서 필연적으로 '언어가 없다.' 하지만 도대체 이 경험하는 삶은 언제나 언어가 없는 채 남아 있을 수 있는가? 획득된 인식을 표명하기 위한 필연성이 존재하지 않는가? 그리고 현상학을 하는 것은 그와 같은 필연성에 종속되고, 필연적으로 그것을 술어적으로 '해명해야만' 하지 않은가? 결코 언어적 자기 해명으로 이행할 수 없는, 항상 선험적 태도 속에 일관되게 항속하는 인식하는 삶은 생각할 수 있지 않은가?

현상학적으로 이론화하는 경험 그 자체에는 확실히 술어로 표명하기 위한 어떠한 근거나 강제도 없다. 그리고 어쨌든 술어로 표명하는 것은 특정한 의미에서 **선험적으로 필연적**이다. 이러한 표명에 대한

---

82) 〈난외주〉 또한 현상학자가 새로운 언어를 고안하려고 하면, 이것을 위해 그는 자신이 현상학적으로 확정하는 최초의 표현이자, 가장 직접적인 표현으로서 자연적인-애매한 언어가 필요할 것이다. 그리고 간접적인 새로운 언어는 곧 이러한 사실을 통해 그 자체로 다시 애매하게 정의될 것이다.

선험적 동기부여는 현상학을 하는 자아가――구성하는 자아에는 '다른 종류의 것'이며 대립된 존재인데도――비록 독자적 방식이지만 함께 마주치는 구성하는 자아의 **보편적 경향** 속에 발원한다. 우리가 이미 알고 있듯이, 모든 구성작용(Konstituieren)은 세계의 보편적 연관 속에 있는 존재자에 관한 구성작용이다. 〔그리고〕 구성적 과정은 구성된 모든 최종산물의 총괄개념으로서 세계 속에 한정된다. 우리는 이것을 본래 또는 1차적으로 세계화하는 것(Verweltlichung)으로 부른다.[83] 하지만 우리는 이것을 비본래로 또는 2차적으로 세계화하는 것과 엄밀하게 구별해야 한다. 이것으로 사념될 수 있는 것은 우선 막연하고 수수께끼처럼 나타난다. 어쨌든 이것에서 비로소 선험적 인식의 표명으로 재촉하고 〈이와 함께 그 선험성의 외화(外化)로〉 이끌어가는 선험적 충동을 이해할 수 있다. 미리 지시해 말하면, 비본래로 세계화하는 것은 **현상학을 하는 것** 그 자체를 세계 속에, 즉 자연적 태도 속에 초점을 맞추고 거기서 '자리 잡게 하고' '시간화'하는, 즉 현상학을 하는 것을 세계 속에 '나타나게' 만드는 구성적으로 일어나는 것(Geschehen)의 총괄개념이다.

　현상학을 하는 것은 그것이 2차적으로 세계화하는 것을 통해――외관상――그것이 언표되어야만 할 세계의 **상황**(Situation)으로 옮겨지는 경우, 비로소 술어로 해명할 수 있고, 해명된다 〈나는 해명하는 것을 경험하면서 해석하는 것에 대해 사용한다〉. 따라서 현상학적 인식의 길은 자연적 태도를 환원적으로 극복하는 가운데 자연적 태도로만 나아가는 것이 아니라, 선험적 의미부여에 기인하는 **현상학**

―――――――――――――――――

83) 즉 세계를 갖는 것은 순수한 선험적 자아가 아니라, 세계화된 것으로서 자아이다. 이 점을 정확하게 파악하지 않은 채 (물론 '지향성'이나 '구성'의 개념에 대한 원천적 오해와 더불어) 후설의 선험적 현상학을 전통적인 관념론으로 간주한다.

을 하는 것의 세계화한 결과, 다시 자연적 태도로 소급한다. 그러므로 자연적 태도는 철학을 하는 출발(Wovon-aus)일 뿐만 아니라, 그 목표 (Wo-für)이다. 자연적 태도 속에 개별적으로 철학을 하는 자는 자기 자신과 그가 자연적 삶의 공동체 속에 함께 있는 타인에 대해 순수한 인식의 길을 끝까지 걸어가는 과제를 이어받는다. 그래서 그가 처음부터 〔인류의〕 공복(Funktionär)이면, 그것이 처음 나타났듯이, 현상학적 환원을 하는 것은 모든 인간의 세속적 공동체와 그 속에 뿌리내린 목적설정에서 이끌어내고, 그를 자아로서 선험적으로 실존한 엄청난 고독으로 내몬다. 하지만 환원을 통해 가능해진 선험적 인식이 경과하면서 그는 타인이 선험적으로 함께 실존하는 타인으로서 깨어지지 않는 삶의 공동체(Lebensgemeinschaft) 속에 자신과 더불어 남아 있다는 통찰뿐만 아니라, 자연적 태도 자체는 곧 그 〈선험성〉 자체를 의식하지 못한 선험적 주관성의 특정하게 제한된 삶의 상황으로서 선험적으로 실존한다는 통찰도 획득한다.

자연적 태도는 '그 자체로는'(an sich) 선험적이다. 그러나 '그 자체에 대해서는'(für sich) 선험적이 아니며, 어느 정도 선험적 주관성이 '자기 외부에 존재하는'(Aussersichsein) 상황이다. 선험적 삶이 '자기 자신에 대해 형성되는' 과정은 필연적으로 자연적 태도에서 출발하는 것이 틀림없지만, 또한 곧 철학을 하는 자가 타인 ──그가 궁극적인 선험적 삶의 공통성 속에 함께 있는, 하지만 여전히 자연적 태도의 제한된 상황 속에 사로잡힌 ──에 대해 함께 철학을 하면, 자연적 태도로 되돌아가는 것도 틀림없다.[84]

따라서 현상학을 하는 것을 표명하는 필연성, 현상학적 해명의

---

84) 〈난외주〉 이것은 실제로 '되돌아가는 것'인가? 이 되돌아가는 것 역시 자신의 의미가 변화된다.

필연성은 우선 가장 깊은 원천이 모든 선험적 삶의 '형이상학적' 통일에서 발원하는 모든 철학을 하는 **의사소통적 경향**(kommunikative Tendenz) 속에 정초된다. 어쨌든 여기서 〈형이상학적인 것의 현상학적인 진정한 의미를 해명하는 가운데〉 이러한 점을 지시할 수는 없다. 그러나 우리는 그것을 술어로 서술함으로써 시작하는 현상학을 하는 것을 '학문화하는 것'은 선험적인 교육적 충동에서 발생한 것으로 보이는 경향, 즉 모두에게 공통적인 선험적 삶이 보편적 자기 자신에 대해 형성되는 것으로 향하는 경향이다.

11 '학문화하는 것'인 현상학을 함

선험적 방법론의 이념을 미리 지시하는 것은 현상학을 하는 것을 학문화하는 것이라는 사태를 통해 주어지는 일반적 문제의 특징 속에 잠정적 목적에 이르게 된다. '학문화하는 것'(Verwissenschaftlichung)이라는 용어는 선험적 경험과 앎을 받아들이는 것을 그 어떤 방식으로 **궁극적** 인식으로 인식의 **권위**를 고양시키는 것을 뜻하는 것이 결코 아니다. 왜냐하면 실로 이것은 선험적 **원리론**에 주제적으로 속한 일이기 때문이다. 어쨌든 지금 우리는 선험적 방법론 속에, 따라서 현상학을 하는 응시자의 특유한 선험적 존재 〈또는 행동〉에 관한 물음설정 속에 있다. 우리는 이 물음설정을 '응시자'(Zuschauer)의 특정한 기능과 이론적 조작에 관한 일련의 특수한 물음으로 해결했다. 우리에게 여전히 남아 있는 물음은 현상학을 하는 자아가 어떻게―우리가 현상학을 하는 것이 자신의 세속적 나타남, 즉 세계 속에 등장하고 함께 세계에 있는 타인에게 전하는 '철학의 학설'로 이행하는 것이라고 부를 수 있는―주목할 만한 일어남〔사건〕 속에 '존재하는가'이다.

선험적 학문의 문제는 우선 자신의 인식하는 삶 속에 현상학을 하는 자의 것으로 된 선험적 앎의 체계학과 내적 건축술에 관한 물음이 아니라, 맨 먼저 선험적 앎의 획득을 알리는 문제로, 따라서 세계 속에 자연적 태도에서 선험적 앎을 전달하고 알리는 문제로 서술된다. 〔그러나〕 이러한 점은 충분히 강조될 수는 없다. 그러므로 그것은 극히 중요하다. 왜냐하면 선험적 학문 개념에 관한 모든 물음은, 사람들이 ─ 현상학을 하는 것이 곧 세계 속에 나타나는 '철학'으로 세계화하는 것을 통해 받아들이는, 내적 세계의 모든 '위치를 정함'(Lokalisation)에서 독립적으로 선험적 앎 그 자체에 순수하게 귀속되는 ─ 학문의 본성을 엄밀하게 구별해 배운 경우에만 비로소 충분하고도 방법적으로 제기될 수 있다. 이러한 구별에 확실하게 숙달해야 비로소 방법론이 완성되는 선험적 학문이론이 다양하게 대립된 연관의 두 가지 측면에 대한 통찰을 보증한다.

그렇다면 이것을 통해 우리는 동시에 현상학적 이성에 고유한 현상학의 학문체계로 자기를 조직화하고 자기를 전개하는 것을 판정함에서 현상학적 이성의 선험적 '규준'(Kanon)을 갖는다. 우리는 그 세속적 나타남에만 관계된 현상학을 하는 것에 관해 외견상의 〈세계화된〉 진리와 본래의 선험적 진리를 구별할 수 있다.

그러나 문제제기를 더 확연히 드러내는 각각의 시도가 불가피하고 상세하게 논의하는 연구로 합류함이 틀림없기 때문에, 아래에서 몇 가지 원칙적이며 일반적인 시사에 만족하자.

a. 현상학을 함의 학문성의 문제

우리는 '학문성'(Wissenschaftlichkeit)이라는 관점에서 현상학을 하는 것에 관해 심문한다. 이미 언급했듯이, 지금 학문성으로 형성된 특정한 인식의 권위를 뜻하는 것이 아니라, 일정한 의미에서 이 '권위'

에 대해 정초하는 전제를 뜻한다. 물론 '전제'라는 표현은 쉽게 오해될 수 있다. 어쨌든 우리는 이 표현을 대부분 인식과 이와 상관적으로 진리의 특정한 기초를 놓는 관계를 지시하기 위해 사용한다. 그러나 지금 현상학을 하는 것의 '학문성'에 관한 물음설정에서 중요한 것은 진리들이 전제된 방식이 아니라, 일반적으로 선험적 현상학을 하는 것이 '학문'으로 객관화될 가능성에 대해 주관적 삶의 구조(Struktur)가 전제된 것이다. 현상학적 인식이 세계 속에 등장하는 학문으로 객관화되는 것이 각각의 세속적 학문에 대해 타당한 주관적 조건에 참여하는지와 어떻게 참여하는지, 그것이 인간 실존의 특정한 근본적 현상에 관한 세계의 학문을 제도적으로 조직화(Organization)하는 의존성에 관여하는지와 어떻게 관여하는지는 근본적 물음이다.

우선 세계에 관한 소박한 학문들에서 이에 상응하는 상태를 몇 가지 지적해보자. 여기서 '학문성'은 단지 인식의 특정한 궁극적 권위에만 성립하는가? 또는 오히려 맨 먼저 인간의 인식하는 노력의 목적에 맞게 재단된, 이 '궁극적 인식'을 상호주관적으로 객관화하는 형식은 그 속에서 〈객관적〉 '학문성'이 성립하는가? 우리는 여기서 이것이 전문용어로 확정되었는지 하는 물음을 학문성에 관한 물음과 함께 앎을 제도적으로 조직화하는 것에서 부각시키고자 한다. 이러한 의미에서 우리에게 학문은 1차적으로 주제적 장(場)의 통일성으로 제약된 ― 궁극적으로 증명되고 체계적으로 정초된 진리의 ― 통일성의 연관이 아니라, 이러한 실천의 결과인 진리 속에 한정되는 인간 현존재의 이론적 실천(theoretische Praxis)[85]이다. 따라서 학문은 인간

---

85) 후설에서 이론과 실천은 부단히 상호작용하면서 전개되는 개방된 구조를 지녔다. 가령 '먹어보고' '만져보고' '들어보고' 아는 것과 같이, 봄은 앎의 기초이다. 또한 알면 더 많은 것을 보게 된다. 그리고 알면 사랑(실천)하게 되고, 그러면 더 많은 것을 알게 된다(이론). 이것이 곧 '이론적 실천'이다. "직접적

의 자유로운 가능성이며, 이 가능성에 대해 그는 결단을 내리고, 또한 그 가능성을 거부할 수 있다.

인간의 현존재 속에 우리가 '이론적 태도'로 부른 보편적인 의지의 태도를 취한다는 사실은 학문으로 인식된 진리를 위한 '가정'의 성격이 아니라, 존재적 조건의 성격을 갖는 하나의 '전제'이다. 학문의 모든 주제적 진리에 앞서 학문을 추구하는 삶의 실제성이 놓여 있다. 학문의 '주체'는 '인간'이지만, 한 개인이 아니라 문화전통의 통일성 속에 있는 역사적-발생적 삶의 연관이다. 그러므로 '학문'은 개인이 공복으로, 연쇄관계에 있는 구성원으로 접합되는 인류의 역사적으로 전승된 상호주관적 의지의 습득성이다.[86] 그러나 학문을 추구함에서 인간이 '주체로 존재하는 것'은 단지 역사를 통해 지속하는——인식된 진리 속에 한정하는, 어느 정도 객관적-인식대상적(noematisch) 측면인 '학문'이라는 형성물에 대립해 주관적-인식주관적(noetisch) 측면을 서술하는——인식하는 삶뿐만 아니다. 주체로서 존재하는 것은 인간이 그것에 대해 어쨌든 '학문적으로' 인식되었다는 것이 성립하는 것도 뜻한다. 즉 그것은 학문적 진리가 단순히 인식된 것에 머물 수 있는 것이 아니라, 학문적 진리는 명제·탐구의 보고·교과서 등으로 객관화되어야 한다.

그러나 인간에 대한 이 객관화는 유한한 인간 삶의 특정한 구조로 철저하게 규정되고, '주체로 존재하는 것'은 '학문'이라는 형성물에

봄(Sehen)——단순한 감각적 봄이 아니라, 원본으로 부여하는 의식인 봄 일반——은 모든 이성적 주장의 권리의 원천이다."(『이념들』 제1권, 36쪽) 이러한 봄의 고유한 본질은 "보면서 해명하는 것"(『형식논리학과 선험논리학』, 167쪽)으로서, 선험적 자아가 자아 자신을 실천하는 첫걸음이다.

86) 〈난외주〉 그가 학자들의 공동체의 공복이기 때문에, 그는 학문에서 이익을 얻거나 얻으려고 하며, 탐구자와 이들이 마련한 행사가 추진됨으로써 학문을 추진하는 통일적 인류에 대해 어떤 방식으로 동시에 구성원이다.

객관화하는 형식을 규정한다. 어떤 인식(또는 통일적 인식의 연관)을 '학문화하는 것'은 결국 상호주관적 언어(그리고 상호주관적 문서)를 매개로 인식을 보존하는 것이 아니며, 인식과정의 지나가버리는 주관적 시간에서 모든 인간이 지속하는 것을 넘어서는 지속의 객관성으로 이끌어내 부각시키는 것이 아니다. 개체적 인식과정을 그것에 대해 언표하는 명제로 '표명함'으로써 비로소 학문의 상호주관적 객관성과 같은 것이 가능해진다. 또한 그래야 비로소 학문적 인식작용에 전통의 연속성이 가능해진다.

요컨대 사고의 작업수행을 상호주관적으로 접근할 수 있는 (배울 수 있는) 진리를 제도적으로 표현하는 형성물로 조직화함으로써만 학문은 언젠가 초(超)개체적이며 집단적인 습득성으로 창조되며, 그런 다음에는 항상 이러한 습득성으로 일어날 가능성도 정초된다. 객관화하는 것(표명하는 형식)은 어떤 학문의 학문성에 본질 외적인 계기가 아니라, 곧 주관적 〈그리고 현실적으로 이미 공동체화된〉 인식을 모든 사람에 대한 〈연계의 가능성이 생각될 수 있는 한, 모든 사람에 대해 모든 시간적 공간에 이해할 수 있는〉 객관성으로 만드는 것이다.

그렇다면 이 객관화는 어느 정도까지 인간의 실존의 근본적 구조에 관련되는가? 모든 세계의 학문에서 학문을 추구하는 '주체'는 인간이라는 점, 학문이 발전하는 시간성은 인간 삶의 역사적 시간성일 뿐이라는 점도 확실하다. 그러나 도대체 각각의 학문의 미래지평은 '무한하지' 않은가? 곧 학문을 추구하는 인간의 현존재가 '유한하기' (삶과 죽음으로 한정되었기) 때문에, 상대적으로 불멸하는 매체 속에 학문적 진리를 객관화하는 것이 일반적으로 필연적이다.[87] 학문은 곧

---

87) 〈난외주〉 그러나 다음과 같은 것이 구별되어야 한다. 즉 학자들의 단체의 통일성 속에 학문을 현실적으로 공동으로 추구하는 것과 이러한 유한성 속에 있는 현실적 전통 그리고 이에 상응하는 모든 사람, 다른 한편으로 인간 일반

인식이 객관화되는 것이 세대들을 통해 계속 소유하는 것(전승하는 것)을 가능하게 하기 때문에, 오직 무한할 수 있다(즉 미래의 탐구세대의 모든 유한성을 관통해 확장될 수 있다).

이러한 (당연히 너무도 짤막한) 지적의 의미를 요약하면 다음과 같다.

1) 각각의 세계의 학문의 독특함은 학문을 추구하는 행위의 '주체'가 인간이며, 어쨌든 이 행위에서 학문이 생긴다는 점, 따라서 각각의 학문은 인간의 학문이라는 점이다. 학문적 행위와 이 행위의 성과는 세계의 통일성 속에 함께 존재한다.[88]

2) 각각의 학문은 그것이 사실적으로 실현되었든 않든, 원칙적으로 인간의 **가능성**의 **지평** 속에 놓여 있다(이것을 통해 이 가능성 그 자체가 드러나 밝혀진다는 사실은 아직 언급되지 않았다). 그 어떤 학문의 구상도 인간의 가능성의 활동공간을 **초월하지 않는**다. 왜냐하면 인간은 어떠한 학문으로도 자기 자신을 넘어서지 못하기 때문이다.

3) 인간을 통해 형성되었고 언제나 형성될 수 있는 모든 학문은 의 **사소통적**이다. 더구나 다양한 관점에서 그러하다.

   a) 모든 학문은 세계 속의 존재자에 인식하면서 관련된다. 그러

(학자가 아닌 사람도)을 지닌, 하지만 매개된 연계의 통일성, 즉 구체적으로 완전한 역사의 통일성 속에 있는 개방된 환경세계[는 구별되어야 한다].

88) 〈난외주〉 그러나 이 세계는 우선 삶의 환경세계이며, 정확한 이념의 무한한 세계가 아니다. 각각의 인간은 이러한 환경세계에 속한 것으로서 자신의 전체 인간성을 가지며, 환경세계로 들어가 사는 것은 그와 전체 인간성 모두이지, 달의 인간이 아니다. 따라서 최초의 '경험적' 학문[이 성립한다]. 하지만 그런 다음 정밀한 학문[이 성립한다]. 그렇다고 각각의 인간이 이념화할 수 있는가?

나 존재자는 항상 모든 사람에 대한 존재자이다. 왜냐하면 세계의 사물의 객관성은 모든 사람에 대해 원리적으로 접근할 수 있는 것을 뜻하기 때문이다. 각각의 학문은, 그 대상이 원칙적으로 상호주관적 객관성이기 때문에(그 밖에 이 객관성은 특정한 경험적 개체성이 아니라 보편성의 계기 속에 주제적이 된다)[89] 의사소통적이다.

b) 대상과 이와 상관적으로 대상에 관련된 진리의 상호주관성은 집합적으로 이해할 수 있는 명제 등에서 이러한 진리를 '객관화하는 것'의 상호주관성에 상응한다.

c) 세속적 학문의 '무한성의 지평'은 그 학문적 획득물을 단지 이것을 '객관화하는 것'에 도움을 받아서만 전승될 수 있는 개체적-유한한 삶의 역사적-발생적 의사소통에 관련된다.

그러므로 우리는 세계의 학문을 그것의 〔주체〕 '누구'(Wer), 그 잠재성과 의사소통의 관점에서 원칙적으로 특징지었다. 이것을 선험적으로 현상학을 하는 것의 '학문성'에 관한 그에 상응하는 물음의 실마리로 받아들이면, 우리는 이것을 통해 현상학을 하는 것이 그 '나타남'에 대해 갖는 극도로 파악하기 어렵고 독특한 종류의 관계에 관한 문제의 윤곽을 드러내게 된다.

1) 누가 현상학을 하는가? 인간은 현상학이라는 학문의 주체인가? 도대체 현상학을 하는 것은 그 어떤 '실존적' 고찰과 경우에 따라서는 비판을 통해 도달될 수 있는가?

---

89) 따라서 후설에게 '객관성'은 주관과 대립하거나 무관한 것이 아니라 '상호주관성'을 뜻한다.

2) 현상학은 인간의 가능성의 지평 속에 미리 주어져 있으며, 마치 이미 준비되어 있는 가능성, 그가 이용하거나 이끌어갈 수 있는 인간의 자유(Freiheit)에 맡겨진 가능성인가?

3) 현상학적 인식의 주제적 대상이 '상호주관적으로' 주어지면, 현상학을 하는 자는 처음부터 '타인'과 함께 잠재적 인식공동체 속에 있는가? 현상학을 하는 자에게 인식된 진리는 '모든 사람'에 대한 진리인가? 이러한 진리를 상호주관적으로 객관화하는 것이 존재하는가? 더 나아가 현상학적 학문의 역사성(Historizität)은 발생적으로-연관이 있는 인간 삶의 역사성(Geschichtlichkeit)과 따라서 이와 더불어 세계 속의 역사성(Historizität)에 관련되는가?

이 모든 물음 때문에 현상학적 응시자의 존재는 첨예화된 의미에서 질문된다. 선험적 방법론은 이러한 물음을 단지 일정하게 **분열된** 상태에서만 답변할 수 있다. 그러나 이것은 선험적 방법론의 인식작용의 무능함이 아니라, 궁극적으로는 단지 **변증법적-역설적으로만** 파악할 수 있는 '사태 그 자체'가 분열된 상태 속에 정초되어 있는 것이다.

b. 현상학을 하는 것을 세계화하는 것

물론 그 가장 일반적인 이념 속에서만 윤곽을 그린 선험적 방법론의 중심적 근본의 문제가 현상학을 하는 응시자와 선험적으로-구성하는 자아의 선험적 존재의 대립에 있다면, 현상학을 하는 것의 '학문성'(객관화)의 문제에 착수하는 경우, 이 존재의 대립은 특정한 방식으로 지양될 수 있는 것으로 보인다. 〔그러나〕 어느 정도까지인가? 세계의 구성에 관여된 응시자의 보편적 주제는 그 다양한 층과 구성된 단계, 중간단계 속에 있는 구성하는 삶이다.

현상학을 하는 자아가 구성에 대한 모든 관여를 억제하는 동안, 단지 선험적인 이론적 경험작용(이것은 소박한 경험의 개념이나 이 개념을 구성적으로 해석하는 실마리에서 파악될 수는 없다)만 수행하며, 그 자아에 주제적인 삶 속에 세계의 구성이 원칙적으로 두 가지 분절된 방향으로 수행된다. 즉 어떤 때는 '대상'(주관적 음영·원근법·제시함·주어짐의 방식 등 다양성 속의 동일한 통일체)의 구성으로, 다른 때는 주관성에 세계의 성격을 구성하는 것으로, 즉 구성하는 주체의 세속적 자기 통각인 '인간성'을 구성하는 것으로 수행된다.[90] 즉 '대상적' 구성(환경세계·외부세계)과 일치해 항상 본질적으로 상응하는 가운데 선험적 주체가 세계 속의 〈동료 인간 가운데〉 인간인 '자기 구성'(Selbstkonstitution)도 진행한다. 구성하는 주체는, 자신 때문에 구성된 존재의 연관 한가운데 자신을 정주시키고 어느 정도 자리를 잡음으로써, 자기 자신을 내적 세계에 존재하는 인간으로 세계화한다. 선험적-구성적 과정의 세계에 최종적인 경향은 구성하는 작업수행의 최종산물인 세속적 '객체'에 한정할 뿐만 아니라, 이러한 정도로 세속적 **주체**, 즉 마찬가지로 구성적으로 의미를 부여한 **성과**를 이루는 인간에 한정한다.[91]

---

90) 〈난외주〉 자신의 측면과 마찬가지로, 자기 자신에 대해 자기 자신을 세계화하는 선험적 주체로서의 인간들 가운데 인간인 신체적-영혼적 동료 인간 중에서 신체적-영혼적 자신의 인간으로서〔존재한다〕.

91) 〈난외주〉 세계의 구성은 구성하는 주관성이 이 속에서 동시에, 또한 끊임없이 인간성(Menschheit) ― 서로 함께 살아가면서 서로에 대해 현존하면서 서로 함께 경험하고 사고하며 행동하는 인간의 개방된 무한한 매개 속에 있는 전체성(Allheit) ― 으로서 세계화되어 구성되는 방식으로 '세계'라는 시간공간의 존재 의미를 작업수행하는 구성으로 끊임없이 경과한다. 자신에 대해 존재하는 세계 속에 살아가는 자로서 그는 존재하는 세계를 의식하며, 또한 그 속에서 살아가고 물체적-영혼적으로 세계 속에 존재하는 자기 자신을 의식하고, 기능하는 작용의 주체(Aktsubjekt)인 동시에 객체(Objekt)로서, 다른

이제 현상학적 환원은 선험적 경향이 일깨워지는 것(Erwachen)을 뜻하는데, 이 경향은 어느 정도 세계에 최종적으로 방향을 잡은, 구성하는 자아에 세계를 빼앗긴 삶의 특징을 역행하는 경향이며, 곧 구

객체와 마찬가지로 가능한 주제적 대상으로서, 특히 가능한 자기반성 속에 자신에 대한 각각의 인간 주체로서 의식한다. 구성하는 주관성은 자기 자신을 끊임없이 구성하고, 자기 자신을 항상 인간성으로 구성했다. 구체적 자아는 단순히 즉시 개인, 즉 자아-인간(Ich-Mensch)으로서 구성되는 것이 아니며, 세계의 구성 속에 놓여 있는 세계화하는 것은 다음과 같은 점이 성립한다. 즉 전체 구성의 자아-중심(Ich-Zentrum), 구성 속에 기능하는 작용의 자아, 원초적인 보편적 영역은 특수하게 자아에 속한 작업수행의 통일체로서 자아에 집중된다는 점, 하지만 이 원초성(Primordialität)에 근거해 그리고 이에 속한 '감정이입'을 통해 다른 주체들, 공동 주체들의 양상으로 존재의 타당성에 이르고 현전화된 원초성과 자아중심의 지평 역시 자아 속에 구성되며, 그런 다음 이러한 방식으로 자신의 측면에서 기능하고 객관적 세계의 구성에 대해 언제나 (수행)할 수 있는 능력을 갖게 된다는 점이다. 오직 자아가 인간적 형태 속에 세계를 소유하는 자아로, 자아-인간으로, 영혼적 존재를 지닌 자아-인격으로 세계 속에 현존재를 가질 수 있는 결과, 근원적 양상의 원초적인 것으로 구성하는 존재와 삶 및 타자적인 것, 타인적인 것으로 구성하는 존재와 삶 사이의 구별이 자아 속에 수행되었고 끊임없이 수행되며, 자아 속에 선험적 상호주관성, 모나드의 전체—자신의 측면에서 세계와의 관련에서 구성하는—가 구성된다. 모나드의 전체는 세계 속에 전체 인간성으로 객관화되며, 이 경우 구성된 모나드의 공동체 속에 자연(Natur)은 세계의 핵심(Kern)—물체적 신체는 이것에 속하며, 이 속에서 세계의 영혼들이 반드시 기초지어진다—으로 구성된다. 그런 다음 세계의 구성에 대한 필연적 '매개'인 선험적 모나드 전체의 구성으로 나의 영혼(Seele)은 나의 작용-자아를 세계화한다. 더구나 나의 전체 자아도 세계화한다는 주목할 만한 사실도 물론 이루어지므로, 간접적으로 이루어진다. 전체 자아는 모나드 전체 속에, 모나드 전체와 일치해 그리고 이 모든 것(모나드)이 자아의 최초의 객관화작업(Objektivation)인 한, 객관화된 자아-모나드(Ego-Monade)이다. 그러나 나의 모나드적 자아는 다른 모든 모나드적 자아를, 그 속에 함축된 것으로 이미 포괄한다. 그리고 영혼으로, 나의 구체적인 영혼적 존재로 세계 속에 객관화되며, 이 속에서 나의 전체 자아를 세계화된 것으로 발견한다.

성의 최종산물에서 구성하는 의미부여의 원천으로 이론적으로 되돌아가 묻는 것, 즉 자기 해명의 경향이다. 이러한 경향은 현상학적 판단중지 속에 확립된, 현상학을 하는 자아의 인식의 습득성일 뿐이다. 단지 '응시자'가 세계의 존재를 목적론적으로 겨냥하는 구성에 관여하지 않기 때문에,[92] 자신의 경험하는 삶에서 그 밖에 이 삶을 통해 항상 자신에서 떨어져나가 세계를 향해 살아가는 우주발생론적 구성과정의 '자각되는 것'이 수행될 수 있으며, 선험적인 '자기 자신에 대해 형성되는 것'이 일어날 수 있다.

모든 '존재의 대립'을 넘어서 어쨌든 현상학을 하는 자아는 구성하는 자아와 함께 선험적인 삶의 통일성 속에 있다. 아무튼 '응시자'는 결국 구성하는 삶에서 (물론 구성적이지는 않은) 내던져진 〈이른바 새로운 세계를 외면한 활동성의 중심으로서〉 반성하는 자아일 뿐이다. 그리고 이 자아는, 그것이 ─ 분석하기 매우 어려운 ─ 어떤 방식으로 구성하는 자아가 자기 자신을 세계화함으로써 포괄되고 이것으로 계속 지니게 되어 세속화되는 한, 마치 세계의 구성에 **수동적으로** 관여한다. 구성하는 자아를 세계 속의 인간으로 세계화하는 것, 즉 구성하는 자아가 '자기 통각'(Selbstapperzeption)을 구성하는 것을 우리는 이미 본래 또는 1차적으로 세계화하는 것이라고 불렀다. 이것은 선험적-구성적 **활동성**이다. 왜냐하면 구성하는 자아는 자신의 능동적 구성의 작업수행을 통해 세속화되기 때문이다.[93]

---

92) 〈난외주〉 즉 이미 지평을 지닌 것으로 미리 주어진 세계, 따라서 이미 구성된 세계의 토대 위에 세계에 일어난 일인 성과를 시간화하면서 세계의 구성을 계속하는 세계 속의 삶의 작용에서[존재한다].

93) 〈난외주〉 이것은 우려할 만한 표현의 방식이다. 그 밖의 어떤 구성에 대립되는가? 모든 실재적인 것은 상호주관적으로 구성되고, 모든 세속적 구성은 원초적 자연을 창조하고 감정이입을 하는 활동성으로서 능동적으로 타자의 주관성을 구성한다. 그래서 자아와 타인의 '서로 함께'(Miteinander)와 동일한

이 구성의 작업수행은 현상학적으로 이론화하는 '관여되지 않은' 자아를 세속화하는 것(Mundanisierung)으로 휩쓸어간다. 그런데 이 세속화하는 것은 자신의 활동성에 기인하지 않기 때문에 자아에서 단지 비본래이며 외견상의 세계화하는 것이 된다. [따라서] 현상학을 하는 것은 '나타남'이 된다. 현상학을 하는 것은 이제—외견상 즉 나타남에 따라 판정된—세계를 초월하는 것(Transzendieren)으로서 세계로 다시 전락하고, 세계 속에 시도된 초월하는 것이 된다.[94] 왜냐하면 환원을 '탈인간화하는 것'(Entmenschung)인 현상학을 하는 것이 이제 인간화되기 때문이다.[95] 즉 현상학을 하는 것이 세계 속의 학문이 된다.

현상학적 응시자의 선험적 인식작용이 세계화되고, 구성하는 삶의 뒤에 남겨진 자기 통각적 구성과 자기 은폐의 성과인 세속적 나타남으로 이행하는 것은, 현상학을 하는 것이 '학문'으로 객관화되든 않든 관련되는 필연성이다. 그러나 현상학적 인식을 상호주관적으로 접근할 수 있는 인식으로 객관화하는 것에는 이러한 점이 특수하게 판명된다.[96] 세속화하는 것을 통해 현상학을 하는 것은 곧 그것에 대해

자연, 동일한 세계 등을 구성하는 활동성에 기인한다. 스스로를 세속화하는 것인 '고유한' 작용들은 어디에 있는가? 그것은 처음부터 그 속에서 존재하는 세계가 나에 대해 있는 활동성의 지향적 조직물이다. 그렇다면 선험적으로 현상학을 하는 자아를 세계화하는 것과 가능한 방식으로 현상학을 하는 모나드로서 자아 속에 구성된 모나드의 세계는 사정이 어떠한가? 이에 대해서는 '부록2' 참조.

94) '부록3' 참조.

95) '부록4' 참조.

96) 〈난외주〉 그것은 어쨌든 가령 언어를 경유하는 길에서 사념되는 것이 아닌가? 그것은 단순히 자연적 태도로 되돌아가는 것이다. 이것은 물론 다음과 같은 이중적인 것을 뜻할 수 있다. 즉 ① 판단중지를 포기하고 최종적 주제제기인 세계를 복구하는 것과 ② 세계가 지금 세계의 현상이 되기 위해 판단중지

표명되는 자연적 태도의 상황으로 되돌려진다. 하지만 이것은 판단중지와 환원적 인식의 태도 일반의 어떠한 과제도 뜻하지 않는다. 왜냐하면 현상학을 하는 자는 실제로 다시 자연적 태도로 전락하지 않으며,[97] 소박한 세계의 독단주의에 귀속하지도 않고, 곧 자신이 일관되게 견지해온 '선험적 태도'가—선험적 의미부여에 스스로 기인하는 '세계화하는 것'에 따라—세계 속에 즉 자연적 태도의 지평 속에 나타나기 때문이다.

이제 과제는 현상학을 하는 것의 비본래인('2차적인') 세계화하는 것(초월하는 것이 세계 속으로 전락하는 것, 환원적으로 탈(脫)인간화하는 인간화하는 것 등)을 구체적인 분석으로 제시하고, 이것으로 가장 일반적인 지적들에 대한 서술을 이끌어내는 것일 수 있다. 그러나 엄청나게 얽힌 문제제기가 이러한 과제를 도외시하게 우리를 강제한다. 단지 우리는 몇 가지 원리적인 해명을 시사하려 하는데, 이것은 **현상학적 이성의 기준**으로서 선험적 방법론이 현상학을 하는 것에 관해 '나타남의 진리'와 선험적 진리를 구별하는 데 부여할 수 있는 답

속에 머물러 있는 것, 하지만 부단히 현상으로 받아들여진 세계의 상대적 주제제기 속에 일관되게 머물러 있는 것이다. 예를 들어 세속적 존재론과 실증적 사실과학들의 완성은 단지 소박함 속에 있는 것이 아니라, 선험적 주제제기로, 즉 구성적 현상학의 부분적 영역으로 있다. 이것은 실로 현상학 속에 새롭게 모든 실증과학이 자신의 위치를 발견하고 단지 소박하게 절대화하는 것을 박탈하는 방식이다. 내가 두 번째 의미에서 자연적 태도로 '되돌아가면', 나는 세계를 구성하는 것을 심리적인 것으로 그리고 실증적 과학적으로 탐구함에서 심리학적인 것으로 세계화한다. 그렇다면 현상학을 하는 것도 심리학적으로 주어진다. 그러나 나는 보편적인 세계의 심리학(weltliche Psychologie)이 사실상 불가능하며, 그 보편성도 현상학 속에 지양된다는 점을 안다. 유한한 기술적 심리학에서 나는 순수하게 구성적으로 주관적인 것이 세계화된 것을 발견하지만 현상학을 하는 것 등은 발견하지 못한다.

97) 따라서 현상학적 환원을 통해 일단 선험적 태도를 획득하면, 그는 결코 완전히 자연적 태도로 다시 전락할 수는 없다.

변의 양식을 지시하기 위한 것이다.

우선 현상학을 하는 것의 '누구'(Wer)에 관해 위에서 제기된 물음에 답변하게 시도하면, 곧바로 우리는 일정한 당혹감에 빠져든다. 우리가 현상학적 환원을 함으로써 획득했고, 일관되게 견지했던 선험적 태도에는 환원 속에 일어난 것에 대한 이해를 불가피하게 지시하는 것 이외에 어떠한 답변도 우리에게는 없다. 현상학을 하는 것의 주체, 즉 현상학을 하는 자는 선험적 자아이다. 또는 더 정확하게 말하면, 선험적 주관성의 삶의 연관 속에 고유한 내재적 〈작용하는 삶의〉 자기가 분화됨으로써 형성되는 반성하는 자아이다.

다른 한편 어쨌든 현상학을 하는 것이 거기서 '철학을 하는' 인간의 이론적 인식실천(theoretische Erkenntnispraxis)이라는 점을 전적으로 부정할 수는 없다. 현상학자가 세계 속에 깨어 있고 활동하는 현존재를 지배하는 일정한 관심의 습득성과 의지의 습득성을 지닌 각각의 다른 사람과 같은 인간이 아닌가? 아주 확실하게 현상학자는 자신의 특수한 인식하는 태도 속에 깨어지지 않는 영속(Permanenz)에서가 아니라, 곧 휴식·잠·일상적 행동 등의 시간에서 중단되는 시기에 따라 현실화하는 가운데 살아간다. 〔그런데도〕 정신적 작업인 '현상학을 하는 것'은 각각의 다른 활동과 같이 인간의 활동이 아닌가?

이러한 물음을 우리는 단호하게 부정할 수 없다. 그러나 사람들은 우선 여기에는 일반적으로 어떠한 중대한 어려움도 놓여 있지 않다는 견해를 가질 수도 있다. 어쨌든 현상학적 환원을 함으로써 곧 모든 인간의 행동은 근본적으로 선험적 행동과 활동성이라는 기초적 통찰을 획득했다. 인간 행동의 '선험성'(Transzendentalität)은 전적으로 구성적으로—작업을 수행하는 삶과 마찬가지로, 환원적으로 드러내 밝히기 이전에 인식될 수 없게 은폐되어 놓여 있다. 하지만 '그 자체로' 모든 인간의 활동은 선험적이며, 그에 따라 현상학을 하는 것은 선험적 주체가 세계 속의 인간으로 자기 구성을 통해 인간의 활동으로 구성되고 통각이 되는 다른 선험적 활동들 가운데 하나의 활동일 뿐이다.

그러나 이것으로 '어려움'이 결코 옆으로 밀린 것은 아니다. 현상학을 하는 것은 다른 인간의 능동성과 이른바 동일한 수준에 놓여 있거나 놓일 수 있는 활동이 아니다. 그것은 우선 한 번도 자연적 태도 속에 현존하지도 않았고, 게다가 환원을 통해 자신의 선험적 독자성에서 발견되지도 않았다. 왜냐하면 그것은 결코 단순히 '그 자체로' 선험적으로 실존하는 것이 아니기 때문이다. 오히려 우리는 하여튼 현상학을 하는 것을 진행시키기 위해 곧 자연적 태도를 넘어가야만 한다. 따라서 모든 인간 행동의 선험성에 대한 통찰을 수행해야 한다. 즉 인간의 행동(인식실천)인 현상학을 하는 것을 파악하는 것은, 현상학적 환원을 함으로써 옆으로 밀리고 지양될 수 있다는 자연적 태도 속에 소박하게 사로잡힌 것에서 발원하는 것이 아니다. 왜냐하면 현상학을 하는 것은 환원(Reduktion) 이전의 독단주의(Dogmatismus)가 아니라, 환원 이후의 독단주의이기 때문이다.

이것으로써 다음과 같은 것만을 뜻할 뿐이다. 즉 이른바 선험적 인식, 그에 따라 모든 인간의 행동은 본래 선험적이며, 선험적 해석을 통해서만 궁극적으로 이해될 수 있고, 선험적 인식은 그 자체가 인간이 인식하는 태도이다. 달리 말하면, 선험적 주관성의 구성된 객관화의 형성물로 인간을 해석하는 것은 인간적 해석, 인간적 이론이다. 아니면 전적으로 인간적 '사변'인가? 어쨌든 결국 '현상학을 하는' 인간 혼자 그리고 그 인간만 존재하는가? 인간으로 촉진된 이 현상학을 하는 것이 진지하고 가차 없는 자기비판 앞에 어떻게 지탱할 수 있는가?

현상학자가 '현상학적 환원'의 기본적 성찰을 통해 완전히 특정한 의미에서 그 밖의 모든 인간에 공통적으로 제약되고 사로잡힌 것을 넘어서 도달하는 것, 그가 그 '자신'의 궁극적으로 깊은 곳 속에 '세계를 구성하는'(세계를 창조하는) 주관성을 발견했고, 이것을 엄밀하게 학문적 인식의 주제로 만들 수 있다는 것을 현상학자가 다소간에 의문의 여지가 있는 '인식'의 내용으로 보고하면, 어쨌든 이것은 불손함과 우쭐댐, 오만——종교적으로 표현하면, 신의 지위에 스스로 앉는 피조물의 월권——과 비교할 데 없는 정당한 교만으로 보인다. 그리고 아마도 '실존적 비판'은 더 깊게 파고든다. 선험적 주체를 구축하는 가운데 기록된 이 대담한 '타이탄주의'(Titanismus)[98]는 결국 단지 정신적 나태함, 인간 현존재(죽음·운명·죄 그리고 다른 '궁극적 일들') 특유의 위협하며 동요시키는 실제성에서 소외된 삶의 유희적인 지성적 날조물에 불과한가? 또는 그 배후에는 사람들이 은폐하고

---

98) 그리스 신화에 의하면, 태초의 혼돈 이후 번식을 상징하는 대지의 신 가이아(Gaia)가 나타났다. 가이아가 낳은 우라노스(Ouranos)는 자식들이 세상에 나오는 것을 싫어해 가이아의 자궁 속에 가두었으나, 가이아가 막내 크로노스(Kronos)를 설득해 낫으로 우라노스의 남근을 제거했다. 그 이후 크로노스는 여동생 레이아(Rheia)와 결혼했으나, 자식이 자신의 지위를 빼앗을 것이라는 예언을 듣고 아이들이 출생하자마자 모두 삼켜버렸다. 그러나 레이아가 막내 제우스(Zeus)를 몰래 크레타 섬에 숨겨 살렸다. 그런데 이렇게 성장한 제우스는 지혜의 여신 메티스(Metis)의 도움으로 크로노스가 형들과 누이들을 토해내게 하고, 이들과 힘을 합쳐 타이탄족(Tatanes)이라고 부르는 크로노스와 그 형제들을 지하세계에 가두었다. 10년에 걸친 이 '타이탄족과의 싸움'(Titanomachia)을 평정한 결과, 제우스는 올림포스 산을 지배했다. 한편 크로노스가 우라노스의 남근을 제거할 때 흘린 피로 잉태되어 낳은 자식들이 거인족(Gigantes)인데, 크로노스와 타이탄족이 지하세계에 갇히자 가이아가 거인족을 부추겨 올림포스의 신들에게 도전하게 한다. 그런데 제우스와 아테나 여신, 인간 헤라클레스(Herakles)가 협력해 치른 '거인족과의 싸움'(Gigantomachia)을 통해 제우스는 새로운 신들의 시대를 열었다.
따라서 '타이탄주의'는 우라노스(전통·관습·기존의 질서)에 대한 반역과 반항심을, '타이탄'은 거대한 힘과 지성을 지닌 중요한 사람을 뜻한다.

자 힘쓴 인간적 실존의 섬뜩함조차 있는가? 자연적 태도를 극복했다고 잠칭하는 현상학을 하는 것은 '유한성에서의 도피'가 아닌가?

우리가 승인해야 하면, 인간이 철학을 하는 한 방식인 현상학을 하는 것은 인간으로 존재하는 실제성에서의 회피, 자기기만이며 궁극적 진리가 없는 것 아닌가? 그러나 '실존적' 고찰에서 때에 따라 행해진 비판은 처음부터 길을 잘못 들어선다. 그것은 현상학을 하는 것이 인간의 행동일 뿐이라는 사실을 어느 정도 증명된 것으로 전제한다. 이에 대한 반증은 유일하게 '인간의 논증'(argumentatio ad hominem)[99]일 뿐이다. 어쨌든 그것은 명백히 그 자신에 대해 검증된다. 현상학자가 세계 속의 인간이며, 동료 인간이고, 그의 특정한 견해를 사람들이 하여튼 알게 될 수 있다는 사실을 누가 부정하는가. 단지 문제는 현상학을 하는 것(또는 현상학을 하는 가운데 기능하는 주체)에 관한 모든 진리가 검증되는지, 실제로 이 검증이 궁극적인 법정인지, 또는 곧 극도로 의문의 여지가 있는 것이며, 무엇보다 여전히 해명되어야 할 것이 아닌지 이다.

도대체 현상학을 하는 것은 실제로 '검증적으로' 세계 속에 현존하는가? 일반적으로 사람들이 현상학 또는 현상학을 하는 것을 실존적으로 비판할 수 있다고 믿는 한, 그것을 결코 이해할 수 없다. 사람들은 본래 현상학적 명제 속에 단지 '유비화하면서' 의미에 적합하게 기능하는 세속적-소박한 의미들 속에 박힌 채 머물고, 혼란된 의미를 넌지시 알린다. 따라서 예를 들어 현상학을 하는 자가 현상학적 환원에 대해 언표하는 명제는, 사람들이 스스로 현상학적 환원을 하지 않으면, 전혀 이해할 수 없다. 그 명제들은 그 가능성에 관해 미리

---

99) 이것은 논지의 일관된 타당성과는 아무 상관없이 논하는 사람의 인격·전력(前歷)·사상·습관 등을 지적해 자신의 논증이 참됨을 주장하는 '논점이탈의 오류' 가운데 하나이다.

주어지고 이미 알려진 것에 대해 보고하지 않고, 오직 스스로 수행함으로써만 파악할 수 있는 결코 알려지지 않은 철저성(Radikalität)에 관한 인식의 행동에 대해 명령적으로 지시하는 것이다.

실제로 '실존적 비판자'(existentieller Kritiker)가 논쟁을 진지하게 받아들이며, 현상학적 환원을 추후로 이해하는(Nachverstehen) 가운데 논쟁을 수행하면, 그는 그 자체로(eo ipso) 자신의 '비판적 태도'의 토대를 포기한다. 그 자신이 자연적 태도 속에 사로잡힌 것, 즉 (특히) 인간으로-존재하는 것 속에 사로잡힌 것을 극복하고 그 자신을 선험적 주체로 인식했기 때문에, 그는 자신이 미리 가진 것[계획](Vorhaben)을 더 이상 실행할 수 없다. 그렇다면 이렇게 함으로써 ─〈현상학을 예고하는 인간이〉명백하게 검증하는데도 ─ 현상학적 인식작용과 그 습관(Habitus)이 어떠한 인간의 태도도 서술하지 않는다는 인식, '인간의 논증'은 원리적으로 무의미하다는 인식도 개척했다. 환원을 하는 것은 현상학을 하는 것의 본래 (궁극적 실제로) 주체가 선험적 응시자라는 확실하고 상실될 수 없는 명백한 확신을 준다. 현상학을 하는 것은 자기 자신을 선험적으로 일어난 것[사건](Geschehen)으로, 게다가 구성하는 삶의 선험적 자기 운동이 일어난 것으로 입증한다.

〔그렇다면〕'자기 운동'(Selbstbewegung)이라는 표현을 어떻게 이해할 수 있을까? 선험적 삶을 환원적으로 드러내 밝히는 것은 선험적 삶이 이 드러내 밝히는 끝까지 '익명적으로' 경과된다는 인식, 선험적 삶 전체는 모든 구성의 목적(Telos), 즉 세계의 존재에 변함없이 향해 있는 구성적 과정에 습득적으로 머물러 있다는 인식을 승인한다. 환원 때문에 비로소 마치 '정적(靜的)으로' 항속하는 세계가 구성되는 과정에 동요가 생긴다. 선험적 삶 안에서 대립된 운동이 등장하는데, 현상학을 하는 응시자가 구성적으로 '되돌아가 묻는 것'이

다. 이것은 선험적 주관성의 삶 속의 근원적 사건(Urereignis)을 뜻하고, 선험적 주관성이 자각되며, 선험적 주관성은——비유적으로 말하면——자기 외부에 존재하는 세계에서 오래된 '잠'에서 깨어난다. 왜냐하면 선험적 주관성이 단순한 '자기 외부에 존재하는'의 단계에서 '자기 자신에 대해 존재하는'의 단계로 이행하기 때문이다.

현상학적 환원은 (그것을 최초로 수행함에서) 세계를 구성하는 드라마에서 회전점(Peritrope)이며, 현상학을 하는 것은 세계를 구성하는 삶의 '역사'를 결정적으로 일시 중지시키는 선험적 경과이다. 그러나 선험적 삶의 자기 운동은 세계로 향한 구성과 그 반대로 향해 ('되돌아가 묻는') 현상학적으로 이론화하는 인식의 대립된 활동(Gegenspiel)이 아니라, 현상학을 하는 것 자체가 〈이제 물론 드러나 밝혀진〉 구성적 과정의 세계에 최종적인 삶의 경향을 통해 다시 동행하는 한, 자체 속으로 순환하는 것(In-sich-Kreisen)이다. '현상학을 하는 것'이라는 선험적 경과는 이것을 통해 세속화된다. 즉 그 자신이 밀쳐냈던 자연적 태도 속으로 다시 돌려지게 된다.[100] 그것은 삶의 상황 한가운데에서 인간의 인식하는 행동으로서 자연적 태도의 지평 속에 등장하며, 어떤 특정한 태도를 지니고 명백하고도 검증적으로 인간이 철학을 하는 것이 된다. 그래서 〈철학을 하는 자가 다른 인간과의 인간적 연계 속에〉 그 경과와 더불어 공통적인 ('자연적으로-태도를 취한' 인간의) 상식에 독단적으로 사로잡힌 소박한 '논쟁'에 대해 논박할 수 있는 측면을 제공해준다. 즉 세속적 사건인[101] 현상학을 하는 것을 세속적으로 해석할 수 있다. 그러나 각각의 세속적 해석이 너무도 간략하게 〔내용을〕 지녀서 외적 형식, 즉 '나타남'에만 밀어

---

100) 〈난외주〉 그러나 물론 그러한 이유로 이것이 이제 선험적 경과 '로' 알려지며, 따라서 세계도 선험적 상관자로 알려진다.

101) '부록5' 참조.

붙인다는 점은 원리적으로 타당하다. 왜냐하면 내적 (선험적) 본질은 세속적 해석에 필연적으로 폐쇄되고 접근할 수 없기 때문이다. 그리고 그 본질은, 해석자나 비판자가 그 자신에 관해서는 스스로 환원을 하지 않기 때문에 세속적이며 소박한 모든 해석의 시도의 기초를 포기하지 않는 경우, 세속적 해석에 영원히 생소하게 남아 있다.

그러나 이러한 예방책 이후에도 현상학을 하는 행위의 주체를 세계화하는 것의 적극적인 의미를 상세하게 규정할 필요가 있다. '인간'은 현상학을 하는 것이 나타나는 주체, 즉 인간은 자연적 태도 속에 나타나는 주체, 곧 외견상의 주체이다. 그것이 주체로 존재하는 것의 이러한 '외견상이라는 점'은 인간으로 존재하는 것의 일정한 (실존적) 근본적 태도('진정함' 등)와 일반적으로 현상학적 환원을 하는 것을 처음으로 동기를 부여하는 전격적인 선험적 선행인식의 출현에 대한 성향을 일깨우는 것 사이의 관계의 문제제기를 전적으로 규정한다. 여기에는 희미하고 수수께끼 같은 문제들이 아주 풍부하게 놓여 있다. 이것의 해명에 착수하는 것은 인간으로 존재하는 것의 철저하게 수행된 구성적 해석을 전제할 것이다.

어쨌든 이러한 점이 어떠한 상태에 있더라도, 구성하는 '세계의 근거'에 대한 해명으로서 현상학적 환원을 성공적으로 관철하기 위해 인간의 특정한 윤리적 자기 활성화(Selbstaktivierung)가 전제되더라도, '인간학주의적'(즉 구성된 형성물인 인간 속에 사로잡힌) 주관성의 해석은 결단코 현상학을 하는 것의 '실제적' 주체에 도달할 수도 다룰 수도 없다. 이에 반해 현상학적 선험철학자는 검증적으로 '인간'이 철학을 한다는 사실을 오해하지 않으며, 그에게 이 '검증'은 항상 그 배후에 놓여 있는 선험적 진리를 투시한다.[102] 그는 '나타남'을 간

---

102) 〈난외주〉 아주 오해받기 쉬운 말이다. 현상학자는 모든 가능한 태도를 수행

파하는데, 반면 독단론자는 이것을 궁극적 실제성으로 간주하며, 우리는 이것의 배후를 결코 되돌아가 물을 수 없다. 나타남은 '세계의

했고 이론적으로 인식했다. 이제 그는 모든 가능한 태도를 교대로 그 통일적 연관 속에 관통할 가능성을 지배하며, 이제 자신의 지평을 갖는 자연적 태도로 되돌아감에서 어떻게 선험적 자아가 자기 자신 속에 자아-인간으로서 영혼적이고 인간적인 자기를 객관화했는지 그리고 이제 이 자기를 객관화하는 것 속에 모든 자아론적인 것과 같이 현상학을 하는 활동성과 습득성도 어떻게 함께 객관화되어 놓여 있는지를 볼 수 있다. 총체적 모나드 전체의 구성에 관해 모나드 전체가 인간성으로서 그 객관화된 것과의 '합치'도 마찬가지다. 모나드의 구성에는 절대적 자아가 현상학을 하는 것이 자아-모나드로 들어가 산정된다는 사실이 포함된다. 또한 각각의 다른 모나드도 나의 가능성을 가지며, 현상학을 할 수 있다. 왜냐하면 내가 다른 모나드들에 대해 나의 시간공간의 위치를 갖는 것처럼, 경우에 따라 다른 모나드들도 그리고 그들의 시간공간의 위치에서 자신들이 현상학을 하고, 이 현상학을 하는 것은 자연적인 세속적으로 객관화하는 것에서 영혼으로 들어가기 때문이다. 선험적 학문은 모나드의 세계, 하지만 세속적 세계에서도 자신의 이념적 존재를 매우 정당하게 갖는다. 그리고 현상학을 하는 활동성, 즉 이 [선험적] 학문을 현실적으로 실행하는 활동성은 그에 상응하는 의미에서 여기저기 시간공간의 위치를 갖는다. 두 가지 측면에서 현상학의 이러한 작업을 수행하는 행동은 경우에 따라 동료-현상학자에 대한 자신의 청원과 독단적으로 소박한 모나드들과 인간 주체들에 관한 지평을 갖는다. 그러나 인간 주체는 현상학을 하고 자신의 독단적 맹목성을 제거할 수 있는 주체로 간주될 수 있으며, 인간성에 점차 자각하는 등의 의도로 미리 학문이 추구될 수 있다. 따라서 이러한 의미에서 현상학은 그 자체로 그리고 충분한 의미에서 세계 속에 있으며, 청원 등 자신의 의도에서 실증과학에 유비적이다.

이 모든 것은 현상학자인 나에 대해 진리이다. 나를 자아로서 체계적으로 해석하면서 나는 내 속에 지향적으로 포함된 각각의 모든 존재자를 발견하며, 각각의 의미 속에 존재하는 것을 구성된 것 —이 속에는 모든 각각의 가능성과 맹목성에 관해서는 여전히 아무것도 알지 못하는 철학을 하는 것에서 생긴 독단주의의 모든 우둔함도 있다—으로 발견한다. 소박한 사람은 '현상학'을 듣고 읽지만, 그는 이해할 수 없으며, 그것의 의미가 없는 자연적 언어의 단어들만 갖는다.

고유한 문제는 실제로 환원을 동행해 '수행하지' 않고 추후로 이해하는 것이 어느 정도까지 가능한가이다.

자식'(Weltkind)에게는 결코 투시되지 않으며, 그에게는 나타남으로써 주어지지도 않는다. 그래서 그는 자기 자신부터 결코 통찰될 수 없는 기만에 빠진다.

그러나 이제 현상학을 하는 것을 세계화하는 것 자체가 선험적 의미부여와 경향에 기인하는 **구성적 필연성**이면, 현상학을 하는 '누구'〔주체〕에 관한 물음에 대해 단순히 —환원을 수행하는 것 속에 본래 '주체'로 인식된— 선험적 응시자를 지적함으로써 답변할 필요는 없다. 현상학을 하는[103] 전면적인 주체는 선험적 (그 선험성 속에 머물러 있는) 자아도, 선험적인 것에 대립해 자연적 태도의 소박함을 형성하는 폐쇄된 '인간'도 아니다. 오히려 그것은 세계 속에 —비본래로 세계화하는 것을 통해— '나타나는' 선험적 주관성이다. 즉 심문된 '누구'는 **선험적으로뿐만 아니라 세속적으로도** 반드시 특징지어진 이론화하는 주체이다. 여기서 중요한 것은 '현상학을 하는 주체'의 '구체적' 개념을 형성하는 선험적인 것(Transzendentales)의 영역과 세속적인 것(Mundanes)의 영역을 '변증법적으로 통일'하는 것이다. 이 통일은 비본래로 세계화하는 것의 결과인데, 이것은 현상학을 하는 선험적 자기 객관화가 아니라, 구성하는 주관성이 소박하게 세계에 사로잡힌 내적 세계의 인간으로, 일반적으로 자기 객관화를 통해 이 선험적으로 일어난 일이 수동적으로 동행되는 것이다.

하지만 현상학을 하는 것의 이 '동행되는 것'은 〈자연적 태도 속에〉 구성하는 삶을 세계화하는 것과 철저하게 **구별되는데**, 이것은 선험적 주관성이 자신에서 구성된 존재의 연관 한가운데에서 자기 자신으로 되돌려놓는 구성하는 작업수행을 통해 객관화하는 형식(인간)

---

103) 〈난외주〉 '현상학을 하는 것'으로 이해된 활동성은 언제 현상학적 학문 속에 탐구자 집단에게 청원하는 것으로 실행하게 되는가?

속에 생긴다는 사실에서 성립할 뿐만 아니라, 무엇보다 자기 자신을 '세계의' 구성하는 삶으로 구성의 최종산물 속에 한정하는 것에서 자신의 구성적 유래를 망각하고 자신을 단지 인간으로 알며, 자신의 자기의식 속에 고유한 인간성의 배후로 되돌아가지 않는다는 사실로 특징지어진다. 이제 현상학을 하는 것의 2차적인(또는 비본래인) 세계화하는 것은 선험적 근원을 망각하게 이끄는 세계화하는 것이 아니라, 곧 선험적 근원에 대한 앎을 세계에 객관화하는 것이다. 따라서 본래 구성하는 주관성이 자기를 인식하는 선험적 경과는 세계화되지 않으며, '익명적으로' 머물러 남아 있는 구성의 과정을 통해 단순히 인간적 인식의 경과로 객관화되지 않는다. 오히려 그 경과는 '나타남' 속에 가면을 쓴 선험적 과정 자체만이 아니라, 이 과정을 세속화하는 것(Mundanisierung)이 그 선험적-구성적 본질 속에 투시할 수 있게 된다.

이제 현상학을 하는 것이 세속적으로 나타나는 이중으로 투시할 수 있는 것(즉 1) 현상학을 하는 것의 선험적 과정으로 투시할 수 있는 것과 2) 나타남을 형성하는 구성의 과정으로 '나타남'을 투시할 수 있는 것)은 현상학적으로 인식하는 자에게 세계의 나타남에 관한 진리뿐인 것과 현상학을 하는 것의 본래 선험적 본질을 형성하는 진리를 항상 통찰적으로 판정할 가능성을 부여해준다. 확실히 그는 '현상학을 하는 것'이 유한한 인간의 인식하는 행동(Erkenntnishandlung)이라는 사실을 인정한다. 그러나 마찬가지로 그는 그것이 어떠한 단순한 인간의 인식도 서술하지 않는다는 인식된 진리도 인정한다.

'현상학을 하는 주체는 선험적 자아이다'라는 논제뿐 아니라, '현상학을 하는 주체는 인간이다'라는 '대립된 논제' 역시 '참이다.' 그런데도 이것은 결코 진리의 모순이 아니다. 결국 나타남의 진리와 본래의 선험적 진리 사이에는, 이것들이 전혀 동일한 진리의 수준에 있지 않기 때문에, 어떠한 충돌도 가능하지 않다. 이것들은 전혀 경합하지 않는다. 이것들은 동일한 것에 관해 두 가지 대립적으로 요구된 진리처럼 양립할 수 있는 것도 아니고, 양립할 수 없는 것도 아니다. 일반적으로 선험적인 세계에 대한 해명이 자연적 태도 속에 인식된 진리를 결코 부정하거나 비방하지 않고 제한된 선험적 상황에서 생겨난 것으로서, 자신의 선험적 해석을 통해 '보완하고' 궁극적으로 철저하게, 즉 **구성적으로** 이해할 수 있게 만드는 것처럼, 현상학을 하는 것에 관련된 선험적 인식은 세계에 사로잡힌 소박한 진리 —이것은 나타남 속에 은폐된 선험적 본질까지 진출하지 않고 오직 나타남에 관계한다— 와도 논쟁하지 않는다. 오히려 현상학을 하는 것의 선험적 자기 해석은 소박한 진리를 존속시킨다. 그러나 그 진리들의 제약성('추상성')을 구성된 타당성의 상황과의 연관 속에 입증하고, 이제 그 진리가 '사로잡히고' 일면적인 진리로서 —현상학적 분석론을 통해 명백히 드러나는— '구체적인' 구성적 진리로 삽입함으로써, 그 진리를 해석한다.

따라서 선험적 진리의 우월성은 어떤 비교적으로 참인 것(Wahrersein) (더 거대한 진리의 정도)이 아니라, 세속적 진리 자체가 선험적 진리로 **포괄**되고, 선험적 진리 속에 그 자신의 궁극적으로 투명하게 이해된다는 사실에 있다. 즉 현상학을 하는 자의 선험적 자기 해석에는 자신과 자신의 이론적 행위에 관련된 나타남의 진리가 **'지양된다.'** 즉 그것이 제약성과 '독단적' 타당성의 상황에서 통찰적이 되는 한, 부**정되며**, 곧 그 자체가 '말소되지' 않고 자신의 선험적 구성 속에 드러나 밝혀지는 한, 보존된다. 부정과 보존인 이 '지양'은, 현상학적 이성의 규준인 선험적 방법론이 나타남의 진리와 선험적 진리를 구별하면서, 거기서 일관된 주제의 현상학을 하는 것을 고려해 부여한 양식이 답변하는 경우 특징적인 것을 형성한다.

또한 현상학을 하는 주체에 대한 원칙적 통찰은 이제 '현상학을 하는 것이 어떻게 가능성으로 성립하는가' '현상학을 하는 것의 잠재성은 어떻게 특징지어져야만 하는가' 하는 방식에 대해, 위에서 제기된 것보다 더 나아간 물음에 대한 답변도 규정한다. 각각의 학문이 인간에게 가능한 존재에 대한 태도의 지평 속에 이미 처음부터 놓여 있는 한, 각각의 세계적 학문에서 잠재성에 대한 물음이 어떠한 독특한 문제도 서술하지 않지만, 현상학을 하는 것은 인간에게 미리 주어진 어떠한 가능성도 아니다. 그러나 현상학을 하는 것이 본래 현상학을 하는 것으로서 선험적이지만 나타남이라는 점에서 인간적인 한, 우리는 이것 때문에 현상학을 하는 주체에 대해 앞에서 해명한 것과 모순되지 않는가? 이러한 인식하는 행동의 잠재성은 적어도 나타남이라는 점에서 볼 때, 인간적 잠재성으로 감응할 수 있는 것이 틀림없지 않은가? 현상학을 할 수 있는 능력은 극단적이고 철저한 자기 성찰의 — 인간이 자유롭게 포착할 수 있는, 끊임없이 마련된 — 가능성으로 나타남이 틀림없지 않은가?

무엇보다 우리는 우선 학문의 잠재성이라는 개념을 일단 상세한 것으로 규정해야 한다.[104] 각각의 실현하기 이전에 학문의 잠재적 존재의 방식과 그것을 현실화한 이후에 자신의 것으로 귀속되는 학문의 잠재성의 방식을 원칙적으로 구별할 필요가 있다. 따라서 예를 들어 르네상스 시대에 자신의 결정적 출현을 갈릴레이에서 발견한 근대의 수학적-정밀한 자연과학은 이전에 자신의 가능성이라는 점에서 예부터 인간에게 미리 주어져 있다[105] (이것은 당연히 이러한 가능성이 그 어떤 방식으로 '현존한다'는 사실, 그 가능성이 르네상스의 인간과 마찬가지로 선사시대의 인간에게도 접근할 수 있었다는 사실, 이 가능성

---

104) '부록10' 참조.
105) 이에 관한 자세한 논의는 『위기』 제9절을 참조.

을 개척하고 연 것이 우연한 일이었다는 사실을 뜻하지 않는다. 오히려 인간의 가능성을 드러내 밝히는 것은 일정한 실존의 전제에 의존한다).

그러나 본질적인 것은 인간이 새로운 학문을 열면서 이 가능성을 이념적으로 자신에게 항상 가능하게 했던 것으로 인식한다는 사실, 이것으로 인해 인간이 자신의 가능성의 지평을 넘어서지 않고 단지 인간을 충족시킨다는 사실이다.[106] 하지만 동시에 그는 이론화할 수 있는 이 특정한 가능성을 여는 것이 처음부터 각각의 그리고 모든 사람에게 〈곧 '이전함', 교육 등을 통해〉 가능했을 것이라고 의식한다. 어

---

106) 〈난외주〉 어쨌든 그것은 나타나는 것처럼 그렇게 단순하지 않다. 어떤 원시인의 아이가 우리 유럽의 환경, 우리의 학교에 들어왔다고 하자. 각 인류, 각 시대의 각각의 아이가 우리 유럽의 세계와 시대 속으로 옮겨졌다고 생각하면, 여기서 유럽의 전통성을 받아들여 학문적 능력을 획득할 것이다. 그 반대의 경우도 마찬가지다. 우리가 각 시대의 어떤 인류나 경우에 따라 원시인류 속으로 옮겨졌다고 생각하면, 우리의 의사는 그 속에서 가령 '〔주술적〕 의술인' 등이 될 것이다. 모든 시대와 환경세계 속에 '동일한 인간'은 모두 속으로 자신을 옮겨놓을 수 있다고 생각할 수 있다. 그래서 나는 나 자신을 내 옆에 있는 임의의 타인 속으로 옮겨놓을 수 있다. 타인들은 나 자신이 변화될 가능성이다. 즉 나의 자아의 상상〔을 통한〕 변화의 전체성과 생각할 수 있는 타인들의 전체성은 합치한다. 그러나 각각의 자기 변화는 전체 세계를 변화시키고, 타인들 속으로 옮겨놓음 속에 나는 상상되어 변양된 자아, 즉 자신의 환경·발생적 기원·경험·감정 등의 타인으로 생각되어 변양된다. '그러나 우리는 이렇게 말할 수 있다.' 즉 구성을 통해 나는 자연적 태도 속에 있는 인간으로서 인간 일반 ─ 가능한 세계의 인간, 따라서 가능한 세계의 과거와 세계의 미래, 가능한 세계의 역사 속에 있는 인간 ─ 인 나 자신이 변양될 가능성에 관한 나의 지평을 갖는다. 나 자신을 모든 시대와 생각할 수 있는 모든 세계의 역사의 모든 인간 속으로 옮겨놓을 가능성은 어디에 놓여 있는가? 이러한 지평은 모든 사람에 대해 동일하다. 각각의 사실적 학문, 변양된 것으로 생각된(규정되지 않았을 뿐만 아니라 '가능하게 변양된') 알려지지 않은 각각의 학문은 이 지평에 속한다. 나는 실제적이거나 가능한 모든 문화를 나의 변양작용 속에 포함한다. 이것은 인간적 현존재의 생각할 수 있는 것, 인간의 작업수행의 형성물 등인 인간의 가능성에 가장 외적인 지평이다. 곧 이러한 인간의 가능성에서는 어떠한 현상학도 일어날 수 없다.

떤 학문의 천재적 정초자는 어떠한 단순히 개인적인 잠재성이 아니라, 〈자신의 시간·교양층·정상적으로 교육할 수 있는 인간의 층 등에서〉 상호주관인인 잠재성을 연다. 이제 일단 특정한 새로운 학문이 실현되면, 이 학문은 어쨌든 깨어지지 않는 지속 속에 이것에 종사하는 학자 덕에 현실화되는 것이 아니다. 왜냐하면 이 학문이 현실화되지 않은 시기는 이제 잠재성의 새로운 방식이기 때문이다. 가능성이 미리 주어진 것은 지금 학문적 태도를 언제나 자유롭게 연출할 수 있는 이미 알고 있고 의식된 습득적 성향(Disposition)을 뜻한다.

한편으로는 의식되지 않고 열리지 않은 인간의 가능성과 다른 한편으로는 의식되었고 실현될 수 있는 인간의 가능성을 구별하는 것은, 지금 현상학을 하는 것의 잠재성을 특징짓기 위해 중요해진다. 우선 우리는 현상학을 하는 것은 결코 어떠한 인간의 가능성이 아니라, 곧바로 인간의 탈인간화(Entmenschung), 즉 (세계에 사로잡힌 소박한 자기 통각인) 인간의 실존이 선험적 주체로 사라지는 것을 뜻한다는 사실을 절대적으로 확인한다. 그러나 어쨌든 우리는 현상학을 하는 주체가 인간이라는 나타남의 진리를 논쟁의 여지가 없는 확실한 것으로 여긴다.

이제 현상학적 인식의 잠재성이 어떻게 이 나타남의 진리와 함께 규정되는가? 환원을 하면서 현상학을 하는 것이 현실적으로 실현되기 이전에 단순히 드러나 밝혀지지 않고 의식되지 않은──〔하지만〕 현상학적으로 인식할 수 있는──인간의 가능성이 성립하면, 마찬가지로 인간이 자기 자신의 삶의 심층에 대립해 폐쇄된 선험적 주체라면, 또한 모든 인간의 가능성도 주체의 내적 선험성에 대립해 폐쇄되어 있다. 인간은 인간으로서 현상학을 할 수 없다. 즉 그가 인간으로 존재하는 것(Menschsein)은 현상학적 인식이 현실화됨으로써 관철할 수 없다. 환원을 하는 것은 인간이 자기 자신을 넘어서는 것〈판단중지를 통해 자신의 전적인 존재(최종적 주제로 존재하는 것)를 작용 밖에 정립하는 것〉(초월하는 것)을 뜻하며, 이것으로 자신의 모든 인간적 가능성 속에 자기 자신도 넘어선다 〈타당성 밖에 정립한다〉. 역설적으로 표현하면, 인간이 현상학적 환원을 하는(탈인간화되는) 가운데 이것으로 그는 〈인간으로서〉 '그'가 결코 할 수 없고 자신의 가능성의 영역 속에 결코 놓여 있지 않은 행동을 한다.[107]

이러한 역설은 본래 환원을 하는 것은 결코 인간이 아니라, 인간 속에 일깨워지고 자기의식으로 몰아가는 선험적 주체라는 사실을 직시하면 해명된다. 그러므로 현상학을 하는 것을 현실화하기 이전에 인간의 잠재성으로서 현상학을 하는 것의 어떠한 나타남도 자연적 태도 속에 주어지지 않고, 그 자기만족의 소박함이 곧 선험적 삶의 내재성에 대한 맹목성, 따라서 오직-인간의 가능성에 대한 제한되고 사로잡힌 개방성에 성립하면, 현상학을 하는 것을 (비본래로) 세계화하는 것의 사실과 더불어, 인간의 가능성의 영역을 〈단지〉 외견상 확장된다. 환원 이전이 아니라 이후에 현상학적으로 인식할 수 있는 능력(Erkennen-Können)은 항상 인간에서 포착할 수 있고, 잠재적으로 인간에게 미리 주어진 이론적 태도로 나타난다. 하지만 이 나타남의 진리도 자신의 내적인 선험적 본질에 대해 '투시적'(durchsichtig)이며, 본래의 선험적-구성적 진리 — 이 진리에 따르면 현상학을 하는 것의 잠재성은 선험적 잠재성이다 — 속에 '지양된다.'[108]

---

107) 〈난외주〉 세계와 이 속에서 자신의 세계적 현존재를 전적으로 봄(Sehen)과 이와 상관적으로 선험적인 것에 대해 맹목적이 되는 것(Blind-sein)은 인간에 속한다. 전적으로 봄과 볼 수 있는 것은 전적으로 그리고 일관되게 계속 형성되며 확고하게 폐쇄된 습득성이 되는—최종적 주제들에 관해 미리 지시된 극 체계(Polsystem)로 향한—주제제기 속에 있는 존재이다.

108) '부록6' 참조.

선험적 방법론의 일부분으로서 현상학적 이성의 규준에 특수한 문제제기를 형성하는 나타남의 진리와 본래의 선험적 진리 〈환원 이전의 진리와 환원 이후의 진리〉를 구별하는 것은 이제 무엇보다—어떤 의미에서는 현상학을 하는 것의 학문적 성격에 관한 물음과 같은 의미를 지닌—현상학을 하는 것의 '상호주관적' 성격에 관한 물음에서 반드시 실행된다. 어쨌든 어떤 학문의 학문성(Wissenschaftlichkeit)은—특정한 관점에서 보면—그 인식의 상호주관적 객관성과 그 인식을 〈술어적〉 표현의 형성물로 객관화하는 것(술어로 표명하는 것)에 성립하는데, 표현의 형성물은 인간의 지나가버리기 쉬운 모든 변천을 관통하는 제도적 인식의 습득성('학문')을 가능하게 한다.

이제 결정적인 물음은 현상학을 하는 것이 이러한 의미에서 '상호주관적 학문'인지, 또는 도대체 '상호주관적 학문'일 수 있는지 이다. 우선 우리는 그것이—세계적으로 보면—각각의 세계에 관한 학문과 동일한 구조를 갖는 것처럼 보인다는 사실을 부정할 수 없다. 어쨌든 현상학적 인식은 세계에 있는 자연적 태도의 지평 속에 동일한 주제에 관련되어 동일한 인식과 진리에 도달하는 철학을 하는 자의 공통된 사안으로 등장하지 않는가? 명백히 그러하다! 그리고 도대체 이 인식의 공동체(共同體)는 오직 요구되는 태도를 수행하는 모든 사람에 대해 원리적으로 개방되고 접근할 수 있는 것이 아닌가? 또한 이러한 점은—어떤 의미에서—인정되어야 한다.

그런데도 학문의 통일성으로 조직화되는 현상학적 인식의 학문성은 세속적 학문 일반의 학문성과는 전적으로(toto coelo) 다르다. 또한 여기서 현상학적 이성의 규준은 현상학을 하는 것을 (비본래로) 세계화하는 것의 구성적 과정에서 생긴 유사−세속적(pseudo-mundan)[109] '상호주관성'과 하나의 선험적 인식의 경과로서 현상학을 하는 것에 속하는 상호주관성을 구별함으로써 수립될 수 있다. 즉 현상학적 인식작용과 ──철학을 하는 자들의 공통성을 통해 기록된──이 인식작용에 고유한 상호주관성은 세계에 관련된 각각의 소박한 학문에 속하는 상호주관성의 구조에 대한 실마리에서 파악될 수는 결코 없다.

우리는 현상학을 하는 것의 '상호주관적' 성격에서 이러한 구별에 대한 적극적 근거를 단지 간략하게 시사하려고 한다. 현상학적 환원은, 그것이 모든 사람에 대해 접근할 수 있는 세계 속의 존재자에 상호주관적-공통적으로 관련된 상황에서 세계에 대한 신념을 철저하게 괄호 치는 가운데 현상학을 하는 자를 이끌어갔고, 그를 선험적-자아론적 실존의 고독함으로 내몰았다. 현상학을 하는 응시자인 그는 자신의 고유한 구성하는 삶을 일관되게 주제로 삼았고, 고독한 독아론적 학문과 같은 것을 그 체계적 결합 속에 형성하는 것과 연관된 풍부한 인식을 획득한다. 무엇보다 그의 인식하는 삶의 대상은 어떠한 의미에서도 '상호주관적'이 아니며, 그가 명백히 제시한 본질적 법칙마저도 자신의 고유한 자아론적 사실적 실존의 순수한 가능성이 변양된 것일 뿐이고, 결코 선험적 자아를 넘어서는 타당성을 함축하지 않는다. 마찬가지로 실로 자아론적으로-현상학을 하는 인식의 대상도 상호주관적이지 않으며, 〔이렇게 해서〕 결과로 얻은 진리도 모든 사람에 대한 진리가 아니다.

현상학을 하는 자는 타인과의 현실적이거나 잠재적인 인식의 공동체 속에 있지 않다.[110] 현상학적 환원을 자아론적 환원에서 상호주

---

109) 〈난외주〉 그러나 2차적으로 세계화하는 것은 선험적인 것을 세계 속에 필연적으로 '자리 잡는 것'이고, 곧 외관상 세계에 존재하지 않는 한, 다른 한편으로 어쨌든 자연적 의미에서 세계에 있지 않다. 따라서 아무튼 유사-세속적인 것이다.

110) '부록7' 참조.

관적 환원으로 전개하면서 그는 이제 감정이입의 지향성을 구체적인 구성을 해석하는 가운데 구성하는 동료 주체들인 타인을 선험적으로 승인하는 데 도달한다. 그러나 우선 세계의 현상 속에 주어진 타인을 그의 선험적 실존으로 환원하는 것은, 어쨌든 구성적으로 〈자기 자신을〉 해명하는 자아에 의한 것이다. 즉 그것은 그의 인식의 독아론적 성격을 넘어서지 않는다. '타인들'은 구성하는 모나드로서 선험적으로 실존하며, 이 모나드들과 함께 자아는 선험적 자기 인식의 공동체가 아니라 구성의 공동체 속에 있다. 현상학적 인식작용을 세계화함으로써, 즉 그 인식작용을 자연적 태도 속에 〈단순히 자연적 태도가 아니라, 선험적으로 변화된 것 속에〉 그리고 이와 함께 주어진 가능성 ─ 자연적 언어를 매개로 선험적 인식을 객관화하는 것으로 세계에 사로잡혀 살아가는 동료 인간들에게 전달하고 이렇게 함으로써 그들 속에서 현상학을 하는 것이 진행될 수 있기 위해 그들에게 현상학적 인식을 중개하는 가능성 ─ 으로 태도를 취하는 것[111]

---

111) 〈난외주〉 '…이 됨'(…werden)은 위험스럽다. 자아가 세계를 소유하는 자이기 때문에 세계는 구성된다. 따라서 태도를 취하는 것(Eingestelltwerden)은 항상 이미 태도를 취해 있는 것(Eingestelltsein)이다. 자아는 현상학을 하면서 있지만, 자기 자신과 자신이 인간에서 심리학화된 것을 발견하기 위해 (판단중지 안에서) 주제적 태도변경이 필요하다. 현상학을 하는 자아에 관해 서로 다른 주제적 태도를 처음부터 구별하는 것은 아마 중요할 것이다. ① 환원의 시작에서 일어나는 최초의 기초적 태도. ② 세속적 태도로, 특히 물론 비록 구성에 대해 더 이상 소박하게 맹목적이지 않더라도 실증과학의 태도로 '되돌아오는 것'으로서 선험적-존재론적 태도. 이 속에는 영혼에 향한 태도, 지향적 심리학에 향한 태도가 포함된다. ③ 또는 경우에 따라 ②와 같은 것으로 모나드론적 태도. ④ 현상학을 하는 절대적 자아와 그의 '변화된' 언어에 향한 반성의 태도. ⑤ 현상학을 하는 자아로서 모나드적 자아와 그 언어에 향한 태도. ─ 나의 자아 ─ 모나드 속에 현상학을 하는 것과 다른 모나드들 속에 가능성인 현상학을 하는 것. 상호주관성은 서로 다르게 미리 구성되어 있는데, 그것은 ②의 경우와 마찬가지로 ⑤의 경우에 주제적이 된다.

을 통해 무엇보다 선험적 상호주관성과 같은 것이 형성된다.

그렇다면 선험적 상호주관성은 선험적인 것 속에 순수하게 활동하는 복수(複數)의 환원을 수행하는 자들과 현상학적으로 인식하는 자들의 ─ 철학을 하는 자들의 상호주관성으로서 오직 세계 속에 〈그들에 대해 지금, 그러나 선험적으로 이해된 세계 속에 그들에 대해 실제적으로〉 '나타나는' ─ 공동체의 관계이다. 하지만 사람들은 결국 철학을 하는 감정이입에 적합하게 매개된 공통성을 통해 선험적 영역 속에 형성된 상호주관성을 세속적 상호주관성의 구조에 대한 이해를 끌어들이면 결코 파악할 수 없다는 점을 매우 명확하게 해야 한다. 더구나 어떤 때는 현상학적 인식작용의 주제적 대상성은 세계 속의 존재와 동일한 의미에서 **상호주관적으로** 접근할 수 없다. 이러한 점은 곧 '최종적으로 구성된 것'(End-Konstituiertheit)[112]의 층으로 세계의 존재자가 원리적인 상호주관적으로 접근할 수 있게 규정된다는 사실, 그 '객관성'은 곧 모든 사람[113]에 대해 존재를 구성하는 의미를 지닌다는 사실에 자신의 근거를 갖는다. 그 (되돌아가 물음으로써 드러나 밝힐 수 있는) 단계를 구축하는 전체성 속에 현상학적 이론의 주제를 형성하는 구성적으로 선행하는 층은 원리상 '최종적으로 구성된 것'과 같이 파악될 수는 없다. 즉 현상학적 경험은, 우리가

〔하지만〕 자아가 세계를 소유하는 것으로 전제되었다는 점, 그러나 자아의 세계를 구성하는 것은 현상학을 하는 것을 통해 새로운 형태를 받아들인다는 점, 이에 따라 자아 자신의 존재방식은 전환을 맞는다는 점, 그래서 이제 더 이상 자연적-소박한 자아가 아니라, 자기 자신에 대해 주제적이며 드러나게 된 자아가 인간으로서 세속화된다는 점을 방해받으면 안 된다. 이렇게 함으로써 인간도 변화되고, 당연히 모든 선험적으로-현상학을 하는 일어남 〔사건〕은 자신의 영혼으로 들어선다.

112) '부록8' 참조.

113) 〈난외주〉 소박함 또는 실증성 속에 세계의 존재자를 궁극적인 '절대적' 존재자로 간주하는 인간인 모든 사람에 대해 〔존재한다〕.

알듯이, 결코 〈자연적으로-소박한 의미에서〉 존재자에 관련되지 않고, 존재자가 **구성적으로 생성되는 것**(존재자〔세계〕가 구성적으로 구축되는 '선행하는 존재'(Vorsein)의 단계)과 관련된다.

그러므로 이제 현상학적 경험이 우리가 존재자의 경험작용에 반드시 유비적으로 규정하는 방식으로 자신의 대상을 주제로 만들고,[114] 마찬가지로 현상학적 '대상'의 상호주관적 객관성과 이와 상관적으로 이 대상에 관련된 인식과 진리의 상호주관성은 세속적 대상의 객관성과 이에 상응하는 상호주관적 인식과 진리에 단지 유비적으로만 규정할 수 있다. 그러나 여기서 우리는 이 '유비적' 규정을 서술조차 할 수 없다. 우리는 그 문제를 단순히 시사하는 데 만족한다. 하지만 두 번째로 현상학을 하는 자들의 복수(複數)는 인식하는 주체의 세속적 공동체의 전형으로 이해할 수 없다. 각각의 세계에 있는 '우리'가 실재적으로 분리되고 개체화된 ─ 공통의 성향을 지닌 ─ 개별적 주체들의 집합체로 정당하게 이해되지만, 이제 **모나드들의 선험적 공동체**에 관해 이것이 실제로 〈세계가 박탈된 의미에서〉 '개체들'에서 구축되었는지는 해결되지 않은 문제이다. 따라서 이것은 공통으로 현상학을 하는 것은 **복수**의 인식하는 과정인지 또는 궁극적으로 단지 모나드적-복수적으로 분절된 하나의 선험적 경향으로 규정되어야만 하는지, 선험적 주관성이 '자기 자신으로 되어가는 것'이 일어나는 것은 모든 모나드적 '개체화'(Individuation) 이전에 놓여 있는 심층 속에 진행되는지의 물음이다.

완전히 새로운 양식의 거대한 '형이상학적' 귀결을 수반하는 모나드들이 서로 뒤섞인 **함축**의 문제에 논의하지 않고는, 우리는 제기된

---

114) 〈난외주〉 그것은 존재의 개념, 존재의 통각 등의 변형이며, 논리학을 선험적 논리학으로 변형시키는 것이다.

물음을 결정할 수 없다. 하지만 그렇더라도 현상학을 하는 것에 순수하게 선험적으로 (모든 세계화하는 것 이전에) 귀속하는 '상호주관성'이 처음부터 대상과 이와 상관적으로 현상학을 하는 것의 인식과 진리를 규정하는 상호주관성이 아니라, 그 상호주관성은 함께-구성하는 타인뿐만 아니라 함께-현상학을 하는 타인을 입증하는 감정이입을 구성적으로 해석하는 가운데 구축됨이 틀림없다는 사실은 우리에게 판명해질 수 있다. 선험적 인식의 상호주관성이 이렇게 상호주관적으로 구축되는 것을 추구하는 것은 특수하고 포괄적인 문제이다. 이것이 일단 수행되면, 현상학을 하는 본래 선험적 상호주관성과 이것의 세속적 나타남은 '규준이 되는' 명증성으로 구별될 수도 있다.

이러한 구별과 가장 밀접하게 연관된 더 나아간 물음은 현상학을 하는 것을 객관화하는 것이 의사소통적으로 주어진 것의 의미에 관한 물음이다. 이 물음은 현상학적 인식의 선험적 상호주관성의 구조의 의미는 묻지 않았고, 또한 결단코—그것이 우선 잘 나타날 수 있듯이—그 세속적인 나타남도 묻지 않았다. 선험적으로 표명하는 것은 선험적 인식 그 자체가 〈적어도 표명되는 것의 측면에서 선험적으로 이해된〉 자연적 태도로 놓은 교량이며, 자연적 태도에 대해 선험적 인식이 언표하려는 것이다. 현상학적 인식 자체가 이렇게 매개할 가능성은 우리가 '현상학을 하는 것의 (비본래인) 세계화하는 것'이라고 불렀던 일어난 것〔사건〕 속에 근거한다. 오직 현상학을 하는 것이 세계 속에 자리를 잡고 시간화되기 때문에, 그것은 자연적 태도의 언어로 객관화될 수 있다. 그 자체로 선험적 의미 기능 속에 태도를 취한 자연적 명제는, 우선 일단 그 자연적 의미의 세속적 '객관성'(상호주관적으로 접근할 수 있는 것)을 지시한다. 이제 선험적 인식을 해석하는 상황에서 생긴 의미부여는 더 이상 이러한 '상호주관적 객관성'을 갖지도 않고 가질 수도 없는 **유비화된 의미의 뜻**(Bedeutungssinn)을 통해 이 세속적인 상호주관적 의미를 충족시킨다. 오히려 유비화된 의미의 뜻은 적어도 파악하는 자가 현상학적 환원을 **스스로** 함으로써 미리 주어진 상호주관적 객관성 일반의 영역, 즉 〈소박한〉 세계에 존재자의 영역을 **초월할** 때 비로소 이해할 수 있다.

그러므로 자연적 태도 속에 생기는 현상학을 하는 것을 객관화하는 것(이것을 통해 비로소 선험적 전달이 〈그 이상의 것으로〉 가능하다)는 집단적으로 현상학을 하는 자들의 순수한 선험적 공동체를 형성하기 위한 **전환점**(Umschlagsort)이다.[115] 각각의 '자기 자신에–대해–형성되는' 모나드는 선험적 자기의식을 실현하는 다른 모나드와 함께 현상학적 인식을 **객관화하는** 매개를 통해서만 공동체로 들어갈 수 있다. 확실히 현상학적으로 객관화하는 가능성은, 곧 세계화하는 것이 근본적으로 일어남을 통해 비로소 선험적 태도와 자연적 태도의 관계가 가능해지는 한, 세계화하는 것의 근본적으로 일어남 속에 근거한다. 그러나 이 객관화하는 것은 그 자체로 세계화되지 않고, 세속화된 상황 속에 등장하는 선험적인 것의 **표현**이다.

선험적 태도를 자연적 태도로 잇는 교량인 객관화하는 것은 이제 다시 세계화하는 것에 기초가 되며, 나타남으로 이행한다. 즉 현상학을 하는 것 그 자체가 인간이 인식하는 경과로 나타나는 자연적 태도에서 현상학을 하는 것의 기록은 또한 이제 그 자체로 자연적 태도에서 인간의 인식작용과 이것의 **표현성** 사이에서 단순히 진행되는 객관화하는 과정으로 나타난다. 즉 현상학을 하는 것 자체를 〈언어적으로〉 객관화하는 것이 〈자연적 의미에〉 관련된 나타남의 진리는 현상

---

115) 〈난외주〉 전달하는 것은 소박한 독자들에게는 이미 현상학자로서 읽는 자들과 다르게 기능한다.

학적으로 객관화하는 것의 본래이며 내적인 본질로서 선험적으로-유비화하는 의미의 기능으로 결코 밀고나가지 않고, 그 본질의 〈외적인〉 나타남 속에 머문다. 즉 (그 자체로 결코 더 이상 어떠한 '현상학적' 의미를 포함하지 않는) 세속적 의미에 박혀 있다. 여기서 우리는 더 특수하고 세분화된 문제제기에 파고들어가는 것을 단념한다.

현상학을 하는 것이 의사를 전달하는 구조에 대한 우리의 물음설정의 실마리로서 우리는 위에서 세계의 학문의 상응하는 구조들을 세 가지 관점에서 특징지었다.

① 학문(각각의 학문에 관련된 인식과 진리)의 대상에 상호주관적으로 접근할 수 있는 것
② 학문적 인식을 〈언어적으로〉 객관화하는 것에 상호주관적으로 접근할 수 있는 것
③ 역사적 전승 속에 기록된 유한성과 덧없이 지나가버림의 실존적 현상에 각각의 세계의 학문이 관련된 것(각각의 학문이 전개되는 가운데 인간적 삶의 상호주관적-발생적 역사성에 관련된 것)

현상학을 하는 것과 관련된 앞의 두 가지 관점에 상응하는 물음의 설정을 우리는 제기했고, 가장 일반적인 문제를 —— 비록 아주 모호하게라도 —— 시사했다. 지금 우리에게 여전히 남는 물음은, 현상학을 하는 것이 역사성(Geschichtlichkeit)에 관련되는지와 어떻게 관련되는지 이다. 또한 여기서는 나타남의 진리와 선험적 진리에 '규준이 되는' 구별이 필요하지 않은가?

우리는 인간이 현상학을 하는 주체라는 진리를 단순히 '나타남의 진리'로서 인식하면 그 진리를 명백한 것으로 남겨두어야만 하듯이, 마찬가지로 현상학을 하는 것은 세계의 시간(Weltzeit) 속에 등장하며,

그것이 학문적으로 계속 발전하는 미래지평으로서 미래의 세계의 시간을 자신에 앞서 갖는다는 인식, 더 나아가 현상학을 하는 것은 세계의 시간 속에 경과할 뿐만 아니라, 경우에 따라서는 미래적으로도 경과되며, 무엇보다 특정한 **역사적 상황**에서 발생했고, 이와 함께 정신의 역사(Geistesgeschichte)의 연관에 제한된다는 인식도 명백하다.

그러나 이러한 진리는 자신의 선험적으로 고유한 내용에서 현상학을 하는 것에 관련되지 않고, 단지 현상학을 하는 것의 세속적 나타남에 관련된다. 현상학을 하는 것이 자연적 태도 속에 태도를 취하는 것인 현상학을 하는 것을 비본래로 세계화하는 것은 현상학을 하는 것을 인간 정신의 역사성 속에 편입시키는 것이다. 즉 그것은 정신의 역사 속에 나타난다. 하지만 현상학적 환원은, 그것이 실제로 수행되면, 세계 일반과 마찬가지로 세속적 역사가 선험적인 상호 모나드적 의미부여 속에 **구성**되는, 즉 그것은 구성된 존재자의 보편적으로 **구성**된 시간의 형식일 뿐이며 ─구성된 존재자와 마찬가지로─ 원칙상 **최종적으로 구성**된 것이라는 원리적 통찰을 우리에게 준다. 어쨌든 자연적 태도의 소박함은 곧바로 **최종적으로 구성**된 것의 '층', 즉 선험적 **표층**을 의식되지 않은 방식으로 절대화해 유지하고, 그것에서 '세계'가 유래하는 **구성적 작업수행**의 차원에 대해 '맹목적'일 수 있다는 사실에 성립한다.

세속적 시간성은 현상학적 환원을 통해 선험적 시간화의 과정에 구성된 시간으로 통찰되고, 세속적 역사성은 **구성의 성과**로 통찰된다. 그러므로 일반적으로 존재자가 자신이 구성적으로 해석해 최종적으로 구성된 것의 '추상적' 층으로서 존재자를 구성적으로 구축하는 작업수행과 작업수행의 형성물을 제시함으로써 완전히 선험적으로 '구체화된 것'(Konkretion)에 '보완되는' 것과 같이, 그 전체성에서 세계의 역사를 형성하는 세속적 시간의 일어남 역시 **선험적으로 해**

석되고, 이에 따라 궁극적으로 해명된다. 세계정신의 역사 속에 우리는 자연적 태도의 선입견에 속박되어 — 세계에 대한 학문에서 기대된 이해할 수 있는 요구를 만족하게 하지만 결코 '철학적으로' 충분하지 않은 — 인간적 인식의 동기부여의 연관을 알게 된다. 역사를 구축하는 구성의 과정으로 되돌아감에서 **역사를 선험적으로 해석함**으로써 비로소 정신의 운명은 이 세계 속에 선험적으로-이성적이며 입증할 수 있는 '의미'를 획득한다. 따라서 현상학적 환원은 '역사의 철학'에 기초를 놓는 것이 된다. 현상학적 환원 속에 (추상적 계기인) 구성된 '역사'에서 세계를 구성하는 선험적으로-구체적인 역사가 엄청나게 출현한다. 그래서 현상학적 환원은 세계-역사에 사로잡힌 것의 종말을 뜻하고, 구성하는 **상호 모나드적 역사성**(Historizität)으로 이것을 받아들이는 것을 뜻한다.[116]

그러나 세계를 환원적으로 초월하는 것이 — 곧 〈본질에 필연적인 2차적으로 세속화되는 것에서 이미 이전에 구성된 세계 속으로 뒤로 밀쳐져 놓여진〉 비본래로 세계화하는 것을 통해 — '나타남'인 세계 속으로 다시 전락하듯이, '추상적' 세계-역사 속에 사로잡힌 것에서 탈출하는 것도 다시 〈하지만 선험적으로 이해된〉 세계의 역사 속으로 전락한다. 현상학을 하는 것은 서양의 정신역사 한가운데 특정한 역사적 상황 속에 〈세계적으로〉 '나타난다.' 세계역사가 구성되는 것을 선험적으로 주제화하는 것은 구성하는 삶 자체에서 〈2차적으로 동행하는 구성 속에〉 포괄되고 함께 휩쓸려지며, 구성된 시간의 연관 한가운데 세계화된다. 그렇지만 현상학적 환원이 '인간학적-실존적으로' 특징지음(경우에 따라 비판함)으로써 도달할 수 없듯이, 마찬가지로 현상학을 하는 것은 그 자체로는 '역사화하는'(historisierend) 해

---

116) '부록9' 참조.

석을 통해 해석될 수 없다.[117] 그것은 인간의 정신역사 속에 생긴 내

---

117) 〈난외주〉 후속되는 현상학의 실존적 기능—실존의 현상학적 문제—은
현상학에서 가장 높은 단계의 문제로 등장한다. 서술 전체에서 마치 현상학
을 세속화하는 것이 현상학을 하는 작업수행과 현상학적으로 명백히 제시
된 선험적 작업수행을 끊임없이 심리학화하는 것과 같이, 단지 오류와 오해
를 불러일으키는 나쁜 일처럼 보이는 외관은 방지되어야 한다. 선험적 인식
을 통해 자신의 인간성을 돌파하는 인간은, 그렇게 함으로써 더 높은 새로
운 인간성으로의 가능성을 얻는다. 이 인간성 속에 그는 자기 자신을 선험적
자아, 즉 자기 자신을 인간으로서 객관화하고 선험적 맹목성의 특수한 태도
에서 선험적 자기 인식으로 들어선 선험적 자아로 안다. 더 나아가 그가 이
러한 높은 단계의 관점에서 필연적으로 동행하면서 모든 획득물을 선험적
으로 인간화하고 역사적으로 객관화해 발견함이 틀림없다는 사실도 안다.
그러면 그는 선험적 자기 인식 속에 새로운 세속적 현존재의 가능성을 획득
하고, 모든 선험적인 것을 세속성 속에 그리고 이 새로운 세속성에서 세계
의 삶을 규정하면서 소급해 투영한다. 그러나 이 유동적인 세속성, 즉 선험
적으로 그때그때 새롭게 알려진 것을 항상 다시 자신 속에 받아들이는 세속
성은 2차적 구성에서 계속 진행되면서 발생하는 것으로 끊임없이 이해된
다. 선험적으로 해명된 인간성 속에 인간의 삶은 진지한 현상학자에게는 결
코 더 이상 실제로 회복될 수 없는 소박한 자연적 삶과 근본적으로 다르다.
그의 삶은 새로운 삶이며, 이 새로움에는 선험적 태도의 변경, 즉 선험성 안
에서 주제적 방향에 관한 의미의 변경이 있다. 그가 '자연적 태도로 되돌아
가는 것'은 자신에 대해 상관자인 세계를 주제화하는 것이다. 그는 자신에
대해서만 자신의 선험적 자기의식 속에 그 상관자인 인식의 의미를 갖는 상
관자에 집착한다. 그리고 자신에 대해서는 이제 세계 자체가 세계로 흘러들
어오는 선험적인 것에서 새로운 차원을 획득한다. 그러나 근본적인 일어남,
즉 자신의 절대적인 선험적 역사성의 사건, 현상학적 환원의 출현과 자신
의 근원적으로 소박한 의미의 세계—드러나 밝혀진 선험적인 것이 그 속으
로 흘러들어오고 계속 흘러들어가는 세계—에 관한 선험적 인식도 갖는다.
곧 이것으로 그에 대한 세계는 선험적 해명이 첨가된 공통적 의미(또한 실증
과학적 의미)의 세계일 뿐만 아니라, 새로운 '세계적' 의미의 세계이다. 그리
고 그의 세계 속의 삶과 다른 인간들과의 공동체 삶은 '새로운 세계의 양식'
을 가지며, 세계 속에 있는 인간인 그에게 새로운 과제를 산출해준다. (이에
따라 다른 계열에는 '선험적 오해'의 문제가 놓여 있다. 예를 들어 결코 선험적 태
도에 서 있지 않은 선험적 저작들의 독자, 또한 이미 '어떤 것을 이해했지만' 그것
을 '확보하지 않고' 알고 있는 독자(여기서는 본래의 물음이다)의 문제이다).

적 세계의 역사적 '철학학설'이 아니다. 그와 같은 것은 오직 그것이 나타남에 따른 것이다.

이제까지의 모든 철학은 원칙적으로 자연적 태도의 지평 속에 있다. 즉 그것은 자신의 고유한 역사성(Geschichtlichkeit)을 단지 세계의 **역사성**(Historizität)으로 파악하는데, 역사의 선험적 차원은 그것에는 폐쇄되어 있고 알려져 있지 않다. 이제 현상학을 하는 것이 세계의 나타남으로 되어 세속적 정신의 역사 속에 등장하면, 그것은 명백하게 세계의 시간 속에 지속되지만, 세속적 정신의 역사가 선험적 구성의 지평에 대립해 여전히 **폐쇄된** 세계의 시간이 아니라 '나타남'으로서 현상학을 하는 것은 이미 **선험적으로** 해석된 세계의 시간 속에 경과한다. 현상학을 하는 것이 세계에 시간적으로 나타남을 '투시(透視)할 수 있는 것'은 〔그것을〕 이해하는 자에게 현상학을 하는 것의 선험적 경과의 시간성과 세속적 나타남 자체에 근거로 놓여 있

현상학자의 새로운 세계 속에는 그의 동료 인간, 게다가 부분적으로는 선험적으로 은폐된 자신의 자연적 세계를 지닌 현상학적으로-소박한 인간과 부분적으로는 현상학자들이 놓여 있다. 여기서 우리는 다음과 같은 문제를 갖는다. 즉 ① 현상학을 하는 자가 타인과 함께 서로 잇닿아 비판 등을 실행하면서 현상학을 하는 것 '으로 서로 함께 교류하는' 현상학자들. '모든' 가능한 방식으로 현상학을 하는 자에 대한 학문인 상호주관적 현상학. 이들은 어떻게 태도를 취하는가? 이들은 서로에게 말하고, 하나의 공통적인 '새로운' 세계인 (지금은 단지 '이론적으로 새로운' 인간인) 새로운 세계 속에 살아가며, 현상학은 그들의 새로운 세계 속에 있는 이념적 형성물이다. ② '비-현상학자들과' 교류하는 현상학자들. 이들은 비-현상학자들을 현상학적 환원과 현상학에 대한 추후로 이해하게 '이끈다.' 현상학자의 측면에서 보면 자연적 태도, 즉 자연적으로 소박한 세계를 이해하는 것이다. 어쨌든 현상학자는 이 세계의 소박함을 추상(소박한 사람의 맹목성과 완전히 다른 추상)을 통해 가질 수 있으며, 마찬가지로 이해하지 못하는 동료 인간을 이해할 수 있다. 이들은 현상학자와 세계를 능가하는 지혜에 대한 현상학자의 요구를 어리석음으로 간주한다. ② 일상성 속에 비-현상학자들과 교류하는 현상학자들. 이들은 비-학자들과 교류하는 학자들과 유사하다.

는 구성적 시간화의 과정에 대한 자유로운 시선을 제공할 뿐만 아니라, 구성의 〈선험적〉 역사(그 속에 세계의 역사가 단지 최종적으로 구성된 '층'으로 놓여 있다)가 현상학적으로 개시됨으로써 이 구성 자체가 새로운 단계로 들어선다는 사실도 인식시킨다. 선험적 주관성이 자기 외부에 존재하는 '영원함'은 끝나고, 그 '익명성'의 역사는 현상학적 환원 때문에 종결되고 완결되며, 자각되는 선험적 과정의 '시대'로 들어선다. 사람들이 현상학을 하는 것과 관련된 본래의 선험적 진리를─단지 그렇게 시사된 것으로─파악했다면(즉 환원을 했다면), 현상학을 하는 것을 자연적 태도 속에 발생한 철학을 하는 어떤 형식과 대등하게 놓는 것은 원리적으로 잘못이라는 사실이 확실히 인식된다. 대등하게 놓을 수 있는 것은 단지 나타남일 뿐이며, 더구나 사람들이 나타남을 나타남[118]으로 간파할 수 없는 한에서만 그러하다.

그러나 어떻게 세계 속의 나타남으로서, 즉 세계의 역사 속의 나타남으로서 현상학을 하는 것이 나타나는 '현상학을 하는' 주체의 지나가버리는 것에 관련되고, 이와 함께 역사적으로 전승되는 형식에 관련되는지 하는 점은 여전히 해결되지 않은 물음이다. 이러한 물음은 우선 자아론적 인식의 습득성을 서술하는 현상학을 하는 것이 어떻게 경우에 따라 선험적-역사적인 모나드의 전통 속에 지속되는지 하는 점과는 아무런 관계가 없고, 현상학을 하는 것을 객관화하는 것에 관련된 문제제기이다. 이것은 현상학적 인식을 자연적 태도 속에 그리고 자연적 태도에 대해 표명하는 것이다. 그것은 기술하기 힘든 방식으로 선험적 태도와 자연적 태도에 참여한다. 곧 그것이 선험적 인

---

118) 〈난외주〉 2차적인 선험적으로 세계화하는 것? 그러나 또한 이것은 우려할 만한 것이다.

식을 객관화하고 따라서 그 '본질'(Was)에 관해 객관화하는 한 선험적 태도에 참여하며, 그것이 객관화하는 '방식'(Wie), 즉 자연적 개념, 언어 등을 통해 그런 다음 무엇보다 나타나는 현상학적 주체의 실존적 구조들과 관련됨으로써 자연적 태도에 관여한다.

현상학을 하는 것을 〈타인의?〉 자연적 태도에 대해 〈인간적 세계 속에〉 객관화하면서 — 객관화하는 자가 선험적 태도에서 유래함에도 — 나타나는 주체의 유한성과 지나가버리는 세속적 구조는 현상학—이전의 소박함과 어떤 유사성을 갖는 것의 선험적 해석을 전혀 유의하지 않은 방식으로 진지하게 받아들여진다. 현상학을 하는 것은 자신의 세계에 나타남의 상황 속에 표명되는 '현상학'으로 객관화된다. 이 현상학은 대체로 세계의 동기부여(물론 이 속에서 그 자체로 선험적으로 해명된다)로 규정된다. 〈바로 그렇다.〉 즉 인간 공동체의 공복(公僕)으로서 현상학적으로 인식하는 자는 철학을 하며, 철학을 하는 것의 인간적-발생적 습득성 속으로 편입되고, 전승하며 가르치고 〔책을〕 출판하기도 한다.[119]

c. '학문'의 개념

'학문화하는 것'인 현상학을 하는 것에 관해 우리를 일반적으로 이끌었던 물음설정은 '학문'의 개념을 규정하는 데 우선 자신의 궁극적 정확성을 유지할 수 있다. 그러나 지금 이것 때문에 우리가 일반적으로 '학문'으로 이해하는 것의 현상학적 해명, 즉 학문의 세속적 이념을 생각하는 것은 결코 아니고, 현상학을 하는 것 자체 속에 실현되는 학문의 개념을 심문해야 한다. 이 학문의 개념은 〈자연적인〉 세

---

119) 〈난외주〉 세계와 인간성 그리고 그 속에 있는 우리 — 이 모든 것은 어쨌든 그 선험적으로 참된 존재 의미에서 선험적 존재의 우주 속에 있는 실제성이다.

계의 학문의 개념에 대한 실마리에서 파악될 수는 결코 없다. 현상학적 학문의 이념은 언제나 자연적 태도 속에 가능한 이미 알려진 학문일반에 관한 모든 표상을 초월한다. 모든 세속적 학문은 총체적으로 존재자에 관한 학문이다. [하지만] 현상학적 학문은 존재자가 구성되는 생성과 관련된다.

우리가 〈소박한 실증성 속에 있는〉 세계의 학문에서 그것의 '누구' [주체], 그 잠재성, 그 의사소통에 관해 구상했던 일반적 특징은 현상학적 학문의 개념을 처음으로 지적하는 데 단지 부각시키는 배경의 '소극적' 가치를 지녔다. 그것은 현상학을 하는 것에서 곧 상응하는 구조들이 예외 없이 완전히 '다르다'는 사실 이상을 산출하지 않았다. 그런데도 이 관련지어 정립하는 것은 헛되지 않았다. 어쨌든 우리는 현상학을 하는 것의 세속적 나타남과 세속적 학문 사이에는 구조의 근친관계가 성립한다는 사실을 통찰해 배웠다. 하지만 이제 나타남은, 그것 자체가 필연적으로 선험적 의미부여 속에 구성되고, 무엇보다 현상학을 하는 것이 자연적 태도에 대해 표명될 가능성을 산출하기 때문에, 곧 현상학적 학문의 개념에 하나의 계기를 형성한다. 그것들은 현상학적 학문의 개념의 필수적 요소들을 포함하는 현상학을 하는 것에 관한 유일한 선험적 진리가 결코 아니다. 오히려 이것은 곧 현상학을 하는 것의 세속적 나타남을 통해 결정된다.

본래의 선험적 진리와 단순한 나타남의 진리를 대립시키고 '규준이 되게' 구별하는 것, 즉 이러한 반정립적(反定立的)으로 한정하는 것[120]에서 우리는 반정립적 규정들의 '종합적' 통일일 뿐인 현상

---

120) 〈난외주〉 그것은 매우 정당하다. 언제나 '존재자'에 관한 하나의 층인 세계, 그 존재 속에 근원적으로 자연적 소박함—또한 이것이 선험적으로 알려진 다음—에 연관된 세계 속에 구성적 인식은 해명된 현상인 세계를 아무 것도 추구하지 않는다. 모든 선험적 인식과 선험적 존재자를 세계화하는 것,

학적 학문의 개념 안에서 움직인다. 그러나 여기서 당면하는 '종합' (Synthesis)은 한 측면의 진리를, 이것을 계기로 포괄하는 더 높은 단계의 진리로 '지양하는 것'(Aufhebung)이 아니다. 나타남의 진리는 선험적 진리와 나란히 이른바 동등하게 정당화된 것이 아니라, 결국 철학을 하는 자에 대해 항상 '투시적'인 ― 물론 그 자체가 선험적 의미부여에 기인하는 ― 외견상의 진리(Scheinwahrheit)[121]이다. 그리고 외견상의 진리는, 그것이 나타남에서 은폐된 현상학을 하는 것의 선험적 본성에 대해서뿐만 아니라, 나타남 자체에 기초로 놓여 있는 '구성'(세계화하는 것)에 대해서도 투시적인 한, 그 자체로 ― 철학을 하는 자에 대해 ― 선험적 진리 속에 '지양된다.'

이제 어떤 의미에서 현상학적 학문의 개념은 현상학을 하는 것에 관해 서로 대립된 나타남의 진리와 선험적 진리의 '종합적 통일'인가? 이에 대해 다음과 같이 답변할 수 있다. 즉 중요한 것은 가장 엄밀한 의미에서 구별된 진리들의 종합이 아니라, 현상학을 하는 것의 선험적 특징을 '나타남의 진리'(Erscheinungswahrheit) 속에 기록된 현상학을 하는 것의 선험적 조건에 대한 지시와의 종합이다. 달리 정식화하면, 현상학을 하는 것이 '현상학적 철학'으로 등장하는 (그리고 나타남의 진리 속에 표현되는) 세속적 상황은 현상학적 학문의 개념을 파악하는 데 결코 사소한 것이 아니라, 그것에 필수적인 계기를 서술한다. 우리는 세속적 상황 자체가 구성적 성과로서 선험적 작업수

예를 들어 (영혼들이 아니라) 모나드들도 세계화하는 것은 이러한 의미에서 비본래인 세계화하는 것이다. 즉 이 세계화하는 것은 세계의 존재의 아무것도 산출하지 않는다.

121) 〈난외주〉 그에 대립해 나는 저항한다! 시간공간의 자리 잡는 것(Lokalisation)은 어떠한 가상도 아니지만, 모든 세계의 자리 잡는 것, 즉 세계적 존재자의 자리 잡는 것을 초월하는 의미를 갖는다.

행에 기인한다(우리는 이것을 '2차적으로 세계화하는 것'이라고 불렀다.)는 사실을 안다. 그러나 이것은 마치 현상학을 하는 것을 세계화하는 것이 단지 현상학을 하는 것 그 자체에서는 그것을 더 이상 결정하지 못하는, 선험적 주관성의 구성적인 세계에 최종적인 삶의 경향으로 현상학을 하는 것에 외면적인 '함께 고뇌에 빠진 것'처럼 보인다. 구성하는 주관성이 '자각되는' 선험적인 일어남〔사건〕을 이렇게 세계화하는 '가장(假裝)하는 것'〈자리 잡는 것, 우리가 주의하지 않은 경우 외견상 실현하는 것〉 역시 그것 자체가 구성적 원천에서 발원하기 때문에, 현상학을 하는 응시자의 인식의 작업수행 속에 불가피하면, 어쨌든 그것은 철학을 하는 자, 즉 '나타남'을 간파하는 자에 대해 명백히 위험하지도 않고 해롭지도 않을 것이다.[122] 그리고 철학을 하는 자는, 나타남을 사태 자체로 간주하는 유혹을 자신의 뛰어난 선험적 통찰을 통해 방지해 머물기 때문에, 모든 나타남의 진리를 의도적으로 도외시하는 가운데 본래의 선험적 학문의 개념을 파악할 수 있지 않은가?

지금 도대체 실제적으로 세계화하는 것은 현상학을 하는 것 자체에 본질외적인, 외부적이며 외면적인 일인지, 또는 현상학을 하는 것 자체가 이것을 통해 본질적으로 규정되는지에 물음을 제기할 필요가 있다. 이에 대한 답변을 우리는 자연적 태도와 선험적 태도, 더 정확하게 말하면, 세계를 구성하는 주관성의 두 가지 선험적 실존방식, 즉 선험적 삶의 단순한 '그 자체로 존재함'(자기 망각, 〈유사〉 '수면')과 '그 자체에 대해 존재함'(자기의식, 〈유사〉 각성됨)의 독자적 연관관계에 대한 논구에서 발견한다.

---

122) 〈난외주〉 실제로 환원 속에 살아가고 이론화하는 자에 대해서는 아무것도 위험할 수 없다. 그는 오직 일관적일 수밖에 없다.

우선 일단 자연적 태도는, 현상학적 인식이 이미 세계의 구성이 — 곧 '자기망각(Selbstvergessenheit)의 상태'에서 — 일어났을 때 비로소 가능한 한, 모든 현상학적 앎의 전제이다. 즉 선험적 주관성이 자각되는 것은 선험적 주관성의 선행하는 '자기 외부에 존재함'을 전제한다. 이것으로 자각되는 것의 개념에서 분석적으로 도출되는 '논리적' 필연성이 아니라, 모든 논리적 파악에 앞서 놓여 있는 선험적 필연성이 지시된다. 그러나 '자연적 태도'라는 선험적 실존의 양상을 통한 '선험적 태도'의 제약성은 현상학적 인식의 주제(Thema)이며 기체(Substrat)인 구성하는 삶이 — 그것이 곧 현상학적 환원과 이 환원을 통해 가능해진 구성으로 되돌아가 물음으로써 '자신에 대해 드러나 밝혀질' 수 있기 이전에 — 소박함 속에 경과되는 것이 틀림없다는 점에서 성립할 뿐만 아니라, 그 밖에도 현상학적 인식이 세속적 표명의 상황에 의지하는 것 속에 놓여 있다. 이것은 곧 구성으로 되돌아가 묻는 것 속에 실현되는 모든 선험적 자기 인식은 단순히 〈역사적 상황으로서〉 자연적 태도에서 출발할 뿐만 아니라, 자연적 태도로 소급해 관련지어 남아 있다는 것을 말한다.

그러나 이 소급해 관련되는(Rückbezug) 의미를 올바로 이해하고 파악해야 한다. 현상학적 인식이 곧 선험적 근원의 차원에 대립해 자연적 태도의 폐쇄성을 형성하는 사로잡힌 것과 소박함을 지양하는 것을 서술하기 때문에, 그것은 여전히 자신의 특수한 '소박함'에 기인하는 자연적 태도에 소급해 관련될 수 없고, 오직 선험적으로 해석된 자연적 태도, 즉 최종적으로 구성된 것의 선험적 상황에만 소급해 관련될 수 있다. 구성으로 되돌아가 묻는 모든 것은 필연적으로 구성적 '최종산물'의 영역에서 시작한다. 하지만 더 깊이 놓여 있고, 구성적으로 기능하는 층들, 다양한 구성하는 과정과 이 과정 속에 그때그때 나타나는 ('선행해-존재하는') 형성물 등의 현상학적-이론적 입증은—그것이 명증적으로 주어져 있는데도—현상학을 하는 자가 이러한 이전의 구성 층들로 실제로 되돌아오는 것이나 구성된 '최종적 층'에서 출발하는 것이 아니다.

현상학을 하는 자는 선험적 구성의 이러한 더 깊은 층들을 항상 최종적인 층의 소급적 지평 속에, 즉 자연적 태도의 선험적으로 해석된 상황에서 출발해 분석한다. 따라서 현상학을 하는 자의 끊임없는 상황인 이러한 상황으로 모든 주제적 인식은 결국 소급해 관련된다. 이것은 이제 선험적 주관성이 '자기 자신에 대해 형성되는 것'이 형성되는 앎은 그 자체 속에 필연적으로—곧 이러한 앎을 통해 구성하는 주관성이 '자기 외부에 존재함'의 상황으로 제시되고 드러나 밝혀지는—선험적 상황에 관련된다는 것을 뜻한다.

이렇게 해서 시사된 상태를 매우 명석하게 만들면, 우리는 즉시 현상학을 하는 것에 관해 나타남의 진리와 현상학을 하는 것을 자연적 태도에서 특징짓는 가운데, 곧 '나타남'의 선험적 해석을 통해 〈단지 명백하게〉 드러나는 매우 특정한 선험적 진리가 함축되어 있다는 통찰에 이른다. 즉 모든 나타남의 진리와 경우에 따라 그 선험적 해석을 완전히 도외시하는 경우, 현상학을 하는 것의 선험적 규정만으로는 현상학적 학문의 개념을 분명히 제시하는 데 충분하지 않다.[123] 왜냐하면 현상학을 하는 것의 나타남은 현상학을 하는 가운데 실현되는

123) 〈난외주〉 그것은 단순한 추상이다. 선험적인 것의 끊임없는 2차적으로 자기를 세계화하는 것은 선험적 환원이 진행됨을 통해 이전의 소박한 구성을 전제하거나 전환하게 되는 새로운 종류의 구성에 속한다. 우리가 이러한 점에 주목하든 않든, 선험성의 높은 단계의 존재의 구성은 동시에 세계 속에 선험적으로 자리 잡는 형식으로 자기 자신에 소급해 관련된다. 이것은 이미 선험적 경험의 하부 층에 관계하고, 당연히 더 나아가 선험적인 이론적 진술의 상부 층, 또한 선험적 자아에서 타인의 자아로 의사소통적 전달 등에 관계하며 학문의 선험적 상호주관성에 관계한다.

앎의 특수한 본성을 계속 접촉하지 않는 현상학을 하는 것의 본질외적인 〈본래 결코 어떠한 은폐도 아닌〉 은폐와 차단이 아니라, 현상학을 하는 것이 시작되고 일어나며 머물러 있는 앎의 상황과 학문의 상황을 선험적으로 구성한 성과이기 때문이다.

선험적 주관성의 '자기의식'은 가장 깊은 구성의 단계에서 구성하는 삶의 '자기 자신에 존재함'(Bei-sich-Sein)으로는 원리적으로 가능하지 않고, 최종적으로 구성된 것의 선험적 층 속에 일어난다. 즉 선험적 주관성의 '자기 자신에 대해 형성되는 것'은——물론 선험적으로 밝혀진——〈충분한〉 '자기 외부에 존재함'의 구성적 차원 속에 진행된다. 우리가 일단 이러한 연관에 대한 완전한 통찰을 획득하면, 본래의 선험적 진리와 나타남의 진리 사이에 위에서 언급한——곧 현상학적 학문의 개념을 형성하게 될——'종합'의 특징도 이해하게 된다. 그런 다음 우리는 이 종합이 나타남의 진리에 대립해 부각된 현상학을 하는 것에 관한 선험적 진리와 선험적인 자기 해명의 상황이 구성된 것에 관한 진리인 나타남의 진리를 선험적으로 해석한 것이 일체화되는 것을 서술한다는 사실을 인식하게 된다.

이제 현상학적 학문의 개념은 어떻게 세속적 학문의 개념에 대립해 대조될 수 있는가? 도대체 우리는 세계의 학문의 경우 구성하는 주관성이 '자기 외부에 존재함'의 〈나는 이해하지 못하는〉 선험적 상황과 '최종적으로 구성된 것'의 층에 관련된 것을 발견하지 못하는가? 확실히 발견한다. 그러나 여기서는 자연적 태도와의 관련은 현상학을 하는 것에 〈곧바로〉 적합한 관련과 원리적으로 다르다. 현상학을 하는 것이 곧 자연적 태도를 선험적 상황으로 인식하고 세계를 '최종적으로 구성된 것'의 차원으로 구성적 분석론 속에 입증하지만, 따라서 구성적 분석론이 선험적 주관성의 '자기 외부에 존재함'에 관해, 그 구성적 '자기 외부로 나가는 것' 속에 형성된 (세계 속의)

자기를 객관화하는 습득성으로 알지만, 자연적인 세속적 학문의 경우에는 이러한 모든 점이 문제 밖이다.

단지 현상학자로서 — 세계의 앎과 이것에서 생긴 학문을 현상학적으로 해석하는 — 나는 이 앎이 자연적 태도 속에 사로잡힌 것을 인식하고, 이 앎이 '최종적으로 구성된 것'인 '존재자'에 필연적으로 관련된 것을 인식한다. 그러나 세계의 학자로서 나는 내가 단순히 '추상적' 층인 세계(구성된 최종산물의 전체성)에 주제적으로 관련되고, 일반적으로 관련될 수 있다는 사실뿐만 아니라, 무엇보다 이러한 앎의 방식에서 관련될 수 있다는 사실에 성립하는 나의 소박함과 독단적 제약성에 관해 아무것도 알지 못한다. 나는 자연적 태도 속에 사로잡힌 채, 나에게 주어진 세속적 학문을 형식화함으로써 '학문 일반'의 형식적 이념을 충분한 권리를 갖고 형성한다.

지금 학문의 이러한 일반적 이념을 논하고 이 이념 속에 함축된 세속적 '선입견'을 명백히 제시하지 않고 우리는 어쨌든 세속적 학문의 이념의 두 가지 중요한 성격을 부각시킬 수 있다.

첫째, 이론적 인식작용은 존재자에 관한 인식작용이다. 왜냐하면 모든 학문은 존재자나 존재자의 보편적 양식의 구조에 관한 체계적 통일성으로 이끌어질 수 있는 앎이기 때문이다.[124] 학문의 대상뿐만 아니라, 언제나 그 주체도 (비록 그것이 개별적 주체나 집단적 주체가 문제 되더라도) '존재하고' 있다. 인식작용과 궁극적으로 학문을 추구하는 것은 존재하는 주체가 존재하는 대상으로 특정하게 존재하는 태도를 취하는 것(Verhalten)이다.

둘째, 인식과 대상은 인식의 관계를 통해 분리된다. 모든 인식은 무

---

124) 〈난외주〉 역사적으로 보편적 의미에서 존재자는 자신의 보편적 개념과 총체성의 개념을 '세계'라는 명칭 아래 갖는다.

엇에 대한 인식이다. 일단 인식하는 자가 자기 자신을 대상(반성)으로 삼으면, 어쨌든 우리는 그 인식되고 대상화된 '자기'와 인식하면서 기능하는 '자기'를 구별한다.[125] 즉 인식과 대상, 학문과 영역을 대립시키는 것은 본질적으로 자연적 앎의 이념과 학문의 이념에 속한다. 결국 자연적 태도에 속하는 인식의 유한성은——관계항(關係項) 자체를 상호 한정하는 것을 서술하는——세속적 인식의 관계(인식작용과 주제)가 내적 대립되거나 붕괴되는 것에 성립하지는 않는다. 현상학적 학문의 개념, 따라서 현상학적 환원에서 유래하는 앎의 특성을 그것의 특수한 독자성에서 찾는 것은 세속적 학문을 형식화하는 것에서 생긴 일반적 학문의 개념 아래 포괄될 수 없다.

환원을 함으로써 우리는 모든 세계의 앎 일반의 보편적 고향(Heimat)의 상황과 근원(Ursprung)의 상황, 즉 자연적 태도 속에 사로잡힌 것을 초월한다. 왜냐하면 우리는 완전히 새로운 종류의, 즉 이제까지 생각할 수 없었던 새로운 철저성에서 파악작용·인식작용·앎과 학문을 실현하기 때문이다. 우리는 세계의 학문의 개념을 여전히 극단적으로 형식화함으로써 세속적 학문뿐만 아니라, 선험적 학문도 포괄하는 상위의 개념을 획득할 것이라고 결코 희망할 수는 없다. 우리가 현상학적 학문의 개념을 이해할 수 있는 것은, 세속적 앎의 이념과 학문의 이념을 형식화함으로써가 아니라, 오직 이 이념을 주제로 환원함으로써 이다(따라서 현상학적 환원에는 사실적 세계부터 이것의 선험적 구성의 다양한 개별적 환원(자아론적-원초적 환원과 상호주관적 환원)까지만 포함된 것은 아니다. 왜냐하면 세계의 가능성에서 세계의 양식의 구성으로 환원뿐만 아니라, 즉 존재의 이념과 존재적 언어

---

125) 〈난외주〉 존재하고 있는 것으로서 나 자신(Selbst)은 모든 인식하는 자——인간——에 대해 동일한 그 자체(An-sich)이다.

의 환원뿐만 아니라, 세계의 앎의 이념과 학문의 이념의 환원도 포함되기 때문이다!).

현상학적 환원은 '존재'(Sein)의 새로운 차원뿐만 아니라, 앎(Wissen)과 학문(Wissenschaft)의 새로운 차원도 연다. 그리고 세속적 존재가 선험적 존재의 '외부에' 놓여 있지 않고, 이제까지 절대화된 그것의 한 '층'만 서술하듯이, 세속적 학문의 개념도 선험적 학문의 개념 속에 포함된다. 곧 '유한한' 앎은 '무한한', 즉 선험적 앎에서 추상적 계기이다. 이러한 점은 예를 들어 세계에 대한 선험적 해명은 결코 세속적 인식과 학문을 말소하거나 신용을 떨어뜨리지 않고, 오히려 선험적 앎을 '추상적으로' 아는 계기—이것은 우선 모든 세계의 인식에 앞서 놓여 있고, 이것에 기초를 놓는 구성적 진리를 '전면적으로'(구체적으로) 명백히 제시함으로써 그 의미를 완전히 이해하고 진정으로 실행할 수 있다—로 파악한다는 사실에서 명백해진다. 즉 세속적 인식·학문·학문의 이념 일반은 그것이 자연적 태도 속에 등장하는 절대화된 형태에서 선험적 학문에 대립된 개념이다. 정당하게 이해하면, 최종적으로-구성된 타당성의 상황에 관련된 채 그것 자체가 선험적 진리의 체계 전체 속에 구조의 한 계기를 형성한다.

세계의 (자연적 태도의 사로잡혀 안주한) 앎의 이념과 학문의 이념을 환원하는 것은 선험적 방법론의 거대하고 포괄적인 주제제기를 제시한다. 선험적 방법론의 가장 일반적인 이념을 구상하려는 우리의 의도를 추구함에서 우리는 필요한 성찰을 실행할 수 없고, 현상학적 학문의 개념을 그 내적인 구조의 체제 속에 실제로 제시할 수 없다. 오직 미리 파악된 예고 속에서만 우리는 학문의 이념의 선험적 환원이 어디로 이끌어갈 수 있는가에 조준하려 한다. 그러므로 결국 이러한 '환원' 속에서는 현상학적 학문의 개념에 '절대적 학문'으로서 그것을 규정함으로써 기초를 세우는 것 이외에 다른 것은 일어나지 않는다.

어떤 의미에서 현상학적 학문은 '절대적'(absolut)이라는 부가적 표시로 결정적 의미에서 특징지어지는가? 우리는 이 〔'절대적'이라는〕 용어[126]가 그 어떤 방식으로 사용되는 의미나 그 용어와 함께 주어진 역사적 여운으로 되돌아감으로써가 아니라, 오직 '절대적'에 관한 현상학적 개념을 명백하게 습득함으로써만 이 특성의 의미를 이해할 수 있다.[127] 이것에는 어느 정도 준비가 필요하다. 우선 우리는 그 어떤 방식으로 앎의 특수한 권위를 지시하고 그 앎의 특수한 정도(程度)를 지시할, 규정되지 않아 동요하는 모호한, '절대적'이라는 개념을 배제한다. 또한 '절대적 예술' '절대적 종교' 등의 어조에서 표명되고, 본래 그 속에서 살아가는 현존재의 배타성의 양상만 뜻하는 '절대적'에 대한 통속적 파악도 밀어제친다. 마찬가지로 철학의 역사와 밀접한 '절대적'에 관한 모든 '형이상학적' 개념도 밀어제친다 (그러나 우리는 문제가 되는 개념을 그와 같이 전통적으로 파악하는 것이 어느 정도까지 이 용어의 현상학적 의미와 직접 밀접한 관계에 있는지는 해결되지 않은 문제로 남겨둔다).

중심적으로 특징지으려는 의도에서 현상학적 학문에 주어진 '절대적'이라는 부가어를 현상학적으로 해명하는 것은 명사적 개념을 규정하는 것, 따라서 '절대자'라는 개념을 해석하는 것에서 출발해야 한다. 명백히 처음부터 그 개념 때문에 우리가 단지 세속적 개념에 사용되는 일정한 '유비화하는 것'을 통해서만 표시할 수 있는 선험적 개념을 지향한다는 사실을 확인해야 한다. 일반적으로 유비(類比)의 기

---

126) 〈난외주〉 어쨌든! 유비에서부터 자연적 학문이 수행해야만 할 것이다. 이하를 참조.

127) 후설에서 '절대적'이란 "궁극적인 의미에서 선험적"(『위기』, 275쪽)을 뜻한다. 이렇듯 그가 어쩔 수 없이 사용하는 전통적 언어는 역사적이거나 일상적 의미에서가 아니라, 오직 현상학적 맥락 속에서만 정확히 이해될 수 있다.

능 속에 태도를 취할 수 있기 위해서는, 세속적 개념이 이 개념으로 지시된 선험적 의미와 일정한 친족관계에 있어야 한다. 우선 '절대적'에 관한 세속적 개념은 '상대적'에 대립된 개념이며, 존재의 한 양상, 즉 관련이 없고 자립적인 실체(ousia)로서의 존재를 뜻한다. 곧 실체(Substanz)의 존재에 상대적인 우연적인 것의 비자립적이며 관련된 존재에 대립해 이 실체 자체는 비상대적인 것, 자발적인 것, 모든 상대성을 지닌 것이다.

그러나 엄밀하게 보면, 개별적 실체는 자신의 우연적인 규정에 대립해 비상대적이지만, 단연코 그런 것만은 아니다. 각각의 실체는 개체적 존재자로서 세계의 보편적 존재의 연관 속에 있으며, '교류'(commercium)의 상관성 속에 각각의 실체와 결합되어 있다. 어느 정도의 정당성을 갖고 우리는 이제 개체적 실체의 상대적 존재에 대립해 세계 자체의 존재를 '절대적'으로, 세계를 '절대자'(절대적 존재자)로 표시할 수 있다. 이제 우리는 절대자의 이 세속적–존재론적 개념에 선험적 개념을 대립시켜 이 선험적 개념을 곧 세속적 표현으로 표시하고 유비적으로 표시했다. 하지만 이 유비의 표시에는 '절대적'과 '절대자'에 관한 세속적 의미가 환원적으로 변화된 것이 포함되어 있다. 우리가 자연적 태도 속에 있는 한, 정당하게 세계는 존재자 일반의 전체 통일성(Alleinheit)으로서, 모든 개체적 존재자가 그 속에 포함되고, 그것 이외에는 아무것도 존재하지 않고 아무것도 존재할 수 없는 절대적 존재자로서 우리에게 타당하다.

그렇지만 현상학적 환원을 함으로써 우리는 우리가 관련이 없고 궁극적으로 자립적인 존재자의 전체성(Allheit)으로 간주했던 것이 사실은 구성적으로 생성되는 단지 하나의 추상적 층만 제시한다는 점, 존재자의 우주, 즉 세계는 그 자체로 선험적으로 구성하는 주관성에 소급해 관련되는 단지 하나의 상대적 '우주'라는 점을 인식한다. 하지만 동시에 이 '상대성'이 두 '실체' 사이의 연관관계(마치 여기에는 형성물인 세계가, 저기에는 구성하고 형성하는 주관성이 있는 것처럼)로 파악되면 안 되고, 선험적 삶 자체 안에서 실행되는 관련으로 파악되어야 한다는 점을 이해한다. 세계는 선험적 주관성의 구성적 삶의 과정에서 **최종적인 것의 총괄**로 이해된다. 따라서 세계는 이러한 삶 자체의 외부에 놓여 있지 않다. 그리고 더 나아가 우리는 구성적 생성의 저편에 놓여 있는 '외부'라는 이념이 결국 원리적으로 무의미하다는 사실, 선험적 주관성과 '어디서'(Woher)와 '어디로'(Wohin)의 극(極)인 세계가 놓여 있는 세계의 구성은 원칙적으로 궁극적인 것이며, 그 자체로 다만 '상대적으로' 인식할 수 있는 우주일 뿐이라는 사실을 인식한다.

그러면 이 '구성의 우주'가 현상학적 의미에서 절대자인가? 이것은 단적으로 긍정해 답할 수 없다. 오히려 우리는 원리적으로 구별해야 한다. 현상학적 환원 이전에 선험적 세계의 구성(익명적으로 머물러 있는 작업수행 속에 형성되는 세계와 일치해 자기 자신을 '의식하지 못한' 선험적 주관성)은 현상학적 이해에서 '절대자'이다. 그러나 환원 이후에 구성적 '우주발생론'(세계의 구성)은 더 이상 유일하게 절대자로 표시될 수 없다. 오히려 이 절대자는 곧 선험적 **구성**과 **현상학**을 하는 것이 선험적으로 일어나는 통일체이다. 즉 절대자는 자신 속에 스스로 대립적으로 분절되는 선험적 삶 일반의 포괄적인 전체의 통일체(Gesamteinheit)이다. 구성하는 삶과 현상학을 하는 삶이 이렇게 분리되는 것은 지금 절대자의 개념을 결정한다. 즉 그것은 반정립적 계기들의 종합적 통일체이다.

그렇지만 '자기의식'에 도달하는 절대자뿐만 아니라 — 환원 이전에 — '그 자체로 존재하는' 절대자도 어떤 내적 대립을 통해 규정된다. '절대자'에 관한 세속적 개념이 존재론적 개념이며 〈그 자체로〉

존재하는 것의 총체성을 뜻하지만, 절대자의 현상학적 개념은 존재론적으로 특징지어질 수 없다. 그것은 〈그 자체로〉 존재하는 것의 총체성을 뜻하는 것이 아니다. 환원은 단순히 이전에 사념되었던 총체성인 세계가 한정되고, 상대적인 것으로 맡겨던, 이제까지 은폐된 더 거대한 존재의 연관을 해명하는 것이 아니다. 왜냐하면 '선험적 존재'는 포괄적인 것만은 아니지만, 그 밖에 동일한 의미에서 '존재하기' 때문이다. 어쨌든 현상학적 환원을 통해 자연적 태도가 '상대화되는' 것은 존재의 영역에 제한을 해제함으로써가 아니라 구성적으로 제한을 설정함으로써 이다. 즉 모든 존재의 보편적 지평(세계)은 '존재자'가 최종의 산물, 즉 성과에 대한 구성적 권위를 갖는다는 인식을 통해 세계를 구성하는 보편적 연관에 들어 있다. 요컨대 절대자는 존재자에 관한 이른바 동질적인 (세계에 유비적인) 보편적 통일체가 아니라, 곧 존재자 일반과 선행하는−존재자(세속적 존재와 '선험적' 존재), 세계와 세계의 근원에 대한 포괄적인 통일체이다. 따라서 절대자는 그 자신 속에 어떠한 존재의 대립도 아닌 '대립'을 포괄하며, 비−존재적 의미에서 '대립의 일치'(coincidentia oppositorum)이다(물론 이것은 그 어떤 '신비적' 의미에서 뜻하는 것이 아니라, 형식논리학 — 이것은 결국 존재의 논리학Seinslogik이다 — 의 범주들로 포착할 수 없는 대립들 속의 통일체를 겨냥한다).

이처럼 시사된 절대자의 개념은 이제까지 사용된 '선험적인 것'이라는 개념과 동일한 것처럼 보인다. 이것은 어떤 의미에서는 적절하다. 하지만 그런데도 절대자라는 개념은 비로소 구성적으로 세계가 생성되는 중심적 구조들을 보게 해준다. 어쨌든 '선험적'이라는 표현은 우선 (현상학적 환원을 통해) 세계를 초월함(Transzendieren) 속에 열려진—세계, 때에 따라 자연적 태도에 대립된—구성하는 주관성을 표시한다. '선험적'이라는 표현은 처음부터 주제적 표시이지만,

하여튼 이러한 [초월하는] 방향에서 접근할 수 있는 것인 방향의 개념을 전용함으로써 생긴 표시이다. 우리가 구성적으로 세계를 해석한 이후에도 세계 자체를 '선험적'으로 표시하면, 어쨌든 이러한 표현에는 오해하는 해석의 원천이 파악될 수 있는 근원적인 방향의 의미가 여전히 함께 울려퍼진다. 그래서 '선험적'이라는 용어가 1차적으로 대립적 개념(Gegenbegriff), 곧 ─주제적으로 사용된─ 세계(자연적 태도)에서 어느 정도 제거되고 세계에 대립된 선험적으로-구성하는 삶을 뜻하는 대립적 개념이라면, 이에 반해 절대자의 개념은 보편적인 총괄적 개념(In-Begriff)이다. 선험적 방법론의 원리적 문제제기는 절대자의 개념을 방법적으로 전개하고 그 풍부한 내적 계기들을 서술하는 과제를 통해 다시 묘사된다. 그러나 단순한 예고는 몇 가지 시사로서 만족할 수밖에 없다.

세계와 세계를 구성하는 선험적 주관성의 종합적 통일체인 절대자를 위에서 제시했듯이 규정한 것은 이러한 형식적 일반성에는 부정확한 것이 아니지만, 어쨌든 여전히 더 정밀한 파악이 필요하다. 왜냐하면 그러한 규정을 통해 주어진 문제는 적어도 가장 일반적인 윤곽에서나마 명백해져야 하기 때문이다. 실재적 존재자의 전체 통일성인 세계 ─시간과 공간에 따라 무한하게 개방되고, 그것을 충족시키는 완전히 측정할 수 없는 자연·모든 유성·은하계·태양계를 지닌 세계, 돌·식물·동물과 인간인 다양한 존재자를 지닌 세계, 인간의 문화 및 역사의 변천 속에 이 문화의 융성과 쇠퇴의 토대이자 삶의 공간인 세계, 궁극적인 윤리적 결단과 종교적 결단의 장소인 세계, 이처럼 다양한 그 현존재의 세계, 요컨대 '존재'──는 절대자의 한 계기일 뿐이다. 현상학적 환원을 실제로 관통해나간 각 사람이 체험한 엄청난 충격은 파악할 수 없을 정도로 거대하고 무한하게 넓은 세계가 구성의 성과라는 의미를 가진다. 따라서 그 세계는 구성의 우주 속에 단지 상대적 '총체성'(Totalität)만 서술한다는 깜짝 놀랄 만한 인식에 그 근거를 갖는다(사람들이 총체성의 개념에 관해 일어났던 '사유방식의 혁명'을 주시하면, 현상학적 환원을 곧 중심적 조망으로 특징지을 수 있다(자연적 태도 속에 절대화된). 세계를 탈–절대화하는 것은 천동설적 체계가 지동설적 체계로 이행하는 것으로서 그리고 자연적 태도의 토대 위에 일어난 세계관Weltansicht의 모든 철학적 혁명으로서, 더 철저한 '코페르니쿠스적 혁명'을 뜻한다).

그러나 절대자의 다른 계기, 즉 그 성과인 세계 속에 한정하는 '구성'은 어떻게 규정될 수 있는가? 어쨌든 세계에 대한 선험적 해석의 첫 번째 단계에서 이미 우리는 '세계'라는 명칭으로 개체적인 선험적 자아의 이른바 개인적인(원초적인) 구성의 형성물도 제출되지 않았다. 그리고 선험적인 모나드의 공동체로 실현되는 구성적 삶의 과정을 선험적으로 공동체화하는 것의 상관자가 제출되었다는 사실을 인식했다. 그러면 우리는 모나드적 상호주관성을 절대자의 '다른 계기'로 포착하고, 이것 자체를 선험적 모나드의 공동체와 그 구성적 삶속에 실현된 세계의 통일로서 포착해야만 하는가? 곧바로 여기에 기초적 문제가 놓여 있다.

'그-자체로-존재하는' 절대자라는 현상학적 개념이 구성하는 삶과 여기서 생기는 성과(세계)를 총괄적으로 통일하는 것을 겨냥하는 한, 우선 일단 다음과 같은 물음이 제기될 수 있다. 즉 결국 선험적인 모나드의 상호주관성을 분석적으로 입증함으로써 이미 구성하는 삶은 궁극적으로 규정되지 않았는지, 우리가 곧 구성적으로-의사소통하는 모나드의 선험적 복수성(複數性)을 주제로 삼는다면 구성적으로 생성되는 최종적 층인 세계에서 출발해 '구성적으로 되돌아가 묻는 것'으로 다시 돌아감으로써 그리고 구성의 과정에 기초를 놓는 단계와 층을 통과함으로써 이미 그 궁극적 심층에 도달하지 않았는지 이다. 여기서 우선 '개방된' 것으로 주어지는 모나드의 공동체의 보편적 삶의 연관에 대한 물음, 더 나아가 모나드의 대립적 측면에서 지향적인 함축의 선험적 의미에 대한 물음 등이 일어난다. 이 모든 물음과 문제는 그 해결을 절대자의 개념이 방법적으로 전개되는 연관 속에서만 발견할 수 있다. 더 정확하게 말하면, 그 해결은 곧 절대자의 개념을 이렇게 발전시키고 설명한 것이다.

그렇다면 오히려 모나드의 공동체 자체는 여전히 구성적 세계의 생성 속에 구성된 층을 이룬다는 점이 명백해진다. 따라서 복수의 모나드들이 선험적으로 개체화되는 것은 구성하는 삶의 환원적으로 지양될 수 없는 궁극적인 한정인지가 물음으로 제기된다. 그런 다음 절대자 자체는 복수로 분절되고 개체화되는 것에 종속되는지, 또는 모든 분절되는 것(Gliederung)은 오직 절대자 속에 놓여 있는 자기 분절화(Selbstartikulation)이고, 절대자 자체는 오직 '일자'(一者)의 이념 아래서만 궁극적으로 생각될 수 있는지가 입증될 것이다. 이 모든 문제가 여전히 극복되지 않는 한, 세계와 세계의 구성이 총괄적으로 통일된 것으로서 절대자의 현상학적 개념을 지적하는 것은, 부득이하게 형식적 공허함 속에 머물러 있음이 틀림없다.

어쨌든 우리는 절대자를 형식적으로 지적하는 개념의 규정조차 설명할 가능성의 원칙적 어려움과 싸워나가야 한다. 현상학적 환원을 자신이 수행하면서 실제로 총체성의 표상이 전환되는 것을 몸소 체험하고, 이론적 인식 속에 자신의 것으로 삼으면, 어쨌든 통각은 적어도 세속적 선입견의 속박 속에 있다. 사람들은 세계우주의 '상대성'의 인식 속에 수행된 엄청난 제한이 해제된 것을 잘 이해하지만, 이 제한이 해제된 것(자연적 태도의 제한성을 지양하는 것)을 존재관계의 실마리에서 통각을 하려는 (예를 들어 사람들이 현상학적 절대자를 '더욱 거대한 것' '더욱 포괄적인 것' 등의 이념 아래 표상하는 가운데) 유혹에 너무도 쉽게 빠져든다.

이 모든 존재적 통각 속에는 절대자의 개념을 현상학적으로 적절하게 포착하는 것을 원칙적으로 방해하는 독단주의가 놓여 있다. 그런데도 이 존재적-세속적 개념은 없어질 수 있는 것이 아니다. 우리는 이 개념 속에 철학적으로 사고하면 안 되지만, 이 개념을 매개로 철학적 인식을 술어화한다. 절대자의 개념을 해석하는 것은, 그것이 해명에서 선험적으로 유비화하는 수단으로서 필요하기 때문에, 그 개념을 포기할 수 없다.

절대자의 각 존재적 특성이 충전하지 못한 것은 '존재 일반'이 절대자의 한 계기만 형성한다는 점에 그 근거를 갖는다. 하지만 곧 '계기'에 관한 논의는 '현상학적 유비'로만 이해되어야 한다. 대략적으로 직접 보면, 계기들로 분절된 절대자의 표상은 잘못된 것이다. '계기-존재'(Moment-Sein)는 존재의 한 방식(Weise)(예를 들어 우연적인 존재)이다. 절대자는 존재하는 계기들의 존재의 통일성과 총체성이 아니라, 존재의 '선행해-존재하는' 생성(구성)과 존재(세계)의 총괄이다. '계기들'에 관한 표상 속에 함축된 사념, 즉 마치 '구성'과 '세계'가—곧 한 존재자의 두 계기와 같이 어느 정도 병존해 있다는 사념은 절대자의 본성에 대한 독단적 오인이다. 그러나 사실 절대자는 서로 보완하지만, 또한 서로 한정하고 유한화하는 비독립적 두 계기의 통일이 아니라, 어떤 '계기'(구성)가 다른 계기(세계)로 끊임없이 이행하는 것의 무한한 통일체이다.

대립시킴·타자성·한정함·유한화함과 같은 모든 표현은, 이것들이 절대자의 개념을 해명하는 데 사용되는 경우, 원칙적으로 어떠한 존재적 의미(Sinn), 즉 존재론적 범주들로 포착할 수 있는 의미가 있는 것이 아니라, 존재적 의미(Bedeutung)들을 유비적으로 밀쳐내는 가운데 선험적 개념을 지향한다. 그러면 어떤 의미에서 절대자 자체가 '무한자'로 표명될 수 있는지를 우리는, 비록 이러한 표시 속에 곧 중심적 특징이 포함되어 있더라도, 지금 전혀 시사할 수 없다. 왜냐하면 그것은 '선험논리학'의 이념이 지닌 가장 일반적인 문제제기에 대해 적어도 잠정적으로 일별하는 것을 전제하기 때문일 것이다(여기서 '선험논리학'이라는 명칭은 '형식논리학'을 선험적으로 해석하는 과제를 통해 그것에 기초로 놓여 있는 구성적 의미부여를 입증함으로써 생기는 현상학적 문제가 아니라, '현상학적 명제'의 선험적 이론을 표시한다). 그러나 우리는 존재적 무한성의 이념이 절대자의 선험적 무한성의 이론적 인식을 술어로 표명하는 데 단지 유비적인 것으로만 이바지할 수 있다는 사실도 그만큼 예측할 수 있다.

주해. 그런데 존재적 무한성의 이념 자체는 이중적이다. 즉
1) 한편으로는 '지속체'(Kontinuum)인 무한성, 다른 한편으로는 반복적 무한성(예를 들어 수열 및 다른 반복적 과정).
2) 세계의 형식, 총체성인 무한성이다.
이 양자의 존재적 무한성의 표상들이 절대자의 무한성을 유비적으로 설명하는 데 원용되어야만 하고, 원용될 수 있는지는 해결되지 않은 물음이다.

이 모든 것에는 방법론적으로 다음과 같은 점이 놓여 있다. 즉 절대자는 결국 존재적 범주들과 개념들이 '선험적 유비' 속에 의미에 적합하게 기능한다는 사실을 통해서만 해명할 수 있게 된다는 점이다. 그러나 '존재'(세계) 자체가 절대자의 한 계기인 한, 절대자를 해명하는 문제는 하나의 계기 속에 정주된 개념성을 절대자 자체의 전체에 적용하는 의미에 관해 물음으로써 설명된다. 절대자를 방법적으로 구축해 마무리하고 철저히 설명하는 개념을 충분하게 포착하

는 절실한 요구가 충족된 경우에 비로소 해명함으로써의 현상학을 하는 것에 관련된 선험적 방법론의 이미 앞에서 지적된 특수한 문제 제기(제10절 참조)가 극복되고, (절대자가 자신을 해명하는 현상학적 이론인) 선험논리학의 완전한 이념이 전개된다.

그러므로 우리가 절대자의 개념을 —물론 매우 '비체계적인'— 지적을 통해 첫눈에 이끌어왔다면, 이것으로써는 단지 우리가 제기한 과제, 즉 현상학적 학문의 개념을—이 학문의 개념에 따라 현상학을 하는 것(선험적 방법론의 일관된 '대상')은 학문의 형식으로 앞으로 조직화된다 — '절대적 학문'으로 입증하고 설명하는 과제에 대한 전제조건만 충족된다.

그렇다면 절대자의 본성에 대해 획득한 선행의 통찰을 고려해 이러한 학문의 개념을 다시 묘사하는 데로 이행해야 한다. 이 경우 결정적인 방식으로 중요한 것은, 절대자의 본질 속에 놓여 있는 **총괄적 종합**을 절대적 학문의 규정에서도 명백히 드러내 밝히는 것이다. 우리가 절대적 학문을 1) 대상에 관해, 2) 그 '주체'에 관해, 3) 그 앎의 방식에서 특징지음으로써 그것은 3중의 관점에서 일어날 것이다.

1) 절대적 학문의 대상은 (현상학적으로 이해된) 절대자이다. 지금 우리는 구성과 세계의 종합적 통일로서, 위에서 제시한 절대자의 특성을 단순히 이러한 규정 속에 삽입해도 되는가? 그리고 그렇게 함으로써 절대적 학문의 대상은 충분히 규정되었는가? 결코 그렇지 않다. 오히려 절대적 학문이 실현됨으로써 절대자 자체에는 어떤 변화가 일어난다. 즉 절대자는 그 자체로 존재하는(Ansichsein) '상태'에서 그 자체에 대해 존재하는(Fürsichsein) 상태로 이행한다. 그리고 이것 때문에 그 종합적 총괄성 속에는 새로운 내재적 반정립, 즉 두 가지 절대적 경향의 이원론이 분절된다. 현상학적 환원 이전에는 이른바 절대

자의 통일성 속에 오직 하나의 관통하는 〈지향적〉 경향이 '주어진다.' 즉 구성하는 선행해 존재하는 작업수행과 구성되어 존재하는 '성과'에 관한 그들에 속한 반정립적 구별을 지닌 세계의 구성이 주어진다.

환원을 함으로써 절대자의 통일 속에는 새로운 경향이 일깨워지는데, 이것은 실로 현상학적 판단중지를 통해 (현상학을 하는 응시자가 구성에 관여되지 않음으로써) 〈소박한〉 세계를 구성하는 경향에 반정립적으로 대립되는 자기를 규명하는 경향, 자각되는 경향이다. 구성하는 경향뿐만 아니라 대립된 방향으로 진행하는 '선험적'——지금 이 단어를 그 근원적 방향의 의미에서 사용한다——경향도 이들이 서로 대항하는 '공존'(Zusammen) 속에 곧바로 절대자의 종합적 통일[128]을 형성한다. 따라서 절대자의 그 자체로 존재하는 것뿐만 아니라, 이것과 일치해 현상학을 하는 것의 선험적 일어남〔사건〕 속에 절대자의 그 자체에 대해 생성되는 것도 절대적 학문의 주제적 '대상'을 형성한다. 어쨌든 이것은 절대적 학문인 현상학을 하는 것이, 그 자체가 절대자의 총괄적 통일 속에 경과하는 일어남〔사건〕(Geschehen)인 한, 절대자에 관련되고, 또한 자기 자신에 관련된다는 사실을 말한다.

선험적 원리론으로서 절대적 학문은 절대자가 단순히 그 자체로 존재하는 것, 즉 세계의 구성과 세계의 종합적 통일에 주제적으로 향해 있다. 왜냐하면 그것은 구성하는 주관성으로 되돌아가는 것 속에 있는 세계에 대한 선험적 해석이기 때문이다. 그러나 선험적 방법론으로서 절대적 학문은 자기 자신에 관련되고, 그 자체에 대해 생성되는 절대적 경향을 주제화하는 것이다. 이제 문제는 현상학을 하는 것의 이제까지 가능하게 존재했던 인식이 실로 현상학을 하는 것 자체를 절대자의 경향으로서 궁극적으로 자기가 규명된 것에서 포착할 수 있

---

128) 〈난외주〉 그러나 이것은 우려할 만한 표현방식이다. 무엇을 위한 '종합'인가?

는지, 또한 여기에는 현상학을 하는 자아가 선험적으로 자기를 이해하는 다소간에 소박한 잠정적 단계가 제출되어 있는지 이다. 이른바 선험적 자아(모나드적 상호주관성 속의 개체적 모나드로서)의 개체화는 모든 개체화하는 것(Individualisierung)에 앞서 놓여 있는 '하나를 지닌'(einshaft) 선험적 삶의 자기 객관화의 한 단계가 아닌지 하는 물음과 평행해, 이제 우리는 반성적 자아로서 현상학을 하는 자아는 결국 선험적으로 개체화되는 것 속에 있는 자아에서 구상된 것인지, 또는 현상학을 하는 것(이와 함께 선험적 방법론)을 궁극적으로 규정하는 차원은 절대적 삶의 더 근원적인 심층으로 되돌아가는 것 속에서 추구되면 안 되는지를 물을 수 있다. 아무튼 이러한 점들은 단지 문제로 남아 있다.

우리가 현상학적 학문의 개념을 우선 절대적 학문의 '대상'을 규정하는 것에서, 곧 우리가 이러한 대상으로서 절대자를 게다가 그 자체에 대해 존재하는 단계에서 표시함으로써 특징짓는 경우, 주제제기의 종합적 구조를 명백하게 지적할 필요가 있다. 각각의 세속적 학문은 존재자와 관련된다. 그 대상들을 통해 이 학문은 존재적 학문으로 특징지어진다. 〔반면〕 절대적 학문의 주제는 절대자이고, 더구나 구성적 경향과 '선험적' 경향의 종합적 주제(Synthema)로서 이다. 이 두 경향의 내적 대립은 절대적 삶의 통일 속에 종합으로 포괄되는 최초의 반정립적 분절화(Artikulation)이다. 또 한편으로는 구성적 경향 자체는 '선행해-존재하는' 구성과 그 성과, 즉 존재의 반정립적 대립을 종합적으로 포괄하는 것(Umgriff)이다. 따라서 세속적 학문은 유일하게 존재자의 이론적 연관 속에 성립하지만, 절대적 학문의 이념 속에는 존재자의 연관이 단지 주제적 연관의 한 구조의 계기, 더구나 정확하게 말하면 어떤 부분방향 속의 한 부분방향이다.

물론 존재자의 주제제기의 의미는 그 주제제기가 절대적 학문 속에 등장하듯이, 세속적 학문의 경우와 완전히 다르다. 자연적 태도 속에 발원된 세계의 학문은, 마치 그것을 넘어서는 어떠한 주제제기도 더 이상 가능하지 않은 것처럼, 즉 존재자를 구성하는 선험적 주관성에 대립된 **폐쇄성**의 태도에서, 존재자에 연관된다. 이에 반해 절대적 학문은 그것이 존재자에 연관된 경우, 처음부터 존재자의 구성적 지평에 대해 **개방**되어 있고, 존재자를 구성의 **성과**로 간주한다. 이것은 세속적 학문들이 이들 속에서 도달할 수 있는 인식과 더불어 절대적 학문의 외부에 있지 않고, 오히려 물론 그것에 관해 알지 못하지만 절대적 학문의 **정당한 분과**라는 사실을 뜻한다. 현상학적 환원과 이것으로 가능해진 (최종적 산물인) 존재의 구성적 의미에 대한 선험적 통찰을 통해 비로소 존재자를 주제화하는 학문의 제약성이 명백해지고, 이 제약성 자체를 그것이 존재자와 갖는 연관의 **궁극적** 의미에서 이해하게 된다.

그러므로 우리는, 곧 세계의 학문이 절대적 학문 속에 놓여 있기 때문에, 결코 절대적 학문을 세속적 학문에 대립해 대조시키지 않는다. 포함된 것은 환원을 통해 비로소 명확해진다(세속적 학문과 절대적 학문의 관계에 대한 더 상세한 특징은 현상학적 학문의 개념을 명백히 밝힘으로써 가능해진 '절대적 학문이론'의 과제이다).

2) 절대적 학문의 '**주체**'는 절대자 자신이다. 현상학을 하는 것의 선험적 경향에서 그 주체는, 그가 언제나 이미 인간의 자기의식이라는 형식으로 어떤 규명성에 도달했던 세계에서부터 현상학적 환원을 통해 자신의 구성적인 '**선행하는−존재**'의 심층을 열며 선험적 자기의식을 실현하는 동안, 자기 자신의 자신에 대해 **생성**된다. 그러나 우리는 이미 현상학을 하는 것을 이 속에서 기능하는 주체에 따라 **본래 주체**인 현상학적 응시자와 '**나타남**'의−주체인 인간을 구별함으로써 특

징지었다. 하지만 단순한 반정립적 구별에 머물러 있지 않고, 나타남의 진리 자체를 선험적 구성(곧 '비본래로 세계화하는 것')의 성과로 인식했다. 그러나 이 경우 일정한 의미에서 나타남의 진리 그 자체를 만족하게 하지 못한 것은 이 진리가 그 구성으로 끊임없이 소급해 관련되고, 1차적으로 그 선험적 투시성(Durchsichtigkeit) 속에 논구되기 때문이었다. 즉 나타남의 진리는 그것이 선험적으로 의미하는 것에 따라 해석되고, 해석은 구성으로 되돌아가 묻는 방향으로 나아갔다.

우리가 지금 절대자 자신을 절대적 학문의 주체로 지적하면, 실질적으로 보면, 그것은 이전의 설명을 뛰어넘는 설명이 아니라, 어느 정도 종합적으로 규정하는 방법적 우선권을 갖는다. 이전의 특징은 현저하게 나타남의 진리를 구성적으로 해석함으로써 외견상의 반정립(Antithetik)을 해소하는 것, 반정립을 선험적 진리 속에 지양하는 것이었다. 그러나 지금 우리는, 인간과 선험적 응시자의 대립을 결코 제거하지 않고, 절대자의 종합적 통일 속에 있는 필연적인 반정립으로 파악함으로써, 비로소 현상학을 하는 자에 관한 세속적 진리를 정당하게 평가할 수 있게 되었다. 즉 정립('인간이 현상학을 한다'), 또한 반정립('선험적 자아가 현상학을 한다')은 두 가지는 현상학을 하는 것이 절대자가 자기 자신 속의 인식운동(Erkenntnisbewegung)이라는 절대적 진리 속에 지양된다. '그 자체로 존재하는' 절대자가 '존재'와 (구성하는 것인) '선행하는-존재'의 통일이듯이, 마찬가지로 절대자가 자기 자신에 대해 생성되는 것도 그만큼 세속적으로 존재한다. 즉 인간이 철학을 함으로서, 또한 '선험적으로-존재하는 것'으로서, 즉 현상학적 응시자의 인식행동(Erkenntnishandlung)으로 존재한다.[129]

---

129) 〈난외주〉이 경우 '세속적' 개념과 '선험적' 개념은 두 가지 의의가 있다! 소박한 세속적-선험적인 세속적. 그때그때 선험적으로 구성하는 것인 선험적. 총체적 절대자인 선험적.

3) 절대적 학문, 즉 절대자가 자기 자신을 인식하는 인식의 방식은 그 자체로 절대적이다. 이것으로 무엇이 생각날 수 있는가? 여기서 물음으로 제시되는 것을 우리는 전혀 그 개요 속에 수행하지 않았는지도 모른다. 절대자와 절대적 학문에 대해 다소간에 시사된 모든 구조가 현상학적 환원을 이해하는 데 전개될 수 있지만, 우리가 다시 더 새롭고 더 철저해진 형식으로 환원을 반복하는 것이 아니면, 여기서 이 경우는 현상학적이지 않다. 그러나 이것은 선험적 방법론의 이념에 일반적으로 윤곽을 두르는 테두리 안에서는 일어날 수 없다. 간략한 지적을 고찰하는 정도로 해두자.

인식의 방식은 일단 그것에 가능한 확실성의 정도(Grad)를 고려해 연구될 수 있다. 어쨌든 세속적 학문에 인식의 경우에서 실연적(assertorisch) 명증성과 필증적(apodiktisch) 명증성을 구별해보자(따라서 예를 들어 아프리오리한 학문이 인식하는 방식인 '필증적'과 귀납적 사실과학이 인식하는 방식인 '실연적'을 구별해보자). 그렇다면 물음은 인식의 방식으로서 '절대적'이 인식의 특정한 확실성의 정도를 뜻하는지 여부이다. 이에 대해 다음과 같이 답변할 수 있다. 즉 '절대적'이라는 명칭으로 지시된 인식의 양상은 직접 확실성의 정도를 겨냥하는 것이 아니라, 선험적 인식의 ─ 모든 세계의 '필증성'을 능가하는 ─ 독특한 명증성과 권위를 지니고 연관 속에 있는 것이다. 현상학적 환원에는 또한 선험적 통찰의 양상인 필증성의 개념을 선험적으로 새롭게 파악하는 데로 이끌 수도 있는 명증성의 이념을 환원하는 것이 함축되어 있다. 따라서 확실성의 정도를 직접 겨냥하는 것이 아니면, 그 밖에 무엇이 도대체 절대적 학문이 '절대적으로' 인식하는 방식으로 지시될 수 있는가?

각각의 세계의 학문에 속한 '주제제기'의 이념을 환원하는 것보다 더 중요한 문제는 없다. 세속적 학문은 존재자에 관한 인간의 학문이다.

인간은 그 자체로 존재자 가운데 한 존재자이다. 인간이 존재하지 않는 존재자의 전체성은 그에 대해 외부세계(Aussenwelt)〈'외부세계?' 다의적이다.〉이다. 자연적 태도에서 발원하는 학문은 우선 인간이 자신의 외부세계로 특정한 이론적 태도를 취하는 것이다. 이것은 이론적 주제의 근원적 의미가 외부세계에 있는 것을 뜻한다. 〔따라서〕 인식작용은 '상대적'이다(즉 (1) 인간과 그의 외부세계에 대립해-서 있는 것(Gegen-Stand)〔대상〕 사이의 관련으로서 관계적인 것이다. (2) 〈인식작용은〉 인식하는 자를 한정하고 자신의 한계를 인식하는 자에게서 발견하는 존재자와 관련된 것으로 유한한 것이다. 즉 유한한 대상과 유한한 주체이다!). 또한 심리학적-반성적 인식의 경우조차 주제제기는 여전히 외부세계에서 규정된다(나는 나 자신을 (1)내가 외부세계에 관련되어 존재하는 것 속에 그리고 (2)외부세계에 대립하는 것으로('내재성'으로) 한정해 인식한다).

이러한 초보적 시사는 모든 세속적 학문의 주제적 관련을 한정하면서 주체-객체-상관관계(내재성-초월성-관계)를 통해 주어지고 모든 세속적 인식의 유한성을 마무리해 논하면서 포착할 수 있는 중대한 문제제기를 결코 인식할 수 없으며, 이제 절대적 학문에서 인식하는 방식의 절대성이라는 특성을 형식적으로 지시하는 게시광고에 대해 대조를 이루는 것으로 이바지할 것이다. 절대적 학문의 '대상'이 절대자로 규정되면, 그 대상은 결코 대상-존재에 관한 세속적 개념의 실마리에서 파악될 수 없다. 그 대상은 인식작용에 대해 외부세계에 주어지지도 않고, '외부세계'에 대립해 한정된 채 유지되는 자기 경험의 방식으로 주어지지도 않는다. 절대자가 자기를 인식하는 작용은 '상대적'이 아니다. 왜냐하면 절대자에게는 어떠한 외부세계도 존재하지 않는다. 따라서 그와 같은 외부세계에서 분리된 자기(Selbst)도 존재하지 않기 때문이다. 즉 절대적 학문이 인식하는 방식은 초월적 또는는 내재적 경험과 인식의 통각적 도식(Schema)이나, 아무튼 유한한 인식의 도식으로는 파악될 수 없다.

그러므로 절대자가 '자기를 인식하는 작용'(Selbsterkennen)에 대한 논의는 선험적 유비이다. 유한한 반성적 인식작용(심리적 또는 경우에 따라 심리학적 자기 경험)과 무한한 절대적 자기인식 사이에서 이 유비를 가능하게 만드는 친족관계를 우리는 지금 제시할 수 없다(이것을 통해 동시에 자연적 태도 속에 사로잡힌 철학이 항상 주장했던 철학을 하는 자의 '무한한 인식'을 현상학적으로 정당화하고 해명하는 것은 '지성적 직관' '사변적 사유' 등의 선험적 해석으로 주어질 것이다). 선험적 방법론 전체를 주도하는 현상학을 하는 것에 관한 물음은 절대적 학문을 규정하는 것 속에 답변을 찾게 된다. (1)환원하는 것으로서, (2)소급적으로 분석하는 것으로서, (3)'구축하는 것'으로서, (4)이론적으로 경험하는 것으로서, (5)이념화작용으로서, (6)〈실로 술어적 규정작용을 사념한〉해명하는 것으로서, (7)학문화하는 것인 현상학을 하는 것에 관한—모든 특수한 물음설정은 모든 다양한 관점의 종합적 통일인 절대적 학문의 이념 속에 일치한다. 비록 매우 잠정적이더라도 그 특징 속에 선험적 방법론의 이념에 대한 구상이 완성되는데, 선험적 원리론과 방법론의 반정립적 구별이 절대적 앎의 궁극적 종합 속에 소멸되는 한, 선험적 방법론의 이념은 이제 그 자체로 절대적 학문의 개념 속에 어떤 방식으로 지양된다.

현상학을 하는 것이 조직화되는 절대적 학문은 절대자가 그 자체에 대해 존재하는 것의 실제성으로서 절대자가 그 속에서 자기 자신을 절대적으로 알게 되는 생생한 진리의 체계이다.

12 선험적 관념론인 '현상학'

이 절의 주제를 설정함으로써 우리는 선험적 방법론의 주제제기에서 명백히 빠져나온다. 그리고 사실상 그와 같은 주제제기의 이념을 미리 지시하는 것은 절대적 학문의 개념을 지적하려고 시도하는 가운데 그 결말을 발견했다. 그 자체로 고찰해보면, 현상학을 하는 것은 어떤 '관념론'(Idealismus)이나 '실재론'(Realismus), 그 밖의 어떤 관점의 학설도 아니며, 모든 인간의 교설에 초연한 절대자가 자기 자신을 파악하는 것이다. 따라서 우리는 왜 선험적 방법론의 이념에 대한 구상을 선험적 관념론인 '현상학'의 특성과 함께 종결지어야 하는가? 어쨌든 이렇게 함으로써 결국 현상학을 하는 것에 관해 무엇이 언급되었는가? 게다가 우리는 우리가 그것을 통해──선험적 원리론 속에 주제화된 세계의 구성에 대립해──현상학을 하는 것을 더 이상 대상으로 삼지 못한다는 사실을 승인해야 한다. 그러나 우리는 아무튼 그것을 통해 어떤 간접적 방식으로 현상학을 하는 것에 관해 진술했다.

현상학이 선험적 관념론이라는 사실은 이 관념론을 정초하는 원리론의 인식으로 되돌아감으로써만 명백해진다. 따라서 '관념론'인 현상학은, 또한 그 인식에서 자신의 위치가 있어야만 하지 않은가? 아니다. 왜냐하면 현상학의 이러한 특징지음은 자신의 주제적 인식의 작업수행과 관련해 현상학을 하는 것의 자기 특성일 뿐이고, 게다가 현상학으로서 그 '나타남'의 세속적 상황 속에 그리고 이 상황에 대한 자신의 자기이해(Selbstverständnis)의 자기해명(Selbstexplikation)이기 때문이다.

세계 속의 철학학설로서 외적으로 객관화하는 것에서 현상학을 하는 것은 선험적 관념론으로 자신을 알림에서 그 인식의 작업수행의 의미와 유효범위뿐만 아니라, 자신의 확신·세계관에 대해서도 표명한다. 즉 '현상학자'로서 현상학을 하는 자는 '관념론자'로 특징지어진다. 비록 그가 자신의 세속적 상황을 구성적 의미부여의 성과로 항상 간파하더라도, 어쨌든 그는 '나타나는' 현상학을 하는 것의 이 세속적 상황에 대해 의식적으로 '자기의식'을 형성한다. 이 자기의식은 '선험적 관념론'인 자기 파악 속에 총괄된다. 이제 현상학자가 철학을 하는 인간으로서 자신의 동료 인간들과 더불어 자연적 삶의 공동체 속에 있는 한, 그는 타인과 함께 자신의 이론적 행위에 관해 논의할 수 있기 위해 이러한 자기 파악을 해석하고 논의하는 가운데 자신의 '관점'(Standpunkt)을 정식화해야 한다. '선험적 관념론인 현상학'은 현상학적인 논의의 정립(Diskussionsthesis)일 뿐이다.

각각의 논의는 어떤 공통적 토대를 전제한다. 왜냐하면 철학적 논의는 문제들과 문제제기들의 공통성을 전제하기 때문이다. 그러면 실제로 현상학자는 〈소박한〉 자연적 태도에서 철학을 하는 인간──그가 아무튼 끊임없이 주의를 기울이고 자신의 철학을 전달하며 선험적 관념론의 일반적 조망 아래로 이끄는 인간──과 공통적인 문제의 공간을 갖는가? 또는 그는 곧 현상학적 환원을 통해 자연적 태도의 토대와 이와 함께 그 지평 속에 가능한 철학적 문제제기의 토대의 공통성을 상실하고, 세계에 사로잡힌 것 일반과 같이 세계에 사로잡힌 독단적인 철학적 물음설정들의 양식 전체를 '초월하지' 않았는가? 확실히 그렇다! '관념론'은 무엇보다 세계에 구속된 철학을 하는 가운데 생긴 교설을 뜻하는 것이 아닌가?[130] 우리는 또한 이 점을 승인한다. 따라서 지금 현상학자가 자기해석에서 선험적 관념론은 세속적 상황 일반에 대해 무엇이라 불러야만 하는가? 현상학을 하는 자가 최초로 자연적 태도 속에 정주된 명칭(관념론자)으로 특징지어지는 동

---

130) 어쨌든 '관념론'은 무엇보다 세계에 구속된 철학을 하는 가운데 생긴 교설을 의미한다──저자 주.

안, 그는 자연적으로-태도를 취한 인간으로의 교량을 물리쳐 동등한 문제의 상태에 외양을 일깨우며, 이렇게 함으로써 다른 철학학설의 대변자들과 더불어 논의를 할 수 있는 성향을 제공한다. 그러나 일단 논의가 진행되면, (선험적 관념론인) 현상학적 자기해명은 즉시 세속적인 관념론적 철학의 모든 형식을 초월한다. 왜냐하면 현상학적 자기해명은 논의가 실현되는 가운데 필연적인 허위를 철회시키기 때문이다.

그렇다면 선험적 관념론으로 등장하는 교설을 다른 철학교설들과 더불어 — 적어도 개요에서 — 동등한 문제의 상태에 겉모습에서 출발했지만, 이 외양을 해소하는 데까지 이러한 논의를 관철하는 것은 **중대한 과제**일 것이다. 하지만 우리가 고찰하는 일반적 성격상 이 과제에 착수할 수는 없다. 우리는 세속적 논의의 상황 속에 현상학을 하는 것의 자기 파악으로서 선험적 관념론의 고시(告示)를 몇 가지 본질적인 근본적 사상에서 요약한다. 이 경우 우리가 세속적 관념론(그리고 그 대립된 개념인 세속적 실재론)의 전제와 기초를 파괴해 현상학적 관념론의 독자성을 이해하려고 준비하는 동안, 우선 소극적으로(negativ) 다룬다. 그런 다음 두 번째로 몇 가지 원리적인 지적이 현상학자를 통해 세속적 상황 속에 대변되는 교설의 적극적인 (positiv) 의미를 밝힐 것이다.

그 밖에 간략하게 미리 말해두어야 할 것은 선험적 개념의 다의성의 원천을 기억해야 한다는 점이다. 일단 선험적 관념론의 개념이 자연적 태도의 지평 속에 이해할 수 있는 개념으로 진술되면, 어쨌든 그 개념은 그 자체에서 **선험적 개념**이며 그 자체로서 특수한 방식으로 다의적이다. 이 개념과 이 개념을 단지 유비화하는 세속적 개념을 혼동하는 위험은 항상 있다(당연히 이것은 관념론이 자연적 태도에 대해 정식화되어야만 할 용어만큼 관념론 자체의 개념과 관련되는 것이 아니다). 현상학적 진술의 구조 속에 근거하는 다의성의 가능성 이외에 (현상학적 의미에서) 선험적 관념론의 설명은 역사적 지식의 '조명' 속에 그것을 파악함으로써 너무도 쉽게 오해에 빠진다. 그리고 현상학을 하는 것이 철학의 역사가 지속되는 가운데 다른 철학학설들과 더불어 **공통적인** 정신의 역사적 전통 속에 있으면서 다른 철학학설들 가운데 하나의 철학학설처럼 등장하는 것과 같은 사실이 현상학을 하는 것에 관한 나타남의 진리이기 때문에, 더한층 '현상학적 관념론' 즉 '나타남'의 상황 속에 그리고 이 상황에 대해 현상학을 하는 자기특징은 처음부터 각각의 역사적 조망을 곧바로(a limine) 할 수 있었다. 오히려 현상학자 자신이 관념론 문제의 역사 속으로 편입되었다.

따라서 자연적으로-태도를 취한 인간이 현상학을 역사적 전통의 연관 속에 전통적인 문제의 동기에서 파악하려고 할 때 현상학자는 자연적으로-태도를 취한 인간에게 직접 옳다고 찬동하고, 아무튼 그를 관념론으로 해석함으로써 이러한 소박함에서 끌고 나온다. 이것으로 과거 철학의 문제제기와의 연관은 결코 부정되는 것이 아니라, 언제나 자연적 태도 속에 가능한 것 이상으로——즉 지금 세속적(관념론적) 철학을 하는 것이 고유한 자기이해의 출현으로 도달하는 것이 아니라, 은폐된 선험적 경향으로 투시되는 한—깊게 해석될 뿐이다. 그렇다면 철학의 역사에 대한 그와 같이 선험적으로 해석함에서 원칙적으로 '관념론'은 그 다양한 모든 형식에서 실재론적 관점을 능가한다는 사실, 관념론 속에 이미——현상학적 환원을 통해 자연적 태도를 붕괴시키는——자연적 태도의 최초의 동요가 알려진다는 사실이 명백해질 것이다. 그 '나타나는 철학'의 세속적 상황 속에 현상학자는, 거대한 관념론적 전통의 정당한 계승자로 자인하고 철학의 새로운 이념에 토대를 놓아 이러한 전통의 모든 진정한 사상의 동기를 해결하려는 요구

를 제기하려고 표현하기 위해, 이 나타나는 철학을 선험적 관념론으로 특징짓는다.[131]

선험적 관념론의 개념을 위협하는 이 다의성에 대한 통찰은 세속적 관념론에 대립해 선험적 관념론을 명백하게 대조하는 동기를 부여한다. '관념론'이라는 공통의 상위개념 아래 세속적 관념론뿐만 아니라, 선험적 관념론도 하나의 공통적인 근본적 사상의 그때그때 단지 서로 다르게 유형적으로 각인된 것으로 일괄될 수는 없다. 그러나 우리가 일반적으로 대조를 착수할 수 있기 이전에, 어쨌든 무엇에 대립해 부각시켜야 하는지를 선행해 판명하게 하는 것이 필요하다.

그러면 '세속적' 관념론은 무엇인가? 이러한 표현은 그 어떤 관념론의 자기 특성도 전혀 표시하지 않고, 선험적-현상학적 관념론이 자신과 구별되는──자연적 태도의 지평 속에 생기고 자연적 태도 속에 사로잡힌──모든 '관념론'에 대해 준비해 마련한 일반적 정식이다. 우리가 더 상세하게 주시해보면, 인간 정신의 역사 속에 등장하는 그 관념론이라는 개념 역시, 이 개념을 그 어떤 방식으로 정의해 확정하는 것을 불가능하게 만드는, 매우 다의적인 의미를 지시한다. 그러나 우리는 역사적으로 형성된 관념론적 철학의 체계 전체성 속에 관념론의 네 가지 근본적 형식을 구별할 수 있는데, 이것을 또한 대략적으로

---

131) 후설은 자신의 현상학을 곧잘 '선험적 관념론' '현상학적 관념론' 등으로 묘사한다. 그러나 이것은 모든 사물(존재 · 생성 · 인식)의 근원을 의식에서 찾는 '절대적 관념론' 또는 '주관적 관념론'이 결코 아니다. 왜냐하면 다양한 의식의 현상을 지향적으로 분석하는 현상학의 목표는 생성과 인식의 근원과 의미를 밝히는 데 한정되기 때문이다. 그래서 그는 현상학을 "참된 의미의 실증주의"(『엄밀한 학문』, 340쪽; 『이념들』 제1권, 38쪽), "선험적 실재론"(『성찰』, 121쪽), "가장 강력한 실재론"(『위기』, 190, 191쪽)이라고 정의한다. 결국 선험적 관념론은 전통적 의미에서 관념론과 실재론의 논쟁을 완전히 벗어난 '구성적 관념론'일 뿐이다.

일반화해 서술하면 다음과 같다. 즉 (1) 존재론적 관념론, (2) 인식론적 관념론, (3) 활동적(aktivistisch) 관념론, (4) '절대적' 관념론이다.

존재론적 관념론은 어떤 의미에서 또한 역사적으로 최초의 관념론이다. 왜냐하면 존재론적 관념론은 본래 존재자를 형상(Eidos), 이데아(Idea)로 규정하는 세계에 대한 플라톤의 해석 속에 출현했기 때문이다. 그러나 선험적 관념론을 부각시키는 것은—비록 선험적 관념론에 대한 완전히 결정적인 통찰이 곧 존재론적 관념론의 문제제기를 전개함에서 획득될 수 있더라도—존재론적 관념론에 대립해 수행되면 안 되고, 단지 인식론적 관념론에 대립해 수행되어야 한다.

인식론적 관념론은 무엇보다 근대의 철학을 하는 것을 대부분 지배하고, 이렇게 함으로써 현상학이 정신의 역사 속에 등장하는 세속적 상황을 현저하게 결정한 것이다. 관념론의 두 가지 다른 근본적 형식(예를 들어 피히테와 헤겔로 대표되는)은 그것이 각기 인식론적 관념론의 그 어떤 형태를 지닌 이상 현상학의 선험적 관념론에 밀접한 친족관계를 갖는다. 어쨌든 바로 이렇기 때문에 그것 역시 해석하기 매우 어렵다. 왜냐하면 그 대결이 틀림없이 강렬하게 형태가 정해져서, 그것들을 몇 가지 지적만으로는 전혀 설명할 수 없기 때문이다. 따라서 우리는 인식론적 관념론을 현상학으로 대표되는 '관념론적 관점'에 대립해 제한함으로써 선험적 관념론과 세속적 관념론의 원리적 차이를 명백히 밝히는 데 한정한다(치명적 오해를 예방하기 위해 말해두어야 할 것은 '선험적 관념론'이라는 칸트의 표현은 결코 이 용어의 현상학적 의미와 동일하지 않다는 점 그리고 이것이 우리가 곧 칸트의 관념론 속에서 세속적 관념론이 뚜렷하게 각인된 특정한 한 형태를 알아보아야 한다는 것은 더욱 아니라는 점이다. 물론 우리는 여기서 이 대결을 단념할 수밖에 없다).

우리가 인식론적 관념론을 존재론적 관념론에서 분리했다면, 그것은 특정한 의미에서 정당하지만, 이것이 인식론적 관념론 자체가 1차적으로 존재론적으로 표현되어야 한다는 사실을 배제하지 않는다. 자연적 태도의 지평 속에 있는 각각의 철학은 세계의 존재에 대한 일정한 해석이며, 존재론의 기본적 정립(Fundamentalthese) 속에 정식화된다. 그러면 인식론적 관념론은 인식의 이론 속에 자신의 존재론적 정립을 획득한다. 그리고 곧 인식작용이 1차적으로 인간이 자신의 외부세계에 태도를 취하는 것인 한, 인식론적 관념론의 문제제기는 내재와 초월의 관계를 규정하는 것 속에 응축된다. 이 경우 인식론적 관념론은 항상 '실재론'을 대립된 관점으로 염두에 두고, 대부분 자신이 그것에 대립해 부각되는 실재론과의 명백한 관련을 짓는다.

그러나 관념론과 같이 실재론 양자는 아무튼 이것들이 인간이 다루고·경험하며·알게 되고·상세하게 규정하며·속을 수 있고·일치하는 경험 속에 확증하는 등 사물들에 대한 인간의 이론 이전의 태도에서 출발한다는 점에서 일치한다. 사물들에 대한 **직접적 신뢰**로 지탱된 인간의 이론 이전의 삶의 태도는 '관념론적'이지도 '실재론적'이지도 않으며, 외부세계의 존재를 의심하지도 않고, 이 존재에 대한 증명을 기대하지도 않는다. 우리는 이러한 태도를 세계 속에 파묻혀 살아가는, 세계 속에 실천적으로 행동하는 인간 주관성이 직접 살아가는 태도라고 부른다. 하지만 이 태도는, 세속적 관념론뿐만 아니라 세속적 실재론이 답변을 기다릴 것으로 생각하는 문제가 떠오르는 경우, 이미 전체적으로 **문제**가 된다. '실재론자'와 마찬가지로 '관념론자' 양자는—비록 이들 자신이 더 이상 근원적으로 세계를 신뢰하는 이러한 삶의 직접성 속에 있지 않더라도—이론 이전의 태도로 되돌아감으로써 자신의 이론을 **증명**하기 위해 특정하게 논쟁적으로 평가할 수 있는 계기에 따라 그 삶의 직접성을 주제적으로 만든다.

가장 일반적인 형식에서 보면, 관념론은 이 경우 우리의(경우에 따라 나의) 경험 속에 존재자가 주어진 것을 보편적으로 반성하는 양식 속에 논의된다. 도대체 우리는 우리가 경험하고 사념하며 판정하는 세계 이외에 다른 세계를 갖는가? 우리에게 주어지고 우리의 경험 속에 일치하는 확증의 체험으로 입증되는 세계의 배후에 '세계 그 자체'를 가설로 산출하는 것은 존재자를 이치에 어긋나게 이중화하는 것이 아닌가? 오히려 세계의 존재 의미는 곧 세계가 그 본질은 우리가 믿고 경험하고 사념하는 삶의 보편적 타당성의 통일로만 존재한다는 사실에서 추측되어야만 하지 않는가? 우리는 주관적으로 주어진 것에서 원리적으로 자유로운 존재를 세계에서 부인하도록 강제되지는 않는가? 결코 공허한 사변을 사용하지 않을 사고의 과정을 추구함에서, 즉 모든 존재자가 주관적으로 주어지는 방식들에 보편적으로 관련된 것 등을 구체적이며 체계적인 연구로 동기를 부여할 수 있는 그러한 사고의 과정을 추구함에서 관념론적 정립이 즉시 다음과 같이 형성된다. 즉 '외부세계'의 존재는 원리적으로 존재를 사념하고 존재를 확증하는 주관적 체험의 상관자라는 의미만 갖는다.

실재론은 마찬가지로 매우 일반적으로 이해하면,──그것이 '심상이론'(Bildertheorie)에 방향을 잡은 실재론의 낡은 형식을 갖지 않으면──관념론적 논증에서 증명에 관한 역할을 하는 제시내용에 결코 이의를 제기하지 않는다. 실재론은 그 제시내용을 이용하고 논증적으로 열매를 맺는 것에 참여하지 않을 뿐이다. 실재론은 이론 이전의 세계에 대한 체험의 직접적 태도로 되돌아감으로써, 우리가 언제나 '그것이 존재한다'고 말할 수 있는 모든 것이 우리에게는 단지 존재를 입증하는 체험 속에서만 접근할 수 있다는 사실을 승인한다. 더 나아가 실재론은 존재의 이념이 접근할 수 있는 것의 이념과 분리될 수 없으며, 이와 더불어 존재자는 인간에 대해 주어진 것과 분리될 수 없다는 사실을 인정한다. 그러나 실재론자는 언제라도 다음과 같이 말할 수 있을 것이다. 즉 존재자가 우리의 실제적이거나 가능한 경험의, 우연적일 뿐만 아니라 필연적인 상관자이다. 따라서 우리의 경험하는 삶 속에서만 의미를 갖는다면, 어쨌든 존재자는 우리의 경험하는 삶에 자신의 의미를 두는 것이 아니며, 우리의 (또는 나의) 실존에 존재적으로 의존하지 않는다. 존재자가 인식하는 주체에 경험으로 관련된 것은 존재자를 경험하는 삶에 존재자가 존재적으로 독립해 있는 것을 배제하지 않고, ─정당하게 이해하면 ─ 곧바로 포함한다.

아무리 실재론과 관념론이 특정한 체계를 형성한 것으로 변화되더라도, 그 문제의 기반, 즉 인간과 외부세계의 경험의 관련, 형식적으로 표현하면, 내부의 세속적인(intramundan) 주체-객체-상관관계(Subjekt-Objekt-Korrelation)는 이들의 모순을 가능하게 하는 공통적 기초로서 언제나 남아 있다. 관념론과 실재론 사이의 논쟁이 결실을 볼 수 없는 것은, 결국 이 양자 자체가 결코 주제적으로 만들 수 없는 공통적인 소박함, 즉 세계의 지평 속에 틀어박혀 머문다는 사실에 있다. 관념론자가 초월적 대상의 존재를 원리적으로 주관적인 통일을 형성한 성과, 그 어떤 의미에서 주관의 산물로 간주한다. 따라서 자신의 존재론적 정립을 '본래 존재자는 주체인 반면, '객체'는 단지 주체의 은총으로 존재에 관여하게 된다'고 정식화할지도 모른다. 그렇다면 어쨌든 그는 이렇게 정식화함으로써 세계의 지평 속에 머무는 것이다. 세계는 유일하게 외부세계가 아니며, 내재와 초월의 총괄적 통일체이다. 관념론자는 세계를 주체로 환원하는 것이 아니라, 내적 세계의 초월을 내적 세계의 주체로 환원하는 것이다(이 내적 세계의 주체가 대략 인간으로 또는 구축적인 의식으로, '인식론적 자아'─리케르트132)의 경우─ 등으로 포착되더라도).

_____

132) H. Rickert(1863~1936)는 신칸트학파 가운데 바덴학파(서남학파)로, 후설

학설들을 수집하는 형태로 고찰해보면, 이제 외견상 선험적 관념론은 위에서 시사한 관념론과 동일한 사상의 내용을 갖는다. 그런데도 이 둘은 심연을 통해 분리된다. 그렇다면 가장 본질적인 차이는 어디에 있는가?

a) 현상학적 환원을 통해 (세계를 초월함을 통해) 정초된 선험적 관념론은 세계의 지평 속에 사로잡히지 않는다.

b) 선험적 관념론은 세속적 관념론 및 실재론과 더불어 공통적인 문제의 기반, 즉 인간이 존재자에 갖는 이론 이전의 경험의 태도를 공유하지 않는다. 그것은 최종적으로 입증하는 심문의 법정(Instanz)으로서 이러한 직접성의 실상에 호소하지 않는다.

c) 선험적 관념론은 결코 내부의 세속적인 주체-객체-관련의 해석, 즉 세속적 주체의 존재론적 우위성에 관한 정립 속에 성립하지 않는다.

d) 따라서 선험적 관념론은 (구체적 인간에서 추상적 층으로서) '의식'을 절대화하는 것, 즉 내재성 철학(Immanenzphilosophie)이 결코 아니다.

e) 더구나 선험적 관념론은——특히 실재론이 강조하는——인간의

과 빈델반트(W. Windelband), 베버(M. Weber), 오이켄(R. Eucken)과 함께 1911년 창간된 『로고스』의 공동편집인으로 활동했다. 1915년 빈델반트의 후임으로 하이델베르크 대학교의 교수가 되었고, 후설은 괴팅겐 대학교에서 1916년 리케르트의 후임으로 프라이부르크 대학교로 취임했다.
그는 경험론의 실증주의적 유물론뿐만 아니라 논리법칙이나 도덕법칙을 심리적 과정으로 파악하는 심리학주의를 배격하고, 실천이성을 중시하는 가치론에 근거해 그리고 과학을 개념을 구성하는 방법으로 분류하고 이것을 기초로 자연과학의 보편화하는 방법과 문화과학의 개별화하는 방법을 구별함으로써 문화와 역사의 발전을 체계적으로 연구했다.

경험 속에 존재자가 주어지는 성격, 즉 자립성·독자성 등을 간과하지 않는다. 왜냐하면 그것은 외부세계를 인간의 형성물로 만들지 않기 때문이다.

그러나 선험적 관념론에는 어떠한 적극적 의미가 있는가? 그것은 또한 존재론적 정립(ontologische These)을 뜻하지 않는가? 확실히 그렇다. 하지만 자연적 태도의 지평 속에 생긴 세계에 대해 어떠한 철학으로 해석하는 경우에도 가능하지 않은 완전히 새로운 의미에서 그러하다. 하여튼 현상학적 환원을 통해 비로소 존재, 존재자 전체가 규정될 수 있는 차원이 파헤쳐진다. 여기서 문제는 다른 존재자(객체)에 대립해 세속적 존재자(주체)의 선행성이 아니라, 원칙적으로 모든 각각의 존재자에 함께 관련되는 존재의 해석이다. 선험적 관념론의 중심이 되는 근본적 사상은 존재자가 원리적으로 ─ 선험적 주관성의 삶의 과정에 ─ 구성된다는 것이다. '초월'이 주어지는 방식의 존재자뿐만 아니라, 마찬가지로 '내재'인 존재자, 즉 경험하는 삶의 내재적 내면성과 초월적 외부세계가 공존함(Zusammen)으로서의 전체 세계는 통일적인 구성의 산물이다. 선험적 관념론은 가장 적절하게는 '구성적 관념론'(konstitutiver Idealismus)이라는 표시로 특징지어질 수 있다.

세속적 관념론이 존재자를 통해 존재자를 설명하려고 시도하지만, 선험적 관념론이 세계를 존재론적으로 정립하는 것은 '선행해─존재하는' 구성에서 존재를 해석하는 것을 서술한다. 이것은 무엇보다 다음과 같은 것을 뜻한다. 즉 선험적 관념론은 어떠한 논증적 가설이 아니라, 현상학적 분석론을 구체적으로 입증하는 총괄(Inbegriff)이다. 왜냐하면 현상학적 환원을 통해 존재자는 자신의 선험적 구성으로 되돌아감으로써 궁극적으로 심문할 수 있고 이해할 수 있는 지평을 획득한다. 그리고 더구나 절대적 학문으로서 사실적이고 생각할 수 있는 모든 세속적 학문을 인식의 엄밀함과 권위라는 점에서 뛰어넘는 학문적 방법 속에 선험적 관념론은, 원리적으로 어떠한 대립된 개념도 가질 수 없는 세계에 대한 철학적 해석(Weltinterpretation)이기 때문이다(따라서 예를 들어 선험적 실재론의 이념은 모순적이다!).

선험적 관념론이 세속적 실재론과 관념론에 대해 원칙적으로 우월함은 관념론과 실재론 사이에 논쟁하는 차원 전체, 즉 세속적 경험의 관련이 구성된 상황으로서 세계에 대한 선험적-관념론적 해명에서 그 상황을 형성하는 구성으로 소급해 관련된다는 사실에서 드러난다. 실재론이 독단적인 존재에 대한 신념 속에 고집하고 또한 세속적 진리를 갖지만, 철학 일반의 문제영역에는 도달하지 못하지만, 어쨌든 세속적 관념론은 선험적 진리에 근접해 있다. 그러나 세속적 관념론이 외부세계를 그 자체로 세계에 속한 주체에 관련시키고, 외부세계를 허용될 수 없는 의미에서 '주체화하고', 따라서 존재자 일반이 선행해 존재하는 주관성에 선험적으로 의존하는 것을 초월이 존재하는 내재에 의존하는 것으로 포착하려고 추구하는 점에서만 그러하다. 이러한 연관에 대한 통찰은 '어떻게 선험적 관념론이 관념론과 실재론의 저편에(jenseits) 있는가'를 명백하게 인식시켜준다.

부록과 삽입

(1933년 여름부터 1934년 1월까지)

부록 1. 판단중지를 수행한 성과와 의의

이 모든 점에는 판단중지를 통해 나는 결코 세계, 즉 인간이 그럭저럭 살아가는(Dahinleben) 자연성 속에 주제적인 모든 활동의 우주, 따라서 이렇게 살아감에 언제나 미리 주어진 모든 이론적·가치론적·실천적 물음과 노력의 타당성의 토대를 상실하지 않았다는 사실이 놓여 있다. 나는 현상학을 하는 자아로서 판단중지를 수행하면서 주제적인 활동에 대한 이러한 토대를 사용하는 것조차 거절하고, 그것에 들어가 묻는 것(Hineinfragen), 주제적으로 그것에 들어가 경험하는 것, 그것에 들어가 판단하는 것, 가치론적이며 실천적으로 그것에 들어가 구상하는 것(Hineinentwerfen), 그것에 들어가 숙고하는 것, 세계 속에 미리 주어진 지평으로 들어가 결정하는 것을 거절한다.

자연적으로 미리 주어진 것(Vorgegebenheit)의 타당성은 항상 그 지평을 주제의 장(場)으로 미리 갖고, 그것이 구조적으로 미리 알려진 것(Vorbekanntheit) 속에 경과하는 미리 지시하는(Vorzeichnung)의 속견적, 가치론적 그리고 실천적 실현에서 미리 지평으로 들어가 노력하는 주제적 습득성을 의미한다. 그러나 이러한 보편적 주제제기(Thematik)를 억제함으로써 그 주제제기 자체가 새로운 종류의 주제제기로 전환될 가능성이 열린다. 판단중지와 일치해 그리고 판단중지를 수행하는 자로서 나는 곧 선험적 삶의 선험적으로 '관여되지 않은' 응시자가 된다. 이 선험적 삶 속에서 지평의 타당성은 모든 자연적 주제제기에 대해 토대를 부여하는 것으로서 이 주제제기 자체가 경과한다.

부록 2. 현상학을 하는 행위를 통해 밝혀지는 세계의 구성

그러면 선험적 응시자의 활동성은 어떻게 세속화되는가? 그의 모든 행동은 판단중지와 환원에 기인한다. 그러나 환원은 세계 속의 삶이 존재를 구성하는 자신의 활동성 전체에서, 동시에 보편성(전체성의 타당성으로서 지평의 타당성을 보편적으로 선취先取하는 것에서)에서 그리고 동시에 계속 현실적 세계 속의 삶을 형성하는 각각의 개별적 작용에서 '억제되고', 자신의 주제적인 것을 주제 외적으로, 최종의 주제로 만들며, 변화된 의미를 통해 타당한 것을 타당성의 타당한 것으로서, 세계 일반을 구성하는 타당성의 보편성 속에 구성된 세계로 정립된다는 사실에 성립한다.

그러므로 구성하는 자아와 이 자아에서 분리될 수 없는 것, 즉 자아 자체에 고유한 것이 보편적 주제가 되는데, 여기서 자연적 자아의 주제제기 전체는 함께 이해되고 지양되며 지양되어 사라진다. 이러한 주제인 자아에는 현상학을 하는 행위(Tun)와 이 자아에 고유한 반성성(Reflexivität)에서 그 행위를 반복하는 것도 속한다. 현상학을 하는 행위를 통해 드러나 밝혀진, 그 아래 놓여 있는 세계의 구성은 나의 자아가 자연적 태도로 되돌아감에서 인간인 나(Ich-Mensch)로 세계화되고, 그 자아에 각기 고유한 상관자가 심리적인-주관적인 것으로 세계화되는 것이다. 자연적 태도의 모든 가능한 작용과 그 성과는 인간의 가능성의 테두리에 속한다. 따라서 이것들에 대한 반성과 이것들을 이론적으로 주제화하는 것 역시 인간의 가능성의 테두리에 속하며, 더구나 지향적 심리학의 테두리에 속한다. 역사적-사실적으로 일어난 것과 같이 하여튼 심리적 삶에 대한 체계적 연구가 현상학적 판단중지를 통해, 즉 자연적 태도가 구성의 상관관계의 태도로 전환되는 가운데 비로소 생기면, 이것은 선험적 태도 속에 획득된 것이 — 이미 지향적 심리학이 진행 중이었고, 체계적으로 형성되어 현존해 있다면 — 선험적으로 되돌아가 전환되는 것을 통해 자명하게 획득될 수 있는 한, 아무것도 변경시키지 않는다. 물론 영혼적 존재의 총체성을 그 완전한 구체성과 이 속에 놓여 있는 반성의 무한성에서 그리고 심리학적-현상학적 환원의 방법에서 탐구의 과제로 제기하는 것에는 심리학에 관해 확고한 의지가 필요할 것이다.

그렇다면 최초의 단계에서 주제적이며 해석된 자아로 확정된 것이 우리가 '현상학을 하는 자아'라는 명칭으로 파악한 기능 — 어쨌든 익명적 기능들로서 반성에 접근할 수 있는 기능 — 과 분리될 수 없다는 점을 숙고해보면, '현상학을 하는 자아'뿐만 아니라, 자아의 이 익명적 층도 함께 고려되어야 하고, 이것 역시 세계성〔세계에 있는 성격〕으로 주제를 전환하는 경우, 즉시 함께 고려된다는 사실은 명백하다. 최초로 선험적 자아로서 주제적이 된 것은 — 세계를 구성하는 기능에서 그 자아에 속한 모든 것과 더불어 현상학을 하는 기능이 이 자아와 함께 분리할 수 없게 일치되어 있기 때문에 — 인간의 영혼(Seele)으로 변화된다. 그래서 이 기능은 또한 그 자체로 영혼 속에, 따라서 자연적 태도의 세계 속에 자신의 위치를 얻는다. 그러나 여기서 상태가 이러한 결과, 그 기능은 처음부터 그리고 본래의 방식으로 심리적 가능성의 형식으로 영혼에 속하는 것이 아니다. 왜냐하면 그것은 그 속에서 영혼이 경험의 상관자로서 이미 구성된 기능이 아니기 때문이다. 나는 인간으로서 (또는 심리학자로서) 심리적인 것이 자연적-세계적인 것으로서 폐기되고 중지되어 보편적인 최종의 주제인 세계 속에 존재할 수 있는 기능을 발견할 수 없다. 하지만 이것은 내가 자연적 태도로 이행하면서 현상학을 하는 행동을 포함해 나의 현상학적 보편적 주제인 자아를 세계화해 발견하는 점을 방해하지 않는다.

당연히 선험적 자아와 선험적 타인을 구별하는 것도 마찬가지이며, 세계의 구성에 대한 기능적 구별로서 구체적 자아 속에 포함된다. 각각의 타인은, 내가 자연적 태도로 이행하는 경우, 그 자체로 인간'이다.' 왜냐하면 그와 같이 구성된 선험적 상호주관성 안에서 선험적 자아로서 나는 모나드론화된 자아이며, 각각의 타인은 다른 자아이기 때문이다. 나의 선험적으로-현상학을 하는 존재는 '나 자신'에 속하며, 각각의 타인도 나와 같은 사람으로서 현상학을 할 수 있다. 따라서 현상학을 하는 것은 동시에 부대사항으로서 가능성인 각각의 인간적 영혼에 속한다.

부록 3. 자연적 태도에서 선험적 태도로 전환

내가 환원 속에 머무는 동안 자연적 태도로 '되돌아가면', 내가 '자연적 태도의 삶-세계'를 존재적으로 해석하고 이 속에 있는 인간과 그 심리적인 것을 해석하면, 자연적 태도는 선험적 태도이며, 선험적 태도로서 자기 자신에 대해 주제적이 된 자아가 자각하는 태도이다.

그렇다면 나는 '세계' 속에서 인간적 주체들을 가지며, 그때그때 세계에 대한 의식을 갖고 서로 함께(Miteinander) 하는 과정에서 공통적으로 타당한 세계를 갖지만, 개별적 주관이나 공통적 주관의 주관적으로 사념하는 방식과 나타나는 방식에서 '그' 세계를 갖는다. 세계에 대한 표상과 세계 자체는 구별된다. 왜냐하면 세계[자체]는 자연적 태도의 세계로(그 타당성의 상관자로) 전제되고, 자연적 태도 속의 자아인 나에 대해 끊임없이 토대의 타당성으로 미리 놓여 있기 때문이다. 내가 자아와 그 상관자인 세계의 자연적 태도를 주제로 삼으면, 나는 완전한 자아가 주제로 되지 않는 특수한 태도를 자아 속에 주제로 삼는다. 현상학자로서 나는 '자아의 자연적 태도'를 말하지만, 나는 내가 충분히 만족하는 경우 완전한 자아를 염두에 두고 주제로 다루며 드러내 밝힌다. 이제 드러나 밝혀진 것 속에는 인간·인간의 표상·세계에 대한 의식 등을 이해하는 것이 등장한다. 그래서 나는 구체적 자아 속에 모나드의 구조가 놓여 있다는 사실, 모나드는 자연적 태도 속에 영혼이 된다는 사실, 모나드가 모나드의 연계 속에 공통적으로 구성된 자연 및 그때그때의 신체들과의 관련은 자연적 태도에서 세계 속의 '영혼-신체-관련'(Seele-Leib-Beziehung)이 된다. 그리고 영혼은 세계 속에 자신의 위치를 갖고 자연화된 실재성의 세계에서, 심리물리적 합일체인 신체와 일치된다는 사실을 이해한다.

부록 4. 세계 속에 존재하는 인간의 세계 구성

나의 자아 속에 원초성을 ─그 속에서 생소한 자아가 구성되고 생소한 자아의 개방된 전체성(Allheit)이 시간화되는 것으로서─ (현상학을 하는) 방법적으로 제시하는 것은 각각의 타자(Fremde)가 자신의 원초적 환경세계를 갖는다는 사실, 타당성의 동일성은 이 모든 현전화가 주어진 것을 필연적으로 관통하고 모두에 대해, 즉 나의 근원적 양상의-원초적 환경세계에 대해 그리고 감정이입에 적합하게 현전화된 모든 환경세계에 대해 동일한 자연이라는 사실을 명시한다. 이 자연 속에 각각의 자아에 대해 그의 신체를 가지며, '모나드들', 즉 주체들은 자신의 신체를 갖고, 모든 신체는 이 주체들에 대해 하나의 보편적 자연 속에 자신의 장소를 정한다.

따라서 인간의 주체들과 모나드들은 무엇이 다른가, 자아 속에 모나드의 주체들이 구성되는 방식과 동시에 이 구성을 통해 가능해지고 이것과 일치되는 동일한 자연이 구성되는 방식을 방법적으로 밝히는 것은, 인간의 주체들이 세계 속에 세계에 대한 의식을 지닌 자인 이것들이, 그 자신에 대해 세계라는 의미를 그때그때 만들어낸다는 사실을 통해서만 존재하는 방식을 밝히는 것과 무엇이 다른가? 그런데도 우리가 우리나 다른 인간에 대해 부르고 존재하는 자연적 태도에서 존재의 타당성은 세계 속에, 즉 끊임없는 토대의 타당성으로 언제나 미리 존재하는 세계 속에 존재하는, 모든 세계적인 것에 속한다.

그러므로 인간의 존재는 또한 미리 존재하는 세계 속의 존재(Sein in der im voraus seienden Welt)이다. 현상학에서는 이 미리-존재함 속에 있는 것 자체가 문제이며, 모나드들은 미리 존재하는 세계 속에 있지 않고, 세계를 구성하는 그리고 끊임없이 미리-존재함을 구성하는 주체이다. 따라서 주체들 자체는—소박한 자연성에서는 세계가 미리 존재하는 데 반해—세계에 대립해 그 자체로 미리 존재한다.

부록 5. 현상학적 환원 안에서 자연적 태도의 활동

체계적으로 진행해 고찰된 현상학 안에는 서로 다른 태도, '영역', 즉 시간공간에 존재의 우주의 현상인 세계에 대한 태도, 존재론적 해석과 실증적-과학적 해석, 생활세계(Lebenswelt)나 고향과 같은 인간성의 형식을 기술해 묘사하는 것 등이 있다. 이것은 현상학적 환원 안에서 '자연적 태도'의 활동이다.

1) '우리에' 대해 존재하는 타당함인 소박한 상대성에서 세계에 대한 태도. 〔이것은〕 단순한 나타남 속에 곧 여전히 '존재하는 것'의 평가를 전환하는 가운데 존재자의 상대성이다. 존재하는 것들은 '단순히 주관적인' 나타남의 방식들로 주관화된다. 주체들, 즉 인격들은 그 각각이 그때그때 방향이 정해짐·공간·지각의 장(場) 등에 있다. 그것들은 항상 '존재하는 것', 존재자(Onta)의 상대성인 태도 속에 있다.

2) 주관적인 것의 새로운 양상을 향한 태도. 주관적인 것 속에 최초의 주관적인 것(상대적 존재자)은 '구성된다'(자연에 관해 상대적 존재자가 원근법으로 조망함(Perspektivierung). 고유하게 체계적으로 기초를 놓는 구조인 자연 등에 따른 존재자의 '구성'의 체계학. 자아주체, 그 신체 등에 대한 태도. 구성에 관한 새로운 차원과 새로운 의미.

이 모든 것이 형성되고 우리가 다시 순수하고 체계적으로 (환원 속에 있는 존재적) 세계의 현상이라는 '영역'에 태도를 취하면, 우리는 이 영역 속에 모든 세계의 존재자와 이것에 관련된 모든 세속적 진리를 갖는다. 그러나 세계의 존재자는 지금 자신의 세속적 진리와 세속적 상태를 넘어서, 그때그때 구성을 이미 아는(Bekanntheit) '현상학적' 상태를 갖는다.

어쨌든 이것은 잘못으로 이끄는 표현이다. 즉 마치 각각의 실재적인 것이 비록 서로 함께 뒤얽혀 있더라도 그 자체에 대해 구성된다는 것처럼 잘못으로 이끄는 표현이다. 이것은 세계 속에 있는 실재적인 것들이 각각 그 자체에 대해 고유한 성질로 구축되고, 모든 실재적인 것과 그 고유한 본질적 규정을 결합하는 인과성의 의존적 규칙을 통해, 시간공간성의 보편적 형식으로 우주를 형성한다는 것과 유사하다.

세계의 구성은 개별적 작업수행이 아무리 변화해도 일관되게 통일적인 절대적 자아의 작업수행이다. 이 작업수행 속에 세계의 타당성은 항상 이미 세계의 타당성이며, 그 특수한 구성에서 세계의 구성이 어떤 방식으로 함께 구축되는 개별적인 실재적인 것들에 관한 최초의 타당성이 아니다.

그러나 세계는 자신에 대해 존재론적으로 기초를 놓는 구조를 가지며, 모든 실재적인 것은 연장실체(res extensa)이고, 세계는 보편적 핵심층인 자연을 가지며, 이 자연 속에 심리적 주체들과 이 주체들에 소급해 관련된 의미인 정신성(Geistigkeit)은 장소를 잡는다.

심리적 주체들은 자연 속에 장소를 잡고 자연적인 시간공간의 위치와 확장(형태·지속)을 갖는다. 다른 한편 심리적 주체들은 세계를 체험하며 세계 속에 살아가는 주체로서 세계라는 각각의 존재 의미를 지닌 자다. 세계는 세계를 경험하고 인식하며 행동하는 가운데 세계를 계속 형태를 취해가는, 자신들에 대해 존재하는 세계의 존재 의미를 그 세계에 대한 의식 속에 형태를 취해가고 소유하는 자인, 인간의 자아주체들 속에서만 의미를 가지며, 내용과 존재 타당성을 갖는다. 세계는 세계 속에 존재하는 인간의 주체들이 인식할 수 있는 존재 의미를 지닌 세계로서만 생각할 수 있다는 존재론적 구조를 가진다. 그리고 모든 사람에 대해 경험할 수 있고, 경험의 의미를 획득하는 것 등이다. 따라서 각자 속에서 천진난만하게 〈?〉 구축되는 원근법으로 조망된다.

그러면 환원이 수행되고 세계의 구성이 탐구되며, 또는 자아가 세계를 구성하는 자아로서 그리고 자신의 절대적 존재 속에 구체적으로 주제가 됨으로써, 소박하게 단적으로 존재하는 세계는 선험적으로 구성된다. 따라서 선험적 자아의 인식의 형성물이라는 의미를 획득한다. 또한 이 새로운 의미의 규정은 모든 세속적인 실재적인 것과 모든 세속적인 진리로 어느 정도 할당된다. 그러나 구성을 구성에 대해 기능하는 것으로 해명하는 것은 이제 서로 다른 주체의 개념으로 이끌거나, 또는 그 밖에 각각의 의미의 모든 존재를 포괄하는 절대적 자아는 모나드의 전체 속에 (자아의 작용들과 습득성의 극(Pol)인 그 모나드적 자아와 함께) 상대적으로 구체적인 모나드인 모나드적 자아로 이끈다. 이 경우 다른 모나드들은 그 원초적 삶과 그 원초적 습득성의 다른 선험적 모나드적 자아의 존재 의미를 지닌 모나드적 자아가 지향적으로 변양된 것이다.

부록 6. 세계를 구성하는 현상학을 하는 과제

소박함에서, 즉 세계의 관심에 폐쇄된 태도에서 세계를 구성하는 작업수행은 모나드화하는 것(Monadiesierung)과 세속화하는 것(Mundanisierung)이 산출하는 것을 파악할 수 없다. '자연적 태도로 되돌려지고', 이와 함께 구성하는 작업수행을 형성하는 것이 추상적으로 차단된 현상학자에게는 다음과 같이 기본적으로 구별해야 할 과제가 생긴다. 즉

1) 자연적 태도의 소박함 속에 있는 자연과 세계는 그 학문 이전의 정밀한-과학적 본질의 구조를 갖는다. 이것은 세속적 존재론의 과제이다. 여기서 특히 중요한 것은, 영혼의 존재론적 본질을 사실적 인간의 가능한 세속적 심리학에 대한 테두리로 명백히 제시하는 것이다.

2) 자아의 선험적 태도변경 이후의 자연과 세계. 모나드화하고 세

계화하는 작업수행의 고려, 모나드화하는 작용과 세계화하는 작용 자체가 다시 모나드화되고 세계화된다는 인식, 그래서 현상학자는 세계현상 속에, 게다가 인간의 영혼 안에서 자신이 선험적으로 구성해 제시한 모든 것을 자연화된, 세속적으로 시간화된 심리적인 것으로 반드시 발견한다는 인식. 그러므로 현상학을 하는 것은 모든 선험적인 것을 무한히 심리학화하는 지향적 과정(Prozess) 또는 능력(Vermöglichkeit)을 뜻한다. 그러나 이것 자체는 구성하는 작업수행의 특수한 태도와 방식일 뿐이며, 반면 절대적 자아는 실제적이거나 가능한 모든 태도와 작업수행의 절대적 총체성이다.

나는 선험적 '응시자'—이것은 결코 충분한 표현이 아니다—이다. 나는 현상학을 하는 자이며, 내가 나 자신으로 존재하는 모든 본질을 드러내 밝히고, 그래서 인식에 적합한 참된 존재자로 만드는 자이기 때문이다.

현상학을 하는 학문적 작업수행으로 영혼의 내용을 풍부하게 하는 것에 대립해 영혼의 근원적으로 세계의 내용, 즉 자연적 의미에서 세속적 학문으로서 심리학의 주제인 것이 있다. 자연적 태도 속에 있는 세속적 존재론은 현상학적 환원을 예견하지 않고 무엇을 수행할 수 있으며, 특히 자연과 영혼의 구별을 고려해 무엇을 수행할 수 있는가? 어떤 정당한 학문적 과제가 심리학에 대해 한정될 수 있는가? 마치 영혼이 완성된 그 자체의 존재(An-sich)라는 근대의 심리학 또는 보편적 존재론의 근본적 오류는 드러내 밝혀야 한다.

부록 7. 현상학을 하는 행위의 자기 해석

나에 속한 타당성의 삶(그리고 그 속에 존재하는 것인 타당한 것, 그 아래 '존재하는 것'으로 확증된 모든 것)의 완전한 구체성에서 자아로서 나에게로 환원. 그러나 타당한 것은 구성하는 삶 속에 상관자로서 순수하다. 하지만 이 삶 자체는 나에 대해 타당한 것의 우주 속에 포함된다. 나의 존재의 본질, 그 속에 놓인 것, 이것은 나 자신에 다시 속한 나의 현상학을 하는 행위 속에 해석된다.

이러한 자기 해석에서 나는 서로 다른 현전화와 이 속에서 현재화된 것 그 자체 ─ 이것에는 감정이입도 있다 ─에 직면한다. 더 정확하게 말하면, 현전화 '자체'로서의 기억과 이것에 관련된 감정이입하는 현전화는 구별된다. 기억을 통해 나의 계기적─시간적 존재는 과거·현재·미래의 양상으로 구성된다. 자아(Ego)로서 내 속에서 나는 나의 자아(Ich)(모든 자아론적 삶과 존재 그리고 이 속에서 구성된 모든 것에 관련된 극)를 과거의 자아·현재의 자아·미래의 자아로 시간화하고, 시간적으로 지속적인 ─ 끊임없이 현재적이며 이것과 일치해 지속적으로 이전에 존재했고, 지속적으로 서로 다른 양상으로 존재하게 된 ─동일한 것으로서 시간화한다. 그 시간의 양상에서 자아에 상응하는 삶은 각각의 시간의 양태에 속한다. 그러므로 모든 것이 총괄된 동일한 자아인 나의 삶은 시간의 경과 속에 고유한 존재했던 삶, 지금 고유한 삶, 미래의 삶이다. 자신의 존재 의미를 단지 감정이입에 적합하게 (기억에 적합한 것과 유사하게) 그 자신으로서 나타냈던 타자의 공동의 현재(Mitgegenwart)는 감정이입 속에 구성되고, 끊임없이 구성된다. 타자는 생소한 자아의 삶, 자아의 작용, 자아에 대해 타당한 존재의 통일성 등을 지닌 생소한 자아이다.

따라서 자아는 유일한 하나의 자아 극(自我極)이 서 있으면서 흐르는(stehend strömend) 선험적 삶 속에 존재하는 방식으로 자신의 선험적인 보편적 장(Universalfeld) 속에서 자기 자신에 대해 존재한다. 이 자아 극은 그러한 삶 속에 자신의 타당성의 통일을 가지며, 이 경우 이러한 자아로서 자기 자신도 갖는다. 그의 삶은 끊임없이 타당성의 통일을 구성하는 삶이기 때문에, 흐름 속에 기억과 감정이입—이 둘은 어떤 방식으로 자기 자신을 시간화하는 현전화로 존재한다—을 갖는다. 이 현전화 속에서 자아(Ego)는 (타당성의 통일로서) 시간화되어 자신을 발견하고, 자신의 과거와 미래를 가지며, 동시에 '하나의 공간', 즉 (이른바 감정이입 속에 자기 자신을 생소하게 만드는) 생소한 자아들이—생소한 자아들의 함께 타당한 지평, 따라서 공동의 과거와 공동의 미래의 지평인 함께 타당한 지평이 그때그때의 현실적 현재, 또한 각각의 이전의 현재와 미래의 현재에 필연적으로 함께 속하는 방식으로—공존하는 분야를 갖는 자아로 발견한다. 이러한 자기를 시간화(時間化)함으로써, 즉 모나드의 다수성 속에 게다가 모나드의 시간공간성에서 무한하게 개방된 전체성 속에 자아의 자기해석인 모나드화하는 것을 통해 자아는 무엇보다 자연성의 세계를 구성한다. 그 결과 이 세계 속에 모나드들이 심리적 주체들, 즉 그것들에 공통적이며 그것들에 대해 인식에 적합하게 동일한 자연에 심리적으로 관련되며, 그 각각이 확고한 방식으로 각자의 신체에 관련되고, 이것을 통해 각자의 신체에 불가분적으로 일치되는 것으로 세속화되는 새로운 시간공간성이 구성된다. 이것이 계속된 결과 자연(Natur)과 인간(Menschen) 자체를 '인간화하는'(Humanisierung) 의미, 정신화하는 것(Vergeistigung), 따라서 역사적 세계의 구성으로서[일어난다].

절대적 자아와 나의 삶은, 그 속에서 내가 나에 대해 존재하는 것의 우주를 갖고, 이 속에서 자아와 이러한 삶이 자기 자신에 대해 존재하는 것으로 구성되고, 게다가 내재적으로 자신에 대한 존재자로, 즉 내재적 존재 속에 타자의 우주로 구성된다. 그리고 다른 자아(Alterego)라는 의미의 공동의 존재자(Mitseiendes)로, 자아와 다른 자아가 시간화된 존재의 형태에서 모나드적으로 존재하고, 타인인 동료-모나드들(Mit-Monaden)과 연계하는 것으로 구성된다.

구성된 연계는 그 자체로 다시 세계의 구성에 대해 기능하는데, 이 세계 속에서 주체들은 이러한 구성에서 구성된 통일이다. 나의 존재를 내가 존재한다는 자아로서 현상학을 하는 해석의 경우, 나의 구체적 존재를 형성하고 작업수행하며 구성하는 삶 속에 모든 존재자는 구성된 것으로 포함되고, 이 속에 존재자의 자기 구성의 모든 단계가 포함된다. 이 자기 구성은 시간화된 자아로서, 내재적으로 시간화된 자아로서 그리고 (모나드적 공간의) 공존 속에 시간화된 것인 자기 구성이다. 이 공존 속에 나는 모나드의 전체 속에 있는 모나드로 존재하며, 모나드의 전체 속에 각각의 모나드는 각각의 모나드를 지향적으로 함축하고 전체의 모두를 함축하며, 하나의 동일한 모나드의 전체는 모든 것이 그 구성원으로 존재하는 모두에 대한 모나드의 전체이다.

어쨌든 잊어서는 안 될 점은 나 자신의 고유한 시간성과 각각의 시간 위치에 속한 나의 모나드적 공존, 모나드적 시간공간성 및 나와 각각의 모나드에 방향을 정해 제시되는 '세계' 자체 이 모든 것이, 본원적 자아로서 환원의 구체적 자아인 내 속에 함축되어 있다는 사실이다. 이 자아는 어떠한 유의미한 다양화도 허용하지 않는, 더 날카롭게 표현하면, 이러한 것들을 무의미한 것으로 배제하는 절대적 의미에서 유일한 자아이다. 이것은 다음과 같은 사실을 함축한다. 즉 자아의 '초존재'(Übersein) 자체는 끊임없이 본원적으로 흐르는 구성작용과 존재자의 서로 다른 단계의 우주('세계')에 관한 구성작용, 각자에게 속한 현실적이거나 습득적인 존재 타당성의 구성작용일 뿐이다. 이 존재 타당성을 충족하는 작업수행의 활동성 속에 일치해 개체화되는 우주, 즉 '시간공간의' 우주를 타당하게 하고, 게다가 양태화하는(Modalisierung) 양식으로 교정해 타당하게 하는 그에 속한 지평을 지니는 양식 속에 있는 존재 타당성이다.

부록 8. 선험적 주관성의 삶과 보편적 학문

최종적으로 구성되어-존재하는 것은 무엇을 뜻하는가? 선험적 주관성은 끊임없는 근원적 경향성 속에 살아가기 때문에, 종합적으로 결합된 진전되는 활동성에서 항상 새로운 주제를 상대적 종결로 (실현할 수 있는 목표로서) 가진다. 이 종결은 새로운 활동성에 대한 통과점, 수단이 되며, 이 모든 활동성은 가능한 그 이후의 활동성과 목표의 무한한 지평을 미리 지시한다. 이 활동성 속에 ─ 모든 노력함(Streben)이 궁극적으로 관련될 수 있는 것으로서 무한한 것 속에 놓여 있는 궁극적인 이념적 극을 예시하는 것으로 보이는[1] ─ 목표에 관한 일치된 전체 체계가 알려진다. 환경세계의 상대성 속에 세계는 관심에서 발생한 세계로 그리고 무한한 관심의 장(場) 또는 자아에 대한 목표의 장으로 구성된다.

그러나 ─ 우리가 항상 세계를 소유하며, 세계로 향해 살아가는 ─ 배타성 속에 세계를 구성하는 경향성은 '자아가 세계를 (실천적으로, 그런 다음 이론적으로 그리고 다시 이것이 실천적으로 전환되어) 얻으려고 노력하면서 전력을 다하고 세계를 구성하는 것에 폐쇄되었다'는 것을 뜻한다. 자아의 보편적인 궁극적으로 구성하는 삶을 간과하는 것은 처음에는 불가능하지만, 그 이후에는 이러한 삶으로 발견될 수도 있다. 또한 이것은, 비록 현실적이거나 잠재적인 세계

---

1) 그러나 이미 자연화함(Naturalisierung)인 것 같다. 그래서 나는 '보인다'고 말한다.

의 주제제기의 양상에서는 아니지만, '의식에 적합한 것'이다. 그렇지만 본질적으로 구성적인 것을 향한 방향은 구성된 것에서 구성하는 작업수행의 선험적 반성을 전제한다. 하지만 이 경우 보편성의 문제, 즉 항상 세속화하는 것으로 나아가고 정체되지 않으며, 모든 주관적 반성에서 주관적인 것을 세속화하는 보편적 경향이 있다. 그렇다면 세계 속의 삶이 진행되면서 관심의 충족의 통일을 끊임없이 기대하고, 결코 획득될 수 없는 실제적 만족이 불충분한 것이 증대되는 감정의 느낌과 세계성〔세계에 있는 성격〕을 전향하는 것(Abkehr)이라는 새로운 경향이 출현하고, 결국 결정적인 판단중지가 출현하는 동기부여를 때때로 충족시키는 것으로 보인 다음에야, 비로소 이제 이것들──즉 학문과 그 기능, 보편적 학문, 판단중지 속의 보편적 학문──과 관련지어진다.

부록 9. 선험적 자아가 현상학을 하는 것과 정상성의 문제

현상학자는 세계, 즉 자신에 대해 '새로운' 세계 속에 살아가면서 자신과 그 동료가 현상학을 하는 것을 세계의 인간성의 상호주관적 전체 속에 있는 새로운-심리적인 것(Neues-Psychisches)으로 발견한다.

당연히 그는 모든 개별적 활동성을 교정해 보편적 일치성으로 향하는 경향의 통일에 지배된 자신과 각각의 타인의 인격적 존재를 발견한다. 선험적 자아로 되돌아감으로써 나는 나의 선험적 활동성이 '자기 유지'(Selbsterhaltung), 자기 자신과 일치해 그 중심적 통일성 속에 나 자신으로 향해 있음을 발견한다. 이러한 경향을 지닌 노력함과 삶 그 자체로 최초의 형태는 자연적 환경세계를 구성하는 것이며,

여기에는 그 '실존'을 위해 싸우는 세계 속에 살아가는 인간적 인격이 포함된다. 이 인격이 개방된 환경세계 속에 인간으로서 획득하는 '실존', 그의 전체 삶의 인격적 지평 속에 자기 유지 및 그가 노력함과 '욕구'의 정상적 만족의 방식은 일시적인, 결코 지탱되지 않는 유한한, 행복한 것, 상대적인 것이다. 이것을 추상적으로 표현하면, 이기주의적 만족·가족의 이기주의·'국가'의 이기주의·이기주의의 태도의 국제성 등이다.

역사적 시대 속의 인간은 동요하고 전설적으로 전승되는 인간, 정상적인 희망에 가득 찬 현존재에서 정상적인 국가의 환경세계 속에 있는 인간이다. 개별적 인간과 그의 운명은 정치적 전체의 이러한 정상적 현존재 속에 있다. 정치적 전체를 형성하는 지배, 통치는 정상성에 속한다. 통일적인 정치적 인류의 공복으로서 통치자를 각각의 민족은 자신을 통치하는 지도자로 갖는다. 민족들이 서로의 이기주의 속에 일치하거나 일치하지 않는 것은 자신의 민족과 다른 민족의 싸움, 자신의 관심과 타자의 관심의 싸움에서 드러난다. 이것은 정치가들, 지도자들의 부단한 근심거리이며, 이들은 국제성의 지평을 갖고, 국민의 실존이 손상될 위험을, 또 국가의 환경세계가 그 정상적 형태에서 파괴될 가능성을 항상 염두에 둔다. 여기에는 하나의 시민으로서 개별적 인격이 실존하는 가능성이 포함된다. 이 시민은 이러한 국민적 형식과 역사성을 지닌 친숙한 역사적 환경세계를 의지 속에 가지며, 이것을 그 속에서 자신의 욕구를 충족시킬 수 있거나, 이 욕구들에 만족스러운 형식으로 삶이 통일되기를 기대하게 하는 것으로 긍정한다. 물론 개체적으로 고립된 것은 아니다. 모든 욕구는 이미 역사적으로 형성되었고, 국민적·세대적 연관 속에 있는 개인은, 그의 인격적 현존재에서 자신의 민족구성원들과 직접이든 간접이든 얽혀 있다. 즉 그가 이기주의적인 것처럼, 살아가는 다른 사람에 대한 고려는 그의 노력함과 삶에서 전혀 말살될 수 없다.

민족구성원의 정상성(Normalität) 속에 있는 이성의 삶은 민족 집단(국가적 단위)의 지평 속에 있기 때문에 '민족'의 정상적 번영 속에 있다. 순수하게 습관적 전통(정상성의 시기 안의 전통) 속에 있는 삶은 성공하는 삶 또는 실패하는 삶이다. 개인의 실천적 삶에는 이성적 숙고와 결단이 있다. 이것은 보편적 이성이 숙고하기 위한 동기이다. 여기에는 서로 다른 보편성이 있다. 자신의 보편성 속에 있는 개체적 삶은 전체로서—노력하고 지속하면서 일치해 긍정할 수 있는 양식을 숙고를 통해 전체 삶에 부여할 수 있는—보편적 지평으로 또 노력함으로 구성된다. 통치는 민족 전체에 대해 근심하는 것 (Fürsorge), 각각의 '시민'이 우선 친숙한 양식으로, 그런 다음 경우에 따라 양식을 변경함으로써 최상의 삶의 가능성을 가질 수 있는, 그 최상의 삶의 형식에 대해 근심하는 것이다. 통치, 그것은 외부의 근심(Sorge)이자, 내부의 근심이다.

개인의 이기주의적 동기와 격정은 이성에 거역하는 것이며, 마찬가지로 정치가에서 정치적 이성은 개체적-이기주의적 격정과의 투쟁이다. 전통적인 동기부여와 이성의 동기부여, 전통의 토대 위에 이성의 숙고, 전통을 통해 〔이 둘이〕 묶인 (이성의 자유인) 결합은 아직 의식되지 않았다.

〔반면〕 인간, 비정상성 속에 있는 민족. 개인이든 민족이든 '운명', 재난을 통한 정상적 현존재의 파괴. 행복하게 실존하는 국민 안에서 개별적 실존의 파괴. 더 나아가 실로 협박받는 재난 속에 삶의 파괴, 정상적 삶에 부단히 속하는 가능성인 실존의 파괴. 생소한, 곧바로 (이기주의적 관심을 지닌) '적대적' 국민 가운데 국민으로서, 국민에게는 삶이 실존을 상실할 위험이 끊임없이 있다. 여기에는 서로 다른 가능성이 있다. 민족은 국민적 통일체로 남지만, 예속되면 예속민

족·노예민족이 된다. 또는 민족은 자신의 국가성의 통일체인 국민적 통일성을 상실한다. 왜냐하면 국가는 붕괴되고, 개인은 개체적 노예가 되거나 생소한 환경으로 이주되고 국적을 상실하기 때문이다. 역사성의 관점에서 유사-국민적 통일체가 형성될 가능성[이 생기며], [이것은] 이산(Diaspora)되는 민족[이다].

민족들에서 민족의 새로운 형성. 따라서 이 가운데는 국가민족 안에서 그들 자신이 시민으로 관여하지 못하는 외국인과 외국인 단체의 삶의 세대적-역사적 공동체인 국가가 없는 '민족'이 형성되는 것도 있다. 더 이상 변경시켜보면, 그들의 초국가적-국민적 유대가 아직 해소될 수 없는 동안 그와 같이 외국인이 귀화한다. 공동체, 인격적 유대를 건립하는 것은 역사적 전통으로서 계속 인격들 속에 놓여있다.

학문 이전의 유한성 속에 살며 세계를 단지 개방된 삶의 지평으로 아는 인류 속으로 학문적 이성이 출현[했다]. 무한성의 이성의 형식을 통해 세계의 개방된 유한성을 해명하는 것[이 일어난다]. 환경세계의 모든 상대성과 환경세계에 존재하는 모든 것이 ─모든 가능성을 포괄하는 보편적 태도 속에 상대성의 전체성이 포함되고 고려되는 사실을 통해, 이러한 태도가 그것에 대해 이념화하면서 동일한 세계의 존재의 무한한 존재론적 구조를 이념으로서 선취함으로써 ─지양되는 무한한 세계의 사념된 '발견'[이 이루어졌다]. 불변적인 이성의 형식인 그 이념은 미리 주어진 세계 속에 모든 경험적-사실적 규정을 무한한 것 속에 놓여 있는 '참된 존재'에 접근한다(Approximation)는 의미에서 이끌어야 한다. 무한한 세계는 무한한 자연 ─물리적이든 심리-물리적이든─ 의 형식으로 사념해 파악할 수 있다. 이러한 파악은 좌절[되었다]. [이것은] 존재론 및 자연을 지배하는 것으로서 세계를 지배하는 것이라는 희망의 좌절[이다].

존재론(Ontologie)의 과오는 다음과 같다. 즉 모든 존재론은 세계를 보편적 자연으로, 영혼적 정신성과 모든 인격성을 자연적으로 파악한다. 존재론과 존재론적으로 다루어진 보편철학──실증과학인 보편과학(universitas scientiarum)──을 현상학을 통해 비판함[이 필요하다]. 또는 보편적인 현상학적 심리학과 이와 함께 선험철학을 발견함으로써 비로소 비판이 가능하고, 세계를 자연으로는 원리적으로 이해할 수 없다는 것을 입증한다. 존재자(On)라는 개념의 철저한 변경[이 필요하다]. 현상학은 이해할 수 있는 존재자의 우주를 발견하고, 자기 이해와 세계의 현상학적 이해의 토대 위에 자율(Autonomie)의 가능성을 가능하게 한다.

자기 유지, 사람들이 보편적으로 긍정할 수 있는 현존재에 대한 억제하기 어려운 충동[이 있다]. 유한성 속에 살아가면서 인간은 세계의 수수께끼──세계는 무의미하며, 모든 인간이 노력하는 것은 궁극적으로 무의미하고, 도달할 수 없는 목표인 '삶의 목표'는 결국 '행운'이라는 실천적 이상 아래 삶을 욕구하는 것(Lebenswollen)이다──앞에 직면한다. 이것도, 개인의 삶이 국민적 삶의 기능으로 간주되면, 무의미하다. 왜냐하면 국민적 삶은 단지 (불운이 우연히 일어나지 않는) 일시성 속에서만 행운으로 남아 있을 수 있기 때문이다. 따라서 인간이 제한된 유한성에서 더 멀리 도달한 세계에 대한 앎과 특히──각각의 고도의 문화에 속한──더 넓게 확장된 역사적 인식으로 들어서는 것과 같이, 인간은 세계의 의미에 만족하지 않는다. [그래서] 인간은 종교적 힘을 절대화함으로써 구조된다.

학문은──무한성──이지만 학문 속에는 무엇보다 전통성에서 자연적 태도의 변경이 놓여 있다. [이것은] 자율성의 태도이다.

소박한 세계성[세계에 있는 것] 속에 인간은 자신의 전통적 현존재의 정상성을 파괴하고 이성과 숙고 및 예견을 통해 자신의 삶을 통제할 수 없게 만드는 억압·우연·운명에 시달리고 있다. 친숙한 유한성을 넘어서 지시하고 무한한 (무한히 개방된) 세계와 셀 수 없이 많은 가능한 우연의 무한성 속에 스스로를 알고 있는 인간은, 세계와 이 속에 있는 자신의 현존재에서 이해할 수 없는 수수께끼를 본다. 무한한 것을 자연주의적으로 객관화하는 것을 수반하는 실증과학은 이성을 통해 실존을 정초한다는 새로운 희망을 인간에게 준다. 그러나 거기서 인간은 좌절한다. 이제 과학적 이성의 세계는 이해할 수 없게 되었다. 〔그러므로〕 새로운 절대적 성찰, 판단중지, 가장 높은 단계의 합리성(Rationalität)〔이 요청된다〕.

주해와 탐구 비망록

부록 10. 일반적인 인간의 능력, 특히 '모든 사람에 대한' 진리의 이념(1933년 7월 1일)

〈내용〉 (단순히 지상의 인간이 아니라 무제한의 본질적 보편성에서) 인간의 본질—개인적, 그 능력의 이상적 전체와 그 단계의 질서—이성의 최상의 능력. 이와 상관적으로 모든 사람에 대한 그리고 각각의 시대에 대한 진리—학문, 학문-능력, 학문적 이성. 각각의 인간은 학문을 이론으로 획득할 수 있는 능력을 어느 정도까지 갖는가?

단순히 지상의 인간이 아닌 인간의 본질—(오래된 논의방식으로는 더 낮거나 더 높은 능력), 통상적으로는 최상의 능력으로서 '이성'(Vernunft)이라고 부르는 그 단계의 질서와 인간 능력의 이상적 전체. 이와 상관적으로 모든 사람과 각 시대에 대한 진리. 이론적 진리—이론인 학문과 학문의 능력(학문적 이성). 비록 지상의 인간이더라도 각각의 인간에게는 학문을 탐구하고 배우고 획득할 수 있는 이러한 잠재성이 실제로 어느 정도까지 성립하는가? 이 문제는 보편적 목적론(universale Teleologie)[1]의 현상학에 속한다.

인간의 잠재성, 능력 —— 인간에 본질적으로 속한 능력의 우주. 인식의 능력 —— 모든 사람에 대한 그리고 각각의 시대에 관한 진리로서 학문적 진리. 그러나 학문적 진리는 어쨌든 우리 문화의 모든 역사적 시대 속에 없었고, 더 낮은 문화에 대해서도 결코 발전되지 않은 능력이다. 하여튼 그것은 어느 정도까지 모든 사람에게 속한 잠재성인가? 그 발전의 가능성으로서 모든 사람에 대해 존재하는 것인가?

갈릴레이의 자연과학[을 예로 들어보자].[2] 갈릴레이 자신은 그의 르네상스 세계에서 '새로운 인간'의 층, 새로운 교양의 방향과 교양에 함께 속한 인간으로, 재생되고 변형된 고대철학과 학문의 전통 속에 있다. 이러한 층에서 성장한 모든 사람, 이 층에서 성숙된 인간으로서 그와 공존하는 전통 속에 성장한 모든 사람은 형성된 능력을 갖추는데, 이 능력에서 영향을 끼치는 전통과 교류를 통해, 갈릴레이의 저작을 추후에 이해함(Nachverstehen)으로써, 갈릴레이의 능력(자연

---

1) 후설 현상학은 은폐된 이성을 해명해 학문과 인간성의 이념에 부단히 접근해 가는 이중의 목적론을 지닌다. 즉 정상적인 모든 인간에게 동일하게 기능하는 '이성'(이론적 · 실천적 · 가치설정적 이성 일반인 의식의 총체적 흐름)과 '신체'를 근거삼아 '사태 자체로' 되돌아가 경험의 지향적 지평구조를 해명할 뿐만 아니라, 이 경험이 발생하는 원천인 선험적 주관성의 자기구성을 되돌아가 물음으로써 궁극적 자기이해와 세계이해에 도달하려는 인간성의 자기책임, 즉 의지의 결단을 강조한 것이다

2) 후설은『위기』에서 근대철학사의 목적론적 의미를 해명하면서 물리학적 객관주의를 비판하는 가운데, 특히 갈릴레이를 상세히 논한다. 즉 갈릴레이를 통해 학문 이전의 직관적 자연이 기하학적 질서(ordine geometrico)라는 새로운 수학의 지도 이념 아래 이념화된 자연으로 대체되고, 단지 세계를 해석하는 하나의 방법이 참된 존재로 간주되었다. 그래서 그는 객관적 자연을 발견했지만 생활세계에 이념의 옷(Ideenkleid)을 입힌 갈릴레이를 '발견의 천재인 동시에 은폐의 천재'라고 부른다.

과학)은 동료 과학자로서──끈기 있게 경청하고 자연과학의 기원에 동기를 부여하는 것은 추후에 체험하는 경우──모든 사람의 현실적 능력이 될 수 있었다. 이전에 그는 갈릴레이의 동기부여를 이어받고 어느 정도 자신의 실제적 능력의 이러한 범위에 들어가기 위한 조건을 충족한 선행능력을 갖췄다. 따라서 인문주의자 또는 르네상스의 인격체들의 층에서 유럽 전체에 대해(서도 타당하다). 그 밖의 유럽인들(은 어떠한가)? 부분적으로 그들은 그들이 새로운 교양에 대해 민감할 수 있고, 또한 이것에서 갈릴레이의 '영향권'에 들어설 수 있기 위해 자신의 능력 속에 예비조건을 충족시킴으로써 그러한 선행능력에 직접 접근할 수 있었다. 나머지 대부분의 사람, 농부나 도시의 속인들──실로 그들이 (시대의) 자식으로 교육받았고, 그들의 정상성(Normalität)이 전제되는 경우──그들은 이미 '새로운 인간'이었던 인간의 정상성이다.

우리가 고대인 및 그 인간적 능력과 갈릴레이의 관계에 대해 물으면, 그들은 당연히 갈릴레이의 동기부여에 전혀 도달하지 못했거나, 충분히 발전된 고대과학의 시대에서만──그들에게 갈릴레이나 그 후예의 저술들이 명백히 제시될 수 있을 경우에만, 따라서 갈릴레이가 그 당시 살아 있을 경우, 또는 우리가 고대인의 교사로 새로운 과학자를 상정할 경우──갈릴레이의 동기부여에 도달할 수 있었을 것이다. 마찬가지로 '비교양인'과 이들을 교육할 가능성에 관해서도 '우리'를 통해(서만 가능하다).

이러한 주장은 경험주의적인 역사주의·회의주의·상대주의로 이끌지 않는가? 따라서 각각의 시대에 과학은 어떤 시대에는 화학, 다른 시대에는 연금술 등으로 자신의 과학을 갖는 것처럼, 우리의 과학은 단순히 우리(의 시대)의 과학이 아닌가? 어떤 시대의 과학이 특권을 가지면, 그것은 다른 시대를 비판하는 규범으로 내세워도 좋은가? 각 시대는 자신의 학문성 등의 형식적 규범의 체계로서 자신의 논리를 갖는가?

역사(Historie)를 통해 우리는 우리의 인간 세계, 우리의 인간화된 환경세계의 역사성(Geschichtlichkeit)을 해명한다. 즉 우리는 과거의 인간성, 과거의 환경세계, 과거의 객관화된 정신성을 '재구축한다.' 우리는 이전 시대의 인간 자체를 현전화하는 양상을 획득하고, 객관적 문서기록으로 (또는 동일한 것에 대한 간접적 보고를 통해) 전달된 그들의 작업수행으로 구축한다. 또는 오히려 그 작업수행에서 우리는 인격을 구축하고, 인격이 각기 더 완전한 명증성을 획득하는 경우—그 실제적 동기부여와 이것을 통해 그 구체적인 더 완전한 의미가 이해되는—작업수행이 구축하며, 이것을 통해 다시 인격 등이 구축된다. 그러나 이것은 전체의 문화적 삶과 민족적 삶 속에—따라서 또한 주관성 속의 민족의 인간과 그 환경세계 속에 객관화된 것에 대해—[구축된다].

물론 '실제적 과거'는 우리가 단지 무한히 가깝게 다가가는 하나의 이념이다. 하지만 그것은 우리의 '현재', 즉 그 인간적 형태와 그 인간성에서 시간공간의 환경세계라는 점에 다른 것인가? 이러한 지금의 세계 속에 우리가 살지만, 사실 세계가 우리의 흐르는 주관적인 것을 넘어 그것을 이해하고 세계를 (부족한 일면성과 주어지는 방식에서) 실제성으로 받아들이는 것을 넘어서는 것은 무한한 이념인 세계이다. 세계 속에는 인간, 우리가 실제로 염두에 두는 몇몇 인간, 우리가 직접 알게 된 몇몇 인간에 관한 개방된 지평은 알려지지 않은 것의 개방된 '무한성'[이다]. 그러나 [이것은] 우리에게는 부분적으로 객관적 작업수행을 통해 완전히 알려지지 않은 것으로 있지는 않다. 각각의 부품은, 그것이 비록 공장제품이더라도, 규정되지 않을 뿐만 아니라, 다의적이듯이, 노동자나 고안자 또는 집행자로서 인간을 알려주며, 그래서 아무튼 이러한 작업 등에 대한 작업주체로서 노동자를 알려준다. 인간이 객관적으로 알려지는 한, 우리가 어떤 방식으로 그들과 교류하는 한, 비록 직접 교류하지 않더라도 상호 교류한다. 더구나 예를 들어 공장제품이 각각의 부품에서 그것이 사용자와 구매자에게 규정되는 이해할 수 있는 의미가 있는 한, 어떤 방식으로 상호교류와 상호연계 속에 있다. 그리고 산출된 재화가 그에 대해 〔필요한〕 재화라고 타인에게 알리는 이 통지문은, 내가 해당된 사물을 경험하는 경우, 나에게 알리는 통지문이며, 그래서 나는 내가 결코 본 적이 없는 타인들과 더불어 간접적인 연계 속에 있고, 내가 사물을 그 본질로 이해할 뿐만 아니라 사용하는 경우, 완전한 연계 속에 있게 된다. 나는 그 타인들이 숙고하는 것을 그들의 의도를 충족시키면서 행한다.

그러므로 나는 부분적으로는 직접적 감정이입에서, 부분적으로는 간접적 감정이입에서 타인과 함께 존재한다. 또한 내가 타인들을 단지 그들의 행위와 행실, 활동과 업적 등에서만 알게 된다. 따라서 구축하는 한, 직접적 감정이입은 구축하는 것이다. 나는 타인들과 직접 교류하며, 그들과 직접 공동체화(共同體化)하고 공동체의 행동 등을 갖는데, 이 경우 개체적이다. 타인이 규정되지 않은 채 남아 있는 것이 여기서는 단지 타인의 그렇게 존재함(Sosein)에 관련될 뿐이지, 이러한 다른 자아로서 타인의 유일하게 존재함(Einzigsein)과 관련되지 않는다(이와 마찬가지로 나의 그렇게 존재함도 나 자신에 대해 광범위하게 폐쇄되고 규정되어 있지 않다). 간접성에서 나는 특정한 개인들과 더불어 연계되며, 나는 하나의 교제범위를 가지며, 각자는— 그가 그들의 '외화'(外化)를 통해, 행동 및 업적 등을 통해 그들에게서 간접적으로 알게 되고, 이것들로 그가 '나-그대-작용들'(Ich-Du-Akten) 속에 교제하는 한—그가 간접적으로 알고 있는 일정한 인격들에 관한 그의 교제범위를 갖는다. 게다가 개체적으로 아직 알려지지 않은 범위에 대해 사람들은 알지만, 사람들이 환경세계 속에 개인들로서 특정한 교류를 가능하게 하는, 어떤 위치를 부여할 수 있는 특정한 개인들로서는 알지 못한다. 위에서 지적했듯이 비록 어떤 방식에서 다의적인 규정되어 있지 않더라도, 연계(Konnex)에 관한 어떤 것이 여전히 남아 있다.

나는 동료 인간들이 어떻게든 나와 연계되는 한, 그들에게 동기를 부여받는다. 왜냐하면 나는 정신적 환경세계에 동기가 부여되어 동료 인간들 자체가 동기부여에 함께 관여하기 때문이다. 세계 속에 그리고 무엇보다 현재의 환경세계 속에 살아가는 것은 끊임없이 동료 인간의 동기부여 속에 얽혀 살아가는 것이다. 따라서 삶은 환경세계, 그것을 알게 되는 가운데 사물 그 자체, 타인들과 그 객관화된 정신의 형성물——이것을 관통해 타인들은 그 자체가 된다——의 생생한 동기부여와 생생한 구축 속에 있는 삶이다. 이것은 현재의 **역사**(Geschichte)이다. 이와 마찬가지로 우리는 통상적 역사 속에 살아가며, 특히 역사(Historie)——이것은 그 자체로〔자신의〕'시대'·시대의 인간·민족·문화·환경세계를 그들의 진리, 즉 상대적 진리에서 구축하는 길이며, 이 역사적 과거는 우리의 현재의 과거이며 세대에 이어 과거 속으로 연장되는 동일한 인류의 지나간 현재들의 지속성이다——를 통해 살아간다.

역사적 현전화를 통해 이렇게 개시된 모든 것에서 우리는 지금 동기가 부여된다. 즉 우리가 개시한 인간들과 우리는 간접성의 단계를 통해 교류한다. 우리는 돌아가신 아버지의 유언을 충족시키고, 그분의 과거 의지가 우리의 의지 속으로 미치며, 우리의 의지 속에 실현된다. 하지만 우리는 이전 시대의 가족의 전통을 존경하며, 선조 때부터 그들 자신뿐 아니라 자손들에게 이어지고 계속 활동할 수 있는 것으로 생각된 신조(信條)의 통일도 존경한다. 그러나 우리는 예를 들어 고대 그리스에서 제기된 기하학의 과제나 그 밖의 과제를 알게 되고, 그것을 이어받고, 그것을 읽는다. 그 과제는 그의 시대에 동료 인간을 향해 있으나, 개방되어 계속 삶을 이어가는 동료 인간으로서, 현재뿐만 아니라 미래의 과제이다.

그렇지만 아무리 전통의 통일, 즉 역사적으로 재구축하는 가운데 생생하게 활동하고, 항상 〔자신의〕 시대를 넘어서 동기가 부여된 전통의 통일이, 역사와 역사적으로 열린 세계를 관통하며 역사적 연계 속에 살아가는 인류의 통일 및 이러한 인류의 세계의 역사적 통일을 구성하더라도, 어쨌든 구체적 세계는 항상 다른 세계이다. 역사적 인류는 그때그때 환경세계의 현재 속에 있는 그때그때 현재의 인류이다. 이 현재는 어떠한 시점이 아니며, 인간과 인류의 삶의 운동 속에 그리고 움직이는 변화 속에 상대적인 정상성으로 존재하고, 그것이 인간의 현존재가 없다면 전혀 불가능할 동기부여의 유형, 일시적인 인간성·관심·행동·삶의 계획·정치적 구상 등의 유형을 가능하게 하는 가운데 항속하는 유형 속에 존재한다. 하지만 이 정상성은 유동적인 것이며, 새로운 정상성으로 이행하고 새로운 정상성이 아무튼 유지된 전통을 통해 옛 정상성과 결합되는 그 혁명적 단절을 갖는다. 이 모든 것이 우리의 물음을 숙고해야 한다.

더구나 다음과 같은 점을 첨부해야 한다. 즉 어떻게 인간이 모든 역사성 및 그가 역사적으로 재구축되고 이해되고 현실성으로 경험되는 변화된 인간성의 모든 양상을 통해 어쨌든 인간인 자기 자신과 본질상 합치하는지 이다. 감정이입의 각각의 방식으로 자기 변화는 합치되고, 이 합치로 본질적 구성요소가 주어진다. 이것에는 존재론적으로 형식적인 것인 환경세계의 구조가 그 유형과 더불어 속하며, 그것에는 이 세계 속에 살아가는 인간의 유형이 속한다. 사실적 유형, 즉 인간과 그 세계에 대한 통각, 인간적으로 정신화된 자연의 사실적 유형은 각각의 '시대'에 대한 것이며, 각각의 상대적 현재는 서로 다르다. 그러나 형식은 동일하다. 여기에는 다음과 같은 점도 참작되어야 한다. 즉 존재와 가상, 목표를 달성함과 실패함, 지속적 관심과 일시적 관심, 잘못 설정된 목적과 참된 목적, 잘못된 평가와 참된 평가의 상호 교착, 양상화하는 것과 교정의 상호 교착 ─ 정당한 삶, 만족스러운 삶, 결코 후회할 수 없는 삶, 결코 자신을 가치 없는 것으로 포기할 수 없는 삶 등 ─ 삶의 이념에 따라 계획된 삶의 보편적 구상 속에, 보편적으로 조망된 삶을 구축하는 것이다.

삶에는 정상성이 속하는데, 이것은 사람들이 그 유형적 구조 속에 성장하고 그 유형들을 이어받는 미리 주어진 환경세계의 유형인 정상성일 뿐만 아니라, 자기 자신에서 그리고 같은 뜻을 지닌 사람들과의 연결 속에 규범에 적합하게 환경세계를 능동적으로 규범화하고 형태를 만든다. 적합한 것(Kathekon)의 정상적인 것과 무조건적으로 욕구된 것 또는 욕구할 수 있는 것, 절대적으로 당연히 이루어져야 할 것의 정상적인 것은 구별되어야 한다. 따라서 인간의 현존재에는 절대적 비판이 속한다. 그러나 절대자의 절대성 및 이것에 여전히 부착된 경우에 따른 상대성에 관해 절대자의 비판도 속한다.

역사적 현재를 넘어서 과거에 이른 비판은 어떤 의미와 어떤 권리를 갖는가?[3]

---

3) 유감스럽게 〔여기서〕 중단되었다. 그 전체는 당연히 보편적 목적론의 총체적 문제제기, 즉 목적론적으로 조화를 이루는 능력의 총체성과 이 모든 것을 관통해 선험적 상호인격성의 완전성 또는 '완결성'으로 보편적 충동의 연관 속에 계속되어야 한다 ─ 편집자 주.

부록 11. 현상학의 두 가지 단계. 곧바른 현상학과 현상학을 하는 현상학(1933년 말)

〈내용〉 선험적 자아 ── 환원을 통해 주제적이 된 ──는 두 가지 층과 이중의 주제제기. (1) 세계의 구성이라는 곧바른 주제제기, (2) 이 속에서 기초된 선험적 자아의 현상학을 하는 이성적 삶의 주제. 반복할 수 있음. 이중의 관점에서 무한한 주제인 선험적 자아. 곧바른 방향과 기초된 반성적 주제적 방향에서 무한함.

각각의 세계적 인식의 주제제기에 관해 판단중지 속의 환원은 주관성의 환원인데, 이것은 순수하게 세계가 그 속에서 주관성에 대해 존재하는 것으로서 끊임없는 타당성을 갖고, 세계가 그때그때 타당한 것이 되는 내용(표상의 의미)이 변화되는 것에서 의식의 방식들이 흐르는 양상 속에 타당성을 획득하는 주관성이다.

이 자아는 구체적인, 우선은 '침묵하는' 자아이다. 왜냐하면 이것을 해석하는 것이 현상학이기 때문이다. 내가 환원을 실행하는 동안, 나는 환원하는 자아, 즉 세계를 표상하고 세계를 타당성 속에 가지며, 세계 자체를 그 속에서 '의식된 것'으로서 자기 자신에게 주제적으로 향하고, 현상학을 구성하는 것 ── 현상학을 하는 것 ── 으로서 활동성을 실행하는 자아이다. 이 경우 나는 다음과 같이 구별할 수 있다. 즉

1) 작용들의 자아인 자아 및 작용들 자체가 교체되는 양상, 작용의 자아를 주도하는 것으로서 목표, 충족되는 양상 속에 성취된 것으로 목표 등과 같은 것을 형성하는 것.
2) 자아의 작용들이 항상 전제하는 것, 활동하는 자아에 대해 그 모든 행위·기초·토대의 전제인 것.

세계에서 자연적으로 살아가는 자아에 대해 지평의식 속에 세계

가 존재자의 지속적으로 보편적인 지평으로 끊임없이 미리 주어진 것과 마찬가지로, 환원 속에 세계가 미리 주어진 것은 그것에 연관된 자아의 작용들과 합치해 (그 흐르는 양상에서) 지평의식으로 '미리 주어지고', 자아는 그 생생한 변화 속에 반성적이며 환원적인 활동성의 토대이다.

그러나 이 경우 다시 다음과 같이 구별될 수 있다. 즉 이미 언급한 대로 자아로서 나는 환원 속에 현상학을 하는 자이며, 나는 이론적 작용들, 즉 이론적 자아의 삶의 주체이다. 왜냐하면 나는 나의 관심 방향을 통해 '세계의 현상'과 그 주관적(자아론적) 구성, 방금 지시된 것인 곧 세계의 구성,—그 속에서 세계가 나에 대해 존재하는 것으로 있고, 내용적으로 그러그러하게 표상되는— 전체 타당성의 삶을 주제로 향해 있기 때문이다.

그러므로 이것은 주제화하는 행위의 주제이다. 주제화하는 행위는 기능하는 현상학을 하는 것으로 주제적이 아니다. 그러나 이것은 우리가 환원적 반성이라고 불렀던 반성 속에 함께 포괄된다. 하지만 비록 세계의 현상이라는 다른 종류의 미리 주어진 것이더라도, 미리 알려짐으로써 환경세계가 미리 주어진 것이라는 단순한 의미에서 미리 주어져 있지는 않다. 따라서 모든 기저층과 더불어 세계를 구성하는 모든 능동적이며 습득적인 삶에서 자아가 주제 속에 있다. 이러한 최초의 주제는 이제 현상학을 하는 행위의 작용-자아(Akt-Ich)로서 나에 대한 더 이상의 반성의 주제와 구별될 수 있다. 이 작용-자아는 완전히 구체적인 자아의 명백한 추상-층이며, 내가 나의 현상학을 하는 행위와 이것에서 생긴 주제적-이론적 형성물에 대한 반성 속에, 자아로서 주제적으로 만드는 것이다.

자아는 어떻게 구체화되는 가운데 자기 자신에 대해 존재할 수 있고, 자기 자신에 대해 주제적 타당성을 지닐 수 있는가? 〔그것은〕 오직 반복적인 익명성의 독특한 무한한 지평을 수반하기 때문이다. 하지만 그런데도 '자아가 구체화되는 것'——그런 다음 무한한 이념——은 충분한 의미와 주제적으로 파악할 수 있는 의미가 있다. 내가 (세계를 구성하는 주관적인 것의 보편성으로 또 이 주관적인 것을 총체성으로 만드는 모든 것과 더불어) 구체적 자아를 주제화하는 가운데 주제적 범위와 익명적 (그리고 이러한 의미에서 잠재적) 심층의 구조를 갖는다는 사실은 처음부터 분명하게 나타난다. 현상학을 하는 반성 없이 그때그때 탐구할 수 있는 영역인 범위 속에 나는 무한성을 획득한다. 이 무한성은 타당성의 현상인 세계와 타당한 것, 세계를 표상하는 것, 세계를 갖는 것, 세계의 존재 의미를 타당성 속에 정립하는 것의 주관적 양상들이 갖는 상관관계(Korrelation)의 구성적 무한성으로 그 본질적 현상을 이끌어내 인식하는 것으로서, 단지 (원리적으로도) 인식할 수 있다. 이 본질적 현상은 사실적으로 체험된 것과 체험작용을 넘어서 가능성의 무한한 활동공간을 미리 지시하고, 동시에 이러한 층에 있는 나의 선험적 능력의 윤곽을 그려낸다. 다른 한편 그 모든 습득하는 것 속에는 현상학을 하는 작업수행의 익명성의 심층에 관해〔논의할 수 있는 것이 있다〕.

하지만 내가 이러한 반성을 수행하는 동안, 이 반성적인 것, 즉 이전에 익명적이었던 것이 그 자체로 포착되고, 이제 더 나아가 이론적으로 파악되며, 그것의 측면에서는 다시 나의 익명적으로 기능하는 것은 높은 단계의 현상학을 하는 자아로 파악된다. 이것의 주제는 최초로 현상학을 하는 자아이다. 더 구체적으로 말하면, 최초로 현상학을 하는 자아는 세계를 구성하는 삶과 주관적으로 구성하는 양상들의 통일인 세계 자체에서 자신의 기반과 함께 있다. 반성은 자신의 주목할 만한 성격을 갖는다. 실로 이것은 반성이 어떻게 동기가 부여되는지, 반성은 어떻게 그리고 언제 즉시 '나는 재차 반성할 수 있다'

는 의식이 성립하고 그런 다음 개방된 무한하게 반복하는 의식으로서 '나는 언제나 다시 할 수 있다'〔는 능력〕가 성립하는 상태가 되는지 하는 문제이다. 그러나 이 문제를 도외시하고 반복하는 능력을 전제하면, 나는 다음과 같은 놀라운 사실에 직면하게 된다. 즉 나는 나의 고유한 주제로서 (게다가 판단중지 속에) 현상학을 하는 자아와 주제적이 된 자아 사이의 반복적 구별을 자신 속에 포함한다는 사실이다. 또는 나의 구체적 자아는 원리상 익명적으로 기능하는 현상학을 하는 작용의 자아(Aktich)로만 주제가 될 수 있다는 사실이다.

우리는 자아론적으로 인식할 수 있는 것으로 반성을 반복할 수 있는 능력을 갖췄고, 곧 주제화하는 활동성에 대한 최초의 반성과 실행으로 최초의 주제화하는 활동성을 향했다. 〔우리는〕 한편으로는 그 고유한 무한성 속에 이 주제화하는 활동성을 실행된 최초의 현상학으로 생각할 가능성을, 그런 다음 그 본질적 형식에서 그 구조에 관해 반성적으로 추구할 가능성을 가졌다. 곧 이러한 형식의 체계는 익명성 속에 구성되는데, 이 익명성을 그 상관적 형식으로 주제적으로 만드는 것은 선험적 현상학을 하는 것의 논리학인 (선험적 방법론인) 본래 선험논리학(transzendentale Logik)의 과제를 형성한다. 그리고 이 반복하는 가운데 동일한 것이 필연적으로 반복되며, 법칙론으로 기술하는 것과 이론화하는 것의 구성은 항상 다시 동일한 것이다.

사람들은 자연적 태도에 떠맡긴 채, 우리는 지향적 심리학에 대해서도 이 이중의 주제적 방향과 이중의 무한성, 즉 (1) 세계에 대한 의식의 주제제기와 (2) 심리학화(心理學化)하는 작업수행의 주제제기를 갖고 있다고 말하면 안 되는가? 그러나 심리학화하는 작업수행은 어쨌든, 그 자체로 그리고 반복할 수 있는 능력과 마찬가지로, 심리적 존재자로서 심리학적 주제에 속한다.

현상학을 하는 자아의 작업수행인 선험적으로 드러내 밝힘.

이것을 통해 세계와 실증과학이 구성된 것으로 파악되고, 이와 함께 구성하는 활동적 주관성으로서 선험적 상호주관성 속에 포함된다.

그러나 이러한 확증은 이성의 성과, 선험적으로-현상학을 하는 이성적 자아(Vernunftego)의 성과이다. 내가 이것을 진술함으로써 나는 새로운 환원과 반성을 수행한다. 이것을 통해 현상학을 하면서 작업을 수행하는 삶──이 속에서 모나드적 세계는 나에 대해 그리고 나를 통해 그 속에서 구성된 모든 것과 함께 구성된다──은 주제적이 된다. 따라서 모나드적 세계 속에는 자연적 세계가 포함되며, 이 자연적 세계 속에는 나의 인간적 자아와 나의 동료 인간이 세계를 표상하고 세계를 인식하면서 작업을 수행하는 모든 것이 포함된다.

내가 선험적인 모나드의 세계의 토대를 굳게 유지하면, 자연적 세계의 경우와 유비적으로, 나의 모나드적 행동 자체에 대한 반성은 나의 모나드와 모나드적 세계로 편입될 것이다. 두 번째 단계의 반성을 통해 나는 현상학을 하는 자아와 삶을 절대적이며 구체적으로 획득하는데, 이 두 '세계'는 두 번째 단계의 현상이 된다. 그 각각은 상응하는 서로 다른 익명성 속에 단적으로 존재한다.

따라서 이제까지 최고의 단계에서 나는 제3의 자아, 제3의 자아의 삶을 지각하는 등 형상적(eidetisch)으로 갖는다. 〔이것이〕 모나드 전체를 구성하고, 이와 함께 세계를 구성하는 현상학을 하는 자아의 형상학(Eidetik)〔이다〕.

현상학을 하면서 드러내 밝혀진 삶은, 세계 속의 삶이 세계 속에 구성되는 드러내 밝혀진 작업수행이 더욱 풍부한 만큼, 자연적인 인간적 삶보다 풍부하다. 현상학을 하는 자아는 이 점을 인식한다. 계속된 반성 속에 나는 나의 소박하게 기능하는 현상학을 하는 인식작용을 인식하고, 이제 더 높은 현상학을 하는 자아로 기능한다. 현상

학을 하는 활동성에서 나의 형상적 행위와 나의 술어화작용 — 이것
은 지금 모나드 속에, 나의 모나드 속에 놓여 있지 않고, 내 속에 놓여
있다 —〔은 나의〕새로운 자아〔이다〕. 그러나 이것은 모나드의 세계
구성을 통해 이러한 세계 속에 있는 모나드로 되는 것과 동일한 것이
아니지 않은가?

부록 12. 세계의 지평의식과 그 구조들.
체계적 실행의 시도4)(1933년 말)

세계의 지평, 특수한 지평-총체적 유형과 개별적인 실재적인 것의
유형. 세계가 미리 주어진 것 속에 함축된 본질적 구조가 미리 알려
진 것과 이에 관해 이데아작용 속에 본질이 스스로 주어지는 것.

전자는 그 속에서 그 모든 변화의 경우 끊임없는 수동적 종합을 통
해 '그' 세계, 즉 항속하면서 공존하는 실재성들의 하나의 동일한 우
주가 주어지는 끊임없이 지평을 지닌 세계에 대한 의식일 뿐이다. 상
세한 것은 이 변화가 항상 새로운 특수한 통각들의 — 그 속에서 다
양한 개별적인 실재적인 것이 함께(Zusammen) 그리고 잇달아 일어
남(Nacheinander)에서 의식에 적합하게 부각되어 등장하는 — 그와
같은 변화라는 점이다. 하지만 따라서 그때그때 동시에 통각이 된 각

---

4) 여기에는 다음과 같은 것이 속한다. 지평의 함축을 해명하는 모든 것, 즉 앎에
이르는 각각의 실재적인 것은 자신의 개체적 유형을 가지며(다시 자신의 징표
는 징표의 유형을 갖는다), 세계의 총체성은 자신의 보편적-존재론적 유형을 갖
는다. 유형적 통각의 분석-규정할 수 있는 것, 활동공간 등으로 규정되지 않은
것. 〔이것은〕핑크의 구상인 '제6 데카르트적 성찰'을 검사하는 기회에 기록되
었다.

각의 모든 실재적인 것은 세계에서의 실재적 객체들(또는 속성·관계 등)로서, 하나의 시간공간의 존재의 지평 속에 존재하는 것으로서 필연적으로 의식된다. 실재적인 것의 공존은 내재(Inexistenz), 우주 속의 존재, 즉 시간공간성의 개방된 지평 속의 존재, 이미 알려져 있으나 단순히 지금 현실적으로 의식되지 않은, 또한 알려져 있지 않지만 가능한 방식으로 경험과 미래에 알려진 것에 도달하는 실재적인 것의 지평 속의 존재라는 의미만 갖는다. 개별적 통각은 개별적인 실재적인 것을 의식하게 하지만, 주제적으로 된 의미의 구성요소가 아닌 경우 이것을 넘어서, 즉 개별적으로 통각이 된 것들에서 전체의 구성요소를 넘어서 도달하는 구성요소를 불가피하게 수반한다.

시작된 개별적 통각에서 그때그때의 구성요소에서 새로운 구성요소로 (그리고 여기서 특히 그때그때 주제적으로 통각을 하는 구성요소에서 새롭게 주제화하는 구성요소로) 진행되는 가운데 종합적 통일이 지배한다. 즉 새롭게 통각이 된 것은, 요컨대 이전에는 아직 공허하고 아직 내용적으로 규정되지 않은 지평을 선행하는 타당성에서 — 이미 미리 지시되었지만, 아직 특수화되거나 규정되지 않은 의미를 충족시키면서 — 채운다. 따라서 끊임없이 타당성의 지평은 존재의 타당성 속에 있는 세계, 개별성과 상대적 규정성 속에 그때그때 포착된 것과 타당해진 것을 넘어서 특수화하고 규정하는 충족의 끊임없는 운동 속에 선취하는 것(Antizipation)이다. 물론 확실성을 양상화하는 내적 운동 속에, 새롭게 일치하는 총체적 확실성을 수립하는 것에서 교정의 방식으로 양상화된 것을 변경하는 운동 속에 여전히 독자적인 것이 취급되어야 할 것이다.

이러한 의미의 초월은 각각의 개별적 통각에 부착된다. 즉 가능한 새로운 개별적인 실재적인 것과 실재적인 전체 집단의 끊임없이 선취된 잠재성에 관해 의식에 적합하게 실현되는 진행, 즉 세계에서 의식으로 들어오는 진행 속에 미래의 것으로서〔외적 지평에)뿐만 아니라, 아직 실제적으로 선취되지 않은 징표에서 존립요소에 관해 이미 등장하는 각각의 실재적인 것인 개별적 통각에서, 그때그때 각각의 전체 구성요소에 부착된다. '이러한 성격'(Diesheit) 속에 개체적으로 통각이 된 각각은, 비록 비주제적이더라도, 본래 실재적인 것이 의식으로 들어온 것과──그 측면에서는 곧 이미 이전부터 알려져 있거나 아직 알려지지 않은, 어쨌든 모든 '공허한' 규정되지 않은 것과 개방성의 경우에 (아직 보이지 않은 뒷면 그러나 보일 수 있고, 그런 다음 상세하게 알려질 수 있는 잠재성으로서) 필연적으로 함께 타당한──단순히 선취된 것 사이의 (항상 명백하게 주제로 제시되어 밝혀질 수 있는) 구별을 내포한다. 또한 이것에는 다시 미리 지평의 의미를 규정하는 가능성인 '내적으로' 양상화하는 것과 교정하는 것이 속한다.

변화되는 가운데 끊임없이 지평을 지니고 세계를 의식한 것인 흐르는 삶에서 수동적 종합(passive Synthesis)은 끊임없이 하나의 시간 공간의 우주로 의식된 세계가 의식되지 않으며, 세계의 동일성이 능동적 동일화작용을 통해 주제적으로 구성되지 않는다는 사실이 상응한다. 개별적인 세속적인 것에 관한 각각의 주제적 의식과 같이, 세계에 관한 주제적 의식도 끊임없이 수동적 종합 속에 경과하는 지평의식을 전제한다. 세계라는 존재의 의미는 끊임없이 선취된 그 타당성 속에 ── 세계 속의 삶이 진행되는 가운데 개별적 통각들에서 일치해 규정되고 규정할 수 있는 실재적인 것들의 다양성으로서 그리고 궁극적으로 가능하고 일치할 수 있는 세계에 대한 경험 속에 실재적인 것의 전체성을 존재하는 현실성으로서 스스로 주어지게 이끌 수 있는 것으로서 ── 주제적으로 생성되어 판명하게 하면서 규정된다. 여기에는 가능한 세계-직관(Welt-Anschauung)의 구조라는 거대한 문제가 속한다.

이제까지 서술에서 명확하게 밝혀지듯이, 세계에 관한 지평의식은 끊임없는 또 본질적인 형식을 갖는다. 즉 흐르는 변화의 형식, 더 상세하게 말하면, 개별적인 실재적인 것에 관한 현실적 통각들──이 속에서 새로운 개별적 통각들이 들어오고 다른 통각들이 나가는── 의 핵심적 구성요소의 형식적 구조를 갖는다. 여기서 개별적 통각은, 매우 넓게 파악하면, 그 특수한 의미(그 '표상'-내용)를 지닌 특수한 타당성이 개별적으로 부각된 것을 뜻한다. 이러한 핵심적 구성요소 속에는 본질적으로 그리고 끊임없이 직관적 (스스로를 부여하는) 통각에 더 밀접한 구성요소가 놓여 있으며, 이 구성요소 속에는 그때그때 지각의 장(場)을 형성하는 지각에 적합한 통각의 더 밀접한 구성요소가 놓여 있다. 이 모든 것은 주제적인 특수한 통각과 비주제적인 특수한 통각의 구별과 서로 교차한다. 더구나 그 결과 특수하게 의식된 실재적인 것(또는 그 실재적 성질·속성·관계·결합 등에서)의 주제적 핵심은 본질적으로 끊임없이 그때그때 비주제적 배경──그러나 특수한 통각들 속에 분절된 배경──안에서 주어진다.

이에 따라 지평의식으로서 그때그때 완전한 세계에 대한 의식은 특수한 통각들 속에 성립하는 그때그때 총체적 핵심과 함축의 보편적 지평, 즉 이른바 명백하게 주어진 것을 넘어서 타당한 것의 지평으로 구별된다. 그러나 이것은 특수한 통각 속에 그 자체에 대해 타당하고 고립된 채 타당하게 하는 존재 의미로 사용되는 것을 단순히 지시하는 것으로 이해될 수는 없다. 여기에는 함축된 것이 문제이다. 외부의 타당성은 그 존재 의미를 이미 함께 말하면서 모든 특수한 통각 속으로 두루 침투한다. 모든 특수한 통각은 실로 이미 사념된 것들이 충족되는 것이며, 오직 그러한 것으로서만 세계의 의미를 갖는다(특수한 통각들이 그 속에서 '본래' 의식되어 생성된 것을 확고하게 선취함으로써만 자신에게 고유한 존재 의미를 가질 수 있는 것과 유사하게). 이 경우 다음과 같은 점에 주의해야 한다. 즉 세계의 의미가 수동적 종합 속에 자신의 동일성의 통일(Identitätseinheit)을 갖고 시간공간성의 동일한 형식 속에 있는 이러한 세계로서, 언제나 다시 능동적으로 동일화될 수 있고 해명될 수 있는 것처럼, 각각의 개별적인 실재적인 것은 세계 속에 그 자체에 대해 타당해질 수 있는 것으로 존재하고, 세계의 지평의 동일한 구성요소로 남아 있으며, 보편적 시간공간성과 세계 속에 동일한 것으로 장소에 적합하게 편입된 그 시간공간성 속에, 언제나 다시 동일한 것(dasselbe)으로서 동일화할 수 있는(Identifizierbarkeit) 의미를 지닌다.

세계에 대한 의식, 또는 상관적인 새로운 표현으로 말하면, 지평으로서의 세계에 속한 기본적 구조는 그에 속한 일관된 상대성 및 규정되지 않은 일반성과 규정된 특수성에 관한, 마찬가지로 일관된 상대적 구별을 지닌 이미 알려진 것(Bekanntheit)과 〔아직〕 알려지지 않은 것(Unbekanntheit)의 구조이다.5)

지평을 지닌 채 의식된 세계는 일반적으로 그 끊임없는 존재의 타당성 속에 일반적이지만 그렇다고 해서 아직 개체적 특수성에서 알려지지 않은 존재자에 관한 지평(Horizont)으로서, 친숙함(Vertrautheit)이라는 주관적 성격을 갖는다. 이 규정되지 않은-일반적인 친숙함은 존재자로서 특수한 타당성에 이르는 모든 것으로 분할되고, 따라서 그 각각은 그 안에서 이미 알려진 것과 아직 알려지지 않은 것 사이의 더 이상의 모든 구별이 경과되는 이미 알려진 형식인 자신의 친숙함을 갖는다.

우리는 경험 속에 새로운 것으로 등장하는 각각의 실재적인 것은 세계의 지평 속에 있으며, 그것을 자신의 내적 지평으로 갖는다고 말

---

5) 제1부 '데카르트적 성찰' 제19절 주22 참조.

했다. 실재적인 것은, 경험작용의 구간 동안 (주제적 지각이 그때그때 아무리 멀리 도달하더라도) 그 자체로서 거기에 지속적으로 동일하게 제시되지만 그 개별적 징표들, 그 내용-계기(Was-Moment) 속에 자기 자신을 제시하는 것으로—그러나 그 속에서 곧 실재적인 것이 자신의 본질로 지시되는 의미를 띠고—해석됨으로써 주제적 지각 속에 알려진다. 어쨌든 그와 같이 지시되고 실로 설명하기 이전에 지각된 것의 파악작용 속에 함축적으로 현존하는 것은 이러한 지각 속에 본래 지각되는 실재적인 것에 관한 것으로 본질적으로 타당하다. 그것 자체는 그때그때 현실적인 앎에 도달하는 것과 이미 도달한 것 이상이다. 즉 이것은 그 '내적 지평'이 그것에 끊임없이 할당한 의미를 지닌다. 보여진 측면은, 그 자체로서 의미를 규정하면서 선취된 보이지 않은 측면을 갖는 한에서만, 측면일 뿐이다. 우리는 이러한 측면을 그때그때 주제적으로 향할 수 있으며, 그것에 관해 물을 수 있고, 그것을 미리 직관화할 수 있다. 가령 지각이 단절되고 알게 됨에서 지속적 타당성이 획득되고 '여전히 생생한' 앎으로 생성된 이후(그것에 대해 본래 이미 알려진 것에 관해 실재적인 것이 이미 알려진 것), 우리는 그 이상의 지각을 가져올 수 있고, 이러한 실재적인 것 자체로 속한 것을 미리 표상할 수 있다.

그러나 이 실재적인 것에는 '아프리오리하게' 산정될 수 있는 것과 같은 각각의 미리 직관화(直觀化)하는 것은 규정되지 않은 일반성이라는 본질적 특성이 있다. 즉 예를 들어 어떤 사물의 시각적 뒷면에 관해 시각적으로 미리 직관화하면, 우리는 (회상과 유사한) 현전화하는 직관을 갖지만,—두 가지 측면에서 완전히 완성된 명석성이 전제된—회상(Wiedererinnerung)의 경우와 마찬가지로, 우리를 개체적으로 구속하는 확고한 규정성을 갖는 것은 아니다. 우리가 실제로 명석한 규정성으로 전진해가자마자 곧, 사물의 색깔로서 생기고,

그 후에 일관되게 유지될 수 있는 특정한 색깔의 임의성(Willkür)이 우리에게 의식된다. 각각의 미리 직관화하는 것은 의식된 변양체들(Varianten)을 특정한 색깔로, 즉 우리가 마찬가지로 다른 색깔로 완성할 수 있는 자유로운 변양체로 고정시킬 수 있기 위해 함께 의식된 유동적 변양성 속에 수행된다.

명석성을 자유를 구속하는 극한까지, 그것이 존재했던 대로 특정한 '그것-자체'까지 이끈 기억(Erinnerung)의 경우는 다르다. 그러나 다른 한편 임의성은 어쨌든 무제한한 것은 아니다. 미리 직관화하는 것이 동요하는 가운데, 어떤 변양체 또는 잠정적으로 확고하게 유지된 변양체의 방향에서 다른 변양체나 다른 변양체의 방향으로 이행하는 가운데 우리는 선취하는 통일, 즉 뒷면의 색깔—하지만 이것은 선취로 일반적으로 규정되지 않지만, 유형적으로 미리 친숙해진 것으로 선취하면서 유형적 방식으로 규정된다—을 선취하는 통일 속에 머문다. 이러한 유형적 일반성을 그 색깔의 실제적 존재에 대해 개방된 특정한 '가능성'의 형식으로 해석하는 가운데 선취하는 것에서 규정되지 않은 일반성의 명확한 '범위'로 가능성의 활동공간이 생긴다. 사실적이고 본래의 앎 속에 사물에 관해 본성(Washeit)의 핵심만 등장하는 데 반해, 경험으로 들어오는 사물은 그때그때 내적 지평의 사물로서 존재 의미만 갖기 때문에 사물, 즉 경험할 수 있는 것으로서 각각의 실재적인 것 일반은 자신의 '일반적인 아프리오리'를 가지며, 규정되지 않았지만 끊임없이 동일한 것으로 동일화할 수 있는 일반성인 미리 알려진 것을 갖고, 아프리오리한 가능성의 활동공간에 속하는 아프리오리한 유형〔학〕(Typik)[6]을 갖는다. 만약 우리가 유형을 총체적 유형으로 받아들이면, 명백히 유형은 현실적 앎으로

---

6) 제1부 '데카르트적 성찰' 제21절 주 28 참조.

들어오는 특성들도 포괄한다. 본성이 들어오고 나가는 변화 속에는 하나의 것 그리고 동일화할 수 있는 것으로서 실재적인 것이 항상 의식되고, 이러한 통일 속에는 그 속에서 현실적으로 이미 알려진 모든 것이 다소간에 완전하게 충족되는 특수화되는 규정으로서 편입되는 유형적 일반성의 전체 지평인 전체 유형이 속한다.

그러나 의미를 규정하면서 그때그때 개별적인 실재적인 것에 속하는 외적 지평은 개별적인 실재적인 것에 관한 가능한 경험의 잠재성의 의식 속에 놓여 있다. 즉 개별적인 실재적인 것은 그것이 필연적으로 선취되고 불변하는 활동공간의 이러저러한 가능성의 형식으로 각각이 충족됨으로써 불변하게 남아 있는 그 유형으로서, 각각 그 자신의 아프리오리를 갖는다. 하지만 모든 특수한 유형, 특수한 실재적인 것의 특수한 유형(그리고 실재적인 것의 배치)은 그 무한성 속에 있는 전체의 세계지평에 속하는 총체적 유형으로 포괄된다. 세계에 대한 경험의 흐름, 즉 그때그때 구체적으로 완전한 세계에 대한 의식의 흐름 속에는 세계의 존재 의미가 불변적으로 남아 있고, 이와 함께 개별적 실재성에 관한 불변적 유형들에서부터 이러한 존재 의미가 구조적으로 구축된 것이 불변하는 것으로 남아 있다. 이와 상관적으로 우리가 비록 대략적이지만 위에서 일련의 지적에서 살펴보았듯이, 지평의식은 인식작용적(noetisch) 형태와 종합—총체적으로 보면 그리고 그 의미부여와 그 내재적 존재 속에 자기 자신에 대해 철저하게 비독립적인 개별적 통각들에서부터 구축된 것에 관해— 의 자신의 본질적 구조를 갖는다.

서로 다른 '지평.' 지평을 수행하는 것, 그것은 무엇인가?

나의 작용과 그 작용의 지평을 수행하는 것에서 자연적 태도. 작용의 지평을 수행하는 것은 무엇인가? 현실적인 주관적 속견(Doxa)인가? 모든 행동 속에 나는 가능성의 지평, 즉 그 속에서 내가 '정신적으로 움직이는' '생생한' 지평을 갖는다. 이 작용의 지평은 지금은 물음 밖에 있지만 어쨌든 의미를 규정하는 더 이상의 지평을 그 자체로 여전히 갖는다.

나는 여행을 계획하고, 지금 —내 방에서 가방을 챙기면서 —활발하게 여행준비를 하며, 그런 다음 그 가방을 운송업자에게 속달로 부친다. 이제 더 넓은 지평이 고찰되는데, 방은 상점들이 있는 도시의 방, 즉 거기서 〔물건을〕 살 수 있고, 가방을 돌보는 등 나에 대한 가능성〔을 지닌 방이다〕. 나의 실천적 가능성 속에 나는 무엇이 생생한 실천적 가능성인지 그리고 무엇이 2차적이며 실로 미리 2차적 가능성으로 있는지 하는 단계를 갖는다. 이에 반해 다른 '만약 그리고 그렇다면'(Wenn und So)을 갖는 공허한 실천적 가능성〔이 있다〕. 어떤 '만약'은 '만약 내가 그것을 행하면' —그러나 미리 의지 속에 놓여 있고, 자신의 시간을 갖는 것 —이다. 다른 '만약'은 상상에 적합하게 의지(의지가 '마치의-의지'Wille-als-ob인 곳에서) 속으로 집어넣어 생각하는 것(Hineindenken)이며, 이 변양된 의지는 마찬가지로 자신의 1차적 생생함과 2차적 생생함을 갖는 단계가 정해짐 속에 자신의 실천적 지평을 갖는다. 따라서 이렇게 갖는 것(Haben)에는 자신의 해석 또는 이러한 생생함이 필요하다.

자신의 생생한 지평을 지닌 작용을 수행하는 가운데 자연적 태도는 (아무리 단계가 정해졌더라도) 그 총체적인 생생한 지평 —정립적 지평, 타당성의 지평 —을 지닌 흐름 속의 총체적 활동성〔이다〕. 소박하게 수행하는 것에 관한 판단중지. 나는 이 수행하는 것을 본래 억제하지 않는다. 세계는 나에 대해 계속 타당하고, 세계는 존재한다. 보편적 세계의 타당성은 개별적 타당성들과 타당성의 지평의 흐름(Strömen) 속에 있다. 그것은 이 타당성의 지평 속에 구성되고 끊임없이 타당한 세계이다.

타당성의 이중 의미. 즉 체험인 타당함(Gelten)과 수행되는 타당한 것(Geltendes), 지각 속에 지각된 것 등으로 타당한 실재적인 것(Reales)은 자신의 내용적 방식에서 흐름, 즉 서로 다른 방식에서 타당한 것의 통일이다. 보편적인 타당성의 삶은 수행하는 가운데 자아를 일치하게 주어지는 방식에서 지속적 통일성으로 '동일화하는 것'이며 이 동일자(Identisches)를 동일한 규정으로, 즉 존재자를 자신의 그렇게 존재함(Sosein)으로 해석하고, 이것에 따라 존재자의 토대 위에 더 이상의 작용들을 수행하는 것이다.

소박한 삶은 세계를 '토대', 자아가 몰두하는 것, 자아가 존재 타당성 속에 갖는 존재의 장(場), 동일화되고 예견해 동일화할 수 있는 존재자의 다양성으로 [간주하는 것이다]. 그때그때 현실적 존재자는 토대의 작용들(Bodenakten)을 현실적으로 수행하는 것에 있으며, 동일화하는 작용들로서 수행하는 것은 동일자를 향해 있고, 이 동일자가 실제적이거나 가능성으로 나타나는 방식들의 통일을 향해 있다.

억제하는 것은 이러한 동일성의 타당함 속에 살지 않고, 이러한 동일화작용 속에 그리고 동일자로서 이미 갖지 않으며, 이미 있는 존재자에서 새로운 존재자를 산출하고 행동하면서 형태를 변경하는 존재자에 연관된 이러한 작용들에 전념하지 않는다. 오히려 새로운 작용의 삶(Aktleben)이 시작하고, 새로운 동일화작용을 동일자로 가지며, 내가 이미 주어진 존재자의 모든 것에 관해 아무것도 갖지 않은 새로운 동일화작용을 갖는다.

속견적 작용들과 작용의 획득물 — 동일화할 수 있는 것으로 타당하게 하고-계속 타당하게 하는 것. 작용의 지평, 이미 존재하는 것으로 타당한 것의 지평은 존재의 지평이다. 그러나 이것은 몹시 까다로운 문제이다. [다음과 같은] '지평'에 관한 서로 다른 개념이 있다.

1) 잠재성, 반복하는 동일화하는 능력 — 과거지향적인 것을 회상하는 것·반복되는 회상작용·재인식작용·동일화작용 — 회상하는 것은 여기서 '여전히' 과거지향 속에 있는 것, 여전히 생생하게 파지하는(Griff) 것을 반복하는 작용.

2) 더 나아가 침전된 기억들의 지평과 재인식작용 속에 일깨우고 동일화하는 능력.

3) 또한 알려지지 않은 것의 지평. 이것은 회상을 통해 동일화할 수 있는 것이 아니라, '귀납적' 지평, 결정하는 계속된 경험의 활동성 및 실로 새로운 귀납을 통해 그때그때 현실적 '귀납'(Induktion)[7]을 확증하는 활동성의 잠재성을 지닌 가능성의 선언적(選言的) 영역에 대한 구상이다. 이것은 상대적으로 규정된 것(규정되지 않은 것은 실로 최초의 가능성의 지평이다)에서 현실적으로 귀납된 것(부가되어-지각된 것(Ad-Perzipiertes))과 규정되지 않은 것에서, 더 이상 '현실적으로' 귀납되지 않은 것을 구별하는 것이, 각각의 지각에 속한다는 점을 뜻한다. 무엇이 그것을 '현실적으로' 만드는가? 배경-지평 역시 잠재적 타당성인 반면, 선취된 작용의 방사선은 다른 잠재성 속에 있다. 현실적으로 귀납된 것의 잠재성은 그것이 작용의 방사선이지

---

7) 후설에서 귀납(추리)은 개별적 사실이나 자료에서 일반적 법칙을 이끌어내는 원리적 측면이 아니라, 내적 시간의식의 통일성과 경험의 지향적 지평구조에 근거해 이미 알려진 것들에서 아직 알려지지 않은 것을 예측해가는 방법적 측면을 뜻한다. 그리고 이러한 점에 주목해 선술어적 경험을 상세하게 분석한 (발생적) 현상학은, 본질직관과 이성을 강조했기 때문에 전통적으로 합리론(관념론)과도 근본적으로 다르다. 요컨대 후설 현상학은, 지향성이 주체와 객체는 본질적으로 불가분한 '주체-객체-상관관계'(Subjekt-Objekt-Korrelation)이듯이, 전통철학의 합리론(관념론)과 경험론(실재론) 등의 이원론 대립에서 완전히 벗어나 있다.

만 지각이 아니다. 그렇지만 지각에 관한 잠재성이라는 사실에 놓여 있다. 따라서 그것은 가장 가까운 지평, 즉 지각이 지평을 지닌 것 속에 놓여 있다.

4) 게다가 또 다른 지평. 이것은 '희미한' 기억, 경험 속에 충족되는 잠재성으로서 함께 작용하는 공허한 의식이다.

그러나 우리는 세계에 대한 경험 속인 여기서 모든 간접성, 즉 지평의 간접성, 귀납의 서로 다른 양상을 현실적인 것으로 그 자체 속에 포함했다. 그리고 비(非)현실성의 서로 다른 양상이 포함된다. 어쨌든 전체의 지평은 끊임없이 자신의 방식에서 '현실적'이며 세계의 존재 의미를 개별적으로 그리고 총체적인 것 속에 있는 개별성을 규정하는 타당성의 총체성이다. 여기서 이 탐구는 거부될 필요가 없다.

그리고 이제 우리는 '작용'이 자아가 태도를 취함으로써 끊임없이 미리 주어진, 존재의 우주로 미리 주어진, 끊임없이 존재를 확신하는 세계인 작용의 삶인 일깨워진 삶을 갖는다. 보편적인 주관적 속견 속의 존재 확실성. 그것은 '장'으로서, 실천 즉 '행동한다'(handelnd)는 의미에서 '작용'의 존재 토대로서[의 존재 확실성이다]. 세계 속에 어떤 것을 욕구하는 것(Wollen)은 세계 속에 — 인격적 능력인 — 세계의 가능성을 숙고하고·평가하며·결정하고·행동하는 가운데 실현하는 것이다.

'일반 정립'(Generalthesis), 보편적인 주관적 속견은 흐르고 있는 세계를 가짐, 세계의 타당성, 흐르고 있는 동일화작업, 동일한 것을 획득하고 실로 획득된 것을 갖는 것이다. 획득에 관한 논의는 여기서는 위험하다.

지각의 영역 속에 방향이 정해진 것과 지평에 관한 특수한 상론.
어떤 지각의 체험. 책상 위의 시계. 지각하는 봄(Sehen)의 동안 시계(時計)가 주어지는 방식들의 변화와 내가 설명하면서 향해 있는 변화. '그 자체로 거기에'라는 양식으로 동일하게 주어진 시계에 끊임없이 향해 있으면서, 나는 특수성에서 지금 이것에, 그런 다음 그 속에서 시계가 특수성에서 이러저러한 것인 '그렇게 존재함'(Sosein)에 향해 있다. 이러한 변화 속에 방향 극(Richtungspol)의 동일성, 즉 우선 기체 극(Substratpol)의 동일성, 더 나아가 그때그때 성질 극(Beschaffenheitspol)의 동일성은 그 극에 관련된 주어지는 방식들의 독자적인 변화에 상응한다.

'체험'(Erlebnis) 및 방식 속에 있는 동일자인 동일자의 나타나는 방식들(Weise)의 차이.

무엇을 목표로 삼은, 무엇을 향해 노력하는 것에 향해 있음에는 목표를 달성함, 거기에 있음(Dabeisein)에서 충족되는 노력하는 것의 극한적 경우가 포함된다. 상대성(Relativität), 즉 주어지는 방식 자체는 상대적으로 주어지는 방식의 상대적인 극으로서, 예를 들면 멀리 있는 사물이 운동감각적으로(kinästhetisch) 변화하는 경우 불완전하게 주어지는 방식들에 대립해 최적의 상태로 주어진 멀리 떨어져 나타남(Fernerscheinung)이다.

그에 반해 '체험'은 여기서는 해결되지 않은 채 문제로 남아 있다. 극과 '그렇게 존재함'의 극으로의 방향은 자아 극(Ichpol), 자아의 중심(Ich-zentrum)에서 출발하는데, 자아의 중심에서 항상 새로운 그렇게 존재함의 방사선들이 나가는 한, 중단되지 않는 부단한 지각작용의 지속성 속에 극인 방향의 방사선은 다양하다. 이 향해 있음은 지각작용, 즉 목표를 달성하는 것과 항상 더 완전하게 목표를 달성하는 것을 전진해가는 목표로 삼는 가운데 경과되는—억제되지 않은 채 경과되는—작용인 주관적 속견의 작용이다. 목표가 달성된 것은, 내가 그것에서 아직 완전하지 않고 그것이 존재하는 대로 모든 점 속에 있지 않은 동안, 내가 곧 현실적으로 그것으로 욕구하는 존재자이다. 단순한 설명에서 나는 내가 이미 가졌지만 아직 명확하게 갖지 않은 것을 해석한다. 〔어떤〕 측면에서 〔다른〕 측면으로 지각작용이 진행되는 가운데 나는 새로운 의미에서 아직 대상을 통해 주어지지 않은 것을 실현한다.

따라서 나는 여기서 이미 이중의 지평을 갖는다. 즉 이러한 측면에서 설명되지 않은 측면 또는 대상에서 그 측면의 설명항(說明項)들에 관계하는 지평, 그 설명항들의 지평을 함축하는 측면들의 지평이다.

이탈된 초고

부록 **13.** 현상학을 하는 자아에서 드러나 밝혀진
선험적인 것을 심리학적으로 세계화하는 것.
현상학을 심리학화하는 것의 추가
(1933년 12월 또는 1934년 1월)

현상학은 선험적 태도의 절대적인 보편적 주제제기 안에서 그에
상응해 종속된 보편적 주제들을 지닌 특수한 태도를 요구한다. 따라
서 세계의 현상, 즉 소박하게 미리 주어진 세계 자체, 소박하게 환경
세계로 미리 주어진 세계를 향한 태도를 요구하는데, 그런 다음 이
세계에 관련된 경험적 학문들을 선험적으로 해석하기 위해 요구한
다. 현상학을 하는 자인 내가 (선험적 자아의 존재 의미로서) 세계의
구성을 탐구하는 동안, 나는 그렇게 함으로써 세계 자체의 계속된 구
성을, 즉 세계를 구성하는 것으로서 기능하는 선험적 체험을 심리학
화(心理學化)함으로써 수행한다. 그러므로 각각의 선험적 타인과 모
나드적 공동체화(共同體化)함에 대해 〔구성한다〕. 심리학화된 모든
것은 인간 영혼으로 산정됨으로써 세계에 편입된다. 현상학을 하는
자인 나는 (그리고 우리는) 언제라도 세계와 인간성으로 '다시' 태도

를 취할 수 있고, 그렇다면 세계 속에 있는 모든 선험적인 것을 영혼으로 세계화함으로써 발견하는 것이 틀림없다. 당연히 이것도 태도를 변경할 수 있고, 다시 자연적 태도로 이행할 수 있다.

현상학을 하는 작용의 삶과 그 작업수행들은 항상 그 자체로 주제에 속한다. 선험적 주관성은 무한한 반성성(Reflexivität) 속에, 즉 실제적이거나 가능한 반성을 반복할 수 있는 무한성 속에 있으며, 선험적 주관성이 순수하고 절대적인 자기 성찰을 통해 전개된 그 모든 선험적 구성을 항상 이미 구성되었으며, 계속 구성되는 세계 속으로 집어넣어 투영하는 방식으로 끊임없이 세계를 구성한다. 그러나 이것은 상응하는 증가된 의미에서 그러하다. 왜냐하면 각각의 그렇게 투영하는 것(Projizieren)은 그 자체로 의미를 부여하는 작업수행이기 때문이다. 하지만 세계의 의미가 여기, 즉 현상학을 하는 것에서 끊임없는 변화 속에 있다는 사실도 함께 언급되어야 한다.

달리 표현하면, 현상학자는 세계의 참된 의미를 발견한다. 반면 현상학자는 어쨌든 실로 미리 주어진, 미리 알려진 세계를 사념적으로 구체적인 세계로 갖는다. 그때그때 선험적 현재 속에 발견하면서 현상학자는 자신을 선험적으로 계속 구성하고, 드러나 밝혀진 것을 심리적인 것으로 편입시킴으로써 자신 속에 ——자아론적 자기 시간화(Selbstzeitigung) 및 시간화된 자아(verzeitlichtes Ego)를 지닌 세계의 시간성 속에 ——세계에 새로운 의미를 부여한다.

끊임없이 미리 주어져 있고 미리 알려져 있으며 진전되는 세계에 대한 경험과 학문 속에 알 수 있는 세계는 '자연적인' 세계 속의 삶과 학문적 삶 속에, 어떠한 완전하고 궁극적인 진리의 의미, 존재의 의미도 갖지 않는다. 세계는 선험적으로 구성된 세계로만 이해되어 그 완전한 존재의 의미에 이른다. 그러나 현상학은 또한 세계 속에 학문으로 등장하고, 역사적인 문화의 형성물로서 그것을 세계화한다. 자연적으로 미리 주어진 세계는 그 심리적 측면에서 일단 진행된 현상학에서 끊임없이 증대된─세계적으로 객관화된─존재 의미를 얻는다. 현상학자가 된 인간은 자신의 소박한 인간성을 극복했다. 하지만 현상학적 태도전환을 통해 또한 그는 자신을 '세계 속에 있는 인간으로', 어쨌든 지금 '새로운' 인간으로 발견한다. 그의 선험적으로 현상학을 하는 행위(phänomenologisierendes Tun)는 익명적이며, 그 자체로 구성된다. 왜냐하면 반복적으로 되풀이할 수 있는 반성의 뒤따르는 활동성이 자신의 심리적 영역 속에 항상 새롭게 세계화하는 것을 만들기 때문이다.

나는 내가 어느 정도까지 현상학자로서 도달하는지 모르지만, 그 상관자인 세계에 나를 향하게 할 수 있다. 그리고 내가 선험적인 것을 세계화할 필연성을 반복할 수 있는 것에서 인식한 다음, 나에 대한 세계는 미리 새로운 존재 의미를, 즉 세계에 자신이 편입되고 편입될 수 있는 선험성의 무한한 지평인 존재 의미를 받아들인다. 그 속에 놓여 있는 것을 숙고해보자.

자연인 세계는 그것이 존재했던 것, 즉 의미의 형성물, 환경세계의 자연적인 핵심의 무한성 속에 있는 종합적 통일체로 남아 있다. 학문 이전에 그런 다음 학문적으로[그와 같이 남아 있다]. 자연적으로 완전한 세계 안에서 자연은 하나의 단순한 층이며, 관여하는 주관성은 자연을 변화시킨다. 그러나 자신의 존재론적 형식 속에 있는 핵심으로서 자연의 통일성에는 아무것도 변경시키지 않는다.

우리에게 본질적인 물음은 세계 속에 있는 인격적(영혼적) 주관성이다. 영혼은 이른바 소박한 자연성 속에 완성되지 않은 채 끼여져 있다. 자연적 세계를 넘어서는 현상학을 하는 활동성을 통해 영혼은 움직이고, 그 존재의 의미는 선험적인 것을 새롭게 세계화하는 형식으로 끊임없이 새롭게 성장하게 된다. 그러나 이것은 이중의 방식에서 그러하다. 왜냐하면 현상학을 하는 영혼과 현상학을 하지 않는 영혼이 구별되어야 하기 때문이다. 우리는 현상학을 하면서 현상학을 하지 않는 영혼을 소박한 인격, 즉 그에게는 단지 소박한 (현상학 이전의) 세계가 존재하는 소박한 영혼으로 이해된다. 그리고 만약 그들이 심리학자라면, 그들은 그것을 넘어서 어떤 것에도 도달하지 못하는 '소박한' 심리학을 갖는다. 그와 같은 심리학은 영혼에 관한 참된 구체적인 존재에 결코 도달할 수 없다.

부록 14. 절대적인 선험적 구성. 현상학을 하는 주체를 스스로 드러내 밝힘(1934년 1월 21일)

절대적인 의미에서 존재자의 선험적인 총체적 장(場) 속에 자연적인-소박한 세계, 즉 선험성을 아직 의식하지 못한 인간의 세계는 상관자로 등장하며, 세계에 증대된 존재의 의미와 더불어 그 자체로 절대적인 것 속에 있는 계기이다. 따라서 이것은 현상학을 하는 자인 내가 인간으로서 그리고 역사가로서(또는 역사에 관해 아는 자로서) 함께 산정하는 역사적 인류에도 적용되며, 역사적으로 생성되었고, 계속 생성되는 실증과학들에도 적용된다. 그것은 절대적인 선험적 구성의 연관 속에 있는 형성물이다. 이 경우 그것은 절대적으로 총체적인 것, 존재하는 모든 것 속에 구성하면서 동시에 구성된 것이다. 물론 그 결과 우리는 드러나게 인식에 적합하게 구성된 것과 인식하는 구성 속에 있는 것, 따라서 드러난 의미에서(명확한) 존재자, 즉 자아에 대한—일깨워진 자아로 내가 현상학을 하면서—존재자, 자아에게 타당한 것, 자아에게 확증된 것과 잠재적 존재자, 함축된 것, 일깨워진 자아에 대해 익명적인 것을 구별해야 한다.

여기에는 궁극적 문제가 결부된다. 일깨움 속에 나는 현상학을 하는 주체이다. 왜냐하면 나는 내가 소박한-인간적 일깨움 속에 익명성의 영역을 가지며, 그에 따라 나는 현상학을 하지 않았다는 사실을 인식하거나, 또는 다른 인간들은 그 속에서 그들이 현상학을 하지 않은, 곧 그러한 익명성을 지닌 선험적 동료 주체들이라는 사실을 인식하기 때문이다. 현상학을 하는 자아인 나는 끊임없이 나의 익명성의 상관적 영역들, 드러난 것 그리고 계속 상대적인 것 속에 나에게 드러나게 된 것을 갖는다. 판단중지가 그 동기부여 속에 시작하고, 따라서 이미 환원을 겨냥하는 것과 같이, 어떤 지평이 내가 그것에 들어가 노력하고 나에게 알려지게 될 지평으로 현존한다. 그러나 나는 선험적 자아가 처음에는 환원의 시작과 더불어 드러나 밝혀지지 않았다는 사실을 안다.

그러므로 새로운, 선험적으로 '미리 주어진 것'은 선취할 수 있는 본질적 양식을 갖지 않는다. 하지만 그런 다음 나는 반복된 반성과 반복으로 구상된 반성(따라서 '언제라도 다시' 속에)을 실행할 수 있고, 이제 언제라도 다시 열려 구성되는 구성의 지평을 갖는다. 현상학을 하는 자아가 선험적-학문적 자아이기 때문에, 그것은 경험하면서-알게 되는 것일 뿐만 아니라, 계속되는 드러난 구성은 선험적 절대자와 그 구성요소들에 관한 선험적 이론의 형성물로서 선험적 학문을 제공한다. 이론적 인식을 창조하는 자신의 일깨움 속에 있는 현상학을 하는 주체는 자기 자신을 의식하는 자아이다. 왜냐하면 자신의 자기의식은 여기서 그 자신의 자아-존재가 자신의 작용들과 작용의 성과들에 중심으로서 그리고 자신의 작용에 토대를 보유한 자로서 끊임없이 의식될 수 있다는 사실을 뜻하기 때문이다. (선험적으로 현상학을 하는 자아로서 자연적이지는 않은) 선험적 자아는 마찬가지로 자기 자신으로 의식하는——그러나 일깨워진 인간의 자아로서

'자기 은폐' 속에 ── 소박한 인간성으로 들어간다.

그렇지만 이제 잠(Schlaf)의 문제가 생긴다. 구체적인 자신의 구성과 세계의 구성 속에 선험적 자아로 파악된 나는 보편적인 자기 시간화(時間化) 속에 있는 절대자를 깨닫고, 이 속에서 나의 인간적 시간 공간성과 영혼적 내재성에서 자신의 배후와 자신의 전면에 잠자는 시기를 갖는 것으로 깨닫는다. 하지만 이에 상응해 '자는 시기'라는 선험적 양상이 있고, 모나드화하는 것(Monadisierung) 가운데 자는 시기 속에 있는 모나드인 자아와 일깨워진 자 또는 잠자는 자로서 타인이 있다.

부록 15. 현상학적 학문의 생성과 현상학을 하는 공동체의 발전(1934년 1월 24일)

선험적인 구체적 주관성(절대적인 존재 전체)은 그 자신 속에 자신의 고유한 학문과 이것을 통해 그 자신을 대상화한다. 이것은 모나드적 자아로서 나에 대해 그리고 내 속에서 스스로를 알리는 함께 현상학을 하는 타인들에 대해 참으로 존재하는 것인 자기를 대상화하는 것이다.

그러나 다음과 같은 점에도 주의해야 한다. 선험적으로 설명된 '현상학자인 나와 우리'는 필연적으로 세계화된다. 즉 '현상학을 하는 인간인 우리'로서 이전에 소박하게 구성된 세계로 들어가 객관화되고, 인류가 역사적으로 진행하고 있으며, 세계와 그 인류로서 객관화되고, 실증과학들이 현상학적 학문을 통해 탐구되는 그 인간적-역사적 세계 속에 있다. 하지만 이제 '현상학자인 나와 우리'는 현상학을 하는 인간으로서 ── 항상 새로운 동료 인간을 현상학으로 교육하고, 그런 다음 현상학에서 인간적 현존재 일반(자신 앞에 부단히 비(非)-

현상학자의 넓은 지평을 지니며)에게 규범을 부과하며, 이 규범에 따라 그들을 새로운 인간성으로 교육시키려고 노력하면서 ─ 그의 동료 인류에게 영향을 끼칠 수 있다.

　절대적인 것의 명확한 진리에 대한 인식으로서 현상학적 학문이 자기 자신에서 생성되는 것에 관해 다음과 같이 구별될 수 있다.

　1) 나는 현상학적 환원을 시작하고 그런 다음 현상학을 하면서 고독하게, '독아론적' 고독함 속에 있다. 즉 이 고독함 속에 나는 여전히 어떠한 함께 현상학을 하는 자도 갖고 있지 않다. 여기에 '이러한 독아론적 현상학은 어느 정도까지 도달할 수 있는가?' 하는 물음이 제기된다.

　2) 비-현상학자를 현상학자로 일깨움으로써 현상학을 하는 공동체의 전진해가는 발전과 절대적인 것 속에 성공하는 활동성의 진행은 성공적으로 구성된다. 그때그때 이미 구성된 '우리 현상학자'의 활동성은 항상 새로운 동료 주체들을 현상학적 환원을 수행하는 것으로 그리고 함께 탐구하며 하여튼 이렇게 살아가는 것으로서 선험적으로 일깨워진 공동체화하는 것으로 '전향시키는' 활동성이다. 따라서 〔이것은〕 선험적으로 일깨워진 주체들의 무한히 확장되는 삶의 공동체(Lebensgemeinschaft), 또는 탐구자의 공동체(Forschergemeinschaft)[1]를 무한히 확장되고 무한히 선험적으로 구성되어 존재하는 선험적 학문의 주관적 원천의 근거로 형성하는 길이다.

---

1) 이 책 제1부 '데카르트적 성찰' 제2절 주9를 참조.

후설 연보

1. 성장기와 재학 시절(1859~87)

1859년   4월 8일 오스트리아 프로스니츠(현재 체코 프로스초프)에서 양품
점을 경영하는 유대인 부모의 3남 1녀 중 둘째로 출생함.

1876년   프로스니츠초등학교와 빈실업고등학교를 거쳐 올뮈츠고등학교를
졸업함.

1876~78년   라이프치히대학교에서 세 학기(수학, 물리학, 천문학, 철학)를 수
강함.

1878~81년   베를린대학교에서 바이어슈트라스와 크로네커 교수에게 수학을,
파울센 교수에게 철학을 여섯 학기 수강함.

1883년   변수계산에 관한 논문으로 박사학위를 받은 후 바이어슈트라스 교
수의 조교로 근무함.

1883~84년   1년간 군복무를 지원함.

1884년   4월 부친 사망함.

1884~86년   빈대학교에서 브렌타노 교수의 강의를 듣고 기술심리학의 방법으
로 수학을 정초하기 시작함.

1886년   4월 빈의 복음교회에서 복음파 세례를 받음.

1886~87년   할레대학교에서 슈툼프 교수의 강의를 들음.

1887년   8월 6일 말비네와 결혼함.

    10월 교수자격논문 「수 개념에 관하여」가 통과됨. 할레대학교 강
사로 취임함.

2. 할레대학교 시절(1887~1901)

1891년　　4월 『산술철학』 제1권을 출간함.

1892년　　7월 딸 엘리자베트 출생함.

1893년　　프레게가 『산술의 근본법칙』에서 『산술철학』을 비판함.

　　　　　12월 장남 게르하르트 출생함(법철학자로 1972년에 사망함).

1895년　　10월 차남 볼프강 출생함(1916년 3월 프랑스 베르됭에서 전사
　　　　　함).

1896년　　12월 프로이센 국적을 얻음.

1897년　　『체계적 철학을 위한 문헌』에 「1894년부터 1899년까지 독일에서
　　　　　발표된 논리학에 관한 보고서」를 게재함(1904년까지 4회에 걸쳐
　　　　　발표함).

1900년　　『논리연구』 제1권(순수논리학 서설)을 출간함.

1901년　　4월 『논리연구』 제2권(현상학과 인식론의 연구)을 출간함.

3. 괴팅겐대학교 시절(1901~16)

1901년　　9월 괴팅겐대학교의 원외교수로 부임함.

1904년　　5월 뮌헨대학교에 가서 립스 교수와 그의 제자들에게 강의함.

1904~05년　「내적 시간의식의 현상학」을 강의함.

1905년　　5월 정교수로 취임이 거부됨.

　　　　　8월 스위스 제펠트에서 뮌헨대학교 학생 팬더, 다우베르트, 라이
　　　　　나흐(Adolf Reinach), 콘라트(Theodor Conrad), 가이거(Moritz
　　　　　Geiger) 등과 토론함.

1906년　　6월 정교수로 취임함.

1907년　　4월 제펠트의 토론을 바탕으로 일련의 다섯 강의를 함.

1911년　　3월 『로고스』 창간호에 「엄밀한 학문으로서의 철학」을 발표함.

1913년　　4월 책임편집인으로 참여한 현상학 기관지 『철학과 현상학 탐구
　　　　　연보』를 창간하면서 『순수현상학과 현상학적 철학의 이념들』 제
　　　　　1권을 발표함(기술적 현상학에서 선험적 현상학으로 이행함). 셸
　　　　　러도 『철학과 현상학 탐구연보』에 『윤리학의 형식주의와 실질적
　　　　　가치윤리학』 제1권을 발표함(제2권은 1916년 『철학과 현상학 탐

구연보』제2권에 게재됨).

10월 『논리연구』제1권 및 제2권의 개정판을 발간함.

1914년 7월 제1차 세계대전이 일어남(12월 두 아들 모두 참전함).

4. 프라이부르크대학교 시절(1916~28)

1916년 3월 차남 볼프강이 프랑스 베르됭에서 전사함

4월 리케르트(Heinrich Rickert)의 후임으로 프라이부르크대학교 교수로 취임함.

10월 슈타인이 개인조교가 됨(1918년 2월까지).

1917년 7월 모친 사망함.

1917년 9월 스위스 휴양지 베르나우에서 여름휴가 중 1904~1905년 강의 초안 등을 검토함(1918년 2~4월에 베르나우에서 보낸 휴가에서 이 작업을 계속함).

1919년 1월 하이데거가 철학과 제1세미나 조교로 임명됨.

1921년 『논리연구』제2-2권 수정 2판을 발간함.

1922년 6월 런던대학교에서 「현상학적 방법과 현상학적 철학」을 강의함.

1923년 일본의 학술지 『개조』(改造)에 「혁신, 그 문제와 방법」을 발표함.

6월 베를린대학교의 교수초빙을 거절함. 하이데거가 마르부르크 대학교에, 가이거가 괴팅겐대학교에 부임함. 란트그레베가 1930년 3월까지 개인조교로 일함.

1924년 『개조』에 「본질연구의 방법」과 「개인윤리의 문제로서 혁신」을 발표함.

5월 프라이부르크대학교의 칸트 탄생 200주년 기념축제에서 「칸 트와 선험철학의 이념」을 강연함.

1926년 4월 생일날 하이데거가 『존재와 시간』의 교정본을 증정함.

1927~28년 하이데거와 공동으로 『브리태니커백과사전』 '현상학' 항목을 집필 하기 시작함(두 번째 초고까지 계속됨).

1927년 하이데거가 『철학과 현상학 탐구연보』제8권에 『존재와 시간』을 발표함.

1928년 1904~1905년 강의수고를 하이데거가 최종 편집해 『철학과 현상

학 탐구연보』 제9권에 『시간의식』으로 발표함.

3월 후임에 하이데거를 추천하고 정년으로 은퇴함.

5. 은퇴 이후(1928~38)

1928년   4월 네덜란드 암스테르담에서 '현상학과 심리학'과 '선험적 현상학'을 주제로 강연함.

8월 핑크가 개인조교로 일하기 시작함.

11월 다음 해 1월까지 『형식논리학과 선험논리학』을 저술함.

1929년   2월 프랑스 파리의 소르본대학교에서 '선험적 현상학 입문'을 주제로 강연함.

3월 귀국길에 스트라스부르대학교에서 같은 주제로 강연함.

4월 탄생 70주년 기념논문집으로 『철학과 현상학 탐구연보』 제10권을 증정받음. 여기에 『형식논리학과 선험논리학』을 발표함.

1930년   『이념들』 제1권이 영어로 번역되어 출간됨. 이 영역본에 대한 「후기」(後記)를 『철학과 현상학 탐구연보』 최후판인 제11권에 발표함.

1931년   「파리강연」의 프랑스어판 『데카르트적 성찰』이 출간됨.

6월 칸트학회가 초청해 프랑크푸르트, 베를린, 할레대학교에서 '현상학과 인간학'을 주제로 강연함.

1933년   1월 히틀러가 집권하면서 유대인을 박해하기 시작함.

5월 하이데거가 프라이부르크대학교 총장에 취임함.

1934년   4월 미국 사우스캘리포니아대학교의 교수초빙 요청을 나이가 많고 밀린 저술들을 완성하기 위해 거절함.

8월 프라하철학회가 '우리 시대에 철학의 사명'이라는 주제로 강연을 요청함.

1935년   5월 빈문화협회에서 '유럽인간성의 위기에서 철학'을 주제로 강연함.

11월 프라하철학회에서 '유럽학문의 위기와 심리학'을 주제로 강연함.

1936년   1월 독일정부가 프라이부르크대학교의 강의권한을 박탈하고 학계활동을 탄압함.

9월 「프라하강연」을 보완해 유고슬라비아 베오그라드에서 창간한 『필로소피아』에 『위기』의 제1부 및 제2부로 발표함.

1937년 8월 늑막염과 체력약화 등으로 발병함.

1938년 4월 27일 50여 년에 걸친 학자로서의 외길 인생을 마침.

6. 그 이후의 현상학 운동

1938년 8월 벨기에 루뱅대학교에서 현상학적 환원에 관한 학위논문을 준비하던 반 브레다 신부가 자료를 구하러 후설 미망인을 찾아 프라이부르크를 방문함.

10월 루뱅대학교에서 후설아카이브 설립을 결정함.

11월 유대인저술 말살운동으로 폐기처분될 위험에 처한 약 4만 5,000여 매의 유고와 1만여 매의 수고 및 2,700여 권의 장서를 루뱅대학교으로 이전함. 후설의 옛 조교 란트그레베, 핑크 그리고 반 브레다가 유고정리에 착수함.

1939년 『위기』와 관련된 유고 「기하학의 기원」을 핑크가 벨기에 『국제철학지』에 발표함.

3월 유고 『경험과 판단』을 란트그레베가 편집해 프라하에서 발간함.

6월 루뱅대학교에 후설아카이브가 정식으로 발족함(이 자료를 복사하여 1947년 미국 버펄로대학교, 1950년 독일 프라이부르크대학교, 1951년 쾰른대학교, 1958년 프랑스 소르본대학교, 1965년 미국 뉴욕의 뉴스쿨에 후설아카이브가 설립됨).

1939년 파버가 미국에서 '국제현상학회'를 창설함. 1940년부터 『철학과 현상학적 연구』를 창간하기 시작함.

1943년 사르트르가 『존재와 무: 현상학적 존재론의 시도』를 발표함.

1945년 메를로퐁티가 『지각의 현상학』을 발표함.

1950년 후설아카이브에서 유고를 정리해 『후설전집』을 발간하기 시작함.

1951년 브뤼셀에서 '국제현상학회'가 열리기 시작함.

1958년 후설아카이브에서 『현상학총서』를 발간하기 시작함.

1960년 가다머가 『진리와 방법』을 발표함.

1962년   미국에서 '현상학과 실존철학협회'가 창설됨.

1967년   캐나다에서 '세계현상학 연구기구'가 창립됨. '영국현상학회'가 『영국현상학회보』를 발간하기 시작함.

1969년   '독일현상학회'가 창립되고 1975년부터 『현상학탐구』를 발간하기 시작함. 티미니에츠카(Anna-Teresa Tymieniecka)가 '후설과 현상학 국제연구협회'를 창설하고 1971년부터 『후설연구선집』을 발간하기 시작함.

1971년   미국 듀케인대학교에서 『현상학연구』를 발간하기 시작함.

1978년   '한국현상학회'가 창립되고 1983년부터 『현상학연구』(이후 『철학과 현상학 연구』로 개명함)를 발간하기 시작함.

후설의 저술

1. 후설전집

1. 『성찰』(*Cartesianische Meditationen und Pariser Vorträge*), S. Strasser 편집, 1950. 『데카르트적 성찰』, 이종훈 옮김, 한길사, 2002; 2016.

2. 『이념』(*Die Idee der Phänomenologie*), W. Biemel 편집, 1950. 『현상학의 이념』, 이영호 옮김, 서광사, 1988.

3. 『이념들』 제1권(*Ideen zu einer reinen Phänomenologie und phänomenologischen Philosophie I*), W. Biemel 편집, 1950; K. Schuhmann 새편집, 1976. 『순수현상학과 현상학적 철학의 이념들』 제1권, 이종훈 옮김, 한길사, 2009; 2021.

4. 『이념들』 제2권(*Ideen zu einer reinen Phänomenologie und phänomenologischen Philosophie II*), M. Biemel 편집, 1952. 『순수현상학과 현상학적 철학의 이념들』 제2권, 이종훈 옮김, 한길사, 2009; 2021.

5. 『이념들』 제3권(*Ideen zu einer reinen Phänomenologie und phänomenologischen Philosophie III*), M. Biemel 편집, 1952. 『순수현상학과 현상학적 철학의 이념들』 제3권, 이종훈 옮김, 한길사, 2009; 2021.

6. 『위기』(*Die Krisis der europäischen Wissenschaften und die transzendentale Phänomenologie*), W. Biemel 편집, 1954. 『유럽학문의 위기와 선험적 현상학』, 이종훈 옮김, 한길사, 1997; 2016.

7. 『제일철학』 제1권(*Erste Philosophie*[*1923~1924*] *I*), R. Boehm 편집, 1956.

『제일철학』제1권, 이종훈 옮김, 한길사, 2020.

8. 『제일철학』제2권(*Erste Philosophie*[*1923~1924*] *II*), R. Boehm 편집, 1959.
『제일철학』제2권, 이종훈 옮김, 한길사, 2020.

9. 『심리학』(*Phänomenologische Psychologie*[*1925*]), W. Biemel 편집, 1962.
『현상학적 심리학』, 이종훈 옮김, 한길사, 2013; 2021.

10. 『시간의식』(*Zur Phänomenologie des inneren Zeitbewußtseins*[*1895~1917*]),
R. Boehm 편집, 1966.
『시간의식』, 이종훈 옮김, 한길사, 1996; 2018.

11. 『수동적 종합』(*Analysen zur passiven Synthesis*[*1918~1926*]), M. Fleischer
편집, 1966.
『수동적 종합』, 이종훈 옮김, 한길사, 2018.

12. 『산술철학』(*Philosophie der Arithmethik*[*1890~1901*]), L. Eley 편집, 1970.

13. 『상호주관성』제1권(*Zur Phänomenologie der Intersubiektivität I* [*1905~20*]),
I. Kern 편집, 1973.
『상호주관성』(제13~15권), 이종훈 옮김, 한길사, 2021.

14. 『상호주관성』제2권(*Zur Phänomenologie der Intersubjektivität II* [*1921~28*]),
I. Kern 편집, 1973.

15. 『상호주관성』제3권(*Zur Phänomenologie der Intersubjektivität III* [*1929~35*]),
I .Kern 편집, 1973.

16. 『사물』(*Ding und Raum*[*1907*]), U. Claesges 편집, 1973.
『사물과 공간』, 김태희 옮김, 아카넷, 2018.

17. 『형식논리학과 선험논리학』(*Formale und transzendentale Logik*), P. Janssen
편집, 1974.
『형식논리학과 선험논리학』, 이종훈 옮김, 나남, 2010; 한길사, 2019.

18. 『논리연구』1권(*Logische Untersuchungen I*), E. Holenstein 편집, 1975.
『논리연구』제1권, 이종훈 옮김, 민음사, 2018.

19. 『논리연구』2-1권(*Logische Untersuchungen II/1*), U .Panzer 편집, 1984.
『논리연구』제2-1권, 이종훈 옮김, 민음사, 2018.

20-1. 『논리연구』보충판 제1권(*Logische Untersuchungen. Ergänzungsband. I*),
U. Melle 편집, 2002.

20-2. 『논리연구』보충판 제2권(*Logische Untersuchungen. Ergänzungsband. II*),

U. Melle 편집, 2005.

『논리연구』 제2-2권, 이종훈 옮김, 민음사, 2018.

21. 『산술과 기하학』(*Studien zur Arithmetik und Geometrie*[*1886~1901*]), I. Strohmeyer 편집, 1983.

22. 『논설』(*Aufsätze und Rezensionen*[*1890~1910*]), B. Rang 편집, 1979.

23. 『상상』(*Phantasie, Bildbewußtsein, Erinnerung*[*1898~1925*]), E. Marbach 편집, 1980.

24. 『인식론』(*Einleitung in die Logik und Erkenntnistheorie*[*1906~1907*]), U. Melle 편집, 1984.

25. 『강연 1』(*Aufsätze und Vorträge*[*1911~21*]), Th. Nenon & H.R. Sepp 편집, 1986.

26. 『의미론』(*Vorlesungen über Bedeutungslehre*[*1908*]), U. Panzer 편집, 1986.

27. 『강연 2』(*Aufsätze und Vorträge*[*1922~37*]), Th. Nenon & H.R. Sepp 편집, 1989.

28. 『윤리학』(*Vorlesung über Ethik und Wertlehre*[*1908~14*]), U. Melle 편집, 1988.

29. 『위기-보충판』(*Die Krisis der europäischen Wissenschaften und die transzendentale Phänomenologie*[*1934~37*]), R.N. Smid 편집, 1993.

30. 『논리학과 학문이론』(*Logik und allgemeine Wissenschaftstheorie*[*1917~18*]), U. Panzer 편집, 1996.

31. 『능동적 종합』(*Aktive Synthesen*[*1920~21*]), E. Husserl & R. Breuer 편집, 2000.

32. 『자연과 정신』(*Natur und Geist*[*1927*]), M. Weiler 편집, 2001.

33. 『베르나우 수고』(*Die Bernauer Manuskripte über das Zeitbewußtsein* [*1917~18*]), R. Bernet & D. Lohmar 편집, 2001.

34. 『현상학적 환원』(*Zur phänomenologische Reduktion*[*1926~35*]), S. Luft 편집, 2002.

35. 『철학 입문』(*Einleitung in die Philosophie*[*1922~23*]), B. Goossens 편집, 2002.

36. 『선험적 관념론』(*Transzendentale Idealismus*[*1908~21*]), R.D Rollinger & R. Sowa 편집, 2003.

37. 『윤리학 입문』(*Einleitung in die Ethik*[*1920 & 1924*]), H. Peucker 편집, 2004.

38.『지각과 주의를 기울임』(*Wahrnehmung und Aufmerksamkeit*〔*1893~1912*〕), T. Vongehr & R. Giuliani 편집, 2004.

39.『생활세계』(*Die Lebenswelt*〔*1916~37*〕), R. Sowa 편집, 2008.

40.『판단론』(*Untersuchungen zur Urteilstheorie*(*1893~1918*)), R.D. Rollinger 편집, 2009.

41.『형상적 변경』(*Zur Lehre vom Wesen und zur Methode der eidetischen Variation* (*1891~1935*)), D. Fonfaral 편집, 2012.

42.『현상학의 한계문제』(*Grenzprobleme der Phänomenologie*(*1908~1937*)), R. Sowa & T. Vongehr 편집, 2014.

2. 후설 전집에 수록되지 않은 저술

1.『엄밀한 학문』(*Philosophie als strenge Wissenschaft*) in 『*Logos*』 제1집, W. Szilasi 편집, Frankfurt, 1965.
『엄밀한 학문으로서의 철학』, 이종훈 옮김, 지만지, 2008.

2.『경험과 판단』(*Erfahrung und Urteil*), L. Landgrebe 편집, Prag, 1939.
『경험과 판단』, 이종훈 옮김, 민음사, 1997; 2016.

3. *Briefe an Roman Ingarden*, R. Ingarden 편집, The Hague, 1968.

3. 후설 유고의 분류

A 세속적(mundan) 현상학
  I 논리학과 형식적 존재론
  II 형식적 윤리학, 법철학
  III 존재론(형상학〔形相學〕과 그 방법론)
  IV 학문이론
  V 지향적 인간학(인격과 환경세계)
  VI 심리학(지향성 이론)
  VII 세계통각의 이론
B 환원
  I 환원의 길
  II 환원 자체와 그 방법론

III 잠정적인 선험적 지향적 분석학

IV 현상학의 역사적 · 체계적 자기특성

C 형식적 구성으로서 시간구성

D 원초적 구성(근원적 구성)

E 상호주관적 구성

I 직접적 타자경험의 구성적 기초학

II 간접적 타자경험의 구성(완전한 사회성)

III 선험적 인간학(선험적 신학, 목적론 등)

F 강의 · 강연들

I 강의들과 그 부분들

II 강연들과 부록들

III 인쇄된 논문들과 그 부록들의 수고(手稿)

IV 정리되지 않은 원고

K 1935년 비판적으로 선별할 때 수용하지 않았던 속기 필사본

I 1910년 이전 수고들

II 1910년부터 1930년까지의 수고

III 1930년 이후 『위기』와 관련된 수고

IX~X 후설 장서에 기재한 난외 주석들의 사본

L 1935년 비판적으로 선별할 때 수용하지 않았던 흘림체 필사본

M 필사체 수고 사본과 1938년 이전 후설의 조교들이 타이프한 원고

I 강의들

1 『현상학 입문』(1922)

2 『철학입문』

3 『제일철학』

4 『현상학적 심리학』

II 강연들

1 베를린 강연

2 칸트 기념 강연회의 연설

3 파리 강연과 『데카르트적 성찰』

III 출판구상

1 『이념들』제2권과 제3권

옮긴이의 말

이 책의 제1부는 후설전집 제1권의 본문이고, 제2부는 이 제1부를 몇 차례 수정하고 보완하던 당시 후설의 연구조교 핑크와 후설이 공동으로 검토하면서 집필한 『제6 데카르트적 성찰』 제1권 '선험적 방법론의 이념'의 본문과 그 부록이다. 제1부는 옮긴이가 다른 출판사에서 번역해 출판한 적이 있고, 제2부는 한국학술진흥재단이 1999년 지원한 학술명저사업의 성과물이다. 옮긴이는 이 둘을 2002년 합본해 한길사에서 출간했는데, 이번에 전면 개정해 '한길그레이트북스' 시리즈로 재출간하게 되었다.

우리 학계에는 후설 현상학, 즉 선험적 주관성(자아)을 해명하는 선험적 현상학을 의식 안으로만 파고들어 밖으로 빠져나올 수 없는 독아론 또는 의식이 대상의 존재 의미를 밝히는(구성하는) 것이 아니라 그 존재 자체를 창출하는 절대적 관념론으로 해석하는 견해가 있다. 연장선에서 후설 현상학의 인식하는 주관과 인식되는 객관(대상)을 그리고 정적 분석(현상학)과 발생적 분석(현상학)을 단절해 대립시켜 이해하고 소개하기도 한다.

그러나 후설 현상학의 일관된 중심문제인 지향성은 본질상 주관과 객관이 불가분한 상관관계(Subjekt-Objekt-Korrelation)라는 점, 정적 분석과 발생적 분석은 배타적으로 선택해야 할 길이 아니라 계속 이어서 심화시켜야 할 단계라는 점을 후설은 여러 책에서 수시로 강조했다. 그런데 어째서 그 문구가 전혀 보이지 않는지 정말 알 수가 없다. 아니 어떻게 주장하더라도 그렇게 파악한 후설 현상학에 남는 것은 무엇이며, 그 모습이 과연 누구에게 어떤 관심이나 매력을 느낄 수 있는지 정도는 적어도 밝혀야 하지 않는가!

후설은 이 책에서 선험적 자아를 체험들의 동일한 극(極), 습득성의 기체(基體), 자기 자신을 구성하는 모나드(Monade)로 파악한다. 또한 선험적 현상학을 독아론이라고 비판하는 데 대해 선험적 주관성은 선험적 상호주관성으로 나아가는 통로라는 점, 정적 분석에 이어 발생적 분석을 살펴야 한다는 점 등을 명백히 밝혀 다양한 형태의 반론을 체계적으로 해명한다.

또한 인식되는 소재인 질료가 제공되는 수동적 발생과 종합, 그 원리인 연상, 물체가 원초적 영역 속에 주어지는 신체의 운동감각, 모든 발생에 보편적 종합의 형식인 내적 시간의식, 감정이입을 통한 타자경험 등을 상세하게 분석한다. 아울러 선험적 상호주관성인 모나드 공동체와 세계를 선험적으로 구성하는 것에 대한 연구를 통해 자연·공간·시간·동물·인간·영혼·신체·사회적 공동체·문화의 의미와 근원, 더 나아가 개체발생과 계통발생, 삶과 죽음을 해명할 단서를 마련함으로써 현상학적 탐구의 문제영역 전체를 조망할 수 있게 제시한다.

이 책은, 후설전집 제1권으로 편집되었다는 사실이 상징적으로 시사하듯이,『논리연구』에서『이념들』제1권을 거쳐『위기』에 이르는 40여 년간 후설의 부단한 철학적 사색의 결정체, 즉 '선험적 현상학이 하나의 새로운 방법론에 그치는 것이 아니라, 그 자체로 엄밀한 (선험)철학'이라는 사실을 정확히 파악하는 데 반드시 필요한 문헌이다.

후설은 이 책을 필생의 작업으로 간주해 부단히 수정했으나 그 성과에 만족하지 못하고 미완성으로 남겼다. 따라서 후설 현상학의 이념을 밝히기 위해 그리고 후설이 파악한 현상학의 문제지평을 가늠해보기 위해『제6 데카르트적 성찰』제1권 '선험적 방법론의 이념'을 함께 검토할 필요가 있다. 특히 여기에서 매우 자주 등장하는 용어 '현상학을 하는 것'(Phänomenologisieren)에서도 알 수 있듯이, 후설은 지향적으로 분석하는 현상학의 작업을 단순한 방법론이 아니라, 현상학적 철학의 이념을 새로운 방법으로 추구하는 '철학을 하는 것'(Philosophieren)으로 간주했다. 그것은 단순한 이론적 지식에 그치는 것이 아니라 현상학적 환원을 통해 궁극적 근원으로 되돌아가 물음으로써 자신과 세계를 이해하고 자아를 실현(修己治人)하기 위해 철저하게 스스로 책임지는 실천철학, 즉 선험적 현상학(선험철학)이다.

이 책은 2002년 출판된 이래 독자들의 꾸준한 관심을 받아왔다. 그래서 쇄를 거듭할 때마다 눈에 띄는 오자와 탈자, 잘못 번역한 구절과 용어 등을 수정해왔지만, 일정한 틀 속에 하는 제한된 작업이라 항상 아쉬움이 남았다. 그런데 이번에 '한길그레이트북스' 시리즈로 옮기면서 전면적으로 개정판을 내게 되었고, 이 기회에 원문과 대조해가며 새롭게 번역했다.

많이 개선했지만 여전히 부족한 점이 드러날 것이다. 동료 현상학자의 날카로운 비판과 독자 여러분의 따끔한 지적으로 계속 개선해 가겠다는 점을 분명하게 약속한다. 동시에 이 책으로 후설 현상학에 대한 근거 없는 편견과 왜곡이 말끔히 사라지고 더 깊은 관심과 활발한 연구가 일어날 것도 기대한다.

끝으로 후설 현상학의 세계로 이끌어주신 여러 은사님께 깊이 감사드린다. 능력이 부족한데도 이제껏 공부할 수 있게 도와준 아내 조정희의 헌신도 잊을 수 없다. 또한 이 책을 '한길그레이트북스' 시리즈로 묶어 옮긴이가 이전에 번역한 후설의 다른 책들과 함께 독자에게 선보일 수 있게 해준 한길사 편집부에도 고마운 마음을 전한다.

2016년 10월
이종훈

찾아보기

지은이 에드문트 후설

후설은 독일에서 유대인 상인의 아들로 태어나
대학에서 수학과 철학, 물리학을 공부하고
수학 분야로 박사학위를 받았다.
할레대학교 강사, 괴팅겐대학교 강사와 교수,
프라이부르크대학교 교수를 역임한 그는 은퇴 후
죽는 날까지 "철학자로 살아왔고, 철학자로 죽고 싶다"는
유언 그대로, 진지한 초심자의 자세를 지키며 끊임없이
자기비판을 수행한 진정한 '철학자'였다.
그가 창시한 현상학은 영미계통의 분석철학,
마르크스 계열의 사회철학과 더불어
현대철학의 거대한 흐름을 형성하고 있다.
『데카르트적 성찰』은 그가 데카르트의 사유방식에 따라
자신의 철학, 즉 선험적 현상학을 체계적으로 밝힌 것이다.
이 외에도 주요 저서로 『논리연구』
『순수현상학과 현상학적 철학의 이념들』
『유럽학문의 위기와 선험적 현상학』『시간의식』 등이 있다

지은이 오이겐 핑크

핑크는 프라이부르크 대학교에서 후설과 하이데거의 지도로
박사학위를 받았다. 그는 후설의 연구조교이자
공동탐구자로서 후설의 다양한 연구성과를 정리하고
후설의 위임을 받아 『데카르트적 성찰』 독일어판을 여러 차례 수정했다.
『제6 데카르트적 성찰』은 이러한 작업의 성과물이다.

옮긴이 이종훈

이종훈(李宗勳)은 성균관대학교 철학과와 같은 대학교 대학원에서 후설 현상학으로 박사학위를 받았다. 춘천교대 명예교수다. 지은 책으로는『후설현상학으로 돌아가기』(2017),『현대사회와 윤리』(1999),『아빠가 들려주는 철학이야기』(전 3권, 1994~2006),『현대의 위기와 생활세계』(1994)가 있다. 옮긴 책으로는『형식논리학과 선험논리학』(후설, 2010, 2019),『논리연구』(전 3권, 후설, 2018),『순수현상학과 현상학적 철학의 이념들』(전 3권, 후설, 2009),『유럽학문의 위기와 선험적 현상학』(후설, 1997, 2016),『시간의식』(후설, 1996, 2018),『현상학적 심리학』(후설, 2013),『데카르트적 성찰』(후설 · 오이겐 핑크, 2002, 2016),『수동적 종합』(후설, 2018),『경험과 판단』(후설, 1997, 2016),『엄밀한 학문으로서의 철학』(후설, 2008),『제일철학』(전 2권, 후설, 2020),『상호주관성』(후설, 2021)이 있다. 이 밖에『소크라테스 이전과 이후』(컨퍼드, 1995),『언어와 현상학』(수잔 커닝햄, 1994) 등이 있다.

HANGIL GREAT BOOKS **147**

데카르트적 성찰

지은이 에드문트 후설
옮긴이 이종훈
펴낸이 김언호
펴낸곳 (주)도서출판 한길사

등록 1976년 12월 24일 제74호
주소 10881 경기도 파주시 광인사길 37
홈페이지 www.hangilsa.co.kr
전자우편 hangilsa@hangilsa.co.kr
전화 031-955-2000~3 **팩스** 031-955-2005

부사장 박관순 **총괄이사** 김서영 **관리이사** 곽명호
영업이사 이경호 **경영이사** 김관영 **편집주간** 백은숙
편집 노유연 김지연 김지수 최현경 김영길
마케팅 정아린 **관리** 이주환 문주상 이희문 원선아 이진아
디자인 창포 031-955-2097
CTP출력·인쇄 오색프린팅 **제본** 경일제책사

제1판 제1쇄 2002년 3월 15일
개정판 제2쇄 2021년 10월 13일

값 28,000원
ISBN 978-89-356-6453-5 94080
ISBN 978-89-356-6427-6 (세트)

• 잘못 만들어진 책은 구입하신 서점에서 바꿔드립니다.
• 이 도서의 국립중앙도서관 출판시도서목록(CIP)은 서지정보유통지원시스템 홈페이지(seoji.nl.go.kr)와
국가자료공동목록시스템(www.nl.go.kr/kolisnet)에서 이용하실 수 있습니다.
(CIP제어번호: CIP2016024968)

한길그레이트북스 인류의 위대한 지적 유산을 집대성한다